Providências Cautelares

2019 • 4ª Edição

Marco Carvalho Gonçalves
Professor da Escola de Direito da Universidade do Minho
Investigador do JusGov – Centro de Investigação em Justiça e Governação

ALMEDINA

PROVIDÊNCIAS CAUTELARES
AUTOR
Marco Carvalho Gonçalves
EDITOR
EDIÇÕES ALMEDINA, S.A.
Rua Fernandes Tomás, nºs 76-80
3000-167 Coimbra
Tel.: 239 851 904 · Fax: 239 851 901
www.almedina.net · editora@almedina.net
DESIGN DE CAPA
FBA.
PRÉ-IMPRESSÃO
João Jegundo
IMPRESSÃO E ACABAMENTO
PENTAEDRO, LDA.
Agosto, 2019
DEPÓSITO LEGAL
459501/19

ALMEDINA | GRUPOALMEDINA

BIBLIOTECA NACIONAL DE PORTUGAL – CATALOGAÇÃO NA PUBLICAÇÃO

GONÇALVES, Marco Carvalho

Providências cautelares. – 4ª ed. – (Monografias)
ISBN 978-972-40-8018-5

CDU 347

À minha mulher, Cláudia,
e aos meus filhos, Tomás e Matilde.

Aos meus pais e ao meu irmão.
À memória dos meus avós.

PREFÁCIO

As providências cautelares são frequentemente referidas na comunicação social a propósito dos mais variados acontecimentos e tornaram-se, por este motivo, bastante conhecidas da opinião pública. Apesar da sua frequente utilização nos tribunais, as providências cautelares ainda continuam a suscitar algumas interrogações.

As dificuldades de enquadramento das providências cautelares, bem como da modalidade da tutela provisória que as mesmas constituem, decorrem, muito provavelmente, da circunstância de aquelas se destinarem a garantir a utilidade de uma posterior tutela definitiva. Há um direito de crédito ou de propriedade que pode ser protegido através de uma tutela definitiva, mas não há um direito de crédito ou de propriedade de carácter provisório que deva ser tutelado através de uma tutela provisória. O que há é uma tutela definitiva de um direito e uma tutela provisória destinada a assegurar a utilidade dessa tutela definitiva.

A recente introdução do regime da inversão do contencioso fornece alguma ajuda para a compreensão das providências cautelares. A tutela provisória que é característica das providências cautelares e a tutela definitiva distinguem-se pela sua referência: aquela tutela provisória tem por referência a utilidade de uma tutela definitiva, esta tutela definitiva refere-se a um direito subjectivo. É por isso que a inversão do contencioso só é admissível se aquela primeira referência – a garantia da utilidade de uma tutela definitiva – puder ser convertida nesta última – a tutela de um direito subjectivo. É isto que explica que a inversão do contencioso só seja possível quanto a providências cautelares de carácter antecipatório.

O Doutor Marco Gonçalves publica agora um texto que corresponde, em grande parte, à dissertação que defendeu em provas públicas de doutoramento na Universidade do Minho e da qual fui orientador. Trata-se de um texto que, sem descurar o enquadramento dogmático das matérias, se reveste de muito interesse prático e que, por isso mesmo, vai certamente contribuir para uma melhor compreensão e para uma mais adequada aplicação das providências cautelares por todos aqueles – nomeadamente, juízes e advogados – que muito frequentemente se confrontam com esta expressão da tutela provisória em processo civil.

MIGUEL TEIXEIRA DE SOUSA

Providências Cautelares

NOTA DA 4ª EDIÇÃO

A edição que ora se dá à estampa visou, em primeiro lugar, atualizar a obra à luz da jurisprudência e da doutrina entretanto publicadas.

Para além disso, procedemos ao desenvolvimento e à densificação das matérias nela abordadas, bem como à introdução de novos conteúdos, em função da investigação que, desde a publicação da última edição, fomos realizando no domínio das providências cautelares. Procurou-se, desse modo, alargar o âmbito da obra a algumas matérias que, apesar de integrarem o domínio da tutela cautelar, nela não eram tratadas.

Por outro lado, optamos por efetuar alguns aperfeiçoamentos e alterações no que concerne à sistematização da obra – particularmente no que diz respeito aos capítulos II (Natureza, modalidades e finalidades), IV (Características) e V (Âmbito, requisitos e efeitos) –, com o propósito de tornar a exposição das matérias mais clara e objetiva.

Cuidamos, por último, de rever a redação do texto, a fim de eliminar gralhas e imperfeições que, não obstante o cuidado empregue na revisão das anteriores edições, nele subsistiam.

Esperamos, deste modo, que a presente edição permita, na medida do possível, contribuir para o estudo e compreensão da tutela cautelar.

Braga, junho de 2019.

NOTA DA 3ª EDIÇÃO

Mostrando-se esgotada a segunda edição em pouco mais de um ano, decidimos preparar uma terceira edição, visando, essencialmente, a atualização da obra à luz da legislação, da doutrina e da jurisprudência entretanto publicadas.

Para além disso, procedemos à revisão integral do texto, procurando clarificar a exposição de alguns conteúdos e corrigir erros e imperfeições que nele subsistiam.

Por último, no que concerne à substância, tratamos, fundamentalmente, de desenvolver o estudo do regime jurídico da inversão do contencioso, designadamente no que diz respeito à análise dos seus requisitos, bem como de alguns aspetos relacionados com a respetiva tramitação processual.

Braga, março de 2017.

NOTA DA 2ª EDIÇÃO

Esgotada em poucos meses a primeira edição da obra, colocou-se a alternativa de se proceder a uma reimpressão ou à elaboração de uma segunda edição. Se a relativa proximidade temporal com que fora lançada a primeira edição preconizava a realização de uma reimpressão, a verdade é que a necessidade de se proceder à atualização da doutrina citada na obra, à alusão e referência crítica da jurisprudência e da doutrina entretanto publicadas e à revisão e adequação dos conteúdos face às alterações legislativas verificadas em sede de direito comparado, particularmente com a aprovação do novo Código de Processo Civil Brasileiro, acabaram por sopesar decisivamente na decisão de se publicar uma segunda edição.

No prosseguimento desse desiderato, para além de termos procedido à atualização das referências bibliográficas citadas na primeira edição, procuramos igualmente citar a doutrina e a jurisprudência entretanto publicadas e que assumem especial relevância no domínio da temática objeto de investigação, garantindo, dessa forma, a atualidade da obra.

Para além disso, na sequência da publicação do novo Código de Processo Civil Brasileiro, que alterou dogmaticamente o regime jurídico da tutela antecipada, sistematizando-a enquanto género da tutela de urgência, por contraposição à tutela da evidência, optamos por reformular o capítulo II, atinente à análise das figuras afins à tutela cautelar.

Por outro lado, no decurso dos trabalhos de atualização da obra, aproveitamos a oportunidade para proceder à revisão integral do texto, bem como ao desenvolvimento de alguns dos conteúdos nele abordados, com particular destaque para o regime da inversão do contencioso.

Por fim, resta deixar uma palavra de agradecimento e de reconhecimento à Editora Almedina, que, desde cedo, manifestou o seu interesse e disponibilidade para proceder à publicação da obra, bem como à realização desta nova edição, que agora se publica.

Braga, outubro de 2015.

NOTA INTRODUTÓRIA À 1ª EDIÇÃO

A presente monografia corresponde a parte da tese de doutoramento, intitulada "Providências cautelares injustificadas e responsabilidade do requerente", defendida publicamente na Escola de Direito da Universidade do Minho no dia 6 de junho de 2014.

Impõe-se, por isso, em primeiro lugar, deixar aqui uma palavra de agradecimento à Escola de Direito da Universidade do Minho, instituição que me acolheu, primeiro como aluno da Licenciatura em Direito de 1999 a 2004 e, posteriormente, como docente, entre outras, das unidades curriculares de direito processual civil declarativo e executivo, por todo o investimento e confiança depositados ao longo destes anos.

Igual agradecimento é devido ao júri das provas de doutoramento, o qual foi presidido pela senhora Professora Doutora Graciete Tavares Dias e composto pelos senhores Professores Doutores Miguel Teixeira de Sousa, José Lebre de Freitas, Ana Paula Costa e Silva, Nuno Manuel Pinto Oliveira, Maria Clara da Cunha Calheiros de Carvalho, João Paulo Fernandes Remédio Marques e Maria Elizabeth Moreira Fernandez.

Em particular, dirijo um especial agradecimento ao senhor Professor Doutor Miguel Teixeira de Sousa, de quem tive o honroso privilégio de ser seu orientando, tanto em sede de mestrado, como de doutoramento, por toda a dedicação, solicitude e disponibilidade permanentemente demonstradas, bem como pelas suas sábias críticas, reflexões e observações, sem as quais teria sido manifestamente impossível a conclusão dos trabalhos de doutoramento. Agradeço também aos senhores Professores Doutores José Lebre de Freitas e João Paulo Remédio Marques por terem sido arguentes das minhas provas de doutoramento, bem como pelas importantes críticas e apreciações que, nessa sede, foram dirigidas à tese em discussão e avaliação. A minha dívida de gratidão aos senhores Professores Doutores José Lebre de Freitas e João Paulo Remédio Marques adensa-se pelo facto de, com inexcedível generosidade, me terem disponibilizado as respetivas arguições, o que se revelou imprescindível para a correção de alguns erros da tese e desenvolvimento de alguns conteúdos nela abordados, com o consequente enriquecimento da mesma.

Por último, porque um trabalho desta extensão nunca seria possível sem o apoio dos que nos são mais queridos e próximos, deixo aqui uma palavra de especial carinho e afeto à minha mulher Cláudia, por todo o apoio incondicional durante as inúmeras horas de penosa ausência, bem como aos meus filhos, Tomás e Matilde, que nasceram e cresceram com a tese e que me deram o ânimo necessário para suportar as horas mais difíceis.

Uma vez que a tese foi redigida ao abrigo do Código de Processo Civil, aprovado pelo Decreto-Lei nº 44 129, de 28 de dezembro de 1961, com as alterações subsequentes que lhe foram introduzidas, tornou-se necessário proceder à revisão integral do texto, adaptando-o, quer quanto às disposições legais nele citadas, quer quanto ao seu conteúdo, à Lei nº 41/2013, de 26 de junho, que procedeu à aprovação de um novo Código de Processo Civil e consequente revogação do Decreto-Lei nº 44 129, de 28 de dezembro de 1961.

Braga, agosto de 2014.

REFERÊNCIAS SOBRE AS CITAÇÕES

Pertencem ao Código de Processo Civil Português vigente, aprovado pela Lei nº 41/2013, de 26 de junho, as disposições legais citadas sem indicação da respetiva fonte.

No corpo do texto, as obras são citadas, pela primeira vez, com referência ao autor, título, edição, editora, local de publicação, data e número de página, e, nas citações subsequentes, com referência resumida ao autor, título, seguido da expressão "*op. cit.*" e número de página. Nas obras com três ou mais autores é citado apenas o primeiro, seguido da expressão "*et al.*". No que concerne aos artigos de revistas, estes são citados pela indicação do autor, título do artigo, designação da revista e respetivos ano, número e data de publicação. Nas citações seguintes, é apenas feita uma menção ao título do artigo e à respetiva página da publicação.

Por sua vez, a jurisprudência portuguesa é citada com referência ao tribunal superior onde foi proferido o acórdão, data da decisão e número do processo. Encontram-se disponíveis na base de dados *www.dgsi.pt* as decisões citadas sem indicação do respetivo local de publicação. Quanto às demais, assinalou-se o respetivo lugar onde se acham publicadas.

As transcrições em língua portuguesa arcaica surgem assinaladas no texto entre aspas e em itálico. As demais surgem apenas entre aspas.

As traduções de fontes estrangeiras foram da nossa inteira responsabilidade, salvo quando se indicou em sentido contrário. Optou-se, em regra, por não se traduzir as fontes em língua espanhola, francesa, inglesa e italiana, tendo em conta a sua proximidade à língua portuguesa e/ou relativa facilidade de compreensão, preservando-se, dessa forma, a fidelidade do sentido original do texto. As fontes que não foram traduzidas encontram-se assinadas em itálico.

A lista de referências bibliográficas inclui apenas os livros e artigos que foram efetivamente citados no texto.

Muito embora o texto tenha sido redigido em conformidade com o Acordo Ortográfico da Língua Portuguesa, assinado em 16 de dezembro de 1990 e em vigor desde 13 de maio de 2009, nas transcrições de textos, optou-se por se respeitar a grafia original, tal como registada na respetiva fonte.

ABREVIATURAS E SIGLAS

As abreviaturas *infra* relacionadas correspondem, sem acrescento ou reparo, às que têm vindo a ser utilizadas, de forma mais ou menos uniforme, na literatura jurídica, tendo-se optado pelo emprego de pequenos elementos distintivos nos casos em que a similitude das abreviaturas se afigurava suscetível de induzir o leitor em erro.

Ac.	–	Acórdão
Acs. TC	–	*Acórdãos do Tribunal Constitucional*
al.	–	alínea
ALI	–	*American Law Institute*
ampl.	–	ampliada
AP	–	*Audiencia Provincial* (Espanha)
art.	–	artigo
atu.	–	atualizada
aum.	–	aumentada
BFD	–	*Boletim da Faculdade de Direito – Universidade de Coimbra*
BGB	–	*Bürgerliches Gesetzbuch* (Alemanha)
BIMJ	–	*Boletín de Información del Ministerio de Justicia* (Espanha)
BMJ	–	*Boletim do Ministério da Justiça*
BO	–	*Boletim Oficial*
BOE	–	*Boletín Oficial del Estado* (Espanha)
BT	–	*Boletim dos Tribunaes*
CADH	–	Convenção Americana sobre Direitos Humanos
CC	–	Código Civil
CC_{1867}	–	Código Civil de 1867
$CC_{Br.}$	–	Código Civil (Brasil)
$CC_{Es.}$	–	*Código Civil* (Espanha)

$CC_{Fr.}$ – *Code Civile* (França)
$CC_{Gr.}$ – Código Civil (Grécia)
$CC_{Hol.}$ – Código Civil (Holanda)
$CC_{It.}$ – *Codice Civile* (Itália)
CCass. – *Cour de Cassation* (Bélgica)
CCom. – Código Comercial
CCost. – *Corte Costituzionale della Repubblica Italiana* (Itália)
CDN – *Codice della Navigazione* (Itália)
CDP – *Cadernos de Direito Privado*
CEDH – Convenção Europeia dos Direitos Humanos
CEJ – Centro de Estudos Judiciários
CEJUR – Centro de Estudos Jurídicos do Minho
CFPC – *Código Federal de Procedimientos Civiles* (México)
cfr. – confrontar
CGP – *Código General del Proceso* (Colômbia)
CJ – *Colectânea de Jurisprudência*
$CJ_{Bel.}$ – *Code Judiciaire* (Bélgica)
CJA – *Cadernos de Justiça Administrativa*
CJSTJ – *Colectânea de Jurisprudência do Supremo Tribunal de Justiça*
CMLRw – *Common Market Law Review*
CNUDM – Convenção das Nações Unidas sobre o Direito do Mar
COADSTJ – *Colecção Oficial dos Acórdãos Doutrinais do Supremo Tribunal de Justiça*
colab. – colaboração
coord. – coordenação
CP – Código Penal
CPC_{1876} – Código de Processo Civil de 1876
CPC_{1939} – Código de Processo Civil de 1939
CPC_{1961} – Código de Processo Civil de 1961
CPC_{1995} – Código de Processo Civil (na versão posterior ao Decreto-Lei nº 329-A/95, de 12 de dezembro)
CPC_{1996} – Código de Processo Civil (na versão posterior ao Decreto-Lei nº 180/96, de 25 de setembro)
$CPC_{Arb.}$ – Código de Processo Civil do Reino da Arábia Saudita
$CPC_{Arg.}$ – *Código Procesal Civil y Comercial de la Nación* (Argentina)
$CPC_{Bol.}$ – *Código de Procedimiento Civil* (Bolívia)
$CPC_{Br.1973}$ – Código de Processo Civil Brasileiro de 1973
$CPC_{Br. 2015}$ – Código de Processo Civil Brasileiro de 2015
$CPC_{CBer.}$ – *Code de Procédure Civile du Canton de Berne* (Suíça)
$CPC_{Ch.}$ – *Código Procesal Civil* (Chile)

$CPC_{Crd.}$ – *Código Procesal Civil y Comercial de la Provincia de Córdoba* (Argentina)
$CPC_{It.}$ – *Codice di Procedura Civile* (Itália)
$CPC_{Let.}$ – Código de Processo Civil da Letónia
$CPC_{Mar.}$ – Código de Processo Civil de Marrocos
$CPC_{Mdz.}$ – *Código Procesal Civil de la Provincia de Mendoza* (Argentina)
$CPC_{Pe.}$ – *Código Procesal Civil* (Peru)
$CPC_{RCh.}$ – Código de Processo Civil da República Checa
$CPC_{Su.}$ – *Code de Procédure Civile du 19 décembre 2008* (Suíça)
$CPC_{Uc.}$ – Código de Processo Civil da Ucrânia
$CPC_{Ven.}$ – *Código de Procedimiento Civil* (Venezuela)
CPCMI – *Código Procesal Civil Modelo para Iberoamérica* (*Instituto Iberoamericano de Derecho Procesal*)
$CPCom._{1895}$ – Código do Processo Comercial de 1895
CPRw – *Civil Procedure Review* (Brasil)
CPTA – Código de Processo nos Tribunais Administrativos
CRFB – Constituição da República Federativa do Brasil
CRP – Constituição da República Portuguesa
CSC – Código das Sociedades Comerciais
CSCass. – *Corte Suprema di Cassazione* (Itália)
DG – *Diário do Governo*
DJ – *Direito e Justiça*
DL – Decreto-Lei
DPA – *Diritto Processuale Amministrativo* (Itália)
DR – *Diário da República*
DUDH – Declaração Universal dos Direitos Humanos
ed. – edição
EO – *Exekutionsordnung* (Áustria)
ETAF – Estatuto dos Tribunais Administrativos e Fiscais
ETJUE – Estatuto do Tribunal de Justiça da União Europeia
FI – *Il Foro Italiano* (Itália)
FRCP – *Federal Rules of Civil Procedure* (Estados Unidos da América)
GG – *Grundgesetz für die Bundesrepublik Deutschland* (Alemanha)
GRL – *Gazeta da Relação de Lisboa*
GURI – *Gazzetta Ufficiale della Repubblica Italiana* (Itália)
JR – *Jurisprudência das Relações*
JT – *A Jurisprudência dos Tribunaes em Última Instância*
LEC – *Ley de Enjuiciamiento Civil* (Espanha)
LFPCF – *Loi Fédérale de Procédure Civile Fédérale du 4 Décembre 1947* (Suíça)
LOSJ – Lei da Organização do Sistema Judiciário

LPC – Lei Processual Civil da República Popular da China
LPDF – *Loi Fédérale du 11 Avril 1889 sur la Poursuite pour Dettes et la Faillite* (Suíça)
LPM – Lei Processual Marítima da República Popular da China
nº – número
NCPC – *Nouveau Code de Procédure Civile* (França)
op. cit. – *opus citatum*
p. (pp.) – página(s)
PIDCP – Pacto Internacional sobre os Direitos Civis e Políticos
PLCPC – Proposta de Lei nº 113/XII/2ª (GOV) (proposta de aprovação de um novo Código de Processo Civil)
PRCPC – Proposta de Revisão do Código de Processo Civil (apresentada pela Comissão para a elaboração de propostas de alteração ao Código de Processo Civil, em dezembro de 2011, ao Ministério da Justiça)
proc. – processo
RAP – *Revista de Administración Publica* (Espanha)
RCEA – *Revista de la Corte Española de Arbitraje* (Espanha)
RCEDOUA – *Revista do Centro de Estudos de Direito do Ordenamento, do Urbanismo e do Ambiente*
RCEJ – *Revista do Centro de Estudos Judiciários*
RDES – *Revista de Direito e de Estudos Sociais*
RDJ – *Revista de Derecho y Jurisprudencia* (Paraguai)
RDP – *Rivista di Diritto Processuale* (Itália)
RDPr – *Revista de Derecho Procesal* (Espanha)
RDPR – *Revista de Direito Público e Regulação*
reimp. – reimpressão
RESMESE – *Revista da Escola Superior da Magistratura de Sergipe* (Brasil)
rev. – revista
RF – *Revista Forense* (Brasil)
RFDUCAB – *Revista de la Facultad de Derecho – Universidad Católica Andrés Bello* (Venezuela)
RFDUFP – *Revista da Faculdade de Direito da Universidade Federal do Paraná* (Brasil)
RFDUL – *Revista da Faculdade de Direito da Universidade de Lisboa*
RFDUP – *Revista da Faculdade de Direito da Universidade do Porto*
RGPTC – Regime Geral do Processo Tutelar Cível
RIDC – *Revue Internationale de Droit Comparé* (França)
RIL – *Revista de Informação Legislativa* (Brasil)
RIPE – *Revista do Instituto de Pesquisas e Estudos* (Brasil)
RJ – *Revista de Justiça*
RLJ – *Revista de Legislação e de Jurisprudência*

RMP – *Revista do Ministério Público*
ROA – *Revista da Ordem dos Advogados*
RPCE – Regime Processual Civil de Natureza Experimental
RPJ – *Revista del Poder Judicial* (Espanha)
RPTJUE – Regulamento de Processo do Tribunal de Justiça da União Europeia, de 25 de setembro de 2012 (publicado no Jornal Oficial da União Europeia nº L 265/1, de 29 de setembro de 2012)
RT – *Revista dos Tribunais*
RTDE – *Revue Trimestrielle de Droit Européen* (França)
RTDP – *Rivista Trimestrale di Diritto Pubblico* (Itália)
RTDPA – *Rivista Trimestrale di Diritto Processuale Amministrativo* (Itália)
RTDPC – *Rivista Trimestrale di Diritto e Procedura Civile* (Itália)
SASTJ – *Sumários de Acórdãos do Supremo Tribunal de Justiça*
SI – *Scientia Ivridica*
SJTEDH – *Sumários de Jurisprudência do Tribunal Europeu dos Direitos do Homem*
ss. – seguintes
STA – Supremo Tribunal Administrativo
STJ – Supremo Tribunal de Justiça
TC – Tribunal Constitucional
$TC_{Es.}$ – *Tribunal Constitucional* (Espanha)
TCAN – Tribunal Central Administrativo Norte
TCAS – Tribunal Central Administrativo Sul
TFUE – Tratado sobre o Funcionamento da União Europeia (versão consolidada, publicada no Jornal Oficial da União Europeia nº C115, de 09 de maio de 2008)
TIDM – Tribunal Internacional do Direito do Mar
TJUE – Tribunal de Justiça da União Europeia
trad. – tradução
TRC – Tribunal da Relação de Coimbra
TRE – Tribunal da Relação de Évora
TRG – Tribunal da Relação de Guimarães
TRL – Tribunal da Relação de Lisboa
TRP – Tribunal da Relação do Porto
TS – *Tribunal Supremo* (Espanha)
UNIDROIT – *International Institute for the Unification of Private Law*
v.g. – *verbi gratia*
vol. – volume
ZPO – *Zivilprozessordnung* (Alemanha)
$ZPO_{Ch.}$ – *Schweizerische Zivilprozessordnung* (Suíça)

"Convém, evidentemente, que a justiça seja pronta; mas, mais do que isso, convém que seja justa. O problema fundamental da política processual consiste exactamente em saber encontrar o equilíbrio razoável entre as duas exigências: a celeridade e a justiça".

REIS, José Alberto dos, *Código de Processo Civil Anotado*,
vol. I, 3ª ed., Coimbra Editora, p. 624.

"«Sê cauteloso em conceder medidas cautelares» – tal deveria ser uma das primeiras máximas do bom juiz".

CALAMANDREI, Piero, *Estudios sobre el Proceso Civil*,
trad. de Santiago Sentís Melendo, Ediciones Jurídicas
Europa-América, Buenos Aires, 1973, p. 284.

Capítulo I
Breve enquadramento histórico da tutela cautelar

Sumário: 1. Ordenações Afonsinas, Manuelinas e Filipinas. 2. Reforma Judiciária. 3. Nova Reforma Judiciária. 4. Novíssima Reforma Judiciária. 5. Código de Processo Civil de 1876. 6. Código de Processo Civil de 1939. 7. Código de Processo Civil de 1961. 8. Reforma de 1967. 9. Reforma de 1995/1996. 10. Código de Processo Civil de 2013.

1. Ordenações Afonsinas, Manuelinas e Filipinas

As Ordenações Afonsinas (1446)[1], Manuelinas (1521)[2] e Filipinas (terminadas em 1595 e publicadas em 1603)[3] regulavam a possibilidade de recurso a meios de "tutela cautelar", prevendo, fundamentalmente, a existência de providências cautelares destinadas à garantia das obrigações, à restituição da posse, ao embargo de obra nova e ao receio de produção de um dano.

Assim, em relação à garantia das obrigações[4], as ordenações determinavam que, se o autor intentasse contra o réu uma ação real ou pessoal sobre

[1] Para um enquadramento histórico e sistemático das Ordenações Afonsinas, *vide*, por todos, Caetano, Marcello, *História do Direito Português*, 3ª ed., Verbo, 1992, pp. 553 a 570.

[2] Na esteira de Palma Carlos, as Ordenações Manuelinas surgiram na sequência da "rápida transformação da sociedade portuguesa no período quinhentista", impulsionadas pela "difusão da imprensa", almejando o legislador a "publicação de um Código mais perfeito" (Carlos, Adelino da Palma, *Código de Processo Civil Anotado*, vol. I, Edição da «Procural», Lisboa, 1942, p. 14).

[3] Conforme elucida Palma Carlos, as Ordenações Filipinas não eram mais do que uma "*edição actualizada das Ordenações Manuelinas, e feita com tam pouco cuidado que resultaram freqüentes as obscuridades e contradições, a que se deu o nome típico de filipismos*" (*Idem, ibidem*, p. 15).

[4] Livro III, Título XXV, das Ordenações Afonsinas; Livro III, Título XX, das Ordenações Manuelinas; Livro III, Título XXI, das Ordenações Filipinas.

alguma coisa móvel, da qual se arrogasse proprietário, e se o réu não possuísse bens de raiz que valessem tanto como a coisa demandada, nesse caso, o juiz, mediante requerimento, ordenava ao réu que apresentasse penhores ou fiadores bastantes, de forma a assegurar que, sendo a ação julgada favoravelmente ao autor, a coisa demandada lhe fosse logo entregue, sem qualquer tipo de atraso ou dificuldade. Não sendo apresentados penhores ou fiadores, o juiz determinava a apreensão da coisa demandada até que a ação fosse definitivamente julgada, para que pudesse ser entregue àquele a que pertencesse.

As ordenações previam igualmente que, se algum homem demandasse outro por quantia em dinheiro, ou qualquer outra quantidade, e o demandado fosse pessoa suspeita, que não possuísse bens de raiz, nem tivesse bens móveis que valessem tanto como a quantia em dívida ou a quantidade demandada, e se fosse razoável a suspeita da sua ausência ou fuga, o juiz ordenaria ao réu que garantisse o cumprimento com penhores ou fiadores bastantes até ao proferimento da decisão final[5,6,7,8]. Não sendo dada satisfação quanto à garantia

[5] A este propósito, Pereira e Souza referia que o embargo ou arresto, consistindo numa apreensão judicial da coisa sobre que se litiga ou de bens suficientes para a segurança da dívida até à decisão da questão, já pendente ou em vias de se propor, só podia ter lugar quando se verificassem três requisitos: mudança de estado, certeza da dívida e suspeita de fuga. Esses requisitos deviam ser imediatamente alegados e justificados pelo requerente da providência, embora não fosse necessária a citação da parte contrária para essa justificação. Deste modo, o embargo seria nulo quando se verificasse a falta desses três requisitos legais ou de qualquer um deles, bem como no caso de falta de justificação dentro do prazo legal. Contudo, havendo perigo na demora, o embargo podia ser imediatamente deferido mediante juramento do credor, contanto que os requisitos legais de que a lei fazia depender o decretamento da providência fossem justificados num prazo de três dias (Souza, José Joaquim Caetano Pereira e, *Primeiras Linhas Sobre o Processo Civil*, tomo IV, Typographia Perseverança, Rio de Janeiro, 1880, pp. 82 e 83).

[6] Conforme se decidiu no acórdão de 07.06.1678, *apud* Pegas, Manuel Álvares, *Resolutiones Forenses*, Parte Segunda, Typographia Michaelis Deslandes, Lisboa, 1861, p. 1072, o recurso a esta providência só era admissível se a obrigação pecuniária fosse líquida e exigível.

[7] *Vide*, em relação aos requisitos necessários para o decretamento desta providência, a sentença do Tribunal de Lisboa, de 26.11.1678, proferida no "*feito de apellação de Mariana de Almeyda, contra António da Rocha de Almeyda*", *apud* Pegas, Manuel Álvares, *Resolutiones Forenses*, Parte Segunda, *op. cit.*, p. 1077, na qual se decidiu que, tendo em conta "*a disposição expressa da Ord. do lib. 3, tit. 31, § 3, por quanto devendo constar da certeza da divida, falta de bens, e mudança de estado, a respeito do R. embargante não se achaõ provados os ditos requisitos, em razão da A. embargada não provar, ser-lhe o R. embargante devedor no tal tempo da dita quantia, porque queria o dito embargo, nem provar que o R. não tivesse bens para pagamento da dita divida, nos termos que fosse certa, e as testemunhas nesse caso depoem restritamente, dizendo, que o R. não tinha bens nesta Cidade. O que não bastava, conforme o Direito, para prova do dito requisito, pois era necessário que depuzessem, em como o R. não possuía bens alguns, e também não estar provada a mudança de estado (...); e assim, pelo defeito da prova dos ditos, se devia proceder ao alevantamento de embargo, porque sendo este odioso se não deve admitir, sem a justificação dos requisitos, com prova concludente, e o dizerem: que o R. ausente nas partes do Brasil, na Cidade da Bahia, não concluião para o intento da formalidade da ausência, em*

de cumprimento da obrigação, o juiz ordenava o arresto de qualquer bem do requerido, onde quer que fosse encontrado e que valesse tanto como a coisa demandada, devendo ser arrestados bens cujo valor fosse proporcional ao da dívida e apenas os necessários para a sua segurança[9].

Por outro lado, o arresto só podia recair sobre os bens alienáveis do devedor, ficando dele excluídos os bens absolutamente impenhoráveis e, em circunstâncias particulares, os bens relativamente impenhoráveis[10]. Não sendo encontrado qualquer bem e não existindo vontade de apresentação de bens em juízo, se o tribunal concluísse que essa pessoa podia ausentar-se facilmente para outra parte[11], mandava-a prender[12,13] ou entregá-la a fiadores idóneos, os quais deviam apresentá-la em juízo a todo o tempo. De qualquer forma, se fosse possível o recurso à prova testemunhal, o juiz devia conhecer sumaria-

que pretende a dita Ordenação, pois a ausência, que o R. tem deste Reyno, vivendo na dita Cidade da Bahia, e com sua família [...] *como destes autos consta, e com grande abastança de bens, a qual ausência tam fora está, de que por ella seja o R. tido por sospeito de fuga, haverá se não poder haver delle qualquer duvida, a que for obrigado, que antes o trato de seu viver naquellas partes, como o depoem as testemunhas da inquisição fol. 36 cum seqq. o abona para grandes quantias. Pello que tudo revogando o despacho embargado, julgo os requisitos por não provados, e o embargo por mal feito, o qual hey por levantado, e deixo ao embargante direito reservado, para haver da embargada as perdas, e danos, que lhe deu, com a retenção, e embargo, que fez no dito dinheiro. A qual condeno nas custas dos autos*".

[8] Tal como observa Alvarado Velloso, a propósito do ordenamento jurídico argentino, a providência cautelar de arresto (*embargo preventivo*) é a figura mais antiga na legislação processual e aquela que surge regulada de forma mais extensa e detalhada, sendo que as providências cautelares que foram criadas posteriormente acabaram, todas elas, por remeter a regulação das suas próprias condições de atuação para o regime jurídico do arresto (Alvarado Velloso, Adolfo, *Cautela Procesal: Criticas a las Medidas Precautorias*, Editorial Juris, Rosario, Argentina, 2008, p. 13).

[9] Souza, Joaquim José Caetano Pereira e, *Primeiras Linhas Sobre o Processo Civil*, tomo III, Typographia Perseverança, Rio de Janeiro, 1879, pp. 28 e 29.

[10] Era o que sucedia com os "vestidos de uso, e camas, das pessoas do Executado, e de suas famílias, os animais, instrumentos do campo, e as sementes do lavrador para deitar à terra, os livros dos estudantes, professores, advogados e magistrados, as propriedades dos engenhos, e lavouras, de assucar" (Souza, Joaquim José Caetano Pereira e, *Primeiras Linhas Sobre o Processo Civil*, tomo III, *op. cit.*, pp. 30 a 35).

[11] Com efeito, a suspeita de fuga do réu devedor era fundada, na maior parte dos casos, no juramento do autor, mas, uma vez efetuado o embargo, competia ao autor provar, dentro de três dias, a existência da dívida e a situação de insolvabilidade do devedor.

[12] O § 4 do Título XXXI do Livro III das Ordenações Filipinas ressalvava, contudo, que a ordem de prisão não podia ser dada contra as mulheres, porquanto não podiam ser presas por dívidas civis, ainda que tivessem sido condenadas por essas dívidas. A este propósito, o Título LXXVI do Livro IV das Ordenações Filipinas determinava o seguinte: "*Porém, as mulheres não serão presas por dívidas cíveis, posto que sejão condenadas por sentença, salvo sendo mulheres solteiras publicas, porque estas taes poderão ser presas, por dividas cíveis, não sendo alugueres de vestidos, e jóias, que alugão na cidade de Lisboa, porque pelos ditos alugueres não serão presas*".

mente o direito invocado, razão pela qual só podia ordenar essas diligências coercivas quando se mostrasse comprovado que o réu se encontrava obrigado ao que lhe era pedido[14].

No entanto, estas diligências coercivas não tinham lugar se o autor tivesse "aprovado a pessoa do réu", isto é, se o autor, aquando da celebração do contrato com o réu, soubesse que este não tinha "bens de raiz" ou "fazenda móvel". Com efeito, nessas circunstâncias, o autor não podia requerer a garantia do cumprimento da obrigação – situação que, consequentemente, vedava a possibilidade de ser decretado o sequestro de bens ou a prisão do réu[15] – ainda que o autor soubesse que aquele era suspeito de se ausentar ou de fugir.

Sendo decretado o embargo ou o arresto dos bens do devedor, esta providência cautelar podia ser levantada mediante a prestação de fiança idónea[16]. Se o embargo ou o arresto viessem a incidir sobre bens de terceiro, este podia opor-se a essa diligência através de um incidente de embargos de terceiro[17]. Relativamente à restituição da posse[18], as ordenações preceituavam que, se um homem esbulhasse outro de alguma coisa, que ele possuísse pacificamente, o

[13] A este respeito, o Título LXXVI do Livro IV das Ordenações Filipinas dispunha sobre as pessoas que podiam ser presas por dívidas cíveis. A prisão por dívidas viria a ser revogada pela Lei de 20.06.1774 e pelo Assento da Casa da Suplicação de 18.08.1774. Sobre a natureza compulsória da prisão por dívidas, *vide* Ascensão, José de Oliveira, *O Direito*, reimp. da 13ª ed., Almedina, Coimbra, 2016, p. 66.

[14] Conforme refere Joaquim Ramalho, a detenção pessoal só era permitida nos casos expressamente previstos na lei e o arbítrio do juiz era proibido. Por essa razão, a detenção só tinha lugar depois de produzida a prova literal da dívida perante o juiz, devendo ser efetuada em segredo e de forma verbal, reduzindo-se tudo a termo. Todavia, nos casos urgentes, conhecendo o juiz, pelas primeiras informações, que o negócio era procedente, podia logo ordenar a passagem do mandado de detenção, prosseguindo, no entanto, as ulteriores diligências com vista à prova dos requisitos de que a lei fazia depender o decretamento do embargo ou do arresto (Ramalho, Joaquim Ignácio, *Practica Civil e Comercial*, São Paulo, Typographia Imparcial, 1861, p. 185).

[15] Tal como elucida Pereira e Souza, o réu, entretanto executado, podia igualmente ser preso se, atuando de forma dolosa, retardasse a execução para além do prazo previsto para o seu termo, ou seja, para além do prazo de treze meses (Souza, Joaquim José Caetano Pereira e, *Primeiras Linhas Sobre o Processo Civil*, tomo III, *op. cit.*, p. 22).

[16] *Idem, ibidem*, pp. 83 e 84.

[17] Tal como assinala Pereira e Souza, o embargo só podia recair sobre bens próprios do devedor, presumindo-se pertencerem-lhe todos aqueles que se achassem na sua posse. Por via disso, se os bens pertencessem a um terceiro, este podia opor-se a esse ato de apreensão de bens, para o que devia alegar em juízo que os bens eram seus e fazer prova desse facto (Souza, José Joaquim Caetano Pereira e, *Primeiras Linhas Sobre o Processo Civil*, tomo IV, *op. cit.*, p. 84). *Vide*, quanto ao regime dos embargos de terceiro, Souza, Joaquim José Caetano Pereira e, *Primeiras Linhas Sobre o Processo Civil*, tomo III, *op. cit.*, pp. 80 a 85.

[18] Livro III, Título LXXX, § 4, das Ordenações Afonsinas; Livro III, Título LXII, § 3, das Ordenações Manuelinas; Livro III, Título LXXVIII, § 3, das Ordenações Filipinas.

esbulhado, uma vez apreciado sumariamente o seu direito e provado o esbulho, devia ser restituído imediatamente à posse do bem, ainda que o esbulhador invocasse ser titular do direito de propriedade ou de outro direito sobre o bem esbulhado.

Já no que respeita ao embargo de obra nova[19], as ordenações determinavam que os almotacés[20] tinham competência para embargar, a requerimento de parte, "*qualquer obra de edifício que se fizesse dentro da vila ou seus arrebaldes, pondo a pena, que bem lhes parecesse, até se determinar a causa por direito*"[21,22]. Nessa situação, se o embargado continuasse a obra sem se encontrar munido de um mandado de justiça que lhe atribuísse semelhante faculdade, incorria na pena estabelecida pelo almotacé e era ordenada a destruição da parte inovada da obra[23].

Para além disso, consagrava-se a possibilidade de embargo extrajudicial de obra nova, segundo o costume de cada lugar, sempre que alguém edificasse alguma obra que fosse prejudicial a outrem, "*tolhendo-lhe a vista de suas casas ou outra servidão que lhe fosse devida*"[24]. Nessa situação, o prejudicado com

[19] Livro III, Título LXXX, § 4, das Ordenações Afonsinas; Livro III, Título LXII, § 4, das Ordenações Manuelinas; Livro III, Título LXXVIII, § 4, das Ordenações Filipinas.

[20] Inspetores que se encontravam dependentes dos governadores do concelho (juízes e procuradores) e que eram responsáveis pela regulação dos pesos e medidas e pela fixação do preço dos géneros.

[21] *Vide*, a este propósito, LOBÃO, Manuel de Almeida e Sousa de, *Tratado Encyclopedico Compendiario, Pratico e Systematico dos Interdictos e Remédios Possessorios Geraes e Especiaes*, Imprensa Nacional, Lisboa, 1867, p. 82, segundo o qual "*Apesar de ser summario este interdicto e de depender, por via de regra, de acção ordinária a disputa do domínio* [...] *a nossa Ord., L 1, T. 68, § 23, quer que n'este summario mesmo se conheça do direito de propriedade e justiça ou injustiça da nunciação*".

[22] Conforme salienta Sousa de Lobão, esta norma devia ser interpretada no sentido de que a jurisdição dos almotacés era privativa apenas nas vilas ou nos seus arrebaldes, já que, nas cidades, as partes tinham facilidade em aceder ao magistrado. Neste contexto, estava vedada aos almotacés a possibilidade de fazerem uma nunciação de obra nova nas cidades, sob pena de ofensa da tutela judicial do magistrado (LOBÃO, Manuel de Almeida e Sousa de, *Tratado Encyclopedico Compendiario, Pratico e Systematico dos Interdictos e Remédios Possessorios Geraes e Especiaes*, *op. cit.*, pp. 88 e 89).

[23] Todavia, esta pena não era aplicada se o processo não se encontrasse findo no prazo de três meses após o decretamento do embargo da obra, situação em que o embargado devia prestar uma caução *de opere demoliendo*.

[24] Segundo Sousa de Lobão, o embargo extrajudicial de obra através do arremesso de pedras só era admissível nas aldeias, atenta a impossibilidade de se recorrer de forma breve e imediata ao magistrado (LOBÃO, Manuel de Almeida e Sousa de, *Tratado Encyclopedico Compendiario, Pratico e Systematico dos Interdictos e Remédios Possessorios Geraes e Especiaes*, *op. cit.*, p. 93).
Por sua vez, Coelho da Rocha assinala que o embargo de obra nova podia ser requerido pela pessoa que receasse que lhe fosse prejudicial uma obra nova, por lhe impor ou lhe prejudicar uma servidão, circunstância em que podia ser ordenada a suspensão judicial da obra (ROCHA, Manuel António Coelho da, *Instituições de Direito Civil Portuguez*, 4ª ed., tomo I, Livraria de J. Augusto Orcel, Coimbra, 1857, p. 474).

a obra nova podia denunciar esse facto ao edificante, lançando certas pedras na obra, segundo o direito e o uso da terra, e intimando-o para que não continuasse a obra, por ela lhe ser prejudicial[25]. Uma vez efetuado o embargo, se o embargado continuasse a obra, o juiz da terra, mediante requerimento do embargante[26], podia ordenar a destruição da parte inovada[27] e, uma vez reposto o estado da obra à data do embargo, o juiz tomava conhecimento do litígio, pronunciando-se sobre o mérito da causa. Saliente-se que o embargado podia requerer a continuação da obra, prestando caução adequada para o efeito (caução *de opere demoliendo*), nos casos em que o embargante não propusesse a ação destinada ao reconhecimento do seu direito no prazo de três meses a contar do decretamento do embargo[28,29].

Se se viesse a concluir que o embargo de obra nova era injustificado, o embargado podia, em reconvenção, pedir que o embargante fosse condenado no ressarcimento das perdas e danos causados com o embargo, sendo esta via muito mais cómoda do que intentar uma ação autónoma de dolo ou injúria, em conformidade com a teoria das leis romanas[30].

[25] No sentido de o embargo de obra nova constituir uma exceção ao princípio de que "no estado de sociedade a ninguém é permitido fazer-se justiça a si próprio", *vide* NAZARETH, Francisco J. Duarte, *Elementos do Processo Civil*, 1ª parte, vol. I, 4ª ed., Coimbra, 1866, pp. 2 e 3.

[26] O embargante devia opor-se de imediato à continuação da obra, "requerendo e opondo artigos de atentado", sob pena de, não o fazendo, considerar-se tacitamente renunciado semelhante direito (LOBÃO, Manuel de Almeida e Sousa de, *Tratado Encyclopedico Compendiario, Pratico e Systematico dos Interdictos e Remédios Possessorios Geraes e Especiaes, op. cit.*, pp. 93 e 94).

[27] Contudo, muito embora a lei determinasse que tudo quanto fosse edificado após o embargo da obra devia ser destruído, a verdade é que, na prática, esta regra não se aplicava nos casos em que fosse notória a injustiça do embargo, contanto que a notoriedade da injustiça decorresse de escritura, sentença, confissão ou vistoria (*Idem, ibidem*, pp. 93 e 94).

[28] SOUZA, José Joaquim Caetano Pereira e, *Primeiras Linhas Sobre o Processo Civil*, tomo I, Typographia Perseverança, Rio de Janeiro, 1889, p. 195.

[29] Isto a não ser que se verificasse um impedimento legítimo à propositura da ação no prazo de três meses ou alguma conduta dilatória do embargado que afetasse o normal desenvolvimento da ação (LOBÃO, Manuel de Almeida e Sousa de, *Tratado Encyclopedico Compendiario, Pratico e Systematico dos Interdictos e Remédios Possessorios Geraes e Especiaes, op. cit.*, pp. 94 e 95). Com efeito, o Livro I, Título LXVIII, § 42, dispunha o seguinte: "*E mandamos, que se alguma pessoa se queixar de outrem, ou o demandar perante os Almotacés, per razão de alguma serventia de casa, ou qualquer outra cousa de serventia, que pertença à Almotaceria, e depois passarem tres mezes, sem seguir a demanda, ou sem se tornar a queixar, não possa jamais seguir a dita causa, nem tornar-se a queixar disso. E se seguindo a demanda, deixa de fallar a ela tres mezes inteiros, não será mais ouvido sobre ella, não havendo algum justo e legitimo impedimento*".

[30] TELLES, José Homem Correa, *Doutrina das Acções Accommodada ao Foro de Portugal*, 5ª ed., Coimbra, 1869, p. 100.

Já no que concerne à proteção "cautelar" nas situações em que existisse o receio de produção de um dano[31], as ordenações estabeleciam que a pessoa que temesse ou que receasse ser agravada por outrem podia recorrer aos juízes da terra, pedindo a sua intervenção para que não sofresse o agravo receado. Nesse caso, se fosse concedida essa tutela judicial e se se verificasse, posteriormente, a ofensa receada, o juiz ordenava a reconstituição do *status quo ante*[32].

Um dos principais mecanismos de que o julgador dispunha para garantir a indemnização de um eventual dano futuro traduzia-se na imposição de uma caução judicial[33]. Se é certo que a caução podia assumir, quanto à sua natureza, diversas modalidades – concretamente, caução juratória (garantida com juramento), caução pignoratícia (garantida com penhor, consignação de rendimentos ou hipoteca), caução fidejussória (garantida com fiança) e caução promissória (garantida através de mera promessa) – os juízes tinham por hábito exigir a prestação de caução juratória quando estivesse em causa uma providência cautelar de arresto com justificação posterior do perigo da demora[34].

De acordo com a jurisprudência vigente no período das Ordenações Filipinas, o requerente de providência cautelar que viesse a ser julgada injustificada e que tivesse atuado de forma maliciosa devia ser condenado nas custas dos autos, nas custas pessoais e no pagamento de uma indemnização por perdas e danos que fossem causados à parte contrária, a ser liquidada em execução de sentença[35].

[31] Livro III, Título LXXX, §§ 6 a 9, das Ordenações Afonsinas; Livro III, Título LXII, §§ 5 a 7, das Ordenações Manuelinas; Livro III, Título LXXVIII, § 5, das Ordenações Filipinas.

[32] Nos termos do Livro III, Título LV, das Ordenações Filipinas, para a prova dessa ameaça, era suficiente que depusesse uma única testemunha.

[33] SOUZA, José Joaquim Caetano Pereira e, *Primeiras Linhas Sobre o Processo Civil*, tomo I, *op. cit.*, pp. 194 e 195.

[34] *Idem, ibidem*, p. 195.

[35] A este respeito, valerá a pena reproduzir a sentença, datada de 21 de abril de 1679, proferida no "*feito de appellação de Luís Francisco, com Pedro Domingues*", *apud* PEGAS, Manuel Álvares, *Resolutiones Forenses*, Parte Segunda, *op. cit.*, pp. 1064 e 1065: "*Deferindo à petição fol. 16 e ss recida por embargos ao despacho fol. 9 a recebo, e julgo por provada, vistos os autos: E como por elles se mostra haver pedido o A. neste juízo segurança ao R. por esta mesma quantia. E sendo prezo pella nam dar, vindo os autos conclusos com a injustificação dos requisitos, os julguei por não provados pella sentença fol. 25 proferida em 25 de Agosto passado. E respeitando a calumnia, com que o A. pedira a dita injusta segurança, o condenei nas perdas e danos, que se liquidassem na execuçam da dita sentença. E indo os autos por appellaçam ao Senado, se confirmou a dita sentença, como se vê do Acórdão fol. 25 vers. em que o A. sahio condenado de mais nas custas do autos em dobro. A qual sentença foi proferida, como se vê a fol. 25 vers. in fin. em 10 de Novembro passado. Mostrase, que logo no mes de Março seguinte fizera o A. a petição pedindo ao R. segurança por esta mesma divida com notória calumnia; porquanto sendolhe dado despacho, para que jurando, se lhe passasse mandado, que justificaria os requisitos, não usou delle, sendo tanto a seu favor, o quis primeiro justificar os requisitos, como fez na inquirição fol. 3. E por estarem provados pellas ditas testemunhas, assim forão julgados pello despacho embargado dicto fol.*

Em igual sanção incorria o requerente da providência cautelar que, com a sua conduta, viesse a afetar indevidamente o património de terceiros[36].

9 e o R. prezo. E sendo o A. requerido para apresentar as ditas testemunhas em juízo, pella sospeita que havia de serem dadas falsamente, e com soborno, em razaõ da noticia, que entaõ se teve de o A. haver poucos dias antes usado contra o R. do meyo de lhe pedir segurança, e haverse dado contra elle a sentença do Senado referida, e a presumpção sinistra, que de mais havia, em nam querer usar do despacho fol. 2, e querer primeiro dar a prova, que fez a fol. 3 que a faz menos verdadeira. E se confirmou o dito dolo, em não apresentar as ditas testemunhas, sendolhe mandado. E ultimamente, fazendose diligencia pellas ditas testemunhas, nas ruas, em que declaraõ em seus testemunhos, muravão, se não achou nas ditas ruas noticia, que nellas morassem as taes pessoas, como consta da fé do Escrivaõ fol. 16 vers. Com tudo isto se conclue o notório dolo, com que o R. [*sic*] *falta, e calumniosamente se requereo a dita segurança, e com tanta malícia, que levou estes autos ao Escrivão delles com o despacho fls. 2, e não ao Escrivão Braz Alvarez Correa, que o havia sido da primeira injusta segurança, para que se não fosse presente logo o dolo de semelhante requerimento. Pello que revogando o despacho embargado, o hey por nullo, e de nenhum vigor, e os taes requisitos por não provados. E se passe mandado de soltura ao R. E visto o notorio dolo, com que o A. se houve no requerimento da petiçam fol. 2 e a presumpção vehemente da falsidade e soborno, que tem contra sy no modo, com que se houve na dita justificaçam, que fez dicto fol. 3 confirmada pella dita fé do Escrivão fol. 16. vers. E condemno-o nas perdas e danos e injuria que deu ao R. com esta injusta prisão que se liquidarão na execução desta sentença, e nas custas pessoaes, e dos autos. E outrossim o condeno em vinte cruzados para as despesas da Relação pello dolo, e calumnia, de que animosamente usou, pedindo no mesmo juízo a dita segurança com a ocultação e fingimento, do que havia procedido nos primeiros autos de segurança findos*".

Na mesma linha de raciocínio, o acórdão de 26 de agosto de 1679, *apud* PEGAS, Manuel Álvares, *Resolutiones Forenses*, Parte Segunda, *op. cit.*, p. 1065, decidiu o seguinte: "*No feito de appellação de Domingos Gonçalves da Costa, contra Domingos Manoel, Escrivão Manuoel Pinheiro da Costa, se deu a sentença seguinte: «Hey os requisitos por naõ provados, visto a prova a elles dada naõ for concludente, para se haver o R. por sospeito de fuga e maiormente não constando que não tenha bens alguns, por se provar somente, que os não tem nesta Cidade, e que se não infere os possa ter na terra, onde he morador, ou em qualquer outra. Pello que hey por nulla, e de nenhum vigor a segurança pedida. E se passe mandado de soltura ao R. e pague o justificante as custas dos autos. Lisboa, 5 de Fevereiro de 1679. Leytão».* [...] *Accordão os do Desembargo: Bem julgado he pello juiz do Cível da Cidade, em não haver os requisitos por provados ao mandado de segurança, mandando soltar ao R. da prisão, em que está: Mas em não condenar ao A. appellante nas perdas, e danos, que o appellado teve na dita prizão, foi por elle menos bem julgado. Emendando nesta parte sua sentença, cumprase o confirmado por alguns dos seus fundamentos, e o mais dos autos, e quaes vistos, e a calumnia, com que o appellante se ouve em fazer prender o R. appellado, sem tratar de executar a sentença, que contra ella houvera, nem constar que nam tinha bens alguns, o condenão nas perdas e danos, que se liquidarem, e nas custas dos autos de ambas as instancias em dobro*".

Do mesmo modo, o acórdão de 25 de junho de 1676, *apud* PEGAS, Manuel Álvares, *Resolutiones Forenses*, Parte Segunda, *op. cit.*, p. 1066, decidiu o seguinte: "*Acórdão os do Desembargo: Nam he bem julgado pello Ouvidor da Alfandega, em haver os requisitos por provados, mandando passar mandado de segurança. Revogando sua sentença, vistos os autos, pellos quaes se mostra, nam provar o appellante legalmente os requisitos necessários, para se haver a segurança por bem pedida, procedendose à prizão, e constar pelos documentos juntos pelo R. offerecidos o haveremse feito affectadamente os embargos, que se apontão. O que tudo visto, e o mais dos autos, julgão por mal pedida a segurança. E mandão, que o appellante seja solto da prizão em que está* [...]. *E condenão ao A. apellado nas perdas, e danos, e dias de pessoa, e custas dos autos*".

[36] *Vide*, a este propósito, a decisão proferida em 1680, "*no feito entre partes o Capitam Gregório Gonçalves de Miranda, com Jerónimo da Sylva*", *apud* PEGAS, Manuel Álvares, *Resolutiones Forenses*, Parte

2. Reforma Judiciária

O Decreto nº 24, de 16 de maio de 1832, continha poucas referências à tutela cautelar[37]. Com efeito, a única alusão expressa às providências cautelares achava-se consagrada no art. 62º, § 2, o qual dispunha que o autor devia instruir o libelo com certidão do juiz de paz, certidão de citação e todos os títulos em que se fundasse a ação, podendo, a final, requerer o embargo ou o arresto dos bens do réu, desde que se mostrassem provados os requisitos legais. Para além disso, o autor podia pedir a prestação de *caução judicatum solvi*, nos casos em que o réu não tivesse mais bens do que os que se pretendessem haver, sendo que, nessa hipótese, se não fosse prestada a caução, procedia-se à apreensão dos bens litigiosos[38].

3. Nova Reforma Judiciária

O Decreto de 13 de janeiro de 1837[39] dispunha sobre as providências cautelares de arresto e de embargo de obra nova nos arts. 456º e 480º da segunda parte da Nova Reforma Judiciária.

Segunda, *op. cit.*, p. 1066: "*Acordão os do Dezembargo: Bem julgado he pello juiz do Cível, em absolver ao R. das perdas e danos pedidas pello A. o Padre Francisco da Lomba, e em condenar os AA. na reconvençam pedida pelo R. Mas em absolver o R. das perdas e danos, pedidas pellos mais Autores, foi por elle menos bem julgado: Revogando nesta parte sua sentença, cumprase o confirmado, e o mais dos autos. Os quaes vistos, e como delles consta, que o R. sabendo que o navio nam só tinha nelle parte o A. o Padre Francisco da Lomba, o qual somente era seu devedor: Mas tambem que pertencia aos mais Autores, como se prova do embargo fol. 105 e da notificaçaõ fol. 134 fez novo embargo em todo o navio, que nam podia ser embargado se não pella parte, que respeitava e pertencia ao dito Padre Francisco da Lomba. Nos quaes termos ficou incorrendo nas penas impostas, aos que scientemente fazem embargo nos bens, que naõ pertencem ao seu devedor. Sem que se possa considerar que tendo a parte que o dito devedor tinha inseparável das mais, que os Autores tinhão no dito navio. E sendo licito ao R. embargallo por aquella parte, ficava resultando aos Autores o mesmo prejuízo, e do seu excesso lhe não resultava novo dano. Por quanto sendo só embargado o dito navio, pella parte que respeitava ao dito devedor, seria muito mais facil aos Autores levantar o embargo, dãdo sò fiança à menos parte do dito navio, do que a todo elle. E finalmente cometendo o R. o excesso de embargar as partes do navio, que nam pertencião ao seu devedor sem embargo do protesto judicial, que pelos Autores lhe foi feito, por conta do R., e nam dos Autores corria a diligencia de levantar o dito embargo: Aliás ficarião os Autores padecendo os danos, que o R. lhes fazia por sua culpa, fazendo inicialmente hum embargo em bens, que nam erão do seu devedor. Por tanto condenão ao R. nas perdas e danos causados pelo dito embargo, que se liquidarão na execução*".

[37] Dispunha o art. 293º da presente lei o seguinte: "*Ficam revogadas todas as Leis, Provisões, e Regulamentos, que se oppozerem às disposições da presente Lei, como se de cada um delles se fizesse expressa menção, sem embargo da Ordenação em contrário, e em tudo o mais continuarão a ser applicados aos casos occurrentes*".

[38] *Collecção de Decretos e Regulamentos publicados durante o governo da Regencia do Reino establecida na Ilha Terceira: Desde 15 de Junho de 1829 até 28 de Fev. de 1832*, segunda série, Imprensa Nacional, Lisboa, 1834, p. 103.

[39] O Decreto de 13 de janeiro de 1837 procedeu à publicação da segunda e terceira partes da reforma judiciária, referentes ao processo civil ordinário e sumário e ao processo criminal. A primeira parte

Assim, nos termos do art. 456º, os embargos ou arrestos só podiam ter lugar "*nos casos e pela forma decretada nas Leis anteriores*"[40]. Tendo em vista a proteção do requerido dessa providência, o § 1 da referida disposição legal preceituava que o embargo ou arresto não podia ser decretado sem que o arrestante assinasse previamente um termo de responsabilidade por perdas e danos para a eventualidade de, no final, a providência ser julgada improcedente e nula por ter havido ocultação da verdade ou asserção contrária a ela por parte do requerente[41]. Uma vez efetuado o embargo ou o arresto, assistia ao arrestado a faculdade de apresentar embargos[42], os quais podiam ser contestados pelo requerente no prazo de cinco dias. Depois de inquiridas as testemunhas e ouvidas as partes, o juiz proferia a sentença (art. 456º, § 3).

No que se refere à providência cautelar de embargo (nunciação) de obra nova, o art. 480º, § 1, da segunda parte da Nova Reforma Judiciária dispunha que, passados três meses depois do embargo sem que tivesse acabado a causa da nunciação, o juiz podia autorizar a continuação da obra, mediante a prestação de uma caução *de opere demoliendo*. Nessa eventualidade, o juiz devia proceder com "prudente descrição", ouvindo sumariamente as partes e efetuando uma vistoria à obra, se tal lhe parecesse necessário[43]. Para acautelar igualmente os interesses do requerido, o art. 480º, § 2, previa a possibilidade de o juiz ordenar a continuação da obra até se mostrar finda ou até quanto bastasse para se prevenir um perigo iminente ou um dano irreparável, nos casos em que se reconhecesse que o embargo ou a nunciação fora feita com

da reforma judiciária foi publicada pelo Decreto de 29 de novembro de 1836, a qual compreendia a divisão judicial do território e a organização do pessoal para a administração da justiça.

[40] Era a seguinte a redação do proémio do art. 456º: "*As Causas de Juramento d'alma, e os Embargos, ou Arrestos, só terão logar nos casos, e pela forma decretada nas Leis anteriores, sem dependência alguma de conciliação; o Embargo porém será impreterivelmente relaxado, não juntando o Embargante no praso de 15 até 30 dias, segundo o Juiz tiver arbitrado, Certidão de ter posto Acção em Juízo pela causa que motivou o Embargo*".

[41] Este preceito viria a manter a redação do art. 541º, § 1, do respetivo projeto de reforma (cfr. o *Projecto de Reforma sobre a Organisação Judiciária e Ordem do Processo Civil e Comercial*, Imprensa Nacional, Lisboa, 1836, p. 103).

[42] Tal como elucida Pereira e Souza, os "embargos" não constituíam meios de pedir, mas antes de impedir. Consequentemente, ainda que viessem a improceder, porque não provados, não ficava o embargante inibido de "litigar sobre a mesma matéria por via de acção" (SOUZA, Joaquim José Caetano Pereira e, *Primeiras Linhas Sobre o Processo Civil*, tomo II, Typographia Perseverança, Rio de Janeiro, 1879, p. 6).

[43] Dispunha o proémio do art. 480º da primeira parte da Reforma Judiciária que "*A Causão damni infecti, e a Nunciação de nova obra terão a mesma forma de Processo que era de Direito, e Praxe antes do Decreto de 16 de Maio: será Juiz competente o de Direito ou Ordinário da situação do prédio, e da Sentença haverá só Appellação no devolutivo*".

malícia ou fraude, ou ainda quando se pudesse originar um perigo ou um dano em consequência da mora provocada pela providência.

4. Novíssima Reforma Judiciária

O Decreto de 21 de maio de 1841 – diploma que aprovou a Novíssima Reforma Judiciária – regulava o regime jurídico da providência cautelar de embargo ou arresto no seu art. 298º. De acordo com esta disposição legal, o embargo ou arresto em primeira instância só tinha lugar nos casos de "certeza de dívida, mudança de estado, falta de bens ou suspeita de fuga".

Nos termos do art. 298º, § 1, se o embargo ou arresto não fossem decretados no foro da ação principal, o juiz, uma vez inquiridas as testemunhas que lhe fossem apresentadas por alguma das partes, devia remeter o processo ao juiz da causa principal ou, não estando esta ainda pendente, logo que a mesma se mostrasse intentada, dentro do prazo que, para o efeito, tivesse sido fixado.

Por sua vez, o art. 298º, § 2, estipulava que o juiz ordinário podia decretar o embargo ou arresto, independentemente do valor da dívida em causa ou dos bens sobre os quais devesse recair, mas não podia julgá-lo a final, quando não fosse o juiz competente para conhecer o mérito da causa principal.

Todavia, ao abrigo do § 3 da referida norma, o embargo ou arresto não podia ser decretado sem que o arrestante ou embargante justificasse previamente o preenchimento dos requisitos previstos nesse artigo[44] e assinasse um termo de responsabilidade por perdas e danos para a eventualidade de, no final, a providência ser julgada "improcedente e nula por ter havido da sua parte ocultação ou asserção contrária da verdade"[45]. Porém, a justificação e o termo não eram exigíveis quando estivessem em causa arrestos ou embargos requeridos pelo Ministério Público para segurança da Fazenda Nacional, nos termos do art. 341º, § 2. Saliente-se ainda que, segundo o art. 298º, § 6, o juiz, ao decretar o arresto, devia fixar um prazo entre quinze a trinta dias para que o embargante comprovasse a propositura da ação principal, sob pena de, não o fazendo, se verificar a imediata caducidade do arresto.

Nos termos do art. 298º, § 4, uma vez executado o embargo ou arresto de bens, o requerido podia deduzir embargos, os quais podiam ser contestados

[44] Cfr., a este propósito, o ac. do STJ de 15 de junho de 1875, *in Accordãos do Supremo Tribunal de Justiça*, 2ª série, vol. I, (1847-1851), Porto, pp. 188 e 189, no qual se decidiu que o arresto não devia ser decretado sem que se alegassem e provassem os requisitos que a lei estabelecia para que ele pudesse ter lugar, depondo as testemunhas especificadamente sobre os factos alegados, e não por meio de uma referência vaga ou indeterminada às disposições legais aplicáveis.

[45] *Vide*, a este propósito, TELLES, José Homem Correa, *Manual do Processo Civil – Supplemento do Digesto Portuguez*, 2ª ed., Imprensa da Universidade de Coimbra, Coimbra, 1844, p. 219.

pelo requerente no prazo de cinco dias. De seguida, uma vez ouvidas as testemunhas, produzidas as demais provas e ouvidos os advogados, o juiz proferia a sentença.

No que se refere ao embargo (ou nunciação) de obra nova[46], o art. 290º, § 1, dispunha, à semelhança do regime legal anterior[47], que, se passados três meses depois do embargo, não tivesse acabado a causa da nunciação, o juiz podia admitir a prestação de uma caução *de opere demoliendo*, prosseguindo a obra na pendência da causa, situação em que podia ouvir sumariamente as partes ou efetuar uma vistoria à obra, se tal lhe parecesse conveniente[48]. Por sua vez, o § 2 do mesmo preceito legal estipulava que o juiz ordenava que a obra prosseguisse a sua execução até ser finda ou até que bastasse para prevenir um perigo iminente ou um dano irreparável se verificasse que o embargo ou a nunciação de obra nova fora efetuada com malícia ou com fraude, ou que podia existir perigo ou dano com a paralisação da obra, que a tornasse irremediável[49].

[46] A este respeito, Sousa de Lobão assinala que o embargo de obra nova constituía, na prática, um "interdicto ou acção", pelo que só em sentido muito lato podia ser entendido como um "embargamento de obra nova" (Lobão, Manuel de Almeida e Sousa de, *Segundas linhas sobre o processo civil ou antes addições às primeiras do bacharel Joaquim José Caetano Pereira e Sousa*, Parte II, Imprensa Nacional, Lisboa, 1855, p. 9).

[47] Com efeito, nos termos do art. 290º, proémio, a caução *damni infecti* e a nunciação de obra nova seguiam o regime de processo estabelecido antes do Decreto nº 24, de 16 de maio de 1832, com as alterações previstas nessa disposição legal. Assim, na esteira de Correa Telles, a obra nova podia ser embargada extrajudicialmente pelo interessado, "por sua privada autoridade", sendo que este devia, posteriormente, requerer ao juiz do lugar da situação do prédio a ratificação do embargo, "inibindo os operários de continuarem a trabalhar na obra, e ao dono de a continuar, sob pena de demolição à sua custa" (Telles, José Homem Correa, *Manual do Processo Civil – Supplemento do Digesto Portuguez*, *op. cit.*, p. 246).

[48] Tal como assinala Francisco Nazareth, o embargo de obra nova podia ser realizado, excecionalmente, em dias santificados e depois de o sol posto, tendo em conta o perigo da demora (Nazareth, Francisco J. Duarte, *Elementos do Processo Civil*, 1ª parte, vol. I, *op. cit.*, p. 188).

[49] A este respeito, Correa Telles entendia que o embargante de obra nova só respondia pelas perdas e danos causados ao requerido se tivesse litigado de má-fé (Telles, José Homem Correa, *Manual do Processo Civil – Supplemento do Digesto Portuguez*, *op. cit.*, p. 247). Nesse caso, de acordo com o referido Autor, o embargado podia pedir, em sede de reconvenção, que o embargante fosse condenado no ressarcimento das perdas e danos causados pelo embargo injusto, sendo que era mais cómodo para o lesado pedir o ressarcimento das perdas e danos em sede de reconvenção do que intentar uma ação fundada no dolo ou na injúria do embargante (Telles, José Homem Correa, *Doutrina das Acções Accommodada ao Foro de Portugal*, *op. cit.*, p. 85).

5. Código de Processo Civil de 1876

O Código de Processo Civil de 1876[50] regulava as providências cautelares no Título III do Livro II, sob a epígrafe "Dos actos preventivos e preparatórios para algumas causas"[51,52], que compreendiam a conciliação, o embargo ou arresto, o embargo de obra nova, as denúncias e tomadias, os depósitos e protestos e os alimentos provisórios.

No que respeita à conciliação, dispunha o art. 357º do CPC_{1876} que nenhuma ação podia ser proposta em juízo sem que antes se procedesse a uma tentativa de conciliação. Excetuavam-se as ações cujo objeto não admitisse transação; em que alguma das partes fosse inábil para transigir; em que houvesse mais do que um réu, quando não fossem todos eles residentes no mesmo distrito do juiz de paz; as que fossem da competência dos juízes ordinários; as que fossem propostas contra pessoas que residissem fora do continente, ilha ou província ultramarina onde corresse a ação; as que respeitassem à impugnação pelo credor da consignação de depósito; as de reconvenção; e as que seguis-

[50] Diploma publicado no *DG*, nº 253, de 09.11.1876, e com entrada em vigor, de acordo com a doutrina dominante, em 17.05.1877 (cfr., a este propósito, ANDRADE, Manuel A. Domingues de, *Noções Elementares de Processo Civil*, reimp., Coimbra Editora, Coimbra, 1993, p. 18). *Vide*, quanto à divergência doutrinal em relação à data da entrada em vigor do Código de Processo Civil de 1876, CASTRO, Manuel de Oliveira Chaves e, *A Organização e Competência dos Tribunaes de Justiça Portugueses*, Lumen, Coimbra, 1910, pp. 50 a 52.

[51] Com efeito, tal como assinala Antunes Varela, ao invés do que sucedia com o Código de Processo Civil de 1939, o Código de Processo Civil de 1876 não conhecia a figura das "providências cautelares", o que muito se ficava a dever ao "casuísmo ainda impetrante em vastas zonas do direito da época, nomeadamente no processo civil" (VARELA, João de Matos Antunes, "Linhas fundamentais do anteprojecto do novo Código de Processo Civil", *in RLJ*, ano 120º, nº 3764, p. 326).

[52] Em sede de direito comparado, a tutela cautelar jurisdicional surge consagrada no ordenamento jurídico francês através do Decreto de 30.03.1808, o qual estabelecia no seu art. 54º o seguinte: "*Toutes requêtes à fin d'arrêt ou de revendication de meubles ou marchandises, ou autres mesures d'urgence, celles pour mise en liberté, ou pour obtenir permission d'assigner sur cession de biens ou sur homologation de concordats et délibérations de créanciers, et celles pour assigner à bref délai, en quelque matière que ce soit, seront présentées au Président du tribunal, qui les répondra par son ordonnance, après la communication, s'il y a lieu, au procureur du roi*".
Já no que se refere ao ordenamento italiano, o *Códice di Procedura Civile* de 1866 dispunha sobre as providências cautelares (*di provvedimenti d'urgenza*) nos arts. 182º, 275º, 289º, 578º, 808º, 839º e 921º a 940º.
No que concerne ao ordenamento jurídico brasileiro, a primeira sistematização da tutela cautelar decorre do Regulamento nº 737, de 25 de novembro de 1850, cujo título VII disciplinava os processos preparatórios, preventivos e incidentes. Posteriormente, a Resolução Imperial de 28 de dezembro de 1876 viria a conceder força de lei à "Consolidação das Leis do Processo Civil", da autoria do juiz conselheiro António Joaquim Ribas, sendo que esta obra disciplinava as *causas preparatórias* nos seus arts. 883º e ss.

sem processo especial. Neste procedimento, o autor deduzia por escrito o pedido e os seus fundamentos em petição dirigida ao juiz de paz do distrito da residência do réu, requerendo a citação deste (art. 358º do CPC_{1876}). Uma vez citado o réu e comparecendo as partes em juízo, o juiz de paz procurava conciliá-las e, se o conseguisse, mandava lavrar um auto, no qual se especificavam "com clareza os termos e condições da conciliação" (art. 359º, § 2).

À semelhança do que sucedia na legislação anterior, a providência cautelar de arresto ocupava um lugar de destaque no Código de Processo Civil de 1876. Assim, de acordo com o disposto nos arts. 363º e 364º do CPC_{1876}, o embargo ou arresto podia ser requerido não só nos casos de reprodução fraudulenta de qualquer obra ou de contrafação, nos termos dos arts. 611º e 637º do CC_{1867}, como também quando o credor provasse a certeza da dívida e o justo receio de insolvência, de ocultação ou de dissipação dos bens do devedor, situação em que era decretado o arresto de bens do devedor que se afigurassem suficientes para a segurança da dívida[53,54,55]. Com efeito, dispunha o art. 611º do

[53] Assim, conforme elucida Barbosa de Magalhães, o código regulava duas espécies de arresto, sendo o primeiro de natureza preventiva e o segundo de natureza repressiva (MAGALHÃES, Barbosa de, *Estudos sobre o Novo Código de Processo Civil*, 2º vol., Coimbra Editora, Coimbra, 1947, p. 319).

[54] O Código de Processo Civil Italiano de 1866 determinava, no seu art. 924º, que, quando o credor tivesse um justo motivo para suspeitar da fuga do seu devedor ou da ocorrência de subtrações ao seu património, bem como quando estivesse em perigo de perder a garantia do seu crédito, podia requerer a apreensão dos bens móveis ou de direitos do devedor. De todo o modo, nos termos do art. 928º, a autoridade judiciária podia, segundo as circunstâncias do caso em concreto, impor ao credor a obrigação de prestar caução a título de garantia para ressarcimento dos danos na eventualidade de o sequestro conservativo ser declarado injusto. De particular importância é a norma constante do art. 935º desse diploma legislativo, a qual dispunha que "*Quando il sequestro sia riconosciuto senza causa e perciò rivocato, il sequestrante può essere condannato in una multa estendibile a lire mille, oltre il risarcimento dei danni*" (*Codice di Procedura Civile del Regno d'Italia*, Stamperia Reale, Milão, 1865, pp. 298 a 304).

A este respeito, a jurisprudência italiana considerava que o arresto podia ser revogado não só nos casos em que este fosse injustificado *ab initio*, como também nas situações em que, muito embora fosse justificado aquando do seu decretamento, se verificasse algum facto superveniente que o tornasse injustificado (cfr., entre outras, a sentença do Tribunal de Apelação de Turim de 29.11.1878, *apud* MAGNI, Claudio, *Codice di Procedura Civile del Regno d'Italia*, vol. II, Eugenio e Filippo Cammeli Editori, Florença, 1880, p. 621).

No que concerne aos danos causados ao requerido, a jurisprudência sufragava o entendimento de que a condenação do requerente no ressarcimento desses danos revestia uma natureza facultativa, ficando dependente do prudente arbítrio do julgador de mérito (cfr. a sentença do Tribunal de Apelação de Turim de 10.12.1871, a sentença do Tribunal de Florença de 03.08.1875, bem como a sentença do Tribunal de Apelação de Roma de 16.03.1878, *apud* MAGNI, Claudio, *Codice di Procedura Civile del Regno d'Italia*, vol. II, *op. cit.*, p. 621). Quanto a esta problemática, o Tribunal de Apelação de Roma, por sentença de 06.05.1878, considerou que "a mesma lei que atribui ao juiz a faculdade de decretar o arresto, sem ouvir o requerido, é aquela que lhe comete a obrigação de tutelar os

CC_{1867} que "*O auctor ou proprietário cuja obra for reproduzida fraudulentamente, pode, logo que tenha conhecimento do facto, requerer embargo nos exemplares reproduzidos, sem prejuízo da acção de perdas e damnos, a que tenha direito, ainda que nenhuns exemplares sejam achados*". Por seu turno, o art. 637º do mesmo diploma legal

interesses do devedor requerido, seja no acto de decretamento da providência cautelar, através da imposição do dever de prestação de uma caução para ressarcimento dos danos (art. 928º), seja no caso de revogação do arresto, pela condenação oficiosa do requerente da providência no pagamento de uma multa. Se o devedor está presente em juízo e não apresenta um pedido de ressarcimento dos danos sofridos, o seu silêncio pode equivaler à confissão de que não sofreu qualquer dano ou à renúncia ao ressarcimento desses danos. Todavia, se o devedor for contumaz, entende-se que os seus interesses devem ser protegidos pelo tribunal, o qual, revogando o arresto, fica legalmente investido no poder oficioso de condenar o requerente da providência no ressarcimento dos danos causados ao requerido ou no pagamento de uma multa".
Já no que respeita ao problema da imputação do dano à conduta censurável do agente, a jurisprudência italiana vinha entendendo que esta responsabilidade revestia uma natureza subjetiva, ou seja, para se condenar o credor/requerente da providência a ressarcir os danos causados ao requerido, era necessário, para além da verificação dos danos, que fosse imputável ao credor arrestante uma conduta culposa, o que exigia a demonstração de que o credor abusara do seu direito e que agira, não com a intenção de garantir o seu crédito, mas apenas com o ânimo de injuriar e de vexar o devedor (cfr., entre outras, as sentenças do Tribunal de Apelação de Turim de 16.04.1866, de 05.06.1873 e de 26.07.1878, a sentença do Tribunal de Apelação de Nápoles de 04.09.1876, a sentença do Tribunal de Apelação de Roma de 19.09.1876, e as sentenças do Tribunal de Apelação de Génova de 20.02.1875 e de 14.05.1875, *apud* Magni, Claudio, *Codice di Procedura Civile del Regno d'Italia*, vol. II, *op. cit.*, p. 622). Assim, conforme se decidiu na sentença do Tribunal Supremo de Turim de 10.12.1871 (*apud* Magni, Claudio, *Codice di Procedura Civile del Regno d'Italia*, vol. II, *op. cit.*, p. 625), a boa-fé do credor impedia que houvesse lugar à condenação em multa ou no pagamento de uma indemnização. Por sua vez, o Tribunal de Apelação de Bréscia, na sua sentença de 10.06.1868 (*apud* Magni, Claudio, *Codice di Procedura Civile del Regno d'Italia*, vol. II, *op. cit.*, p. 623), decidiu que a responsabilidade do credor arrestante quanto ao ressarcimento dos danos não era excluída pelo facto de o arresto – que veio a ser revogado por se revelar injusto – não ter sido decretado com recurso à simulação ou dissimulação de factos, já que o requisito da fraude só era necessário quando estivesse em causa a aplicação de uma multa ao credor. Na mesma linha de raciocínio, a sentença do Tribunal de Apelação de Génova de 26.02.1875 (*apud* Magni, Claudio, *Codice di Procedura Civile del Regno d'Italia*, vol. II, *op. cit.*, p. 623) considerou que não havia lugar à condenação do credor ao ressarcimento dos danos quando estivesse em causa um arresto simplesmente irregular, exigindo-se, outrossim, que o arresto tivesse sido pedido apesar de não existir qualquer direito de crédito ou que o requerente tivesse atuado de forma dolosa, conhecendo a injustiça da sua atuação. Analogamente, o Tribunal de Apelação de Florença, na sua sentença de 27.05.1870 (*apud* Magni, Claudio, *Codice di Procedura Civile del Regno d'Italia*, vol. II, *op. cit.*, p. 623), sufragou o princípio absoluto segundo o qual a pena de ressarcimento dos danos só era aplicável nos casos em que se verificasse a revogação da providência cautelar de arresto pelo facto de esta ser injustificada e não por mero efeito de um vício processual. Em sentido diverso, o Tribunal de Apelação de Nápoles, na sua sentença de 12.02.1868 (*apud* Magni, Claudio, *Codice di Procedura Civile del Regno d'Italia*, vol. II, *op. cit.*, pp. 623 e 624), decidiu que, sendo o arresto revogado por incompetência do juiz que o decretara, o credor devia ser condenado a ressarcir os danos causados ao requerido.

estabelecia que *"Os encartados, ou os seus representantes, podem requerer, em caso de suspeita de contrafacção, arresto nos objectos contrafeitos ou nos instrumentos, que só possam servir para a sua fabricação, prestando previamente caução.* § único: *Neste caso, porém, se o arrestante não propoz a sua acção dentro de quinze dias, fica o arresto nullo de direito, e póde o arrestado demandar o arrestante por perdas e damnos"*.

Em anotação ao art. 364º do CPC_{1876}, Eduardo Alves de Sá esclarecia que o arresto só podia ser decretado em caso de *certeza da dívida* e de *justo receio de insolvência, ou de occultação* ou de *dissipação de bens*. No que concerne ao requisito da certeza da dívida, não era necessária uma prova inteira, exaustiva e absoluta, sendo bastante a existência de uma *justificação suficiente*, a ser apreciada, caso a caso, pelo julgador. Com efeito, de acordo com o aludido Autor, *"A natureza do arresto, meio preventivo e não executivo, urgente, que nada prejudica,*

No que em particular se refere à natureza dos danos indemnizáveis, na sua sentença de 14.05.1875, o Tribunal de Apelação de Génova decidiu que, em caso de revogação do arresto, a condenação do credor arrestante não podia abranger os danos que não fossem previsíveis aquando do decretamento da providência, nem tão-pouco aqueles que não fossem uma consequência imediata e direta do arresto.

Acresce que a jurisprudência vinha admitindo, de forma unânime, que a competência para o conhecimento dos danos causados ao requerido pertencia ao juiz da ação principal, sendo que o juízo de facto quanto a esses danos era incensurável em sede de recurso de apelação (cfr., entre outras, a sentença do Tribunal Supremo de Nápoles de 03.04.1869, a sentença do Tribunal Supremo de Turim de 10.12.1871 e a sentença do Tribunal Supremo de Roma de 26.02.1877, *apud* MAGNI, Claudio, *Codice di Procedura Civile del Regno d'Italia*, vol. II, *op. cit.*, p. 624).

Por último, no que se refere à condenação do credor arrestante em multa, o Tribunal Supremo de Turim, na sua sentença de 26.07.1878, considerou que, ao prever essa condenação, a lei visou agravar a responsabilidade do credor que, sem ter causa de litigar, visasse apenas vexar o devedor, sendo que, nesse caso, o motivo da revogação do arresto revestia uma natureza particularmente grave.

[55] No ordenamento jurídico brasileiro, dispunha o art. 898º da *Consolidação das Leis do Processo* que o arresto podia ser requerido, na pendência da causa, quando a demanda versasse sobre dinheiro ou qualquer outra quantidade e fosse necessário assegurar a dívida por suspeita de fuga, situação em que o autor podia requerer a "satisfação ou sequestro de valores equivalentes" se o réu não possuísse bens móveis ou imóveis que estivessem livres e desonerados. Por sua vez, nos termos dos arts. 899º e 900º, o arresto podia ser requerido antes da propositura da ação respetiva, desde que o credor provasse que a dívida era certa e líquida e que o devedor não possuía bens seus, móveis ou imóveis, que estivessem livres e desonerados e que garantissem o pagamento da dívida. Nesse caso, pese embora a prova desses requisitos, por via de regra, devesse ser produzida antes do decretamento da providência, o certo é que, havendo *perigo na demora*, o arresto podia ser decretado mediante juramento do credor, sendo que, nessa eventualidade, a prova devia ser realizada no prazo de três dias após o arresto. À luz do art. 902º, o arresto não podia ser decretado se o credor, aquando da celebração do contrato que dera causa ao litígio, soubesse que o devedor não possuía bens móveis ou imóveis. Por sua vez, nos termos do art. 905º, o arresto caducava se, a requerimento do réu, o autor não tivesse proposto a ação dentro do prazo fixado pelo juiz, se o réu prestasse a devida satisfação ou se o réu fosse absolvido na ação principal por sentença já transitada em julgado.

que antes conserva para todos, que não impede a discussão plena das provas na acção, – não podia deixar, ainda quando não houvesse aquelle artigo, de fazer com que o juiz exigisse menos rigor na prova". Quanto ao requisito do justo receio de insolvência, de ocultação ou de dissipação de bens, tornava-se necessária a alegação de factos concretos e objetivos que demonstrassem a verificação desse justo receio, não sendo suficiente uma referência vaga e genérica aos requisitos legais. De facto, "*ainda que a insolvencia se prove por documentos, como não há allegações, o juiz mal poderá aprecial-os, se a parte não fizer referencia dos factos, a fim de se poder apreciar, se há realmente justo receio*"[56].

Relativamente à responsabilidade do requerente pelo recurso injustificado à tutela cautelar, dispunha o art. 366º do CPC_{1876}, a propósito do embargo ou arresto, que esta providência cautelar não podia ser ordenada[57] sem que o requerente assinasse um termo de responsabilidade por perdas e danos[58,59], se a final fosse julgado improcedente e nulo o arresto, por ter havido da sua parte ocultação da verdade ou asserção contrária a ela[60,61]. De todo o modo,

[56] SÁ, Eduardo Alves de, *Commentario ao Código do Processo Civil Portuguez*, 3º volume, *op. cit.*, pp. 424 a 430). *Vide*, a este respeito, o ac. do STJ de 11.06.1885, *in DG*, nº 1, 1885, p. 10, segundo o qual o arresto, sendo um meio violento, não era admitido fora dos casos em que a lei o permitia.

[57] A este propósito, o Supremo Tribunal de Justiça, por acórdão de 02.08.1876 (*in DG*, nº 103, de 1879) veio considerar que, para a procedência do arresto, era necessária não só a prova da certeza, como também da liquidação da dívida, atenta a necessidade de observação do princípio da proporcionalidade no que contende com o equilíbrio entre o montante da dívida e o valor dos bens a arrestar (cfr., no mesmo sentido, o ac. do STJ de 11.06.1885, *in DG*, 1º, 1885). *Vide*, em sentido contrário, o ac. do STJ de 07.06.1870, *in DG*, nº 4, 1870, o ac. do STJ de 25.06.1870, *in DG*, 13º, 1870, e o ac. do STJ de 02.08.1878, *in DG*, nº 103, 1879.

[58] Com efeito, como ensina António Júlio Cunha, desde cedo o legislador entendeu que o regime geral da litigância de má-fé não era o mais adequado às providências cautelares (CUNHA, António Júlio, "A propósito da responsabilidade processual civil", *in Estudos Jurídicos em Homenagem ao Professor António Motta Veiga*, Almedina, Coimbra, 2007, p. 715).

[59] Cfr., a este propósito, o ac. do STJ de 01.12.1885, *in BT*, 1º ano, nº 10, p. 149, segundo o qual a falta de assinatura do termo de responsabilidade por perdas e danos, antes do decretamento do arresto, constituía nulidade insanável. Cfr., também, o ac. do STJ de 27.01.1888, *in DG*, 17º, 1888, no qual se decidiu que "Não exige a lei que o termo de responsabilidade por perdas e danos seja assinado antes de decretado o arresto mas sim que o seja antes de efectuado o mesmo arresto".

[60] Em anotação a esta disposição legal, José Dias Ferreira considerava que este termo de responsabilidade era, na prática, perfeitamente inútil, quer pelo facto de o signatário não ter bens para responder pelas perdas e danos, quer, e sobretudo, pela dificuldade de prova de que tinha havido ocultação da verdade ou asserção contrária a ela (FERREIRA, José Dias, *Código de Processo Civil Annotado*, tomo I, *op. cit.*, p. 462).

[61] Comparativamente com este regime, o Código de Processo Civil italiano de 1866 dispunha no seu art. 866º, a propósito da providência cautelar de arresto, que a autoridade judiciária podia, segundo as circunstâncias, impor ao credor arrestante a obrigação de prestar uma caução em

nos termos do § único do art. 317º do CPC_{1876}, não era necessário assinar o termo de responsabilidade, nem provar o justo receio de insolvência ou de ocultação e dissipação de bens, quando estivessem em causa arrestos contra tesoureiros, recebedores ou quaisquer empregados que tivessem a seu cargo valores do Estado, ou contra devedores da Fazenda Pública por efeito de contrato, e contra os seus fiadores. Saliente-se, a este respeito, que a jurisprudência dividia-se quanto à questão de saber se o arrestado podia formular um pedido de indemnização civil contra o credor arrestante em sede de embargos ao arresto[62], ou se, ao invés, devia intentar uma ação de responsabilidade civil autónoma. Com efeito, a posição dominante era a de que a indemnização por perdas e danos devia ser formulada em ação autónoma, com forma ordinária, sumária ou sumaríssima, consoante o valor da causa[63]. Na ação de indemnização por perdas e danos que viesse a ser intentada em consequência do recurso injustificado à providência cautelar de arresto, impendia sobre o arrestado o ónus de alegar e provar que o credor arrestante ocultara a verdade ou produzira asserção contrária a ela[64].

quantia determinada que fosse suscetível de garantir o ressarcimento dos danos que pudessem ser causados ao requerido para o caso de a providência cautelar de arresto vir a ser "declarada injusta". Por sua vez, no ordenamento jurídico brasileiro, o art. 337º do Regulamento nº 737, de 25 de novembro de 1850, dispunha que o requerido de uma providência cautelar de arresto tinha o direito de pedir, através da ação competente, as perdas e danos que o arresto lhe tivesse causado quando essa providência tivesse sido requerida com *má-fé*.

[62] Negando tal possibilidade, *vide* o ac. do STJ de 21.02.1930, *in GRL*, 44º, p. 54: "Os embargos não são meio de pedir indenização [*sic*] pelos prejuízos causados pelo arresto". Em sentido contrário, *vide* o ac. do STJ de 14.06.1895, *in GRL*, n. 9, p. 61, segundo o qual "Tendo os embargos ao arresto por fim a condenação do arrestante por ter havido ocultação da verdade, ou asserção a ela contrária, a desistência do arresto não põe termo aos embargos, em que há a julgar o direito a essas perdas e danos, e não constitui por isso a sentença, que julga a desistência, caso julgado quanto ao processo dos embargos".

[63] *Vide*, neste sentido, o ac. do STJ de 03.07.1909, *in COADSTJ*, nº 8, p. 285, segundo o qual "Julgada improcedente a acção penal comercial de intimação e reprodução fraudulenta de certos produtos fabris, absolvidos os réus dessa falsa acusação e levantado, em consequência, o arresto que o autor lhes promovera, são tais factos fundamento legal suficiente para aqueles intentarem contra este a respectiva acção de perdas e danos, resultante da responsabilidade por ele assumida ao promover o arresto". Cfr., no mesmo sentido, o ac. do STJ de 15.03.1921, *in GRL*, ano 36º, p. 349, o ac. do STJ de 27.11.1925, *in GRL*, ano 40º, p. 93, e o ac. do STJ de 22.07.1941, *in RLJ*, ano 74º, p. 238.
Em termos substantivos, a responsabilidade civil vinha regulada nos arts. 2361º e ss. do CC_{1867}. Com efeito, dispunha o art. 2361º que todo aquele que violasse ou ofendesse os direitos de outrem constituía-se na obrigação de indemnizar o lesado por todos os prejuízos que lhe causasse, sendo certo que o art. 2362º determinava que os direitos podiam ser ofendidos por factos ou por omissão de factos.

[64] *Vide*, nesse sentido, o ac. do STJ de 16.05.1906, *in GRL*, nº 20, p. 73.

No que concerne ao embargo de obra nova, o art. 380º do CPC_{1876} permitia recorrer a esta providência cautelar sempre que alguém se julgasse ofendido no seu direito[65], em consequência de obra nova que lhe causasse prejuízo ou que, pela sua direção, ameaçasse vir a causar-lhe, assumindo o embargo, respetivamente, uma feição repressiva ou preventiva[66,67]. O embargo da obra também podia ser realizado por via extrajudicial, situação em que o interessado intimava verbalmente, perante duas testemunhas, o dono da obra e os operários para que não a continuassem, recorrendo, de seguida, aos tribunais para ratificarem o embargo[68].

[65] No sentido de ser admissível o recurso à providência cautelar de embargo de obra nova, seja para defesa do direito de propriedade, seja para defesa da posse, *vide* o ac. do STJ de 12.11.1981, *in GRL*, 3º, p. 380.

[66] O embargo de obra nova com função preventiva constituiu uma inovação do Código de Processo Civil de 1876, já que as Ordenações Filipinas só admitiam o recurso ao embargo repressivo, isto é, quando a obra causasse prejuízo efetivo ao requerente dessa providência.

[67] A este respeito, dispunha o art. 2354º do CC_{1867} que "*Todo o proprietário tem o direito de defender a sua propriedade, repellindo a força pela força, ou recorrendo ás auctoridades competentes*", sendo certo que, nos termos do art. 2355º do mesmo diploma legal, "*Se a violação provier de qualquer obra nova, a que alguem dê começo, poderá o offendido prevenir-se, e assegurar o seu direito, embargando a obra*".

[68] A providência cautelar de embargo de obra nova (*denunzia de nuova opera o di danno temuto*) vinha regulada nos arts. 938º e ss. do Código de Processo Civil italiano de 1866, sendo que o art. 938º dispunha o seguinte: "*La denunzia di nuova opera o di danno temuto, di cui nel numero 3º dell'articulo 82 é fatta com citazione a comparire davanti il pretore competente a norma dell'articulo 93: può anche farsi com ricorso presentato al pretore, il quale prima di procedere può ordinare la citazione dell'altra parte anche ad ora fissa. Se penda tra le parti un giudizio che abbia connessione coll'oggetto della denunzia, questa si deve proporre in via d'incidente nel giudizio medesimo*". No que em particular se refere aos requisitos para o decretamento desta providência cautelar, a jurisprudência italiana considerava que era necessário o preenchimento de três requisitos cumulativos: posse do direito ou do objeto em relação ao qual se temia que viesse a ser produzido um dano; que a obra tivesse sido iniciada no ano em que era requerida a providência e que se encontrasse ainda por concluir; que existisse um dano possível (cfr., nesse sentido, a sentença do Tribunal Supremo de Turim de 28.01.1876, bem como a sentença do Tribunal Supremo de Nápoles de 09.01.1868, *apud* Magni, Claudio, *Codice di Procedura Civile del Regno d'Italia*, vol. II, *op. cit.*, p. 630).
No ordenamento jurídico brasileiro, dispunha o art. 762º da *Consolidação das Leis do Processo* que o embargo (*nunciação*) de obra nova podia ser requerido quando alguém edificasse alguma obra que prejudicasse a servidão de outrem. Com efeito, conforme salienta António Joaquim Ribas, em comentário a esse preceito legal, o embargo de obra nova podia ter lugar quando fosse construído um edifício ou quando fosse prejudicada uma servidão, positiva ou negativa, mas não podia ser requerido se se limitasse a reedificar um prédio antigo, sem alterar por qualquer forma o estado desse prédio (Ribas, António Joaquim, *Consolidação das Leis do Processo Civil*, vol. II, Dias da Silva Júnior Typographo-Editor, Rio de Janeiro, 1879, p. 142).
Por sua vez, nos termos do art. 763º, o embargo de obra nova, tendo por finalidade a suspensão da obra começada, bem como a demolição daquela que já tivesse sido realizada, podia ser feito através

Contrariamente ao que sucedia com o arresto, o legislador não exigia que o embargante de obra nova assinasse um termo de responsabilidade com vista a acautelar as eventuais consequências danosas que pudessem resultar para o requerido em virtude do decretamento dessa providência[69]. Nos termos do art. 383º, § 1, do CPC_{1876}, o juiz podia autorizar a continuação da obra embargada quando, por vistoria, se verificasse que resultava perigo de não continuar a obra.

No que respeita às denúncias e tomadias, o art. 386º do CPC_{1876} preceituava que as denúncias, por falta de manifesto, podiam ser requeridas pelo Ministério Público ou por qualquer outra pessoa, situação em que o requerente devia deduzir os fundamentos da denúncia e juntar os documentos comprovativos da falta de manifesto. Subsequentemente, era proposta contra o denunciado uma ação pelo meio competente, à qual era junto o processo originário da denúncia (art. 386º, § 4, do CPC_{1876}).

Por sua vez, o art. 387º do CPC_{1876} dispunha que, nas causas de contrabando ou de descaminho, em que a fazenda começasse por tomadia ou apreensão, o juiz, uma vez recebido o processo administrativo contendo despacho que tivesse por válida e subsistente a tomadia ou a apreensão, mandava dar vista ao Ministério Público, o qual, não havendo lugar a procedimento criminal, propunha a ação competente.

Relativamente aos depósitos e protestos, o art. 389º do CPC_{1876} determinava que o tribunal mandava efetuar o depósito a requerimento do interessado, sendo, posteriormente, intimadas as pessoas a que o mesmo dissesse respeito.

Paralelamente, o art. 390º do CPC_{1876} preceituava que os protestos para interromper a prescrição, bem como quaisquer outros que devessem ser feitos judicialmente, seriam requeridos ao juiz e, uma vez reduzidos a termo, eram intimados os interessados, sendo, posteriormente, devolvido ao requerente o respetivo protesto.

de mandado do juiz ou, extrajudicialmente, pela própria parte, através do lançamento de diversas pedras na obra (*per manum id est lapilli ictum*).

[69] Neste particular, o art. 940º do Código de Processo Civil italiano de 1866 previa, quanto aos meios de proteção do requerido, a possibilidade de o juiz condicionar o decretamento da providência cautelar de embargo de obra nova à prestação de uma caução pelo requerente da providência, situação em que a providência cautelar só podia ser executada depois de o requerente prestar essa garantia. Por sua vez, no nosso ordenamento jurídico, o entendimento dominante na vigência do Código de Processo Civil de 1876 era o de que, em caso de improcedência da ação principal subsequente ao decretamento do embargo, a indemnização ao embargado só seria devida se a ação fosse extemporânea ou se o embargante desistisse dela. Caso contrário, a procedência do pedido de indemnização ficava dependente da alegação e prova da litigância de má-fé do autor, sendo a indemnização arbitrada nos termos do art. 126º.

No tocante aos alimentos provisórios, o art. 391º do CPC_{1876} estatuía que, aquele que tivesse direito a alimentos podia, antes de propor a ação ou estando ela já pendente, requerer que lhe fossem arbitrados alimentos a título provisório enquanto não fosse proferida sentença com força executiva na ação principal. Sendo o requerimento deferido, os alimentos provisórios eram fixados em prestações mensais, em função do que fosse estritamente necessário para o sustento, habitação e vestuário do autor, bem como para suportar as despesas da demanda (art. 391º, § 6, do CPC_{1876})[70].

Os arts. 675º e 680º do CPC_{1876} regulavam igualmente o regime da imposição de selos e de arrolamento enquanto providências de conservação de bens. Com efeito, nos termos do art. 675º, havendo de se proceder a inventário ou arrolamento de bens, podia ser ordenada a imposição de selos, oficiosamente ou a requerimento de parte, quando houvesse justo receio de extravio[71]. Tratava-se, com efeito, de uma providência cautelar de grande utilidade, na medida em que permitia impedir o descaminho de bens mobiliários[72]. Por sua vez, o art. 680º do CPC_{1876} estatuía que o arrolamento podia ter lugar como consequência da imposição de selos ou nos casos de abandono de bens, herança jacente ou outros idênticos[73].

[70] Nos termos do art. 171º do CC_{1867}, os alimentos compreendiam tudo o que fosse indispensável ao sustento, habitação e vestuário, bem como a educação e instrução do alimentando, sendo este menor.

[71] Conforme assinala Alexandre Seabra, a legislação anterior era praticamente omissa em relação a cautelas preventivas necessárias para evitar o descaminho de bens da herança (SEABRA, Alexandre Ferreira de, *Motivos do Projecto do Codigo do Processo Civil Apresentado ao Ministro e Secretario d'Estado dos Negocios Ecclesiasticos e de Justiça*, Imprensa Nacional, Lisboa, 1869, p. 22).

[72] *Idem, ibidem*, p. 22.

[73] Note-se que o art. 87º do Decreto nº 21287, de 26.05.1832, publicado no *DG*, nº 122, sob a epígrafe "Dos actos preventivos e preparatórios para algumas causas", veio estipular que a imposição de selos e o arrolamento só eram permitidos quando houvesse justo receio de extravio de bens mobiliários, sendo que os §§ 1 e 2 permitiam o recurso a estas diligências conservatórias enquanto atos preventivos da ação de interdição por demência ou surdez-mudez, da ação de investigação da paternidade ou maternidade ilegítima e da ação de anulação de testamento ou doação, desde que o requerente justificasse previamente a viabilidade da ação e, no caso da ação de interdição, demonstrasse a sua legitimidade. Por sua vez, o art. 88º desse diploma dispunha que, quando alguma pessoa particular requeresse a imposição de selos ou o arrolamento, não podia proceder-se a qualquer uma dessas diligências sem que fosse assinado um termo de responsabilidade por perdas e danos, com a intervenção de duas testemunhas abonatórias, cuja idoneidade fosse conhecida do tribunal. Nos termos do art. 89º do referido diploma legal, a imposição de selos e o arrolamento caducavam se a ação respetiva não fosse distribuída no prazo de trinta dias ou se esta estivesse parada por mais de três meses.

Ao abrigo do disposto no art. 676º, § 1, do CPC_{1876}, o requerente da providência conservatória de imposição de selos devia alegar o fundamento do justo receio de extravio[74] e, sendo uma pessoa particular, indicar a qualidade em que vinha a juízo, e assinar um termo de responsabilidade pelas perdas e danos que pudessem resultar para o requerido dessa providência, por ter havido da sua parte ocultação da verdade ou asserção contrária a ela.

De igual modo, relativamente ao arrolamento, o art. 88º do Decreto nº 21287, de 26 de maio de 1932, veio determinar que, sendo requerido por um particular, não se podia proceder ao arrolamento sem que o requerente assinasse um termo de responsabilidade por perdas e danos, com a intervenção de duas testemunhas abonatórias, cuja idoneidade fosse conhecida do tribunal. Nos termos do art. 90º do Decreto nº 21287, de 26 de maio de 1932, o arrolamento podia ser levantado mediante a prestação de caução pelo requerido, a qual era fixada e julgada pelo juiz, depois de ouvidas as partes. Sendo decretado o arrolamento, este era efetuado pelo escrivão, o qual lavrava um auto em que descrevia os bens, em verbas numeradas, com a declaração do valor respetivo (art. 680º, § 2). No ato de arrolamento, os bens eram avaliados por um avaliador, nomeado pelo juiz, e entregues ao inventariante ou, não o havendo, a um depositário nomeado pelo juiz, que ficava responsável pela administração dos bens (art. 680º, §§ 1 e 3).

Paralelamente ao regime previsto na legislação processual civil, o Título III do Código do Processo Comercial de 1895[75] continha disposições especiais referentes aos "*actos preventivos e preparatorios para algumas causas*"[76].

[74] Nos termos do art. 676º, § 2, sendo decretada a imposição de selos, eram fechadas e lacradas com um selo as portas das casas ou os móveis onde estivessem os bens que pertencessem à herança e em relação aos quais existisse o receio de extravio, devendo o juiz nomear uma pessoa que ficaria encarregue da guarda da casa ou dos móveis selados e adotar, nesse ato, quaisquer providências que fossem necessárias para garantir a segurança dos objetos.

[75] Diploma aprovado pelo Decreto de 24 de janeiro de 1895, publicado no *DG*, nº 21, de 26 de janeiro de 1895.

[76] Estas disposições viriam a ser posteriormente reproduzidas nos arts. 36º a 40º do 2º Código do Processo Comercial, aprovado pela Carta de Lei de 13 de maio de 1896, publicada no *DG*, nº 111, de 19 de maio de 1896, bem como nos arts. 45º a 49º do 3º Código do Processo Comercial, aprovado pelo Decreto de 14 de dezembro de 1905, publicado no *DG*, nº 281, de 18 de dezembro de 1905. Entretanto, o art. 1º do Decreto nº 15623, de 25 de junho de 1928, publicado no *DG*, nº 144, em face de "dúvidas" que foram levantadas "sobre a doutrina de alguns artigos da lei, e tendo havido reclamações sobre a sua aplicação", bem como por convir "modificar essas disposições do modo mais consentâneo ao interesse das partes e à boa administração da justiça", alterou, entre outros, o art. 46º do Código do Processo Comercial, o qual passou o dispor o seguinte:
"Artigo 46º: O embargo ou arresto para segurança de dívidas comerciais só poderá ser ordenado pelo juiz do comércio, e quando o credor que o requerer justifique, além dos outros requisitos

Assim, no que respeita à conciliação, o art. 36º do CPCom.$_{1895}$ estabelecia que eram excetuadas de conciliação todas as causas comerciais.

Por sua vez, no tocante ao arresto, o art. 37º do CPCom.$_{1895}$ preconizava que o embargo ou o arresto para segurança de dívidas comerciais só podia ser ordenado pelo juiz de comércio e desde que o credor que o requeresse justificasse, além de outros requisitos legais, que a dívida em causa era comercial e que o devedor não era comerciante matriculado.

Quanto aos protestos, o art. 40º do CPCom.$_{1895}$ determinava que os protestos autorizados pelo código comercial podiam ser feitos verbalmente na presença dos interessados, devendo ser reduzidos a termo por tabelião ou escrivão do juízo, sem dependência de despacho judicial e logo que fosse possível, sendo-lhes posteriormente remetidos pelo correio, devidamente registados.

6. Código de Processo Civil de 1939

O Código de Processo Civil de 1939[77] autonomizava as ações conservatórias – fazendo delas uma categoria distinta das ações de simples apreciação, de condenação, constitutivas e executivas[78] – e regulava os *processos preventivos e conservatórios* nos arts. 386º a 455º, os quais compreendiam os alimentos provisórios (arts. 393º a 399º), a restituição provisória de posse (arts. 400º a 402º), a suspensão de deliberações sociais (arts. 403º e 404º), as providências cautelares (arts. 405º a 408º), o arresto (arts. 409º a 419º), o embargo de obra nova (arts. 420º a 428º), a imposição de selos e arrolamento (arts. 429º a 435º), as cauções (arts. 436º a 452º) e os depósitos e protestos (arts. 453º a 455º)[79]. Por sua vez, nos termos do art. 4º, as ações podiam ser de "simples apreciação ou declaração, de condenação, conservatórias, constitutivas ou executivas".

legais, que a dívida para cuja segurança o *requere* é comercial, e que o devedor não é comerciante matriculado.
§ único. O arresto será levantado logo que se mostre pela respectiva certidão que antes da data em que foi decretado já o devedor se achava matriculado como comerciante".
Posteriormente, o art. 226º do Decreto nº 21287, de 26 de maio de 1932, viria a alterar a redação do art. 46º do Código do Processo Comercial, aditando-lhe um segundo parágrafo, com a seguinte redação: "É facultado ao credor provar que o devedor, embora matriculado como comerciante, não exerce o comércio ou deixou de o exercer há mais de três meses".

[77] Promulgado pelo DL nº 29.637, publicado no *DG*, I Série, nº 123, de 28.05.1939.

[78] Assim, de acordo com o art. 4º, al. *c)*, do CPC$_{1939}$, as ações conservatórias tinham por finalidade "acautelar um prejuízo que se receia".

[79] Constata-se, deste modo, que o Código de Processo Civil de 1939 veio excluir do elenco dos "processos preventivos e conservatórios" a conciliação e as denúncias e tomadias, as quais, no domínio do Código de Processo Civil de 1876, achavam-se compreendidas nos "actos preventivos e preparatórios para algumas causas".

No que concerne às "providências cautelares", o art. 405º do CPC_{1939} previa a possibilidade de ser requerido o decretamento de uma providência que fosse adequada a evitar um prejuízo – nomeadamente a posse, o sequestro ou o depósito da coisa litigiosa, bem como a proibição ou a autorização de certos atos – nos casos em que uma pessoa tivesse justo receio de que alguém cometesse violências ou praticasse factos suscetíveis de causarem lesão grave e de difícil reparação ao seu direito[80,81]. Nesse enquadramento, o tribunal, por via de regra, devia citar o requerido para contestar, exceto quando a sua audição prévia pudesse colocar em risco a utilidade da providência. Para além disso, o tribunal podia, ainda que oficiosamente, colher as informações que reputasse necessárias e mandar proceder sumariamente às diligências indispensáveis, cuidando sempre de procurar manter o justo equilíbrio entre os dois prejuízos em conflito, isto é, o que a providência cautelar podia causar e o que visava evitar (art. 406º do CPC_{1939}).

Por sua vez, os alimentos provisórios podiam ser requeridos como ato preparatório da ação em que, a título principal ou acessório, se pedisse a prestação de alimentos, consistindo na fixação de uma quantia mensal que o autor devia receber a título provisório enquanto não houvesse uma sentença exequível na ação. Essa prestação seria fixada em função do que fosse estritamente

[80] Quanto ao reforço substancial dos poderes do juiz no Código de Processo Civil de 1939, em particular no que se refere aos procedimentos cautelares, ao abrigo do "princípio da autoridade e actividade do juiz", *vide* MENDONÇA, Luís Correia de, "80 anos de autoritarismo: uma leitura política do processo civil português", *in Proceso Civil e Ideología*, Valência, Tirant lo Blanch, 2006, p. 422.

[81] Veja-se, a este propósito, CARDOSO, João Eloy Pereira Nunes, *Processos Preventivos e Preparatórios: Providências Cautelares e Arrestos*, Edição da «Procural», Lisboa, 1942, p. 3, segundo o qual "O novo Cód. do Proc. Civil contém, além das disposições genéricas que impõem ao juiz o dever de decidir com justiça, as providências suficientes para que se torne muito mais difícil do que o era no antigo Código, o decretar-se indevidamente um arresto. Anteriormente aos Decs. nºs 15.623 e 21.287, a Conservatória do Registo Comercial era uma tábua de salvação para os que, cheios de dívidas e sem meios para as pagar, evitavam se lançasse mão do arresto-garantia com a simples matrícula, embora não fossem comerciantes. Por outro lado, a comprovação jurídica dos fundamentos do arresto era fácil, quando não fosse por existirem de facto esses fundamentos, por se provar que existiam, com testemunhas industriadas ou por testemunhas de profissão, por vezes já especializadas em matérias de arresto e que habilidosamente diziam quanto era preciso dizer. Devemos confessar que nunca nos vimos forçados a decretar um arresto que se nos afigurasse imoral. Bem ou mal, à falta de outro meio legal, exigíamos a prova completa do justo receio de insolvência sempre que nos convencíamos da imoralidade do pedido. E porque as testemunhas nunca podiam afirmar que o interessado não tinha bens fora da comarca, o arresto não era decretado a menos que o alegado viesse a ser comprovado por testemunhas idóneas e isentas de suspeita. (...) Hoje a lei faculta ao juiz todos os meios para que este decida sobre o pedido como entender justo e, entre eles, o de não admitir a depor as testemunhas que o requerente indicar, ou considerar de nulo valor os seus depoimentos quando tais testemunhas lhe não mereçam crédito".

necessário para o sustento, habitação e vestuário do requerente, compreendendo igualmente as despesas do processo nos casos em que o requerente não pudesse beneficiar de assistência judiciária (art. 393º do CPC_{1939}). Para o efeito, o requerente devia deduzir os fundamentos da sua pretensão e concluir com um pedido de fixação de uma mensalidade certa. Na falta de contestação, seria proferida sentença, condenando o requerido na prestação dos alimentos pedidos pelo autor. Diversamente, sendo o pedido contestado pelo requerido, as partes eram convocadas para uma conferência, a ser realizada no prazo de oito dias, na qual o juiz devia empregar "todos os esforços para obter a fixação dos alimentos por acordo das partes". Não sendo possível obter esse acordo, o juiz inquiria as testemunhas e decidia segundo a convicção que tivesse formado sobre as declarações das partes e as provas produzidas (art. 394º do CPC_{1939}). A este propósito, importa salientar que, se o requerente faltasse a essa conferência, sem que se verificasse uma situação de justo impedimento, o requerimento seria indeferido imediatamente e não podia ser renovado. Pelo contrário, se o requerido faltasse injustificadamente à conferência, essa ausência tinha a mesma consequência que a falta de contestação.

Relativamente à providência cautelar de restituição provisória de posse, o art. 400º do CPC_{1939} estipulava que, em caso de esbulho violento, o possuidor podia requerer que fosse restituído provisoriamente à sua posse, desde que alegasse e demonstrasse os factos que constituíam a posse, o esbulho e a violência[82]. Reconhecendo o juiz, pelo exame das provas, que o requerente tinha a posse e de que dela fora esbulhado violentamente, ordenava a restituição, sem citação nem audiência prévia do esbulhador[83]. No que respeita aos meios de reação do requerido, o art. 401º do CPC_{1939} dispunha que, uma vez proposta a ação possessória, este podia, dentro do prazo de oito dias a contar da citação, interpor recurso de agravo do despacho que ordenara a restituição, devendo os termos do agravo ser processados no apenso. Deste modo, o pretenso esbulhador não podia deduzir qualquer oposição à diligência antes da restituição da posse, nem tão-pouco impugnar o despacho judicial logo após a concretização dessa restituição, visto que a lei preceituava que a defesa

[82] Quanto à natureza conservatória da restituição provisória de posse, *vide* RODRIGUES JÚNIOR, Manuel, "Dos actos preventivos e preparatórios", *in ROA*, ano 6º, nºs 2 e 4, Lisboa, 1946, p. 343.

[83] Tal como denota Alberto dos Reis, contrariamente ao que sucedida no Código de Processo Civil de 1876, em que a restituição provisória de posse só podia ser requerida enquanto ato incidental da ação possessória, o Código de Processo Civil de 1939 veio permitir que a restituição provisória de posse pudesse ser requerida enquanto ato preparatório da ação possessória (REIS, Alberto dos, *Código de Processo Civil Anotado*, 3ª ed. – reimp., vol. I, Coimbra Editora, Coimbra, 1982, p. 667).

devia ser deduzida na ação principal de restituição da posse[84]. Se o requerimento fosse indeferido, tal não impedia o requerente de propor a respetiva ação possessória, não podendo a decisão de indeferimento do pedido de restituição provisória de posse ser invocada nessa ação (art. 402º do CPC_{1939}).

Por seu turno, o art. 403º do CPC_{1939} regulava a suspensão de deliberações sociais, podendo essa providência ser requerida por qualquer sócio, como ato preparatório da ação de anulação, sempre que alguma sociedade, independentemente da sua espécie, tomasse deliberações contrárias às disposições expressas na lei ou nos respetivos estatutos, desde que da execução dessas deliberações pudesse resultar "dano apreciável"[85]. À luz do art. 404º do CPC_{1939}, a sociedade requerida podia contestar o pedido, arguindo, designadamente, que o requerente não era sócio da sociedade, que a deliberação estava em perfeita conformidade com a lei e os estatutos societários e/ou que o dano emergente da suspensão da deliberação seria superior àquele que se pretendia evitar.

No que concerne à providência cautelar de arresto, o art. 409º do CPC_{1939} prescrevia que o arresto podia ser requerido nos casos de "reprodução fraudulenta de qualquer obra ou de contrafacção, nos termos dos arts. 611º e 637º do Código Civil, e nos de uso ilegal de marcas industriais e comerciais ou de carimbos do Estado ou de autarquias"[86] – situação em que a justificação do arresto dependia da prova da propriedade literária, artística, industrial ou comercial e do facto ofensivo dessa propriedade –, bem como nos casos especiais em que fosse admissível a penhora em navio ou na sua carga – circunstância em que o decretamento do arresto dependia da prova da certeza da dívida e da admissibilidade da penhora –, ou em que o credor tivesse justo receio de insolvência ou de ocultação de bens[87]. Nos termos do art. 410º do

[84] Cfr., a este propósito, Reis, Alberto dos, *Código de Processo Civil Anotado*, vol. I, *op. cit.*, p. 672.

[85] Tal como se decidiu no ac. do STJ de 26.03.1946, *in RL*, ano 79º, p. 139, esta providência era dirigida contra as deliberações tomadas em assembleias-gerais dos sócios e não contra as deliberações dos diretores, gerentes ou administradores das sociedades.

[86] Conforme elucida Alberto dos Reis, apesar de o nº 1 do art. 409º do CPC_{1939} reproduzir, na primeira parte, o disposto no art. 363º do CPC_{1876}, o certo é que, em vez de citar o art. 611º do Código Civil, devia antes citar os arts. 126º e 132º do Decreto nº 13 725, de 3 de junho de 1927, sobre propriedade literária, científica e artística, já que os arts. 570º e 612º do Código Civil foram revogados pelo art. 137º desse decreto. Por sua vez, não obstante o nº 1 do art. 409º do CPC_{1939} citar também o art. 637º do Código Civil, a verdade é que este preceito fora substituído pelo que se dispõe no Código da Propriedade Industrial, aprovado pelo decreto nº 30 679, de 24 de agosto de 1940 (Reis, Alberto dos, *Código de Processo Civil Anotado*, vol. II, 3ª ed. reimp., Coimbra Editora, Coimbra, 1981, pp. 3 e 4).

[87] Tal como observa Alberto dos Reis, enquanto na primeira situação, isto é, nos casos de reprodução fraudulenta de qualquer obra ou de contrafação, e nos de uso ilegal de marcas industriais e

CPC_{1939}, o requerente do arresto devia apresentar na petição inicial os fundamentos do pedido e relacionar, se possível, os bens ou objetos que devessem ser arrestados, indicando o seu valor. Uma vez produzidas e examinadas as provas oferecidas pelo requerente, o arresto seria decretado sem a audiência da parte contrária se o tribunal considerasse preenchidos os requisitos legais de que dependia o seu decretamento. A este respeito, importa salientar que o art. 410º, § 1, do CPC_{1939} estipulava que, se as testemunhas arroladas pelo credor arrestante não oferecessem crédito ao juiz, este, mesmo antes de as ouvir, podia exigir que o requerente apresentasse outras de reconhecida probidade[88,89]. Acresce que, se o tribunal concluísse que o requerente havia pedido o arresto em mais bens do que os necessários para garantir o cumprimento da obrigação, devia reduzir o arresto aos seus justos limites, não podendo o arrestado ser privado dos rendimentos necessários à alimentação da sua família e ao custeio da demanda judicial.

Por outro lado, o art. 411º do CPC_{1939} determinava que o arresto não podia ser efetuado sem que o requerente assinasse um termo de responsabilidade por perdas e danos[90,91], para o caso de a providência vir a ser julgada

comerciais ou de carimbos do Estado ou de autarquias, o arresto assumia uma função nitidamente repressiva, já nos segundo e terceiro casos exercia uma função marcadamente preventiva, pois o objetivo da providência era o de evitar que um determinado direito de crédito ficasse insatisfeito por insuficiência de bens no património do devedor (*idem, ibidem*, p. 2).

Conforme salienta Barbosa de Magalhães, a solução legal prevista neste preceito visava dotar o juiz de amplos poderes na instrução do processo, na produção e na apreciação das provas, enquanto meio fundamental para se chegar à "verdade verdadeira" (MAGALHÃES, Barbosa de, "Aparência e realidade no novo código de processo civil", *in ROA*, ano 1º, nº 4, Lisboa, 1941, pp. 339 e 340).

88 Tal como denota Alberto dos Reis, atribuía-se este poder ao magistrado "por se terem registado, na prática do foro, abusos escandalosos na justificação dos fundamentos do arresto. Comarcas havia em que o justo receio de insolvência ou de ocultação era sistematicamente corroborado por testemunhas sem escrúpulos, sempre as mesmas, que se prestavam docilmente a abonar as afirmações dos requerentes, embora nada soubessem, de positivo, sobre a situação económica do devedor ou sobre a sua conduta; criara-se, por assim dizer, a triste figura dos profissionais do arresto, pessoas encartadas no vergonhoso mister de pôr o seu testemunho à disposição de quem pretendesse requerer um arresto" (REIS, José Alberto dos, *Código de Processo Civil Anotado*, vol. II, *op. cit.*, p. 32).

89 Conforme se decidiu no ac. do TRP de 08.01.1944, o disposto no § 1 do art. 410º era aplicável mesmo em relação às testemunhas já inquiridas, isto é, se o juiz, após a inquirição das testemunhas, formasse a convicção de que os seus depoimentos não mereciam crédito, podia exigir ao requerente do arresto que apresentasse outras testemunhas de reconhecida probidade.

90 Como salienta Alberto dos Reis, a imposição de assinatura do termo de responsabilidade visava assegurar que o embargante tivesse consciência da gravidade do seu ato, sendo, assim, advertido solenemente de que teria de indemnizar o embargado se a sua atuação fosse dolosa (REIS, Alberto dos, *Código de Processo Civil Anotado*, vol. II, *op. cit.*, p. 35). De todo o modo, na esteira de Vítor Pereira Nunes, quando o termo de responsabilidade não fosse acompanhado da prestação de caução efetiva,

insubsistente[92], por ter havido da sua parte ocultação intencional da verdade ou asserção contrária a ela[93,94]. De acordo com esta formulação legal, tornava-se

este acabava por se traduzir numa "inutilidade" nos casos em que o credor não possuísse quaisquer bens ou, pelo menos, bens suficientes para garantirem o ressarcimento dos danos que viessem a ser causados ao requerido (NUNES, Vítor Augusto Pereira, "A lei não garante a efectivação do arresto do navio ou da carga: sua urgente reforma", *in BMJ*, 38º, Lisboa, 1953, p. 34).

[91] De acordo com o ac. do TRP de 18.03.1942, *in RJ*, 27º, p. 211, o termo de responsabilidade só podia ser assinado pelo embargante ou por mandatário munido de uma procuração com poderes especiais para o efeito. Em sentido contrário, Alberto dos Reis pronunciou-se no sentido de que o termo de responsabilidade podia também ser assinado pelo advogado, em representação do requerente, não sendo necessária procuração com poderes especiais para o efeito, pois os poderes especiais só eram necessários quando a lei os exigisse expressamente (REIS, Alberto dos, *Código de Processo Civil Anotado*, vol. II, *op. cit.*, pp. 35 e 80).

[92] Tal como denota Paula Costa e Silva, "a insubsistência pressupõe, num primeiro momento, o decretamento da providência, no caso, o decretamento do arresto, e, num segundo caso, a revogação do decretado. Se assim é, ou seja, se a providência vem a ser revogada, a pretensão, aparentemente fundada (tanto que determinou a decisão judicial de procedência), vem a verificar-se, na sequência da oposição do requerido, infundada" (SILVA, Paula Costa e, *A Litigância de Má Fé*, Coimbra Editora, Coimbra, 2008, p. 234).

[93] O art. 252º do projeto do Código de Processo Civil de 1939 estipulava que, no termo de responsabilidade do credor arrestante, intervinham duas testemunhas abonatórias, cuja idoneidade fosse reconhecida pelo tribunal. No âmbito da comissão de revisão, viria a ser proposta a supressão da intervenção das testemunhas no termo de responsabilidade. Em resposta a essa proposta, Alberto dos Reis insurgiu-se nos seguintes termos: "Propõe-se a supressão, no art. 252º do período: «No termo intervirão duas testemunhas abonatórias...». Para quê, se o juiz exigir caução? A exigência da caução deve ser reservada para os casos extremos, ou ao menos para casos menos graves, porque se traduz num encargo pesado. Para os casos correntes deve bastar o termo de responsabilidade; mas o termo de responsabilidade pode ser ilusório desde que não acompanhado de abonação". A este respeito, ficou exarado na respetiva ata da comissão de revisão o seguinte: "O prof. Barbosa de Magalhães pergunta se as testemunhas abonatórias têm qualquer responsabilidade, acrescentando que elas deviam ficar responsáveis pelas suas falsas declarações. O Autor do Projecto elucida que as testemunhas garantem a solvabilidade do requerente do arresto, quando sujeitas às regras da abonação. O Secretário, a propósito, cita os arts. 827º e 829º do Código Civil, dizendo que, assim, essas testemunhas ficam na situação de fiadores do arrestante. Para o Dr. Sá Carneiro a exigência da caução pode dificultar muito os arrestos. Contudo, e como diz o Prof. Barbosa de Magalhães, as testemunhas para nada servem, e muitas vezes o que se constata é a intervenção de «testemunhas oficiosas» no dizer do Ministro. O Conselheiro Botelho de Sousa pondera que, prescindindo-se da intervenção de testemunhas e podendo o juiz exigir sempre a caução, é evidente que esta complica o processo de arresto, célere por sua própria natureza, e dificulta-a na prática. (...) Por último, e sob proposta do Dr. Sá Carneiro, é eliminada a intervenção das testemunhas abonatórias, ficando concedida ao juiz a faculdade de exigir caução, que será prestada pelos diferentes meios admissíveis e processada pela forma mais simples" (Ata nº 11, respeitante à sessão de 18.05.1937 da comissão de revisão do projeto do Código de Processo Civil, *apud* CORREIA, António Simões, *Código de Processo Civil na Jurisprudência e na Doutrina*, *op. cit.*, pp. 135 e 136).

[94] A propósito desta disposição legal (correspondente ao art. 252º do projeto), colocava-se a questão de saber se a responsabilidade só existia no caso de haver má-fé ou culpa do requerente, ou se essa

evidente que a responsabilidade do requerente/arrestante assumia uma natureza subjetiva, porquanto este apenas respondia no caso de atuação culposa, sob a forma de dolo, consubstanciada numa conduta intencional de ocultação da verdade ou de afirmação de factos falsos[95,96]. Assim, mesmo que o arresto viesse a ser julgado insubsistente e ainda que se demonstrasse que o decre-

responsabilidade existiria sempre, independentemente dessas circunstâncias. A este respeito, Alberto dos Reis, em resposta ao relatório do Ministro da Justiça, referiu o seguinte no âmbito da comissão de revisão: "Sugere-se ainda que a responsabilidade, seja qual for a sua extensão, se torne efectiva no próprio processo de arresto. Creio que esta sugestão está atendida no § único do art. 258º (correspondente ao art. 415º do CPC_{1939}). E creio também que este parágrafo mostra claramente o pensamento do Projecto quanto à extensão da responsabilidade. Exige-se que o arrestante e as testemunhas tenham faltado conscientemente à verdade ou que tenham procedido de má fé. E não me parece que deva ir-se além disto. Se o arrestante e as testemunhas expuseram os factos tais como os conheciam, não pode dizer-se, embora a realidade seja outra, que eles tenham ocultado a verdade. Mas então, observa-se, para que serve o art. 366º do Código e o art. 252º do Projecto? Não bastavam os arts. 121º do Código e 606º do Projecto? O art. 252º do Projecto, do mesmo modo que o art. 366º do Código, não consagraram um princípio de responsabilidade diverso do que está, respectivamente, nos arts. 606º e 121º; o que exigem é a assinatura prévia dum termo de responsabilidade, como que a chamar a atenção do requerente para a gravidade do acto que vai praticar". Por outro lado, perguntava-se ainda em relação a este preceito se a efetivação da responsabilidade do credor requerente podia ter lugar no próprio arresto ou em ação autónoma, tendo a comissão revisora assentido de que a indemnização ao arrestado seria apreciada em ação autónoma. (Ata nº 11, respeitante à sessão de 18.05.1937 da comissão de revisão do projeto do Código de Processo Civil, *apud* CORREIA, António Simões, *Código de Processo Civil na Jurisprudência e na Doutrina, op. cit.*, pp. 136 e 137).

[95] Nesta linha de raciocínio, Paula Costa e Silva assinala que a responsabilidade do requerente do arresto convivia de perto com o regime da litigância de má-fé. Na verdade, conforme elucida a referida Autora, "o que se verifica quanto à responsabilidade do requerente do arresto é que esta pressupunha a respectiva insubsistência, aliada a uma ocultação intencional dos factos ou à dedução intencional de uma asserção contrária à verdade". De todo o modo, os arts. 411º e 465º do CPC_{1939} não se confundiam quanto ao seu âmbito de aplicação. Assim, "enquanto a primeira parte do art. 465º torna a pretensão como referente, o art. 411º elege a matéria de facto relevante como pedra de toque. Se confrontarmos os comportamentos tipificados no art. 411º com aqueles que encontramos descritos no art. 465º podemos concluir que, quer no que respeita à ocultação da verdade de factos essenciais, quer no que é atinente à alteração da verdade, não existe consonância entre as duas previsões. Isto porque *enquanto o art. 411º refere a intencionalidade do comportamento do requerente do arresto quando este altera a verdade dos factos ou os oculta, o art. 465º basta-se com a consciência dessa alteração ou dessa ocultação.* Num caso, o agente sabe e quer a alteração; no outro, ele sabe e conforma-se com essa alteração". Assim, verificando-se um eventual concurso entre estas duas normas, devia prevalecer o regime da responsabilidade do requerente de providência cautelar injustificada, pelo facto de se tratar de um regime especial (SILVA, Paula Costa e, *A Litigância de Má Fé, op. cit.*, pp. 233 a 235).

[96] Na esteira de Rita Barbosa da Cruz, a redação dada pelo legislador ao art. 411º do CPC_{1939} veio reforçar o entendimento de que a responsabilidade do credor arrestante revestia uma natureza subjetiva e não objetiva, pelo que só respondia civilmente o requerente que tivesse atuado com

tamento dessa providência cautelar provocara danos ao requerido, o credor/arrestante não podia ser responsabilizado se, ao requerer o arresto, tivesse procedido de boa-fé, com a convicção de serem verdadeiros os factos por si alegados. Além disso, esta disposição legal reservava ao juiz a faculdade de, sempre que o entendesse conveniente, fazer depender o decretamento do arresto da prestação de caução por parte do requerente. Com efeito, semelhante mecanismo tinha como finalidade garantir o ressarcimento das perdas e danos que viessem a ser sofridos pelo requerido, uma vez apreciada e verificada a responsabilidade subjetiva do requerente[97]. Embora a prestação de caução seguisse os termos do processo regulado nos arts. 443º e seguintes, a verdade é que a preocupação atinente à eficácia do arresto impunha que o requerido não fosse previamente ouvido quanto à idoneidade da caução prestada, cabendo, por isso, ao tribunal a apreciação desse facto.

Nos termos do art. 414º do CPC_{1939}, o arrestado podia, simultaneamente, agravar do despacho que decretara o arresto e opor embargos ao arresto. Com efeito, enquanto o recurso de agravo seria a forma de reação mais adequada quando o arresto tivesse sido decretado sem que se achassem preenchidos os respetivos pressupostos legais, já a oposição devia ser deduzida quando o arrestado pretendesse impugnar a factualidade invocada pelo requerente ou a extensão dos bens concretamente arrestados[98]. Neste particular, o art.

dolo ao requerer a providência (CRUZ, Rita Barbosa da, "O arresto", *in O Direito*, ano 132º, vols. I e II, janeiro-junho 2000, p. 136).

[97] *Vide*, a este propósito, SERRA, Adriano Paes da Silva Vaz, "Realização coactiva da prestação (Execução)", *in Separata do BMJ*, 73º, 1958, p. 54.

[98] No que em particular se refere à utilização simultânea destes dois meios de reação, Alberto dos Reis sustentava o seguinte: "Suponha-se que o despacho é ilegal e que, ao mesmo tempo, se apreenderam mais bens do que os necessários para a garantia da dívida. O arrestado, se não quiser correr o risco de perder um dos meios de defesa, tem de lançar mão dos dois simultaneamente. Se se limitar a agravar do despacho, como o recurso vem a ser resolvido numa altura em que já não pode embargar, sujeita-se a esta perigosa contingência: ver negado provimento ao agravo e ficar inibido de se socorrer dos embargos" (Ata nº 11, respeitante à sessão de 18.05.1937 da comissão de revisão do projeto do Código de Processo Civil, *apud* CORREIA, António Simões, *Código de Processo Civil na Jurisprudência e na Doutrina*, vol. III, Livraria Ferin, Lda., Lisboa, 1951, pp. 135 e 136). A este respeito, João Cardoso salientava que o Código de Processo Civil de 1939 veio consagrar a possibilidade de o arrestado deduzir oposição ou interpor recurso de agravo, sendo que este último meio processual tinha a particularidade de oferecer maiores garantias de rapidez, podendo o arresto, que fosse injustificado, ser levantado mais depressa (CARDOSO, João Eloy Pereira Nunes, *Processos Preventivos e Preparatórios: Providências Cautelares e Arrestos, op. cit.*, p. 23). Já no que concerne às providências cautelares, o requerido só podia recorrer, vendando-lhe a lei a possibilidade de deduzir embargos (cfr., nesse sentido, ARANTES, Tito Castelo Branco, "Emprego abusivo de providências cautelares", *in RT*, ano 66º, nºs 1568 e 1569, Porto, 1948, p. 115).

415º do CPC_{1939} determinava que a oposição devia ser deduzida no prazo de dez dias e destinava-se especialmente, ou a alegar factos que infirmassem os fundamentos do arresto, ou a pedir que este fosse reduzido aos justos limites quando tivesse abrangido mais bens do que os necessários para a segurança da dívida. Se o arrestado não agravasse do despacho, podia também alegar na oposição que o arresto não devia ter sido ordenado, por não estarem verificados os requisitos legais. Sendo atacados os fundamentos do arresto, o embargante podia alegar que o arrestante e as testemunhas haviam faltado conscientemente à verdade e pedir que lhe fosse arbitrada uma quantia certa como indemnização de perdas e danos. Nessa hipótese, as testemunhas eram citadas para contestar os embargos e, se estes procedessem, o arrestante e as testemunhas que tivessem procedido de má-fé eram solidariamente condenadas na indemnização que parecesse razoável [99]. De facto, podia suceder que o juiz decretasse o arresto em perfeita consonância com os factos alegados e a prova produzida, mas que os factos, além de não corresponderem à verdade, fossem corroborados pela prova testemunhal carreada pelo requerente. Em concreto, podiam verificar-se dois cenários distintos: ou o requerente alegara os factos de boa-fé, supondo-os verdadeiros, e de igual forma atuaram as testemunhas por ele arroladas; ou o requerente e as testemunhas atuaram de má-fé, faltando conscientemente à verdade[100]. Neste caso, o requerido só

[99] Na esteira de Alberto dos Reis, o pedido do requerido quanto ao pagamento de uma indemnização por perdas e danos constituía uma finalidade acessória ou subsidiária dos embargos ao arresto, já que tal pedido só podia ser formulado de forma acessória se o requerido atacasse os fundamentos do arresto (REIS, José Alberto dos, *Código de Processo Civil Anotado*, vol. II, *op. cit.*, p. 44).

[100] A respeito da falibilidade da prova testemunhal e da imposição do dever de prestação de juramento, valerá a pena reproduzir as palavras, de uma ironia profunda, de Barbosa de Magalhães: "Antes de começar o depoimento da testemunha, e o mesmo é de observar se se tratar de depoimento de parte, o Tribunal fará sentir ao depoente, a importância moral do juramento que vai prestar e o dever que lhe incumbe de ser escrupulosamente fiel à verdade, advertindo-o ao mesmo tempo das sanções a que o expõem as falsas declarações; em seguida exigirá que o depoente preste o seguinte juramento: – «Juro perante Deus que hei-de dizer tôda a verdade e só a verdade»; mas se o depoente declarar que prefere prestar compromisso de honra, a fórmula do juramento será esta: – «Juro pela minha honra e pela minha consciência que hei-de dizer tôda a verdade e só a verdade.» (arts. 576 e 639). Dou de barato que a exortação do Juiz produza algum resultado na generalidade dos depoentes; só quero salientar quc a cscolha das 2 fórmulas de juramento será um meio para que os espertalhões, que queiram mentir, o possam fazer sem ofenderem a sua religião, se a tiverem, ou a sua honra e consciência, se possuírem essas riquezas... Um indivíduo que não tenha religião nada declarará e prestará o juramento religioso, podendo mentir à vontade. Um outro, que seja religioso, mas não tenha honra nem consciência – há tantos! – declarará, antes de jurar, e portanto enquanto pode faltar à verdade, que não é religioso e prestará compromisso de honra, podendo depois mentir livremente sem ofender o seu Deus! O juramento – sob qualquer

podia peticionar a condenação do requerente e das testemunhas na segunda situação, pois, na primeira, não se verificava qualquer responsabilidade subjetiva atinente ao decretamento do arresto ilegal. Deste modo, a responsabilidade do requerente de providência cautelar de arresto que fosse julgada "insubsistente" só tinha lugar verificando-se o dolo do requerente, sendo, por isso, insuficiente que o arresto fosse considerado injustificado em sede de embargos ao arresto[101]. A solução preconizada na lei processual civil portuguesa foi duramente criticada pela doutrina, já que exigia o dolo ou má-fé do requerente, quando o código italiano, por contraposição, se bastava com a "falta de prudência normal". Com efeito, de acordo com Vaz Serra, mesmo nas situações em que o credor arrestante não tivesse atuado com má-fé, não era razoável que fosse sempre o arrestado a suportar os prejuízos decorrentes de um arresto "mal decretado", já que a iniciativa processual partira do credor. Em contrapartida, a solução radicalmente oposta, isto é, a consagração de uma responsabilidade objetiva, também não seria conveniente, já que, com isso, "assustar-se-iam os credores que muitas vezes não podem ter a certeza de que o arresto não vem a ser julgado infundado, o que os levaria a abster-se de o requererem, apesar de, examinando a situação com prudência, o suporem legítimo". Assim, entre estas "duas tendências opostas", o citado Autor defendia um "meio termo", considerando-se, como tal, o requerente responsável nos casos em que não tivesse procedido com a diligência normal, isto é, quando não tivesse procurado informar-se, "com a prudência ou cuidado do normalmente prudente ou cuidadoso, da verdadeira situação"[102]. Se o arrestado, em vez de deduzir embargos ao arresto, optasse antes por interpor um recurso de agravo e se o tribunal superior considerasse que o arresto era "insubsistente", não se aplicava nesse caso o regime da responsabilidade civil previsto no art. 415º do CPC_{1939}, mas antes o da responsabilidade processual, por litigância de má-fé, constante do art. 465º do CPC_{1939}, pelo que o credor arrestante só poderia responder perante o requerido nesse âmbito[103]. Deste modo, os mecanismos legais previstos nos arts. 411º e 415º do CPC_{1939} visavam atenuar ou impedir a ocorrência de danos na esfera jurídica de um devedor sério e capaz de solver as suas dívidas, já que este corria o risco de

das formas – é uma aparência!" (MAGALHÃES, Barbosa de, "Aparência e realidade no novo código de processo civil", *op. cit.*, pp. 347 e 348).

[101] SERRA, Adriano Paes da Silva Vaz, "Realização coactiva da prestação (Execução)", *op. cit.*, p. 69.

[102] *Idem, ibidem*, p. 71.

[103] *Idem, ibidem*, p. 69.

sofrer injustamente as consequências sempre gravosas de um arresto injustificado, por não haver lugar à sua audiência prévia[104,105].

Há ainda que salientar que a responsabilidade do credor arrestante só podia ser reconhecida em caso de procedência da oposição ao arresto (art. 414º do CPC_{1939}) ou de improcedência da ação principal. Com efeito, se o arrestado optasse apenas por interpor recurso de agravo do despacho que ordenara o decretamento do arresto dos seus bens, ficava vedada ao tribunal a possibilidade de apreciar e censurar a conduta do arrestante, pois o arrestado não tinha forma de alegar e/ou provar que o credor atuara de forma dolosa, ocultando a verdade dos factos ou produzindo asserção contrária a ela.

Por sua vez, relativamente à providência cautelar de embargo de obra nova, o art. 420º do CPC_{1939} dispunha que, aquele que se julgasse ofendido no seu direito de propriedade singular ou comum, perfeita ou imperfeita, ou na sua posse ou fruição, em consequência de obra, trabalho ou serviço novo que lhe causasse prejuízo, ou que, pela sua direção ou modo de execução, viesse a causar-lho, podia requerer, no prazo de trinta dias a contar do conhecimento do facto, que a obra, trabalho ou serviço fosse mandado suspender imediatamente. Para além disso, a lei previa a possibilidade de o embargo ser feito, de forma direta e extrajudicial, mediante notificação verbal, perante duas

[104] No que em particular se refere à articulação entre os arts. 411º e 415º do CPC_{1939}, Paula Costa e Silva destaca a existência de uma sobreposição entre estes dois regimes quanto à responsabilidade do requerente da providência cautelar de arresto que adulterou, de forma intencional, a matéria de facto. De todo o modo, a aludida Autora assinala que "o campo de intervenção dos dois normativos é, no entanto, diverso: enquanto que o art. 411º se podia aplicar, independentemente do meio através do qual é demonstrada a manipulação intencional da matéria de facto, o art. 415º pressupunha que fosse através dos embargos que se chegava a semelhante juízo. Perante a sobreposição parcial dos arts. 411º e 415º no que respeita ao arrestante, a *ratio* desta regra será a de estender o dever de indemnizar às testemunhas. Porque se cria um regime autónomo para o dever de indemnizar danos provocados por um comportamento intraprocessual da parte ou de terceiro, estaremos perante um regime especial de responsabilidade por intervenção processual inadmissível" (SILVA, Paula Costa e, *A Litigância de Má Fé*, *op. cit.*, p. 232).

[105] Criticando o facto de o Código de Processo Civil de 1939, ao invés do que sucedia com o Código de Processo Civil alemão, não prever a obrigação de o juiz, no acto de autorização do arresto, fixar uma quantia que, sendo depositada pelo requerido, permitisse suspender a execução do arresto, podendo o devedor requerer que o arresto já realizado ficasse sem efeito, *vide* SERRA, Adriano Paes da Silva Vaz, "Realização coactiva da prestação (Execução)", *op. cit.*, p. 60. Com efeito, de acordo com Vaz Serra, sendo o arresto uma "medida violenta, capaz de comprometer gravemente o crédito do devedor e os seus demais interesses", seria importante que o código previsse todos os meios razoáveis de o evitar, sendo que a solução adotada na lei processual civil, no sentido de o arrestado requerer a substituição do arresto por caução, não obviava ao inconveniente da apreciação e julgamento da idoneidade da caução, com todas as demoras e prejuízos que daí advinham para o arrestado (*Idem*, *ibidem*, p. 60).

testemunhas, do dono da obra, ou, na sua falta, do encarregado ou quem o substituísse, para a não continuar. Nesse caso, o embargo caducaria se não fosse requerida a sua ratificação no prazo de três dias a contar da sua realização. Nos termos do art. 423º do CPC_{1939}, ao peticionar o embargo de uma obra, o requerente devia justificar o seu pedido, podendo o juiz, se a providência requerida não fosse indeferida liminarmente e se o considerasse conveniente, exigir prova sumária dos fundamentos alegados e ouvir previamente o dono da obra, desde que tal procedimento não prejudicasse a efetividade da providência.

À semelhança do regime previsto no art. 411º do CPC_{1939}, quanto ao arresto, o art. 424º do CPC_{1939} dispunha que o embargo de obra nova não podia ser ordenado, nem ratificado, sem que o requerente assinasse previamente um termo de responsabilidade por perdas e danos[106,107], assistindo ainda ao juiz a faculdade de fazer depender o decretamento da providência da prestação prévia de caução[108]. Com efeito, o termo de responsabilidade era exigido ao requerente da providência cautelar de embargo de obra nova "para lhe fazer sentir a gravidade do seu acto", isto é, para o advertir de que teria de indemnizar o embargado se o seu requerimento fosse "temerário, ou melhor, doloso"[109].

Uma vez decretado o embargo, a lei consentia que fosse autorizada a continuação da obra, mediante requerimento do embargado, quando se reconhecesse que a demolição restituiria o embargante ao estado anterior à continuação ou quando se apurasse que o prejuízo resultante da paralisação da obra era superior ao que poderia advir da sua continuação[110]. Relati-

[106] Na esteira de Alberto dos Reis, esse termo de responsabilidade devia ser assinado sempre que o juiz se convencesse da viabilidade do pedido por simples inspeção do requerimento, sem ordenar a produção de prova sumária sobre os factos alegados (Reis, Alberto dos, *Código de Processo Civil Anotado*, vol. II, *op. cit.*, p. 79).

[107] Cfr., a este propósito, o ac. do TRL de 19.04.1943, *in RJ*, 28º, p. 222, segundo o qual "O citado art. 424º contém uma regra geral e, por isso e porque não há disposição que exceptue o Estado, também este, sendo requerente de embargo de obra nova, tem de assinar aquele termo de responsabilidade". Ainda segundo o ac. do TRL de 19.04.1943, *in RJ*, 28º, p. 222, o Estado, enquanto embargante, também se encontrava sujeito à assinatura do termo de responsabilidade como condição prévia para que fosse ordenado o embargo de obra nova. Criticando este aresto, por não fazer sentido questionar a solvabilidade do Estado, mediante a imposição da assinatura do termo de responsabilidade ou a obrigação de prestação de caução, bem como uma eventual atuação dolosa ou de má-fé, *vide* Reis, Alberto dos, *Código de Processo Civil Anotado*, vol. II, *op. cit.*, p. 80.

[108] Na redação do art. 271º do projeto, previa-se, tal como no arresto, a intervenção de duas testemunhas abonatórias, cuja idoneidade fosse conhecida do tribunal.

[109] Reis, Alberto dos, *Código de Processo Civil Anotado*, vol. II, *op. cit.*, p. 80.

[110] Cfr., nesse sentido, o ac. do TRP de 16.06.1943, *in RT*, 61º, p. 332.

vamente a esta segunda hipótese, o legislador impunha ao juiz a ponderação entre dois prejuízos: aquele que advinha da paralisação da obra e aquele que resultava da sua continuação[111].

Nos termos do art. 425º, § 1, do CPC_{1939}, à dedução e ao processo dos embargos opostos pelo dono da obra contra a providência cautelar era aplicável o regime previsto no art. 415º do CPC_{1939}, incorrendo, por isso, em responsabilidade o requerente do embargo de obra nova e as testemunhas que tivessem procedido de má-fé. Acresce que o art. 425º, § 3, do CPC_{1939} permitia ao dono da obra peticionar, em sede de oposição deduzida com fundamento na ilegalidade ou na extemporaneidade do embargo de obra nova[112], a condenação do embargante no pagamento de uma quantia certa a título de indemnização pelas perdas e danos produzidos pela suspensão da obra[113]. A este propósito, urge salientar que o dono da obra, além de impugnar a legalidade ou a tempestividade do embargo, podia ainda contestar a factualidade

[111] Conforme ficou consignado na comissão de revisão do projeto do Código de Processo Civil, a expressão "prejuízo resultante da paralisação" abrangia qualquer tipo de prejuízo para o dono da obra, ou seja, não só aquele que dizia respeito à própria obra em si, como também o que resultava da sua paralisação (cfr. a Ata nº 12, respeitante à sessão de 31.05.1937 da comissão de revisão do projeto do Código de Processo Civil, bem como Reis, Alberto dos, *Código de Processo Civil Anotado*, vol. II, *op. cit.*, pp. 91 e 92).

[112] Nos termos do art. 425º do CPC_{1939}, o dono da obra podia deduzir oposição por meio de embargos quando se verificasse a situação prevista no art. 422º, ou seja, embargo de obras do Estado em terrenos públicos, embargo de obras das autarquias locais nos respetivos terrenos comuns ou embargo de obras nos terrenos em que tivesse havido expropriação por utilidade pública, fosse qual fosse o dono da obra, bem como quando o embargo ou a ratificação tivessem sido requeridos depois de esgotado o prazo legal.

[113] Como observa Alberto dos Reis, o art. 425º, § 3, do CPC_{1939} visou impor ao embargante uma responsabilidade de índole objetiva. Com efeito, enquanto o arrestante só respondia por perdas e danos quando tivesse faltado conscientemente à verdade (art. 415º, § único, do CPC_{1939}), já o embargante respondia por perdas e danos no caso de se verificar a ilegalidade ou a extemporaneidade do embargo da obra. Por sua vez, Alberto dos Reis considerava que o regime da litigância de má-fé (art. 465º do CPC_{1939}) era também aplicável a este caso. Com efeito, na ação principal que viesse a ser intentada pelo embargante contra o dono da obra, para que fosse demonstrada a ofensa (ou ameaça de ofensa) da propriedade, da posse ou da sua fruição, este podia alegar que o autor litigara de má-fé e pedir, consequentemente, o pagamento de uma indemnização nos termos do art. 466º do CPC_{1939}. De todo o modo, o embargado podia requerer o pagamento da indemnização por perdas e danos, não só com fundamento no regime da litigância de má-fé, como também pelo regime previsto no art. 425º, § 3, do CPC_{1939} quanto ao embargo de obra nova (Reis, Alberto dos, *Código de Processo Civil Anotado*, vol. II, *op. cit.*, pp. 88 e 89). *Vide*, quanto a esta problemática, Silva, Paula Costa e, *A Litigância de Má Fé*, *op. cit.*, p. 239, a qual denota que o facto de o art. 425º, § 3, não fazer depender a responsabilidade do requerente da valoração da sua conduta – ao invés do que sucedia com os arts. 411º e 415º – acabou por dividir a doutrina e a jurisprudência quanto à questão de saber se essa responsabilidade revestia ou não uma natureza puramente subjetiva.

alegada pelo embargante, designadamente no que concerne à demonstração da inexistência do direito de propriedade por ele invocado ou ao facto de a obra não ofender ou ameaçar ofender esse direito, ainda que efetivamente existente. Essa defesa podia ser invocada no próprio procedimento cautelar, antes do decretamento da providência (art. 423º, *in fine*, do CPC_{1939}), ou em sede de contestação, na ação principal (art. 387º, nº 1, do CPC_{1939})[114].

No tocante às providências conservatórias de imposição de selos e de arrolamento, dispunham os arts. 429º e 430º do CPC_{1939} que estas podiam ser requeridas quando houvesse justo receio de extravio ou de dissipação de quaisquer bens, mobiliários ou imobiliários, ou de documentos, devendo o requerente alegar interesse na conservação dos bens. De todo o modo, estas providências não podiam ser decretadas sem que antes o requerente assinasse um termo de responsabilidade por perdas e danos[115], exceto quando fossem pedidas em benefício de uma pessoa moral[116] ou quando constituíssem o ato preparatório de um inventário[117].

Uma vez requerida a providência e depois de produzidas e examinadas as provas, o juiz só podia ordenar o seu decretamento se adquirisse a convicção de que, sem ela, o interesse do requerente corria um risco sério (art. 431º do CPC_{1939}). Com efeito, a lei visava impedir que fossem decretadas providências manifestamente injustificadas, considerando o prejuízo que tal implicava para o requerido. Assim, tendo em vista o cumprimento desse desiderato e visando garantir uma correta ponderação sobre os interesses em litígio, a lei permi-

[114] Como refere Alberto dos Reis, mesmo que o requerente da providência não propusesse a ação de que aquela dependia ou desistisse dela antes do oferecimento da contestação pelo embargado, nada obstava a que o requerido, em ação autónoma, demandasse o embargante pelas perdas e danos sofridos em consequência da má-fé subjacente ao recurso injustificado a essa providência cautelar (Reis, Alberto dos, *Código de Processo Civil Anotado*, vol. II, *op. cit.*, p. 90).

[115] Tal como sucedia em relação ao arresto (art. 411º do CPC_{1939}) e ao embargo de obra nova (art. 424º do CPC_{1939}).

[116] No âmbito da comissão de revisão do projeto do Código de Processo Civil, Alberto dos Reis pronunciou-se no sentido de a expressão "pessoas morais" se referir às que, como tais, vinham definidas no art. 32º do Código Civil, ou seja, "associações ou corporações temporárias ou perpétuas, fundadas com algum fim ou por qualquer motivo de utilidade pública e particular conjuntamente", ficando excluídas as sociedades. Em sentido contrário, José Tavares, *in Sociedades e Empresas Comerciais*, empregava o conceito "pessoa moral" como sinónimo de "pessoa colectiva" (Ata nº 12, respeitante à sessão de 31.05.1937 da comissão de revisão do projeto do Código de Processo Civil, *apud* Correia, António Simões, *Código de Processo Civil na Jurisprudência e na Doutrina, op. cit.*, pp. 163 e 164).

[117] A este propósito, o ac. do STJ de 27.10.1942, *in RL*, 75º, p. 266, considerou que a dispensa do termo de responsabilidade era igualmente aplicável nos casos em que a imposição de selos ou o arrolamento fossem requeridos enquanto incidente do processo de inventário.

tia que o juiz ouvisse o possuidor ou o detentor dos bens antes de ordenar a imposição de selos e o arrolamento, se entendesse que essa audiência prévia não comprometia a finalidade e o efeito útil das diligências concretamente requeridas (art. 431º, § 3, do CPC_{1939})[118].

Por seu turno, o art. 435º do CPC_{1939} determinava que o possuidor ou detentor dos bens arrolados podia agravar do despacho que decretasse a providência ou opor embargos, nos termos dos arts. 414º e 415º do CPC_{1939} (respeitantes ao arresto)[119]. Neste caso, sendo a oposição julgada procedente, colocava-se a questão de saber se a responsabilidade do requerente da diligência revestia um carácter objetivo, isto é, se respondia pelo simples facto de a providência improceder ou ser julgada sem efeito, ou antes um carácter subjetivo, circunstância em que apenas seria responsabilizado se tivesse atuado com dolo ou má-fé[120]. A este respeito, a doutrina sustentava que a responsabilidade do requerente assumia uma natureza subjetiva, isto é, só respondia quando tivesse atuado de forma dolosa, ocultando a verdade ou produzindo asserção contrária a ela, já que, na ausência de uma norma especial, devia ser aplicado o regime geral da responsabilidade processual civil, ínsito no art. 465º do CPC_{1939}.

Importa ainda salientar que o art. 453º do CPC_{1939} mandava aplicar o regime previsto no art. 415º do CPC_{1939}. Assim, o possuidor infundadamente demandado em sede cautelar podia peticionar contra o requerente da providência e as testemunhas, quando tivessem faltado conscientemente à verdade, o arbitramento de uma quantia certa a título de indemnização por perdas

[118] Conforme denota Alberto dos Reis, a propósito do mérito desse poder atribuído ao julgador, "(...) se é justo o decretamento de arrolamento necessário, é igualmente justo que não se autorize uma apreensão de bens sem base séria. Arrolar bens quando não haja justo receio de extravio ou dissipação, é impor ao possuidor uma violência injustificada. E como a audiência do possuidor pode contribuir eficazmente para esclarecer o juiz e obstar a que ele ordene arrolamentos infundados, pôs-se esse meio à disposição do tribunal, mas com a reserva já assinalada: se entender que a audiência não compromete a finalidade das providências" (Reis, Alberto dos, *Código de Processo Civil Anotado*, vol. II, *op. cit.*, p. 123).

[119] Pese embora a redação aparentemente inequívoca do art. 435º do CPC_{1939}, a jurisprudência dividia-se quanto à suscetibilidade de aplicação do § único do art. 415º do CPC_{1939} à providência cautelar de arrolamento. *Vide*, a este propósito, o despacho do Juiz de Direito, Dr. Leite da Silva, de 07.11.1939, *in GRL*, 53º, p. 292, segundo o qual "O § único do art. 415º do Cód. Proc. Civil não é aplicável ao caso de embargos ao arrolamento, apesar do disposto no art. 435º do referido Código. Se em embargos ao arrolamento se pedir também a indemnização a que se refere aquele § único do art. 415º, deve a respectiva petição ser indeferida *in limine* nessa parte". Em sentido contrário, *vide* Reis, Alberto dos, *Código de Processo Civil Anotado*, vol. II, *op. cit.*, pp. 139 e 140.

[120] Note-se, a este propósito, que o art. 676º, § 1, do CPC_{1876} exigia que o requerente tivesse ocultado a verdade ou produzido asserção contrária a ela.

e danos[121]. Relativamente às cauções[122], o Código de Processo Civil de 1939 distinguia entre os casos em que a prestação de caução era requerida por aquele que a pudesse exigir (art. 437º do CPC_{1939}) e aqueles em que a caução era espontaneamente oferecida por aquele que tinha a obrigação de a prestar (art. 441º do CPC_{1939}). Na primeira situação, o requerente devia declarar o motivo pelo qual solicitava a prestação de caução, bem como o respetivo valor a ser caucionado, pedindo, a final, que a pessoa obrigada a prestar a caução fosse citada para, dentro de dez dias, deduzir oposição, sob pena de se considerar confessado o pedido. No segundo caso, sendo a caução oferecida por aquele que tivesse a obrigação de a prestar, o autor devia indicar na petição inicial, além do motivo por que a oferecia e o valor a caucionar, o modo como a pretendia prestar, sendo posteriormente citada a pessoa a favor de quem devia ser prestada a caução para, no prazo de dez dias, impugnar o valor ou a idoneidade da garantia. Nos termos do art. 436º do CPC_{1939}, quando a lei não designasse a espécie de caução, a prestação podia ser feita, quer por meio de depósito de dinheiro, papéis de crédito, pedras ou metais preciosos, quer por meio de hipoteca, penhor ou fiança bancária.

Por último, no tocante aos depósitos e protestos, os arts. 453º e 454º do CPC_{1939} estabeleciam, quanto ao depósito, que este era mandado fazer a requerimento do interessado, sendo que, uma vez feito o depósito, procedia-se à notificação da pessoa com quem o depositante estivesse em conflito. Porque o depósito não admitia oposição, o notificado devia propor contra o depositante, no prazo de trinta dias, a ação respetiva, sob pena de se "considerar resolvida a contenda em benefício do depositante, nos termos expendidos por este"[123]. Relativamente ao protesto, o art. 455º do CPC_{1939} preconizava que

[121] Conforme se decidiu no ac. do STJ de 07.06.1946, *in BO*, 6º, p. 273, ainda que a providência viesse a ser levantada, pelo facto de o requerido ter prestado caução, tal não impedia a apreciação da responsabilidade subjetiva do requerente e das testemunhas.

[122] Alberto dos Reis criticou duramente a opção legislativa de inclusão das cauções no âmbito dos "processos preventivos e conservatórios". Com efeito, elucida o citado Mestre o seguinte: "A matéria das cauções foi colocada sob a inscrição *Dos processos preventivos e conservatórios* pelo facto de as cauções exercerem função conservatória. Não se atentou, porém, em que o processo de prestação de caução, se é *conservatório*, não é rigorosamente processo *cautelar*, no sentido técnico em que esta expressão deve empregar-se; daí resultou que as cauções foram colocadas ao lado de processos com os quais não têm afinidades funcionais, como são os processos cautelares [...]. Ao passo que estes processos pressupõem uma causa principal, cujos efeitos se propõem antecipar, o processo de prestação autónoma de caução é independente de qualquer outra causa" (Reis, Alberto dos, *Código de Processo Civil Anotado*, vol. II, *op. cit.*, p. 143).

[123] Conforme elucida Alberto dos Reis, o depósito traduzia-se, fundamentalmente, num ato preparatório de uma ação a ser proposta. Assim, apesar de se ter classificado este processo "como

os protestos para interromper a prescrição e para quaisquer outros fins eram efetuados por meio de notificação avulsa, não admitindo, em caso algum, a dedução de oposição. Por contraposição ao regime anteriormente previsto no art. 390º do CPC_{1876}, o legislador viria a simplificar o formalismo deste meio processual, na medida em que se suprimiu o termo do protesto que, até então, era lavrado pelo escrivão, passando-se, agora, a entregar ao notificado uma cópia do requerimento de protesto[124].

7. Código de Processo Civil de 1961

O Código de Processo Civil de 1961[125] excluiu os procedimentos cautelares da enumeração das ações que o Código de Processo Civil de 1939 designava por "ações conservatórias e preventivas"[126]. Assim, conforme se extrai do preâmbulo do DL nº 44 129, "O capítulo relativo aos chamados «processos preventivos e conservatórios» é também sensivelmente remodelado. A própria designação genérica do instituto passa a ser de «procedimentos cautelares», que se julga mais conforme à estrutura e finalidade específica das providências por ela abrangidas".

Para além disso, o legislador deixou de incluir no núcleo dos procedimentos cautelares as cauções, os depósitos e os protestos, por considerar que a sua função não era idêntica à da tutela cautelar.

Uma das principais inovações do Código de Processo Civil de 1961 em matéria cautelar traduziu-se na revisão do regime de caducidade das providências cautelares. Com efeito, diversamente do que sucedida no Código de Processo Civil de 1939, em que o seu art. 387º, nº 1, preceituava que a provi-

preventivo e conservatório", o certo é que, "observado na sua função e na sua estrutura, não tem afinidade alguma com os processos cautelares propriamente ditos, cuja disciplina se acha exarada no mesmo capítulo. O depósito não exerce função cautelar propriamente dita, não se propõe conjurar o *periculum in mora*, mediante uma apreciação jurisdicional provisória e sumária; quer dizer, não tem, sob este aspecto, ponto de contacto com os alimentos provisórios, a suspensão de deliberações sociais, as providências cautelares, o arresto, o embargo de obra nova e o arrolamento. O único traço comum é este: o depósito é um acto preparatório de acção a propor" (Reis, Alberto dos, *Código de Processo Civil Anotado*, vol. II, *op. cit.*, pp. 187 e 188).

[124] *Idem, ibidem*, pp. 196 e 197.

[125] Aprovado pelo DL nº 44 129, de 28 de dezembro de 1961, publicado no *DG*, I Série, nº 299, de 28.12.1961.

[126] Anselmo de Castro criticou duramente esta solução legislativa, por entender que os procedimentos cautelares dependiam igualmente de um pedido e delimitavam o exercício da atividade jurisdicional, circunscrevendo-a ao seu objeto, características essas que eram próprias da ação judicial (Castro, Artur Anselmo de, *Direito Processual Civil Declaratório*, vol. I, Almedina, Coimbra, 1981, pp. 129 e 131).

dência cautelar ficava sem efeito se o requerente não propusesse a ação de que fosse preparação no prazo de dez dias a contar do trânsito em julgado da decisão que mantivesse o ato ou a providência, o art. 382º, nº 1, al. *a)*, do CPC_{1961} passou a dispor que a providência cautelar caducava se o requerente não propusesse a ação de que aquela dependesse no prazo de trinta dias a contar da notificação da decisão que ordenara a providência requerida[127]. Ademais, o art. 382º, nº 2, do CPC_{1961} passou a prever que, sendo o arresto requerido como dependência de ação condenatória, este ficava igualmente sem efeito se, uma vez obtida sentença com trânsito em julgado, o requerente não propusesse a competente ação executiva dentro dos dois meses subsequentes ou se o processo ficasse parado mais de trinta dias por negligência do exequente.

Acresce que o art. 394º, nº 1, do CPC_{1961} veio acentuar a instrumentalidade do procedimento cautelar, prevendo expressamente que "O procedimento cautelar é sempre dependência de uma causa que tenha por fundamento o direito acautelado e pode ser instaurado como preliminar ou como incidente da acção".

Importa igualmente salientar que o art. 386º do CPC_{1961} passou a consagrar expressamente a independência da ação, ao preceituar que o indeferimento da providência cautelar concretamente requerida não impedia o requerente de propor a ação principal de que aquela dependia, sendo que a decisão proferida no procedimento cautelar não tinha qualquer influência na apreciação do mérito da causa da ação principal.

No que concerne à proibição de repetição da providência cautelar, diversamente do que sucedia com o art. 392º do CPC_{1939}, o qual determinava que "Tendo caducado o acto por força do art. 387º, não pode requerer-se segundo como processo preparatório ou como incidente da mesma causa"[128], o art.

[127] Tal como resulta do preâmbulo do DL nº 44 129, de 28 de dezembro de 1961, "O sistema anterior permitia que subsistissem durante meses, quando não durante anos, medidas extremamente gravosas, decretadas com base em investigações sumaríssimas, e que estas providências fossem por vezes usadas apenas como um meio de obrigar o adversário a capitular, antes mesmo de ser accionado".

[128] Conforme salienta Alberto dos Reis, *in Código de Processo Civil Anotado*, vol. I, *op. cit.*, pp. 650 e 651, na vigência do Código de Processo Civil de 1876, era controvertida a questão de saber se, sendo levantado um arresto por força do art. 368º, podia requerer-se outro para garantia da mesma dívida. Assim, se o Supremo Tribunal de Justiça, através dos seus acórdãos de 09.08.1904 (*in JT*, ano 10º, p. 199) e de 20.12.1929 (*in COADSTJ*, ano 28º, p. 361), considerou que podia ser requerido um segundo arresto desde que com um fundamento diverso daquele que servira de base ao primeiro, já no acórdão de 06.03.1917 (*in GRL*, ano 30º, p. 405) decidiu que não podia ser requerido, com o mesmo fundamento ou com fundamento diverso, segundo arresto para segurança da mesma dívida. Ora, de acordo com o referido Autor, o art. 392º do CPC_{1939} veio pôr termo a essa questão controvertida, decidindo-a no sentido de que o arresto não podia ser repetido, quando

387º do CPC_{1961} veio dispor no sentido de que "Se a providência caducar por qualquer motivo, não pode o interessado requerer outra como dependência da mesma causa".

Por outro lado, o Código de Processo Civil de 1961 passou a regular nos seus arts. 398º a 401º o regime jurídico das "providências cautelares não especificadas", o qual apresentava um âmbito muito mais amplo por contraposição ao regime das "providências cautelares" até então previsto nos arts. 405º a 408º do CPC_{1939}[129]. Com efeito, o art. 398º do CPC_{1961} veio determinar que "Quando uma pessoa mostre fundado receio de que outrem, antes da propositura da acção ou na pendência desta, cause lesão grave e de difícil reparação ao seu direito, pode requerer, se ao caso não convier nenhum dos procedimentos especialmente regulados neste capítulo, as providências que julgue adequadas para evitar a lesão, nomeadamente a autorização para a prática de determinados actos, a intimação para que o réu se abstenha de certa conduta ou a entrega dos bens mobiliários ou imobiliários, que constituem objecto da acção, a um terceiro, seu fiel depositário". Neste particular, torna-se bem patente que o legislador teve a preocupação de vincar a natureza subsidiária ou supletiva da providência cautelar não especificada, já que esta era apenas aplicável aos casos não regulados por algum dos procedimentos cautelares especialmente previstos. Acresce que, conforme se elucida no preâmbulo do DL nº 44 129, o Código de Processo Civil de 1961 veio regular os "termos do procedimento que a lei anterior confiava, quase por inteiro, ao arbítrio judicial". Assim, para além de o art. 399º, nº 1, do CPC_{1961} ter passado a preceituar que o requerente devia "oferecer prova sumária do direito ameaçado" e justificar "o receio da lesão em que fundamenta a providência requerida", o art. 400º do CPC_{1961} veio dispor expressamente sobre as condições em que o tribunal podia conceder a providência cautelar – isto é, desde que as provas produzidas revelassem uma probabilidade séria da existência do direito e mostrassem ser fundado o receio de lesão invocado pelo requerente, salvo se o juiz considerasse que os prejuízos resultante do decretamento da providência cautelar seriam superiores aos que se pretendiam evitar –, bem como

anteriormente tivesse caducado, para garantir a mesma dívida, ainda que com o mesmo ou com fundamento diverso. Na realidade, conforme refere Alberto dos Reis, "(...) a proibição da lei tem como razão, não o caso julgado, mas a desnecessidade da providência numas hipóteses, e noutras a consideração de que não merece ser protegido o autor que se mostra descuidado e negligente".

[129] Pode ler-se, a este propósito, no preâmbulo do DL nº 44 129, que "o desenho esquemático das providências adoptadas adquire a extensão bastante para compreender todo o vazio que a disposição se destina a preencher".

sobre os meios de reação do requerido à providência cautelar que, contra ele, viesse a ser decretada.

Como forma de tutela do requerido, o art. 401º do CPC_{1961} passou a prever a possibilidade de, mediante requerimento do requerido, a providência decretada ser substituída por caução, desde que, uma vez ouvido o autor, esta fosse suficiente para evitar a lesão por ele invocada[130].

No que diz respeito às providências cautelares especificadas, o legislador deixou de prever, quando à providência cautelar especificada de alimentos provisórios, a restrição constante do art. 393º, § 2, que previa que a mulher só podia pedir alimentos provisórios como ato preparatório da ação de separação de pessoas e bens ou de divórcio desde que tivesse requerido o depósito judicial, exceto quando os alimentos provisórios fossem pedidos como ato preparatório da ação de alimentos definitivos fundada no "desamparo ou no abandono por parte do marido".

Em relação à providência cautelar de suspensão de deliberações sociais, o art. 396º, nº 2, do CPC_{1961} veio determinar que o sócio devia instruir o requerimento de suspensão de deliberação social com uma cópia da ata em que as deliberações tivessem sido tomadas, a qual devia ser fornecida pela direção ao requerente no prazo de vinte e quatro horas, podendo a cópia da ata ser substituída por documento comprovativo da deliberação, nos casos em que a lei dispensasse a reunião de assembleia. Concomitantemente, nos termos do art. 397º, nº 1, do CPC_{1961}, se o requerente alegasse o não fornecimento da cópia da ata ou do documento correspondente, a sociedade requerida era citada com a cominação de que a sua contestação não seria recebida se não fosse acompanhada da cópia ou do documento em falta, situação em que seria imediatamente decretada a suspensão da deliberação. Para além disso, o art. 397º, nº 4, do CPC_{1961} veio dispor que, a partir da citação e enquanto não fosse julgado o pedido de suspensão, não era lícito à sociedade executar a deliberação impugnada.

Quanto ao arresto, sendo este fundado no "justo receio de insolvência do devedor ou de ocultação de bens por parte deste", o art. 402º do CPC_{1961}

[130] A este respeito, Eridano de Abreu assinala que o Código de Processo Civil de 1961 veio enquadrar as providências cautelares num processo minucioso criado pelo legislador para evitar "certos abusos que se notavam por vezes nos Tribunais". Com efeito, ao prever determinados mecanismos de defesa, tais como os recursos, o embargo e a caução, o legislador procurou garantir que as "vítimas dos processos de providências cautelares" deixassem de ficar desamparadas, assinalando ainda o referido Autor que, no domínio da nova lei, as providências deixaram de poder ser decretadas "com a facilidade dos tempos passados" (Abreu, Eridano de, "Das providências cautelares não especificadas", *in O Direito*, ano 94º, nº 2, Lisboa, abril-junho 1962, p. 119).

deixou de exigir, tal como sucedia com o art. 409º do CPC_{1939}, que o requerente fizesse prova da "certeza da dívida"[131], bastando tão-só que o requerente demonstrasse a verosimilhança da dívida e o fundado receio de insolvência ou de ocultação de bens por parte do requerido[132]. De todo o modo, tendo em vista o reforço da responsabilidade do credor arrestante, o art. 404º, nº 1, do CPC_{1961} veio prever, sob a epígrafe "Garantias a prestar pelo requerente"[133], que o requerente responderia por perdas e danos se o arresto viesse a ser julgado insubsistente, por ter havido, da sua parte, intencional ocultação ou deturpação da verdade[134,135].

[131] Nos termos do art. 409º, § 2, do CPC_{1939}, a dívida seria considerada certa quando se provasse a existência de um ato jurídico de que derivasse um crédito ou quando se achasse verificado, por decisão judicial, um facto que induzisse o requerido em responsabilidade. Para além disso, sendo o crédito ilíquido ou condicional, o arresto só podia ser decretado desde que o requerente, no primeiro caso, indicasse o quantitativo provável da dívida e, no segundo, prestasse caução.

[132] A este propósito, pode ler-se no preâmbulo do DL nº 44 129, de 28 de dezembro de 1961, o seguinte: "O arresto preventivo, que a legislação anterior condicionava estreitamente, declara-se agora aplicável sempre que, por qualquer meio, se prove a verosimilhança da dívida e o justo receio de insolvência ou de ocultação de bens por parte do devedor que não seja comerciante. Abandona-se, para tanto, a referência imprópria à «certeza da dívida», bem como a indicação limitada e casuística das condições em que a dívida se tem por verosímil. Era um condicionalismo que mal se compreendia dentro de um sistema que tão amplamente permitia a adopção de medidas tão ou mais severas, mediante outro processo. O arresto fica deste modo colocado no mesmo plano dos outros procedimentos cautelares e os tribunais passam a gozar de maior liberdade para o adaptarem aos vários casos concretos".

[133] Ao invés do que sucedia no Código de Processo Civil de 1939, o legislador deixou de exigir que o requerente da providência cautelar de arresto assinasse um termo de responsabilidade por perdas e danos para o caso de vir a ser julgada insubsistente a providência, ou por ter havido da sua parte ocultação intencional da verdade ou asserção contrária a ela.

[134] Na esteira de Paula Costa e Silva, o dever de indemnizar do requerente de providência cautelar injustificada decorria da violação do dever jurídico que impendia sobre a parte no sentido de não articular, de forma consciente, factos que fossem contrários à verdade, atento o disposto no art. 264º, nº 2, do CPC_{1961}. Com efeito, tal como assinala a referida Autora, a "cobertura das perdas e danos sofridos pelo requerido, com a decretação de um arresto ulteriormente declarado insubsistente, dependia, como já vinha do direito anterior, de uma conduta altamente desvaliosa do requerente: a intencional ocultação ou deturpação da verdade" (SILVA, Paula Costa e, *A Litigância de Má Fé*, *op. cit.*, p. 254).

[135] Com a entrada em vigor do Código Civil, aprovado pelo DL nº 47 344, de 25 de novembro de 1966, o art. 621º deste diploma legal passou a dispor, sob a epígrafe "Responsabilidade do credor", que, se o arresto fosse julgado injustificado ou viesse a caducar, o requerente seria responsável pelos danos causados ao arrestado, quando não tivesse agido com a prudência normal. Nesta perspetiva, afigura-se que o art. 621º do CC acabou por revogar tacitamente o regime previsto no art. 404º do CPC_{1961}. É que, ao invés do que sucedia com o art. 404º do CPC_{1961}, o qual preceituava que o credor arrestante apenas respondia pelas perdas e danos causados ao requerido quando tivesse atuado de forma dolosa ("intencional ocultação ou deturpação da verdade"), o art. 621º do CC deixou de

No que diz respeito à providência cautelar de embargo de obra nova, a única alteração de relevo a assinalar prende-se com o facto de o legislador ter vindo esclarecer no art. 412º do CPC_{1961} que esta providência cautelar podia ser requerida não só por aquele que se julgasse ofendido no seu direito de propriedade ou na sua posse e fruição, como também nos casos em que o requerente se arrogassse titular de qualquer outro direito real de gozo.

Por último, no que diz respeito ao arrolamento, o art. 423º do CPC_{1961} passou a dispor, por contraposição ao art. 431º do CPC_{1939}, que o requerente do arrolamento devia fazer prova sumária do direito relativo aos bens e dos factos em que fundamentava o receio do seu extravio ou dissipação, sendo certo que, se o direito referente aos bens dependesse de ação proposta ou a propor, o requerente tinha de "convencer o tribunal da procedência do pedido correspondente".

8. Reforma de 1967

O DL nº 47 690, de 11 de maio de 1967[136], veio dar nova redação a vários preceitos do Código de Processo Civil de 1961.

Desde logo, o referido diploma legal alterou a redação do art. 387º do CPC_{1961}, passando agora a prever, sob a epígrafe "Responsabilidade do requerente e proibição de repetição de providência", na secção referente às disposições gerais dos procedimentos cautelares[137], o seguinte:

exigir uma atuação dolosa, passando a ser suficiente para a responsabilização do credor arrestante uma atuação meramente culposa ou negligente. Neste particular, o ac. do STJ de 30.11.1994, proc. 085877, *in BMJ*, 441º, 1994, p. 236, veio considerar que o art. 621º do CC não foi revogado pelo art. 406º, nº 4. Isto porque, de acordo com o referido aresto, "a responsabilidade do arrestante prevista naquele artigo 621º não depende apenas do facto de se julgar injustificado o arresto, exigindo-se ainda a prova de culpa e dos danos ou prejuízos causados, cujo ónus cabe ao arrestado". Em relação a esta problemática, valerá aqui a pena reproduzir as palavras de Paula Costa e Silva, a qual refere o seguinte: "Se não pareceria justo que o arrestante pudesse responder pelos danos provocados por um arresto ulteriormente declarado injustificado se agiu com a prudência normal, uma vez que toda a decisão judicial é contingente, também não será justo que seja o arrestado a suportar os prejuízos sofridos salvo se se provar que o arrestante agiu com dolo ou, mais especificamente ainda, que ele manipulou a matéria de facto em que se fundou a decisão de procedência" (Silva, Paula Costa e, *A Litigância de Má Fé*, *op. cit.*, pp. 254 e 255).

[136] Diploma publicado no *DG*, 1ª Série, nº 112, de 11.05.1967.

[137] Tal como salienta Rodrigues Bastos, o art. 387º veio condensar para todos os procedimentos cautelares o regime da responsabilidade do requerente do arresto, previsto no art. 621º do CC (Bastos, Jacinto Fernandes Rodrigues, *Notas ao Código de Processo Civil*, vol. II, 3ª ed. rev. e atu., Lisboa, 2000, pp. 233 e 234). Por sua vez, Paula Costa e Silva assinala o facto de a reforma de 1967 ter integrado a responsabilidade do requerente de providência cautelar injustificada no regime geral das providências cautelares, aplicando-se, por isso, este regime a toda a tutela cautelar (Silva,

> "1. Se a providência for julgada injustificada ou caducar, o requerente é responsável pelos danos causados ao requerido, quando não tenha agido com a prudência normal, e não pode requerer outra providência como dependência da mesma causa[138].
>
> 2. Porém, o requerente dos alimentos provisórios só responde pelos danos causados havendo má-fé, sem prejuízo do disposto no nº 2 do artigo 2007º do Código Civil.
>
> 3. Sempre que o entenda conveniente, o juiz pode fazer depender da prestação de caução por parte do requerido as providências cautelares não especificadas, o arresto e o embargo de obra nova; o valor da caução é arbitrado e a sua idoneidade apreciada sem audiência do requerido".

O regime da responsabilidade do requerente, agora previsto no art. 387º, correspondia àquele que se encontrava anteriormente regulado no art. 404º, nº 1, do CPC_{1961}, referente ao arresto. Todavia, diversamente do art. 404º, nº 1, do CPC_{1961}, o qual previa a responsabilidade do requerente apenas quando o arresto viesse a ser julgado insubsistente, o art. 387º alargou substancialmente o âmbito material da responsabilidade do requerente, já que passou a determinar a aplicação desse regime não só quando a providência viesse a ser julgada injustificada, como também nos casos em que esta caducasse.

Importa igualmente destacar que, contrariamente ao estipulado no art. 404º, nº 1, do CPC_{1961}, que estatuía que o requerente responderia quando a providência fosse considerada insubsistente, por ter havido da sua parte ocultação intencional ou deturpação da verdade, no regime geral, agora previsto no art. 387º, o legislador passou a determinar que o requerente de providência cautelar injustificada responderia quando não tivesse agido com a prudência normal, deixando-se, por isso, de exigir uma atuação dolosa[139,140].

Paula Costa e, *A Litigância de Má Fé*, *op. cit.*, p. 258). Cfr., no mesmo sentido, Cruz, Rita Barbosa da, "O arresto", *op. cit.*, p. 136.

[138] Criticando este preceito, *vide* Lima, Joaquim Pires de, "O insucesso da providência cautelar e a sanção aplicável ao requerente (a propósito de uma norma do Código de Processo Civil)", *in ROA*, ano 51º, vol. I, Lisboa, abril 1991, p. 102. Com efeito, de acordo com o citado Autor, "Parece óbvio que o insucesso de uma providência, além de poder resultar das contingências da prova, não deve afectar o direito de acção e o direito de acesso ao Tribunal do cidadão, tanto mais que estes direitos têm outras causas que não são, nem podem ser, afectadas por aquele insucesso. A responsabilidade civil parece adequada ao caso. Mas ir além dessa sanção é pôr em questão preceitos constitucionais, convencionais internacionais e legais".

[139] Cfr., a este propósito, Freitas, José Lebre de, *et al.*, *Código de Processo Civil Anotado*, vol. II, 2ª ed., Coimbra Editora, Coimbra, 2008, p. 61, bem como Cruz, Rita Barbosa da, "O arresto", *op. cit.*, p. 137.

[140] Conforme denotam Pires de Lima e Antunes Varela, a fórmula utilizada pelo legislador – *quando não tenha agido com a prudência normal* – proveio do art. 96º do Código de Processo Civil italiano

No tocante à providência cautelar de suspensão de deliberações sociais, o art. 396º, nº 1, do CPC_{1961} viria a ser alterado no sentido de abranger igualmente as associações, que não apenas as sociedades, passando também o art. 398º do CPC_{1961} a prever a aplicação, com as devidas adaptações, desta providência cautelar à suspensão de deliberações anuláveis da assembleia de condóminos de prédio sujeito ao regime de propriedade horizontal.

Relativamente à providência cautelar de arresto, a reforma de 1967 passou a distinguir entre o arresto preventivo (art. 403º) e o arresto repressivo (art. 407º), sendo o primeiro aplicável aos casos em que o requerente invocasse um fundado receio de perda da garantia patrimonial do seu crédito – situação em que devia alegar e demonstrar os factos que tornavam provável a existência do crédito e que justificavam o receio invocado – e o segundo às situações em que o arresto fosse fundado em contrafação ou uso ilegal de marcas industriais ou comerciais, circunstância em que o requerente devia fazer prova da propriedade industrial ou comercial e do facto ofensivo dessa propriedade.

9. Reforma de 1995/1996

O DL nº 329-A/95, de 12 de dezembro, introduziu alterações de fundo no regime jurídico da tutela cautelar[141,142], destacando-se, desde logo, a consagração do "procedimento cautelar comum" nos arts. 381º a 392º do CPC_{1995}, o qual passou a regular, a título geral, os aspetos comuns da justiça cautelar (até então previstos no procedimento de "providências cautelares não especificadas")[143], aplicando-se, de forma subsidiária, às providências cautelares especificadas. Assim, o art. 381º, nº 1, do CPC_{1995} veio consagrar a possibilidade de se requerer a adoção da providência cautelar, conservatória ou antecipatória, que se revelasse mais adequada a assegurar a efetividade do direito ameaçado sempre que alguém mostrasse fundado receio de que outrem, antes de ser proferida uma decisão de mérito, causasse uma lesão grave e dificilmente reparável

(Lima, Pires de/Varela, Antunes, *Código Civil Anotado*, vol. I, 4ª ed. rev. e atu., Coimbra Editora, Coimbra, 1987, p. 638).

141 Para um enquadramento geral da reforma do processo civil de 95/96, *vide* Varela, João de Matos Antunes, "A reforma do processo civil português – Principais inovações na estrutura do processo declaratório ordinário", *in RLJ*, ano 129º, nº 3870, pp. 258-263, nº 3871, pp. 290-296, e nº 3872, pp. 322-330.

142 Na esteira de Lebre de Freitas, a reforma de 95/96 representou uma rutura profunda com o sistema processual civil vigente desde 1939 (Freitas, José Lebre de, "As novas alterações ao Código de Processo Civil", *in ROA*, ano 60º, vol. II, Lisboa, 2000, p. 615).

143 A este respeito, resulta do preâmbulo do DL nº 329-A/95, de 12 de dezembro, a opção do legislador no sentido de instituir uma "verdadeira acção cautelar geral para a tutela provisória de quaisquer situações não especialmente previstas e disciplinadas".

ao seu direito. Por sua vez, o nº 2 da citada disposição legal veio prever que o interesse do requerente podia fundar-se num direito já existente ou em direito emergente de decisão a proferir em ação constitutiva, já proposta ou a propor. Procurando acentuar a natureza subsidiária do procedimento cautelar comum, o art. 381º, nº 3, do CPC_{1995}, consagrou a impossibilidade de decretamento de uma providência cautelar comum, conservatória ou antecipatória, nos casos em que o requerente pretendesse acautelar o risco de lesão especialmente protegido por alguma das providências cautelares especificadas previstas no Código de Processo Civil. Com efeito, conforme se extrai do preâmbulo do DL nº 329-A/95, de 12 de dezembro, o legislador procurou instituir "uma verdadeira acção cautelar geral para a tutela provisória de quaisquer situações não especialmente previstas e disciplinadas, comportando o decretamento das providências conservatórias ou antecipatórias adequadas a remover o *periculum in mora* concretamente verificado e a assegurar a efectividade do direito ameaçado, que tanto pode ser um direito já efectivamente existente, como uma situação jurídica emergente de sentença constitutiva, porventura ainda não proferida".

Por outro lado, o DL nº 329-A/95 veio acentuar a natureza urgente da tutela cautelar, seja prevendo o carácter urgente dos procedimentos cautelares (art. 382º, nº 1, do CPC_{1995}), seja estabelecendo a regra de que os procedimentos cautelares deviam ser decididos, em primeira instância, no prazo máximo de dois meses ou de quinze dias, consoante o requerido tivesse ou não sido previamente citado (art. 382º, nº 2, do CPC_{1995}), seja impondo ao juiz um dever de justificação perante o presidente do Tribunal da Relação respetivo nos casos em que aquele prazo máximo fosse excedido (art. 382º, nº 3, do CPC_{1995}), seja prevendo a inexistência de citação edital, devendo o juiz dispensar a audiência do requerido quando se certificasse da impossibilidade de o citar pessoalmente (art. 385º, nº 3, do CPC_{1995}).

Visando assegurar a efetividade da decisão cautelar, o art. 384º, nº 2, do CPC_{1995} veio determinar a possibilidade de o tribunal fixar uma sanção pecuniária compulsória, nos termos da lei civil, prevendo, por outro lado, o art. 391º do CPC_{1995} a incriminação, a título de desobediência qualificada, da infração da providência cautelar decretada, sem prejuízo das medidas adequadas à sua execução coerciva.

No que concerne à tramitação do procedimento cautelar comum, o DL nº 329-A/95 veio, por um lado, regular a tramitação da audiência final – restringindo a possibilidade de suspensão ou de adiamento e determinando a regra da gravação dos depoimentos prestados nos casos em que o requerido não fosse ouvido antes do decretamento da providência cautelar (art. 386º do CPC_{1995}) – e, por outro lado, disciplinar o contraditório subsequente ao decretamento da providência (art. 388º do CPC_{1995}), substituindo-se o "complexo sistema de impugnação do decretamento da providência, mediante embargos ou agravo, constante da lei de processo em vigor, por um sistema que se limita a assegurar supervenientemente o contraditório, sempre que o requerido não tenha sido previamente ouvido, facultando-lhe a dedução da defesa que não teve oportunidade de produzir e consentindo ao juiz a eventual alteração da decisão proferida, face às razões aduzidas pelo requerido: procura, por esta via, obviar-se não só a que os embargos possam ter lugar nos casos em que já houve prévia audiência do requerido como ainda a que, no procedimento cautelar em questão, acabe por se enxertar a verdadeira acção declaratória em que os embargos à providência decretada actualmente se traduzem"[144].

Quanto à responsabilidade do requerente, o art. 390º, nº 1, do CPC_{1995} dispunha que "Se a providência for considerada injustificada ou vier a caducar por facto imputável ao requerente, responde este pelos danos culposamente causados ao requerido, quando não tenha agido com a prudência normal, não lhe sendo permitido requerer nova providência, com objecto idêntico, como dependência da mesma causa"[145].

[144] Preâmbulo do DL nº 329-A/95, de 12 de dezembro.

[145] No 1º Anteprojeto do Código de Processo Civil, editado em 1988 pelo Ministério da Justiça, o disposto no art. 387º do CPC_{1961} vinha regulado no art. 318º, o qual apresentava a seguinte redação: "Se a providência for considerada injustificada ou vier a caducar, responde o requerente pelos danos causados ao requerido, não lhe sendo permitido requerer outra providência como dependência da mesma causa". Tal como salienta Pires de Lima, em anotação a este artigo, "a alteração do «e» da redacção anterior pela expressão «não lhe sendo», colocada entre as duas sanções (responsabilidade por danos e proibição de repetição) veio significar que só é aplicável a 2ª sanção ao requerente culposo, isto é, ao que incorrer na 1ª sanção." [LIMA, Joaquim Pires de, "O insucesso da providência cautelar e a sanção aplicável ao requerente (a propósito de uma norma do Código de Processo Civil)", *op. cit.*, p. 104]. *Vide*, no mesmo sentido, MENDES, Ribeiro/FREITAS, José Lebre de, "Parecer da Comissão de legislação da Ordem dos Advogados sobre o Anteprojecto de Código de Processo Civil", *in ROA*, ano 49º, vol. II, Lisboa, setembro 1989, p. 648.
Por sua vez, no 2º Anteprojeto do Código de Processo Civil, o art. 330º (correspondente ao art. 387º do CPC_{1961}), dispunha o seguinte: "Se a providência for considerada injustificada ou vier a caducar, responde o requerente pelos danos que culposamente causar (...) não lhe sendo além disso permitido requerer outra providência (...)". Em anotação a este preceito, Pires de Lima teceu duras críticas quanto à solução preconizada pelo legislador, referindo o seguinte: "A ideia que nos dá é que a nova redacção agora permite mais dúvidas interpretativas. Tanto se pode considerar que o requerente, face ao insucesso da 1ª providência, responde por danos se agiu culposamente e, só nesse caso, *além disso* não pode requerer outra providência, como se pode entender que o requerente culposo responde civilmente e, *independentemente disso*, não pode repetir outra providência"

Relativamente aos procedimentos cautelares especificados, no âmbito do procedimento cautelar de suspensão de deliberações sociais, o art. 396º, nº 1, do CPC_{1995} passou a prever um prazo de dez dias, por contraposição ao anterior prazo de cinco dias, para se requerer a suspensão da deliberação. Para além disso, o art. 397º, nº 3, do CPC_{1995}, veio impor a proibição de execução da deliberação impugnada após a citação da associação ou da sociedade até ao julgamento do pedido de suspensão em primeira instância.

No tocante aos alimentos provisórios, o art. 400º do CPC_{1995} eliminou o ónus, anteriormente previsto no art. 389º, nº 1, do CPC_{1961}, segundo o qual o requerente devia deduzir os fundamentos da sua pretensão e concluir com um pedido de fixação de mensalidade certa, devendo igualmente discriminar a parte da prestação alimentícia que se destinava aos alimentos provisórios propriamente ditos (sustento, habitação e vestuário) e a que respeitava ao custeio da demanda por impossibilidade de obtenção de assistência judiciária. Ademais, o legislador suprimiu a restrição constante do art. 389º, nº 4, do CPC_{1995}, que limitava os meios probatórios admissíveis aos documentos e às testemunhas que fossem oferecidas pelas partes.

Em relação ao arresto, o DL nº 329-A/95 eliminou a proibição do arresto contra comerciantes, até então prevista no art. 402º do CPC_{1961}, alargando

[Lima, Joaquim Pires de, "O insucesso da providência cautelar e a sanção aplicável ao requerente (a propósito de uma norma do Código de Processo Civil)", *op. cit.*, p. 105]. Por sua vez, também Lebre de Freitas viria a criticar duramente a solução adotada neste preceito: "O art. 330º-1 do Projecto, intercalando a expressão «além disso» na frase «não lhe sendo permitido requerer outra providência como dependência da mesma causa», permite pensar que se pretendeu, ao invés, vincar que, independentemente da culpa do requerente, exigida para o efeito de indemnização, o indeferimento ou a caducidade da providência impede o requerimento de outra. Se assim é [...] a manutenção do regime actual não tem qualquer justificação: sendo a causa de pedir diversa e podendo diferir a própria providência requerida, não se vê em nome de que princípio processual, ou consideração de bom senso, se há-de impedir o autor duma acção que poderá demorar anos de acautelar o seu direito, até em face de factos supervenientes, apenas porque uma outra providência foi indeferida ou caducou. A solução, já não muito aceitável no caso de culpa do requerente (apenas justificativa de uma indemnização), torna-se de todo injustificável quando nem sequer culpa ocorre. [...] Em vez de, de acordo com as normas gerais sobre o caso julgado, se atender à configuração do objecto da providência (pedido e causa de pedir), atende-se ao objecto da acção para negar a possibilidade de nova providência na pendência desta. À defesa do requerido (presumível obrigado) perante o abuso do direito do requerente (presumível titular de um direito ameaçado), não bastará a garantia prática do mais rigoroso controlo que o juiz do processo não deixará de utilizar na apreciação da segunda providência?" (Freitas, José Lebre de, "Parecer da Comissão de Legislação da Ordem dos Advogados sobre o projecto de Código de Processo Civil", *in ROA*, ano 50º, vol. III, Lisboa, dezembro 1990, pp. 735 e 736).

substancialmente o âmbito do arresto, que passou a abranger todos os casos em que o credor tivesse "justificado receio de perder a garantia patrimonial do seu crédito" (art. 406º do CPC_{1995}).

No que concerne ao embargo de obra nova, o art. 412º do CPC_{1995} passou a dispor que esta providência cautelar podia ser requerida não apenas por quem se julgasse ofendido no seu direito de propriedade, singular ou comum, em qualquer outro direito real de gozo ou na sua posse, como também por quem fosse titular de um direito pessoal de gozo. Por outro lado, o art. 413º do CPC_{1995} limitou a prerrogativa anteriormente concedida ao Estado e às câmaras municipais quanto ao embargo de obras, construções ou edificações que os particulares começassem em contravenção da lei, dos regulamentos e das posturas municipais, passando a dispor que o Estado e demais pessoas coletivas públicas apenas poderiam efetuar o embargo, nos termos previstos no Código de Processo Civil, nos casos em que carecessem de competência para decretar um embargo administrativo. No que respeita à inovação abusiva da obra embargada, o DL nº 329-A/95, para além de ter eliminado as restrições probatórias que até então se verificavam quanto à demonstração da inovação abusiva – isto é, por arbitramento ou, quando tal meio não fosse suficiente, por testemunhas –, instituiu igualmente a regra segundo a qual o embargado seria condenado a destruir a inovação, sendo certo que, se não o fizesse dentro do prazo que lhe fosse fixado para o efeito, seria promovida, nos próprios autos, a execução para prestação de facto.

Quanto ao arrolamento, o legislador ampliou o âmbito desta providência cautelar, permitindo o recurso à mesma não só nos casos de justo receio de extravio ou de dissipação de bens ou de documentos, como também nas situações em que houvesse um justo receio de ocultação desses bens ou documentos (art. 421º, nº 1, do CPC_{1995}). Por sua vez, o art. 421º, nº 2, do CPC_{1995} veio determinar que o arrolamento era dependência da ação à qual interessava a especificação dos bens ou a prova da titularidade dos direitos relativos às coisas arroladas. Para além disso, o art. 427º do CPC_{1995} passou a regular o arrolamento em casos especiais, destacando-se a dispensa da alegação e prova do justo receio de extravio, ocultação ou dissipação de bens ou de documentos nos casos em que fosse requerido o arrolamento de bens comuns, ou de bens próprios que estivessem sob a administração do outro cônjuge, como preliminar ou incidente da ação de separação judicial de pessoas e bens, divórcio, declaração de nulidade ou anulação de casamento.

Por último, há a destacar o facto de o DL nº 329-A/95, de 12 de dezembro, ter consagrado a providência cautelar especificada de arbitramento de reparação provisória, destinada à fixação de uma quantia certa mensal, sob a forma de renda, como reparação provisória dos danos decorrentes de morte ou lesão corporal ou que fossem suscetíveis de pôr seriamente em causa o sustento e a habitação do lesado[146].

O DL nº 180/96, de 25 de setembro, veio estabelecer, quanto ao âmbito das providências cautelares não especificadas, a sua admissibilidade como preliminar ou dependência da ação executiva, mediante a alteração da redação dos arts. 381º, nº 1 (suprimindo a expressão "antes de proferida decisão de mérito"), 383º, nº 1 (substituindo a expressão "como preliminar ou como incidente da acção" pela expressão "como preliminar ou como incidente de acção declarativa ou executiva") e 406º, nº 1 (viabilizando a possibilidade de decretamento de uma providência cautelar de arresto sem necessidade de dependência de uma ação de cumprimento).

Para além disso, com a revogação do art. 382º, nº 3, deixou de se verificar a obrigação de o juiz comunicar ao presidente do respetivo Tribunal da Relação os casos em que se mostrasse excedido o prazo máximo de duração dos procedimentos cautelares, justificando a demora na decisão. Com efeito, conforme se extrai do preâmbulo do DL nº 180/96, o legislador entendeu que a verificação do incumprimento de prazos e a análise da sua justificação constituíam incumbências naturais do órgão de gestão da magistratura judicial, não fazendo, por isso, sentido a atribuição dessa competência ao presidente do Tribunal da Relação.

Por outro lado, o art. 383º, nº 5, do CPC_{1996} passou a prever expressamente a possibilidade de a providência cautelar ser requerida como dependência de uma causa já proposta ou a propor em tribunal estrangeiro, nos termos das convenções internacionais em que o Estado Português fosse parte contraente.

No que diz respeito ao contraditório do requerido, o art. 385º, nº 1, do CPC_{1995} veio reforçar a regra geral da obrigatoriedade da audiência prévia do requerido, exceto quando a mesma pusesse em risco sério o fim ou a eficácia da providência.

Relativamente às condições de deferimento e de substituição da providência cautelar, o art. 387º, nº 2, do CPC_{1996} restringiu a possibilidade de recusa da providência cautelar à luz do princípio da proporcionalidade, já que tal recusa apenas poderia ter lugar nos casos em que o prejuízo dela resultante para o

[146] Neste particular, pode ler-se nos trabalhos da reforma a possibilidade de o tribunal, excecionalmente, "antecipar o objecto da própria decisão final, concedendo ao futuro credor a realização antecipada da prestação, nos casos de obrigação de alimentos ou de arbitramento de reparação provisória" (*Linhas Orientadoras da Nova Legislação Processual Civil*, Ministério da Justiça, 1992, pp. 50 e 51).

requerido excedesse "consideravelmente" o dano que, com ela, o requerente pretendia evitar. Paralelamente, estando em causa uma providência cautelar de embargo de obra nova, o art. 419º do CPC_{1996} passou a estatuir que, uma vez embargada a obra, o tribunal poderia autorizar a sua continuação quando se apurasse que o prejuízo resultante da sua paralisação era "consideravelmente" superior ao que podia advir da sua continuação.

Para além disso, o art. 381º, nº 4, do CPC_{1996} veio esclarecer que a improcedência ou a caducidade da providência cautelar apenas obstavam à sua repetição como dependência da mesma causa.

Quanto ao regime da caducidade das providências cautelares, em consequência da não propositura da ação principal da qual a providência dependesse, o legislador veio estabelecer que a contagem desse prazo de caducidade – que passou a ser de trinta dias – apenas se iniciaria com a notificação da decisão que tivesse decretado a providência cautelar, permitindo-se, desse modo, ao requerente conhecer o sentido daquela decisão antes de propor a ação principal. Paralelamente, o art. 389º, nº 2, do CPC_{1996} introduziu, quanto às providências cautelares decretadas sem a audiência prévia do requerido, a regra de que o prazo de propositura da ação principal seria de dez dias, contados da notificação ao requerente de que o requerido havia sido notificado da providência.

No tocante às providências cautelares especificadas, importa salientar a alteração introduzida no regime do arresto como dependência de ação de impugnação pauliana, porquanto o art. 407º, nº 2, do CPC_{1996} deixou de exigir a propositura prévia dessa ação nos casos em que se pretendesse requerer o arresto contra o adquirente dos bens do devedor, protegendo-se, desse modo, o sigilo do procedimento cautelar.

10. Código de Processo Civil de 2013

A Lei nº 41/2013, de 26 de junho, aprovou um novo Código de Processo Civil, revogando, entre outros, o DL nº 44 129, de 28 de dezembro de 1961.

No que diz respeito às alterações introduzidas pela nova legislação processual civil em matéria cautelar, destaca-se a introdução do regime jurídico da inversão do contencioso, rompendo-se, desse modo, com o dogma da dependência do procedimento cautelar em relação à ação principal (art. 364º, nº 1)[147,148]. Com efeito, o art. 369º passou a prever a possibilidade de o

[147] A este propósito, resulta da exposição de motivos da PLCPC o seguinte: "Quanto à disciplina dos procedimentos cautelares, quebra-se o princípio segundo a qual estes são sempre dependência de uma causa principal, proposta pelo requerente para evitar a caducidade da providência cautelar

juiz, mediante requerimento a ser formulado até ao encerramento da audiência final, dispensar o requerente do ónus de propositura da ação principal, desde que a matéria adquirida no procedimento lhe permita formar uma convicção segura acerca da existência do direito acautelado e a natureza da providência cautelar seja adequada a realizar a composição definitiva do litígio. Nesse caso, uma vez transitada em julgado a decisão que tenha decretado a providência cautelar e invertido o contencioso, o requerido é notificado, com a advertência de que, querendo, deve intentar a ação destinada a impugnar a existência do direito acautelado nos 30 dias subsequentes à notificação, sob pena de a providência decretada se consolidar como composição definitiva do litígio[149]. Nos termos do art. 376º, nº 4, o regime da inversão do contencioso é aplicável, com as devidas adaptações, à restituição provisória de posse, à suspensão de deliberações sociais, aos alimentos provisórios, ao embargo de obra nova, bem como às demais providências previstas em legislação avulsa cuja natureza permita realizar a composição definitiva do litígio.

Relativamente à caducidade da providência cautelar, o art. 373º, nº 1, al. *a)*, passou a dispor que o procedimento cautelar extingue-se e, quando decretada, a providência caduca se o requerente não propuser a ação da qual a providência depende dentro de trinta dias, contados da data em que lhe tiver sido notificado o trânsito em julgado da decisão que a haja ordenado. Para além disso, face à supressão do regime especial de caducidade anteriormente previsto no art. 389º, nº 2, do CPC_{1996}, esta regra passou igualmente a ser aplicável às providências cautelares que sejam requeridas sem a audiência prévia do requerido.

No que diz respeito às providências cautelares especificadas, importa salientar que, face à consagração do regime da inversão do contencioso, o art. 384º deixou de prever a dependência necessária da providência caute-

decretada em seu benefício, evitando que tenha de se repetir inteiramente, no âmbito da ação principal, a mesma controvérsia que acabou de ser apreciada e decidida no âmbito do procedimento cautelar – obstando aos custos e demoras decorrentes desta duplicação de procedimentos, nos casos em que, apesar das menores garantias formais, a decisão cautelar haja, na prática, solucionado o litígio que efetivamente opunha as partes".

[148] Assim, o art. 364º, nº 1, passou a dispor que "Exceto se for decretada a inversão do contencioso, o procedimento cautelar é dependência de uma causa que tenha por fundamento o direito acautelado e pode ser instaurado como preliminar ou como incidente de ação declarativa ou executiva." (sublinhado nosso).

[149] Com efeito, conforme se extrai da exposição de motivos, cabe ao requerido "demonstrar, em acção por ele proposta e impulsionada, que a decisão cautelar não devia ter, afinal, essa vocação de definitividade".

lar de alimentos provisórios da ação em que, principal ou acessoriamente, se peça a prestação de alimentos.

Relativamente à providência cautelar de arresto, o art. 396º, nº 3, veio consagrar um novo regime especial de arresto, com dispensa de alegação do justo receio de perda da garantia patrimonial do crédito, nos casos em que esteja em causa o arresto de um bem que tenha sido transmitido mediante negócio jurídico e em que o direito de crédito correlativo respeite, total ou parcialmente, ao preço da respetiva aquisição.

Capítulo II
Natureza, modalidades e finalidades

Sumário: 1. Natureza. 2. Modalidades. 2.1. Providências cautelares conservatórias. 2.2. Providências cautelares antecipatórias. 3. Finalidades. 3.1. Garantia de um direito. 3.2. Regulação provisória de uma situação jurídica. 3.3. Antecipação provisória de um determinado efeito jurídico.

1. Natureza

O caminho para a obtenção de uma decisão judicial definitiva é, por via de regra, longo, sinuoso e moroso[150]. Com efeito, pode suceder que, em virtude da elevada pendência processual ou da própria complexidade da causa, o período de tempo que medeia entre a propositura de uma ação judicial e o trânsito em julgado da sentença não seja compatível com a tutela adequada e eficaz do direito de que o autor se arroga titular[151]. Na verdade, a demora constitui um "defeito constitucional, um custo inevitável" do processo judicial[152].

[150] Redenti, Enrico/Vellani, Mario, *Diritto Processuale Civile*, vol. III, 3ª ed., Giuffrè Editore, Milão, 1999, p. 127.

[151] Cfr., neste sentido, Freitas, José Lebre de/Alexandre, Isabel, *Código de Processo Civil Anotado*, vol. II, 3ª ed., Almedina, Coimbra, 2017, p. 1. Neste particular, Lucinda Dias da Silva assinala que o processo é uma "realidade cronológica", já que se encontra "temporalmente inscrito, temporalmente limitado e temporalmente condicionado" (Silva, Lucinda D. Dias da, *Processo Cautelar Comum: Princípio do Contraditório e Dispensa de Audição Prévia do Requerido*, Coimbra Editora, Coimbra, 2009, p. 99).

[152] Andrade, Manuel A. Domingues de, *Noções Elementares de Processo Civil*, *op. cit.*, p. 8. *Vide*, na mesma linha de raciocínio, Mendes, João de Castro, *Direito Processual Civil*, vol. I, Associação Académica, Lisboa, 1980, pp. 296 e 297, Mendes, João de Castro, *Manual de Processo Civil*, Coimbra Editora, Coimbra, 1963, p. 51, Carlos, Adelino da Palma, "Procedimentos cautelares antecipadores", *in O Direito*, ano 105º, julho-setembro 1973, pp. 239 e 240, Henriques, Sofia, *A Tutela Cautelar*

Ora, a segurança e a certeza da decisão judicial – que pressupõem um processo dominado pelos princípios do dispositivo, do contraditório e do inquisitório – devem ser harmonizadas com a necessidade de se garantir a efetividade dessa decisão, já que de nada vale obter uma sentença materialmente justa, se a mesma não for temporalmente exequível[153,154,155]. A harmonização destes

não Especificada no Novo Contencioso Administrativo Português, Coimbra Editora, Coimbra, 2006, pp. 18 e 19, MARIANO, João Cura, *A Providência Cautelar de Arbitramento de Reparação Provisória*, 2ª ed. rev. e aum., Almedina, Coimbra, 2006, p. 13, GARCIA, Maria da Glória Ferreira Pinto Dias, "As medidas cautelares entre a correcta prossecução do interesse público e a efectividade dos direitos dos particulares", *in Reforma do Contencioso Administrativo – O Debate Universitário (Trabalhos Preparatórios)*, vol. I, Ministério da Justiça, Coimbra Editora, Coimbra, 2003, p. 434, ROQUE, Miguel Prata, *Direito Processual Administrativo Europeu – A Convergência Dinâmica no Espaço Europeu de Justiça Administrativa*, Coimbra Editora, Coimbra, 2005, p. 503, MARTINS, Ana Gouveia, *A Tutela Cautelar no Contencioso Administrativo (Em Especial, nos Procedimentos de Formação dos Contratos)*, Coimbra Editora, Coimbra, 2005, p. 23, GOMES, Carla Amado, "À espera de Ulisses. Breve análise da Secção I do Capítulo VI do Anteprojecto de Código nos Tribunais Administrativos/II (As medidas cautelares)", *in Separata da RMP*, nº 84, 2000, p. 50, CARVALHO, Paulo Morgado de, "O procedimento cautelar comum no processo laboral", *in Estudos Jurídicos em Homenagem ao Professor António Motta Veiga*, Almedina, Coimbra, 2007, pp. 210 e 211, WALKER, Wolf-Dietrich, *Der Einstweilige Rechtsschutz im Zivilprozeß und im Arbeitsgerichtlichen Verfahren*, Mohr Siebeck, Tübingen, 1993, p. 51, PAULUS, Christoph, *Zivilprozessrecht: Erkenntnisverfahren, Zwangsvollstreckung und Eurpäisches Zivilprozessrecht*, 4ª ed., Springer, Berlim, 2010, p. 315, PISANI, Andrea Proto, "Procedimenti cautelari", *in Enciclopedia Giuridica*, vol. XXIV, Roma, 1991, p. 2, SCHIELFLER-FONTES, Márcio, "A mandamentalidade da decisão cautelar", *in Jurisprudência Catarinense*, ano XXXII, nº 111-112, Florianópolis, 2007, p. 89, THEODORO JÚNIOR, Humberto, *A Execução de Sentença e a Garantia do Devido Processo Legal*, Aide Editora, Rio de Janeiro, 1987, p. 174, IOCOHAMA, Celso Hiroshi, *Litigância de Má-Fé e Lealdade Processual*, Juruá Editora, Paraná, 2006, p. 44, MOREIRA, José Carlos Barbosa, *Temas de Direito Processual*, Editora Saraiva, São Paulo, 2007, p. 367, BLASCO PELLICER, Angel, *Las Medidas Cautelares en el Proceso Laboral*, Civitas, Madrid, 1996, p. 21, ALMAGRO NOSETE, José, "Garantias constitucionales del proceso civile", *in Para un Proceso Civil Eficaz*, coord. de Francisco Ramos Méndez, Universidad Autónoma de Barcelona, Barcelona, 1982, p. 5, FERNANDÉZ ROZAS, José Carlos, "Arbitraje y justicia cautelar", *in RCEA*, vol. XXII, 2007, p. 24, OTERO ÁLVAREZ, Liliana, "Medidas cautelares: de la taxatividad al poder cautelar general?", *in Temas Vigentes en Materia de Derecho Procesal y Probatorio: Homenaje al Doctor Hernando Morales Molina*, Universidad del Rosario, Colômbia, 2008, p. 257, ANGELES JOVÉ, María, *Medidas Cautelares Innominadas en el Proceso Civil*, Bosch, Barcelona, 1995, p. 13, bem como VARGAS, Abraham L., *Estudios de Derecho Procesal*, tomo I, Ediciones Jurídicas Cuyo, Argentina, p. 33.

153 A este respeito, vale a pena reproduzir aqui as palavras de melhor ciência de Domingues de Andrade quanto a esta problemática. Com efeito, de acordo com o referido Autor, com a instituição dos procedimentos cautelares, "pretendeu a lei seguir uma linha média entre dois interesses conflituantes: o de uma justiça pronta, mas com risco de ser precipitada; e o de uma justiça cauta e ponderada, mas com o risco de ser platónica, por chegar a destempo" (ANDRADE, Manuel A. Domingues de, *Noções Elementares de Processo Civil*, *op. cit.*, p. 10). Analogamente, José João Baptista assinala que "uma justiça tardia pode ser meia justiça ou não ser justiça nenhuma" (BAPTISTA, José João, *Processo Civil I – Parte Geral e Processo Declarativo*, 8ª ed., Coimbra Editora, Coimbra, 2006,

dois valores é, no entanto, uma "obra difícil, uma vez que o objectivo deste processo é realizar tutela jurisdicional efectiva plena, certa e definitiva, e, ao mesmo tempo, realizar tutela que seja efectiva. E a dificuldade apresentada resulta do facto de a demora natural do processo institucionalizado ser, ela própria, apta a anular todo o efeito útil da sentença, por mais certa e definitiva que a sentença seja, e por mais contraditório que tenha sido o processo, pre-

p. 77). Por sua vez, Miguel Teixeira de Sousa sustenta que "toda a demora no julgamento da causa constitui um factor de injustiça para a parte vencedora. Uma justiça tardia é melhor do que a denegação dela, mas nunca será a justiça devida" (SOUSA, Miguel Teixeira de, *Estudos sobre o Novo Processo Civil*, 2ª ed., Lex, Lisboa, 1997, p. 49). *Vide*, ainda, quanto a esta problemática, CALAMANDREI, Piero, *Introduccion al Estudio Sistematico de las Providencias Cautelares*, trad. por Santiago Sentís Melendo, Editorial Bibliografica Argentina, Buenos Aires, 1945, p. 43, CORDOPATRI, Francesco, "L'abuso del processo e la condanna alle spese", *in RTDPC*, ano LIX, nº 1, 2005, p. 252, SOUSA, Miguel Teixeira de, "As providências cautelares e a inversão do contencioso", p. 1, disponível *in https://sites.google.com/site/ippcivil/recursos-bibliograficos/5-papers* (acedido em 25.01.2013), FONSECA, Isabel Celeste M., "O processo cautelar comum no novo contencioso administrativo: por novos caminhos de tempo dividido", *in SI*, tomo LIII, nº 299, Braga, maio-agosto 2004, p. 239, FONSECA, Isabel Celeste M., *Processo Temporalmente Justo e Urgência – Contributo para a Autonomização da Categoria da Tutela Jurisdicional de Urgência na Justiça Administrativa*, Coimbra Editora, Coimbra, 2009, p. 1038, ALMEIDA, Francisco Manuel Lucas Ferreira de, *Direito Processual Civil*, vol. I, 2ª ed., Almedina, Coimbra, 2018, p. 202, AMARAL, Jorge Augusto Pais de, *Direito Processual Civil*, 13ª ed., Almedina, Coimbra, 2017, pp. 36 e 37, CUNHA, António Júlio, *Direito Processual Civil Declarativo à luz do Novo Código de Processo Civil*, Quid Juris, Lisboa, 2013, p. 57, FERNANDÉZ-VIAGAS BARTOLOMÉ, Plácido, *El Derecho a un Proceso sin Dilaciones Indebidas*, Civitas, 1994, pp. 31 e 32, J. PUPPIO, Vicente, *Teoría General del Proceso*, 7ª ed. rev. e ampl., Universidad Católica Andrés Bello, Caracas, 2008, p. 128, CORTÉS DOMÍNGUEZ, Valentín, "La eficácia del proceso de declaración", *in Para un Proceso Civil Eficaz*, coord. de Francisco Ramos Méndez, Universidad Autónoma de Barcelona, Barcelona, 1982, pp. 147 e 148, DINAMARCO, Cândido Rangel, *A Instrumentalidade do Processo*, 14ª ed. rev. e atu., Malheiros Editores, São Paulo, 2009, p. 273, bem como PINTO, Ricardo Leite, *Intimação para um Comportamento: Contributo para o Estudo dos Procedimentos Cautelares no Contencioso Administrativo*, Edições Cosmos, Lisboa, 1995, p. 35.

[154] Quanto à problemática da gestão do tempo no processo, *vide* FONSECA, Isabel Celeste M., *Dos Novos Processos Urgentes no Contencioso Administrativo (Função e Estrutura)*, Lex, Lisboa, 2004, pp. 13, 14 e 41, bem como FONSECA, Isabel Celeste M., *Processo Temporalmente Justo e Urgência – Contributo para a Autonomização da Categoria da Tutela Jurisdicional de Urgência na Justiça Administrativa*, *op. cit.*, pp. 88 e 89, e FONSECA, Isabel Celeste M., "O processo cautelar comum no novo contencioso administrativo: por novos caminhos de tempo dividido", *op. cit.*, p. 237.

[155] Conforme denota Rui Pinto, sob este prisma, a tutela cautelar configura-se como um "instrumento de salvaguarda do efeito útil de uma futura e eventual tutela principal e definitiva perante os prejuízos provocados pela passagem do tempo processual sobre o litígio" (PINTO, Rui, *A Questão de Mérito na Tutela Cautelar – A Obrigação Genérica de não Ingerência e os Limites da Responsabilidade Civil*, Coimbra Editora, Coimbra, 2009, p. 33). *Vide*, no mesmo sentido, AMARAL, Diogo Freitas do/ALMEIDA, Mário Aroso de, *Grandes Linhas da Reforma do Contencioso Administrativo*, reimp. da 3ª ed. rev. e atu., Almedina, Coimbra, 2007, p. 54.

judicando, por conseguinte, quem dele se serve"[156]. Em suma, "o tempo é um factor de corrosão dos direitos", pelo que se torna necessário oferecer "meios de combate à força corrosiva do tempo-inimigo"[157], isto é, meios adequados a prevenir a violação do direito ou a garantir a sua efetividade[158,159]. Deste

[156] FONSECA, Isabel Celeste M., *Introdução ao Estudo Sistemático da Tutela Cautelar no Processo Administrativo*, Almedina, Coimbra, 2002, p. 36. *Vide*, no mesmo sentido, FONSECA, Isabel Celeste M., "A urgência na reforma do contencioso administrativo", *in Reforma do Contencioso Administrativo – O Debate Universitário (Trabalhos Preparatórios)*, vol. I, Ministério da Justiça, Coimbra Editora, Coimbra, 2003, pp. 336 a 339, FREITAS, José Lebre de/ALEXANDRE, Isabel, *Código de Processo Civil Anotado*, vol. II, *op. cit.*, p. 1, FREITAS, José Lebre de, "As providências cautelares não especificadas na jurisdição administrativa", *in CJA*, nº 33, 2002, p. 22, CRUZ, André Luiz Vinhas da, "O direito de ação e suas teorias explicativas", *in Revista da* ESMESE, nº 10, 2007, pp. 30 e 31, CASTRO, Artur Anselmo de, *Direito Processual Civil Declaratório*, vol. I, *op. cit.*, p. 130, AMORIM, Tiago Meireles de, "Apontamentos sobre as condições de procedibilidade das providências cautelares no novo processo administrativo", *in ROA*, ano 63º, vol. I, Lisboa, 2003, pp. 416 e 417, MARTINS, Ana Gouveia, *A Tutela Cautelar no Contencioso Administrativo (Em Especial, nos Procedimentos de Formação dos Contratos)*, *op. cit.*, p. 27, BELEZA, Maria dos Prazeres Pizarro, "Procedimentos cautelares", *in Pólis*, vol. IV, Verbo, p. 1502, GARCIA DE ENTERRIA, Eduardo, "Hacia una medida cautelar ordinaria de pago anticipado de deudas (référé-provision): a propósito del auto del Presidente del Tribunal de Justicia de las Comunidades Europeas de 29 de Enero de 1997 (asunto Antonissen)", *in RAP*, nº 142, Madrid, janeiro-abril 1997, p. 238, BOVE, Mauro, "Sospensione del processo e tutela cautelare", *in RDP*, ano XLIV, nº 4, Cedam, Pádua, outubro-dezembro 1989, pp. 988 e 989, URDANETA SANDOVAL, Carlos Alberto, "Introducción al análisis sistemático de las medidas cautelares atípicas del Código de Procedimiento Civil Venezolano", *in RFDUCAB*, Universidad Católica Andrés Bello, nº 59, Caracas, 2004, p. 29, ALBERTO ÁLVAREZ, Tulio, *Procesos Civiles Especiales Contenciosos*, 2ª ed., Universidad Católica Andrés Bello, Caracas, 2008, pp. 73 e 74, JAUERNIG, Othmar, *Direito Processual Civil*, 25ª ed., Almedina, Coimbra, 2002, p. 157, e DUARTE NETO, Bento Herculano, *et al.*, *Teoria Geral do Processo*, 5ª ed., Iesde, Curitiba, 2012, p. 148.

[157] DINAMARCO, Cândido Rangel, *Nova Era do Processo Civil*, Malheiros Editores, São Paulo, 2003, p. 55. Sobre esta problemática, Garcia de Enterria assinala o facto de o processo se ter convertido num instrumento da injustiça, já que "a duração excessiva dos processos prejudica sempre quem tem razão" (GARCIA DE ENTERRIA, Eduardo, "La batalla por las medidas cautelares", *in Derecho Comunitario Europeo y Proceso Contencioso-Administrativo Español*, 1ª ed., Civitas, Madrid, 1992, p. 267). Na mesma linha de raciocínio, Angeles Jové salienta que, se em outras épocas os tribunais podiam permitir-se ao "luxo" de decidirem os litígios a longo prazo, a verdade é que a nossa sociedade contemporânea defronta-se cada vez mais com um determinado tipo de conflitos que exigem respostas rápidas, ainda que seja com um carácter provisório. Com efeito, "na actualidade, quando a necessidade imperiosa de «ganhar tempo ao tempo» se impõe como norma de conduta, comprova-se com maior facilidade que uma decisão judicial tardia carece totalmente de sentido" (ANGELES JOVÉ, María, *Medidas Cautelares Innominadas en el Proceso Civil*, *op. cit.*, p. 18).

[158] CARLOS, Adelino da Palma, *Linhas Gerais do Processo Civil Português*, Edições Cosmos – Livraria Arco-Íris, Lisboa, 1991, p. 70. *Vide*, no mesmo sentido, o ac. do TRE de 20.09.2012, proc. 44/12.0T2STC.E1.

[159] No que concerne a esta problemática, Pessoa Vaz destaca a importância do "juiz assistencial", enquanto entidade com competência para "promover a «eficácia da justiça»". Com efeito, de acordo com o citado Autor, o juiz, na sua atuação enquanto "juiz activo e responsável", deve incentivar a

modo, a ordem jurídica deve neutralizar o prejuízo irreparável ou de difícil reparação decorrente da duração normal do processo, evitando que esse facto produza um dano ao autor que pretende ver reconhecido o seu direito[160,161].

É exatamente neste contexto que as providências cautelares, enquanto medidas de natureza sumária e urgente, visam antecipar ou garantir o efeito útil do reconhecimento de um direito[162,163] – ou, como se refere no art. 2º,

"simplificação e a aceleração" do processo, sem que tal comprometa, no entanto, as "altas finalidades da Verdade e da Justiça" (VAZ, Alexandre Mário Pessoa, *Direito Processual Civil – Do Antigo ao Novo Código*, 2ª ed., Almedina, Coimbra, 2002, p. 322).

160 Cfr., a este respeito, PISANI, Andrea Proto, *Lezioni di Diritto Processuale Civile*, 3ª ed., Jovene Editore, Nápoles, 1999, p. 631, FIORUCCI, Fabio, *I Provvedimenti d'Urgenza ex Art. 700 C.P.C.*, 2ª ed., Giuffrè Editore, Roma, 2009, p. 12, TARUFFO, Michele, *et al.*, *Le Riforme della Giustizia Civile*, 2ª ed., Utet, Turim, 2000, pp. 544 e 545, ALFREDO GOZAÍNI, Osvaldo, *Derecho Procesal Civil: tomo I (Teoría General del Derecho Procesal)*, vol. II, Editorial Ediar S.A., Buenos Aires, 1992, p. 788, bem como MIRANDA, Jorge/MEDEIROS, Rui, *Constituição Portuguesa Anotada*, vol. I, 2ª ed. rev., Universidade Católica Editora, Lisboa, 2017, pp. 331 e 332.

161 No ordenamento jurídico italiano, tal como no português, as últimas reformas legislativas têm vindo a centrar-se na maior celeridade e eficiência do processo civil. De facto, conforme assinala Roberto Masoni, na última reforma da justiça civil italiana, o objetivo central do governo foi o de garantir aos cidadãos um processo rápido e equitativo – enquadrado na exigência de aceleração do tempo de definição do contencioso cível – suscetível de garantir o respeito pelo princípio da duração razoável do processo, em harmonia com o disposto no art. 6º da CEDH. Com efeito, a violação do princípio da duração razoável do processo tem vindo a determinar a condenação sucessiva do Estado Italiano, primeiro, pelo Tribunal Europeu dos Direitos do Homem, e, após a aprovação da Lei nº 89, de 24 de março de 2001, pelos próprios tribunais internos (MASONI, Roberto, "La Ragionevole Durata del Proceso", *in Il Nuovo Processo Civile*, Wolters Kluwer Italia, 2010, pp. 7 e 8).

162 Cfr., nesse sentido, WALKER, Wolf-Dietrich, *Der Einstweilige Rechtsschutz im Zivilprozeß und im Arbeitsgerichtlichen Verfahren*, *op. cit.*, p. 51, BAUR, Fritz, *Studien zum einstweiligen Rechtsschutz*, J. C. B. Mohr (Paul Siebeck), Tübingen, 1967, p. 2, SAENGER, Ingo, *Einstweiliger Rechtsschutz und materiellrechtliche Selbsterfüllung*, Mohr Siebeck, Tübingen, 1998, p. 30, WEINERT, Mirko, *Vollstreckungsbegleitender einstweiliger Rechtsschutz*, Mohr Siebeck, Tübingen, 2007, p. 232, STÜRNER, Rolf, "Einstweiliger Rechtsschutz: General Bericht", *in Procedural Laws in Europe, Towards Harmonisation*, Maklu & Marcel Storme, Antuérpia, 2003, p. 145, MARTINS, Ana Gouveia, *A Tutela Cautelar no Contencioso Administrativo (Em Especial, nos Procedimentos de Formação dos Contratos)*, *op. cit.*, p. 38, SILVEIRA, João Tiago Valente Almeida de, "*O princípio da tutela jurisdicional efectiva e as providências cautelares não especificadas no contencioso administrativo*", *in A Nova Justiça Administrativa*, CEJ, Coimbra Editora, Coimbra, 2006, p. 402, GOUVEIA, Paulo H. Pereira, "As realidades da nova tutela cautelar administrativa", *in CJA*, nº 55, Braga, 2006, p. 3, FONSECA, Isabel Celeste M., "Para uma nova tutela cautelar na justiça administrativa. Prólogo de uma batalha...", *in CJA*, nº 8, 1998, p. 45, ANDRADE, José Carlos Vieira de, *Os Direitos Fundamentais na Constituição Portuguesa de 1976*, reimp. da 5ª ed., Almedina, Coimbra, 2016, p. 184, FREITAS, José Lebre de, "Inconstitucionalidades do Código de Processo Civil", *in ROA*, ano 52º, vol. I, Lisboa, abril 1992, pp. 31 e 32, PIMENTA, Paulo, *Processo Civil Declarativo*, 2ª ed., Almedina, Coimbra, 2017, p. 11, CARRILLO, Marc, "La justicia cautelar como garantía de los derechos fundamentales", *in La Ciencia del Derecho Procesal Constitucional. Estudios en Homenaje a Héctor Fix-Zamudio en sus Cincuenta Años como Investigador del Derecho*, tomo IV, México,

nº 2, "acautelar o efeito útil da acção"[164] – neutralizando os prejuízos que possam advir para o interessado na tutela do seu direito em consequência da

2008, p. 233, ABEL BENABENTOS, Omar, *Teoría General del Proceso*, vol. I, Editorial Juris, Rosario, Argentina, 2002, p. 108, bem como ESCARRÁ MALAVÉ, Carlos, "Tutela judicial efectiva", *in Tendencias Actuales del Derecho Procesal: Constitución y Proceso*, coord. de Jesús María Casal e Mariana Zerpa Morloy, Universidad Católica Andrés Bello, Caracas, 2007, p. 29.

163 Quanto à importância das providências cautelares na tutela da eficácia das normas comunitárias na ordem jurídica interna, *vide* QUADROS, Fausto de/MARTINS, Ana Maria Guerra, *Contencioso Comunitário*, Almedina, Coimbra, 2002, p. 265, os quais, em anotação ao ac. do TJUE, de 19.06.1990, proc. C213/89 (caso *Factortame*), realçam o facto de se ter decidido nesse aresto que "a plena eficácia das normas comunitárias na ordem interna impõe que o juiz nacional decrete providências cautelares sempre que tal se demonstre necessário para prevenir a lesão irreparável ou de difícil reparação de direitos subjectivos invocados com fundamento no Direito Comunitário". Cfr., no mesmo sentido, OLIVER, Peter, "Interim measures: some recent developments", *in CMLRw*, vol. 29, nº 1, fevereiro 1992, pp. 10 a 13, GARCIA, Maria da Glória Ferreira Pinto Dias, "Da exclusividade de uma medida cautelar típica à atipicidade das medidas cautelares ou a necessidade de uma nova compreensão do Direito e do Estado", *in CJA*, nº 16, Braga, julho-agosto 1999, p. 76, GUAYO CASTIELLA, Iñigo del, *Judicial Review y Justicia Cautelar*, Madrid, 1997, pp. 85 e 86, FONSECA, Isabel Celeste M., *Dos Novos Processos Urgentes no Contencioso Administrativo (Função e Estrutura)*, *op. cit.*, p. 17, FONSECA, Isabel Celeste M., *Processo Temporalmente Justo e Urgência – Contributo para a Autonomização da Categoria da Tutela Jurisdicional de Urgência na Justiça Administrativa*, *op. cit.*, p. 241, MARTINS, Ana Gouveia, *A Tutela Cautelar no Contencioso Administrativo (Em Especial, nos Procedimentos de Formação dos Contratos)*, *op. cit.*, p. 100, bem como, em comentário ao ordenamento jurídico espanhol, RUIZ-JARABO, Pablo, "El sfumatto de las medidas cautelares", *in Gaceta jurídica de la Unión Europea y de la competencia*, nº 232, julho-agosto 2004, Madrid, p. 25, HERNANDEZ RODRIGUEZ, Aurora, "La tutela cautelar en el derecho internacional privado español: especial referencia al artículo 24 CBr", *in RPJ*, 3º Época, nº 59, Madrid, 2000, pp. 80 e 81, e RODRÍGUEZ-ARANA MUÑOZ, Jaime, "Suspensión del acto y medidas cautelares: Comentarios al auto del Tribunal Supremo de 20 de diciembre de 1990", *in RPJ*, nº 21, 2ª Época, março, p. 149.

164 Cfr., a este propósito, ORMAZABAL SÁNCHEZ, Guillermo, *Introducción al Derecho Procesal*, Marcial Pons, Madrid, 2002, pp. 92 e 93, CASTRO, Artur Anselmo de, *Direito Processual Civil Declaratório*, vol. I, *op. cit.*, p. 130, MONTERO AROCA, Juan, *et al.*, *El Nuevo Proceso Civil (Ley 1/2000)*, 2ª ed., Tirant lo Blanch, Valência, 2001, p. 825, GÓMEZ ORBANEJA, Emilio, *Derecho y Proceso*, Civitas, 2009, p. 121, bem como MONTERO AROCA, Juan, "O processo civil no século XXI. Tutela e garantia", *in RCEJ*, nº 4, 1º Semestre 2006, p. 24. *Vide*, na jurisprudência, os acs. do TC nºs 86/88, de 13.04.1988, proc. 235/86; 163/90, de 23.05.1990, proc. 154/89; 444/91, de 20.11.1991, proc. 184/90; 210/92, de 03.06.1992, proc. 119/91; 440/94, de 07.06.1994, proc. 510/92; 960/96, de 10.07.1996, proc. 197/95; 1169/96, de 20.11.1996, proc. 452/95; 248/02, de 04.06.2002, proc. 89/02; 363/04, de 19.05.2004, proc. 512/03; 599/07, de 11.12.2007, proc. 931/07; 113/08, de 20.02.2008, proc. 454/07; 415/08, de 31.07.2008, proc. 423/08; 592/08, de 10.12.2008, proc. 561/08; 20/10, de 13.01.2010, proc. 638/09; 186/10, de 12.05.2010, proc. 943/09; e 284/11, de 07.06.2011, proc. 73/09, todos disponíveis *in www.tribunalconstitucional.pt*, bem como a sentença nº 14/1992, de 10 de fevereiro, do pleno do TC. Es, *in BOE*, nº 54, de 03.03.1992, na qual se decidiu que "*la tutela judicial no es tal sin medidas cautelares adecuadas que aseguren el efectivo cumplimiento de la resolución definitiva que recaiga en el proceso*".

demora normal e inevitável do processo, isto é, da "passagem irreversível do tempo"[165].

Na verdade, sendo o tempo necessário para a realização da justiça[166], o fundamento que autoriza as providências cautelares reside, precisamente, na incidência do tempo no processo[167].

[165] WINDTHORST, Kay, *Der verwaltungsgerichtliche einstweilige Rechtsschutz*, Mohr Siebeck, Tübingen, 2009, p. 95. A este respeito, Calamandrei salienta que a tutela cautelar permite evitar que o dano decorrente da violação de um direito resulte agravado pela morosidade do processo judicial (CALAMANDREI, Piero, *Instituciones de Derecho Procesal Civil*, vol. I, *op. cit.*, p. 157). De igual modo, na esteira de Isabel Fonseca, as providências cautelares asseguram duas funções essenciais: por um lado, uma função de garantia e, por outro, uma função de composição provisória do objeto imediato do processo principal (FONSECA, Isabel Celeste M., *Introdução ao Estudo Sistemático da Tutela Cautelar no Processo Administrativo, op. cit.*, pp. 77 e 78). Na mesma linha de raciocínio, Francisco de Almeida assinala que "o processo cautelar visa assegurar uma forma de *tutela aparente ou interina*, de carácter supletivo, como um de entre outros de uma série de mecanismos de ordem substantiva e/ou processual que visam prevenir a eclosão dos efeitos negativos dessas naturais dilações" (ALMEIDA, Francisco Manuel Lucas Ferreira de, *Direito Processual Civil, op. cit.*, p. 202). *Vide*, ainda, no mesmo sentido, REIS, Alberto dos, *Código de Processo Civil Anotado*, vol. I, *op. cit.*, p. 625, MARTINS, Ana Gouveia, *A Tutela Cautelar no Contencioso Administrativo (Em Especial, nos Procedimentos de Formação dos Contratos), op. cit.*, p. 35, segundo a qual as providências cautelares constituem um importante "mecanismo que procura estabelecer um equilíbrio entre os valores da celeridade e da segurança jurídica", ARIANO DEHO, Eugenia, *Problemas del Proceso Civil*, Jurista Editores, Lima, Peru, 2003, p. 604, DIANA, Antonio Gerardo, *Procedimenti Cautelari e Possessori*, Wolters Kluwer Italia, Turim, 2010, p. 8, CULOT, Dario, *Diritto Processuale Della Famiglia*, Wolters Kluwer Italia, Pádua, 2008, p. 388, bem como CAPONI, Remo, "La tutela sommaria nel processo societario in prospettiva europea", *in RTDPC*, ano LVIII, nº 4, dezembro 2003, p. 1370. Numa interessante construção metafórica, Abrantes Geraldes assinala que as providências cautelares são uma "antecâmara do processo principal, possibilitando a emissão de uma decisão interina ou provisória destinada a atenuar os efeitos erosivos decorrentes da demora na resolução definitiva ou a tornar frutuosa a decisão que, porventura, seja favorável ao requerente" (GERALDES, António Santos Abrantes, *Suspensão de Despedimento e Outros Procedimentos Cautelares no Processo do Trabalho*, Almedina, Coimbra, 2010, p. 108). Cfr., na jurisprudência, o ac. do TRG de 09.05.2019, proc. 70/18.5T8VRM.G1.

[166] WIEDERKHER, M. Georges, "L'accélération des procedures et les mesures provisoires", *in RIDC*, ano 50º, nº 2, abril-junho 1998, p. 449. De todo o modo, conforme refere Isabel Fonseca, "o factor tempo (...) exige que se reparta entre as partes não só os riscos resultantes da demora do processo como também que se reparta entre elas o risco de se produzirem factos consumados" (FONSECA, Isabel Celeste M., *Introdução ao Estudo Sistemático da Tutela Cautelar no Processo Administrativo, op. cit.*, p. 77).

[167] ALFREDO GOZAÍNI, Osvaldo, *Derecho Procesal Civil: tomo I (Teoría General del Derecho Procesal)*, vol. II, *op. cit.*, p. 787. Cfr., no mesmo sentido, ALSINA, Hugo, *Tratado Teorico Practico de Derecho Procesal Civil y Comercial*, tomo V, 2ª ed., Ediar, Buenos Aires, 1962, p. 449, WIEDERKHER, M. Georges, "L'accélération des procedures et les mesures provisoires", *op. cit.*, p. 449, bem como ARIANO DEHO,

Por conseguinte, as providências cautelares são um instrumento adequado a assegurar e garantir a efetividade da tutela jurisdicional[168,169,170], constituindo,

Eugenia, *Problemas del Proceso Civil, op. cit.*, p. 596, segundo a qual a justiça cautelar constitui uma garantia de obtenção da tutela efetiva e definitiva de um direito, em todos aqueles casos em que o tempo necessário para se obter uma decisão favorável definitiva constitui uma fonte potencial de ineficácia dessa tutela, sobretudo num tempo em que a velocidade com que as relações humanas e jurídicas se desenvolvem converteu-se, ele próprio, num bem.

[168] Cfr., no mesmo sentido, Sousa, Miguel Teixeira de, *Estudos sobre o Novo Processo Civil, op. cit.*, pp. 226 e 277, Sousa, Miguel Teixeira de, "O fim do processo declarativo", *in RDES*, ano XXV, nºs 3 e 4, julho-dezembro 1978, p. 116, Reis, José Alberto dos, *Comentário ao Código de Processo Civil*, vol. I, 2ª ed., Coimbra Editora, Coimbra, 1960, p. 21, Magalhães, Barbosa de, *Processo Civil e Comercial*, vol. III, Lisboa, 1940, p. 74, Varela, João de Matos Antunes, *et al.*, *Manual de Processo Civil*, 2ª ed. (reimp.), Coimbra Editora, Coimbra, 2004, p. 23, Carlos, Adelino da Palma, *Linhas Gerais do Processo Civil Português, op. cit.*, p. 70, Geraldes, António Santos Abrantes, *Temas da Reforma do Processo Civil*, vol. III, 4ª ed. rev. e atu., Almedina, Coimbra, 2010, p. 41, Faria, Paulo Ramos de, *Regime Processual Civil Experimental Comentado*, Almedina, Coimbra, 2010, p. 216, Baptista, José João, *Processo Civil I – Parte Geral e Processo Declarativo, op. cit.*, p. 110, Henriques, Sofia, *A Tutela Cautelar não Especificada no Novo Contencioso Administrativo Português, op. cit.*, pp. 54 e 55, Pereira, Célia Sousa, *Arbitramento de Reparação Provisória*, Almedina, Coimbra, 2003, p. 28, Mariano, João Cura, *A Providência Cautelar de Arbitramento de Reparação Provisória, op. cit.*, p. 15, Cruz, Rita Barbosa da, "O arresto", *op. cit.*, p. 108, Brito, Wladimir, *Lições de Direito Processual Administrativo*, 3ª ed., Petrony Editora, Lisboa, 2018, pp. 105 e 106, Almeida, Luís Pedro Moitinho de, "Os processos cautelares em geral", *in Jornal do Foro*, ano 28, Lisboa, 1964, p. 21, Pastor, Blanca/Van Ginderachter, Eric, "La procédure en 'référé'", *in RTDE*, ano XXV, nº 4, outubro-dezembro 1989, pp. 545 e 564, Devis Echandia, Hernando, *Nociones Generales de Derecho Procesal Civil*, Aguilar, Madrid, 1966, p. 143, Calderon Cuadrado, Maria Pia, *Las Medidas Cautelares Indeterminadas en el Proceso Civil*, Editorial Civitas, Madrid, 1992, pp. 31 e 32, Ramos Méndez, Francisco, *Derecho y Proceso*, Bosch, Barcelona, 1979, p. 28, Guasp, Jaime/Aragoneses, Pedro, *Derecho Procesal Civil*, tomo I, 7ª ed. rev., Thomson Civitas, 2004, pp. 268 e 269, Fairen Guillen, Victor, *Teoria General del Derecho* Procesal, Universidad Nacional Autónoma de México, México, 1992, p. 44, Goldschmidt, James, *Derecho Procesal Civil*, trad. da 2ª ed. alemã por Leonardo Prieto Castro, Editorial Labor, Rio de Janeiro, 1936, p. 748, Chiovenda, Guiseppe, *Principios de Derecho Procesal Civil*, trad. espanhola da terceira ed. italiana por Jose Casáis y Santaló, tomo I, Editorial Reus, Madrid, 1922, p. 262, Pisani, Andrea Proto, *Lezioni di Diritto Processuale Civile, op. cit.*, p. 648, Alfredo Gozaíni, Osvaldo, *Derecho Procesal Civil: tomo I (Teoría General del Derecho Procesal)*, vol. II, *op. cit.*, pp. 787 e 788, Gutiérrez Barrenengoa, Aihoa, "De las medidas cautelares", *in Comentarios a la Ley de Enjuiciamiento Civil*, Lex Nova, 2012, p. 1345, Chinchilla Marín, Carmen, "Las medidas cautelares en el proceso contencioso-administrativo en derecho español", *in Reforma do Contencioso Administrativo – O Debate Universitário (Trabalhos Preparatórios)*, vol. I, Ministério da Justiça, Coimbra Editora, Coimbra, 2003, p. 552, Tarzia, Giuseppe, "Providências cautelares atípicas (Uma análise comparativa)", *in RFDUL*, Coimbra Editora, Coimbra, 1999, p. 242, Ramiro Podetti, J., *Derecho Procesal Civil, Comercial y Laboral – Tratado de las Medidas Cautelares*, IV, 2ª ed., Ediar, Buenos Aires, 1969, p. 16, Pisani, Andrea Proto, *Lezioni di Diritto Processuale Civile, op. cit.*, pp. 631 a 633, Pisani, Andrea Proto, "Procedimenti cautelari", *op. cit.*, p. 2, Monteleone,

Girolamo, *Diritto Processuale Civile*, 3ª ed. rev. e atu., Cedam, Pádua, 2002, pp. 1148 e 1149, MARINELLI, Damiano, *et al.*, *Il Nuovo Processo di Cognizione dopo la Riforma 2009*, Maggioli Editore, 2009, p. 151, MONTESANO, Luigi/ARIETA, Giovanni, *Diritto Processuale Civile*, III, 3ª ed., G. Giappichelli Editore, Turim, 1999, pp. 283 e 284, ARIETA, Giovanni, *"Problemi e prospettive in tema di reclamo cautelare"*, *in RDP*, ano LII, nº 2, abril-junho 1997, p. 412, GIOVAGNOLI, Roberto/CAPITANO, Silvia, *I Procedimenti Cautelari – Percorsi Giurisprudenziali*, Giuffrè Editore, Milão, 2010, p. 1, PAVAN, Antonio, *La Tutela Cautelare nel Nuovo Codice del Processo Amministrativo*, Cedam, 2010, p. 34, AMATO, Alessandra/COSTAGLIOLA, Anna, *Compendio di Diritto Processuale Civile*, 3ª ed., Maggioli Editore, 2011, p. 315, CARRATA, Antonio, *Profili Sistematici della Tutela Anticipatoria*, G. Giappichelli Editore, Turim, 1997, pp. 204 e 205, NOVELLI, Paulo, *I Provvedimenti Cautelari nei Giudizi Contabili*, Giuffrè Editore, p. 4, FAZZALARI, Elio, *Note in Tema di Diritto e Processo*, Giuffrè Editore, Milão, 1957, pp. 149 e 150, FAZZALARI, Elio, "Provvedimenti cautelari", *in Enciclopedia del Diritto*, vol. XXXVII, Giuffrè Editore, Varese, p. 841, TOMMASEO, Ferruccio, "Provvedimenti d'urgenza", *in Enciclopedia del Diritto*, XXXVII, Giuffrè Editore, Varese, 1988, p. 856, SASSANI, Bruno, *Lezioni di Diritto Processuale Civile*, Nápoles, 2006, p. 452, SASSANI, Bruno, *Lineamenti del Processo Civile Italiano*, 2ª ed., Giuffrè Editore, Milão, 2010, p. 563, IMPAGNATIELLO, Gianpaolo, *La Provvisoria Esecuzione e l'Inibitoria nel Processo Civile*, vol. I, Giuffrè Editore, Milão, 2010, p. 432, CAPPELETI, Mario, *et al.*, *The Italian Legal System: An Introduction*, Stanford University Press, 1967, p. 125, HOOIJDONK, Marieke Van/EIJSVOOGEL, Peter V., *Litigation in the Netherlands*, Kluwer Law International, Haia, 2009, p. 87, MONTERO AROCA, Juan/CHACÓN CORADO, Mauro, *Manual de Derecho Procesal Civil*, vol. I, Valência, 1998, p. 509, RESTREPO MEDINA, Manuel Alberto, *Perspectiva Constitucional sobre la Tutela Cautelar*, Editorial Universidad del Rosario, Bogotá, 2006, p. 16, CHINCHILLA MARÍN, Carmen, *La Tutela Cautelar en la Nueva Justicia Administrativa*, Editorial Civitas, 1991, p. 31, ARAZI, Roland, *Medidas Cautelares*, Editorial Astrea, Buenos Aires, 1997, p. 1, PARRA QUIJANO, Jairo, *Racionalidad e Ideología en las Pruebas de Oficio*, Editorial Themis, Bogotá, Colômbia, 2004, p. 219, ACOSTA, José V., *El proceso de Revocación Cautelar. Levantamiento, Modificación, Caducidad y Nulidad de las Medidas Cautelares*, Rubinzal y Culzoni Editores, 1986, p. 12, CARMONA TINOCO, Jorge Ulisses, "Algunas notas comparativas entre las medidas cautelares en el derecho administrativo español y mexicano", *in Justicia Administrativa. Segundo Congreso Iberoamericano de Derecho Administrativo*, coord. de Germán Cisneros Farías *et al.*, Universidad Nacional Autónoma de México, México, 2007, p. 11, HERNÁNDEZ-MENDIBLE, Victor Rafael, "La tutela cautelar como instrumento de efectividad de la sentencia en el Derecho Procesal Administrativo", *in Tendencias Actuales del Derecho Procesal: Constitución y Proceso*, coord. de Jesús María Casal e Mariana Zerpa Morloy, Universidad Católica Andrés Bello, Caracas, 2007, p. 253, PÜTTNER, Günter, "Mesures préventives dans le droit allemand", *in Reforma do Contencioso Administrativo – O Debate Universitário (Trabalhos Preparatórios)*, vol. I, Ministério da Justiça, Coimbra Editora, Coimbra, 2003, p. 427, THEODORO JÚNIOR, Humberto, "Tutela jurisdicional cautelar", *in Revista Forense*, ano 81, vol. 291, Rio de Janeiro, julho-setembro 1985, p. 31, THEODORO JÚNIOR, Humberto, *Curso de Direito Processual Civil*, vol. II, 44ª ed., Forense, Rio de Janeiro, 2009, p. 485, NERY JÚNIOR, Nélson, "Considerações práticas sobre o processo cautelar", *in Justitia*, nº 50 (143), São Paulo, julho-setembro 1988, p. 15, GAIO JÚNIOR, Antônio Pereira, *Direito Processual Civil*, vol. 2, Del Rey Editora, 2008, p. 265, MENDONÇA, Delosmar, *et al.*, *Tutela Diferenciada*, 6ª ed., Iesde, Curitiba, 2011, p. 27, ALESSANDRI R., Fernando, *Curso de Derecho Procesal – Reglas Comunes a Todo Procedimiento y del Juicio Ordinario*, Santiago do Chile, 1934, p. 114, GIMENO SENDRA, José Vicente, *et al.*, *Derecho Procesal*

dessa forma, a "garantia da garantia judiciária"[171] representada pela ação definitiva[172]. De facto, as providências cautelares asseguram a defesa preventiva

Administrativo, Tirant lo Blanch, Valência, 1991, p. 525, MATCOVICH, Gonzalo Cortez, "La configuracion del *periculum in mora* en el regimen cautelar chileno", *in Revista de* Derecho, nº 205, ano LXVII, Universidad de Concepcion, janeiro-junho 1993, p. 101, ALSINA, Hugo, *Tratado Teorico Practico de Derecho Procesal Civil y Comercial*, tomo I, 2ª ed., Ediar, Buenos Aires, 1956, pp. 361 e 362, TRINDADE, Antônio Augusto Cançado, "Reflexiones sobre el instituto de las medidas cautelares o provisionales de protección: desarrollos recientes en el plano internacional", *in La Ciencia del Derecho Procesal Constitucional. Estudios en Homenaje a Héctor Fix-Zamudio en sus Cincuenta Años como Investigador del Derecho*, tomo IX, Marcial Pons, México, 2008, p. 347, MAC-GREGOR, Eduardo Ferrer, "Los poderes del juez constitucional y las medidas cautelares en controversia constitucional", *in El Juez Constitucional en el Siglo XXI*, tomo II, Universidad Nacional Autónoma de México, 2009, p. 153, LÓPEZ OLVERA, Miguel Alejandro, "Las medidas cautelares en el proceso administrativo en Argentina", *in La Justicia Cautelar como Garantía de los Derechos Fundamentales, in Estudios en homenaje a don Alfonso Nava Negrete*, Universidad Nacional Autónoma de México, 2006, pp. 98 e 99, TEIXEIRA, Sónia, "As medidas cautelares aplicadas ao processo por incumprimento: efeitos práticos", *in ROA*, ano 58º, vol. II, Lisboa, julho 1998, p. 888, QUERZOLA, Lea, "Pubblico ministero, tutela d'urgenza e reclamo dei provvedimenti cautelari nelle questioni di *status*", *in RTDPC*, ano LIV, Giuffrè Editore, Milão, 2000, p. 1457, e LIAKOPOULOS, Dimitris/ROMANI, Mauro, *Tutela Cautelare nel Diritto Processuale Internazionale e Comunitario Privato*, libreriauniversitaria.it ed., Pádua, 2009, p. 135. *Vide*, na jurisprudência, o ac. do STJ de 29.04.2008, proc. 1097/08, *in SASTJ*, nº 124, ano 2008, no qual se decidiu que "A providência cautelar é uma decisão interina a aguardar a definitiva do processo principal, assim logrando evitar que da indecisão resultem danos irreparáveis para uma das partes".

169 Conforme observa Nicola Picardi, o procedimento cautelar é um complemento indispensável da tutela jurisdicional, já que o grau de efetividade da justiça depende do seu exercício (PICARDI, Nicola, *Manuale del Processo Civile*, 2ª ed., Giuffrè Editore, Milão, 2010, p. 559). Cfr., no mesmo sentido, PAVAN, Antonio, *La Tutela Cautelare nel Nuovo Codice del Processo Amministrativo*, *op. cit.*, p. 34, bem como GARCIA, Maria da Glória Ferreira Pinto Dias, "Os meios cautelares em direito processual administrativo", *in DJ*, vol. IX, tomo I, 1995, pp. 44 e 45. *Vide*, na jurisprudência, o ac. do TC nº 206/2003, de 15.09.2003, proc. 389/03, *in www.tribunalconstitucional.pt*, o ac. do TRL de 19.02.2004, proc. 9647/2003-6, o ac. do TRL de 19.10.2006, proc. 6814/2006-6, o ac. do TRL de 16.05.2007, proc. 2231/2007-4, bem como o ac. do TRC de 08.04.2008, proc. 285/07.1TBMIR.C1.

170 Nos termos do art. 1º da *Convencion Interamericana sobre Cumplimiento de Medidas Cautelares*, celebrada no Uruguai, em 8 de maio de 1979, entende-se por "medidas cautelares", "medidas de segurança" ou "medidas de garantia" qualquer procedimento ou meio que vise garantir os resultados ou efeitos de um processo atual ou futuro que tenha por objeto a segurança das pessoas e/ou bens, assim como obrigações de dar, fazer ou não fazer uma coisa determinada, em processos de natureza civil, comercial, laboral ou penal (quanto à indemnização civil).

171 Expressão de Domingues de Andrade, *in Noções Elementares de Processo Civil*, *op. cit.*, p. 9.

172 MONTESANO, Luigi, "Strumentalità e superficialità della cognizione cautelare", *in RDP*, ano LXIV, nº 2, Cedam, abril-junho 1999, p. 309. Na mesma linha de raciocínio, Blasco Pellicer assinala que "o processo cautelar é a justa resposta a uma necessidade criada pelo próprio processo como instrumento de exercício do poder judicial" (BLASCO PELLICER, Angel, *Las Medidas Cautela-*

do direito[173,174], ou seja, a "função declarativa preventiva não autónoma do processo civil"[175], pelo que representam um "instrumento processual privilegiado para a protecção eficaz de direitos subjectivos ou de outros interesses juridicamente relevantes"[176,177].

res en el Proceso Laboral, op. cit., p. 21). Por sua vez, Isabel Fonseca sustenta que "Os mecanismos cautelares, cuja existência se deve à insuprível falta de instantaneidade da justiça humana, são instrumentos pelos quais se trata provisoriamente o «dano marginal» que resulta do seu normal decurso para quem iniciar qualquer proceso" (Fonseca, Isabel Celeste M., *Dos Novos Processos Urgentes no Contencioso Administrativo (Função e Estrutura), op. cit.*, p. 44). Nesta aceção, Fernandéz Rozas assinala que a possibilidade de decretamento de uma providência cautelar constitui um verdadeiro "direito fundamental do litigante" (Fernandéz Rozas, José Carlos, "Arbitraje y justicia cautelar", *op. cit.*, p. 24).

173 Lugo, Andrea, *Manuale di Diritto Processuale Civile*, 18ª ed., Giuffrè Editore, Milão, 2012, p. 455. Cfr., no mesmo sentido, Sousa, Miguel Teixeira de, *Sobre a Teoria do Processo Declarativo*, Coimbra Editora, Coimbra, 1980, p. 100. *Vide*, na jurisprudência italiana, a sentença do CSCass. de 09.01.2005, nº 215, *in www.cortedicassazione.it*, segundo a qual as providências cautelares têm a função de "[...] *assicurare, in via provvisoria ed in via di strumentalità ipotetica, che gli accadimenti che possono verificarsi durante il tempo necessario per lo svolgimento del processo ordinario, non si risolvano in un danno per colui che risulterà vittorioso*".

174 *Vide*, a este propósito, os acs. do TJUE de 26.03.1992, proc. C-261/90, e de 17.11.1998, proc. C-391/95, *in http://curia.europa.eu*, nos quais se decidiu que as medidas cautelares destinam-se a manter uma situação de facto ou de direito a fim de salvaguardar direitos cujo reconhecimento é pedido ao juiz da questão de fundo. Partindo dessa definição, Van Drooghenbroeck refere que as providências cautelares são "medidas de espera", no sentido em que estas intervêm até que seja proferida uma decisão de mérito, pelo que a finalidade das medidas cautelares consiste em preparar, facilitar e permitir a chegada da decisão definitiva (Van Drooghenbroeck, Jean-François, "Les compétences internationale et territoriale du juge du provisoire (les mesures provisoires et le litige européen)", *in Les Mesures Provisoires en Droit Belge, Français et Italien – Étude de Droit Comparé*, Bruylant, Bruxelas, 1998, p. 499).

175 Nas palavras de Tesheiner, as providências cautelares permitem a "litisregulação" do processo, isto é, a regulação provisória de uma determinada situação de facto até que seja proferida uma decisão definitiva quanto ao mérito da causa (Tesheiner, José Maria Rosa, *Elementos para uma Teoria Geral do Processo*, Editora Saraiva, São Paulo, 1993, p. 155).

176 Geraldes, António Santos Abrantes, *Suspensão de Despedimento e Outros Procedimentos Cautelares no Processo do Trabalho, op. cit.*, p. 108. Cfr., no mesmo sentido, Sousa, Miguel Teixeira de, *Estudos sobre o Novo Processo Civil, op. cit.*, p. 227, bem como Garcia, Maria da Glória Ferreira Pinto Dias, "Os procedimentos cautelares: em especial, a suspensão da eficácia do acto administrativo", *in DJ*, vol. X, tomo I, 1996, pp. 198 e 199.

177 Assim, conforme se decidiu no ac. do TRE de 25.05.2017, proc. 406/17.6T8FAR.E1, "Os procedimentos cautelares não são o meio idóneo e processualmente adequado para reagir contra uma decisão judicial, para impedir a sua execução, ou para obstar a que aquela produza os seus efeitos normais", razão pela qual, nesse caso, o procedimento cautelar deve ser indeferido liminarmente.

2. Modalidades

O art. 362º, nº 1, consagra a possibilidade de se requerer a proteção cautelar numa dupla vertente conservatória ou antecipatória[178,179,180]. Com efeito, decorre deste preceito legal que "sempre que alguém mostre fundado receio de que outrem cause lesão grave e dificilmente reparável ao seu direito, pode requerer a providência conservatória ou antecipatória concretamente adequada a assegurar a efetividade do direito ameaçado".

Esta norma, sendo uma verdadeira "cláusula geral"[181], aplica-se a todas as situações que não se encontrem especialmente previstas nos arts. 377º a 409º, isto é, que não se achem reguladas pelas providências cautelares especificadas[182].

De todo o modo, o procedimento cautelar comum não pode ser utilizado como uma via alternativa para todas aquelas situações que não sejam tuteláveis pelas providências cautelares especificadas, por faltar algum dos requisitos de que dependa a concessão da providência. É o que sucede, designadamente, com a utilização do arbitramento de reparação provisória quando esteja em causa um dano de natureza exclusivamente material, bem como com o recurso

[178] Em sede de direito comparado, o ordenamento jurídico alemão distingue entre medidas conservatórias (*Sicherungsverfügung*), medidas inovatórias (*Regelungsverfügung*) e medidas com efeitos antecipatórios (*Befriedigungsverfügung* ou *Leistungsverfügung*). *Vide*, quanto a esta distinção, PÉREZ RAGONE, Álvaro J./ORTIZ PRADILLO, Juan Carlos, *Código Procesal Civil Alemán (ZPO)*, Konrad Adenauer Stiftung, Uruguai, 2006, p. 142.

[179] No sentido de a distinção tradicional entre providências cautelares conservatórias e antecipatórias ter perdido a sua virtualidade, face à sua substituição pelo regime da "instrumentalidade atenuada", *vide* OMAR BERIZONCE, Roberto, "El amparo como tutela urgente y su frustración práctica. El necesario ensamble con las medidas de urgencia", *in CPRw*, vol. 2, nº 1, janeiro-abril 2011, p. 68. Considerando que a distinção entre providências cautelares conservatórias e providências cautelares antecipatórias, "fundada na relação com a acção principal", deve ser substituída pela distinção entre providências cautelares de segurança e providências cautelares de antecipação, "fundada na relação material, porque fundada em normas específicas, com o objecto do direito acautelando", *vide* PINTO, Rui, *Notas ao Código de Processo Civil*, vol. I, 2ª ed., Coimbra Editora, Coimbra, 2015, p. 300.

[180] *Vide*, a propósito da distinção entre providências cautelares conservatórias e antecipatórias, o ac. do TRC de 28.06.2005, proc. 1345/05, no qual se consignou o seguinte: "As providências conservatórias visam manter inalterada a situação de facto que pré-existe à acção, tornando-a imune à possível ocorrência de eventos prejudiciais. As providências antecipatórias visam obstar ao prejuízo decorrente do retardamento na satisfação do direito ameaçado, através de uma provisória antecipação no tempo dos efeitos da decisão a proferir sobre o mérito da causa".

[181] FREITAS, José Lebre de/ALEXANDRE, Isabel, *Código de Processo Civil Anotado*, vol. II, *op. cit.*, p. 6.

[182] Na esteira de Roberto Garofoli e Mariano Protto, esta regra constitui manifestação do "princípio da atipicidade da tutela cautelar" (GAROFOLI, Roberto/PROTTO, Mariano, *Tutela Cautelare, Monitoria e Sommaria nel Nuovo Processo Amministrativo*, Giuffrè Editore, Milão, 2002, p. 43).

à suspensão de deliberações sociais ou ao embargo de obra nova após o esgotamento do prazo legalmente previsto para o efeito (arts. 380º, nº 1, e 397º, nº 1)[183].

2.1. Providências cautelares conservatórias

As providências cautelares de natureza conservatória previnem a ocorrência ou a produção de danos graves e irreparáveis ou de difícil reparação[184], acautelando, dessa forma, o efeito útil do reconhecimento ou da tutela efetiva de um direito[185,186]. De facto, estas providências têm como objetivo conservar, "manter ou preservar a situação existente, assegurando ao requerente a manutenção da titularidade ou do exercício de um direito ou de gozo de um bem, que está ameaçado de perder"[187,188].

[183] FREITAS, José Lebre de/ALEXANDRE, Isabel, *Código de Processo Civil Anotado*, vol. II, *op. cit.*, p. 7.

[184] Cfr., no mesmo sentido, SILVA, Lucinda D. Dias da, *Processo Cautelar Comum: Princípio do Contraditório e Dispensa de Audição Prévia do Requerido*, *op. cit.*, p. 117, segundo a qual a natureza preventiva da providência cautelar não implica que esta medida só possa ser decretada nos casos em que não tenha ainda ocorrido uma lesão do direito substantivo invocado na ação.

[185] Na mesma linha de raciocínio, Eugenia Ariano Deho sustenta que as providências cautelares conservatórias têm como finalidade assegurar a eficácia da tutela jurisdicional de fundo, seja esta declarativa ou executiva (ARIANO DEHO, Eugenia, *Problemas del Proceso Civil*, *op. cit.*, p. 673). Cfr., no mesmo sentido, SOUSA, Miguel Teixeira de, "As providências cautelares e a inversão do contencioso", *op. cit.*, p. 2, THEODORO JÚNIOR, Humberto, *Curso de Direito Processual Civil*, vol. II, *op. cit.*, p. 487, ALMEIDA, Francisco Manuel Lucas Ferreira de, *Direito Processual Civil*, *op. cit.*, p. 203, MARIANO, João Cura, *A Providência Cautelar de Arbitramento de Reparação Provisória*, *op. cit.*, p. 31, REGO, Carlos Francisco de Oliveira Lopes do, *Comentários ao Código de Processo Civil*, vol. I, 2ª ed., Almedina, Coimbra, 2004, p. 342, ANGEL LUVERÁ, Miguel, "La reserva de prioridad y las medidas cautelares", *in Revista del Notariado*, ano CIX, nº 883, Buenos Aires, 2006, p. 75, e CAPONI, Remo, "La tutela sommaria nel processo societario in prospettiva europea", *op. cit.*, p. 1382. Cfr., em sentido contrário, PINTO, Rui, *A Questão de Mérito na Tutela Cautelar – A Obrigação Genérica de não Ingerência e os Limites da Responsabilidade Civil*, *op. cit.*, p. 543, segundo o qual a tutela cautelar visa, não a salvaguarda do efeito útil da ação, mas antes a efetividade de um direito ameaçado.

[186] *Vide*, a este propósito, a sentença nº 238/1992, de 17 de dezembro, do $TC_{Es.}$, *in BOE*, nº 17, de 20.01.1993, na qual se consignou que "*todas las medidas cautelares responde[n] a la necesidad de asegurar, en su caso, la efectividad del pronunciamiento futuro del órgano jurisdiccional; esto es, de evitar que un posible fallo favorable a la pretensión deducida quede (contra lo dispuesto en el art. 24.1 C.E.) desprovisto de eficacia por la conservación o consolidación irreversible de situaciones contrarias al derecho o interés reconocido por el órgano jurisdiccional en su momento*".

[187] ANDRADE, José Carlos Vieira de, *A Justiça Administrativa (Lições)*, 16ª ed. reimp., Almedina, Coimbra, 2018, p. 326. Do mesmo modo, Verónica Asrin e Rodríguez Juárez assinalam que a tutela de urgência cautelar conservatória visa assegurar o resultado de um processo, de forma a se impedir a inutilização da sua eficácia até que seja proferida uma sentença definitiva (VERÓNICA ASRIN, Patricia/RODRÍGUEZ JUÁREZ, Manuel Esteban, "Anticipación de tutela", *in Cuaderno del Departamento de Derecho Procesal y Prática Profesional*, nº 8, Universidad Nacional de Córdoba, Al-

Consequentemente, as providências cautelares conservatórias encontram-se associadas às situações de "*pericolo da infruttuosità*", ou seja, visam prevenir o dano que poderá resultar da verificação de factos que impossibilitem ou inviabilizem a satisfação do direito que o autor pretende fazer valer[189].

Deste modo, nesta modalidade de tutela cautelar, o requerente formula um pedido que não corresponde necessariamente ao que será deduzido na ação principal[190]. Assim, por exemplo, no procedimento cautelar de arresto, o requerente pede a apreensão de determinados bens ou direitos como forma de garantir um direito de crédito e, na ação principal correlativa, o requerente, agora autor, pede a condenação do réu no pagamento desse mesmo crédito.

Há ainda que salientar que, sob o ponto de vista dos seus efeitos, estas providências cautelares não visam antecipar, ainda que provisoriamente, o efeito jurídico da decisão a ser proferida na ação principal. De facto, se é verdade que, em alguns casos, o legislador conferiu essa amplitude antecipatória à tutela cautelar – como sucede, designadamente, com os alimentos provisórios e com o arbitramento de reparação provisória – o certo é que, neste tipo de providências conservatórias, o legislador procurou minimizar os sacrifícios impostos ao requerido, confinando, por conseguinte, os efeitos destas providências ao mínimo necessário ou indispensável para se prevenir a ocorrência de eventuais danos[191].

veroni Ediciones, Córdoba, Argentina, 2005, pp. 72 e 73). Cfr., no mesmo sentido, FREITAS, José Lebre de/ALEXANDRE, Isabel, *Código de Processo Civil Anotado*, vol. II, *op. cit.*, p. 9, PINTO, Rui, *A Questão de Mérito na Tutela Cautelar – A Obrigação Genérica de não Ingerência e os Limites da Responsabilidade Civil*, *op. cit.*, p. 291, AMARAL, Jorge Augusto Pais de, *Direito Processual Civil*, *op. cit.*, p. 38, PEREIRA, Célia Sousa, *Arbitramento de Reparação Provisória*, *op. cit.*, p. 24, GOMES, Carla Amado, "O regresso de Ulisses. Um olhar sobre a reforma da justiça cautelar", *in CJA*, nº 39, maio-junho 2003, p. 5, FREITAS, José Lebre de, *Estudos sobre Direito Civil e Processo Civil*, vol. I, 2ª ed., Coimbra Editora, Coimbra, 2010, p. 238, PÉREZ RAGONE, Álvaro J./ORTIZ PRADILLO, Juan Carlos, *Código Procesal Civil Alemán (ZPO)*, *op. cit.*, p. 142, bem como PASTOR, Blanca/VAN GINDERACHTER, Eric, "La procédure en 'référé'", *op. cit.*, p. 565.

188 Quanto a esta função, é basilar a formulação do art. 608º do $CPC_{Pe.}$, segundo a qual "La providência cautelar tiene por finalidad garantizar el cumplimiento de la decisión definitiva".

189 PISANI, Andrea Proto, *Lezioni di Diritto Processuale Civile*, *op. cit.*, p. 641.

190 PINTO, Rui, *A Questão de Mérito na Tutela Cautelar – A Obrigação Genérica de não Ingerência e os Limites da Responsabilidade Civil*, *op. cit.*, p. 292.

191 XAVIER, Vasco da Gama Lobo, "O conteúdo da providência de suspensão de deliberações sociais", *in RDES*, ano XXII, nºs 1-2-3-4, Atlântida Editora, Coimbra, janeiro-dezembro 1975, pp. 216 e 217. Diversamente, Lebre de Freitas assinala que "Apesar da expressão dicotómica do legislador, todas as providências cautelares revestem características ao mesmo tempo conservatórias e antecipatórias, de tal modo que, designadamente, todas elas antecipam uma providência definitiva, de natureza declarativa (sentença) ou de natureza executiva (apreensão)" (FREITAS, José Lebre de, *Estudos sobre Direito Civil e Processo Civil*, vol. I, *op. cit.*, p. 238).

No nosso ordenamento jurídico, revestem uma natureza conservatória as providências cautelares especificadas de suspensão de deliberações sociais (art. 381º, nº 3)[192], de arresto (art. 391º, nº 2), de embargo de obra nova (art. 397º, nº 1) e de arrolamento (art. 406º).

2.2. Providências cautelares antecipatórias

As providências cautelares de natureza antecipatória permitem adiantar os efeitos próprios da tutela jurídica pretendida pelo requerente[193,194].

Por conseguinte, estas providências cautelares visam prevenir a ocorrência de um dano, "obtendo adiantadamente a disponibilidade de um bem ou o gozo de um benefício"[195,196], isto é, procuram evitar o dano que poderia

[192] Lebre de Freitas sustenta que a providência cautelar de suspensão de deliberações sociais reveste, simultaneamente, uma natureza conservatória e antecipatória, já que "embora a sentença que julgue a ação procedente tenha conteúdo diferente do da mera suspensão da execução da deliberação, o seu efeito, mais amplo [...] abrange a não produção dos seus efeitos, a qual é antecipada, a título provisório, pela decisão da suspensão" (FREITAS, José Lebre de/ALEXANDRE, Isabel, *Código de Processo Civil Anotado*, vol. II, *op. cit.*, p. 107).

[193] G. ZAMBIAZZO, Mauricio, "Otros aspectos de la anticipación de tutela (una contribución a la oportunidad en la solución jurisdiccional a pretensiones urgentes)", *in Cuaderno del Departamento de Derecho Procesal y Prática Profesional*, nº 8, Universidad Nacional de Córdoba, Alveroni Ediciones, Córdoba, Argentina, 2005, p. 101. Na mesma linha de raciocínio, Lopes de Sousa sustenta que "a qualificação de uma providência cautelar como antecipatória deve basear-se não no tipo de providência que é pedida nem do tipo de conduta que se pretende obter da entidade requerida, mas sim dos seus efeitos: quando da adopção da providência resultam durante a pendência do processo principal os efeitos práticos que resultariam de uma decisão final, estar-se-á perante uma providência antecipatória" (SOUSA, Jorge Manuel Lopes de, "Alguns obstáculos práticos à tutela judicial efectiva no contencioso administrativo", *in SI*, tomo LX, nº 352, Braga, 2011, p. 73).

[194] No sentido de as providências cautelares poderem ter um conteúdo antecipatório dos efeitos da futura sentença de mérito, *vide* BRANDOLINI, Elena/FRANCAVIGLIA, Rosa, *I provvedimenti d'urgenza in sede civile ed in sede amministrativa – Sistematica della cautela atipica*, Halley Editrice, 2008, p. 57, CONTE, Ricardo, "Tutela d'urgenza tra diritto di difesa, antecipazione del provvedimento ed irreparabilità del pregiudizio", *in RDP*, ano L, nº 1, Pádua, janeiro-março 1995, p. 224, CARLOS, Adelino da Palma, "Procedimentos cautelares antecipadores", *op. cit.*, p. 250, ALMEIDA, Francisco Manuel Lucas Ferreira de, *Direito Processual Civil, op. cit.*, p. 203, bem como MARIANO, João Cura, *A Providência Cautelar de Arbitramento de Reparação Provisória, op. cit.*, p. 31. *Vide*, na jurisprudência, a sentença do Tribunal de Milão de 14.08.1995, *apud* BRANDOLINI, Elena/FRANCAVIGLIA, Rosa, *I provvedimenti d'urgenza in sede civile ed in sede amministrativa, op. cit.*, p. 57, na qual se decidiu que "Il provvedimento d'urgenza può avere un contenuto anticipatorio, anche totale della sentenza".

[195] ANDRADE, José Carlos Vieira de, *A Justiça Administrativa (Lições), op. cit.*, p. 326. *Vide*, no mesmo sentido, FREITAS, José Lebre de/ALEXANDRE, Isabel, *Código de Processo Civil Anotado*, vol. II, *op. cit.*, p. 10, REGO, Carlos Francisco de Oliveira Lopes do, *Comentários ao Código de Processo Civil*, vol. I, *op. cit.*, p. 343, e PEREIRA, Célia Sousa, *Arbitramento de Reparação Provisória, op. cit.*, p. 24.

[196] Conforme assinala Calderon Cuadrado, atenta a sua natureza, a tutela cautelar antecipatória evidencia um tipo diverso de ligação com o processo principal. Isto porque, se é certo que esta

advir para o requerente em consequência da demora na satisfação definitiva do seu direito[197].

Nessa exata medida, a tutela cautelar antecipatória encontra-se associada às situações de "*pericolo da tardività*", já que permite impedir o prejuízo que o prolongamento de uma situação antijurídica seria suscetível de causar ao titular de um determinado direito[198].

Atento o facto de a providência cautelar antecipatória propender por "consumir os efeitos da decisão final", o tribunal deve ser especialmente prudente e cauteloso no seu juízo de ponderação quanto à necessidade de decretamento da providência requerida[199]. Com efeito, pressuposta a natureza deste tipo de tutela cautelar, "os riscos de uma decisão injusta são muito maiores [...] se atendermos a que os efeitos destas medidas são irreversíveis, no sentido em que o requerente, através da antecipação proporcionada pelo decretamento das mesmas, goza provisoriamente de um direito que, a final, pode não lhe ser reconhecido"[200].

No âmbito das providências cautelares especificadas previstas na lei de processo civil vigente, revestem natureza antecipatória a restituição provisória de posse (art. 377º), os alimentos provisórios (art. 384º) e o arbitramento de reparação provisória (art. 388º, nº 1).

providência cautelar não regula a relação jurídica de fundo, mas tão-só os meios necessários para se permitir a execução coerciva da futura sentença, a verdade é que ela traduz-se na adoção de uma decisão antecipada e provisória de fundo, destinada a regular provisoriamente uma determinada relação jurídica até que a decisão final venha a ser proferida, a título definitivo, na ação principal (Calderon Cuadrado, Maria Pia, *Las Medidas Cautelares Indeterminadas en el Proceso Civil, op. cit.*, p. 75).

[197] Verónica Asrin, Patricia/Rodríguez Juárez, Manuel Esteban, "Anticipación de tutela", *op. cit.*, p. 73. *Vide*, no mesmo sentido, Giorgetta Basilico e Massimo Cirulli, segundo os quais a função da antecipação da tutela visa contrabalançar a duração excessiva do processo de cognição plena, assegurando o eventual direito à realização, ainda que parcial, da pretensão apresentada em juízo, até que se verifique a sua satisfação completa através de uma sentença transitada em julgado (Basilico, Giorgetta/Cirulli, Massimo, *Le Condanne Anticipate nel Processo Civile di Cognizione*, Giuffrè Editore, Milão, 1998, p. 65), bem como Carrata, Antonio, *Profili Sistematici della Tutela Anticipatoria, op. cit.*, p. 191, e Amaral, Jorge Augusto Pais de, *Direito Processual Civil, op. cit.*, p. 39.

[198] Pisani, Andrea Proto, *Lezioni di Diritto Processuale Civile, op. cit.*, p. 641. Cfr., no mesmo sentido, Diana, Antonio Gerardo, *Procedimenti Cautelari e Possessori, op. cit.*, p. 3, Sousa, Miguel Teixeira de, "As providências cautelares e a inversão do contencioso", *op. cit.*, p. 2, bem como o ac. do TRP de 12.09.2013, proc. 3275/13.1TBVFR.P1.

[199] Gomes, Carla Amado, "O regresso de Ulisses. Um olhar sobre a reforma da justiça cautelar", *op. cit.*, p. 9.

[200] Pereira, Célia Sousa, *Arbitramento de Reparação Provisória, op. cit.*, p. 25.

3. Finalidades

No que concerne às suas finalidades, as providências cautelares podem ter por objeto a garantia de um direito, a regulação provisória de uma situação jurídica ou a antecipação provisória de um determinado efeito jurídico[201,202,203]. Na verdade, a providência cautelar deve ser "funcionalmente adequada a acautelar o efeito útil da ação principal"[204], já que, por via de regra, não se destina a reconhecer a "existência do direito controvertido", mas antes a "existência do direito à cautela"[205].

Vejamos, então, em que se traduz cada uma dessas finalidades.

3.1. Garantia de um direito

As providências cautelares de garantia são aquelas cuja finalidade consiste em conservar um determinado direito, ou seja, "prevenir os perigos que antes da propositura de uma acção ou durante o tempo em que esta se encontra pendente, possam comprometer os seus resultados"[206].

[201] Sousa, Miguel Teixeira de, "As providências cautelares e a inversão do contencioso", *op. cit.*, p. 2. *Vide*, no mesmo sentido, Tarzia, Giuseppe, *et al.*, *Il Nuovo Processo Cautelare*, Cedam, Pádua, 1993, p. 26, Montero Aroca, Juan, *et al.*, *El Nuevo Proceso Civil (Ley 1/2000)*, *op. cit.*, p. 837, bem como Marques, J. P. Remédio, *Acção Declarativa à Luz do Código Revisto*, 3ª ed., Coimbra Editora, Coimbra, 2011, p. 138.

[202] Sobre esta problemática, Calamandrei classifica as providências cautelares em quatro modalidades, a saber: providências cautelares destinadas à produção antecipada de prova, providências cautelares destinadas a evitar a dissipação ou o extravio de bens, providências cautelares destinadas a antecipar a decisão da relação litigiosa e cauções (Calamandrei, Piero, *Introduzione allo Studio Sistematico dei Provvedimenti Cautelari*, A. Milani, Pádua, 1936, pp. 31 a 51). Por sua vez, Fernando Luso Soares distingue entre o processo cautelar inibitório (onde se incluem a suspensão de deliberações sociais, o arresto, o arrolamento e o embargo de obra nova), o processo cautelar restitutório (que compreende a restituição provisória de posse) e o processo cautelar antecipatório (de que é exemplo a providência cautelar de alimentos provisórios) – Soares, Fernando Luso, *Direito Processual Civil – Parte Geral e Processo Declarativo*, Lisboa, 1980, pp. 50 a 52.

[203] Partindo de uma classificação distinta, Carnelutti distingue entre providências cautelares instrumentais e finais. Assim, enquanto as providências cautelares instrumentais seriam aquelas que teriam como finalidade garantir os meios do processo definitivo (destacando-se, entre outras, o sequestro judicial, o processo de instrução preventiva e o sequestro conservativo), já as providências cautelares definitivas seriam aquelas que teriam como finalidade "garantir a practicidade do processo definitivo" (seria o caso, designadamente, da suspensão de deliberações sociais e dos alimentos provisórios) – Carnelutti, Francesco, *Instituciones del Proceso Civil*, (trad. da 5ª ed. italiana por Santiago Sentís Melendo), vol. I, Ediciones Jurídicas Europa-América, Buenos Aires, 1959, pp. 88 e 89.

[204] Sousa, Miguel Teixeira de, "As providências cautelares e a inversão do contencioso", *op. cit.*, p. 5.

[205] Marcacini, Augusto Tavares Rosa, *Estudo sobre a Efetividade do Processo Civil*, São Paulo, 2010, p. 177.

[206] Marques, J. P. Remédio, *Acção Declarativa à Luz do Código Revisto*, *op. cit.*, p. 138. *Vide*, no mesmo sentido, Sousa, Miguel Teixeira de, "As providências cautelares e a inversão do contencioso", *op.*

Assim, neste tipo de tutela, "a providência cautelar ganha características próprias do procedimento executivo"[207], porquanto, por via de regra, a proteção do direito do requerente exige que se proceda à apreensão ou à inventariação de bens ou de documentos.

Deste modo, as providências cautelares de garantia não deixam de provocar uma grave ingerência na esfera jurídica do requerido, porquanto podem implicar a privação da livre disposição dos bens apreendidos (art. 819º do CC)[208].

Enquadram-se neste tipo de providências o arresto e o arrolamento, bem como o *Arrest* e o *Sicherungsverfügung* do direito alemão, a *saisie conservatoire* do direito francês, o *sequestro conservativo* do direito italiano e a *freezing injunction* do direito anglo-saxónico.

3.2. Regulação provisória de uma situação jurídica

As providências cautelares de regulação provisória de uma situação jurídica são aquelas que, de forma interina e transitória, acertam ou dirimem um determinado litígio até que seja proferida uma decisão definitiva na ação principal de que dependem. Vale isto por dizer que estas providências cautelares "permitem regular o conflito de interesses até ser lograda a composição definitiva"[209,210].

cit., p. 5, bem como Caponi, Remo, "La tutela sommaria nel processo societario in prospettiva europea", *op. cit.*, p. 1382.

207 Freitas, José Lebre de, "Repetição de providência e caso julgado em caso de desistência do pedido de providência cautelar", *in ROA*, ano 57º, vol. I, Lisboa, janeiro 1997, p. 472. Cfr., no mesmo sentido, Moreno, T./Sêco, Sousa/Junqueiro, P. Augusto, *Lições de Processo Civil*, colab. de A. M. Pessoa Vaz, Casa do Castelo Editora, Coimbra, 1945, p. 75. *Vide*, em sentido contrário, Cintra, Antônio Carlos de Araújo, *et al.*, *Teoria Geral do Processo*, 22ª ed. rev. e atu., Malheiros Editores, 2006, p. 340, os quais sustentam que, no processo cautelar, existe um procedimento unitário e indivisível – em que "o conhecimento e a execução se aglutinam em razão da tutela específica invocada" – não sendo, por isso, possível estabelecer uma distinção entre uma fase de declaração e uma outra de execução, bem como Theodoro Júnior, Humberto, *A Execução de Sentença e a Garantia do Devido Processo Legal*, Aide Editora, Rio de Janeiro, 1987, p. 176.

208 Cfr., a este respeito, o ac. do STJ de 21.03.2017, proc. 335/12.0TYVNG-G.P1.S1.

209 Marques, J. P. Remédio, *Acção Declarativa à Luz do Código Revisto*, *op. cit.*, p. 138. Cfr., no mesmo sentido, Calamandrei, Piero, *Introduccion al Estudio Sistematico de las Providencias Cautelares*, *op. cit.*, p. 58, bem como Caponi, Remo, "La tutela sommaria nel processo societario in prospettiva europea", *op. cit.*, p. 1382.

210 Em sede de direito comparado, dispõe o § 940 da ZPO que são admissíveis medidas cautelares com o objetivo de regular provisoriamente uma situação relacionada com uma relação jurídica litigiosa, desde que essa regulação, em especial no caso de relações jurídicas de certa duração, resulte necessária para prevenir riscos importantes, para evitar um perigo iminente ou por outros motivos.

Assim, as providências cautelares de regulação provisória não se destinam propriamente a garantir um determinado direito, mas antes a evitar a ocorrência de prejuízos significativos ou a prevenir uma violência iminente ou outras razões consideradas necessárias[211].

Constituem providências cautelares de regulação provisória a restituição provisória de posse, o embargo de obra nova e a suspensão de deliberações sociais, assim como o *Regelungsverfüfung* no direito alemão e o *référé de remise en état* no direito francês.

3.3. Antecipação provisória de um determinado efeito jurídico

As providências cautelares de antecipação provisória permitem adiantar, total ou parcialmente, a tutela jurisdicional definitiva que se pretende alcançar na ação principal[212].

Por conseguinte, estas providências procuram dar resposta a dois tipos de exigências distintas, quais sejam, por um lado, afastar o perigo de que o direito fique prejudicado, pelo facto de permanecer em situação de insatisfação durante o período de tempo necessário ao seu reconhecimento judicial, e, por outro lado, evitar o abuso do direito de defesa e conseguir uma maior economia processual[213,214].

Integram-se neste tipo de providências os alimentos provisórios e o arbitramento de reparação provisória, bem como o *Befriedigungsverfügung* no direito alemão, o *référé* no direito francês e a *interlocutory injunction* no direito anglo-saxónico.

[211] Saenger, Ingo, *Einstweiliger Rechtsschutz und materiellrechtliche Selbsterfüllung*, *op. cit.*, p. 35. Cfr., no mesmo sentido, Baur, Fritz, *Studien zum einstweiligen Rechtsschutz*, *op. cit.*, p. 29.

[212] Cfr., nesse sentido, Caponi, Remo, "La tutela sommaria nel processo societario in prospettiva europea", *op. cit.*, p. 1383, bem como Marques, J. P. Remédio, *Acção Declarativa à Luz do Código Revisto*, *op. cit.*, p. 138.

[213] Caponi, Remo, "La tutela sommaria nel processo societario in prospettiva europea", *op. cit.*, p. 1383.

[214] Se é certo que a tutela antecipatória conserva, tradicionalmente, uma função de especial tutela da parte mais debilitada na relação jurídica, a verdade é que, atualmente, a função generalizada deste tipo de tutela cautelar traduz-se no combate à morosidade excessiva do processo de cognição ordinária através de um procedimento que subroga, em parte, a sentença e permite a realização, ainda que a título parcial e provisório, dos efeitos da tutela demandada na ação principal (Basilico, Giorgetta/Cirulli, Massimo, *Le Condanne Anticipate nel Processo Civile di Cognizione*, Giuffrè Editore, Milão, 1998, pp. 2 e 3).

Capítulo III
Figuras afins

Sumário: 1. Tutela autosatisfativa. 2. Tutela urgente autónoma. 3. Tutela antecipada. 4. Tutela da evidência.

1. Tutela autosatisfativa

A conceção clássica da tutela cautelar, enquanto meio de composição provisória e instrumental de um litígio, deixou de dar resposta adequada às situações em que o direito carece de ser regulado ou protegido de forma urgente e definitiva, sem necessidade, portanto, de propositura de uma ação principal.

Com efeito, tal como assinala Noelia Naveda, "até épocas recentes o direito processual só proporcionava, a fim de evitar a desvirtuação ou a perda de direitos, o instituto das medidas cautelares, o qual reveste um carácter instrumental pelo facto de estar ao serviço de um processo principal. Estes instrumentos de comprovada eficácia no século passado resultam hoje insuficientes. A doutrina moderna propõe uma solução: a instituição dos «processos urgentes» [...] a chamada tutela antecipatória e as medidas autosatisfativas"[215].

[215] Noelia Naveda, Silvana, "Las medidas cautelares en el procedimiento de familia", *in Cuaderno del Departamento de Derecho Procesal y Prática Profesional*, nº 8, Universidad Nacional de Córdoba, Alveroni Ediciones, Córdoba, Argentina, 2005, p. 159. Do mesmo modo, María Cordeiro salienta que "as exigências da vida actual determinaram a necessidade de criar estruturas destinadas à resolução urgente de pretensões, de forma definitiva, à margem da tutela cautelar e provisória clássicas" (María Cordeiro, Clara, "Medidas autosatisfactivas", *in Cuaderno del Departamento de Derecho Procesal y Prática Profesional*, nº 8, Universidad Nacional de Córdoba, Alveroni Ediciones, Córdoba, Argentina, 2005, p. 200). *Vide*, no mesmo sentido, Omar Berizonce, Roberto, "El amparo como tutela urgente y su frustración práctica. El necesario ensamble con las medidas de urgencia", *op. cit.*, pp. 67 e 68, segundo o qual "o direito comparado exibe com nitidez o fenómeno da expansão das clássicas medidas cautelares e a sua transmutação como verdadeiras tutelas urgentes, antecipatórias e satisfactivas".

Assim, a tutela autosatisfativa, não tendo natureza antecipatória, nem cautelar[216], procura dar uma resposta célere, eficaz e suficiente às situações de facto que carecem de regulação pontual e urgente, sob pena de produção de prejuízos irreparáveis e irreversíveis[217,218,219].

Neste contexto, a tutela autosatisfativa materializa-se mediante a apresentação de um requerimento, com caráter urgente, dirigido ao juiz, e esgota-se com o decretamento da medida concretamente requerida, sem necessidade de uma ulterior ação judicial, destinada a confirmar a bondade ou o mérito dessa medida[220]. O mesmo é dizer que a medida autosatisfativa constitui um fim em si mesma, isto é, tem um carácter autónomo, porquanto a pretensão do requerente extingue-se com o decretamento da medida[221,222]. Por via disso,

[216] Conforme salienta G. Zambiazzo, a doutrina tem vindo dividir-se quanto à questão de saber se as medidas autosatisfativas revestem ou não natureza cautelar. Assim, para os partidários da tese da natureza cautelar, as medidas autosatisfativas são uma manifestação das providências cautelares inovativas, já que operam uma transformação provisória do mundo exterior. Por sua vez, para os defensores da natureza não cautelar das medidas autosatisfativas, estas medidas extravasam o âmbito das providências cautelares, constituindo uma modalidade de processo declarativo de natureza urgente (G. Zambiazzo, Mauricio, "Otros aspectos de la anticipación de tutela (una contribución a la oportunidad en la solución jurisdiccional a pretensiones urgentes)", *op. cit.*, p. 103).

[217] Verónica Asrin, Patricia/Rodríguez Juárez, Manuel Esteban, "Anticipación de tutela", *op. cit.*, p. 74. Cfr., no mesmo sentido, G. Zambiazzo, Mauricio, "Otros aspectos de la anticipación de tutela (una contribución a la oportunidad en la solución jurisdiccional a pretensiones urgentes)", *op. cit.*, p. 109.

[218] A propósito das medidas autosatisfativas, dispõe o art. 67º do projeto de reformas ao Código de Processo Civil e Comercial da Argentina, sob a epígrafe "Medidas de satisfação imediata", o seguinte:
"Naquelas situações excepcionais em que concorram de modo evidente os seguintes requisitos:
1. Se acredite na existência de um interesse tutelável certo e manifesto;
2. A sua tutela imediata seja imprescindível, produzindo-se, caso contrário, a sua frustração;
3. Não seja necessária a tramitação de um processo de declaração autónomo;
poderão ser decretadas as medidas que a índole da protecção adequada indique, sob a responsabilidade do requerente. Se o juiz o entender necessário poderá impor a prestação de uma caução".

[219] Como exemplos de medidas autosatisfativas previstas no ordenamento jurídico argentino destacam-se, entre outras, a cessação da atividade ilícita lesiva do direito à intimidade, a cessação de ruídos, a suspensão da realização de um espetáculo tendo em vista a proteção de direitos de autor, a proteção contra a violência familiar e a suspensão da realização de uma assembleia (Ariano Deho, Eugenia, *Problemas del Proceso Civil*, *op. cit.*, pp. 703 e 704).

[220] María Cordeiro, Clara, "Medidas autosatisfactivas", *op. cit.*, p. 199.

[221] Por conseguinte, estas medidas diferem das providências cautelares antecipatórias, já que não são instrumentais, nem acessórias, em relação a um processo principal. Com efeito, no dizer de María Cordeiro, o carácter distintivo entre as medidas cautelares e as medidas autosatisfativas traduz-se no facto de as primeiras nascerem ao serviço de uma ação principal, enquanto as medidas autosatisfativas são, pela sua própria natureza, independentes e definitivas (María Cordeiro,

contrariamente ao que sucede com as providências cautelares – as quais são caracterizadas pela sua natureza instrumental e provisória – na tutela autosatisfativa, não é necessária a propositura de uma ação principal, tendente a impedir a caducidade da medida entretanto decretada[222].

Tendo em conta a sua natureza e finalidade, para que a medida autosatisfativa possa ser concedida, não basta a mera probabilidade de existência do direito invocado (*fumus boni iuris*), impondo-se, ao invés, um juízo de forte probabilidade ou de convicção suficiente quanto à efetiva titularidade desse direito[223]. Assim, mais do que uma mera probabilidade, exige-se uma verdadeira "probabilidade qualificada" que, de todo o modo, não se aproxima a um estado de certeza[224].

Em face disso, o requerente da medida autosatisfativa deve apresentar em juízo elementos de prova que sejam suscetíveis de demonstrar a forte probabilidade da existência do direito invocado, porquanto a medida só poderá ser decretada se o juiz adquirir a convicção[225] da mais que provável existência desse direito[226].

Clara, "Medidas autosatisfactivas", *op. cit.*, p. 202). *Vide*, no mesmo sentido, URDANETA SANDOVAL, Carlos Alberto, "Introducción al análisis sistemático de las medidas cautelares atípicas del Código de Procedimiento Civil Venezolano", *op. cit.*, p. 151.

[222] A este respeito, Hernández Villarreal salienta que as principais particularidades destas medidas traduzem-se, fundamentalmente, no facto de estas revestirem um carácter autónomo e independente – o que dispensa a propositura de uma ação principal – bem como na circunstância de possuírem uma natureza imutável, o que afasta o carácter da instrumentalidade, tradicionalmente associado à tutela cautelar (HERNÁNDEZ VILLARREAL, Gabriel, "El proceso cautelar", *in Temas Vigentes en Materia de Derecho Procesal y Probatorio: Homenaje al Doctor Hernando Morales Molina*, Universidad del Rosario, Colômbia, 2008, p. 253).

[223] Cfr., neste sentido, NOELIA NAVEDA, Silvana, "Las medidas cautelares en el procedimiento de familia", *op. cit.*, p. 161, segundo a qual as medidas autosatisfativas devem produzir no julgador um juízo de convencimento quanto à existência do direito invocado. *Vide*, no mesmo sentido, VERÓNICA ASRIN, Patricia/RODRÍGUEZ JUÁREZ, Manuel Esteban, "Anticipación de tutela", *op. cit.*, p. 80, G. ZAMBIAZZO, Mauricio, "Otros aspectos de la anticipación de tutela (una contribución a la oportunidad en la solución jurisdiccional a pretensiones urgentes)", *op. cit.*, p. 107, LÓPEZ OLVERA, Miguel Alejandro, "Las medidas cautelares en el proceso administrativo en Argentina", *op. cit.*, p. 118, bem como DENISE ANTÚN, Mariela/ELENA RICOTINI, María, "El proceso urgente (Amparo. Medidas cautelares. Medidas autosatisfactivas. Tutela anticipada)", *in Cuaderno del Departamento de Derecho Procesal y Prática Profesional*, nº 8, Universidad Nacional de Córdoba, Alveroni Ediciones, Córdoba, Argentina, 2005, p. 233.

[224] G. ZAMBIAZZO, Mauricio, "Otros aspectos de la anticipación de tutela (una contribución a la oportunidad en la solución jurisdiccional a pretensiones urgentes)", *op. cit.*, p. 107.

[225] Tal como assinala Michele Taruffo, essa "convicção", tantas vezes apoiada nas regras de senso comum ou na experiência, não deixa de dar lugar a uma certa margem de discricionariedade e/ou de incerteza (TARUFFO, Michele, "Senso comune, esperienza e scienza nel ragionamento del giudice", *in RTDPC*, ano LV, Giuffrè Editore, Milão, 2001, p. 682).

No que respeita ao requisito do *periculum in mora*, nas medidas autosatisfativas, ao invés do que sucede com a tutela cautelar clássica, a situação de urgência é de tal forma gravosa que o não decretamento imediato da medida implica a inutilização do direito que se pretende salvaguardar. De facto, as medidas autosatisfativas procuram dar resposta a uma situação de "perigo actual e concreto"[227], isto é, em que seja previsível que, sem a tutela da medida autosatisfativa, o dano receado se transforme em dano efetivo ou se agrave de forma irremediável[228].

Por conseguinte, para que a medida autosatisfativa possa ser decretada, o juiz deve valorar o grau de certeza quanto à existência do direito invocado, bem como a situação de perigo associada à necessidade de tutela urgente desse direito.

Concomitantemente, quanto maior for o grau de certeza em relação à titularidade do direito e à urgência da sua tutela, menor será a necessidade de prestação de uma caução enquanto condição para o decretamento da medida autosatisfativa[229,230].

Para além dos requisitos *supra* referidos, a medida autosatisfativa só pode ser deferida desde que exista uma coincidência entre o objeto da pretensão urgente e o da pretensão substantiva, ou seja, a medida autosatisfativa deve ser capaz de satisfazer em pleno os interesses do requerente, sem necessidade de propositura subsequente de uma ação judicial[231].

Regra geral, estas medidas são decretadas sem a audiência prévia do requerido (*inaudita altera pars*), o que encontra justificação na necessidade de se obter a imediata proteção do direito[232,233]. Por via disso, o requerido só é noti-

[226] María Cordeiro, Clara, "Medidas autosatisfactivas", *op. cit.*, p. 204.

[227] G. Zambiazzo, Mauricio, "Otros aspectos de la anticipación de tutela (una contribución a la oportunidad en la solución jurisdiccional a pretensiones urgentes)", *op. cit.*, p. 108.

[228] María Cordeiro, Clara, "Medidas autosatisfactivas", *op. cit.*, p. 205.

[229] *Vide*, a este propósito, Verónica Asrin, Patricia/Rodríguez Juárez, Manuel Esteban, "Anticipación de tutela", *op. cit.*, p. 79.

[230] Cfr., a este respeito, María Cordeiro, Clara, "Medidas autosatisfactivas", *op. cit.*, p. 206, segundo a qual "a exigência de caução deverá ser examinada pelo tribunal, com restrição, tendo em conta as especiais circunstâncias do caso e os efeitos jurídicos que o despacho de decretamento da medida pode vir a provocar no requerido".

[231] *Idem, ibidem*, p. 206. *Vide*, no mesmo sentido, Denise Antún, Mariela/Elena Ricotini, María, "El proceso urgente (Amparo. Medidas cautelares. Medidas autosatisfactivas. Tutela anticipada)", *op. cit.*, p. 233, bem como Mac-Gregor, Eduardo Ferrer, "Los poderes del juez constitucional y las medidas cautelares en controversia constitucional", *op. cit.*, p. 162.

[232] A este respeito, Noelia Naveda considera que esta solução legislativa, devendo ser adotada apenas nos casos em que a excecionalidade da situação de facto o justifique, não viola os princípios do

ficado após o decretamento da medida, sendo, então, admitido a exercer o seu direito ao contraditório.

2. Tutela urgente autónoma

Como vimos *supra*, a tutela cautelar caracteriza-se por revestir natureza tendencialmente instrumental e provisória, porquanto limita-se a proteger ou a antecipar o efeito útil da sentença a ser proferida na ação principal. Significa isto que, ressalvada a possibilidade de inversão do contencioso, não é possível obter, pela via cautelar, a tutela definitiva de um direito[234]. Assim, como bem refere Miguel Teixeira de Sousa, "a tutela cautelar não pode ser considerada uma forma de tutela urgente. Não há, no ordenamento jurídico português, nenhuma tutela cautelar que seja igualmente uma tutela urgente, nem nenhuma tutela urgente que seja obtida através da tutela cautelar"[235].

contraditório e da igualdade, já que "a sua adopção é uma solução *in extremis*, que procura oferecer uma resposta jurisdicional adequada a uma situação que reclama uma pronta e expedita intervenção do órgão judicial" (Noelia Naveda, Silvana, "Las medidas cautelares en el procedimiento de familia", *op. cit.*, p. 160). Na mesma linha de raciocínio, Carreira Alvim defende que "a antecipação liminar dos efeitos da tutela sem a prévia ouvida da parte contrária não representa propriamente uma afronta ao contraditório, senão que ele será apenas adiado para um momento posterior do processo. Exatamente por isso, a regra, didaticamente posta no § 2 do art. 273, é a de que a antecipação da tutela não deve criar uma situação fático-jurídica insuscetível de ser desfeita" (Alvim, José Eduardo Carreira, *Antecipação da Tutela – Biblioteca de Estudos em Homenagem ao Professor Arruda Alvim*, reimp., Juruá Editora, 2008, p. 16). Diversamente, Alvarado Velloso critica a natureza destas medidas, pelo facto de serem decretadas de forma unilateral, interferindo na esfera de liberdade de quem há de sofrer os efeitos dessa decisão, defendendo, por isso, que esta solução legal enferma de inconstitucionalidade, por violação do art. 18º da Constituição Argentina (Alvarado Velloso, Adolfo, *Cautela Procesal: Criticas a las Medidas Precautorias*, *op. cit.*, pp. 186, 204 e 206).

[233] A este propósito, María Cordeiro dá-nos conta de uma decisão proferida pelo Julgado de 1ª instância de Pergamino (Argentina), em que estava em causa um grupo de quarenta jovens que se encontravam retidos na cordilheira dos Andes, por falta de autorização de um deles para viajar. Ora, sendo conhecidos os riscos em passar a noite nessa zona, o tribunal decretou uma medida autosatisfativa de autorização de saída do país que fora requerida pela mãe do menor em causa, já que não havia tempo para se procurar ouvir e obter a autorização do progenitor e existia a forte convicção de que, em condições normais, essa autorização seria concedida (María Cordeiro, Clara, "Medidas autosatisfactivas", *op. cit.*, p. 207).

[234] Com efeito, tal como salienta Carla Amado Gomes, o principal aspeto distintivo das medidas cautelares em relação aos outros meios processuais acessórios traduz-se no facto de as medidas cautelares visarem a "composição provisória dos interesses até à superveniência da decisão final" (Gomes, Carla Amado, "À espera de Ulisses. Breve análise da Secção I do Capítulo VI do Anteprojecto de Código nos Tribunais Administrativos/II (As medidas cautelares)", *op. cit.*, p. 51).

[235] Sousa, Miguel Teixeira de, "As providências cautelares e a inversão do contencioso", *op. cit.*, p. 8.

Pelo contrário, a tutela urgente apresenta uma natureza definitiva, sendo "obtida num procedimento simples e célere"[236]. Trata-se, com efeito, de uma solução que encontra fundamento na crescente sumarização da justiça cível[237].

No âmbito do processo civil, constitui manifestação da tutela urgente o processo especial de tutela da personalidade, previsto nos arts. 878º a 880º[238]. Com efeito, resulta do preâmbulo da proposta de revisão do Código de Processo Civil que o legislador procurou introduzir "um procedimento urgente autónomo e auto-suficiente, destinado a possibilitar a obtenção de uma decisão particularmente célere que, em tempo útil, assegure a tutela efetiva do direito fundamental de personalidade dos entes singulares. Assim, opera-se um rejuvenescimento e alargamento dos mecanismos processuais de tutela da personalidade, no sentido de decretar, no mais curto espaço de tempo, as providências concretamente adequadas a evitar a consumação de qualquer ameaça ilícita e directa à personalidade física ou moral do ser humano ou a atenuar, ou a fazer cessar, os efeitos de ofensa já cometida, com a execução nos próprios autos".

Com efeito, no que concerne à tutela geral da personalidade, o art. 70º, nº 1, do CC, preceitua que a lei protege todos os indivíduos contra qualquer ofensa ilícita ou ameaça de ofensa à sua personalidade física ou moral[239], sendo que, nos termos do nº 2 do citado preceito legal, "a pessoa ameaçada ou ofendida pode requerer as providências adequadas às circunstâncias do caso, com o fim de evitar a consumação da ameaça ou atenuar os efeitos da ofensa já cometida".

No prosseguimento desse desiderato, o art. 878º prevê a possibilidade de ser requerido o decretamento de providências concretamente adequadas a evitar a consumação de qualquer ameaça ilícita e direta à personalidade física ou moral do ser humano ou a atenuar, ou a fazer cessar, os efeitos de ofensa já cometida. Uma vez apresentado o requerimento inicial e não havendo motivo

[236] *Idem, ibidem*, p. 8.

[237] Tarzia, Giuseppe, "I provvedimenti urgenti sul processo civile approvati dal senato", *in RDP*, ano LXV, nº 3, Pádua, julho-setembro 1990, pp. 751 e 752.

[238] Conforme assinala Elizabeth Fernandez, o processo especial de defesa de direitos de personalidade constitui um "meio de tutela autónomo e, portanto, definitivo que, contudo, o legislador decidiu dotar, em função dos direitos que este visa acautelar ou proteger, de um procedimento urgente em toda a sua extensão" (Fernandez, Elizabeth, *Um Novo Código de Processo Civil? – Em busca das diferenças*, Vida Económica, Porto, 2014, p. 123).

[239] Na esteira de Remédio Marques, os direitos de personalidade consistem num "conjunto de direitos subjectivos, que incidem sobre a própria pessoa humana ou sobre alguns modos de ser fundamentais, físicos ou morais, da personalidade, inerentes à pessoa humana" (Marques, J. P. Remédio, "Alguns aspectos processuais da tutela da personalidade humana na revisão do processo civil de 2012", *in ROA*, ano 72º, vol. II, Lisboa, abril-setembro 2012, p. 653).

para o proferimento de um despacho de indeferimento liminar, procede-se à marcação imediata da audiência de julgamento, sendo a contestação oferecida nessa audiência. Faltando alguma das partes ou se se frustrar a tentativa de conciliação, o tribunal procede à produção de prova e decide através de sentença sucintamente fundamentada. Sendo o pedido julgado procedente, o tribunal fixa o comportamento concreto a que o requerido fica sujeito e, sendo caso disso, o prazo para o cumprimento, bem como a sanção pecuniária compulsória por cada dia de atraso no incumprimento ou por cada infração (art. 879º, nº 4).

A este propósito, importa salientar que, no regime constante do Código de Processo Civil revogado, a lei tutelava a personalidade, o nome e a correspondência confidencial através do processo de jurisdição voluntária previsto nos arts. 1474º e 1475º do $CPC_{95/96}$, o qual se materializava na adoção de providências destinadas a evitar a consumação de qualquer ameaça à personalidade física ou moral ou a atenuar os efeitos de ofensa já cometida. Tratava-se, na realidade, de uma verdadeira ação principal e não de um procedimento de natureza cautelar[240]. De todo o modo, de forma a garantir o efeito útil dessas providências, tanto a doutrina, como a jurisprudência, vinham admitindo pacificamente a possibilidade de recurso à tutela cautelar, designadamente mediante a adoção de providências cautelares comuns ou não especificadas, ainda que a factualidade que exigia o recurso a essas providências revestisse, igualmente, natureza criminal (por exemplo, difamação ou injúrias)[241]. O conteúdo dessas providências podia consistir, designadamente, no pedido de que o requerido se abstivesse de estabelecer com o requerente qualquer tipo de contactos, de lhe dirigir palavras ofensivas ou ameaças, de perturbar a liberdade de movimentos ou de determinação, bem como de perturbar o sossego ou a tranquilidade[242]. Estas providências cautelares eram dependência, quer da ação especial de jurisdição voluntária prevista no art. 1474º do $CPC_{95/96}$, quer de uma ação de responsabilidade civil, nos termos do art.

[240] *Vide*, nesse sentido, o ac. do TRL de 27.10.2010, proc. 18645/10.9T2SNT.L1-2, bem como MARQUES, J. P. Remédio, "Alguns aspectos processuais da tutela da personalidade humana na revisão do processo civil de 2012", *op. cit.*, p. 659, segundo o qual essas providências são decretadas a título definitivo e não meramente provisório, como sucede na tutela cautelar.

[241] Cfr., nesse sentido, o ac. do TRL de 18.09.2007, proc. 6973/2007-1, no qual se decidiu que "É admissível a aplicação em procedimento cautelar civil de uma providência mesmo que possa também configurar uma medida processual penal de coacção", bem como o ac. do TRL de 27.10.2010, proc. 18645/10.9T2SNT.L1-2. *Vide*, na doutrina, MARQUES, J. P. Remédio, "Alguns aspectos processuais da tutela da personalidade humana na revisão do processo civil de 2012", *op. cit.*, p. 654.

[242] Cfr., a este propósito, o ac. do TRL de 27.10.2010, proc. 18645/10.9T2SNT.L1-2.

483º do CC, e estavam sujeitas às regras gerais previstas nos arts. 381º e ss. do $CPC_{95/96}$, *maxime* no que concerne ao preenchimento dos requisitos previstos para o decretamento de uma providência cautelar, bem como em relação ao contraditório do requerido.

Ocorre que, conforme vinha sendo assinalado pela doutrina, "o actual regime jurídico previsto nos artigos 1474º e 1475º do Código de Processo Civil (CPC) padece de uma notória e consensual exiguidade aplicativa e de um diminuto *sector normativo* da realidade que é suscetível de atingir. Ademais, os lesados (ou ameaçados de lesão iminente) vêem-se, não raras vezes, na necessidade de instaurar *providência cautelar inominada*, a fim de acautelar o *periculum in mora*"[243].

Ora, procurando dar resposta a essa insuficiência, o novo Código de Processo Civil veio consagrar a possibilidade de o julgador, no âmbito do próprio processo especial de tutela da personalidade, proferir uma decisão "provisória, irrecorrível e sujeita a posterior alteração ou confirmação no próprio processo", destinada a acautelar o perigo de ser produzida uma lesão iminente e irreversível da personalidade física ou moral ou a fazer cessar os efeitos de ofensa já cometida, quando o tribunal, em alternativa, não puder formar uma convicção segura em relação à existência, extensão ou intensidade da ameaça ou da consumação da ofensa – pois, caso contrário, não se justificaria a necessidade de recurso à composição provisória do litígio –, ou quando razões justificativas de especial urgência impuserem o decretamento da providência sem prévia audição da parte contrária, o que se poderá justificar, quer pela necessidade de se acautelar o efeito útil da ação, quer pela indispensabilidade de se obviar à demora na tutela da personalidade[244].

O requerente da tutela da personalidade vê, assim, a sua posição jurídica substancialmente reforçada, na medida em que fica desonerado do recurso a um procedimento cautelar comum nos casos em que se verifique o receio de produção de uma lesão iminente e irreversível[245,246]. Acresce que o regime jurídico em análise encerra ainda a vantagem de dispensar o requerente da

[243] MARQUES, J. P. Remédio, "Alguns aspectos processuais da tutela da personalidade humana na revisão do processo civil de 2012", *op. cit.*, p. 654.

[244] Neste particular, Remédio Marques sustenta que este regime não deve ser aplicado "às eventualidades em que a lesão ameaçada ou em vias de ser consumada se esgota num único acto, irrepetível, cuja abstenção ou prática, por parte do demandado, se verifica num momento temporal de tal maneira próximo à instauração de uma acção, que torna inviável, em concreto, a prolação de uma *decisão provisória*" (*Idem, ibidem*, p. 671).

[245] Note-se que o âmbito de aplicação deste regime especial é mais restritivo comparativamente com o do procedimento cautelar comum, na medida em que, naquele, a lei exige o receio de pro-

demonstração do preenchimento dos requisitos necessários para o decretamento de uma providência cautelar[247].

De todo o modo, este regime só permite a tutela geral da personalidade, ficando vedada a possibilidade de o requerente fazer valer nessa sede uma eventual pretensão indemnizatória contra o lesante[248].

Ainda no nosso ordenamento jurídico, o título III do Código de Processo nos Tribunais Administrativos[249] regula diversos processos urgentes, os quais procuram dar uma resposta célere e pronta a situações em que o legislador reconhece existir a necessidade de obter, "com urgência, uma decisão de fundo sobre o mérito da causa"[250]. Inserem-se neste âmbito o contencioso eleitoral (art. 98º do CPTA), o contencioso dos procedimentos de massa (art. 99º do CPTA), o contencioso pré-contratual (arts. 100º a 103º-B do CPTA), a intimação para a prestação de informações, consulta de processos ou passagem de certidões (arts. 104º a 108º do CPTA), bem como a intimação para proteção de direitos, liberdades e garantias (arts. 109º a 111º do CPTA). Com efeito, estas formas de processo, em "razão da natureza urgente do respectivo objecto", exigem a "obtenção de uma pronúncia sobre o mérito da causa por forma mais célere do que a que resulta da tramitação normal"[251].

3. Tutela antecipada

Diversamente do que sucede com a nossa lei de processo civil, em que o legislador inclui na tutela cautelar as medidas de garantia, de regulação provisória e de antecipação provisória, alguns ordenamentos jurídicos, como é o caso do brasileiro, distinguem entre as providências cautelares propriamente ditas e as antecipações de tutela, sendo que estas últimas, enquanto "tipos de tutela

dução de uma lesão "iminente ou irreversível", quando, neste, é suficiente o receio de produção de uma lesão "grave e irreparável ou de difícil reparação".

[246] Em anotação a este regime, Rita Cruz coloca algumas reservas quanto ao facto de o mesmo não assegurar em pleno a igualdade das partes e de não impor um prazo para a sua conclusão em primeira instância (Cruz, Rita, "Algumas notas à Proposta de alteração do processo especial de tutela urgente da personalidade", *in RMP, Debate A Reforma do Processo Civil 2012 – Contributos*, Cadernos II/2012, Lisboa, 2012, p. 72).

[247] Cfr., nesse sentido, Marques, J. P. Remédio, "Alguns aspectos processuais da tutela da personalidade humana na revisão do processo civil de 2012", *op. cit.*, p. 667.

[248] *Idem, ibidem*, p. 659.

[249] Na sequência da alteração legislativa introduzida pelo DL nº 214-G/2015, de 2 de outubro.

[250] Almeida, Mário Aroso de/Cadilha, Carlos Alberto Fernando, *Comentário ao Código de Processo nos Tribunais Administrativos*, 4ª ed., Almedina, Coimbra, 2017, p. 774.

[251] *Idem, ibidem*, p. 580.

de urgência"[252], constituem medidas de carácter urgente que se destinam a proporcionar ao interessado os mesmos resultados (ou parte deles) que se visam obter com a sentença de mérito[253,254].

Com efeito, enquanto na tutela antecipada se concede ao autor parte ou a totalidade do direito que é peticionado na ação, mediante prova de elementos que evidenciem a probabilidade de existência do direito e o perigo de verificação de um dano[255], já na tutela cautelar, adota-se uma medida que seja sus-

[252] GAIO JÚNIOR, Antônio Pereira, *Direito Processual Civil*, vol. 1, Del Rey Editora, Belo Horizonte, 2008, p. 224. Cfr., no mesmo sentido, MARINONI, Luiz Guilherme, "*La tutela antecipatória nella riforma del processo brasiliano*", *in RDP*, ano LI, nº 1, janeiro-março 1996, p. 255.

[253] *Vide*, no mesmo sentido, FREITAS, José Lebre de, *Estudos sobre Direito Civil e Processo Civil*, vol. I, *op. cit.*, p. 283, SCHIELFLER-FONTES, Márcio, "A mandamentalidade da decisão cautelar", *op. cit.*, p. 90, LEYSER, Maria Fátima Vaquero Ramalho, "Breves apontamentos sobre a tutela antecipada", *in Justitia*, nº 58 (175), São Paulo, julho-setembro 1996, p. 61, e WAGNER JÚNIOR, Luiz Guilherme da Costa, *Processo Civil*, 2ª ed. rev. e atu., Del Rey, Belo Horizonte, 2008, pp. 209 e 210.

[254] No que diz respeito à natureza desta providência, Ovídio A. Batista da Silva sustenta que as antecipações de tutela são "formas, *lato sensu* de *execução urgente*, provimentos através dos quais o juiz, considerando verosímil o direito do autor, concede-lhe, desde logo, algum efeito executivo ou mandamental da futura sentença de procedência. Trata-se daquela fundamental distinção entre "segurança da execução", que se traduz em cautelaridade, e "execução-para-segurança", que haverá de ser tida como execução urgente, execução verdadeira, qualificada pela urgência, tomada sob o signo da provisoriedade, que, todavia, nem por isso perde a natureza de provimento *lato sensu* executivo". Deste modo, de acordo com este Autor, estas providências não têm uma natureza cautelar, sendo que o elemento distintivo em relação à tutela cautelar reside no respetivo conteúdo. Assim, se a providência visar antecipar os efeitos de procedência da sentença, face ao fundado receio de produção de um dano irreparável, esta tem uma natureza satisfativa e, como tal, não cautelar. Por sua vez, se a providência, face ao fundado receio de produção de um dano irreparável, visa apenas proteger um direito, assegurando a sua satisfação futura (e não a sua satisfação imediata), então terá uma natureza cautelar (SILVA, Ovídio A. Batista da, *Curso de Processo Civil*, vol. I, 6ª ed., Editora Revista dos Tribunais, 2003, p. 141). Cfr., no mesmo sentido, NEPOMUCENO, Luciana Diniz, "As tutelas de urgência na acção rescisória – Uma visão do artigo 489 do CPC, com a nova redacção que lhe foi imprimida pela Lei n. 11.280/2006", *in Processo Civil Reformado*, Del Rey, 2007, pp. 188 e 189, THEODORO JÚNIOR, Humberto, *Curso de Direito Processual Civil*, vol. II, *op. cit.*, p. 494, bem como ALVIM, José Eduardo Carreira, *Antecipação da Tutela*, *op. cit.*, p. 39.

[255] Nesta perspetiva, Marcus Gonçalves salienta que a tutela antecipada permite uma melhor distribuição do "ónus de suportar a demora na solução dos litígios", já que, sendo esta concedida, o autor fica provisoriamente satisfeito em detrimento do réu, o qual passa a suportar o ónus da demora do processo (GONÇALVES, Marcus Vinicius Rios, *Novo Curso de Direito Processual Civil – Teoria Geral de Processo de Conhecimento*, 7ª ed., Editora Saraiva, São Paulo, 2010, p. 270). Por sua vez, Humberto Theodoro Júnior assinala que a implementação no ordenamento jurídico brasileiro, entre outras medidas, da antecipação de tutela visou "abolir por completo os vestígios da indesejável dualidade de processos para promover o acertamento e a execução dos direitos insatisfeitos" (THEODORO JÚNIOR, Humberto, "As vias de execução no Código de Processo Civil Brasileiro reformado", *in Processo Civil Reformado*, Editora del Rey, 2007, p. 32). Para Eduardo Yoshikawa, o

cetível de garantir o efeito útil da sentença a ser proferida na ação principal[256]. O mesmo é dizer que "as tutelas antecipadas não visam, como as cautelares, conservar meios para que o processo em si mesmo possa operar de modo efi-

facto de a antecipação de tutela partir de uma apreciação sumária do direito é uma manifestação inequívoca da "superação do mito da busca da verdade" (Yoshikawa, Eduardo Henrique de Oliveira, "Considerações a respeito da iniciativa instrutória do juiz no processo civil brasileiro", *in Julgar*, nº 4, janeiro-abril 2008, p. 114).

[256] Cfr., a este propósito, Figueiredo, Simone Diogo Carvalho/Sá, Renato Montans de, *Direito Processual Civil*, Editora Saraiva, São Paulo, 2009, pp. 218 e 219, segundo os quais "a tutela antecipada permite que o autor receba, no curso da demanda, parte ou a totalidade do que lhe seria apenas conferido por ocasião da sentença judicial. Assim, vale dizer, o próprio nome do instituto nos traz a sua compreensão: a tutela antecipada assim é porque antecipa a produção dos efeitos práticos, concretos da sentença". Analogamente, Cândido Dinamarco salienta que as antecipações de tutela "não são instrumentais ao processo, não se destinam a outorgar-lhe a capacidade de ser justo e útil (o que constitui missão das cautelares), mas a fornecer ao sujeito aquilo mesmo que ele pretende obter ao fim, ou seja, a coisa ou a situação de vida pleiteada". Deste modo, de acordo com o referido Autor, "são cautelares as medidas com que a ordem jurídica visa evitar que o passar do tempo prive o processo de algum meio exterior que poderia ser útil ao correto exercício da jurisdição e consequente produção, no futuro, de resultados úteis e justos; e são *antecipações de tutela* aquelas que vão diretamente à vida das pessoas e, antes do julgamento final da causa, oferecem a algum dos sujeitos em litígio o próprio bem pelo qual ele pugna ou algum benefício que a obtenção do bem poderá proporcionar-lhe" (Dinamarco, Cândido Rangel, *Nova Era do Processo Civil*, *op. cit.*, pp. 53 e 58). Do mesmo modo, Marcus Gonçalves defende que, pese embora a tutela cautelar e a tutela antecipada constituam manifestações da tutela de urgência, elas "diferem no modo pelo qual afastam a situação de perigo", ou seja, "a tutela cautelar não concede, antecipadamente, aquilo que foi pedido, mas busca resguardar e proteger a futura eficácia do provimento final". Assim, se um credor, temendo a insolvência do seu devedor, não pode aguardar pelo normal decurso da ação de cobrança e necessita de uma tutela de urgência, a lei distingue quais as consequências decorrentes do recurso à tutela cautelar e à tutela antecipada. Com efeito, enquanto a tutela antecipada concede ao autor, ainda que de forma provisória, aquilo que ele peticiona – situação que lhe permite executar de imediato o seu crédito –, já na tutela cautelar, esta não visa a satisfação provisória do direito de que o autor se arroga titular, mas antes proteger ou assegurar o efeito útil da sentença a ser proferida na ação de cobrança (Gonçalves, Marcus Vinicius Rios, *Novo Curso de Direito Processual Civil – Teoria Geral de Processo de Conhecimento*, *op. cit.*, pp. 271 e 272). Na mesma linha de raciocínio, Athos Gusmão Carneiro assinala que as providências cautelares visam apenas garantir o efeito útil da sentença a ser proferida na ação principal. Diversamente, as antecipações de tutela têm como escopo antecipar, integrando-o no património jurídico do autor, o bem que é postulado pelo demandante. Trata-se, por isso, de instrumentos processuais de natureza verdadeiramente satisfativa (Carneiro, Athos Gusmão, "Aspectos da tutela antecipada no direito processual brasileiro", *in RF*, nº 350, Rio de Janeiro, abril-junho 2000, p. 4). Por sua vez, Eliana Calmon Alves salienta que a antecipação de tutela "busca efetividade, não da futura sentença, como a tutela cautelar, mas do próprio direito material, de tal forma que se encontra a tutela antecipada, vinculada, à tutela definitiva" (Alves, Eliana Calmon, "Tutelas de urgência", *in Informe Jurídico da Biblioteca Ministro Oscar Saraiva*, vol. 11, nº 2, julho-dezembro 1999, p. 163). *Vide*, no mesmo sentido, Theodoro Júnior, Humberto, *Curso de Direito Processual Civil*, vol. I, 50ª ed., Forense, Rio de Janeiro, 2009, p. 53.

ciente, mas oferecer diretamente às pessoas algo cuja demora poderia ser-lhes prejudicial"[257]. Nesta perspetiva, a concessão da tutela cautelar antecipada permite que o requerente obtenha, ainda que de forma provisória, uma tutela de que só beneficiaria no futuro, com o proferimento da sentença[258]. Trata-se, por isso, de uma vantagem que lhe é atribuída com "caráter provisório e em cognição superficial", já que "o julgamento definitivo e exauriente só se fará no momento oportuno"[259].

Por conseguinte, a tutela antecipada visa, fundamentalmente, proteger as situações de facto ou de direito que exigem uma resposta jurisdicional célere que confira imediatamente à parte a tutela do seu direito, ainda que de forma provisória[260].

O ordenamento jurídico brasileiro consagrava, no Código de Processo Civil revogado (art. 273º do $CPC_{Br.1973}$)[261], a possibilidade de o juiz, a requeri-

[257] CINTRA, Antônio Carlos de Araújo, *et al.*, *Teoria Geral do Processo, op. cit.*, p. 341. Cfr., no mesmo sentido, ALVIM, José Eduardo Carreira, *Antecipação da Tutela, op. cit.*, p. 16, GAIO JÚNIOR, Antônio Pereira, *Direito Processual Civil*, vol. 1, *op. cit.*, pp. 224 e 225, CAVANI, Renzo, "¿Veinte años no es nada? Tutela cautelar, anticipación de tutela y reforma del proceso civil en Brasil – Un diagnóstico para el Perú", *in Gaceta Civil & Procesal Civil*, nº 3, Lima, Peru, setembro 2013, p. 258, bem como WAGNER JÚNIOR, Luiz Guilherme da Costa, *Processo Civil, op. cit.*, p. 216.

[258] Cfr., a este propósito, CAVANI, Renzo, "¿Veinte años no es nada? Tutela cautelar, anticipación de tutela y reforma del proceso civil en Brasil – Un diagnóstico para el Perú", *op. cit.*, p. 256.

[259] GONÇALVES, Marcus Vinicius Rios, *Novo Curso de Direito Processual Civil – Teoria Geral de Processo de Conhecimento, op. cit.*, p. 271. Analogamente, conforme elucida Proto Pisani, aquilo que distingue os procedimentos sumários cautelares dos procedimentos sumários não cautelares é, precisamente, a característica da instrumentalidade, pois os procedimentos sumários cautelares dependem de uma ação principal (PISANI, Andrea Proto, "Procedimenti cautelari", *op. cit.*, p. 5).

[260] MARINONI, Luiz Guilherme, "O custo e o tempo do processo civil brasileiro", *in RFDUFP*, vol. 37, Curitiba, 2002, p. 48.

[261] Seguindo de perto Marcus Gonçalves, a possibilidade de concessão generalizada de tutelas antecipadas foi introduzida no Brasil através da Lei nº 8.952/94, de 13 de dezembro de 1994, a qual veio dar uma nova redação ao art. 273º do $CPC_{Br.1973}$. De todo o modo, o art. 84º, § 3, do Código do Consumidor (Lei nº 8.078/90) – cuja publicação viria a anteceder em cerca de quatro anos a reforma do art. 273º do $CPC_{Br.1973}$ – já previa a possibilidade de antecipação de tutela no âmbito das relações de consumo. Aliás, mesmo antes do Código do Consumidor, a lei determinava, em casos específicos, a possibilidade de concessão de tutelas antecipadas em algumas ações de procedimento especial, como era o caso das ações possessórias de força nova e das ações de alimentos (GONÇALVES, Marcus Vinicius Rios, *Novo Curso de Direito Processual Civil – Teoria Geral de Processo de Conhecimento, op. cit.*, p. 269). Na mesma linha de raciocínio, Daniel de Lima Vasconcelos salienta que, no ordenamento jurídico brasileiro, não existia, pelo menos até à Lei nº 8.952/1994, "uma medida capaz de antecipar os efeitos do pedido ainda no curso da lide". Por via disso, a tutela cautelar vinha sendo utilizada de forma "distorcida", a fim de se suprir essa lacuna legislativa. Neste contexto, a tutela antecipada foi instituída pelo legislador brasileiro com o propósito de assegurar a tutela jurisdicional efetiva, mediante a possibilidade de o julgador antecipar, na pendência da

mento da parte[262], antecipar, total ou parcialmente, os efeitos da tutela pretendida no pedido principal, desde que existisse prova inequívoca do direito invocado e houvesse fundado receio de dano irreparável ou de difícil reparação ou ficasse caracterizado o abuso do direito de defesa ou o manifesto propósito protelário do réu[263].

No novo Código de Processo Civil, o art. 294º do $CPC_{Br.2015}$ determina que "A tutela provisória pode fundamentar-se em urgência ou evidência", sendo que a tutela provisória de urgência pode, por sua vez, revestir natureza cautelar ou antecipada[264].

Diversamente do que sucedia no código revogado, em que a lei exigia uma "prova inequívoca do direito invocado" para que o juiz pudesse decretar uma

causa, os efeitos de uma eventual sentença favorável à parte, a fim de se evitar a produção de danos graves e irreparáveis (Vasconcelos, Daniel de Lima, "Possibilidade de concessão *ex officio* da tutela antecipada de urgência", *in RESMESE*, nº 12, 2009, pp. 19 e 23). Do mesmo modo, Eliana Calmon Alves elucida que a tutela antecipada foi instituída no ordenamento jurídico brasileiro na sequência dos milhares de processos cautelares que foram intentados com vista ao levantamento de depósitos bancários na sequência do bloqueio financeiro por força da Lei nº 8024/90 (Plano Collor I). Com efeito, uma vez que a tutela liminar que permitiu o desbloqueio dos depósitos financeiros revestiu um carácter de "plena satisfatividade", tornando absolutamente inútil a apreciação das milhares de ações judiciais que foram intentadas como dependência das providências cautelares entretanto decretadas, o legislador sentiu a necessidade de dotar o processo civil brasileiro de um mecanismo célere e eficaz para a "proteção do direito instantâneo" e de evitar que a justiça cautelar congestionasse o tribunal com duas ações judiciais distintas – a cautelar e a principal –, ao mesmo tempo em que a justiça cautelar vinha sofrendo um desvirtuamento em relação à sua finalidade (Alves, Eliana Calmon, "Tutelas de urgência", *in Informe Jurídico da Biblioteca Ministro Oscar Saraiva*, vol. 11, nº 2, julho-dezembro 1999, pp. 159 e 160). Cfr., sobre a mesma questão, Friede, Roy Reis, "Medidas cautelares e liminares satisfativas", *in Justitia*, nº 56 (165), São Paulo, janeiro-março 1994, p. 38.

262 No sentido de o tribunal se encontrar impedido de decretar *ex officio* antecipações de tutela, *vide* Alves, Eliana Calmon, "Tutelas de urgência", *op. cit.*, p. 164, Ribeiro, Pedro Barbosa, "Da tutela antecipada", *in RIPE*, nº 25, São Paulo, abril-junho 1999, p. 244, bem como Leyser, Maria Fátima Vaquero Ramalho, "Breves apontamentos sobre a tutela antecipada", *op. cit.*, p. 63. Cfr., em sentido contrário, Schmidt Junior, Roberto Eurico, *Tutela Antecipada de Ofício – À Luz do art. 273, I, do Código de Processo Civil*, Juruá Editora, Curitiba, 2007, p. 22, segundo o qual nada obsta a que a antecipação de tutela possa ser concedida oficiosamente pelo tribunal.

263 Na esteira de Marinoni, a doutrina clássica brasileira vinha referindo, com base no art. 798º do $CPC_{Br.1973}$, que não era possível a concessão pelo juiz de uma providência cautelar que revestisse uma natureza antecipatória, sob pena de tal determinar a perda irremediável do objeto da ação de mérito. Todavia, a antecipação de tutela por via do art. 798º do $CPC_{Br.1973}$ começou a ser admitida como forma de reação contra a lentidão exagerada do processo judicial brasileiro (Marinoni, Luiz Guilherme, "*La tutela antecipatória nella riforma del processo brasiliano*", *op. cit.*, p. 254).

264 *Vide*, a este propósito, Imhof, Cristiano/Rezende, Bertha Steckert, *Novo Código de Processo Civil Comentado*, Lumen Juris, Rio de Janeiro, 2015, pp. 284 e 285.

medida de antecipação da tutela, o novo Código de Processo Civil faz depender a concessão dessa medida do requisito do *fumus boni iuris*, isto é, da "probabilidade" da existência do direito. Verifica-se, por isso, neste domínio, uma aproximação entre a tutela urgente cautelar e a tutela urgente antecipada.

Contudo, ao invés da tutela cautelar, o juiz só pode antecipar a tutela se considerar que é necessário proteger de imediato o direito, antecipando os efeitos da tutela pretendida, face à "impossibilidade de espera"[265].

Nos termos do § 3 do art. 300º do $CPC_{Br.2015}$, a antecipação da tutela não pode ser concedida quando houver perigo de irreversibilidade dos efeitos da decisão. De facto, na decisão em que antecipa a tutela, o juiz deve justificar as razões do seu convencimento, ficando vedada a possibilidade de antecipação se existir um perigo de irreversibilidade dos seus efeitos[266]. Pretende-se, deste modo, evitar eventuais abusos na utilização deste meio processual, razão pela qual a antecipação de tutela só pode ser concedida na eventualidade de, em caso de revogação, se concluir pela viabilidade do restabelecimento da situação de facto e/ou de direito que existia antes da sua concessão[267,268].

4. Tutela da evidência

A par da tutela urgente, de natureza cautelar ou antecipatória, alguns ordenamentos jurídicos consagram medidas de tutela sumária da evidência. É o que sucede, entre outros, com os ordenamentos jurídicos brasileiro e italiano.

[265] MITIDIERO, Daniel, *Antecipação da Tutela – Da Tutela Cautelar à Técnica Antecipatória*, Editora Revista dos Tribunais, São Paulo, 2013, p. 131.

[266] De acordo com Daniel Mitidiero, "A vedação à irreversibilidade dos efeitos do provimento concerne apenas à impossibilidade de concessão de antecipação de tutela quando houver perigo de inviabilização de retorno ao *status quo ante*". De todo o modo, o referido Autor defende que a opção seguida pelo legislador pode ser afastada no caso em concreto se for possível tutelar, de forma efetiva, adequada e tempestiva, a posição jurídica do autor com a "antecipação de tutela" (*Idem, ibidem*, p. 126).

[267] FIGUEIREDO, Simone Diogo Carvalho/SÁ, Renato Montans de, *Direito Processual Civil*, *op. cit.*, p. 211. Todavia, de acordo com estes Autores, em determinadas situações, esta regra deve ser abrandada por forma a se evitar um mal maior, cabendo ao juiz ponderar os interesses em conflito, ao abrigo do princípio da proporcionalidade. Assim, diante de determinados valores (por exemplo, direito à vida ou à saúde), o juiz poderá decretar a antecipação da tutela, ainda que possam vir a ser produzidos efeitos irreversíveis.

[268] Em comentário a este preceito legal, Ovídio A. Batista da Silva sustenta que o legislador exagerou na prudência que deve orientar o magistrado na concessão da tutela antecipada, já que o estado de perigo pode, muitas vezes, impor ao juiz uma "opção entre alternativas capazes, em qualquer sentido que a decisão seja tomada, de gerar risco de irreversibilidade dos efeitos práticos, seja esta reversibilidade decorrente do estado perigoso contra o qual se busca a tutela, seja uma irreversibilidade análoga provocada pela concessão da medida" (SILVA, Ovídio A. Batista da, *Curso de Processo Civil*, vol. I, *op. cit.*, pp. 142 e 143).

Assim, o art. 311º do $CPC_{Br.2015}$ preceitua que "A tutela da evidência será concedida, independentemente da demonstração de perigo de dano ou de risco ao resultado útil do processo, quando:

I. ficar caracterizado o abuso do direito de defesa ou o manifesto propósito protelatório da parte;
II. as alegações de fato puderem ser comprovadas apenas documentalmente e houver tese firmada em julgamento de casos repetitivos ou em súmula vinculante;
III. se tratar de pedido reipersecutório fundado em prova documental adequada do contrato de depósito, caso em que será decretada a ordem de entrega do objeto custodiado, sob cominação de multa;
IV. a petição inicial for instruída com prova documental suficiente dos fatos constitutivos do direito do autor, a que o réu não oponha prova capaz de gerar dúvida razoável.".

Com efeito, conforme resulta da exposição de motivos do anteprojeto do novo Código de Processo Civil Brasileiro, "O Novo CPC agora deixa clara a possibilidade de concessão de tutela de urgência e de tutela à evidência. Considerou-se conveniente esclarecer de forma expressa que a resposta do Poder Judiciário deve ser rápida não só em situações em que a urgência decorre do risco de eficácia do processo e do eventual perecimento do próprio direito. Também em hipóteses em que as alegações da parte se revelam de juridicidade ostensiva deve a tutela ser antecipadamente (total ou parcialmente) concedida, independentemente de *periculum in mora*, por não haver razão relevante para a espera, até porque, via de regra, a demora do processo gera agravamento do dano.".

Tal como decorre do art. 311º do $CPC_{Br.2015}$, ao invés do que sucede com a tutela cautelar, para que a tutela da evidência seja concedida, não é necessária a demonstração do *periculum in mora* ou da existência de um perigo de ineficácia do resultado útil do processo[269].

Diversamente, este tipo de tutela visa proteger o autor nas situações em que o mérito da sua pretensão seja de tal modo evidente, sendo que o caso paradigmático de aplicação deste regime jurídico prende-se com as hipóteses

[269] *Vide*, a este respeito, Souza, Artur César de, *Tutela Provisória – Tutela de Urgência e Tutela de Evidência*, Almedina, São Paulo, 2016, o qual salienta que a concessão deste tipo de tutela é absolutamente indiferente a qualquer demonstração de *periculum in mora*, já que aquilo que a distingue é a verificação de circunstâncias de facto que denotam a evidência da pretensão formulada em juízo, sem necessidade de qualquer produção de prova.

em que se verifique um abuso do direito de defesa ou em que o réu pretenda apenas protelar, de forma dilatória e infundada, o andamento do processo e o desfecho da causa[270].

Assim, o juiz pode conceder a tutela pretendida pelo autor se, efetuando um juízo prévio em relação à contestação do réu, concluir que esta consubstancia um abuso do direito de defesa ou visa apenas prosseguir um intuito meramente dilatório[271].

De todo o modo, importa salientar que este regime não reveste qualquer carácter punitivo contra uma eventual litigância temerária do réu. Antes pelo contrário, "o que se dá, com a conduta do réu, nestes casos, é que o índice de verossimilhança do direito do autor eleva-se para um grau que o aproxima da certeza. Se o juiz já se inclinara por considerar verossímil o direito, agora, frente à conduta protelatória do réu, ou ante o exercício abusivo do direito de defesa, fortalece-se a conclusão de que o demandado realmente não dispõe de nenhuma contestação séria a opor ao direito do autor. Daí a legitimidade da antecipação da tutela"[272].

Por sua vez, o ordenamento jurídico italiano regula a tutela da evidência nos arts. 186º-*bis* a 186º-*quater* do $\text{CPC}_{\text{It.}}$[273], sendo que, conforme tem vindo a

[270] Neste particular, Artur César de Souza defende que, em caso de abuso do direito de defesa, "a evidência decorre de um comportamento do réu que será sancionado com a antecipação da tutela jurisdicional. Este critério age como impedimento específico diante de quem esteja inclinado a fazer do processo um instrumento ideal para o emprego de táticas dilatórias e indevidas obstruções, com grave prejuízo à lealdade do procedimento" (Souza, Artur César de, "Análise da tutela antecipada prevista no relatório final da Câmara dos Deputados em relação ao novo CPC", *in Revista do Processo 2014*, ano 39, vol. 235, São Paulo, p. 156).

[271] Cfr., a este propósito, Silva, Paula Costa e, *A Litigância de Má Fé*, *op. cit.*, p. 316. De todo o modo, de acordo com a referida Autora, esta solução legal só pode ser compreendida se for interpretada no sentido de que a decisão acerca da defesa do réu não reveste um carácter definitivo, permitindo-se, assim, ao réu demonstrar em fase ulterior que a sua contestação não traduz um abuso de defesa. Nesta perspetiva, nada obsta a que essa decisão antecipatória possa ser posteriormente modificada ou revogada.

[272] Silva, Ovídio A. Batista da, *Curso de Processo Civil*, vol. I, *op. cit.*, p. 143. Cfr., no mesmo sentido, Wagner Júnior, Luiz Guilherme da Costa, *Processo Civil*, *op. cit.*, pp. 210 e 211, Mitidiero, Daniel, *Antecipação da Tutela – Da Tutela Cautelar à Técnica Antecipatória*, *op. cit.*, p. 134, bem como Marcacini, Augusto Tavares Rosa, *Estudo sobre a Efetividade do Processo Civil*, *op. cit.*, pp. 173 e 174.

[273] Com efeito, dispõe o art. 186º-*bis* do $\text{CPC}_{\text{It.}}$, com a epígrafe "*Ordinanza per il pagamento di somme non contestate*", o seguinte: "*Su istanza di parte il giudice istruttore può disporre, fino al momento della precisazione delle conclusioni, il pagamento delle somme non contestate dalle parti costituite. Se l'istanza e' proposta fuori dall'udienza il giudice dispone la comparizione delle parti ed assegna il termine per la notificazione. L'ordinanza costituisce titolo esecutivo e conserva la sua efficacia in caso di estinzione del processo. L'ordinanza è soggetta alla disciplina delle ordinanze revocabili di cui agli articoli 177, primo e secondo comma, e 178, primo comma*".

ser salientado pela doutrina italiana, a tutela cautelar não se confunde com a "tutela própria das providências que, na pendência do processo ordinário de cognição, possam ser emanadas em caso de falta de contestação de um pedido de pagamento de uma soma pecuniária (art. 186º-*bis* do CPC$_{It.}$), em caso de prova escrita do direito (art. 186º-*ter* do CPC$_{It.}$) ou em função do resultado da instrução probatória (art. 186º-*quater* do CPC$_{It.}$). Estas providências são meros expedientes técnicos de antecipação da decisão sobre direitos controvertidos e não têm natureza cautelar"[274]. A tutela sumária da evidência, prevista nos arts. 186º-*bis* a 186º-*quater* do CPC$_{It.}$, visa, fundamentalmente, evitar que a morosidade de um processo judicial destinado a declarar o direito do autor e a condenar o réu no cumprimento de uma determinada obrigação pecuniária acabe por se traduzir num "abuso do processo por parte do devedor"[275]. Assim, este regime encontra o seu âmbito de aplicação privilegiado nos casos em que o tribunal considere suficientemente fundada a pretensão do reque-

Por sua vez, estatui o art. 186º-*ter* do CPC$_{It.}$, a respeito da "*Istanza di ingiunzione*", o seguinte: "*Fino al momento della precisazione delle conclusioni, quando ricorrano i presupposti di cui all'art. 633, primo comma, n. 1), e secondo comma, e di cui all'art. 634, la parte può chiedere al giudice istruttore, in ogni stato del processo, di pronunciare con ordinanza ingiunzione di pagamento o di consegna. Se l'istanza e' proposta fuori dall'udienza il giudice dispone la comparizione delle parti ed assegna il termine per la notificazione. L'ordinanza deve contenere i provvedimenti previsti dall'art. 641, ultimo comma, ed è dichiarata provvisoriamente esecutiva ove ricorrano i presupposti di cui all'art. 642, nonchè, ove la controparte non sia rimasta contumace, quelli di cui all'art. 648, primo comma. La provvisoria esecutorietà non può essere mai disposta ove la controparte abbia disconosciuto la scrittura privata prodotta contro di lei o abbia proposto querela di falso contro l'atto pubblico. L'ordinanza è soggetta alla disciplina delle ordinanze revocabili di cui agli articoli 177 e 178, primo comma. Se il processo si estingue l'ordinanza che non ne sia già munita acquista efficacia esecutiva ai sensi dell'art. 653, primo comma. Se la parte contro cui è pronunciata l'ingiunzione è contumace, l'ordinanza deve essere notificata ai sensi e per gli effetti dell'art. 644. In tal caso l'ordinanza deve altresì contenere l'espresso avvertimento che, ove la parte non si costituisca entro il termine di venti giorni dalla notifica, diverrà esecutiva ai sensi dell'art. 647. L'ordinanza dichiarata esecutiva costituisce titolo per l'iscrizione dell'ipoteca giudiziale*".
Por último, preceitua o art. 186º-*quater*, quanto à "*Ordinanza successiva alla chiusura dell'istruzione*", *o seguinte: "Esaurita l'istruzione, il giudice istruttore, su istanza della parte che ha proposto domanda di condanna al pagamento di somme ovvero alla consegna, o al rilascio di beni, può disporre con ordinanza il pagamento, ovvero la consegna o il rilascio, nei limiti per cui ritiene già raggiunta la prova. Con l'ordinanza il giudice provvede sulle spese processuali. L'ordinanza è titolo esecutivo. Essa è revocabile con la sentenza che definisce il giudizio. Se, dopo la pronuncia dell'ordinanza, il processo si estingue, l'ordinanza acquista l'efficacia della sentenza impugnabile sull'oggetto dell'istanza. L'ordinanza acquista l'efficacia della sentenza impugnabile sull'oggetto dell'istanza se la parte intimata non manifesta entro trenta giorni dalla sua pronuncia in udienza o dalla comunicazione, con ricorso notificato all'altra parte e depositato in cancelleria, la volonta che sia pronunciata la sentenza*".

[274] SASSANI, Bruno, *Lineamenti del Processo Civile Italiano*, *op. cit.*, p. 564. Cfr., no mesmo sentido, LAPERTOSA, Flavio, "La tutela sommaria anticipatoria (arts. 186 *bis*, 186 *ter* c.p.c.)", *in RDP*, ano LII, nº 3, julho-setembro 1997, p. 768.

[275] LAPERTOSA, Flavio, "La tutela sommaria anticipatoria (arts. 186 *bis*, 186 *ter* c.p.c.)", *op. cit.*, p. 767.

rente quanto à realização de um determinado direito de crédito, seja porque o devedor não contesta esse direito (art. 186º-*bis* do $CPC_{It.}$), seja com base na existência de prova documental qualificada em relação ao direito invocado (art. 186º-*ter* do $CPC_{It.}$)[276].

[276] *Idem, Ibidem*, pp. 767 e 768.

Capítulo IV
Características

Sumário: 1. Instrumentalidade. 1.1. Considerações gerais. 1.2. Instrumentalidade eventual. 2. Provisoriedade e definitividade. 2.1. Provisoriedade. 2.1.1. Eficácia limitada. 2.1.2. Livre modificabilidade ou revogabilidade. 2.1.3. Autonomia. 2.2. Definitividade. 2.2.1. O art. 121º do Código de Processo nos Tribunais Administrativos. 2.2.1.1. Âmbito. 2.2.1.2. Natureza. 2.2.1.3. Requisitos. 2.2.2. O art. 16º do Regime Processual Civil Experimental. 2.2.2.1. Âmbito. 2.2.2.2. Natureza. 2.2.2.3. Requisitos. 2.2.2.4. Tramitação. 2.2.3. Providência cautelar de entrega judicial de bens objeto de locação financeira. 2.2.4. Inversão do contencioso na tutela cautelar. 2.2.4.1. Âmbito. 2.2.4.2. Requisitos. 2.2.4.3. Tramitação. 2.2.4.4. Interrupção da caducidade. 2.2.4.5. Ónus de propositura da ação principal pelo requerido. 2.2.4.6. Aplicabilidade subsidiária. 3. Urgência.

1. Instrumentalidade

1.1. Considerações gerais

Os procedimentos cautelares apresentam, em regra, um carácter instrumental e subordinado relativamente à ação destinada a tutelar, em definitivo, o direito invocado pelo requerente[277]. Existe, por isso, em princípio, uma rela-

[277] Cfr., no mesmo sentido, Almeida, Luís Pedro Moitinho de, "Os processos cautelares em geral", *op. cit.*, p. 23, Marques, J. P. Remédio, *Acção Declarativa à Luz do Código Revisto, op. cit.*, p. 144, Pinheiro, Paulo Sousa, *O Procedimento Cautelar Comum no Direito Processual do Trabalho*, 2ª ed. rev., atu. e aum., Almedina, Coimbra, 2007, pp. 26 e 27, Freitas, José Lebre de, *Estudos sobre Direito Civil e Processo Civil*, vol. I, *op. cit.*, p. 283, Roque, Miguel Prata, *Reflexões sobre a Reforma da Tutela Cautelar Administrativa*, Almedina, Coimbra, 2005, pp. 32 e 33, Beleza, Maria dos Prazeres Pizarro, "Procedimentos cautelares", *op. cit.*, p. 1502, Almeida, Mário Aroso de/Cadilha, Carlos Alberto Fernando, *Comentário ao Código de Processo nos Tribunais Administrativos, op. cit.*, pp. 889 e

ção de interconexão ou de dependência entre o procedimento cautelar e a ação principal[278,279].

Com efeito, as providências cautelares têm como finalidade essencial assegurar que a relação factual controvertida se mantenha inalterada até que seja proferida uma decisão de mérito na ação principal[280], isto é, as providências cautelares não constituem um fim em si mesmas, mas antes um meio para se acautelar um determinado efeito jurídico[281].

890, Calvet Botella, Julio, "Medidas cautelares civiles", *in BIMJ*, ano LVII, nº 1935, fevereiro 2003, p. 447, Gutiérrez Barrenengoa, Aihoa, "De las medidas cautelares", *op. cit.*, p. 1361, Pardo Iranzo, Virginia, "Sobre la tutela cautelar de la propiedad horizontal (Consideraciones a partir del Auto de 14 de junio de 1994 de la Audiencia de Barcelona)", *in Revista de Derecho Procesal*, nº 3, Madrid, 1998, p. 698, Gimeno Sendra, José Vicente, *et al.*, *Derecho Procesal Administrativo*, *op. cit.*, p. 528, Carpi, Frederico, "Le riforme del processo civile in Italia verso il XXI secolo", *in RTDPC*, ano LIV, Giuffrè Editore, Milão, 2000, p. 119, Tommaseo, Ferruccio, "Provvedimenti d'urgenza", *op. cit.*, p. 858, Blasco Pellicer, Angel, *Las Medidas Cautelares en el Proceso Laboral*, *op. cit.*, p. 31, Tesheiner, José Maria Rosa, *Medidas Cautelares (no Código de Processo Civil de 1973)*, Editora Saraiva, 1974, p. 10, Pérez Ragone, Álvaro J./Ortiz Pradillo, Juan Carlos, *Código Procesal Civil Aléman (ZPO)*, *op. cit.*, p. 144, e Urdaneta Sandoval, Carlos Alberto, "Introducción al análisis sistemático de las medidas cautelares atípicas del Código de Procedimiento Civil Venezolano", *op. cit.*, p. 115.

[278] Cfr., no mesmo sentido, Theodoro Júnior, Humberto, *Curso de Direito Processual Civil*, vol. II, *op. cit.*, p. 488, Pastor, Blanca/Van Ginderachter, Eric, "La procédure en 'référé'", *op. cit.*, p. 565, bem como Tommaseo, Ferruccio, "La tutela cautelare d'urgenza nelle procedure concorsali", *in RDP*, ano XLVI, nº 1, Pádua, janeiro-março 1991, p. 153.

[279] Em todo o caso, conforme se decidiu no ac. do TRE de 30.06.2016, proc. 1469/13.9TBBNV-A.E1, "A relação de dependência entre o procedimento cautelar e a acção não obriga que os requerentes daquele tenham que ser exactamente os mesmos que os autores desta".

[280] *Vide*, nesse sentido, o ac. do TRP de 21.03.2000, proc. 0020041, no qual se decidiu que o procedimento cautelar comum não tem por objeto a declaração e realização do direito invocado na ação, mas, ao invés, assegurar a efetividade desse direito que se alega estar ameaçado, o ac. do TRC de 08.04.2008, proc. 285/07.1TBMIR.C1, no qual se sustentou que "A provisoriedade da providência transparece tanto da circunstância de disponibilizar uma tutela distinta da que é fornecida pela acção principal de que é dependente, como da sua necessária substituição pela tutela que vier a ser definida nessa acção – art. 383º, nº 1, do CPC", bem como o ac. do TCAN de 17.06.2016, proc. 00337/15.4BECBR-A. Cfr., na doutrina, Ariano Deho, Eugenia, *Problemas del Proceso Civil*, *op. cit.*, p. 612, bem como Silva, Lucinda D. Dias da, *Processo Cautelar Comum: Princípio do Contraditório e Dispensa de Audição Prévia do Requerido*, *op. cit.*, pp. 112 a 114.

[281] *Vide*, a este propósito, Redenti, Enrico/Vellani, Mario, *Diritto Processuale Civile*, vol. I, 5ª ed., Giuffrè Editore, Milão, 2000, p. 126, Brandolini, Elena/Francaviglia, Rosa, *I provvedimenti d'urgenza in sede civile ed in sede amministrativa*, *op. cit.*, p. 24, Calamandrei, Piero, *Introduccion al Estudio Sistematico de las Providencias Cautelares*, *op. cit.*, p. 44, Wagner Júnior, Luiz Guilherme da Costa, *Processo Civil*, *op. cit.*, p. 586, Fiorucci, Fabio, *I Provvedimenti d'Urgenza ex Art. 700 C.P.C.*, *op. cit.*, p. 8, Ariano Deho, Eugenia, *Problemas del Proceso Civil*, *op. cit.*, p. 613, Scarpa, Antonio, *I Provvedimenti d'Urgenza: art. 700 Cod. Proc. Civ.: (Magis Imperii Quam Iurisdictionis)*, Giuffrè Editore,

Neste contexto, a instrumentalidade é a característica configuradora das providências cautelares, que as vincula a um processo principal, de que são dependentes[282], e que as "distingue das providências definitivas, as quais são tomadas como resultado final do processo civil"[283,284].

Milão, 2004, pp. 18 e 19, Faria, Rita Lynce de, *A Função Instrumental da Tutela Cautelar Não Especificada*, Universidade Católica, 2003, p. 34, Maçãs, Maria Fernanda, "Providências cautelares e tutela judicial efectiva: os incontornáveis obstáculos da suspensão judicial da eficácia", *in RCEDOUA*, ano II, nº 1, Coimbra, 1999, p. 120, Carvalho, Paulo Morgado de, "O procedimento cautelar comum no processo laboral", *op. cit.*, p. 213, Henriques, Sofia, *A Tutela Cautelar não Especificada no Novo Contencioso Administrativo Português, op. cit.*, p. 103, e Toribio Fuentes, Fernando/Álvarez González, Miguel Ángel, *Comentarios a la Ley de Enjuiciamiento Civil*, Lex Nova, 2012, p. 1361. Cfr., na jurisprudência, o ac. do STJ de 28.10.1993, proc. 084485, o ac. do TRP de 23.10.1995, proc. 9550940, o ac. do TRP de 10.12.1996, proc. 9621053, o ac. do TRP de 22.01.2001, proc. 0051479, o ac. do TRE de 28.10.2004, proc. 1387/04-2, o ac. do TRL de 01.07.2006, proc. 5457/06-2, o ac. do TRL de 19.04.2007, proc. 2411/07-2, e o ac. do TRL de 29.06.2010, proc. 843/10.7TVLSB-B.L1-1.

282 Cfr., nesse sentido, Baur, Fritz, *Studien zum einstweiligen Rechtsschutz op. cit.*, p. 8, Soares, Fernando Luso, *Direito Processual Civil – Parte Geral e Processo Declarativo, op. cit.*, p. 46, Soares, Fernando Luso, *Processo Civil de Declaração*, Almedina, Coimbra, 1985, p. 211, bem como Carlos, Adelino da Palma, "Procedimentos cautelares antecipadores", *op. cit.*, p. 240.

283 Mariano, João Cura, *A Providência Cautelar de Arbitramento de Reparação Provisória, op. cit.*, p. 15. Cfr., no mesmo sentido, Cruz, Rita Barbosa da, "O arresto", *op. cit.*, p. 119, Calderon Cuadrado, Maria Pia, *Las Medidas Cautelares Indeterminadas en el Proceso Civil, op. cit.*, p. 34, Pisani, Andrea Proto, *Lezioni di Diritto Processuale Civile, op. cit.*, p. 712, Monteleone, Girolamo, *Diritto Processuale Civile, op. cit.*, p. 1149, Vega de Opl, Cristina González de la, "Apelabilidad de las medidas cautelares en el juicio de amparo", *in Cuaderno del Departamento de Derecho Procesal y Prática Profesional*, nº 8, Universidad Nacional de Córdoba, Alveroni Ediciones, Córdoba, Argentina, 2005, p. 29, Martins, Ana Gouveia, *A Tutela Cautelar no Contencioso Administrativo (Em Especial, nos Procedimentos de Formação dos Contratos), op. cit.*, p. 45, Buonfardieci, Maria Caterina, *et al.*, *Provvedimenti Cautelari nel Processo*, Maggioli Editore, 2008, p. 35, Chinchilla Marín, Carmen, *La Tutela Cautelar en la Nueva Justicia Administrativa, op. cit.*, p. 32, e Calderon Cuadrado, Maria Pia, "Legitimación y tutela cautelar: breves notas para su estudio", *in RPJ*, nº 75, Madrid, 2004, p. 163.

284 Cfr., a este propósito, o auto do TS nº 319/1991, de 30 de julho de 1991, *in http://www.poderjudicial.es/search/doAction?action=contentpdf&databasematch=TS&reference=1073584&links=%22de%20suerte%20que%20aparecen%20configuradas%22&otimize=20051222* (acedido em 23.03.2011), com o seguinte sumário: "*Una de las características generales de las medidas cautelares la constituye la instrumentalidad de las mismas, de suerte que aparecen configuradas en función de un proceso pendiente al que se subordinan, encontrando su razón de ser en su dependencia respecto del objeto litigioso que en él se ventila y de la pretensión ejercitada, asegurando su ejecución en el caso de que la demanda tenga éxito* [...]". *Vide*, no mesmo sentido, a sentença do CSCass. de 15.12.1984, nº 6579, *in www.cortedicassazione.it*, na qual se decidiu que "*I provvedimenti di urgenza, come è noto, hanno natura strumentale e funzione cautelativa del tutto provvisoria* [...]. *Essi, quindi, sono destinati a perdere ogni efficacia e vigore e seguiti della decisione emessa nel successivo giudizio di merito, nella quale rimangono assorbiti e caducati con l'esaurimento della funzione cautelare che li caratteriza. Pertanto, poiché detti provvedimenti sono privi dei requisiti propri della sentenza o, comunque, di un provvedimento decisorio atto a produrre effetti di diritto sostanziale e processuale*

Deste modo, salvo quando tenha sido decretada a inversão do contencioso (art. 364º, nº 1), a instrumentalidade das providências cautelares traduz-se na inidoneidade de se transformarem numa tutela definitiva[285,286], porquanto se destinam a ser absorvidas pelo juízo de mérito que vier a resultar do processo de declaração plena[287].

Exatamente por isso, as providências cautelares estão sujeitas a dois limites de fundo:

a) por um lado, o requerente não pode obter por essa via mais do que aquilo que poderia alcançar através da sentença definitiva;

b) por outro lado, o tribunal não pode decretar uma providência cautelar cujos efeitos sejam irreversíveis ao ponto de esvaziarem de conteúdo a

con autorità di giudicato, il controllo sugli stessi non può esercitarsi con un'autonoma impugnazione sia essa l'appello od il ricorso per Cassazione ex art. 111 cost., esaurendosi la loro funzione con il giudizio di merito".

[285] Cfr., a este propósito, a sentença do CSCass. de 24.07.1999, nº 8044, *in www.cortedicassazione.it*, na qual se consignou que "*I provvedimenti d'urgenza, avendo natura strumentale e funzione cautelare del tutto provvisoria, non hanno i requisiti propri della sentenza e, comunque, del provvedimento decisorio, atto a produrre effeti di diritto sostanziale o processuale con efficacia di giudicato, a meno che il Giudice, travalicando i limiti dei poteri attribuitigli dalla legge, pronunci statuizioni di merito*". *Vide*, na jurisprudência interna, o ac. do TRE de 06.11.2008, proc. 2299/08-2, o ac. do TRL de 25.03.2010, proc. 6695/09.2TVLSB.L1-8, o ac. do TRP de 12.10.2010, proc. 334/10.6TBCHA.P1, bem como o ac. do TRL de 09.01.2014, proc. 10138/14.1T2SNT.L1-6.

[286] Cfr. Freitas, José Lebre de, "Repetição de providência e caso julgado em caso de desistência do pedido de providência cautelar", *op. cit.*, p. 471, bem como Cortês, Jorge, "A tutela cautelar administrativa ambiental", *in RCEJ*, nº 13, Lisboa, 1º Semestre 2010, p. 284. Por sua vez, Redenti e Vellani assinalam como uma das principais manifestações do carácter instrumental dos procedimentos cautelares o facto de o juiz da ação principal ser também ele competente para decidir o procedimento cautelar que daquela depende (Redenti, Enrico/Vellani, Mario, *Diritto Processuale Civile*, vol. III, *op. cit.*, p. 131).

[287] Fiorucci, Fabio, *I Provvedimenti d'Urgenza ex Art. 700 C.P.C.*, *op. cit.*, p. 20. *Vide*, a este propósito, Fonseca, Isabel Celeste M., *Introdução ao Estudo Sistemático da Tutela Cautelar no Processo Administrativo*, *op. cit.*, pp. 85 e 86, Tramontano, Luigi, *Codice di Procedura Civile. Leggi complementari. Annotato con la Giurisprudenza*, Halley Editrice, 2007, p. 444, Guillen, Victor, *Doctrina General del Derecho Procesal – Hacia una teoria y Ley procesal generales*, Bosch, Barcelona, 1990, p. 47, Gomes, Carla Amado, "Todas as cautelas são poucas no contencioso administrativo", *in CJA*, nº 18, novembro-dezembro 1999, pp. 39 e 40, bem como Iofrida, Giulia/Scarpa, Antonio, *I Nuovi Procedimenti Cautelari*, Giuffrè Editore, Milão, 2006, p. 3. Partindo desta característica particular das providências cautelares, Eduardo Couture prefere falar em "acessoriedade" da tutela cautelar (Couture, Eduardo J., *Fundamentos del Derecho Procesal Civil*, 3ª ed. (póstuma), Depalma, Buenos Aires, 1993, p. 326). *Vide*, na jurisprudência, o ac. do TRG de 26.01.2017, proc. 8522/11.1BBRG-A.G1, no qual se consignou que "Contrariamente ao que sucede na situação típica da improcedência da acção, que implica a cessação automática (caducidade) da eficácia do dictat judicial emitido na providência, no caso de procedência ocorre uma conversão definitiva da medida provisória antes decretada, geradora da extinção da lide cautelar por manifesta inutilidade da respectiva subsistência".

ação principal[288,289], o que sucede, nomeadamente, nos casos em que o requerente formula um pedido que, pelo seu âmbito e natureza, só poderia ser apreciado e decidido num processo declarativo comum[290].

1.2. Instrumentalidade eventual

A instrumentalidade da tutela cautelar é uma "instrumentalidade eventual e de segundo grau"[291] ou, nas palavras de Calamandrei, uma "instrumentalidade hipotética"[292]. Isto porque, exceto nos casos em que seja decretada a inversão do contencioso, o procedimento cautelar pressupõe sempre uma ação principal, da qual é dependente e que tenha por fundamento o direito acautelado – podendo ser instaurado como preliminar[293] ou como incidente

[288] Fonseca, Isabel Celeste M., "A urgência na reforma do contencioso administrativo", *op. cit.*, p. 341. Cfr., no mesmo sentido, Maçãs, Maria Fernanda, "As medidas cautelares", *in Reforma do Contencioso Administrativo – O Debate Universitário (Trabalhos Preparatórios)*, vol. I, Ministério da Justiça, Coimbra Editora, Coimbra, 2003, p. 457, bem como Mariano, João Cura, *A Providência Cautelar de Arbitramento de Reparação Provisória*, *op. cit.*, p. 33, o qual considera que, nestes casos, "estas medidas só devem ser adoptadas quando sejam as únicas capazes de afastar o perigo que ameaça o direito do requerente", não devendo ser decretadas quando "o valor dos danos que causam ao requerido sejam consideravelmente superiores aos danos que procuram evitar".

[289] Quanto à possibilidade, reconhecida de forma praticamente unânime na doutrina e jurisprudência italianas, de as providências cautelares revestirem um carácter completamente antecipatório da decisão da causa, modificando, dessa forma, a situação de facto, *vide* Dittrich, Lotario, "Dalla tutela cautelare antecipatoria alla tutela sommaria definitiva", *in RDP*, ano XLIII, nº 3, Cedam, Pádua, julho-setembro 1988, p. 682.

[290] Ac. do TRP de 29.06.2017, proc. 25601/16.1T8PRT.P1.

[291] Expressão de Dinamarco, Cândido Rangel, *A Instrumentalidade do Processo*, *op. cit.*, p. 308, segundo o qual a instrumentalidade da tutela cautelar é, por um lado, *eventual*, já que só se efetiva "se e quando houver necessidade do processo principal" e, por outro lado, é *de segundo grau*, uma vez que "as medidas cautelares colocam-se como instrumento a serviço do instrumento: elas servem à eficiência do provimento jurisdicional principal e este, por sua vez, serve ao direito material e à própria sociedade".

[292] Calamandrei, Piero, *Instituciones de Derecho Procesal Civil*, vol. I, *op. cit.*, p. 158, bem como Calamandrei, Piero, *Introduccion al Estudio Sistematico de las Providencias Cautelares*, *op. cit.*, pp. 74 e 76. No mesmo sentido, *vide* Carlos, Adelino da Palma, *Linhas Gerais do Processo Civil Português*, *op. cit.*, p. 71, Soares, Fernando Luso, *Direito Processual Civil – Parte Geral e Processo Declarativo*, *op. cit.*, p. 48, Sousa, Miguel Teixeira de, "As providências cautelares e a inversão do contencioso", *op. cit.*, p. 5, bem como Mendes, João de Castro, *Manual de Processo Civil*, *op. cit.*, p. 51.

[293] Diversa é a solução adotada no contencioso comunitário, o qual não admite que o procedimento cautelar possa ser intentado como preliminar da ação principal. Na verdade, se, por um lado, o art. 279º do TFUE preceitua que "O Tribunal de Justiça da União Europeia, nas causas submetidas à sua apreciação, pode ordenar as medidas provisórias necessárias" – o que pressupõe que o juiz, para decretar uma medida provisória, tenha já em mãos uma ação principal – por sua vez o art. 160º do RPTJUE é claro ao preceituar que o pedido cautelar de suspensão da execução de um ato "só

de ação declarativa ou executiva (art. 364º)[294] –, sendo que a concessão da providência cautelar depende da formulação de um juízo de probabilidade séria quanto ao reconhecimento da existência do direito na ação principal (art. 368º, nº 1)[295]. O mesmo é dizer que a providência cautelar é "decretada pelo juiz na pressuposição de que a decisão definitiva, a ser proferida no processo principal, vai ser favorável ao requerente"[296].

Atenta a sua natureza instrumental, os procedimentos cautelares não se destinam, por regra, a realizar, de forma direta e principal, o direito material, mas antes a assegurar que o processo principal atinja o seu objetivo, qual seja o de regular, de forma eficaz e definitiva, o litígio[297,298].

é admissível se o requerente tiver impugnado o acto perante o Tribunal". Além disso, preceitua ainda essa disposição legal que "O pedido relativo a uma das outras medidas provisórias previstas no artigo 279º TFUE só é admissível se for formulado por pessoa que seja parte no processo pendente no Tribunal e se se referir a esse processo". Sobre esta problemática, João Mota de Campos e João Luiz Mota de Campos elucidam que esta regra, quanto à exigência de propositura prévia, ou simultânea, da ação principal, "não é puramente formal", já que "tem-se em vista que o recurso quanto ao fundo (processo principal), em que se enxerta o pedido e medidas provisórias, «possa ser efectivamente examinado pelo tribunal»" (Campos, João Mota de/Campos, João Luiz Mota de, *Contencioso Comunitário*, Fundação Calouste Gulbenkian, Lisboa, 2002, p. 526). *Vide* ainda, quanto a esta problemática, Fonseca, Isabel Celeste M., *Introdução ao Estudo Sistemático da Tutela Cautelar no Processo Administrativo, op. cit.*, pp. 146 e 147.

294 Assim, tal como destaca Teixeira de Sousa, "o decretamento da providência não retira o interesse processual na solicitação da tutela definitiva e não há qualquer contradição – como, aliás, é demonstrado pelo artº 384º, nº 4 – entre a concessão daquela antecipação através do decretamento da providência e a recusa da tutela definitiva na acção principal" (Sousa, Miguel Teixeira de, *Estudos sobre o Novo Processo Civil, op. cit.*, p. 229).

295 Ac. do TRP de 25.10.2012, proc. 193/12.4TBOAZ-B.P1.

296 Pereira, Célia Sousa, *Arbitramento de Reparação Provisória, op. cit.*, p. 52. *Vide*, no mesmo sentido, Mendes, João de Castro, *Manual de Processo Civil, op. cit.*, p. 52, Hernandez Rodriguez, Aurora, "La tutela cautelar en el derecho internacional privado español: especial referencia al artículo 24 CBr", *op. cit.*, p. 105, Lazzara, Paolo, "Tutela cautelare e misure d'urgenza nella giurisprudenza della Corte di Giustizia", *in RTDPA*, ano XXI, nº 4, Milão, 2003, p. 1177, Samorì, Gianpiero, "La tutela cautelare dichiarativa", *in RTDPC*, ano XLIX, nº 3, Giuffrè Editore, Milão, 1995, p. 949, bem como Calamandrei, Piero, *Introduccion al Estudio Sistematico de las Providencias Cautelares, op. cit.*, p. 74.

297 Almeida, Francisco Manuel Lucas Ferreira de, *Direito Processual Civil, op. cit.*, p. 203. Cfr., no mesmo sentido, Montero Aroca, Juan/Chacón Corado, Mauro, *Manual de Derecho Procesal* Civil, vol. I, *op. cit.*, pp. 511 e 512, bem como Friede, Roy Reis, "Medidas cautelares e liminares satisfativas", *op. cit.*, p. 38.

298 Assim, tal como se decidiu no ac. do TRP de 10.12.1991, proc. 9110723, deve ser liminarmente rejeitado, por ser legalmente inadmissível, o procedimento cautelar que não dependa de alguma causa, já proposta ou a propor.

Assim, pressuposto o carácter instrumental da tutela cautelar, só podem ser antecipados por esta via os efeitos que sejam suscetíveis de ser obtidos através de uma ação principal[299], ou seja, o âmbito objetivo da tutela cautelar não pode exceder o da ação principal de que ela depende[300,301].

2. Provisoriedade e definitividade
2.1. Provisoriedade
2.1.1. Eficácia limitada

A provisoriedade da tutela cautelar decorre, fundamentalmente, do facto de esta se encontrar concebida para, em princípio, durar apenas pelo período de tempo estritamente necessário até que seja proferida uma decisão definitiva na ação principal de que aquela depende[302,303]. O mesmo é dizer que

[299] Ac. do TRP de 21.04.1992, *in BMJ*, 416º, p. 713. Cfr., no mesmo sentido, o ac. do TRC de 14.07.1992, *in BMJ*, 419º, p. 833.

[300] Cfr., nesse sentido, Walker, Wolf-Dietrich, *Der Einstweilige Rechtsschutz im Zivilprozeß und im Arbeitsgerichtlichen Verfahren, op. cit.*, p. 53.

[301] Sobre esta problemática, Kazuo Watanabe sustenta que existem, no entanto, determinadas situações de "dispensabilidade eventual da acção principal", o que sucede, designadamente, nos casos em que a "iminência de dano irreparável resulta de um ato cuja desconformidade ao direito está em si mesmo e não na relação jurídica mais ampla a que está ligado". Tal ocorre, nomeadamente, quando estão em causa "atos que põem em perigo alguns direitos de personalidade, como os direitos à vida, à liberdade, à saúde (integridade física e psíquica), à honra", os quais, sendo ilegais em si mesmos, tornam absolutamente desnecessária a propositura de uma ação principal (Watanabe, Kazuo, *Da Cognição no Processo Civil*, 2ª ed. atu., Cebepej, São Paulo, 1987, pp. 140 e 141).

[302] Na esteira de Roberto Giovagnoli e de Silvia Capitano, a provisoriedade das providências cautelares encontra justificação no facto de estas serem decretadas com base num juízo de mera probabilidade acerca da existência do direito tutelando (*fumus boni iuris*), circunstância que se fica a dever à urgência associada a este tipo de tutela, destinada a neutralizar os danos que possam ser causados ao autor que tem razão por força da demora do processo de declaração (Giovagnoli, Roberto/Capitano, Silvia, *I Procedimenti Cautelari – Percorsi Giurisprudenziali, op. cit.*, p. 2). Analogamente, Rodríguez-Arana Muñoz salienta que a provisoriedade das medidas cautelares encontra manifestação no facto de as mesmas perderem a sua eficácia assim que desaparecem os requisitos que estiveram na base do seu decretamento ou logo que se extingue a ação principal (Rodríguez-Arana Muñoz, Jaime, "Las medidas cautelares en la jurisdicción contencioso-administrativa en España", *in Estudios en Homenaje a Don Jorge Fernández Ruiz*, Universidad Nacional Autónoma de México, 2005, p. 455). Cfr., no mesmo sentido, Diana, Antonio Gerardo, *Procedimenti Cautelari e Possessori, op. cit.*, p. 7, Calamandrei, Piero, *Introduccion al Estudio Sistematico de las Providencias Cautelares, op. cit.*, p. 40, Couture, Eduardo J., *Fundamentos del Derecho Procesal Civil, op. cit.*, p. 326, Calvet Botella, Julio, "Medidas cautelares civiles", *in BIMJ*, ano LVII, nº 1935, fevereiro 2003, p. 447, Sebastián Otones, Milagros, "Las medidas cautelares: Su regulación en la Ley 1/2000", *in BIMJ*, ano LV, nº 1893, maio 2001, p. 1709, Briseño Sierra, Humberto, *Derecho Procesal*, vol. IV, 1ª ed., Cardenas Editor, México, 1970, p. 291, Nery Júnior, Nélson, "Considerações práticas sobre o processo cautelar", *op. cit.*, p. 16, Almeida, Luís Pedro Moitinho de, "Os processos cautelares

as providências cautelares têm uma natureza precária e uma "duração temporal limitada"[304], pois carecem de ser confirmadas num juízo principal, sob pena de caducidade[305].

Por conseguinte, a vigência temporal da tutela cautelar encontra-se subordinada à pendência do processo de que aquela, em regra, depende[306].

Nesta aceção, ressalvando a possibilidade de inversão do contencioso, a provisoriedade da tutela cautelar encontra manifestação, seja no facto de a decisão cautelar não constituir um juízo antecipado sobre o mérito da causa, seja na circunstância de não prejudicar ou neutralizar, por antecipação, as consequências da decisão que vier a ser proferida na ação principal[307].

em geral", *op. cit.*, p. 24, bem como FONSECA, Isabel Celeste M., *Introdução ao Estudo Sistemático da Tutela Cautelar no Processo Administrativo*, *op. cit.*, p. 97. *Vide*, na jurisprudência, o ac. do TRE de 28.02.2008, proc. 150/08-3, bem como o ac. do TRC de 08.04.2008, proc. 285/07.1TBMIR.C1.

303 Conforme se verá *infra*, as providências cautelares podem, excecionalmente, revestir um carácter definitivo, tal como sucede com o regime previsto no art. 669º-*octies* do $CPC_{It.}$, com as alterações que lhe foram introduzidas pela Lei nº 80/2005, de 14 de maio, o qual prevê a dispensa de propositura da ação principal quando estejam em causa providências de urgência decretadas nos termos do art. 700º do $CPC_{It.}$ e outros procedimentos cautelares idóneos a antecipar os efeitos da sentença de mérito.

304 CALAMANDREI, Piero, *Introduccion al Estudio Sistematico de las Providencias Cautelares, op. cit.*, pp. 36 e 37.

305 SOUSA, Miguel Teixeira de, *Estudos sobre o Novo Processo Civil, op. cit.*, p. 228. *Vide*, no mesmo sentido, CARLOS, Adelino da Palma, *Linhas Gerais do Processo Civil Português, op. cit.*, p. 71, ROQUE, Miguel Prata, *Reflexões sobre a Reforma da Tutela Cautelar Administrativa, op. cit.*, p. 47, HENRIQUES, Sofia, *A Tutela Cautelar não Especificada no Novo Contencioso Administrativo Português, op. cit.*, pp. 106 e 107, MARTINS, Ana Gouveia, *A Tutela Cautelar no Contencioso Administrativo (Em Especial, nos Procedimentos de Formação dos Contratos), op. cit.*, p. 148, ALMEIDA, Mário Aroso de/CADILHA, Carlos Alberto Fernando, *Comentário ao Código de Processo nos Tribunais Administrativos, op. cit.*, p. 929, LÓPEZ OLVERA, Miguel Alejandro, "Las medidas cautelares en el proceso administrativo en Argentina", *op. cit.*, p. 105, GUTIÉRREZ BARRENENGOA, Aihoa, "De las medidas cautelares", *op. cit.*, p. 1362, CAPONI, Remo, "La tutela sommaria nel processo societario in prospettiva europea", *op. cit.*, p. 1371, MARINELLI, Damiano, *et al.*, *Il Nuovo Processo di Cognizione dopo la Riforma 2009, op. cit.*, p. 152, bem como IOFRIDA, Giulia/SCARPA, Antonio, *I Nuovi Procedimenti Cautelari, op. cit.*, p. 3. Cfr., na jurisprudência, os acórdãos do TRP de 02.07.1992, proc. 9250089, e de 21.02.2002, proc. 0230226, bem como o ac. do TJUE de 17.11.1998, proc. C-391/95, *in http://curia.europa.eu.*

306 GIMENO SENDRA, José Vicente, *et al.*, *Derecho Procesal Administrativo, op. cit.*, p. 528. Cfr., no mesmo sentido, COMOGLIO, Luigi Paolo/FERRI, Corrado, "La tutela cautelare in Italia: profili sistematici e riscontri comparativi", *in RDP*, ano XLV, nº 4, Cedam, Pádua, outubro-dezembro 1990, p. 974, bem como AMARAL, Jorge Augusto Pais de, *Direito Processual Civil, op. cit.*, p. 42. *Vide*, na jurisprudência, o ac. do TRL de 29.09.2005, proc. 4898/2005-6, bem como o ac. do TRL de 11.03.2010, proc. 2121/09.5TBCSC-A.L1-6.

307 CAMPOS, João Mota de/CAMPOS, João Luiz Mota de, *Contencioso Comunitário, op. cit.*, pp. 532 e 545. Cfr., no mesmo sentido, FERRI, Corrado, "I procedimenti cautelari ed urgenti in materia di società commerciali", *in RTDPC*, ano XLIX, Giuffrè Editore, Milão, 1995, p. 973, bem como QUER-

Por via disso, o carácter provisório deste tipo de tutela implica que os respetivos efeitos jurídicos sejam reversíveis[308].

A provisoriedade das providências cautelares decorre igualmente da particularidade de este tipo de tutela se destinar a assegurar a efetividade da decisão definitiva, ou seja, a providência cautelar concretamente decretada fica a aguardar pela confirmação ou infirmação dessa tutela[309]. Exatamente por isso, a provisoriedade e a instrumentalidade associadas à tutela cautelar encontram-se intimamente interligadas, já que a providência cautelar só produz efeitos até que se verifique a composição definitiva do litígio.

2.1.2. Livre modificabilidade ou revogabilidade

O carácter provisório da tutela cautelar encontra igualmente manifestação no facto de esta poder ser modificada ou revogada na eventualidade de se verificar uma alteração das condições de facto e/ou de direito que estiveram na base do seu deferimento[310].

Com efeito, a livre modificabilidade ou revogabilidade da providência cautelar colhe justificação quer na circunstância de o seu decretamento se encontrar estribado num juízo de mera probabilidade ou de verosimilhança, quer no facto de a providência poder ser ordenada sem audição prévia do requerido (arts. 366º, nº 1, e 372º, nº 3), o que permite demonstrar de forma inequívoca que a tutela cautelar é "qualitativamente distinta daquela que exige uma prova *stricto sensu* dos factos relevantes"[311].

ZOLA, Lea, "Appunti sulle condizioni per la concessione della tutela cautelare nell'ordinamento comunitario", *in RTDPC*, ano LV, Giuffrè Editore, Milão, 2001, p. 504. *Vide*, na jurisprudência, o ac. do STJ de 11.03.1992, proc. 082183.

308 Quanto ao princípio da reversibilidade da situação criada pela providência cautelar, *vide* SOUSA, Miguel Teixeira de, "As providências cautelares e a inversão do contencioso", *op. cit.*, p. 4. Cfr., no mesmo sentido, SAENGER, Ingo, *Einstweiliger Rechtsschutz und materiellrechtliche Selbsterfüllung*, *op. cit.*, p. 35, bem como ROQUE, Miguel Prata, *Reflexões sobre a Reforma da Tutela Cautelar Administrativa*, *op. cit.*, p. 48. *Vide*, na jurisprudência, o ac. do TCAS de 12.01.2017, proc. 13683/16, no qual se decidiu que "A provisoriedade própria da tutela cautelar impede que o tribunal antecipe os efeitos da decisão principal em termos tais que essa antecipação seja irreversível e definitiva para o futuro".

309 SOUSA, Miguel Teixeira de, "As providências cautelares e a inversão do contencioso", *op. cit.*, p. 3.

310 FONSECA, Isabel Celeste M., *Introdução ao Estudo Sistemático da Tutela Cautelar no Processo Administrativo*, *op. cit.*, p. 93. *Vide*, no mesmo sentido, WALKER, Wolf-Dietrich, *Der Einstweilige Rechtsschutz im Zivilprozeß und im Arbeitsgerichtlichen Verfahren*, *op. cit.*, p. 354. Cfr., na jurisprudência, o ac. do TRL de 11.01.2018, proc. 8008/16.8T8SNT-B.L1-2.

311 SOUSA, Miguel Teixeira de, *Estudos sobre o Novo Processo Civil*, *op. cit.*, p. 228.

2.1.3. Autonomia

Muito embora a providência cautelar procure assegurar o efeito útil da tutela definitiva, tal não implica que o seu objeto tenha, necessariamente, de coincidir com o da ação principal de que aquela depende[312].

Na verdade, dispõe o art. 364º, nº 4, que o julgamento da matéria de facto ou a decisão final proferida no procedimento cautelar não têm qualquer influência no julgamento da ação principal[313,314,315].

[312] SOUSA, Miguel Teixeira de, "As providências cautelares e a inversão do contencioso", *op. cit.*, pp. 4 e 5. Cfr., no mesmo sentido, o ac. do STJ de 19.10.1999, proc. 679/99, *in SASTJ*, ano 1999.

[313] Cfr., quanto a esta problemática, o ac. do TRP de 26.04.2001, proc. 0130465, bem como o ac. do TRE de 15.02.2007, proc. 895/05-2, este último com o seguinte sumário: "O julgamento da matéria de facto e a decisão final proferidos num procedimento cautelar não pode influenciar o julgamento da matéria de facto e a decisão final na acção principal. O *supra* referido, todavia, não impede que, tendo sido exercido o contraditório, os documentos, provas arbitrais, confissões e depoimentos prestados num procedimento cautelar não sejam atendidos na acção principal, como princípio de prova. O julgamento da matéria de facto e sentença final, não transitados, no processo principal, serão indícios quanto ao desfecho do procedimento cautelar, mas não podem, sem mais, ser transportados para este". Cfr., ainda, o ac. do TRP de 11.10.2005, proc. 0524428, bem como o ac. do STJ de 12.07.2018, proc. 2971/15.3T8PDL-B.L1.S1.

[314] *Vide*, no mesmo sentido, a sentença do CSCass. de 08.08.1985, nº 16603, *in www.cortedicassazione.it*, segundo a qual "*Il provvedimento reso sull'istanza cautelare non costituisce sentenza e, perciò, non è suscettibile di passare in cosa giudicata*", bem como a sentença de 02.10.2001, nº 12193, *in www.cortedicassazione.it*, na qual se considerou que "*i provvedimenti ex art. 700 c.p.c. hanno natura strumentale e provvisoria, e sono privi dei requisiti propri della sentenza o, comunque, di un provvedimento decisorio, atto a produrre effetti di diritto sostanziale o processuale con autorità di giudicato*". De todo o modo, Luigi Iannicelli sustenta que, ainda assim, existe o risco de a decisão (de indeferimento) proferida num procedimento cautelar poder ter influência na decisão da ação principal (IANNICELLI, Luigi, "Domanda cautelare in corso di causa ed incompetenza del giudice di merito", *in RTDPC*, ano LIV, Giuffrè Editore, Milão, 2000, p. 769).

[315] Analogamente, uma das principais características das "ordonnances de référé" no direito francês traduz-se no facto de estas medidas não produzirem força de caso julgado. Com efeito, tratando-se de uma medida provisória, a *référé* carece do valor de caso julgado, o que não significa que não tenha força para vincular. Na verdade, a *référé* vincula as partes e o próprio juiz, o qual não poderá modificar a medida, salvo se se verificar uma alteração das circunstâncias de facto que o justifique. Por conseguinte, a *référé* goza de uma "autoridade provisória de caso julgado" formal (CHINCHILLA MARÍN, Carmen, *La Tutela Cautelar en la Nueva Justicia Administrativa*, *op. cit.*, p. 68). Cfr., no mesmo sentido, TAHRI, Cédric, *Procédure civile*, 3ª ed., Editions Bréal, 2010, p. 139, bem como MIMOSO, Maria João, *Arbitragem do Comércio Internacional – Medidas Provisórias e Cautelares*, Quid Iuris, Lisboa, 2009, p. 22, a qual salienta o facto de a decisão cautelar poder vir a ser alterada a todo o momento, designadamente quando se verifiquem "novas circunstâncias" que o justifiquem.

Com efeito, a decisão proferida no procedimento cautelar não produz efeito de caso julgado na ação principal correlativa[316,317] – nem há litispendência entre ambas, "seja qual for a ordem da sua pendência"[318] – o que constitui expressão inequívoca do princípio da autonomia da providência cautelar[319]. O mesmo é dizer que "a provisoriedade e o caso julgado material excluem-se, pelo que a decisão proferida em tal procedimento jamais assume força de caso julgado"[320,321].

[316] *Vide*, a este propósito, Sousa, Miguel Teixeira de, *Sobre a Teoria do Processo Declarativo*, *op. cit.*, p. 101, Sousa, Miguel Teixeira de, *O Objecto da Sentença e o Caso Julgado Material (Estudo sobre a Funcionalidade Processual)*, Lisboa, 1983, p. 140, bem como Soares, Fernando Luso, *Processo Civil de Declaração*, *op. cit.*, pp. 214 e 215. Do mesmo modo, Luigi Montesano assinala que o processo civil desqualifica a atividade instrutória da tutela cautelar em relação à instrução normal do processo contencioso principal, na medida em que a decisão proferida naquela tutela não é vinculativa em relação ao julgamento da matéria de facto a ser realizado pelo julgador na ação principal (Montesano, Luigi, "Strumentalità e superficialità della cognizione cautelare", *op. cit.*, p. 311).

[317] Excetuam-se desta regra os casos em que o juiz considere, em sede cautelar, que o direito que o autor pretendia fazer valer se extinguiu por caducidade ou por prescrição, bem como as situações em que o autor renunciou ao direito acautelado ou as partes transigiram no procedimento cautelar, quanto ao direito que se pretendia fazer valer (Tesheiner, José Maria Rosa, *Medidas Cautelares (no Código de Processo Civil de 1973)*, *op. cit.*, p. 33).

[318] Pinto, Rui, *A Questão de Mérito na Tutela Cautelar – A Obrigação Genérica de não Ingerência e os Limites da Responsabilidade Civil*, *op. cit.*, p. 302. *Vide*, no mesmo sentido, Quadros, Fausto de, "Algumas considerações sobre a reforma do contencioso administrativo. Em especial, as providências cautelares", *in Reforma do Contencioso Administrativo – O Debate Universitário (Trabalhos Preparatórios)*, vol. I, Ministério da Justiça, Coimbra Editora, Coimbra, 2003, p. 223.

[319] Sousa, Miguel Teixeira de, "As providências cautelares e a inversão do contencioso", *op. cit.*, p. 3.

[320] Ac. do STA de 13.07.1995, proc. 024827. Cfr., no mesmo sentido, a sentença do CSCass. de 15.10.2004, nº 20327, *in www.cortedicassazione.it*, segundo a qual "*Il provvedimento emesso ante causam, in sede di procedura d'urgenza di cui all'art. 700 del codice di rito civile, è del tutto inidoneo, sia che accolga, sia che rigetti l'istanza, ad assumere valenza di giudicato tra le parti, del tutto irrilevante risultando, all'uopo, la circostanza che il giudice, prima di emettere il provvedimento stesso, abbia svolto approfondite indagini funzionali all'accertamento dell'esistenza del diritto, dichiarandolo sussistente (o meno), poichè in tal caso la relativa declaratoria è pur sempre espressa in sede di cognizione sommaria e nell'ambito di quella indagine sul fumus boni iuris propedeutica alla concessione dell'invocata misura cautelare*".

[321] Conforme elucida Lebre de Freitas, "A função da providência cautelar difere, pois, da função de acertamento da sentença declarativa, ainda quando constitua antecipação de uma decisão de mérito. Desta natureza da providência cautelar deriva que lhe é inadequado o conceito de caso julgado (material). Como se deixou dito, o efeito de caso julgado é próprio de uma decisão de mérito, como tal definidora das situações jurídicas das partes. A preclusão consistente na indiscutibilidade da solução dada às questões por ele abrangidas pressupõe o *acertamento definitivo* dessas situações jurídicas, só possível num proceso que tenha por objecto a afirmação da sua existência e a solicitação da tutela judiciária adequada a esse acertamento" (Freitas, José Lebre de, "Repetição de providência e caso julgado em caso de desistência do pedido de providência cautelar", *op. cit.*, p. 473).

2.2. Definitividade

Tradicionalmente, os procedimentos cautelares foram concebidos enquanto meios de natureza instrumental e provisória, já que, como vimos *supra*, dependem, em regra, de uma ação principal destinada à composição definitiva do litígio.

Exatamente por isso, a doutrina e a jurisprudência vinham recusando a possibilidade de as providências cautelares serem utilizadas como medidas de composição definitiva do litígio[322].

Contudo, percorrendo a jurisprudência dos nossos tribunais superiores, é possível constatar que, não raras vezes, as providências cautelares permitiam, na prática, a tutela definitiva da pretensão do requerente[323,324]. É o que

[322] *Vide*, por todos, Castillon, Laure du, "Les pouvoirs, au provisoire, du juge des référés", *in Les Mesures Provisoires en Droit Belge, Français et Italien – Étude de Droit Comparé*, Bruylant, Bruxelas, 1998, p. 40, bem como Iofrida, Giulia/Scarpa, Antonio, *I Nuovi Procedimenti Cautelari, op. cit.*, p. 3. Cfr., na jurisprudência, o ac. do STJ de 10.10.1989, proc. 078138, o ac. do STJ de 08.01.1991, proc. 080097, o ac. do STJ de 09.06.1992, proc. 081288, o ac. do STJ de 11.03.1992, proc. 082183, o ac. do TRP de 13.04.1993, proc. 9251011, o ac. do TRP de 29.11.1993, proc. 9350702, o ac. do STJ de 17.02.1998, proc. 97A134, o ac. do TRP de 21.03.2000, proc. 0020041, o ac. do TRP de 02.10.2000, proc. 0050990, o ac. do TRL de 19.02.2004, proc. 9647/2003-6, o ac. do TRL de 15.04.2010, proc. 6572/09.7TBOER.L1-8, o ac. do TRL de 29.06.2010, proc. 843/10.7TVLSB-B.L1-1, e o ac. do TRL de 18.01.2012, proc. 4693/08.2TTLSB-A.L1-4. Em particular, importa destacar o ac. do TRC de 28.06.2005, proc. 1345/05, o qual julgou não ser viável, nem admissível, por contrariar a finalidade própria das providências cautelares, a instauração de um concreto procedimento cautelar com o qual se vise obter uma sentença condenatória própria de uma ação declarativa de condenação.

[323] Veja-se, a título de exemplo, o ac. do TRE de 03.07.1980, *in CJ*, tomo IV, p. 250, o qual admitiu uma providência cautelar em que se pretendia que o requerido adotasse medidas urgentes para se impedir a infiltração de águas num prédio, o ac. do TRC de 02.05.1984, *in BMJ*, 337º, p. 420, o qual julgou admissível uma providência cautelar que tinha como objeto a intimação do senhorio para efetuar reparações imediatas no local arrendado, o ac. do TRL de 19.05.1994, *in CJ*, tomo III, p. 94, que considerou viável uma providência cautelar de intimação do requerido para reparar um dos dois elevadores de um prédio de oito andares, o ac. do TRL de 11.01.1996, *in CJ*, tomo I, p. 82, que julgou admissível uma providência cautelar de intimação do requerido a proceder ao restabelecimento imediato das ligações telefónicas, pelo facto de o corte das comunicações causar danos ao interessado, o ac. do TRL de 02.11.1999, *in CJ*, 1990, 5º, p. 73, que julgou admissível uma providência cautelar por via da qual o senhorio fosse obrigado a autorizar a colocação na parede exterior do prédio arrendado do cabo necessário a acesso a programas de TV Cabo, o ac. do STJ de 10.10.2000, proc. 1637/00, *in SASTJ*, ano 2000, no qual se concluiu pela viabilidade de uma providência cautelar destinada a intimar o senhorio para efetuar obras no prédio onde se integrava o andar arrendado, ainda que nesse aresto se tenha reconhecido a natureza instrumental dos procedimentos cautelares, o ac. do TRE de 19.02.2004, proc. 2868/03-3, que veio admitir a possibilidade de o promitente-comprador, em procedimento cautelar comum não especificado, instaurado contra o promitente-vendedor, pedir que este fosse proibido de vender a terceiro o prédio objeto do contrato-promessa, cuja execução específica pretendia fazer valer, bem como o

sucede, designadamente, com as "providências antecipatórias de resolução definitiva do litígio"[325], como a proibição de realização de um evento cultural ou recreativo, de publicação de um determinado número de um jornal ou de lançamento de um livro[326].

Sucede que, nestas situações, mesmo que o requerente obtivesse o efeito útil pretendido, mediante o simples decretamento da providência cautelar, deixando, por isso, de ter qualquer interesse na propositura da ação principal, nem por isso ficava dispensado de a propor, sob pena de se verificar a caducidade da providência [art. 373º, nº 1, al. *a)*] e de responder pelos danos culposamente causados ao requerido (art. 374º, nº 1).

Acresce que, na generalidade dos casos, a ação principal não passava de uma mera repetição do procedimento cautelar, seja quanto aos factos alegados, seja quanto às provas produzidas (expurgando-se apenas a alegação e prova do *periculum in mora*), o que se traduzia, na prática, numa duplicação desnecessária de ações judiciais[327].

ac. do TRL de 12.07.2018, proc. 761/18.0T8LSB.L1-2, no qual se admitiu a possibilidade de se pedir, no âmbito de um procedimento cautelar inominado, que o requerido fosse impedido de receber uma quantia pecuniária objeto de uma garantia bancária *on first demand*.

324 *Vide*, a este propósito, MIMOSO, Maria João, *Arbitragem do Comércio Internacional – Medidas Provisórias e Cautelares*, *op. cit.*, p. 51, segundo a qual os tribunais têm vindo a flexibilizar as condições de outorga das providências cautelares, "utilizando-as cada vez mais para julgar definitivamente determinados litígios quanto ao fundo", transformando-se, assim, o procedimento cautelar num verdadeiro processo acelerado para pôr fim ao diferendo. Cfr., no mesmo sentido, OLIVEIRA, Rodrigo Esteves de, "Meios urgentes e tutela cautelar", *in A Nova Justiça Administrativa*, CEJ, Coimbra Editora, Coimbra, 2006, p. 87, bem como MAÇÃS, Maria Fernanda, "Meios urgentes e tutela cautelar – Perplexidades quanto ao sentido e alcance de alguns mecanismos de tutela urgente", *in A Nova Justiça Administrativa*, CEJ, Coimbra Editora, Coimbra, 2006, pp. 106 e 107.

325 Expressão de Remédio Marques (MARQUES, J. P. Remédio, *Acção Declarativa à Luz do Código Revisto*, *op. cit.*, p. 170). *Vide*, no mesmo sentido, CONTE, Ricardo, "La nozione di irreparabilità nella tutela d'urgenza del diritto di credito", *in RDP*, ano LIII, nº 1, janeiro-março 1998, p. 220, o qual faz alusão às providências cautelares com um conteúdo antecipatório total da sentença de mérito.

326 *Idem, ibidem*, p. 170. Cfr., no mesmo sentido, FRIEDE, Roy Reis, "Medidas cautelares e liminares satisfativas", *op. cit.*, p. 43, o qual alude a duas situações tratadas na jurisprudência brasileira em que a concessão da tutela cautelar acabou por equivaler, na prática, à satisfação definitiva do direito: por um lado, uma associação automobilística requereu o decretamento de uma providência cautelar a fim de autorizar a realização, no dia seguinte, de uma competição automobilística num autódromo com a consequente proibição de uma outra competição, a ser realizada no mesmo local e data, por uma outra associação automobilística; por outro lado, foi requerido o decretamento de uma providência cautelar cujo objeto consistia na expedição de um passaporte necessário para a realização de uma viagem ao estrangeiro.

327 *Vide*, no mesmo sentido, XAVIER, Rita Lobo, "Suspensão de deliberações sociais e inversão do contencioso", *in Para Jorge Leite – Estudos Jurídicos*, vol. II, Coimbra Editora, Coimbra, p. 796.

Ora, visando dar resposta a esta situação de duplicação de processos e de consequente congestionamento dos tribunais, o legislador começou, progressivamente, a colocar em crise o dogma da dependência do procedimento cautelar em relação a uma ação principal[328], prevendo, em certos casos, a possibilidade de antecipação do conhecimento da causa principal no próprio procedimento cautelar, através de "providências cautelares auto-suficientes"[329].

Vejamos, então, quais são esses regimes.

2.2.1. O art. 121º do Código de Processo nos Tribunais Administrativos

2.2.1.1. Âmbito

Dispõe o art. 121º, nº 1, do CPTA, na redação que lhe foi dada pelo DL nº 214-G/2015, de 2 de outubro, que "Quando, existindo processo principal já intentado, se verifique que foram trazidos ao processo cautelar todos os elementos necessários para o efeito e a simplicidade do caso ou a urgência na sua resolução definitiva o justifique, o tribunal pode, ouvidas as partes pelo prazo de 10 dias, antecipar o juízo sobre a causa principal, proferindo decisão que constituirá a decisão final desse processo"[330].

Com efeito, a reforma do processo administrativo, para além de ter instituído diversos "meios de tutela urgente de carácter provisório e instrumental", consagrou ainda processos urgentes autónomos que "visam dar resposta a situações que requerem uma resolução judicial definitiva célere, quase de natureza espontânea".

No prosseguimento desse desiderato, o art. 121º do CPTA prevê a possibilidade de o juiz decidir a questão do mérito no próprio procedimento cautelar, verificando-se, assim, uma antecipação do juízo principal, ou seja, uma convolação da tutela cautelar em tutela urgente definitiva.

Deste modo, "o juízo de mérito sobre a causa principal é proferido no âmbito do processo cautelar, operando-se uma verdadeira transformação da decisão cautelar em decisão principal, e não uma prolação antecipada da decisão principal, no processo principal, com prejuízo da decisão cautelar"[331,332].

[328] Cfr., a este respeito, SILVA, Paula Costa e, "Cautela e certeza: breve apontamento acerca do proposto regime de inversão do contencioso na tutela cautelar", *in RMP, Debate A Reforma do Processo Civil 2012 – Contributos*, Cadernos II/2012, Lisboa, 2012, pp. 148 e 149.

[329] SOUSA, Miguel Teixeira de, "Um novo processo civil português: à la recherche du temps perdu?", *op. cit.*, p. 24.

[330] Quanto ao facto de este regime ter a sua origem no contencioso administrativo italiano, *vide* ALMEIDA, Mário Aroso de/CADILHA, Carlos Alberto Fernando, *Comentário ao Código de Processo nos Tribunais Administrativos, op. cit.*, p. 988.

[331] SENNEWALD, Marlene, "O instituto da convolação da tutela cautelar em tutela final urgente consagrado no artigo 121º do CPTA", *in RDPR*, nº 5, março 2010, pp. 64 a 66.

2.2.1.2. Natureza

No que concerne à natureza jurídica do regime em análise, o mesmo consagra um "fenómeno de *convolação* da tutela cautelar em *tutela final urgente* que se concretiza na antecipação, no processo cautelar, da decisão sobre o mérito da causa"[333].

De todo o modo, tendo em conta que a cognição judicial em sede cautelar reveste um carácter sumário, o tribunal deve aplicar esta norma a título excecional, designadamente nos casos em que os interesses envolvidos assumam um grande relevo e esteja seguro de possuir todos os elementos necessários para o conhecimento do mérito da causa[334].

2.2.1.3. Requisitos

A aplicação do art. 121º do CPTA, que permite a convolação da tutela cautelar em tutela final urgente, depende da verificação cumulativa de dois requisitos de natureza processual e de um requisito de natureza substantiva, a saber:

a) existir um processo principal já intentado;
b) terem sido trazidos ao procedimento cautelar todos os elementos necessários para permitirem a antecipação do juízo sobre a causa principal[335,336]; e

[332] Em sede jurisprudencial, convirá destacar o ac. do TCAS de 01.03.2007, proc. 2343/07, no qual se decidiu que o mecanismo do art. 121º do CPTA deve ser acionado quando se verifique uma situação de manifesta urgência na resolução definitiva do caso, atenta a natureza das questões e a gravidade dos interesses envolvidos. Com efeito, resulta do referido aresto que "O mecanismo do art. 121º do CPTA procura dar resposta a situações típicas de urgência na obtenção de pronúncias sobre o mérito das causas, mesmo em situações que não se encontrem a coberto da previsão dos processos urgentes previstos nos arts. 97º e ss. do CPTA, mas em que a urgência imposta pelas circunstâncias concretas do caso determina a antecipação da decisão a proferir no processo principal".

[333] Almeida, Mário Aroso de, *O Novo Regime do Processo nos Tribunais Administrativos*, reimp. da 4ª ed., Almedina, Coimbra, 2007, p. 263. Cfr., no mesmo sentido, Almeida, Mário Aroso de/Cadilha, Carlos Alberto Fernando, *Comentário ao Código de Processo nos Tribunais Administrativos, op. cit.*, p. 988, bem como Flora, Cristina, "A adopção de medidas cautelares a favor dos contribuintes pelos tribunais fiscais nacionais no âmbito do direito europeu", *in Julgar*, nº 15, setembro-dezembro 2011, Lisboa, 2012, p. 179.

[334] Andrade, José Carlos Vieira de, *A Justiça Administrativa (Lições), op. cit.*, p. 348. Idêntica é a posição assumida por Sofia Henriques, para quem esta norma deve ser aplicada de forma cautelosa, já que, residindo numa cognição sumária, implica uma verificação rigorosa dos seus pressupostos pelo tribunal (Henriques, Sofia, *A Tutela Cautelar não Especificada no Novo Contencioso Administrativo Português, op. cit.*, p. 114). Cfr., no mesmo sentido, Gouveia, Paulo H. Pereira, "As realidades da nova tutela cautelar administrativa", *op. cit.*, p. 11.

[335] No que concerne a este requisito, Mário Aroso de Almeida e Carlos Cadilha assinalam que o julgador só pode aplicar o regime previsto no art. 121º do CPTA quando, partindo de uma avaliação perfunctória e sumária da causa, considere que se encontra em condições de decidir o mérito da

c) a simplicidade do caso ou a urgência na sua resolução definitiva justifique essa antecipação do juízo sobre a causa principal.

Neste contexto, o regime do art. 121º do CPTA permite que o juiz, uma vez ouvidas as partes, declare, através de despacho fundamentado, que se encontra em condições de antecipar o conhecimento do mérito em sede cautelar[337], sendo que a antecipação desse juízo pode ser suscitada pelas próprias partes ou promovida oficiosamente pelo tribunal.

Todavia, a pronúncia sobre a manifesta urgência na resolução definitiva do caso exige uma especial prudência do julgador, o qual, só excecionalmente, deve decidir pela convolação[338].

Acresce a isto que essa convolação só é admissível desde que a ação principal já tenha sido intentada, pois, caso contrário, a convolação, a requerimento do autor, seria uma forma astuciosa de obviar às consequências nefastas do decurso do prazo de caducidade para a propositura da ação[339].

Operando-se a convolação, o processo continua a conservar a sua natureza urgente, já que a decisão de antecipação da tutela é justificada, precisamente, pela necessidade de resolução definitiva do litígio[340].

ação. Significa isto que, se o julgador não estiver seguro quanto a esse julgamento, não deve antecipar a decisão sobre o mérito da causa (Almeida, Mário Aroso de/Cadilha, Carlos Alberto Fernando, *Comentário ao Código de Processo nos Tribunais Administrativos, op. cit.*, p. 989).

336 Por sua vez, Elizabeth Fernandez sustenta que o art. 121º do CPTA só pode ser aplicado quando, cumulativamente, a situação concreta colocada ao tribunal se traduza numa urgência qualificada, correspondente à necessidade de tutelar interesses gravemente atingidos ou de especial natureza para os quais o decretamento de uma providência cautelar não seja suficiente, e quando o tribunal disponha de todos os elementos necessários para decidir o mérito ou o fundo da questão, ou seja, "quando se encontre convencido e seguro do sentido da decisão de que daria ao litígio, de modo definitivo, com base na alegação dos factos constitutivos da acção principal efetuada pelo requerente e, eventualmente, dos factos impeditivos, modificativos ou extintivos do direito do requerente, alegados pelo requerido, com base na prova produzida que, desta vez, não se pode ter ficado pela sumariedade" (Fernandez, Elizabeth, "Entre a urgência e a inutilidade da tutela definitiva", *in CDP*, número especial 01, dezembro 2010, p. 47). *Vide*, no mesmo sentido, o ac. do TCAN de 26.07.2007, proc. 03160/06.3BEPRT, bem como o ac. do TCAN de 06.05.2010, proc. 00032/09.3BEAVR-A.

337 Lucas Neto, Dora, "Notas sobre a antecipação do juízo sobre a causa principal (um comentário ao art. 121º do CPTA)", *in RDPR*, nº 1, maio 2009, pp. 55 a 58.

338 Cfr. o ac. do TCAN de 06.05.2010, proc. 00032/09.3BEAVR-A, bem como o ac. do TCAS de 14.04.2001, proc. 07279/11.

339 Cfr., nesse sentido, o ac. do TCAN de 18.03.2011, proc. 01924/10.2BEPRT, no qual se decidiu que "Depois de ter caducado o direito de intentar a acção, deixa de fazer sentido, e de ser legalmente possível, proceder à referida antecipação".

340 Ac. do STA de 28.09.2010, proc. 0457/10.

2.2.2. O art. 16º do Regime Processual Civil Experimental

2.2.2.1. Âmbito

O art. 16º do DL nº 108/2006, de 8 de junho – diploma que procedeu à criação de um regime processual civil de natureza experimental[341] – veio prever a possibilidade de antecipação do mérito da causa principal no próprio procedimento cautelar, desde que tivessem sido trazidos a esse procedimento os elementos necessários à resolução definitiva do caso[342,343].

Com efeito, dispunha o citado preceito legal que "Quando tenham sido trazidos ao procedimento cautelar os elementos necessários à resolução definitiva do caso, o tribunal pode, ouvidas as partes, antecipar o juízo sobre a causa principal"[344,345].

[341] Este diploma foi, entretanto, revogado pela Lei nº 41/2013, de 26 de junho, que procedeu à aprovação do novo Código de Processo Civil.

[342] Criticando o facto de o legislador ter submetido a "convolação" do procedimento cautelar em causa principal a "apenas duas condições, insuficientemente referenciadas e concretizadas (...) deixando inteiramente na sombra as inúmeras e difíceis questões que tal conversão do procedimento cautelar envolve", *vide* Rego, Carlos Francisco de Oliveira Lopes do, "A «conversão» do procedimento cautelar em causa principal, prevista no artigo 16º do Regime Processual Experimental", *in RCEJ*, nº 5, 2º Semestre 2006, p. 157, bem como Rego, Carlos Francisco de Oliveira Lopes do, "O princípio dispositivo e os poderes de convolação do juiz no momento da sentença", *in Estudos em Homenagem ao Prof. Doutor José Lebre de Freitas*, vol. I, Coimbra Editora, Coimbra, 2013, p. 791. No mesmo sentido, Lebre de Freitas censurou a opção legislativa de proferimento da sentença final nos autos de procedimento cautelar, já que tal acarretava "fatalmente a complicação do procedimento cautelar" (Freitas, José Lebre de, *A Acção Declarativa Comum (À Luz do Código Revisto)*, 2ª ed., Coimbra Editora, Coimbra, 2011, p. 349).

[343] Note-se que, tal como salienta Rui Pinto, a criação de um regime processual civil experimental teve na sua base a necessidade de se introduzir no processo civil comum, tradicionalmente com uma estrutura rígida, mecanismos de "aceleração, simplificação e flexibilização", conferindo-se ao juiz um papel determinante na condução do processo (Pinto, Rui, "Critérios judiciais de convolação não homogénea pelo artigo 16º do Regime Processual Civil Experimental", *in RMP*, ano 31, nº 121, janeiro-março 2010, p. 35). Na mesma linha de raciocínio, Paula Meira Lourenço salienta que o regime da antecipação do juízo sobre a causa principal no âmbito do procedimento cautelar constitui uma importante manifestação do dever de agilização processual atribuído ao juiz pelo art. 2º do DL nº 108/2006, de 8 de junho (Lourenço, Paula Meira, "Justiça cível: eficiência e novas formas de gestão processual", *in Novos Rumos da Justiça Cível*, CEJUR, Braga, 2009, p. 95).

[344] Esta norma terá tido na sua origem o art. 121º do CPTA (*vide*, no mesmo sentido, Faria, Paulo Ramos de, *Regime Processual Civil Experimental Comentado*, *op. cit.*, p. 218, bem como Pinto, Rui, "Critérios judiciais de convolação não homogénea pelo artigo 16º do Regime Processual Civil Experimental", *op. cit.*, p. 38). Já para Lopes do Rego, se é certo que o art. 16º do RPCE teve, aparentemente, como fonte de inspiração o art. 121º do CPTA, o qual prevê a "possibilidade de a decisão da causa principal ser antecipada e tomada no âmbito de um processo administrativo cautelar", não é menos verdade que o art. 121º do CPTA "aparece inserido em sistema global e estruturado, que começa por prever a existência de processos autónomos urgentes no contencioso

A *ratio* desta norma residia na necessidade de se garantir a maior celeridade e economia processual[346] e, por consequência, o descongestionamento dos tribunais judiciais, face à elevada pendência processual.

Na verdade, tal como se extrai do preâmbulo do aludido diploma legal, "No âmbito dos procedimentos cautelares, e tendo em vista, nomeadamente, as situações em que a natureza das questões ou a gravidade dos interesses envolvidos não se compadece com a adopção de uma simples providência cautelar ou, diversamente, prescinde, por absolutamente inútil, da instauração de uma acção principal, permite-se que o tribunal, ouvidas as partes, antecipe o juízo sobre a causa principal, desde que considere que foram trazidos ao processo todos os elementos necessários a uma solução definitiva".

O objetivo do legislador foi, pois, o de permitir a agilização e a simplificação processuais no que em particular se refere à tutela cautelar[347], derrogando, consequentemente, a instrumentalidade das providências cautelares, prevista no art. 364º[348,349].

administrativo", sendo essa uma realidade desconhecida no processo civil (Rego, Carlos Francisco de Oliveira Lopes do, "A «conversão» do procedimento cautelar em causa principal, prevista no artigo 16º do Regime Processual Experimental", *op. cit.*, p. 157).

345 Defendendo que esta norma devia ser aplicada com particular cautela, atento o facto de, nos procedimentos cautelares, serem menores as exigências em relação à matéria probatória e ao processamento que conduz à decisão sobre a pretensão concretamente formulada – ainda que reconhecendo a sua vantagem pelo facto de permitir a agilização e a simplificação processuais – *vide* Ricardo, Luís Carvalho, *Regime Processual Civil Experimental Anotado e Comentado*, CEJUR, 2007, pp. 87 e 88.

346 Cfr., nesse sentido, Fonseca, Isabel Celeste M., *Processo Temporalmente Justo e Urgência – Contributo para a Autonomização da Categoria da Tutela Jurisdicional de Urgência na Justiça Administrativa*, *op. cit.*, pp. 584 e 770. Exatamente por isso, a citada Autora distingue este regime do que se encontra previsto no processo administrativo quanto à "antecipação da decisão de mérito por razão de urgência *tout court*".

347 Trata-se, nas palavras de José Alves de Brito, da superação, no domínio do processo civil, do princípio da dependência do procedimento cautelar relativamente à ação principal (Brito, José Alves de, "Caracterização sumária do regime processual experimental", *in SI*, tomo LX, nº 327, Braga, 2011, p. 631).

348 Silva, Paula Costa e, "Cautela e certeza: breve apontamento acerca do proposto regime de inversão do contencioso na tutela cautelar", *op. cit.*, p. 142.

349 Lopes do Rego criticou duramente esta opção legislativa, tendo em conta a independência e a diversidade de objeto e de fundamento do procedimento cautelar e da ação principal. Com efeito, de acordo com o aludido Autor, "mesmo no âmbito das providências antecipatórias, destinadas a obstar ao prejuízo decorrente do retardamento na satisfação do direito ameaçado, através de uma provisória antecipação no tempo dos efeitos da decisão a proferir sobre o mérito da causa, não pode perder-se de vista que a providência cautelar assenta em pressupostos específicos, sendo o direito do requerente invocado na perspectiva de mera «probabilidade séria» [...] e sempre perfunctoria-

2.2.2.2. Natureza

No que concerne à natureza do regime instituído pelo art. 16º do DL nº 108/2006, de 8 de junho, a posição da doutrina não era homogénea, sendo possível identificar, pelo menos, três teses distintas.

Assim, para uma primeira tese, o legislador introduziu no processo civil "verdadeiras providências cautelares antecipatórias com composição definitiva do objecto do litígio"[350]. Com efeito, de acordo com esta orientação, o art. 16º do RPCE veio instituir no processo civil uma "tutela antecipatória" que é "dotada de identidade com o mérito da tutela plena: as partes e o objecto processual do procedimento de urgência são os mesmos da acção final antecipada"[351]. Nessa exata medida, o tribunal antecipava a decisão final, ainda que a mesma fosse desfavorável ao autor, sem nunca negar a decisão do próprio pedido cautelar, recorrendo, se necessário à alegação e prova complementares[352].

Para uma segunda tese, o art. 16º do RPCE não equivalia a uma antecipação de tutela, já que o juiz, "quando profere imediatamente decisão sobre o direito acautelando, profere esta decisão *no tempo devido*"[353].

Por sua vez, para uma terceira tese, o regime previsto no art. 16º do RPCE configurava, ao invés, um "novo *processo urgente atípico* que é apto a desembocar numa decisão de fundo"[354].

Pela nossa parte, entendemos que o regime constante do art. 16º do RPCE traduzia-se, à luz dos princípios da economia e da gestão processual, num mecanismo de convolação da tutela cautelar em tutela definitiva, justificado pela desnecessidade de propositura de uma ação principal, atento o facto de o tribunal dispor de todos os elementos factuais e probatórios necessários para conseguir resolver o litígio em definitivo.

mente valorado em termos de «prova sumária»" (Rego, Carlos Francisco de Oliveira Lopes do, "A «conversão» do procedimento cautelar em causa principal, prevista no artigo 16º do Regime Processual Experimental", *op. cit.*, p. 159).

[350] Marques, J. P. Remédio, *Acção Declarativa à Luz do Código Revisto*, *op. cit.*, p. 140.

[351] Pinto, Rui, "Critérios judiciais de convolação não homogénea pelo artigo 16º do Regime Processual Civil Experimental", *op. cit.*, p. 54.

[352] *Idem, ibidem*, p. 75.

[353] Silva, Paula Costa e, "Cautela e certeza: breve apontamento acerca do proposto regime de inversão do contencioso na tutela cautelar", *op. cit.*, p. 143. Com efeito, Paula Costa e Silva sustentava que "a tutela não é antecipada porque ela acontece no tempo devido", isto é, ela chega "no momento processualmente adequado" (Silva, Paula Costa e, "A ordem do juízo de D. João III e o regime processual experimental", *in ROA*, ano 68º, vol. I, Lisboa, janeiro 2008, p. 272).

[354] Fonseca, Isabel Celeste M., *Processo Temporalmente Justo e Urgência – Contributo para a Autonomização da Categoria da Tutela Jurisdicional de Urgência na Justiça Administrativa*, *op. cit.*, p. 509.

2.2.2.3. Requisitos

De acordo com a doutrina, eram, fundamentalmente, três as situações possíveis de aplicação do preceito em análise:

- a inadequação da providência cautelar requerida ao objeto do processo, isto é, estavam reunidos todos os requisitos para deferir a providência cautelar, mas esse decretamento nada resolvia do ponto de vista prático, ou, em alternativa, não estavam reunidos todos os requisitos para deferir a providência, mas já estavam incorporados no processo todos os elementos que permitiam julgar a causa em definitivo[355];
- a inutilidade da instauração da ação principal[356]; ou
- a coincidência entre a pretensão jurídica a realizar no processo cautelar e a pretensão da ação principal, isto é, quando o mero decretamento da providência cautelar era suficiente para a satisfação do direito do requerente, bem como nas situações em que a prova ficava esgotada no decurso do processo cautelar, sendo a mesma bastante para sustentar o julgamento da matéria de facto e a antecipação do mérito da causa[357].

Neste pressuposto, o art. 16º do RPCE encontrava o seu campo privilegiado de aplicação nos casos em que os factos que integravam a causa de pedir da ação principal já tivessem sido alegados pelo requerente em sede cautelar e que sobre esses factos tivesse recaído prova cabal, isto é, que o juiz tivesse logrado atingir um grau de certeza idêntico ao que a lei exigia para o conhecimento do mérito da causa na ação principal[358].

355 GOUVEIA, Mariana França, *Regime Processual Experimental Anotado*, Almedina, Coimbra, 2006, pp. 151 e 152.

356 *Idem, ibidem*, pp. 151 e 152.

357 FONSECA, Isabel Celeste M., *Processo Temporalmente Justo e Urgência – Contributo para a Autonomização da Categoria da Tutela Jurisdicional de Urgência na Justiça Administrativa*, *op. cit.*, pp. 518 e 519.

358 FERNANDEZ, Elizabeth, "Entre a urgência e a inutilidade da tutela definitiva", *op. cit.*, pp. 49 e 50. Com efeito, de acordo com a citada Autora, a razão de ser deste preceito prendia-se com o reforço da importância do princípio da economia processual. Assim, "se, no processo destinado e formatado para conferir uma tutela meramente provisória, se logra criar as condições que tornam possível ao julgador fornecer às partes uma composição definitiva do litígio que as opõe, o tribunal está habilitado a conferir uma tutela definitiva em vez da provisória requerida (o que tenderá a suceder nos casos de tutela inibitória) ou fornecer às partes duas tutelas: uma provisória e outra definitiva (o que tenderá a suceder quando a tutela cautelar requerida for reguladora ou conservatória). No primeiro caso, a economia processual é determinada pela inutilidade do sucessivo processo principal que viesse a ser instaurado e cuja eventual decisão teria já sido consumida de algum modo pela decisão cautelar inibitória eventualmente a decretar ou decretada: no segundo

Deste modo, por razões que se prendiam, fundamentalmente, com a economia processual, consubstanciada na desnecessidade de propositura de uma ulterior ação principal em relação à qual o procedimento cautelar passaria a ser tramitado por apenso, se o julgador considerasse que já se encontrava na posse de todos os elementos necessários à resolução definitiva do litígio, podia antecipar o conhecimento do mérito da causa no próprio procedimento cautelar[359,360].

Tratava-se, por isso, do exercício de um poder marcadamente discricionário (art. 152º, nº 4), já que a ponderação, quanto à presença no processo de todos os elementos que permitissem ao julgador apreciar, de forma conscienciosa, o mérito da causa, dependia de um juízo casuístico e subjetivo, dificilmente sindicável pelas partes em sede de recurso[361,362].

Acresce a isto que o julgador só podia aplicar este regime quando se encontrasse na posse de todos os elementos necessários para a resolução definitiva do litígio, o que implicava que já tivesse sido produzida prova suficiente sobre os factos principais de que dependia a apreciação do mérito da causa[363].

caso, do que se trata é de evitar a instauração ou a continuação de um processo principal quando o processo cautelar forneceu já tudo aquilo que, *a priori*, em condições normais, o processo principal irá fornecer no que diz respeito aos factos e provas necessários para a apreciação da tutela dos direitos do requerente. Não é necessário repetir um procedimento cognitivo que tenderá a obter os mesmos resultados que os que acabaram de se obter em sede de processo cautelar". *Vide*, no mesmo sentido, FARIA, Paulo Ramos de, *Regime Processual Civil Experimental Comentado*, *op. cit.*, p. 219.

[359] Na esteira de José Alves de Brito, sendo o art. 16º do RPCE uma manifestação do dever de gestão processual previsto no art. 2º desse diploma legal, a decisão do julgador quanto à antecipação da causa principal devia ter em conta a conveniência dessa antecipação, bem como a natureza do litígio em causa. De todo o modo, a antecipação só podia ter lugar quando se verificasse a existência, no processo, dos elementos bastantes para a resolução definitiva do litígio (BRITO, José Alves de, "Caracterização sumária do regime processual experimental", *op. cit.*, p. 632). Quanto ao âmbito do dever de gestão processual no RPCE, *vide* FARIA, Paulo Ramos de, *Regime Processual Civil Experimental – A Gestão Processual no Processo Declarativo Comum Experimental*, CEJUR, 2009, pp. 21 a 31.

[360] A este propósito, Paula Costa e Silva assinalava a possibilidade de o tribunal, para além de decidir o objeto daquela que seria a causa principal, decretar simultaneamente a providência cautelar necessária e adequada, podendo, assim o tribunal, "numa mesma decisão, condenar e decretar" (SILVA, Paula Costa e, "A ordem do juízo de D. João III e o regime processual experimental", *op. cit.*, p. 272).

[361] Cfr., em sentido contrário, FERNANDEZ, Elizabeth, "Entre a urgência e a inutilidade da tutela definitiva", *op. cit.*, p. 52, segundo a qual este preceito impunha uma verdadeira "obrigação de decisão".

[362] Criticando a possibilidade de o julgador, por sua própria iniciativa, decidir antecipar o conhecimento do mérito da causa, por tal implicar a violação do princípio do dispositivo, *vide* JORGE, Nuno de Lemos, "Notas sobre o regime processual experimental", *in Novas Exigências do Processo Civil: Organização, Celeridade e Eficácia*, Associação Jurídica do Porto, Coimbra Editora, Porto, 2007, p. 201.

[363] A este propósito, Mariana França Gouveia defendia que bastava que tivesse sido produzida prova suficiente sobre os factos, o que não significava que estes tivessem que estar já provados

Neste particular, alguma doutrina sustentava que o juiz podia entender que o conhecimento do mérito da causa dependia da produção de outros meios de prova, situação em que poderia ampliar a matéria de facto e/ou produzir outra prova[364].

Não nos parece, contudo, salvo o devido respeito, que essa interpretação fosse a mais correta, na medida em que a mesma desvirtuava por completo a natureza desse regime. É que o tribunal só podia antecipar o juízo sobre a causa principal se as partes tivessem carreado para o procedimento cautelar, com a apresentação da petição inicial e da subsequente oposição, todos os elementos necessários à composição definitiva do litígio[365]. A solução contrária, isto é, que preconizava a possibilidade de ampliação da matéria de facto e/ou de produção de novos meios de prova que viabilizassem a antecipação do juízo sobre a causa principal, para além de não ter suporte no texto da lei, acabava por implicar que um procedimento com uma natureza célere e urgente se transformasse, inevitavelmente, num procedimento mais complexo, lento e moroso.

Há ainda que salientar que a antecipação do mérito só era admissível quando se encontrassem preenchidos os demais requisitos processuais de

(Gouveia, Mariana França, *Regime Processual Experimental Anotado, op. cit.*, p. 151). Por sua vez, Nuno de Lemos Jorge sustentava que, sendo a prova produzida no procedimento cautelar de forma aligeirada, seriam muito raras as situações em que o julgador se encontraria em condições de antecipar o conhecimento do mérito da causa em sede cautelar (Jorge, Nuno de Lemos, "Notas sobre o regime processual experimental", *op. cit.*, p. 202).

[364] Gouveia, Mariana França, *Regime Processual Experimental Anotado, op. cit.*, p. 154. *Vide*, no mesmo sentido, Lameiras, Luís Filipe Brites, *Comentário ao Regime Processual Experimental*, Almedina, Coimbra, 2007, p. 22, segundo o qual as partes deviam ter a possibilidade de acrescentar aos autos todos os elementos de prova de que tivessem sido privadas pela circunstância de estarem a litigar no âmbito de um procedimento cautelar.

[365] Daí que, prevendo a possibilidade de o julgador antecipar o conhecimento do mérito da causa em sede cautelar, ou receando que o julgador o pudesse vir a fazer, no exercício de um poder discricionário, o requerente da providência cautelar sentia-se tentado a carrear para os autos, não a prova sumária que seria normalmente suficiente para a formulação de um juízo de verosimilhança acerca da existência do direito invocado e do fundado receio de produção de um dano grave e irreparável, mas antes uma prova exaustiva, que acabava por transformar um processo por natureza urgente em não urgente. Cfr., no mesmo sentido, Jorge, Nuno de Lemos, "Notas sobre o regime processual experimental", *op. cit.*, p. 203, Freitas, José Lebre de, "Experiência-piloto de um novo processo civil", *in Novas Exigências do Processo Civil: Organização, Celeridade e Eficácia*, Associação Jurídica do Porto, Coimbra Editora, Porto, 2007, p. 223, bem como Ribeiro, Teresa Melo, "O risco de os processos cautelares se transformarem em processos principais: alguns exemplos práticos", *in CJA*, nº 52, Braga, julho-agosto 2005, p. 4.

que dependia o recurso à tutela cautelar, isto é, o *fumus boni iuris*, o *periculum in mora* e o interesse processual[366,367].

De facto, se considerasse que já se encontrava na posse de todos os elementos factuais que lhe permitiriam, em abstrato, decidir em definitivo o litígio, mas concluísse pela não verificação de algum dos requisitos necessários ao decretamento de uma providência cautelar, o tribunal ficava impedido de antecipar o mérito da causa, sem prejuízo do eventual indeferimento da providência requerida.

Por outro lado, importa salientar que, apesar de alguma doutrina considerar que, em situações normais, um procedimento cautelar nunca poderia dar origem a uma antecipação do juízo sobre o mérito da causa – isto a não ser que o procedimento cautelar tivesse sido desvirtuado, sendo nele introduzida uma matriz própria da ação comum[368] – a verdade é que existiam determinadas situações paradigmáticas em que o julgador poderia considerar que se encontravam reunidas as condições necessárias para antecipar o conhecimento do mérito da causa. Assim, quando o litígio cautelar se reportasse a uma questão de direito (por exemplo, pedido de suspensão de uma deliberação social fundado na violação da lei ou dos estatutos) ou quando o requerido, em oposição ou por falta dela, tivesse confessado os factos articulados na petição inicial[369], não existiam entraves para que o julgador pudesse, em princípio, antecipar o conhecimento do mérito da causa no próprio procedimento cautelar, desde que estivesse na posse de todos os elementos factuais e probatórios necessários para o efeito[370].

[366] No mesmo sentido, *vide* Faria, Paulo Ramos de, *Regime Processual Civil Experimental Comentado*, *op. cit.*, pp. 245 e 246, bem como Marques, J. P. Remédio, *Acção Declarativa à Luz do Código Revisto*, *op. cit.*, p. 176.

[367] Quanto ao facto de a antecipação do mérito não se encontrar limitada aos casos em que a ação devia proceder, podendo o tribunal antecipar o mérito no sentido da improcedência da causa, *vide* Pinto, Rui, "Critérios judiciais de convolação não homogénea pelo artigo 16º do Regime Processual Civil Experimental", *op. cit.*, p. 43.

[368] Rego, Carlos Francisco de Oliveira Lopes do, "A «conversão» do procedimento cautelar em causa principal, prevista no artigo 16º do Regime Processual Experimental", *op. cit.*, p. 159.

[369] *Vide*, no mesmo sentido, Geraldes, António Santos Abrantes, "Processo especial experimental de litigância de massas", *in Novas Exigências do Processo Civil: Organização, Celeridade e Eficácia*, Associação Jurídica do Porto, Coimbra Editora, Porto, 2007, p. 170, e Jorge, Nuno de Lemos, "Notas sobre o regime processual experimental", *op. cit.*, p. 203.

[370] A este propósito, Remédio Marques adiantava diversas situações em que este regime podia ser aplicado: impedir a realização de uma assembleia-geral de uma sociedade, por motivo de ilegalidade na convocação; impedir a realização de uma sessão de esclarecimento sobre educação sexual e planeamento familiar aberta à participação de jovens com mais de 12 anos, mesmo que não estivessem em idade fértil, e os titulares do poder paternal entendessem que os menores somente

2.2.2.4. Tramitação

A decisão de antecipação da tutela definitiva em sede cautelar podia ser tomada mediante requerimento[371] ou por iniciativa oficiosa do tribunal, exigindo-se, neste caso, a audiência prévia das partes, atenta a proibição de proferimento de "decisões surpresa"[372,373].

Se é certo que o exercício desse contraditório prévio podia demover o julgador da sua intenção de conhecer, de imediato, o mérito da causa – designadamente porque uma das partes alegava que ainda não estavam no processo todos os factos essenciais para o conhecimento do mérito da causa ou porque ainda não fora produzida toda a prova que esta se propunha apresentar, tendo em conta o carácter abreviado do procedimento cautelar –, o mesmo não revestia, no entanto, um carácter vinculativo.

Consequentemente, ainda que se verificasse a oposição de alguma das partes, o julgador podia, mesmo assim, conhecer imediatamente o mérito da causa, já que a sua decisão era adotada no exercício de um poder discricionário[374].

poderiam a ela ter acesso com o seu consentimento; impedir a realização de um espetáculo ou ao lançamento de um livro alegadamente em violação de direitos de autor ou de direitos conexos ao direito de autor; necessidade de se proceder a uma transfusão de sangue sem a qual a pessoa poderia correr risco de vida, em que existisse oposição do visado ou dos seus representantes legais; condenação do réu a entregar ao autor mercadorias facilmente perecíveis por aquele adquiridas, no quadro de um incumprimento contratual (Marques, J. P. Remédio, *Acção Declarativa à Luz do Código Revisto, op. cit.*, pp. 171 e 172).

[371] Cfr., nesse sentido, Pinto, Rui, "Critérios judiciais de convolação não homogénea pelo artigo 16º do Regime Processual Civil Experimental", *op. cit.*, p. 45.

[372] Cfr., a este propósito, Marques, J. P. Remédio, *Acção Declarativa à Luz do Código Revisto, op. cit.*, p. 174.

[373] Sobre esta problemática, Lopes do Rego salientava que a convolação consentida pelo art. 16º do RPCE "não poderá afectar a «confiança» das partes, assente na previsibilidade do grau ou «nível» de sucumbência possível no processo em que têm intervenção: [...] ao utilizar os meios processuais impugnatórios que caracterizam o procedimento cautelar as partes supõem razoavelmente que o risco máximo que nele correm é o de ser proferida no seu confronto uma decisão provisória desfavorável – podendo colidir manifestamente com a regra constitucional do «processo equitativo» a ampla e irrestrita possibilidade de serem surpreendidas pela definitiva dirimição da causa principal no âmbito de um procedimento que justificadamente tinham como meramente cautelar, instrumental e provisório" (Rego, Carlos Francisco de Oliveira Lopes do, "A «conversão» do procedimento cautelar em causa principal, prevista no artigo 16º do Regime Processual Experimental", *op. cit.*, p. 159).

[374] *Vide*, no mesmo sentido, Lameiras, Luís Filipe Brites, *Comentário ao Regime Processual Experimental, op. cit.*, p. 22, bem como Pinto, Rui, "Critérios judiciais de convolação não homogénea pelo artigo 16º do Regime Processual Civil Experimental", *op. cit.*, p. 42. Em sentido contrário, Paulo Ramos de Faria defendia que o resultado da audição das partes era vinculativo quando estivesse

De resto, se não se entendesse deste modo, estaria encontrado o caminho para a adoção de comportamentos processuais manifestamente dilatórios, bastando, para o efeito, ao litigante desinteressado na resolução célere e definitiva do litígio deduzir oposição à pretensão do juiz para, dessa forma, lograr bloquear a aplicação deste mecanismo processual.

Uma vez observado o contraditório prévio das partes, o procedimento cautelar era convolado em ação principal[375] mediante a prática dos atos que o tribunal, de acordo com os seus poderes de gestão processual, reputasse por adequados e pertinentes para poder proferir uma decisão final que julgasse do mérito da causa. Destarte, o julgador podia proferir a sentença final de imediato quando os elementos presentes nos autos fossem suficientes para esse efeito.

2.2.3. Providência cautelar de entrega judicial de bens objeto de locação financeira

O regime da locação financeira foi introduzido no ordenamento jurídico português através do DL nº 171/79, de 6 de junho[376].

Posteriormente, o DL nº 149/95, de 24 de junho, veio alterar profundamente esse regime, com vista à sua adequação às exigências de um mercado caracterizado pela crescente internacionalização da economia portuguesa.

No prosseguimento desse desiderato, o legislador alargou o objeto do contrato a quaisquer bens suscetíveis de serem dados em locação, simplificou a forma do contrato, limitando-se a simples documento escrito, possibilitou

em causa um procedimento cautelar preliminar, ou seja, o juiz só podia antecipar o mérito da causa no procedimento cautelar se as partes, de comum acordo, aceitassem essa antecipação (FARIA, Paulo Ramos de, *Regime Processual Civil Experimental Comentado, op. cit.*, p. 223).

[375] Para Rui Pinto, verificava-se aqui uma "convolação não homogénea" ou uma "convolação restrita", caracterizada pelo "conjunto de actos ou procedimento de adaptação da instância cautelar à instância final, como é o despacho que ordena o primeiro desses actos – a audição das partes – como será, ainda, a própria decisão final" (PINTO, Rui, "Critérios judiciais de convolação não homogénea pelo artigo 16º do Regime Processual Civil Experimental", *op. cit.*, p. 44). Analogamente, Paulo Ramos de Faria sustentava que não se verificava qualquer fenómeno de convolação processual, em que a lide passaria a correr os termos do processo comum ou especial a que correspondesse o pedido de tutela definitiva, mas apenas de convolação da natureza da cognição e da decisão do tribunal, já que o procedimento não perdia a sua natureza cautelar (FARIA, Paulo Ramos de, *Regime Processual Civil Experimental Comentado, op. cit.*, p. 218).

[376] Por sua vez, o DL nº 135/79, de 18 de maio, veio definir o regime jurídico das sociedades de locação financeira e estabelecer as normas relativas ao seu exercício, sendo certo que este diploma legal viria a ser posteriormente revogado pelo DL nº 103/86, de 19 de maio, face à necessidade de se proceder à revisão de alguns aspetos do respetivo quadro legal.

que o valor residual da coisa locada atingisse valores próximos de 50% do seu valor total, reduziu os prazos mínimos da locação e enunciou, de forma mais completa, os direitos e deveres do locador e do locatário[377].

Ademais, o art. 16º desse diploma previa que, em caso de mora no pagamento de uma prestação por um prazo superior a 60 dias, o locador podia resolver o contrato – salvo se existisse convenção em contrário a favor do locatário –, assistindo, porém, ao locatário a faculdade de impedir o exercício do direito à resolução, mediante o pagamento do montante em dívida, acrescido de 50%, no prazo de oito dias contados da data em que fosse notificado pelo locador da resolução do contrato.

Para além disso, para obviar à ocorrência generalizada de situações de *periculum in mora* decorrentes do incumprimento de contratos de locação financeira, para permitir aos agentes económicos o acesso mais fácil a determinado tipo de bens[378] e para proteger os interesses de mercado associados a esta nova forma de financiamento, reduzindo os riscos para o locador com a deterioração ou perda da coisa locada[379], o legislador instituiu uma providência cautelar especificada de natureza antecipatória, consistente na entrega judicial do bem locado ao requerente e no cancelamento do registo, aplicável aos casos em que o locatário não procedesse à restituição do bem locado, depois de extinta a relação contratual, por resolução ou por caducidade[380,381].

377 Cfr. o preâmbulo do DL nº 149/95, de 24 de junho.

378 Cfr. o ac. do TRL de 28.04.2009, proc. 2577/08.3TBBRR.L1-1.

379 Cfr. o ac. do TRL de 20.05.2010, proc. 5046/09.0TBOER.L1-6. *Vide*, no mesmo sentido, RODRIGUES, Fernando Pereira, *Elucidário de Temas de Direito (Civil e Processual)*, Coimbra Editora, Coimbra, 2011, p. 208.

380 Conforme salienta Gravato Morais, o DL nº 171/79, de 6 de junho, não previa qualquer instrumento legal que permitisse ao locador obter a restituição do bem, de forma célere e eficaz, em caso de extinção do contrato de locação financeira por resolução ou pelo decurso do prazo. De todo o modo, como a todo o direito deve corresponder um meio processual adequado à sua tutela jurídica, nada impedia que o locador financeiro pudesse recorrer aos procedimentos cautelares não especificados para assegurar a entrega da coisa locada, desde que estivessem preenchidos os pressupostos processuais de que a lei faz depender o decretamento dessa providência (MORAIS, Fernando de Gravato, *Manual da Locação Financeira*, 2ª ed., Almedina, Coimbra, 2011, pp. 309 e 310). Cfr., no mesmo sentido, GERALDES, António Santos Abrantes, *Temas da Reforma do Processo Civil*, vol. IV, *op. cit.*, p. 313, bem como o ac. do TRP de 24.11.1994, proc. 9450615, com o seguinte sumário: "No contrato de locação financeira a propriedade da coisa mantém-se na esfera jurídica do locador enquanto não se operar a eventual compra pelo locatário. É liminarmente admissível a providência cautelar não especificada de entrega a um fiel depositário das máquinas que o autor confiara ao réu ao abrigo de um contrato de locação financeira, sem subsequente pagamento das respectivas rendas e receando o autor falta de assistência técnica a essas máquinas e ainda a sua destruição ou extravio". No âmbito dos trabalhos preparatórios da reforma legislativa do contrato

Assim, o art. 21º, nº 1, do DL nº 149/95, de 24 de junho, sob a epígrafe "Providência cautelar de entrega judicial e cancelamento de registo"[382,383], dispunha, na sua redação original, o seguinte:

> "Se, findo o contrato por resolução ou pelo decurso do prazo sem ter sido exercido o direito de compra, o locatário não proceder à restituição do bem ao locador, pode este requerer ao tribunal providência cautelar consistente na sua entrega imediata ao requerente e no cancelamento do respectivo registo de locação financeira, caso se trate de bem sujeito a registo".

Deste modo, de acordo com o disposto no art. 21º, nº 1, do referido diploma legal, a providência cautelar de entrega judicial e cancelamento do registo só podia ser decretada desde que se encontrassem preenchidos os seguintes requisitos cumulativos[384,385]:

de locação financeira, então regulado pelo DL nº 171/79, de 6 de junho, Leite de Campos propunha, a propósito da tutela dos direitos de propriedade e do crédito do locador, a possibilidade de lhe ser atribuído um "privilégio de auto-titulação dos seus direitos", nos termos do qual as exigências do locador, ao locatário, de restituição do bem, de pagamento das rendas e de juros de mora, de indemnizações de danos e, em geral, todas as pretensões decorrentes do cumprimento ou não cumprimento do contrato, constituiriam títulos executivos (Campos, Diogo Leite de, *A Locação Financeira*, AAFDL, Lisboa, 2012, p. 150).

[381] *Vide*, a este propósito, o ac. do TRC de 20.01.2009, proc. 2791/07.9TVLSB.C1. No sentido de este procedimento cautelar ser igualmente aplicável ao contrato promessa de locação financeira, *vide* o ac. do TRC de 12.04.2018, proc. 5832/17.8T8VIS.C1.

[382] Tal como refere Gravato Morais, este procedimento cautelar pode ser utilizado com o único propósito de se conseguir o cancelamento do registo, pelo facto de o bem já ter sido, entretanto, entregue, ou para se obter a entrega da coisa locada quando esteja em causa um bem móvel não sujeito a registo (Morais, Fernando de Gravato, *Manual da Locação Financeira*, *op. cit.*, p. 311). *Vide*, no mesmo sentido, Almeida, Francisco Manuel Lucas Ferreira de, *Direito Processual Civil*, *op. cit.*, p. 272, bem como Rodrigues, Fernando Pereira, *Elucidário de Temas de Direito (Civil e Processual)*, *op. cit.*, pp. 209 e 210. Cfr., na jurisprudência, o ac. do TRL de 08.07.1999, proc. 0041256, o ac. do TRL de 05.07.2000, proc. 0037841, o ac. do TRL de 22.03.2001, proc. 00113018, e o ac. do TRP de 11.11.2004, proc. 8854/2004-6. *Vide*, em sentido contrário, o ac. do TRP de 29.09.1998, proc. 9820893, no qual se decidiu que "esta providência cautelar não está prevista com o fim exclusivo do cancelamento do registo".

[383] No sentido de o art. 21º do DL nº 149/95, de 24 de junho, não ser inconstitucional, designadamente pelo facto de não violar o princípio do processo equitativo consagrado no art. 20º, nº 4, da CRP, *vide* o ac. do TRL de 11.12.2002, proc. 0073737.

[384] Cfr., a este propósito, o ac. do TRP de 07.11.1996, proc. 9630882, no qual se decidiu que "À providência especialmente prevista para os móveis objecto de locação financeira não são aplicáveis as disposições relativas aos procedimentos cautelares não especificados. Subsidiariamente são aplicáveis as disposições gerais sobre providências cautelares e apenas no que não estiver especialmente regulado no diploma", bem como os acs. do TRP de 28.04.1997, proc. 9750281, e de 12.05.1997,

- o requerente dessa providência fosse o locador financeiro[386];
- o contrato de locação financeira tivesse cessado por resolução ou pelo decurso do prazo sem que o locatário tivesse exercido a opção de compra; e
- o locatário não tivesse procedido à restituição do bem ao locador[387,388,389].

Para além de dispensar o requerente do ónus de alegação do fundado receio de lesão grave e de difícil reparação[390,391] – sendo, portanto, suficiente

proc. 8750305, o ac. do TRL de 03.02.2005, proc. 475/2005-6, o ac. do TRE de 13.12.2007, proc. 2589/07-2, e o ac. do TRP de 28.04.2008, proc. 0851705. *Vide*, na doutrina, PIZARRO, Sebastião Nóbrega, *O Contrato de Locação Financeira*, Almedina, Coimbra, 2004, p. 57.

385 Note-se que, tal como assinala Gravato Morais, o facto de o legislador ter consagrado especialmente uma providência cautelar de entrega judicial e de cancelamento do registo não exclui a possibilidade de serem requeridas providências cautelares de natureza diversa. Com efeito, tal como foi decidido no ac. do TRL de 23.06.2005, o locatário financeiro pode socorrer-se de uma providência cautelar de restituição provisória de posse, ainda que contra o locador, quando tivesse a posse da coisa locada e dela tenha sido esbulhado com violência (cfr. MORAIS, Fernando de Gravato, *Manual da Locação Financeira*, *op. cit.*, p. 309).

386 Cfr., a este propósito, MORAIS, Fernando de Gravato, *Manual da Locação Financeira*, *op. cit.*, p. 312. *Vide*, no mesmo sentido, o ac. do TRE de 20.09.2007, proc. 822/07-3: "Só as empresas de locação financeira podem lançar mão da providência cautelar inominada prevista no artigo 21º do D.L. nº 149/95, de 24/06, sustentada na cessação do contrato, sem a restituição do bem".

387 No sentido de ser igualmente admissível o recurso a esta providência cautelar nos casos em que o locatário proceda de modo a que o registo da locação não possa ser cancelado – já que essa situação provoca a impossibilidade de o locador dar o destino conveniente ao bem – *vide* os acs. do TRL de 11.11.2004, proc. 8854/2003-6, e de 28.04.2009, proc. 2577/08.3TBBRR.L1-1.

388 Cfr., a este propósito, o ac. do STJ de 07.07.1999, proc. 99B500.

389 *Vide* o ac. do STJ de 28.06.2007, proc. 07B2142, em que se decidiu que "A apreensão do veículo automóvel objecto mediato do contrato de locação financeira em procedimento cautelar, na sequência da resolução deste último contrato, não inviabiliza a condenação da locatária na sua entrega à locadora na acção declarativa conexa".

390 Saliente-se que, tal como sucede na providência cautelar de apreensão de veículos automóveis, o requerente não tem de alegar e/ou provar o requisito do *periculum in mora*, já que a lei apenas exige a demonstração da extinção do contrato, por resolução ou por caducidade. Cfr., a este respeito, o ac. do TRL de 18.06.1996, proc. 0000871, o ac. do TRL de 06.11.2003, proc. 7353/2003-6, o ac. do STJ de 07.02.2008, proc. 4622/07, *in SASTJ*, ano 2008, o ac. do TRP de 12.11.2008, proc. 0835105, o ac. do TRL de 08.06.2010, proc. 22722/09.0T2SNT.L1-7, o ac. do TRL de 13.07.2010, proc. 879/10.8TBMTJ.L1-8, o ac. do TRP de 29.09.2014, proc. 2494/14.8TBVNG.P1, bem como o ac. do TRL de 20.01.2015, proc. 12/14.7TBPRL.L1.

391 Pelo contrário, estando em causa uma providência cautelar não especificada, assente no incumprimento de um contrato de aluguer de longa duração de veículo automóvel e na não restituição do mesmo pelo locatário, após a resolução do contrato, o requerente já terá o ónus de alegar e provar o *periculum in mora* associado à falta de restituição do bem, não sendo suficiente a prova do desgaste ou da desvalorização do veículo (ac. do TRL de 23.04.2009, proc. 5937/08.6TBOER.L1-2). De todo

para o decretamento dessa providência cautelar a prova da cessação do contrato e da falta de entrega do bem objeto de locação[392,393] – e de prescindir do requisito da proporcionalidade da providência[394], o legislador acabou por ir mais longe no que concerne à tutela dos interesses do locador financeiro, já que o recurso a essa via processual (teoricamente provisória) permitia-lhe alcançar a tutela definitiva do seu direito, através da entrega imediata do bem e do cancelamento do registo de locação financeira, assistindo-lhe ainda a faculdade de dispor imediatamente da coisa[395,396]. O mesmo é dizer

o modo, no ac. do TRE de 13.07.2017, proc. 879/17.7T8BJA.E1, decidiu-se o seguinte: "Quanto à questão da alegação do periculum in mora em providências respeitantes a contratos de aluguer de longa duração de veículos, é de considerar a existência de duas orientações jurisprudenciais: uma que entende que a não entrega de veículo automóvel a ser restituído ao seu dono devido a incumprimento contratual, e que se desvaloriza pelo uso normal e decurso do tempo, indicia o receio fundado de lesão grave e de difícil reparação, tornando desnecessária uma alegação exaustiva de factos concretos integradores do periculum in mora; e outra que entende que é necessária uma alegação e demonstração cabal de factos concretos integradores da existência do requisito do justo receio". *Vide*, na doutrina, Almeida, Luís Pedro Moitinho de, *O Processo Cautelar de Apreensão de Veículos Automóveis*, 5ª ed., Coimbra Editora, Coimbra, 1999, p. 13.

392 *Vide*, a este propósito, o ac. do TRL de 23.04.1996, proc. 0012391, o ac. do TRP de 24.09.1996, proc. 9620591, o ac. do TRP de 17.11.1997, proc. 9750794, o ac. do TRL de 04.11.1998, proc. 0030036, o ac. do TRL de 06.11.2003, proc. 7353/2003-6, e o ac. do TRL de 08.06.2010, proc. 22722/09.0TBSNT.L1-7.

393 Apesar de o legislador dispensar o requerente da providência cautelar de alegar e provar, ainda que de forma indiciária, o *periculum in mora* subjacente à não entrega atempada do bem, o certo é que a nossa jurisprudência tem vindo a demonstrar que, na prática, esse fundado receio é frequentemente alegado, seja sob a invocação de que a não entrega da coisa impede o locador de a alienar ou locar a um terceiro, seja sob a perspetiva de que a manutenção da coisa na posse do locatário permitirá a sua desvalorização diária ou mesmo a sua utilização indevida, designadamente no que respeita à deficiente manutenção da coisa por manifesto desinteresse do locatário na conservação do bem. Contudo, conforme se decidiu no ac. do TRL de 06.11.2003, proc. 7353/2003-6, neste tipo de providência cautelar, o *periculum in mora* é presumido *iuris et de iure*, pelo simples facto de se ter operado a resolução do contrato de locação financeira e de não ter havido lugar à restituição do bem por parte do locatário. É que, tal como se enuncia nesse aresto, "o legislador, após as alterações introduzidas pelo DL 265/97, no caso dos contratos de locação financeira, e independentemente do seu objecto, quis conferir ao locador um meio expedito de reclamar a entrega imediata do bem para o recolocar no mercado, evitando-se dessa forma não só a degradação e desvalorização inerentes ao decurso do tempo, como até situações de imobilidade comercial".

394 Cfr., a este propósito, Morais, Fernando de Gravato, *Manual da Locação Financeira*, *op. cit.*, p. 316. *Vide*, nesse sentido, o ac. do TRL de 18.06.1996, proc. 0000871, o ac. do TRL de 11.07.1996, proc. 0004831, o ac. do TRP de 24.09.1996, proc. 9620591, bem como o ac. do TRL de 05.03.2009, proc. 6240/08-6.

395 *Vide*, a este propósito, o ac. do TRC de 20.01.2009, proc. 2791/07.9TVLSB.C1, segundo o qual, não obstante a sua natureza provisória, esta providência cautelar acaba por conduzir, na prática, a resultados definitivos. É que, uma vez cancelado o registo da locação financeira e retomada a posse

que o locador financeiro passou a obter pela via cautelar o efeito material e jurídico que, em condições normais, apenas conseguiria alcançar através de uma ação principal[397].

Na realidade, esta providência cautelar encerrava uma natureza nitidamente antecipatória da tutela definitiva, consubstanciada no cancelamento do registo, na apreensão efetiva do bem locado e na possibilidade de o locador dispor, imediata e livremente, do mesmo[398,399].

do bem locado, aquilo que se pretende fazer valer na ação definitiva instaurada ou a instaurar pelo locador é a confirmação do direito alegado (resolução operada com base no incumprimento contratual) e o pagamento das prestações em dívida. Cfr., de igual modo, o ac. do TRL de 28.04.2010, proc. 3374/06.6TVLSB-A.L1-1. Analogamente, na doutrina, Francisco de Almeida assinala que "O *efeito antecipatório* subjacente à providência é, nesta sede, particularmente sublimado, em clara ultrapassagem dos princípios da instrumentalidade e da provisoriedade que informam os procedimentos cautelares em geral, já que (se deferida) se permite, através dela, obter antecipadamente o mesmo *efeito material* (entrega do bem) e o mesmo *efeito jurídico* (cancelamento do registo) que normalmente só seriam alcançados com a acção principal" (Almeida, Francisco Manuel Lucas Ferreira de, *Direito Processual Civil*, *op. cit.*, p. 272).

[396] Na esteira de Gravato Morais, o legislador veio permitir que, uma vez consumada a restituição da coisa ao locador, este passe a dispor dela livremente – sendo, assim, possível a venda, a locação ou a locação financeira dessa coisa –, ainda que a sua situação jurídica não se encontre definida em termos absolutos (Morais, Fernando de Gravato, *Manual da Locação Financeira*, *op. cit.*, p. 317). Cfr., no mesmo sentido, Almeida, Francisco Manuel Lucas Ferreira de, *Direito Processual Civil*, *op. cit.*, pp. 273 e 274.

[397] *Vide*, neste sentido, o ac. do TRL de 22.04.2008, proc. 3068/2008-7, com o seguinte sumário: "A particularidade ínsita do procedimento previsto no art. 21º do DL 149/95, de 24-06 decorre do facto de, pela via cautelar, se obter o efeito material e jurídico atingido com a acção principal (entrega do bem e cancelamento do registo). A antecipação do efeito a atingir com a acção principal dilui, em absoluto, as características de instrumentalidade e provisoriedade atribuídas aos procedimentos cautelares que assumem no regime de caducidade a considerar".

[398] Exatamente por isso, conforme se decidiu no ac. do TRL de 24.04.2008, proc. 3330/2008-6, "(...) no procedimento cautelar de entrega judicial previsto no art. 21º do DL nº 149/95, de 24 de Junho, tendo sido decretada a providência, aquele não se extingue, por efeito da sentença condenatória na acção principal, quando ainda seja necessária a realização de diligências executivas para a sua integral efectivação". Cfr. ainda, no mesmo sentido, o ac. do TRL de 18.09.2007, proc. 6370/2007-7, no qual se decidiu que "Determinado em procedimento cautelar, para entrega de bem dado em locação financeira e cancelamento do registo, a apreensão do bem (Decreto-Lei nº 149/95, de 24 de Junho), o facto de vir a ser proferida sentença na acção principal que julgou procedente o pedido não obsta a que, no procedimento cautelar, prossigam diligências destinadas à efectiva apreensão do veículo. Não ocorre inutilidade superveniente da lide no procedimento cautelar face ao trânsito em julgado da sentença, pois tal procedimento, pela sua natureza e estrutura, dispensa a instauração de acção executiva para entrega de coisa certa visto que a finalidade desta é assegurada pelo apreensão do bem no procedimento cautelar, ou seja, a providência cautelar esgota, na sua antecipação, a execução da decisão definitiva que se revelaria um acto inútil", bem como o ac. do TRL de 11.11.2007, proc. 9245/2007-7, segundo o qual "A decisão definitiva, na acção

de que depende a providência cautelar de entrega judicial e cancelamento de registo (artigo 21º do Decreto-Lei nº 149/95, de 24 de Junho) não implica a extinção do procedimento cautelar que ainda não foi executado, impondo-se, por conseguinte, que neste se diligencie a efectiva apreensão do veículo até que se demonstre a impossibilidade da sua efectivação, não se justificando, até por razões de economia processual, que o requerente da providência seja onerado com a necessidade de instaurar acção executiva para entrega de coisa certa". Cfr., no mesmo sentido, o ac. do TRL de 22.03.2007, proc. 1687/2007-2, no qual se consignou o seguinte: "O art. 410º do CPC constitui uma norma de natureza especial que não comporta interpretação analógica, pelo que não tem aplicabilidade no caso da providência de apreensão e entrega de coisa locada e cancelamento de registo prevista pelo DL 149/95, de 24.06, dado estarem em causa procedimentos de escopo substancialmente diverso: naquela o arrestante visa a apreensão de bens do devedor com o fim de virem a garantir a realização efectiva do direito de crédito; nesta, desde logo, ocorre satisfação do interesse do direito do credor que, na sua detenção, pode deles dispor a favor de terceiro, podendo dar-lhes outro destino jurídico (art. 21º, nº 6, do citado DL 149/95)". Este aresto contou, no entanto, com um voto de vencido da Desembargadora Ana Paula Boularot, nos seguintes termos: "as providências cautelares destinam-se a assegurar a efectividade do direito ameaçado. Se o direito já se encontra devidamente assegurado através da prolação de uma sentença transitada em julgado, a providência que haja sido instaurada, esteja em que fase estiver, deixa de ter qualquer utilidade e por isso teríamos confirmado a decisão recorrida no seguimento em que declarou que aquela se encontrava finda. A decisão ora proferida que admite o prosseguimento de um procedimento cautelar, não obstante já haja uma sentença transitada em julgado que poderia ser executada, para além de violar frontalmente as regras gerais atinentes aos procedimentos cautelares, admite que nestes casos os requerentes das providências possam substituir o procedimento executivo que se impõe, pelo cumprimento daquelas, o que a lei não prevê, quer no seu espírito, quer na sua letra. Por outra banda, levando-se ao extremo a tese que ora obteve vencimento, permitir-se-á que as providências tenham sempre prosseguimento, qualquer que seja a fase em que se encontrem, mesmo que na acção principal já tenham proferido sentença com trânsito em julgado ficando por explicar, se também será possível ainda ao Autor instaurar uma providência depois de ter a seu favor uma decisão favorável, resultado este a que se chegará facilmente se seguirmos a tese do acórdão ora proferido. Sempre acrescentamos, *ex abundanti*, que os juízes são intérpretes e aplicadores da lei, subsumindo esta a factos carreados para os autos pelas partes, não lhes competindo "legislar" nos casos em que se nos afigura que o legislador se enganou ou em que, não se enganando, consagrou uma solução demasiado injusta para a parte, porque é vedado pelo artigo 8º do C. Civil.". *Vide*, na doutrina, Rodrigues Bastos, segundo o qual "Se é certo que na maioria dos casos após a declaração judicial do direito bastará a acção executiva para garantir a sua efectivação, não pode esquecer-se que, em outros, o emprego normal desta via pode revelar-se insuficiente para garantir, de momento, a reparação efectiva do direito violado. É sempre o *periculum in mora que justificará o emprego da providência cautelar, nominada ou inominada, conforme ao caso couber*" (Bastos, Jacinto Fernandes Rodrigues, *Notas ao Código de Processo Civil*, vol. II, *op. cit.*, p. 161). Cfr., em sentido contrário, e no seguimento do referido voto de vencido da Desembargadora Ana Paula Boularot, o ac. do TRL de 16.07.2010, proc. 3101/07.0TVLSB-A.L1-2, com o seguinte sumário: "Em consequência das características próprias dos procedimentos cautelares, os efeitos da providência determinada no apenso cedem perante os efeitos decorrentes da decisão proferida na causa principal, ou são por esta absorvidos, desaparecendo a necessidade da medida que visava acautelar o direito a fazer valer ou a evitar os prejuízos da demora dessa decisão. Se o direito que a providência cautelar se destina a assegurar se encontra devidamente assegurado através da prolação de uma sentença

Posteriormente, o regime da providência cautelar de entrega de coisa locada em regime de locação financeira sofreu alterações de fundo com o DL nº 30/2008, de 25 de fevereiro[400,401]. Assim, se, por um lado, o art. 21º prevê agora, no seu nº 1, que a providência cautelar tem apenas por objeto a entrega imediata da coisa locada ao requerente – passando o cancelamento do registo da locação financeira a ser efetuado em momento anterior à propositura do procedimento cautelar, sendo suficiente, para esse efeito, a prova da comunicação da resolução do contrato de locação financeira à outra parte, nos termos gerais (art. 17º)[402,403] –, por outro lado, o art. 21º, nº 7, estatui que o tribunal pode antecipar a apreciação do mérito da causa no próprio procedimento cau-

transitada em julgado, a providência que haja sido instaurada, esteja em que fase estiver, deixa de ter qualquer utilidade".

399 *Vide*, neste sentido, o ac. do TRL de 28.04.2010, proc. 3374/06.6TVLSB-A.L1-1, com o seguinte sumário: "Com o DL 149/95 o legislador pretendeu dotar as locadoras financeiras de um instrumento privilegiado que lhes permite alcançar rápida e eficientemente o que, em princípio, só a acção definitiva lhes traria: a disponibilidade imediata que a apreensão do bem locado lhes faculta traduz-se num benefício que a acção declarativa, por si só, não permite atingir, e que a acção declarativa não logra alcançar com a mesma celeridade. Assim, tendo sido decretada, mas não efectivada, a providência cautelar a que alude o art. 21º do *supra* citado Decreto-Lei, o trânsito em julgado da sentença proferida na acção principal – que condena a restituir o bem locado – não determina a caducidade e o levantamento a providência de apreensão, devendo os autos de procedimento cautelar prosseguir com as diligências necessárias à apreensão do veículo".

400 Com efeito, conforme resulta do preâmbulo deste diploma legal, o objetivo do legislador, ao proceder à revisão do regime jurídico do contrato de locação financeira, foi o de reduzir a pendência processual, evitando ações desnecessárias quando não existam conflitos ou quando se verifiquem intervenções judiciais redundantes. Assim, no que em particular se refere à providência cautelar de entrega do bem locado, as alterações introduzidas pelo DL nº 30/2008, de 25 de fevereiro, no regime jurídico da locação financeira foram no sentido de se permitir ao juiz "(...) decidir a causa principal após decretar a providência cautelar de entrega do bem locado, extinguindo-se a obrigatoriedade de intentar uma acção declarativa apenas para prevenir a caducidade de uma providência cautelar requerida por uma locadora financeira ao abrigo do disposto no artigo 21º do Decreto-Lei nº 149/95, de 24 de Junho, alterado pelos Decretos-Leis nºs 265/97, de 2 de outubro, e 285/2001, de 3 de Novembro. Evita-se, consequentemente, a existência de duas acções judiciais – uma providência cautelar e uma acção principal – que, materialmente, têm o mesmo objecto: a entrega do bem locado".

401 Note-se que o regime jurídico do contrato de locação financeira, aprovado pelo DL nº 149/95, de 24 de junho, havia, entretanto, sido alterado pelo DL nº 285/2001, de 3 de novembro, que veio afastar um conjunto de normas constantes desse regime jurídico, que disciplinavam, de forma imperativa, certos aspectos do contrato de locação financeira.

402 *Vide*, quanto ao enquadramento desta solução legislativa, Dias, José Luís, "O descongestionamento dos tribunais e as Resoluções do Conselho de Ministros nºs 100/2005, de 30/5, e 172/2007, de 6/11", *in SI*, tomo LVI, nº 312, Braga, outubro-dezembro 2007, p. 755.

403 No sentido de não obstar à restituição do bem objeto de locação financeira, através do respetivo procedimento cautelar, o facto de as partes, após a resolução do contrato, terem, entretanto, ence-

telar, evitando-se, dessa forma, a propositura desnecessária de ações judiciais com vista ao reconhecimento do incumprimento e da resolução do contrato de locação financeira[404,405].

Com efeito, dispõe o art. 21º, nº 7, do DL nº 149/95, de 24 de junho, com as alterações que lhe foram introduzidas pelo DL nº 30/2008, de 25 de fevereiro, que "Decretada a providência cautelar, o tribunal antecipa o juízo sobre a causa principal, excepto quando não tenham sido trazidos ao procedimento, nos termos do nº 2, os elementos necessários à resolução definitiva do caso"[406,407].

Deste modo, por força desta alteração legislativa, deixou de se justificar a imposição ao requerente da obrigação de intentar a ação principal, de que a providência cautelar depende[408,409], apenas para se impedir a caducidade da

tado negociações com vista à regularização da situação contratual, *vide* o ac. do TRE de 06.10.2016, proc. 2699/15.4T8STR.E1.

404 Cfr., nesse sentido, o ac. do TRC de 06.09.2011, proc. 1607/10.3TBPBL.C1, o ac. do TRL de 09.11.2011, proc. 1469/10.0TVLSB.L1-1, bem como o ac. do TRC de 13.11.2012, proc. 460/12.7T2ILH.C1.

405 *Vide*, a este propósito, o ac. do TRP de 15.03.2001, proc. 0130290, no qual se decidiu que "Numa providência cautelar, estando designada por um juiz data para a audiência de julgamento, tal não obsta a que o juiz que lhe sucedeu no cargo entenda que o processo já contém os elementos necessários, sem a produção de prova, e profira a respectiva decisão de mérito".

406 Conforme se consignou no ac. do TRL de 20.05.2010, proc. 5046/09.0TBPOER.L1-6, a estatuição deste regime teve como principal justificação o facto de a locação financeira constituir o meio preferencial de financiamento das pequenas e médias empresas, as mais das vezes descapitalizadas e que, necessitando de explorar ao máximo as suas capacidades de endividamento, transportam consigo maiores riscos de incumprimento, com a consequente explosão da litigância judicial. No sentido de este regime não ser aplicável ao exercício de direitos no âmbito de um contrato de ALD, não obstante a "afinidade, similitude ou homogeneidade jurídico-estrutural, no plano do direito substantivo, dos regimes jurídicos do contrato atípico de ALD e de locação financeira", *vide* o ac. do TRL de 26.02.2015, proc. 1617/14.1T8SNT.L1-6.

407 Assim, tal como se decidiu no ac. do TRL de 20.05.2010, proc. 5046/09.0TBOER.L1-6, "apenas num caso o tribunal poderá obstar ao prosseguimento dos autos para a decisão sobre o juízo antecipado da causa: quando, justificadamente, entender que o procedimento cautelar não reúne os elementos necessários e indispensáveis para tal, contando-se, então, a partir da notificação desta decisão, o prazo para a propositura da acção principal".

408 *Vide*, a este respeito, o ac. do TRL de 28.09.2010, proc. 10096/09.4TBCSC-A.L1-7, segundo o qual "A acção declarativa de que este procedimento cautelar é dependência pode visar, não só o reconhecimento do direito à restituição do bem locado, mas também, com base na mesma causa de pedir invocada, o pagamento de indemnização pelo incumprimento contratual ou pelo atraso na entrega do bem locado. A possibilidade de, decretada a providência cautelar, ser antecipado o juízo sobre a causa principal respeita apenas àquilo que na providência se apreciou e julgou provisoriamente, ou seja, a imediata entrega do bem ao requerente, não podendo o tribunal emitir decisão sobre a indemnização pretendida". Com efeito, neste aresto, o Tribunal da Relação de

Lisboa veio considerar que deve ser feita uma interpretação restritiva do regime previsto no art. 21º, nº 7, do DL nº 149/95, de 24 de junho, na redação que lhe foi dada pelo DL nº 30/2008, de 25 de fevereiro, já que, se o objeto da providência cautelar consiste tão-só na entrega imediata do bem ao locador, do mesmo modo o tribunal só pode antecipar o conhecimento da causa principal desde que o julgamento definitivo tenha um objeto e pressupostos idênticos aos da providência cautelar que o tribunal acabou de decretar. *Vide*, no mesmo sentido, o ac. do TRL de 18.06.2009, proc. 6446/08.9TBVFX.L1-2, o ac. do TRC de 30.06.2009, proc. 51/09.0TBALB-A.C1, o ac. do TRL de 06.04.2010, proc. 4602/09.1TBOER.L1-1, o ac. do TRL de 28.09.2010, proc. 10096/09.4TBCSC-A. L1-7, o ac. do TRE de 08.05.2014, proc. 543/13.6TBALR.E1, bem como o ac. do TRE de 26.02.2015, proc. 1/14.1T8ENT.E1.
Cfr., em sentido contrário, o ac. do TRL de 07.07.2009, proc. 5174/08.0TBVFX.L1-7, no qual se decidiu que o conhecimento do mérito da causa em sede cautelar não obsta a que o julgamento antecipado alcance a indemnização moratória pelo atraso na restituição do locado, designadamente quando esteja em causa uma indemnização *a forfait* que tenha sido estabelecida a título acessório ou complementar da obrigação principal de restituição da coisa locada. Na verdade, de acordo com este acórdão, se é certo que não existe uma inteira concordância ente o objeto da providência cautelar e o objeto da ação principal, designadamente no que concerne à apreciação da pretensão indemnizatória, a verdade é que o entendimento segundo o qual não seria admissível o conhecimento da pretensão indemnizatória em sede cautelar, para além de consubstanciar uma interpretação demasiado restritiva e formalista desse preceito legal, não toma em linha de conta que a indemnização dos danos decorrentes da mora na restituição do bem locado não extravasa por completo o objeto da providência cautelar, até porque podem ser alegados com vista à ponderação do grave receio de lesão do direito à restituição.

[409] Cfr., a este propósito, o ac. do TRL de 24.09.2009, proc. 2411/09.7TBOER.L1-8, com o seguinte sumário: "No âmbito do contrato de locação financeira teve o legislador o particular cuidado e preocupação em regulamentar a entrega judicial do bem locado ciente das especificidades decorrentes deste procedimento cautelar. Assim, estabeleceu, de forma clara e expressa, na legislação avulsa que regula tal matéria, a possibilidade de o Tribunal decidir imediatamente a causa no próprio procedimento cautelar, antecipando nesse processo a resolução definitiva do litígio e evitando dessa forma a interposição da acção declarativa de que o procedimento cautelar é instrumental".
Cfr., ainda, o ac. do TRL de 06.04.2010, proc. 4602/09.1TBOER.L1-1, no qual se decidiu o seguinte: "Com a nova redacção do nº 7 do art. 21º do Dec-Lei nº 149/95, de 24-06, introduzida pelo Dec-Lei nº 30/2008, de 25-02, pretendeu o legislador obstar à «existência de duas acções judiciais – uma providência cautelar e uma acção principal – que, materialmente, têm o mesmo objecto: a entrega do bem locado». Assim, no procedimento cautelar para entrega do bem locado, no âmbito do regime do contrato de locação financeira, o juiz pode decidir a causa principal logo no referido procedimento, ficando definitivamente resolvida a questão da restituição do bem com base na resolução ou caducidade. Portanto, em face das alterações introduzidas pelo Dec-Lei nº 30/2008, de 25-02, não se verifica a caducidade da providência cautelar (apreensão de veículo) quando o procedimento reúne todos os elementos necessários e indispensáveis à antecipação decisória".
Vide, igualmente, o ac. do TRL de 15.03.2018, proc. 699/17.9 T8STR.L1-6, no qual se consignou que "Na providência cautelar para restituição do bem objecto da locação financeira, prevista no artigo 21º do DL 149/95 de 24/6, a decisão que procede ao juízo antecipado sobre a causa principal, a que se refere o nº 7 deste artigo, não tem de apreciar de novo a matéria de facto, nem de decidir excepções já decididas na decisão anterior que decretou a providência, apenas tendo de apreciar,

providência e a eventual responsabilização do requerente[410,411,412], salvo nos casos em que o julgador entenda que o procedimento cautelar não reúne todos os elementos necessários e indispensáveis à antecipação da decisão de mérito, situação em que, mediante despacho devidamente fundamentado, deverá ordenar a notificação do requerente para os efeitos previstos nos arts. 373º e 374º[413].

Neste contexto, tal como Francisco de Almeida põe em relevo, "Redundará quase sempre em completa inocuidade a intentação de uma ação declarativa apenas para prevenir a caducidade da decretada providência cautelar. Isto porque, nos termos do nº 2 do art. 21º, a *antecipação daquele juízo só não terá lugar quando não tenham sido trazidos* (aos autos do procedimento) *os elementos necessários à resolução definitiva do caso* (...). Tudo em ordem a *evitar a duplicação de ações judiciais* que adviria de um procedimento cautelar e de uma ação principal com o mesmo objecto material: a entrega do bem locado ao locador"[414].

após audição das partes, se foram ou não trazidos ao processo os elementos referidos nos nºs 1 e 2 do mesmo artigo e decidir em conformidade com tais elementos".

410 Cfr., a este propósito, os acs. do TRL de 24.09.2009, proc. 2411/09.7TBOER.L1-8, e de 06.04.2010, proc. 4602/09.1TBOER.L1-1, o ac. do TRG de 30.07.2010, proc. 4055/09.4TBBCL.G1, e o ac. do TRL de 09.11.2011, proc. 1469/10.0TVLSB.L1-1.

411 Para um enquadramento desta solução legislativa, *vide* DIAS, José Luís, "O descongestionamento dos tribunais e as Resoluções do Conselho de Ministros nºs 100/2005, de 30/5, e 172/2007, de 6/11", *op. cit.*, pp. 755 e 756.

412 Conforme salienta Elizabeth Fernandez, sendo a providência cautelar decretada, o tribunal fica habilitado a decidir a pretensão principal, desde que proceda à audição prévia das partes e se encontre na posse de todos os elementos de facto que se revelem necessários para apreciar a causa principal de que o processo cautelar seria meramente instrumental. Com efeito, de acordo com a referida Autora, "a instauração de uma acção subsequente, peticionando ao tribunal que decida se o contrato de locação foi ou não devidamente resolvido ou está ou não está caduco, quando o bem em causa já foi entregue pelo locatário, é desnecessária quando essa questão já foi apreciada pelo tribunal cautelar de modo completo e exaustivo". Assim, por um lado, só o decretamento da providência permite ao tribunal a atribuição de força definitiva em relação à decisão de entrega do veículo. Por outro lado, sendo decretada a providência, a decisão definitiva só pode ser a da procedência da pretensão principal de entrega judicial do bem (FERNANDEZ, Elizabeth, "Entre a urgência e a inutilidade da tutela definitiva", *op. cit.*, pp. 49 e 51).

413 Cfr., neste sentido, o ac. do TRL de 20.05.2010, proc. 5046/09.0TBOER.L1-6, no qual se decidiu que o tribunal só deve obstar ao prosseguimento dos autos para a decisão sobre o juízo antecipado da causa quando, justificadamente, entender que o procedimento cautelar não reúne todos os elementos necessários e indispensáveis para tal, bem como o ac. do TRL de 09.11.2011, proc. 1469/10.0TVLSB.L1-1.

414 ALMEIDA, Francisco Manuel Lucas Ferreira de, *Direito Processual Civil*, *op. cit.*, p. 275. Cfr., no mesmo sentido, o ac. do TRC de 06.09.2011, proc. 1607/10.3TBPBL.C1.

Trata-se, por conseguinte, de um regime especial que, derrogando a regra geral, visou antecipar o conhecimento do mérito da causa em sede cautelar, ao abrigo dos princípios da economia e da celeridade processuais[415].

Por força dessa alteração de regime, o procedimento previsto no art. 21º do DL nº 149/95, de 24 de junho, deixou de revestir a natureza de um procedimento cautelar *strictu sensu*, passando a configurar, ao invés, um "procedimento abreviado ou simplificado de condenação definitiva do locatário a entregar a coisa locada ao respectivo locador"[416,417].

2.2.4. Inversão do contencioso na tutela cautelar

2.2.4.1. Âmbito

A Lei nº 41/2013, de 26 de junho – diploma que aprovou o novo Código de Processo Civil, revogando o DL nº 44 129, de 28 de dezembro de 1961 – introduziu alterações de fundo no domínio da tutela cautelar.

Com efeito, conforme resulta do preâmbulo da Proposta de Lei nº 113/XII/2ª (GOV) – que esteve na base da Lei nº 41/2013, de 26 de junho – o legislador optou por romper com o princípio segundo a qual os processos cautelares "são sempre dependência de uma causa principal, proposta pelo requerente para evitar a caducidade da providência cautelar decretada em seu benefício, evitando que tenha de se repetir inteiramente, no âmbito da ação principal, a mesma controvérsia que acabou de ser apreciada e decidida no âmbito do procedimento cautelar – obstando aos custos e demoras decorrentes desta duplicação de procedimentos, nos casos em que, apesar das menores garantias formais, a decisão cautelar haja, na prática, solucionado o litígio que efetivamente opunha as partes".

No prosseguimento daquele desiderato[418], o art. 369º, nº 1, instituiu na tutela cautelar o regime da inversão do contencioso[419], permitindo-se, em

[415] *Vide*, a este propósito, o ac. do TRG de 30.07.2010, proc. 4055/09.4TBBCL.G1, bem como o ac. do TRP de 08.11.2010, proc. 4456/10.5TBVNG-A.P1. Quanto à não inconstitucionalidade do art. 21º, nº 7, do DL nº 149/95, de 24 de junho, na redação dada pelo DL nº 30/2008, de 25 de fevereiro, *vide* o ac. do TC nº 62/2010, de 04.02.2010, proc. 642/09, *in www.tribunalconstitucional.pt*.

[416] Ac. do TRC de 30.06.2009, proc. 51/09.0TBALB-A.C1.

[417] Sustentando, no entanto, que o regime do art. 21º, nº 7, do DL nº 149/95, de 24 de junho, com as alterações que lhe foram introduzidas pelo DL nº 30/2008, de 25 de fevereiro, encontra-se revogado pelo art. 376º, nº 4, *vide* o ac. do TRE de 23.03.2017, proc. 1266/16.0T8MMN.E1.

[418] A este propósito, Isabel Fonseca elucida que "a aceleração dos tempos modernos e a escassez dos bens jurídicos não se foi compadecendo com uma tutela meramente preparatória e asseguradora, eminentemente instrumental e provisória, e as características que tal tipo de tutela oferecia foram sendo afastadas" (Fonseca, Isabel Celeste M., *Processo Temporalmente Justo e Urgência – Contributo para a Autonomização da Categoria da Tutela Jurisdicional de Urgência na Justiça Administrativa, op. cit.*, p. 527).

determinados casos, que a providência cautelar proceda à composição definitiva do litígio.

De facto, por via da implementação desse regime, o requerente pode ficar dispensado de intentar a ação principal de que a providência cautelar depende[420], transferindo-se para o requerido o ónus de demonstrar, "em ação por ele proposta e impulsionada, que a decisão cautelar não devia ter, afinal, essa vocação de definitividade"[421].

Não havendo qualquer reação do requerido em relação à composição (provisória) do litígio, tal composição consolida-se como definitiva[422], ou seja, o litígio fica resolvido de forma definitiva, em virtude da inação do próprio requerido[423].

Neste particular, importa salientar que a solução de estreitamento e/ou de afastamento do nexo de instrumentalidade das providências cautelares não é nova, aproximando-se antes, ainda que com as particularidades próprias do regime da inversão do contencioso previstas nos arts. 369º a 371º, da tendência legislativa de dispensa de propositura de uma ação principal que tem vindo a ser seguida nos demais ordenamentos jurídicos europeus, designadamente na Itália, na França e na Alemanha[424].

[419] Antevendo já a consagração de um regime similar no nosso ordenamento jurídico, *vide* SOUSA, Miguel Teixeira de, "Um novo processo civil português: à la recherche du temps perdu?", *op. cit.*, pp. 24 e 25.

[420] Criticando o modelo tradicional da instrumentalidade e da dependência da tutela cautelar, pelo facto de a ação principal proposta pelo requerente daquela tutela traduzir-se, na maior parte das vezes, numa "pura e simples repetição do processado em sede cautelar", *vide* FARIA, Rita Lynce de, "Apreciação da proposta de *inversão do contencioso cautelar* apresentada pela Comissão de Reforma do Código de Processo Civil", *in RMP, Debate A Reforma do Processo Civil 2012 – Contributos*, Cadernos II/2012, Lisboa, 2012, pp. 49 e 50, bem como FARIA, Rita Lynce de, "Apreciação da proposta de *inversão do contencioso cautelar* apresentada pela Comissão de Reforma do Código de Processo Civil", *in Estudos em Homenagem ao Prof. Doutor José Lebre de Freitas*, vol. I, Coimbra Editora, Coimbra, 2013, pp. 1139 e 1140.

[421] Conforme elucida Loïc Cadiet, o regime da inversão do contencioso repousa na presunção do "bom fundamento da demanda" (CADIET, Loïc, "Les nouvelles tendances de la procédure civile en France", *in Novos Rumos da Justiça Cível*, CEJUR, Braga, 2009, p. 37).

[422] Cfr., no mesmo sentido, SOUSA, Miguel Teixeira de, "As providências cautelares e a inversão do contencioso", *op. cit.*, p. 10.

[423] Por conseguinte, conforme se decidiu no ac. do TRL de 30.11.2017, proc. 7582-13.5TBCSC.L1-8, o regime da inversão do contencioso não se confunde com o da antecipação da decisão final.

[424] Com efeito, na Itália, pese embora o legislador determine que, em regra, ao decretar uma providência cautelar, o juiz deve fixar um prazo perentório não superior a sessenta dias para que o requerente da providência proponha a ação principal, o certo é que o parágrafo sexto do art. 669º-*octies* do $CPC_{It.}$, na redacção que lhe foi dada pela Lei nº 80/2005, de 14 de maio, estatui que esta regra não se aplica quando estejam em causa medidas de emergência emitidas nos termos

do art. 700º do $CPC_{It.}$ e outras medidas cautelares adequadas a antecipar os efeitos da sentença de mérito, nos termos previstos no Código Civil ou em leis especiais, bem como providências emitidas na sequência de um embargo de obra nova ou de dano temido nos termos do art. 688º do $CPC_{It.}$. Nesse caso, qualquer das partes pode iniciar o processo de mérito. Assim, conforme assinala Vincenzo Galatro, atualmente, sendo decretada a medida de urgência, a propositura da ação principal acaba por se tornar facultativa, já que as providências decretadas ao abrigo do art. 700º do $CPC_{It.}$ conservam a sua eficácia ainda que não sejam seguidas de um juízo de mérito nos termos do art. 669º-*octies* do $CPC_{It.}$ se forem decretadas *ante causam* ou se o juízo de mérito se tiver extinguido. Trata-se, por isso, de uma alteração de relevo, já que, pese embora os procedimentos cautelares se destinassem, pela sua natureza, a ser substituídos pela tutela que viesse a ser concedida a título principal, o certo é que, atualmente, o interessado consegue obter a tutela do próprio direito através de um procedimento que seja apto a produzir efeitos por tempo indeterminado (Galatro, Vincenzo, *Manuale Operativo di Procedura Civile*, Maggioli Editore, 2008, p. 582). Analogamente, Nunzio Santi di Paola salienta que a Lei nº 80/2005 atenuou o vínculo da instrumentalidade da providência cautelar, ao determinar que esta não perde a sua eficácia quando seja idónea a antecipar os efeitos da sentença de mérito (Paola, Nunzio Santi di, *Costituzione delle parti, udienza di trattazione e richieste istruttorie e probatorie*, Cedam, 2010, pp. 533 e 534). Do mesmo modo, Anna Soldi assinala que a Lei nº 80/2005 veio introduzir na tutela cautelar o princípio da "instrumentalidade atenuada", o qual constitui uma manifestação evidente do princípio da economia processual (Soldi, Anna Maria, *Manuale dell'Esecuzione Forzata*, Cedam, 2009, p. 1266). Na mesma linha de raciocínio, Maria Ghirga refere que a Lei nº 80/2005 veio contribuir para a diminuição do número de processos, desvinculando os procedimentos cautelares da necessidade de propositura de uma ação principal. De todo o modo, de acordo com a referida Autora, a atenuação da instrumentalidade dos procedimentos cautelares constitui uma exceção à regra, que continua a ser a da necessidade de propositura de uma ação principal (Ghirga, Maria Francesca, "*Le nuove norme sui procedimenti cautelari*", *in RDP*, ano LX, nº 3, julho-setembro 2005, pp. 781 e 791). Por sua vez, Ernestino Bruschetta ensina que o art. 669º-*octies* do $CPC_{It.}$, na redação que lhe foi dada pela Lei nº 80/2005, veio estabelecer que as providências cautelares que têm carácter antecipatório são dotadas de força executiva, a qual prescinde da necessidade de propositura de uma ação de fundo tendente ao conhecimento do mérito da causa (Bruschetta, Ernestino, *La Riforma del Processo Civile*, *op. cit.*, pp. 459 e 460). Seguindo a mesma orientação, Dimitris Liakopoulos e Mauro Romani salientam que a consagração deste regime jurídico é um indicativo da *voluntas legis* no sentido de desvincular a medida cautelar do juízo de mérito na ação principal, verificando-se, por isso, uma "instrumentalidade atenuada" (Liakopoulos, Dimitris/Romani, Mauro, *Tutela Cautelare nel Diritto Processuale Internazionale e Comunitario Privato*, *op. cit.*, p. 182). Cfr. ainda, quanto a esta problemática, Tramontano, Luigi, *Denuncia di Nuova Opera e di Danno Temuto*, Giuffrè Editore, Milão, 2010, p. 82, Castro, Sandro, *Il Fermo Amministrativo di Autoveicoli*, Giuffrè Editore, Milão, 2007, pp. 261 e 262, Bucci, Alberto/Soldi, Anna Maria, *Le Nuove Riforme del Processo Civile*, Cedam, 2009, p. 230, Diana, Antonio Gerardo, *Procedimenti Cautelari e Possessori*, *op. cit.*, p. 5, Rufino, Antonio, "Le spese del procedimento cautelare", *in La Riforma del Processo Civile*, Giuffrè Editore, Milão, 2010, p. 348, Demarchi, Paolo Giovanni, *Il Nuovo Processo Civile*, Giuffrè Editore, Milão, 2009, p. 284, Consolo, Claudio, "Il processo cautelare: profili generali", *in RTDPC*, ano L, nº 1, Giuffrè Editore, Milão, março 1996, pp. 350 e 351, Consolo, Claudio, *et al.*, *Il Processo Civile di Riforma in Riforma*, IPSOA, 2006, p. 73, Pedrelli, Claudia, "Modifiche in materia di procedimenti speciali", *in Il Processo Civile Competitivo, a cura di Antonio Didone*, Utet, Turim, 2010, p. 646, e Impagnatiello, Gianpaolo, *La Provvisoria Esecuzione e l'Inibitoria nel Processo Civile*, *op. cit.*, p. 433. Relativamente ao

Este modelo permite, assim, assegurar não só a efetividade da tutela jurisdicional, como também economizar os meios judiciais, impedindo que o decretamento de uma determinada providência cautelar tenha sempre de ser seguido de uma ação principal[425], a qual, na generalidade dos casos, não é mais do que uma mera repetição do procedimento cautelar antecedente[426].

regime em causa, o Tribunal de Ivrea, por sentença de 28.06.2006, *apud* RICHTER, Giorgio Stella/ RICHTER, Paolo Stella, *La Giurisprudenza sul Codice di Procedura Civile (Libro IV – Dei Procedimenti Speciali)*, Giuffrè Editore, Milão, 2011, p. 117, decidiu que as alterações introduzidas ao art. 669º-*-octies* pela Lei nº 80/2005 aplicam-se a todos os procedimentos adotados ao abrigo do art. 700º do $CPC_{It.}$, bem como aos procedimentos de embargo de obra nova e de dano temido, pelo que só em relação aos demais procedimentos cautelares é que o julgador deve distinguir entre a natureza antecipatória ou conservatória da decisão, com a consequente distinção entre prosseguimento eventual ou necessário para a ação de mérito.
Por sua vez, no ordenamento jurídico francês, apesar de o legislador ter tido o cuidado de referir que a decisão proferida no procedimento cautelar não tem força de caso julgado sobre a ação principal (art. 488º do NCPC), resultando, dessa asserção, o carácter provisório e instrumental do procedimento cautelar em relação à ação de que este depende, o certo é que não foi estabelecido qualquer prazo para a propositura dessa ação. Com efeito, tal como assinala Lebre de Freitas, no direito francês, "a providência de *référé* é provisória na medida em que caduca quando na causa principal é acertada a inexistência do direito acautelado, mas não caduca nem por a acção principal não ser proposta em certo prazo (ou por, nela, o autor não ser diligente) nem por o processo da acção principal vir a extinguir-se por motivo diferente da decisão de mérito. Com efeito, o requerente até pode não propor a acção, se a solução obtida em sede cautelar for satisfatória" (FREITAS, José Lebre de, *Estudos sobre Direito Civil e Processo Civil*, vol. I, *op. cit.*, p. 284). Analogamente, Garcia de Enterria assinala o facto de a *référé provision* revestir uma natureza tendencialmente definitiva, na medida em que permite ao credor obter o pagamento imediato do crédito que não seja seriamente contestado, recaindo sobre o devedor o ónus de propor a competente ação declarativa destinada a demonstrar que a dívida não era exigível ou que a sua quantia era inferior em relação àquela que foi determinada pelo juiz (GARCIA DE ENTERRIA, Eduardo, "Hacia una medida cautelar ordinaria de pago anticipado de deudas (référé-provision): a propósito del auto del Presidente del Tribunal de Justicia de las Comunidades Europeas de 29 de Enero de 1997 (asunto Antonissen)", *op. cit.*, pp. 234 e 235). Cfr., ainda, sobre esta problemática, CADIET, Loïc, "Complessità e riforme del processo civile francese", *in RTDPC*, ano LXII, nº 4, Giuffrè Editore, dezembro 2008, p. 1316.
Na Alemanha, o § 926 da ZPO determina que, se a ação principal não se encontrar já pendente, o tribunal que tiver decretado a providência cautelar de arresto pode ordenar, a requerimento do requerido, que a parte que tiver obtido a seu favor o arresto proponha a ação principal dentro de um determinado prazo. Constata-se, deste modo, que a ação principal apenas terá de ser proposta se o tribunal assim o determinar, não revestindo, por isso, qualquer natureza obrigatória.

425 CAPONI, Remo, "La tutela sommaria nel processo societario in prospettiva europea", *op. cit.*, p. 1380.

426 *Vide*, no mesmo sentido, SILVA, Paula Costa e, "Cautela e certeza: breve apontamento acerca do proposto regime de inversão do contencioso na tutela cautelar", *op. cit.*, p. 139, segundo a qual "A acessoriedade da providência acabava por se repercutir numa multiplicação de meios – o procedimento cautelar e a ulterior acção principal – destinados à resolução do mesmo conflito", CORREIA, João, *et al.*, *Introdução ao Estudo e à Aplicação do Código de Processo Civil de 2013*, Almedina, Coimbra,

2.2.4.2. Requisitos

Dispõe o art. 369º, nº 1, que "Mediante requerimento, o juiz, na decisão que decrete a providência, pode dispensar o requerente do ónus de propositura da ação principal se a matéria adquirida no procedimento lhe permitir formar convicção segura acerca da existência do direito acautelado e se a natureza da providência decretada for adequada a realizar a composição definitiva do litígio".

Assim, o deferimento do pedido de inversão do contencioso, isto é, a dispensa do ónus de propositura da ação principal pelo requerente da providência cautelar, depende, essencialmente, da verificação de três requisitos cumulativos:

a) pedido expresso do requerente no sentido de o contencioso ser invertido;
b) a matéria adquirida no procedimento cautelar deve permitir ao julgador formar uma convicção segura acerca da existência do direito acautelado; e
c) a natureza da providência deve ser adequada à realização da composição definitiva do litígio.

Deste modo, a decisão do julgador quanto à inversão do contencioso não é discricionária, já que tem de ser adotada segundo um critério de legalidade – e não de oportunidade ou de conveniência – quanto ao preenchimento cumulativo desses três requisitos legais[427].

Vejamos, então, de perto em que se materializa cada um desses requisitos.

a) Pedido expresso do requerente no sentido de o contencioso ser invertido

Diversamente da solução preconizada no art. 16º do RPCE, que previa a possibilidade de o juiz, oficiosamente, antecipar o juízo sobre a causa principal, o legislador faz depender a aplicação do regime da inversão do contencioso da apresentação de um pedido expresso, nesse sentido, pelo requerente da providência cautelar.

Com efeito, a inversão do contencioso não pode resultar da iniciativa oficiosa do tribunal, mesmo que este, no decurso do procedimento cautelar, tenha formado um juízo de convicção segura acerca da existência do direito

2013, p. 49, bem como MARTINS, António, *Código de Processo Civil – Comentários e Anotações Práticas*, 2ª ed., Almedina, Coimbra, 2013, p. 174.

[427] *Vide*, no mesmo sentido, o ac. do TRP de 19.05.2015, proc. 2727/13.8TBPVZ.P1.

de que o requerente se arroga titular[428]. Vale isto por dizer que o juiz não pode, oficiosamente, decretar a inversão do contencioso, nem tão-pouco formular um convite ao requerente da tutela cautelar no sentido de este pedir a inversão do contencioso por, entretanto, estar em condições de formar um juízo de convicção segura acerca da existência do direito.

No que concerne ao teor desse requerimento, o mesmo deve conter as razões de facto e de direito que permitam convencer o julgador de que a matéria e a prova carreadas para os autos do procedimento cautelar são mais do que suficientes para a formação de uma convicção segura quanto à existência do direito, bem como que a natureza da providência cautelar é adequada a permitir a composição definitiva do litígio[429].

b) A matéria adquirida no procedimento cautelar deve permitir ao julgador formar uma convicção segura acerca da existência do direito acautelado

Relativamente ao segundo dos apontados requisitos, ao invés do que sucede com o regime tradicional da tutela cautelar, em que o juiz, com base numa apreciação sumária da matéria de facto alegada e da prova produzida (*summaria cognitio*), funda a sua convicção num juízo de probabilidade séria ou de verosimilhança quanto à existência do direito alegado (art. 368º, nº 1), na inversão do contencioso, o juiz, partindo da "matéria adquirida no procedimento", tem de formar uma "convicção segura" acerca da verificação do direito que o requerente visa tutelar[430,431]. Exige-se, por conseguinte, que o juiz alcance, num procedimento formatado para ser célere, simples e urgente, o mesmo grau de convicção que, em condições normais, apenas seria suscetível de ser conseguido num processo principal, dotado de uma estrutura mais complexa e morosa[432].

[428] Cfr., no mesmo sentido, o ac. do TRL de 20.11.2014, proc. 1972/13.0TVLSB.L1-2.

[429] Sousa, Miguel Teixeira de, "As providências cautelares e a inversão do contencioso", *op. cit.*, p. 11.

[430] Conforme assinalam Paulo Ramos de Faria e Ana Luísa Loureiro, a "sumariedade cognitiva", tradicionalmente associada à tutela cautelar, "é aqui ultrapassada por um juízo de certeza: já não basta a verificação do *fumus boni iuris*" (Faria, Paulo Ramos de/Loureiro, Ana Luísa, *Primeiras Notas ao Novo Código de Processo Civil*, vol. 1, 2ª ed., Almedina, Coimbra, 2014, p. 322).

[431] A este respeito, Rita Lynce de Faria critica esta solução legislativa, pois, assentando a decisão judicial numa "convicção segura" acerca da existência do direito acautelado, "não faz sentido (que essa decisão) possa ser contrariada por uma outra decisão posterior sobre o mesmo objecto" (Faria, Rita Lynce de, "Apreciação da proposta de *inversão do contencioso cautelar* apresentada pela Comissão de Reforma do Código de Processo Civil", *op. cit.*, p. 57). Cfr., no mesmo sentido, Fernandez, Elizabeth, *Um Novo Código de Processo Civil? – Em busca das diferenças*, *op. cit.*, pp. 151 e 152.

[432] *Vide*, a este propósito, o ac. do TRP de 10.03.2015, proc. 560/14.9T8AMT.P1, no qual se decidiu que este pressuposto "não se basta com a prova meramente perfunctória do «fumus boni juris»,

Não basta, por isso, que o juiz considere verificada a existência de um *fumus boni iuris*, isto é, de que se encontre indiciada, com base num juízo sumário, a existência do direito[433].

Diferentemente, o juiz tem de considerar que o direito existe efetivamente[434].

Neste enquadramento, tal como elucidam Paulo Ramos de Faria e Ana Luísa Loureiro, extrai-se da norma em apreço que "o juiz se deve limitar a constatar uma realidade – que foi adquirida pelo procedimento a matéria necessária – não lhe cabendo formular qualquer juízo sobre a possibilidade de tal matéria, ainda não adquirida, o poder vir a ser – com maior ou menor facilidade. Sendo a prova produzida suficiente para a decisão do procedimento cautelar, não há lugar à produção de qualquer prova suplementar, com vista (apenas) à fundamentação da decisão sobre a inversão do contencioso"[435].

A circunstância de a lei exigir que o tribunal forme uma "convicção segura" acerca da existência do direito de que o requerente se arroga titular implica que a prova produzida seja, também ela, apta a garantir a formação desse juízo.

Por via disso, o requerente da tutela cautelar que peça, igualmente, a inversão do contencioso tenderá a produzir mais do que a mera "prova sumária do direito ameaçado" que é exigida pelo art. 365º, nº 1.

Na realidade, visando a inversão do contencioso evitar, essencialmente, contencioso inútil, isto é, a duplicação de ações nos casos em que o juiz, no procedimento cautelar, já tenha formado uma "convicção segura" acerca da existência do direito, o requerente da tutela cautelar, que formule um pedido de inversão do contencioso, tenderá a produzir no procedimento cautelar a mesma prova que, em condições normais, apenas seria produzida na ação principal.

exigindo sim que a mesma se situe num patamar de exigência idêntico ao que é necessário para as decisões da matéria de facto nas acções de processo comum, pois só assim é admissível que o Julgador fique com a convicção segura da existência do direito acautelado e, por via disso, dispense o requerente da propositura da acção declarativa de que o procedimento cautelar seria dependente".

[433] Cfr., nesse sentido, o ac. do TRG de 16.03.2017, proc. 3118/16.4T8VNF-A.G1.

[434] Tal sucederá, designadamente, nos casos em que, partindo dos factos constitutivos do direito que foram alegados no procedimento cautelar, o requerente tenha produzido uma prova de tal forma vasta e extensa, apoiada, designadamente, em documentos, que permitam ao juiz, com segurança, formar a convicção de que o direito de que o requerente se arroga titular existe efetivamente. *Vide*, a este propósito, o ac. do TRL de 23.09.2014, proc. 89/14.5TBBNV.L1-7.

[435] Faria, Paulo Ramos de/Loureiro, Ana Luísa, *Primeiras Notas ao Novo Código de Processo Civil*, vol. 1, *op. cit.*, p. 326. Cfr., no mesmo sentido, Pinto, Rui, *Notas ao Código de Processo Civil*, *op. cit.*, p. 314.

Afigura-se, por isso, que a formulação de um pedido de inversão do contencioso, associada à produção de prova que exceda aquela que seria legalmente exigível para o decretamento da providência cautelar, poderá implicar, na prática, que um procedimento que se pretendia que fosse célere e urgente acabe por se tornar num procedimento excessivamente complexo e moroso, face à densidade da prova carreada aos autos pelo requerente que pretenda que o juiz inverta o contencioso.

c) A natureza da providência deve ser adequada à realização da composição definitiva do litígio

A inversão do contencioso só pode ser concedida nas situações em que, atenta natureza da providência, a tutela cautelar seja suscetível de se substituir à tutela definitiva mediante uma convolação *ex legge*[436]. Trata-se, com efeito, de um requisito evidente da inversão do contencioso, já que, só assim, se consegue conceber a possibilidade de composição definitiva do litígio através de uma providência que, em regra, não se encontra formatada para cumprir tal finalidade[437].

Por via disso, o campo privilegiado da inversão do contencioso centra-se na tutela cautelar, nominada ou inominada, de natureza antecipatória. É essa a razão pela qual, nos termos do art. 376º, nº 4, o regime da inversão do contencioso pode ser aplicado, para além das providências cautelares inominadas de natureza antecipatória, à restituição provisória de posse (arts. 377º a 379º), à suspensão de deliberações sociais (arts. 380º a 383º), aos alimentos provisórios (arts. 384º a 387º), ao embargo de obra nova (arts. 397º a 402º) e às demais providências cautelares, previstas em legislação avulsa, cuja natureza seja suscetível de permitir a composição definitiva do litígio.

A contrario, o regime da inversão do contencioso não pode ser aplicado às providências cautelares que revistam uma natureza eminentemente conservatória – tal como sucede com o arresto (arts. 391º a 396º) e com o arrolamento (arts. 403º a 409º) –, ou às providências cautelares que, apesar de revestirem uma natureza antecipatória, não dispensem a propositura de uma ação principal, como é o caso do arbitramento de reparação provisória (arts. 388º a 390º)[438].

[436] Cfr., nesse sentido, o ac. do TRP de 19.05.2015, proc. 2727/13.8TBPVZ.P1, bem como o ac. do TRC de 12.09.2017, proc. 157/16.9T8LSA.C1.

[437] *Vide* no mesmo sentido, Faria, Paulo Ramos de/Loureiro, Ana Luísa, *Primeiras Notas ao Novo Código de Processo Civil*, vol. 1, *op. cit.*, p. 328.

[438] Cfr., no mesmo sentido, Amaral, Jorge Augusto Pais de, *Direito Processual Civil*, *op. cit.*, p. 45.

2.2.4.3. Tramitação

À luz do art. 369º, nº 2, o pedido de inversão do contencioso deve ser formulado pelo requerente da tutela cautelar até ao encerramento da audiência final[439].

Assim, se o procedimento cautelar admitir contraditório prévio do requerido (art. 366º), o pedido de inversão do contencioso pode ser formulado até ao encerramento da audiência final, isto é, após a produção das provas requeridas pelas partes ou oficiosamente determinadas pelo tribunal e subsequente apresentação das alegações orais pelos advogados [arts. 367º e 604º, nº 3, al. *e)*].

Diferentemente, se o procedimento cautelar não admitir contraditório prévio do requerido, por determinação legal ou por decisão do tribunal (art. 366º, nº 1, *in fine* e 372º), o pedido de inversão do contencioso só pode ser deduzido até ao termo da audiência em que tenham sido produzidas as provas apresentadas pelo requerente, isto é, imediatamente antes da decisão de decretamento da providência cautelar.

Deste modo, independentemente de ter ou não havido lugar a contraditório prévio do requerido, não pode ser deduzido um pedido de inversão do contencioso depois de o tribunal decretar a providência cautelar, atento o disposto no art. 369º, nº 1.

Assim, se o requerente tiver formulado um pedido de inversão do contencioso, o juiz, na própria decisão em que decrete a providência cautelar, deve verificar se, no caso em concreto, estão preenchidos os requisitos legais para que seja deferido tal pedido.

Vale isto por dizer que, se o juiz, na decisão em que decrete a providência cautelar, não se pronunciar quanto ao pedido de inversão do contencioso que tiver sido formulado pelo requerente – o que, no limite, poderá gerar uma nulidade da decisão, por omissão de pronúncia, à luz do art. 615º, nº 1, al. *d)* – não poderá fazê-lo em momento posterior, já que, com o proferimento da decisão de decretamento da providência cautelar, extinguiu-se o seu poder jurisdicional[440].

[439] No sentido de não ser admissível a formulação de um pedido de inversão do contencioso num procedimento cautelar que tenha sido instaurado na pendência de uma ação, seja porque o ónus de propositura dessa ação já se encontra verificado, seja porque tal seria lesivo para a economia processual, *vide* FARIA, Paulo Ramos de/LOUREIRO, Ana Luísa, *Primeiras Notas ao Novo Código de Processo Civil, op. cit.*, p. 303.

[440] Cfr., nesse sentido, o ac. do TRG de 14.04.2016, proc. 436/15.2T8EPS-A.G1, bem como o ac. do TRG de 25.10.2018, proc. 3554/18.1T8BRG.G1.

Por outro lado, o pedido de inversão do contencioso só pode ser deduzido se a ação principal ainda não se encontrar pendente, ou seja, se o procedimento cautelar tiver sido instaurado como preliminar de ação declarativa ou executiva (art. 364º, nº 1). É que, destinando-se esse pedido a dispensar o requerente do ónus de propor a ação principal de que o procedimento cautelar dependeria, seria absolutamente contraditório e inútil requerer-se a inversão do contencioso estando a ação principal já pendente. Pelas mesmas razões, a formulação de um pedido de inversão do contencioso no âmbito de um procedimento cautelar impede o requerente de propor uma ação principal, "já que não pode estar simultaneamente pendente um procedimento cautelar no qual o requerente solicita, através da inversão do contencioso, a transformação da tutela cautelar em tutela definitiva e uma ação destinada a obter esta mesma tutela definitiva."[441].

Importa igualmente salientar que a inversão do contencioso só pode ser concedida se o tribunal decretar a providência cautelar. Significa isto que, se o tribunal, no caso em concreto, considerar que não estão preenchidos os requisitos legais para que seja decretada a providência cautelar, fica irremediavelmente prejudicado o conhecimento do pedido de inversão do contencioso.

No que concerne à oposição do requerido em relação à inversão do contencioso, impõe-se distinguir consoante exista ou não lugar a contraditório prévio no âmbito do procedimento cautelar.

Assim, se houver contraditório prévio do requerido, a oposição ao pedido de inversão do contencioso terá lugar em função do momento em que esse pedido for deduzido:

a) se o pedido de inversão do contencioso foi formulado no requerimento inicial, o requerido deverá contestar esse pedido no seu articulado de oposição (arts. 293º, nº 2, 365º, nº 3, e 366º, nº 2)[442];

b) se o pedido de inversão do contencioso foi formulado após a apresentação do requerimento inicial e antes do encerramento da audiência final, a oposição a esse pedido será deduzida no próprio ato (por exemplo, se o pedido de inversão do contencioso foi apresentado oralmente em plena audiência de julgamento) ou no prazo de dez dias (por exemplo, o pedido de inversão do contencioso foi apresentado por escrito, em requerimento autónomo).

[441] Ac. do TRL de 13.10.2016, proc. 2015/13.0TVLSB-D.L1.-2.

[442] No âmbito dos procedimentos cautelares de alimentos provisórios e de arbitramento de reparação provisória, a oposição ao pedido de inversão do contencioso será apresentada na própria audiência final, atento o disposto nos arts. 385º, nº 2, e 389º, nº 1.

Pelo contrário, se não tiver havido contraditório prévio do requerido e se o tribunal tiver decretado a providência cautelar e invertido o contencioso, o requerido poderá opor-se à inversão do contencioso conjuntamente com a impugnação da providência decretada (art. 369º, nº 2). Deste modo, o requerido poderá impugnar a decisão de inversão do contencioso em sede de oposição ou de recurso, consoante pretenda ou não alegar factos ou produzir meios de prova que não tenham sido tidos em conta pelo tribunal e que possam afastar os fundamentos da providência ou determinar a sua redução (art. 372º, nºs 1 e 2). Se o requerido deduzir oposição, caberá ao juiz decidir da manutenção, redução ou revogação da providência cautelar anteriormente decretada e, bem assim, da manutenção ou revogação da inversão do contencioso, sendo que qualquer uma dessas decisões constitui complemento e parte integrante da decisão inicialmente proferida (art. 372º, nº 3).

2.2.4.4. Interrupção da caducidade

Dispõe o art. 369º, nº 3, que "Se o direito acautelado estiver sujeito a caducidade, esta interrompe-se com o pedido de inversão do contencioso, reiniciando-se a contagem do prazo a partir do trânsito em julgado da decisão que negue o pedido"[443].

Neste contexto, muito embora a lei preveja a possibilidade de a inversão do contencioso ser requerida até ao encerramento da audiência final, se o direito de que o requerente se arroga titular estiver sujeito a um prazo de caducidade, tal justifica que o pedido de dispensa de propositura da ação principal seja deduzido logo no requerimento cautelar inicial[444]. Neste particular, importa salientar que a interrupção da caducidade não depende de qualquer apreciação judicial de tal pedido. De facto, para que se verifique a interrupção da caducidade, basta que o requerente formule um pedido de inversão do contencioso (arts. 328º do CC e 369º, nº 3), ficando a contagem do prazo de caducidade dependente do sentido da decisão que vier a recair sobre o pedido de inversão do contencioso: assim, se a dispensa de propositura da ação principal vier a ser concedida através de decisão transitada em julgado, fica definitivamente prejudicado o prazo de caducidade a que se encontrava sujeito o direito acautelado; diversamente, se a inversão do contencioso vier a ser negada, a contagem do prazo de caducidade do direito acautelado reinicia-se com o trânsito em julgado de tal decisão.

[443] Diversamente, dispunha o art. 387º-A da PRCPC que "Se o direito acautelado estiver sujeito a caducidade, esta interrompe-se com o pedido de inversão do contencioso, reiniciando-se a contagem do prazo a partir do trânsito em julgado da decisão proferida sobre a questão" (sublinhado nosso).

[444] FERNANDEZ, Elizabeth, *Um Novo Código de Processo Civil? – Em busca das diferenças, op. cit.*, p. 131.

2.2.4.5. Ónus de propositura da ação principal pelo requerido

Uma vez transitada em julgado a decisão que tenha decretado a providência cautelar e invertido o contencioso[445], o requerido é notificado, com a advertência de que, querendo, deve intentar a ação destinada a impugnar a existência do direito acautelado nos 30 dias subsequentes à notificação, sob pena de a providência se consolidar como composição definitiva do litígio (art. 371º, nº 1)[446].

O mesmo efeito verificar-se-á nos casos em que, uma vez proposta a ação, o processo estiver parado durante mais de 30 dias, por negligência do requerente em promover os seus termos, ou se o réu for absolvido da instância e o autor não propuser nova ação em tempo de aproveitar os efeitos da propositura da anterior.

No que diz respeito a este regime, Miguel Teixeira de Sousa salienta que a tutela cautelar não deixa de ser instrumental perante a tutela definitiva. Muito pelo contrário, a providência cautelar consolida-se como definitiva em virtude da inação do requerido, "deixando de ser um instrumento de uma posterior tutela definitiva e passando a ser a própria tutela definitiva"[447,448]. Trata-se, seguindo de perto o citado Autor, de uma solução vantajosa para o requerido da providência cautelar, na medida em que lhe atribui o "ónus de definir a situação num prazo curto, evitando, assim, a subsistência de uma tutela provisória com uma duração ilimitada: o requerido ou impugna a providência decretada, procurando evitar a sua consolidação, ou não impugna

[445] No sentido de a decisão "provisória" que tenha decretado a providência cautelar não produzir efeito de caso julgado em relação à ação principal de impugnação da existência do direito acautelado, *vide* Sousa, Miguel Teixeira de, "As providências cautelares e a inversão do contencioso", *op. cit.*, p. 14.

[446] De todo o modo, no caso da providência cautelar de suspensão de deliberações sociais, o art. 382º, nº 1, determina que o prazo para a propositura da ação principal inicia-se com a notificação da decisão judicial que haja suspendido a deliberação ou, estando a decisão judicial sujeita a registo obrigatório, após a realização desse registo. A este respeito, Elizabeth Fernandez sustenta que estamos perante um regime especial, já que o prazo para a propositura da ação principal começa a correr com a notificação ou o registo da decisão, independentemente do trânsito em julgado da decisão que tenha invertido o contencioso (Fernandez, Elizabeth, *Um Novo Código de Processo Civil? – Em busca das diferenças*, *op. cit.*, pp. 141 e 142).

[447] Sousa, Miguel Teixeira de, "As providências cautelares e a inversão do contencioso", *op. cit.*, p. 10.

[448] Neste particular, Rita Lynce de Faria critica, fundamentalmente, o facto de esta solução não dar resposta ao problema da "duplicação desnecessária entre ação principal e procedimento cautelar" (Faria, Rita Lynce de, "Apreciação da proposta de *inversão do contencioso cautelar* apresentada pela Comissão de Reforma do Código de Processo Civil", *op. cit.*, p. 57).

essa providência, permitindo a consolidação da providência cautelar como tutela definitiva"[449,450].

Relativamente à sua natureza, esta ação assumirá, tendencialmente, a veste de uma ação de simples apreciação negativa, já que "o requerido solicita a declaração da inexistência do direito acautelado, com base na inexistência dos factos que levaram o juiz do procedimento cautelar a inverter o contencioso"[451,452]. De todo o modo, conforme salienta Miguel Teixeira de Sousa, "essa ação pode ser uma ação destinada a impugnar os fundamentos em que se baseou a inversão do contencioso, mas também pode ser qualquer outra ação da qual resulte um efeito incompatível com a providência decretada. [...] Finalmente, a ação de impugnação também pode ter por objeto um direito incompatível com o direito acautelado através da inversão do contencioso que foi decretada no procedimento cautelar. Por exemplo: o juiz concedeu a inversão do contencioso em relação a uma providência de restituição provisória da posse; o requerido pode intentar uma ação em que solicita o reconhecimento de um direito incompatível com a posse do requerente"[453].

[449] Sousa, Miguel Teixeira de, "As providências cautelares e a inversão do contencioso", *op. cit.*, p. 10.

[450] A este respeito, Paula Costa e Silva suscita o problema da incompatibilidade entre o trânsito em julgado da decisão de inversão e a propositura de uma nova ação destinada a impugnar essa decisão de inversão do contencioso, pois essa decisão já transitou em julgado (Silva, Paula Costa e, "Cautela e certeza: breve apontamento acerca do proposto regime de inversão do contencioso na tutela cautelar", *op. cit.*, p. 144).

[451] Sousa, Miguel Teixeira de, "As providências cautelares e a inversão do contencioso", *op. cit.*, p. 15. Cfr., no mesmo sentido, Correia, João, *et al.*, *Introdução ao Estudo e à Aplicação do Código de Processo Civil de 2013*, *op. cit.*, p. 52.

[452] Diversa é a tese perfilhada por Paula Costa e Silva, segundo a qual, uma vez transitada em julgado a decisão que tenha invertido o contencioso, a ação a ser intentada pelo requerido configura uma verdadeira "ação de revisão do caso julgado formado sobre a questão da existência do direito acautelando" (Silva, Paula Costa e, "Cautela e certeza: breve apontamento acerca do proposto regime de inversão do contencioso na tutela cautelar", *op. cit.*, p. 145).

[453] Sousa, Miguel Teixeira de, "As providências cautelares e a inversão do contencioso", *op. cit.*, pp. 14 e 15. Cfr., no mesmo sentido, Rita Lynce de Faria, a qual assinala que o direito do requerente pode ser impugnado por outro tipo de ações, tal como sucede, designadamente, com a ação constitutiva de anulação de uma deliberação (Faria, Rita Lynce de, "Apreciação da proposta de *inversão do contencioso cautelar* apresentada pela Comissão de Reforma do Código de Processo Civil", *op. cit.*, p. 59), Fernandez, Elizabeth, *Um Novo Código de Processo Civil? – Em busca das diferenças, op. cit.*, pp. 143 e 144, Xavier, Rita Lobo, "Suspensão de deliberações sociais e inversão do contencioso", *op. cit.*, p. 798, bem como Faria, Paulo Ramos de/Loureiro, Ana Luísa, *Primeiras Notas ao Novo Código de Processo Civil, op. cit.*, p. 336, segundo os quais "a ação principal terá sempre de compreender um pedido cuja procedência seja incompatível com a existência do direito acautelado – quer este pedido seja a direta declaração de inexistência do direito acautelado, quer seja o reconhecimento de um direito prevalecente do requerido, agora autor".

No que respeita às regras de distribuição do ónus da prova, estas dependerão necessariamente do tipo de ação a ser proposta pelo requerido, em conformidade com o direito substantivo[454].

Assim, se o requerido optar por propor uma ação de simples apreciação negativa, caber-lhe-á o ónus de provar os factos impeditivos, modificativos ou extintivos do direito invocado pelo requerente, que foi provisoriamente acolhido em sede cautelar, e ao réu, outrora requerente da tutela cautelar, a prova dos factos constitutivos do seu direito (art. 343º, nº 1, do CC)[455].

Diversamente, propondo o requerido qualquer outro tipo de ação, cuja procedência seja incompatível com a declaração do direito em sede cautelar, caber-lhe-á, naturalmente, o ónus da prova dos factos constitutivos do seu direito, atento o disposto nos arts. 342º, nº 1, do CC, e 371º, nº 1, 1ª parte[456].

Sendo julgada procedente a ação proposta pelo requerido, tal acarretará a caducidade da providência cautelar anteriormente concedida, logo que se verifique o trânsito em julgado dessa decisão[457].

2.2.4.6. Aplicabilidade subsidiária

No que em particular se refere à aplicação do regime da inversão do contencioso às providências cautelares especificadas, o art. 376º, nº 4, preceitua

[454] Note-se que o art. 371º, nº 1, alude à expressão "Sem prejuízo das regras sobre a distribuição do ónus da prova", a qual não constava da redação prevista no art. 387º-C, nº 1, da PRCPC.

[455] Cfr., no mesmo sentido, PINTO, Rui, *Notas ao Código de Processo Civil, op. cit.*, pp. 318 e 319, bem como XAVIER, Rita Lobo, "Suspensão de deliberações sociais e inversão do contencioso", *op. cit.*, p. 798.

[456] *Vide*, a este propósito, CORREIA, João, *et al.*, *Introdução ao Estudo e à Aplicação do Código de Processo Civil de 2013, op. cit.*, pp. 51 e 52, segundo os quais, pese embora o requerido da providência cautelar passe a ter o estatuto de autor, "tal não significa que a contraparte – que obteve a providência cautelar e beneficiou da inversão do contencioso – fique desonerada de provar nessa acção os factos constitutivos do direito por si invocado no procedimento cautelar. [...] Não é por, processualmente, aquele requerente ter a posição de réu que deixará de ter o ónus de alegar e demonstrar os factos constitutivos do seu direito", bem como FARIA, Paulo Ramos de/LOUREIRO, Ana Luísa, *Primeiras Notas ao Novo Código de Processo Civil, op. cit.*, p. 337, os quais sustentam que "Sobre o requerido recai o ónus de instaurar a *acção* principal, mas, nesta, continua a caber ao titular do direito fazer a sua prova – quer seja o réu, outrora requerente, quer seja o autor, antes requerido. Nada na letra da lei permite concluir que estamos perante uma alteração das normas de direito probatório material. [...] É que atribuir à decisão de inversão qualquer efeito sobre o ónus da prova significa, forçosamente, reconhecer relevância aos pressupostos que a sustentam, sendo o primeiro destes o julgamento favorável da lide cautelar".

[457] Neste particular, Rita Lobo Xavier critica este regime, na medida em que o mesmo permite que uma decisão posterior venha "afirmar o contrário do que a primeira afirmou", isto é, que sejam proferidas decisões contraditórias quanto à "existência do direito acautelado" (XAVIER, Rita Lobo, "Suspensão de deliberações sociais e inversão do contencioso", *op. cit.*, p. 798).

que o mesmo aplica-se, com as devidas adaptações, à restituição provisória de posse, à suspensão de deliberações sociais, aos alimentos provisórios e ao embargo de obra nova, bem como às demais providências previstas em legislação avulsa, cuja natureza permita realizar a composição definitiva do litígio[458].

Na verdade, a inversão do contencioso não é admissível quando, sendo a tutela cautelar distinta da tutela definitiva correspondente, "ela não tiver a potencialidade de compor o litígio entre as partes"[459]. É o que sucede, designadamente, com a providência cautelar de arresto, porquanto, nessa providência, o requerente pede ao tribunal a apreensão de determinados bens ou direitos do requerido e, na ação principal, a condenação do réu no pagamento de uma determinada quantia pecuniária.

Deste modo, o campo privilegiado de aplicação do regime da inversão do contencioso é o das providências cautelares antecipatórias, ou seja, a viabilidade prática desse regime "depende da circunstância de a tutela que é solicitada na providência cautelar poder ser obtida como tutela definitiva numa acção declarativa"[460].

3. Urgência

A tutela cautelar caracteriza-se igualmente por revestir natureza urgente.

Na verdade, nos termos do art. 363º, nº 1, os procedimentos cautelares revestem sempre carácter urgente, razão pela qual os respetivos atos gozam de precedência em relação ao demais serviço judicial que não seja urgente.

A natureza urgente da tutela cautelar encontra manifestação nos seguintes aspetos processuais:

a) os prazos processuais não se suspendem durante as férias judiciais, independentemente da fase do procedimento cautelar a que digam respeito (art. 138º, nº 1)[461];

458 Diversamente, o art. 392º, nº 4, do PRCPC aludia à expressão "bem como às demais providências previstas em lei avulsa que tenham carácter antecipatório dos efeitos da acção principal".

459 SOUSA, Miguel Teixeira de, "As providências cautelares e a inversão do contencioso", *op. cit.*, pp. 11 e 12.

460 *Idem, ibidem*, p. 12.

461 A este propósito, a jurisprudência dividia-se quanto à questão de saber se os procedimentos cautelares revestem sempre carácter urgente, ainda que em fase de recurso. No sentido de conservarem sempre carácter urgente, *vide* o ac. do STJ de 12.01.1999, proc. 937/98, *in SASTJ*, ano 1999, o ac. do STJ de 28.09.1999, proc. 552/99, *in SASTJ*, ano 1999, o ac. do TRE de 16.12.2003, proc. 2108/03-3, o ac. do STJ de 21.12.2005, proc. 3441/05, *in SASTJ*, ano 2005, o ac. do TRP de 19.01.2006, proc. 0536940, o ac. do TRL de 26.04.2006, proc. 417/2006-6, o ac. do STJ de 28.09.2006, proc. 06A170, o ac. do TRC de 23.01.2007, proc. 2352/06.0TJCBR.C1, o ac. do STJ de 18.10.2007, proc. 2683/07,

b) a instância cautelar não é suscetível de ser suspensa, designadamente com fundamento na pendência de uma outra causa prejudicial[462];
c) o procedimento cautelar deve ser decidido, em primeira instância, no prazo máximo de dois meses ou, se tiver sido dispensado o contraditório prévio do requerido, de quinze dias (art. 363º, nº 2);
d) o requerente da tutela cautelar apenas carece de apresentar prova sumária do direito ameaçado (art. 365º, nº 1);
e) o tribunal pode dispensar o contraditório prévio do requerido quando tal seja incompatível com a necessidade de tutela célere do direito (art. 366º, nº 1);
f) o prazo de oposição do requerido é, apenas, de dez dias (art. 293º, nº 2, *ex vi* do art. 365º, nº 3);
g) se houver lugar a uma dilação, nos termos do art. 245º, esta nunca pode exceder a duração de dez dias (art. 366º, nº 3);
h) não há lugar à citação edital do requerido, razão pela qual o juiz deve dispensar a sua audiência prévia, na eventualidade de concluir pela inviabilidade da sua citação pessoal (art. 366º, nº 4);
i) a falta de alguma pessoa convocada para a audiência final e de cujo depoimento não se prescinda, bem como a necessidade de realizar qualquer diligência probatória no decurso da audiência, apenas determinam a suspensão desta na altura conveniente, designando-se logo data para a sua continuação (art. 367º, nº 2);
j) o decretamento da providência cautelar depende apenas de um juízo de probabilidade séria da existência do direito e de se mostrar suficientemente fundado o receio da sua lesão (art. 368º, nº 1);

in SASTJ, ano 2007, o ac. do STJ de 03.06.2008, proc. 1873/09, *in SASTJ*, ano 2008, nº 126, bem como o ac. do TRL de 25.06.2009, proc.1872/07.3TVLSB-C.L1-6. Em sentido contrário, *vide* o ac. do STJ de 11.03.1999, proc. 1147/98, *in SASTJ*, ano 1999, o ac. do STJ de 29.06.1999, proc. 577/99, *in SASTJ*, ano 1999, bem como o ac. do TRL de 05.06.2008, proc. 4236/2008-8.
Sustentando uma tese intermédia, segundo a qual o procedimento cautelar deixaria de revestir carácter urgente quando a oposição do requerido tivesse lugar depois de ter sido decretada a providência, *vide* o ac. do TRC de 16.01.2001, proc. 2897/2000.
Esta querela jurisprudencial viria a ser "sanada" com o ac. do STJ nº 9/2009, *in DR*, 1ª Série, nº 96, de 19.05.2009, p. 3210, o qual fixou jurisprudência no sentido de que os procedimentos cautelares revestem sempre carácter urgente, mesmo na fase de recurso. *Vide*, a este propósito, Pinto, Rui, "Urgência procedimental e direito à tutela jurisdicional efectiva no art. 382º, nº 1, do Código de Processo Civil – ac. de Uniformização de Jurisprudência nº 9/2009, de 31.3.2009, Agravo Alargado 4716/07", *in CDP*, nº 31, julho-setembro 2010, pp. 54 e 55.

[462] Cfr., nesse sentido, o ac. do TRL de 08.06.1993, proc. 0066901, o ac. do TRP de 04.12.1995, proc. 9551009, bem como o ac. do STJ de 28.11.1996, proc. 599/96, *in SASTJ*, ano 1996, p. 247.

l) das decisões proferidas nos procedimentos cautelares, incluindo a que determine a inversão do contencioso, não cabe recurso para o Supremo Tribunal de Justiça, sem prejuízo dos casos em que o recurso é sempre admissível (art. 370º, nº 2);

m) o prazo para a interposição de recurso é reduzido para quinze dias (art. 638º, nº 1);

n) em regra, não é admissível a modificação subjetiva da instância, mediante a intervenção de terceiros, salvo se a mesma visar a sanação de exceções dilatórias sanáveis, por preterição de litisconsórcio necessário[463].

[463] Cfr., nesse sentido, o ac. do TRE de 06.04.2017, proc. 2124/16.3T8STB-B.E1.

Capítulo V
Âmbito, requisitos e efeitos

Sumário: I. Procedimento cautelar comum. 1. Âmbito. 2. Requisitos. 2.1. *Fumus boni iuris*. 2.1.1. Âmbito. 2.1.2. Poderes de cognição do tribunal. 2.1.3. A *summaria cognitio* e a tutela do requerido. 2.2. *Periculum in mora*. 2.2.1. Enquadramento. 2.2.2. Âmbito. 2.2.3. Elementos. 2.2.3.1. Dano grave e irreparável ou de difícil reparação. 2.2.3.2. Atualidade do dano. 2.2.3.3. Imputabilidade do dano ao requerido. 2.2.4. Critérios de ponderação do *periculum in mora*. 2.3. Interesse processual. 2.4. Proporcionalidade. II. Procedimentos cautelares especificados. 1. Arresto. 1.1. Âmbito. 1.2. Requisitos. 1.2.1. Probabilidade da existência de um direito de crédito. 1.2.2. Fundado receio de perda da garantia patrimonial do crédito. 1.3. Arresto em casos especiais. 1.3.1. Arresto contra o adquirente de bens do devedor. 1.3.2. Arresto de bem transmitido mediante negócio jurídico para garantia do pagamento do preço da respetiva aquisição. 1.3.3. Arresto de navios. 1.4. Proporcionalidade. 1.5. Efeitos. 2. Arrolamento. 2.1. Âmbito. 2.2. Requisitos. 2.2.1. Probabilidade da existência de um direito sobre bens ou documentos. 2.2.2. Justo receio de extravio, ocultação ou dissipação de bens ou de documentos. 2.3. Identificação dos bens ou documentos a arrolar. 2.4. Arrolamento em casos especiais. 2.4.1. Arrolamento de bens comuns ou de bens próprios sob a administração do outro cônjuge. 2.4.1.1. Âmbito. 2.4.1.2. Requisitos. 2.4.1.3. Depositário. 2.4.1.4. Caducidade. 2.4.2. Arrolamento de bens abandonados. 2.5. Efeitos. 3. Restituição provisória de posse. 3.1. Âmbito. 3.2. Requisitos. 3.2.1. Posse. 3.2.2. Esbulho. 3.2.3. Violência. 4. Suspensão de deliberações sociais. 4.1. Âmbito. 4.2. Requisitos. 4.2.1. Deliberação social inválida. 4.2.2. Qualidade de sócio ou de associado. 4.2.3. Atualidade da deliberação. 4.2.4. Receio de produção de um dano apreciável. 4.3. Proporcionalidade. 4.4. Efeitos. 4.5. Improcedência da ação principal. 4.6. Inversão do contencioso. 5. Embargo de obra nova. 5.1. Âmbito. 5.2. Requisitos. 5.2.1. Obra, trabalho ou serviço. 5.2.2. Execução da obra, trabalho ou serviço. 5.2.3. Novidade. 5.2.4. Ofensa

I. PROCEDIMENTO CAUTELAR COMUM

1. Âmbito

A necessidade de tutela urgente de um direito implica que, em determinadas circunstâncias, sejam decretadas medidas cautelares, de natureza conservatória ou antecipatória, que se revelem adequadas a proteger ou a assegurar a efetividade desse direito[464].

Assim, dispõe o art. 362º, nº 1, que, sempre que alguém mostre fundado receio de que outrem cause uma lesão grave e dificilmente reparável ao seu direito[465], pode requerer a providência conservatória ou antecipatória concretamente adequada a assegurar a efetividade do direito ameaçado[466,467,468].

[464] Cfr., nesse sentido, BASTOS, Jacinto Fernandes Rodrigues, *Notas ao Código de Processo Civil*, vol. II, *op. cit.*, p. 159.

[465] No sentido de que, na pendência de uma ação, apenas o autor pode requerer o decretamento de uma providência cautelar, ficando vedada ao réu semelhante faculdade, *vide* REIS, José Alberto dos, "Jurisprudência crítica sobre processo civil. Providências cautelares. Comentário ao ac. STJ de 21.11.1947", *in RLJ*, ano 81º, nº 2893, Coimbra, 1949, pp. 310 e 311. Com efeito, de acordo com o citado Autor, "repugna à natureza e função do processo cautelar que seja movido pelo réu", já que este processo, por natureza e função, é um meio posto à disposição da pessoa que tem a posição de autor na ação principal já proposta ou a propor.

[466] Analogamente, dispõe o art. 112º, nº 1, do CPTA que "Quem possua legitimidade para intentar um processo junto dos tribunais administrativos pode solicitar a adopção da providência ou das providências cautelares, antecipatórias ou conservatórias, que se mostrem adequadas a assegurar a utilidade da sentença a proferir nesse processo". Em anotação a este preceito, Mário Aroso de Almeida e Carlos Cadilha assinalam que a tutela cautelar administrativa é, fundamentalmente, uma tutela de regulação provisória, a qual visa prevenir o risco de que a decisão a ser proferida a final perca toda a sua eficácia e utilidade prática (ALMEIDA, Mário Aroso de/CADILHA, Carlos Alberto Fernando, *Comentário ao Código de Processo nos Tribunais Administrativos*, *op. cit.*, pp. 912 e 913).

[467] Em termos de direito comparado, dispõe o art. 700º do $CPC_{It.}$, relativamente às condições para a concessão das providências cautelares inominadas (*provvedimenti d'urgenza*), que "*Fuori dei casi regolati nelle precedenti sezioni di questo capo, chi ha fondato motivo di temere che durante il tempo occorrente per far valere il suo diritto in via ordinária, questo sia minacciato da un pregiudizio imminente e irreparabile, può chiedere com ricorso al giudice i provvedimenti d'urgenza, che appaiono, secondo le circostanze, più idonei ad assicurare provvisoriamente gli effetti della decisione sul merito*". Conforme salienta Mandrioli, trata-se de uma providência cautelar cujas características típicas consistem na subsidiariedade e na atipicidade relativamente aos demais procedimentos cautelares específicos previstos no Código de Processo Civil Italiano (Mandrioli, Crisanto, *Corso di Diritto Processuale Civile*, vol. III, G. Giappichelli Editore, Turim, 2000, p. 222). Na mesma linha de raciocínio, Proto Pisani salienta o facto de a função desta norma residir na necessidade de dotar de tutela cautelar todos aqueles direitos que não se encontrem devidamente protegidos pelas medidas cautelares tipificadas na lei (Pisani, Andrea Proto, *Lezioni di Diritto Processuale Civile*, *op. cit.*, p. 670). Por sua vez, Dario Gramaglia elucida que os procedimentos de urgência, na aceção do art. 700º do $CPC_{It.}$, caracterizam-se pela sua atipicidade – consistente no facto de os pressupostos para o seu decretamento não se encontrarem pré-determinados, seja no que respeita ao *periculum in mora*, seja em relação ao *fumus boni iuris* – e pela sua residualidade, consubstanciada no facto de só poderem ser decretados se não se encontrar especialmente prevista nenhuma providência cautelar tipificada que se revele mais adequada para tutelar o direito ameaçado (Gramaglia, Dario, *Manuale Breve – Diritto Processuale Civile*, 3ª ed., Giuffrè Editore, Milão, 2011, pp. 500 e 501). Para Antonio Scarpa, o regime previsto no art. 700º do $CPC_{It.}$ constitui a manifestação de um poder geral de cautela, já que permite a adoção de medidas conservatórias ou antecipatórias que se mostrem idóneas a impedir a ineficácia da futura sentença de mérito que vier a ser proferida na ação principal (Scarpa, Antonio, *I Provvedimenti d'Urgenza: art. 700 Cod. Proc. Civ.*, *op. cit.* p. 2). Por seu turno, Edoardo Ricci salienta que os procedimentos previstos no art. 700º do $CPC_{It.}$ têm por finalidade essencial assegurar a utilidade dos futuros efeitos da sentença, mas já não (pelo menos, no sentido literal da norma) a de antecipar esses efeitos. De todo o modo, Ricci esclarece que a prática judicial tem vindo a considerar incluída no âmbito do art. 700º do $CPC_{It.}$ a possibilidade de antecipação dos efeitos da decisão judicial (Ricci, Edoardo F., "La tutela anticipata in diritto italiano dal 1942 ad oggi", *in Estudos Comemorativos dos 10 Anos da Faculdade de Direito da Universidade Nova de Lisboa*, vol. II, Almedina, Coimbra, 2008, p. 576). Já no que em particular se refere ao âmbito de aplicação desta norma, Achille Saletti sustenta que o tribunal pode decretar as medidas provisórias que considere mais adequadas face às particularidades de cada caso em concreto, com a única limitação de que essa medida não pode invadir a esfera de aplicação das medidas cautelares especificadas previstas no direito italiano, devendo ainda a providência adotada ser adequada a garantir provisoriamente a efetividade do julgamento sobre a questão de fundo. Por conseguinte, não é possível decretar-se uma providência cautelar que exceda aquilo que se poderá obter através do julgamento definitivo da causa (Saletti, Achille, "*Le Système des Mesures Provisoires en Droit Italien*", *in Les Mesures Provisoires en Droit Belge, Français et Italien – Étude de Droit Comparé*, Bruylant, Bruxelas, 1998, p. 63). A propósito dos requisitos para a aplicação do art. 700º do $CPC_{It.}$, o CCost. pronunciou-se, através de sentença de 28.06.1985, nº 190, *in www.cortecostituzionale.it*, no sentido de que "*dall'art. 700 è lecito enucleare la direttiva che, le quante volte il diritto assistito da fumus boni iuris è minacciato da pregiudizio imminente e irreparabile provocato dalla cadenza dei tempi necessari per farlo valere in via ordinaria, spetta a giudice il potere di emanare i provvedimenti d'urgenza che appaiono, secondo le circostanze, più idonei ad assicurare provvisoriamente gli effetti della decisione sul merito*". No que em particular se refere à instrumentalidade deste procedimento

cautelar, o Tribunal de Salerno decidiu, através da sua sentença de 10.12.2004, que "*Il procedimento ex art. 700 c.p.c. è innammisibile quando ricorromo i pressupposti per l'applicazione di una misura cautelare tipica come quella cui alle azione nunciatorie*". Na mesma linha de orientação, o Tribunal de Civitavechia considerou, na sua sentença de 3 de agosto de 2007, que "*É inammissibile il ricorso formulato ex art. 700 c.p.c. per tutelarei un diritto di credito leso de una delibera assembleare impugnabile com il rimedio cautelare típico poiché il ricorso ex art 700 è una misura cautelare atipica, sussidiaria e residuale, applicabile solo in mancanza di rimedi specifici per evitare un pregiudizio imminente ed irreparabile*".
Por sua vez, no direito espanhol, dispõe o art. 721º, nº 1, da LEC que, "*Bajo su responsabilidad, todo o actor, principal o reconvencional, podrá solicitar del tribunal, conforme a lo dispuesto en este Título, la adopción de las medidas cautelares que considere necesarias para asegurar la efectividad de la tutela judicial que pudiera otorgarse en la sentencia estimatoria que se dictare*". Em articulação com esta disposição legal, preceitua o art. 726º da LEC que "*1. El tribunal podrá acordar como medida cautelar, respecto de los bienes y derechos del demandado, cualquier actuación, directa o indirecta, que reúna las siguientes características: Ser exclusivamente conducente a hacer posible la efectividad de la tutela judicial que pudiere otorgarse en una eventual sentencia estimatoria, de modo que no pueda verse impedida o dificultada por situaciones producidas durante la pendencia del proceso correspondiente; No ser susceptible de sustitución por otra medida igualmente eficaz, a los efectos del apartado precedente, pero menos gravosa o perjudicial para el demandado. 2. Con el carácter temporal, provisional, condicionado y susceptible de modificación y alzamiento previsto en esta Ley para las medidas cautelares, el tribunal podrá acordar como tales las que consistan en órdenes y prohibiciones de contenido similar a lo que se pretenda en el proceso, sin prejuzgar la sentencia que en definitiva se dicte*" (cfr., a este propósito, Gutiérrez Barrenengoa, Aihoa, "De las medidas cautelares", *op. cit.*, p. 1361).
Já no ordenamento jurídico alemão, dispõe o § 935 da ZPO que a providência cautelar (*Einstweilige Verfügung*) só pode ser decretada desde que se verifique a existência provável do direito que o requerente pretende acautelar (*Verfügungsanspruch*), bem como a necessidade de se evitar o prejuízo que o requerente da providência cautelar receia que venha a ser produzido (*Verfügungsgrund*). Tradicionalmente, a doutrina e a jurisprudência alemãs têm vindo a distinguir três categorias de medidas cautelares: medidas cautelares de garantia (*Sicherungsverfügung*), medidas cautelares de regulação provisória (*Regelungsverfügung*) e medidas de antecipação provisória ou de satisfação.
No direito francês, o art. 484º do NCPC, a propósito das "*ordonnances de référé*", preceitua que "*L'ordonnance de référé est une décision provisoire à la demande d'une partie, l'autre présente ou appelée, dans les cas où la loi confère à un juge qui n'est pas saisi du principal le pouvoir d'ordonner immédiatement les mesures nécessaires*". Por seu turno, dispõe o art. 808º do NCPC que "*Dans tous les cas d'urgence, le président du tribunal de grande instance peut ordonner en référé toutes les mesures qui ne se heurtent à aucune contestation sérieuse ou que justifie l'existence d'un différend*". Trata-se, conforme refere Carmen Chinchilla Marín, do "*référé* clássico em caso de urgência", o qual autoriza o Presidente do Tribunal de Grande Instância a adotar, em caso de urgência, todas as medidas que sejam necessárias nos casos em que não exista uma contestação séria ou quando a pretensão não possa ser seriamente contestada. Assim, os requisitos para o decretamento desta providência radicam, fundamentalmente, na urgência e na inexistência de uma contestação séria (Chinchilla Marín, Carmen, *La Tutela Cautelar en la Nueva Justicia Administrativa*, *op. cit.*, p. 72). Na mesma linha de raciocínio, Maria João Mimoso assinala que esta norma consagra o *référé* clássico, o qual faz depender a intervenção do juiz do requisito da urgência, isto é, o juiz só pode intervir quando a situação de urgência do caso concreto reclame uma intervenção pronta e imediata. Acresce a isto que, de acordo com a referida Autora, o termo "*contestation sérieuse*" encontra-se associado à "probabilidade de existência de uma relação de verosimilhança do direito que se pretende fazer valer" (Mimoso, Maria João, *Arbitragem do Comércio Internacional – Medidas Provisórias e Cautelares*, *op. cit.*, p. 23). Do mesmo modo, Guy Braibant destaca

o facto de o juiz dispor, neste caso, de poderes muitos extensos, já que este pode decretar todas as medidas cautelares que se revelem necessárias face às particularidades do caso em concreto (Braibant, Guy, "La procedura d'urgenza («référé») dinanzi alla giurisdizione amministrativa francese", *in RTDP*, ano XI, nº 1, Giuffrè Editore, Milão, janeiro-março 1961, p. 288).
Por seu turno, dispõe o art. 809º do NCPC que "*1. Le président peut toujours, même en présence d'une contestation sérieuse, prescrire en référé les mesures conservatoires ou de remise en état qui s'imposent, soit pour prévenir un dommage imminent, soit pour faire cesser un trouble manifestement illicite. 2. Dans les cas où l'existence de l'obligation n'est pas sérieusement contestable, il peut accorder une provision au créancier, ou ordonner l'exécution de l'obligation même s'il s'agit d'une obligation de faire.*". Relativamente a este preceito legal, Carmen Chinchilla Marín distingue entre o "*référé de remise en état*" e o "*référé provisión*". Na primeira hipótese, está em causa uma providência cautelar que só pode ser decretada quando se verifique uma situação de urgência e a produção de um dano iminente ou de um transtorno manifestamente ilícito. Por sua vez, na segunda hipótese, não se exige uma situação de urgência, mas tão-só uma obrigação cuja existência não seja contestada. É o que sucede, designadamente, nos casos de reparação de danos corporais decorrentes de acidentes de viação ou de defeitos de construção (Chinchilla Marín, Carmen, *La Tutela Cautelar en la Nueva Justicia Administrativa, op. cit.*, pp. 74 a 76). Do mesmo modo, na esteira de Georges Wiederkher, o juiz pode decretar uma providência cautelar não só nos casos em que o requerido tenha apresentado uma contestação infundada em relação à pretensão do requerente, como também nas hipóteses em que, ainda que tendo sido apresentada uma contestação fundada, o juiz considere necessária a adoção de medidas cautelares de natureza conservatória (Wiederkher, M. Georges, "L'accélération des procedures et les mesures provisoires", *op. cit.*, p. 456). Por seu turno, Maria João Mimoso salienta que, pese embora a redação anterior do art. 809º do NCPC não fizesse referência à existência de uma "contestação séria", a jurisprudência francesa vinha já entendendo que, mesmo que se verificasse uma contestação séria, esta não era impeditiva do recurso a esta providência cautelar (Mimoso, Maria João, *Arbitragem do Comércio Internacional – Medidas Provisórias e Cautelares, op. cit.*, p. 23). Confrontando os regimes dos arts. 808º, 1ª parte, e 809º, II, do NCPC, Rui Pinto assinala que, enquanto o art. 808º, 1ª parte, do NCPC exige um "segundo pressuposto para o decretamento do *référé provision*", isto é, que esteja em causa uma situação de urgência, já o art. 809º, II, do NCPC dispensa esse segundo pressuposto. Ainda de acordo com o aludido Autor, o art. 809º, nº 1, 2ª parte, permite o decretamento, a título especial, de uma providência cautelar de natureza antecipatória destinada a fazer face a uma "perturbação manifestamente ilícita", sem que seja necessária a verificação de uma ausência de contestação séria ou de uma situação de urgência (Pinto, Rui, *A Questão de Mérito na Tutela Cautelar – A Obrigação Genérica de não Ingerência e os Limites da Responsabilidade Civil, op. cit.*, pp. 196 a 203).
Já no que concerne ao direito comunitário, o art. 279º do TFUE preceitua que "O Tribunal de Justiça da União Europeia, nas causas submetidas à sua apreciação, pode ordenar as medidas provisórias necessárias". Para além disso, o art. 39º do ETJUE dispõe que "O Presidente do Tribunal de Justiça pode decidir, em processo sumário que derrogue, se necessário, certas disposições deste Estatuto e que é estabelecido no Regulamento de Processo, sobre os pedidos tendentes a obter a suspensão prevista no artigo 278º do Tratado sobre o Funcionamento da União Europeia e no artigo 157º do Tratado CEEA, a aplicação de medidas provisórias nos termos do artigo 279º do Tratado sobre o Funcionamento da União Europeia ou a suspensão da execução em conformidade com o disposto no quarto parágrafo do artigo 299º do Tratado sobre o Funcionamento da União Europeia ou no terceiro parágrafo do 164º do Tratado CEEA.". Neste particular, os arts. 160º a 166º do RPTJUE regulam a tramitação da providência cautelar de suspensão da execução e de outras medidas provisórias.

No ordenamento suíço, o art. 79º da LFPCF preceitua, a propósito das "*Mesures Provisionnelles*", que "*Le juge peut ordonner des mesures provisionnelles: a. pour protéger le possesseur contre tout acte d'usurpation ou de trouble et faire rentrer une partie en possession d'une chose indûment retenue; b. pour écarter la menace d'un dommage difficile à réparer, notamment le dommage résultant de la modification, avant l'introduction de la demande ou en cours d'instance, de l'état de choses existant.*". Analogamente, o art. 262º do $CPC_{Su.}$ determina que "*Le tribunal peut ordonner toute mesure provisionnelle propre à prévenir ou à faire cesser le préjudice, notamment les mesures suivantes: a. interdiction; b. ordre de cessation d'un état de fait illicite; c. ordre donné à une autorité qui tient un registre ou à un tiers; d. fourniture d'une prestation en nature; e. versement d'une prestation en argent, lorsque la loi le prévoit.*".

Por sua vez, o Código de Processo Civil do Cantão de Berna estabelece no seu art. 326º que "*Le juge peut ordonner une mesure provisoire, à titre conservatoire, quand un intéressé l'en requiert et établit d'une façon plausible qu'elle est nécessaire pour l'un ou l'autre des motifs suivants, savoir 1. pour prévenir tous changements essentiels à l'objet litigieux ou empêcher qu'on ne l'aliène une fois la demande déposée (art. 161, dernier al.); 2. pour garantir une possession menacée ainsi que pour rentrer en possession d'une chose indûment enlevée ou retenue; 3. pour garantir des droits échus dont l'objet consiste dans autre chose qu'une prestation d'argent ou de sûreté, quand en la demeure a il y aurait péril que ces droits ne fussent perdus ou que la réalisation n'en fût rendue notablement plus difficile, b l'ayant droit serait menacé d'un dommage ou préjudice important ou difficile à réparer*".

Na Letónia, o art. 137º, nº 1, do $CPC_{Let.}$ determina que, se existir alguma razão para se acreditar que a execução de uma decisão judicial poderá ser difícil ou mesmo impossível, o tribunal pode, mediante requerimento devidamente fundamentado, decretar uma medida cautelar para assegurar a eficácia dessa decisão. De todo o modo, tal só é admissível quando estejam em causa litígios de natureza patrimonial.

Na República Checa, o art. 76º, nº 1, do $CPC_{Rch.}$ determina que o tribunal pode decretar uma medida cautelar destinada, entre outras finalidades, a ordenar a parte a depositar uma soma em dinheiro ou uma coisa à ordem do tribunal, a impedir a parte de dispor de determinados bens ou direitos, bem como a ordenar a parte a fazer alguma coisa, a abster-se de fazer alguma coisa ou a sofrer alguma intervenção.

No processo civil brasileiro, o art. 297º do $CPC_{Br.2015}$ preceitua que "O juiz poderá determinar as medidas que considerar adequadas para efetivação da tutela provisória".

No ordenamento jurídico argentino, o art. 232º do $CPC_{Arg.}$ estabelece que "*Fuera de los casos previstos en los artículos precedentes, quien tuviere fundado motivo para temer que durante el tiempo anterior al reconocimiento judicial de su derecho, éste pudiere sufrir un perjuicio inminente o irreparable podrá solicitar las medidas urgentes que, según las circunstancias, fueren más aptas para asegurar provisionalmente el cumplimiento de la sentencia*".

No direito peruano, o art. 611º do $CPC_{Pe.}$ dispõe que "*El juez, atendiendo a la naturaleza de la pretensión principal y a fin de lograr la eficacia de la decisión definitiva, dicta providência cautelar en la forma solicitada o en la que considere adecuada, siempre que, de lo expuesto y la prueba presentada por el demandante, aprecie: 1. La verosimilitud del derecho invocado; 2. La necesidad de la emisión de una decisión preventiva por constituir peligro la demora del proceso o por cualquier otra razón justificable; 3. La razonabilidad de la medida para garantizar la eficacia de la pretensión* [...]".

Na Venezuela, o art. 585º do $CPC_{Ven.}$ determina que "*Las medidas preventivas establecidas en este Título las decretará el Juez, sólo cuando exista riesgo manifiesto de que quede ilusoria la ejecución del fallo y siempre que se acompañe un medio de prueba que constituya presunción grave de esta circunstancia y del derecho que se reclama*". Por sua vez, o art. 588º do $CPC_{Ven.}$ preceitua que "*En conformidad con el artículo 585 de este Código, el Tribunal puede decretar, en cualquier estado y grado de la causa, las siguientes medidas: 1° El embargo de bienes muebles; 2° El secuestro de bienes determinados; 3° La prohibición de enajenar y gravar bienes inmuebles. Podrá también el Juez acordar cualesquiera disposiciones complementarias para asegurar la efectividad y resultado de la medida que hubiere decretado. Parágrafo Primero: Además de las medidas preventivas anteriormente enumeradas, y con estricta sujeción a los requisitos previstos en el artículo 585, el Tribunal podrá acordar las providencias cautelares que considere adecuadas, cuando hubiere fundado temor de que una de las partes pueda causar lesiones graves o de difícil reparación al derecho de la otra. En estos casos para evitar el daño, el Tribunal podrá autorizar o prohibir la ejecución de determinados actos, y adoptar las providencias que tengan por objeto hacer cesar la continuidad de la lesión (...)*".

Na Colômbia, o art. 590º, nº 1, al. *c)*, do CGP estabelece que "*En los procesos declarativos se aplicarán las siguientes reglas para la solicitud, decreto, práctica, modificación, sustitución o revocatoria de las medidas cautelares: (...) c) Cualquiera otra medida que el juez encuentre razonable para la protección del derecho objeto del litigio, impedir su infracción o evitar las consecuencias derivadas de la misma, prevenir daños, hacer cesar los que se hubieren causado o asegurar la efectividad de la pretensión. Para decretar la medida cautelar el juez apreciará la legitimación o interés para actuar de las partes y la existencia de la amenaza o la vulneración del derecho. Así mismo, el juez tendrá en cuenta la apariencia de buen derecho, como también la necesidad, efectividad y proporcionalidad de la medida y, si lo estimare procedente, podrá decretar una menos gravosa o diferente de la solicitada. El juez establecerá su alcance, determinará su duración y podrá disponer de oficio o a petición de parte la modificación, sustitución o cese de la medida cautelar adoptada. Cuando se trate de medidas cautelares relacionadas con pretensiones pecuniarias, el demandado podrá impedir su práctica o solicitar su levantamiento o modificación mediante la prestación de una caución para garantizar el cumplimiento de la eventual sentencia favorable al demandante o la indemnización de los perjuicios por la imposibilidad de cumplirla. No podrá prestarse caución cuando las medidas cautelares no estén relacionadas con pretensiones económicas o procuren anticipar materialmente el fallo*".

Do mesmo modo, o art. 275º do CPCMI determina que "*Podrán adoptarse las medidas cautelares cuando el Tribunal estime que son indispensables para la protección de un derecha y siempre que exista peligro de lesión o frustración del mismo por la demora del proceso. La existencia del derecho y el peligro de lesión o frustración deberán justificarse sumariamente*".

Na Arábia Saudita, o art. 233º do $CPC_{Arb.}$ dispõe que o tribunal pode decretar medidas urgentes e provisórias quando o decurso do tempo possa afetar a efetividade do direito. Nesse caso, essas medidas não têm qualquer força vinculativa em relação à decisão a ser proferida na ação principal, independentemente do facto de a instância cautelar ter sido iniciada antes ou na pendência da ação principal.

No direito inglês, é possível adotar, a título cautelar, *interim injunctions* ou *interlocutory injunctions*. Assim, as *interim injunctions* são medidas com um carácter provisório, as quais produzem os seus efeitos durante um período de tempo determinado. Por sua vez, as *interlocutory injunctions* são medidas provisórias adotadas antes de o tribunal produzir e valorar as provas produzidas pelas partes (Guayo Castiella, Iñigo del, *Judicial Review y Justicia Cautelar, op. cit.*, p. 86). De acordo com este Autor, a concessão de uma *interlocutory injunction* fica normalmente dependente da obrigação de prestação de uma caução destinada a indemnizar os danos que essa medida possa vir a causar ao requerido no caso de a mesma acabar por se revelar injustificada.

No ordenamento jurídico norte-americano, a regra 64 (a) das FRCP dispõe que "*At the commencement of and throughout an action, every remedy is available that, under the law of the state where the court is located, provides for seizing a person or property to secure satisfaction of the potential judgment. But a federal statute governs to the extent it applies*". Por sua vez, a regra 64, (b), das FRCP estabelece que "*The remedies available under this rule include the following — however designated and regardless of whether state procedure requires an independent action: arrest; attachment; garnishment; replevin; sequestration; and other corresponding or equivalent remedies*".

Por sua vez, de acordo com o nº 2 do citado preceito legal, o interesse do requerente pode fundar-se num direito já existente ou num direito emergente de uma decisão a ser proferida em ação constitutiva, já proposta ou a propor.

A tutela cautelar prevista no art. 362º, nº 1, reveste uma natureza comum ou inominada, na medida em que se aplica a todas as situações em que se pretenda acautelar o risco de uma lesão e para as quais a lei não preveja um procedimento cautelar específico.

É o que sucede, por exemplo, com a providência cautelar que tenha por finalidade:

- a intimação do requerido, como preliminar de uma ação de execução específica de um contrato-promessa de compra e venda, no sentido de se abster de vender um prédio a um terceiro[469];
- a intimação do requerido, como preliminar de uma ação de demarcação, de se abster de realizar qualquer tipo de trabalho ou obra, tanto no prédio do requerente, como no do requerido, que seja suscetível de comprometer o efeito útil da sentença a ser proferida na ação de demarcação, mantendo-se, assim, inalterada a configuração dos prédios na zona onde os mesmos confinam[470];

No ordenamento jurídico chinês, o art. 92º da LPC dispõe que, se se tornar impossível ou difícil executar uma decisão judicial, por causa dos atos praticados por uma das partes ou por outras razões, o tribunal pode, oficiosamente ou a requerimento da parte contrária, ordenar a adoção de medidas conservatórias, as quais devem limitar-se a acautelar o efeito útil dessa sentença.
O princípio 8.1 dos Princípios e Regras do Processo Civil Transnacional determina que "*The court may grant provisional relief when necessary to preserve the ability to grant effective relief by final judgment or to maintain or otherwise regulate the status quo. Provisional measures are governed by the principle of proportionality. An injunction may require disclosure of assets wherever located.*" (ALI/UNIDROIT, *Draft Principles of Transnational Civil Procedure with Comments, prepared by Professors G. C. Hazard, Jr., R. Stürner, M. Taruffo and A. Gidi*, Roma, fevereiro 2004, p. 17). Analogamente, a regra 17.1 das Regras do Processo Civil Transnacional dispõe que "*The court may issue an injunction to restrain or require conduct of a person when necessary to preserve the ability to grant effective relief by final judgment or to maintain or otherwise regulate the status quo. The grant or extent of the remedy is governed by the principle of proportionality*" (ALI/UNIDROIT, *Draft Rules of Transnational Civil Procedure with Comments, prepared by Professors G. C. Hazard, Jr., R. Stürner, M. Taruffo and A. Gidi*, Roma, fevereiro 2004, p. 14).

[468] Partindo do princípio de que a função da tutela cautelar traduz-se na necessidade de se assegurar a efetividade de um direito ameaçado, Rui Pinto sustenta que a tutela cautelar constitui, ela mesmo, um modo de composição de litígios, ou seja, a tutela cautelar é uma ação ou processo de exercício da função jurisdicional (PINTO, Rui, *A Questão de Mérito na Tutela Cautelar – A Obrigação Genérica de não Ingerência e os Limites da Responsabilidade Civil, op. cit.*, p. 322).

[469] Ac. do TRP de 26.10.2017, proc. 644/16.9T8PVZ.P2.

[470] Ac. do TRG de 26.10.2017, proc. 3346/16.2T8GMR-B.G1.

- a intimação de um dos requeridos no sentido de se abster de acionar uma garantia bancária *on first demand* e de o outro requerido se coibir de proceder ao pagamento de qualquer quantia ao abrigo de tal garantia[471];
- a suspensão da realização de uma assembleia geral de uma sociedade, tendo como ponto da ordem de trabalhos a destituição, com justa causa, dos membros do respetivo conselho de administração[472];
- a suspensão do requerido, que se recusa a assinar cheques e outros documentos necessários à vinculação de uma sociedade, da sua qualidade de sócio gerente dessa sociedade e a nomeação do requerente como representante especial da sociedade, por forma a se permitir que esta continue a prosseguir o seu objeto social[473].

2. Requisitos

A concessão de uma providência cautelar depende da probabilidade séria da existência do direito e de se mostrar suficientemente fundado o receio da sua lesão (art. 368º, nº 1)[474].

Vale isto por dizer que a providência cautelar será decretada se o tribunal, uma vez efetuada uma apreciação sumária e liminar do direito invocado pelo requerente e da prova por ele produzida[475,476,477], considerar, de forma

[471] Ac. do TRL de 08.09.2015, proc. 74/14.7T8LSB.L1-7. Contudo, neste aresto, decidiu-se confirmar uma decisão de revogação dessa providência cautelar, após a dedução de oposição pelos requeridos, por se entender que "pretendendo o devedor lançar mão de medidas cautelares destinadas a impedir o beneficiário de receber a garantia, o êxito final dessas medidas, que constituem, inquestionavelmente, um excepcional meio de defesa, dependerá da prova inequívoca do comportamento manifestamente fraudulento ou abusivo do beneficiário".

[472] Ac. do TRG de 11.07.2017, proc. 5912/11.3TBBRG-C.G1.

[473] Ac. do TRG de 14.05.2015, proc. 510/14.2T8VNF.G1.

[474] Redenti, Enrico/Vellani, Mario, *Diritto Processuale Civile*, vol. III, *op. cit.*, p. 127. Cfr., no mesmo sentido, Ortells Ramos, Manuel, "Verso un nuovo processo civile in Spagna: l'«Anteproyecto» di legge sul processo civile del 1997", *in RTDPC*, ano LI, Giuffrè Editore, Milão, 1998, p. 1015, Chiovenda, Guiseppe, *Principios de Derecho Procesal Civil*, tomo I, *op. cit.*, p. 263, bem como Pisani, Andrea Proto, *Lezioni di Diritto Processuale Civile*, *op. cit.*, p. 637.

[475] De acordo com Marco Rossi, o juiz, na apreciação dos requisitos de que depende o decretamento da providência cautelar, não se encontra vinculado a qualquer meio probatório específico. Na realidade, é a natureza urgente da tutela cautelar que justifica a liberdade de forma e dos meios processuais utilizáveis (Rossi, Marco, *La Prova Civile – Questioni Processuali*, Giuffrè Editore, Milão, 2009, p. 208).

[476] Cfr., a este propósito, os acs. do TRL de 06.11.1990, proc. 0034491, e de 16.06.1994, proc. 0064446.

[477] No sentido de recair sobre o requerente da providência cautelar o ónus da prova quanto ao preenchimento dos respetivos pressupostos processuais (arts. 3º, nº 1, e 5º, nº 1), não podendo o tribunal substituir-se-lhe a essa função, *vide* o ac. do STJ de 01.06.1999, proc. 371/99, *in SASTJ*, ano

fundamentada[478], que se verifica a séria probabilidade de existência desse direito e de um perigo que ameace, de forma grave e irreparável ou de difícil reparação, a sua satisfação[479,480].

Em todo o caso, a providência cautelar só pode ser concedida se o requerente não tiver ao seu alcance um outro meio processual menos gravoso que lhe permita proteger, de igual forma, o direito que pretende acautelar.

Por conseguinte, o decretamento de uma providência cautelar não especificada, enquanto medida destinada à tutela provisória de um direito[481] e à sua efetivação prática, só é admissível quando se verifique o preenchimento cumulativo dos seguintes requisitos processuais: *fumus boni iuris*, *periculum in mora*, interesse processual e proporcionalidade da providência[482,483,484].

1999, com o seguinte sumário: "O art. 384º, nº 1, do CPC, impõe a justificação do receio de lesão, ou seja, a alegação de matéria de facto reveladora dos riscos que aconselham uma providência imediata. Por outro lado, prevê-se o ónus do oferecimento de prova sumária do direito ameaçado. Esse ónus de prova não pode desligar-se do antecipado cumprimento do ónus de alegação, o que significa que o requerimento inicial deve conter todos os factos integradores dos elementos constitutivos do direito à obtenção da tutela cautelar requerida".

478 Cfr., a este respeito, a sentença nº 144/1990, de 26 de setembro, do $TC_{Es.}$, *in BOE*, nº 254, de 23.10.1990, na qual se considerou que a decisão judicial que tiver decretado uma determinada providência cautelar viola o direito constitucional de obtenção de uma tutela judicial efetiva se dela não constar a motivação ou fundamentação de direito subjacente a essa decisão. Quanto ao dever de fundamentação da decisão de decretamento da providência cautelar, Gianni Bellagamba e Giuseppe Cariti sustentam que a motivação deve ser sintética e de forma a não influenciar o futuro juízo de mérito (Bellagamba, Gianni/Cariti, Giuseppe, *I Procedimenti Cautelari e Possessori – Rassegna della Giurisprudenza sulla Nuova Disciplina*, 5ª ed., Giuffrè Editore, Milão, 2010, p. 58).

479 Cfr. o ac. do TRL de 09.06.1994, proc. 0066346.

480 Trata-se, com efeito, do exercício de um ato de *discricionariedade judicial*, já que o julgador, pese embora tenha alguma liberdade de julgamento e de apreciação quanto aos critérios de que a lei faz depender a concessão da providência cautelar, atua sempre *secundum legem* (Calderon Cuadrado, Maria Pia, *Las Medidas Cautelares Indeterminadas en el Proceso Civil*, *op. cit.*, p. 184).

481 Fundamentalmente, a provisoriedade da providência cautelar decorre não só do facto de permitir uma tutela jurisdicional distinta daquela que é garantida pela ação principal, como também pela substituição da medida concretamente decretada pela tutela que vier a ser obtida na ação principal.

482 Cfr., a este propósito, Calamandrei, Piero, *Introduzione allo Studio Sistematico dei Provvedimenti Cautelari*, Pádua, Cedam, 1936, p. 63. *Vide*, na jurisprudência, o ac. do STJ de 05.03.1974, proc. 065050, *in BMJ*, 235º, ano 1974, p. 199, o ac. do STJ de 22.03.1974, proc. 065165, *in BMJ*, 235º, ano 1974, p. 237, o ac. do STJ de 23.05.1974, *in BMJ*, 235º, p. 237, o ac. do STJ de 18.12.1979, *in BMJ*, 292º, p. 338, o ac. do STJ de 15.01.1980, *in BMJ*, 293º, p. 230, o ac. do STJ de 15.04.1980, *in BMJ*, 296º, p. 206, o ac. do TC de 14.05.1987, *in BMJ*, 367º, p. 233, o ac. do STJ de 09.03.1988, proc. 001874, o ac. do STJ de 11.07.1989, proc. 076958, o ac. do TRP de 23.10.1990, *in BMJ*, 400º, p. 736, o ac. do STJ de 20.12.1990, proc. 079712, *in BMJ*, 402º, ano 1991, p. 567, o ac. do TRL de 15.01.1991, proc. 0039601, o ac. do TRP de 04.04.1991, *in BMJ*, 406º, p. 726, o ac. do STJ de 23.04.1991, proc. 080488, o ac. do TRE de 16.05.1991, *in CJ*, tomo III, 1991, p. 287, o ac. do STJ de 06.06.1991, *in BMJ*, 408º, p. 673, o

ac. do TRL de 09.04.1992, proc. 0058462, o ac. do STJ de 15.05.1992, proc. 082169, o ac. do TRP de 02.07.1992, proc. 9250089, o ac. do STJ de 10.12.1992, proc. 083226, o ac. do TRP de 03.05.1993, proc. 9230922, o ac. do STJ de 20.05.1993, proc. 083815, o ac. do TRL de 21.04.1994, proc. 0084912, o ac. do STJ de 20.09.1994, proc. 085639, o ac. do TRL de 06.11.1994, proc. 0092052, o ac. do TRL de 16.02.1995, proc. 0079716, o ac. do STJ de 08.02.1996, proc. 088153, o ac. do STA de 07.03.1996, *in BMJ*, 455º, p. 276, o ac. STJ de 28.03.1996, *in BMJ*, 455º, p. 413, o ac. do STJ de 24.10.1996, proc. 496/96, *in SASTJ*, ano 1996, p. 186, o ac. do STJ de 12.11.1996, proc. 677/96, *in SASTJ*, ano 1996, p. 210, o ac. do TRP de 10.12.1996, proc. 9621053, o ac. do TRL de 20.03.1997, proc. 0010876, o ac. do STJ de 08.04.1997, proc. 96A940, *in BMJ*, 466º, ano 1997, p. 435, o ac. do STJ de 28.05.1997, proc. 97B267, o ac. do STJ de 11.11.1997, *in BMJ*, 471º, p. 304, o ac. do TRL de 12.02.1998, *in CJ*, tomo I, p. 120, o ac. do TRP de 05.05.1998, proc. 9721187, o ac. do TRC de 02.02.1999, proc. 1455/98, o ac. do STJ de 28.11.1999, *in CJSTJ*, tomo III, p. 42, o ac. do STJ de 19.12.2001, proc. 01A2731, o ac. do TRP de 04.11.2002, proc. 0250979, o ac. do TRC de 28.10.2003, proc. 2712/03, o ac. do TRC de 21.09.2004, proc. 963/04, o ac. do TRP de 30.06.2005, proc. 0533561, o ac. do TRE de 09.03.2006, proc. 1957/05-2, o ac. do TRL de 18.10.2006, proc. 6799/2006-4, o ac. do TRE de 24.05.2007, proc. 328/07-3, o ac. do TRL de 28.06.2007, proc. 1437/2007-6, o ac. do TRL de 15.05.2008, proc. 3326/2008-6, o ac. do TRE de 18.09.2008, proc. 1403/08-2, o ac. do TRC de 30.09.2008, proc. 1387/08.2TBLRA-A.C1, o ac. do TRE de 20.11.2008, proc. 2002/08-3, o ac. do TRL de 27.07.2009, proc. 1004/07.8TYLSB.L1-8, o ac. do TRL de 15.04.2010, proc. 14881/09.9T2SNT-A.L1-6, o ac. do TRC de 13.11.2012, proc. 460/12.7T2ILH.C1, o ac. do TCAS de 19.01.2017, proc. 13717/16, o ac. do TRL de 05.07.2018, proc. 5243/18.8T8LSB-A.L1-2, e o ac. do STJ de 09.04.2019, proc. 7/19.4YFLSB. Cfr., na jurisprudência italiana, a sentença do Tribunal de Nápoles de 29.11.2005, *apud* BRANDOLINI, Elena/FRANCAVIGLIA, Rosa, *I provvedimenti d'urgenza in sede civile ed in sede amministrativa*, *op. cit.*, pp. 22 e 23, na qual se consignou que "(...) *il provvedimento d'urgenza ex art. 700 c.p.c. esige, come ogni altro provvedimento cautelare, la contemporanea sussistenza del fumus boni iuris (vale a dire l'approssimativa verosimiglianza dell'esistenza del diritto di cui si chiede la tutela) e del periculum in mora (cioè la sussistenza di un pericolo di pregiudizio imminente ed irreparabile al quale il ritardo può esporre il diritto medesimo): è chiaro, quindi, che mancando uno dei suddetti requisiti, il giudice adito non può concedere l'invocata tutela*".

[483] No sentido de, no direito espanhol, os requisitos para o decretamento das providências cautelares se reconduzirem ao *periculum in mora*, ao *fumus boni iuris* e à caução (embora este pressuposto não assuma um carácter habitual), *vide* CALDERON CUADRADO, Maria Pia, *Las Medidas Cautelares Indeterminadas en el Proceso Civil*, *op. cit.*, p. 41, CUCARELLA GALIANA, Luís-Andrés, "Arbitrato e tutela cautelar in Spagna: prospettive di riforma", *in RTDPC*, ano LII, Giuffrè Editore, Milão, 1998, p. 631, bem como MIMOSO, Maria João, *Arbitragem do Comércio Internacional – Medidas Provisórias e Cautelares*, *op. cit.*, pp. 38 e 39. Por sua vez, de acordo com MONTERO AROCA, Juan, *et al.*, *El Nuevo Proceso Civil (Ley 1/2000)*, *op. cit.*, p. 837, existem dois tipos de requisitos inerentes às providências cautelares: requisitos para a adoção de medidas cautelares (*fumus boni iuris* e *periculum in mora*) e requisitos para a execução da providência cautelar (necessidade de prestação de caução). Já para Alfredo Gozaíni, os requisitos necessários para o decretamento de uma providência cautelar são de dois tipos: requisitos objetivos, ou seja, a verosimilhança do direito e o perigo na demora, e um requisito subjetivo, consubstanciado na contracautela (ALFREDO GOZAÍNI, Osvaldo, *Derecho Procesal Civil: tomo I (Teoría General del Derecho Procesal)*, vol. II, *op. cit.*, p. 801). *Vide*, no mesmo sentido, G. ZAMBIAZZO, Mauricio, "Otros aspectos de la anticipación de tutela (Una contribución a

Significa isto que o juiz deve indeferir a providência cautelar se considerar que a mesma é infundada, o que poderá suceder quando "as alegações e provas produzidas pelo requerido, ao aduzir factos impeditivos, modificativos ou extintivos, desvirtuam os pressupostos apresentados pelo requerente da providência" ou quando o requerente "não tiver acreditado suficientemente os requisitos para a concessão da providência, ou em caso de falta material dos mesmos"[485,486].

la oportunidad en la solución jurisdiccional a pretensiones urgentes)", *op. cit.*, p. 106, bem como RAMIRO PODETTI, J., *Derecho Procesal Civil, Comercial y Laboral – Tratado de las Medidas Cautelares*, IV, *op. cit.*, pp. 69 e 70.

[484] Comparativamente com o regime previsto no processo civil, o art. 120º do CPTA faz depender o decretamento de uma providência cautelar de três requisitos cumulativos: o *periculum in mora*, o *fumus boni iuris* e o facto de o não decretamento da providência implicar para o requerente um prejuízo superior ao que resultaria do seu decretamento para o interesse público (*vide*, a este propósito, VENTURA, Sofia, "Decretamento provisório de providências cautelares no contencioso administrativo", *in RDPR*, nº 5, março 2010, p. 109, ROQUE, Miguel Prata, "A urgência tem limites (!). Breve apontamento sobre os poderes do juiz cautelar [Anotação ao ac. do TCA-Sul de 28/10/2004, P. 273/04]", *in CJA*, nº 50, março-abril 2005, p. 51, e FLORA, Cristina, "A adopção de medidas cautelares a favor dos contribuintes pelos tribunais fiscais nacionais no âmbito do direito europeu", *op. cit.*, pp. 176 e 177). De todo o modo, conforme assinala Tiago Amorim, o art. 120º, nº 1, al. *a)*, do CPTA permite ao tribunal decretar a providência cautelar concretamente requerida quando seja evidente a procedência da pretensão, isto é, sem que se torne necessário o preenchimento do *fumus boni iuris* e do *periculum in mora* (AMORIM, Tiago Meireles de, "As providências cautelares do CPTA: Um primeiro balanço", *in CJA*, nº 47, setembro-outubro 2004, p. 41). Na mesma linha de raciocínio, Isabel Fonseca salienta que, nesse caso, "existindo uma evidência de procedência da pretensão formulada ou a formular no processo principal, a adopção da providência cautelar, seja ela conservatória ou antecipatória, depende só dessa evidência ou aparência qualificada de bom direito (= *fumus boni iuris* qualificado)". Não existindo essa evidência, então aplicam-se os pressupostos gerais, ou seja, dois positivos (o *periculum in mora* e o *fumus boni iuris*) e um negativo, consubstanciado no não excesso do dano emergente da decretação da providência, após a ponderação dos interesses públicos e privados em presença (FONSECA, Isabel Celeste M., "O contencioso dos contratos da Administração Pública – Notas sobre um domínio do contencioso administrativo de feição muito urgente", *in Estudos em Homenagem ao Professor Doutor Marcello Caetano no Centenário do seu Nascimento*, vol. I, Coimbra Editora, Coimbra, 2006, p. 531).

[485] CALDERON CUADRADO, Maria Pia, *Las Medidas Cautelares Indeterminadas en el Proceso Civil*, *op. cit.*, pp. 248 e 249. Cfr., a este respeito, o ac. do TRE de 13.09.2012, proc. 706/12TBLLE-A.E1.

[486] Neste particular, Alberto Álvarez defende que, estando preenchidos os requisitos de que a lei faz depender a concessão da providência cautelar, o juiz não pode optar por conceder ou não a providência cautelar, já que está vinculado a decretá-la. Na verdade, esse poder do juiz, embora dependa de um alto grau de subjetividade na apreciação dos referidos requisitos, não é discricionário (ALBERTO ÁLVAREZ, Tulio, *Procesos Civiles Especiales Contenciosos*, *op. cit.*, p. 83). Cfr., no mesmo sentido, BEDAQUE, José Roberto dos Santos, *Poderes Instrutórios do Juiz*, 4ª ed. rev. atu. e aum., Editora Revista dos Tribunais, 2009, p. 149.

2.1. *Fumus boni iuris*

2.1.1. Âmbito

O recurso à tutela cautelar implica, desde logo, que o requerente se arrogue titular de um direito[487], o qual se encontre em risco de sofrer uma lesão grave e irreparável ou de difícil reparação[488,489]. O mesmo é dizer que só é admissível o decretamento de uma providência cautelar desde que seja provável a existência de um direito que careça de tutela urgente[490,491].

[487] Quanto ao "princípio da tutela provisória da aparência", na aceção do qual a mera invocação de um direito é suficiente para a parte mover um processo judicial, *vide* MENDES, João de Castro, *Direito Processual Civil*, vol. I, *op. cit.*, p. 237. Com efeito, de acordo com Castro Mendes, o facto de as providências cautelares não se fundarem na existência efetiva de um direito, mas antes na mera aparência de um determinado direito subjetivo, constitui um exemplo inequívoco da possibilidade de existência de ação sem que lhe corresponda um direito material correlativo (MENDES, João de Castro, *O Direito de Acção Judicial. Estudo de Processo Civil*, Universidade de Lisboa, 1959, p. 20). *Vide*, a este propósito, o ac. do STJ de 08.04.1969, proc. 062658, *in BMJ*, 186º, ano 1969, p. 150, no qual se decidiu que "O direito, a cuja probabilidade séria de existência o nº 1 do artigo 401º do Código de Processo Civil se refere, é o direito subjectivo invocado pelo requerente de providência cautelar; não é o direito objectivo, que é uma realidade e nunca uma probabilidade".

[488] Cfr. os acs. do TRL de 18.10.2006, proc. 6799/2006-4, e de 23.05.2007, proc. 575/2007-4, segundo os quais apenas as lesões graves e irreparáveis ou de difícil reparação merecem a tutela consentida pelo procedimento cautelar comum. *Vide*, no mesmo sentido, QUERZOLA, Lea, "La tutela cautelare nella riforma del processo amministrativo: avvicinamento o allontanamento dal processo civile", *in RTDPC*, ano LV, Giuffrè Editore, Milão, 2001, p. 182.

[489] Conforme assinala José María Herrán, se, por vezes, este pressuposto fica preenchido com a mera invocação da titularidade de um determinado direito (designadamente nos casos em que estejam em causa providências conservatórias), já em outras situações, pode tornar-se necessária a acreditação da existência desse direito (o que sucede, nomeadamente, nas providências antecipatórias) – MARÍA HERRÁN, José, "El derecho ambiental y las medidas cautelares", *in Cuaderno del Departamento de Derecho Procesal y Prática Profesional*, nº 8, Universidad Nacional de Córdoba, Alveroni Ediciones, Córdoba, Argentina, 2005, p. 150.

[490] Tal como denota Palma Carlos, a lei não exige que o direito que se pretende acautelar exista efetivamente. Pelo contrário, o que é relevante é que da matéria de facto alegada pelo requerente da providência cautelar se possa extrair a conclusão de que ele "pode ser titular do direito de que se arroga". "A não ser assim" – assinala o referido Autor – "a própria pretensão processual ficaria decidida em face do que se resolvesse no processo preventivo" (CARLOS, Adelino da Palma, "Procedimentos cautelares antecipadores", *op. cit.*, p. 242). *Vide*, no mesmo sentido, o ac. do STJ de 19.03.1992, proc. 081889, o ac. do TRE de 22.03.2012, proc. 2951/11.8TBEVR.E1, o ac. do TRE de 20.10.2016, proc. 185/16.4T8ODM.E1, bem como o ac. do TRL de 11.10.2018, proc. 2407/18.8T8FNC.L1-2. A este propósito, Vecina Cifuentes salienta que a preocupação do legislador processual ao longo dos anos tem sido a de omitir qualquer referência ao *fumus boni iuris*, concentrando antes a sua atenção sobre o *periculum in mora* (VECINA CIFUENTES, Javier, "La trascendencia del *fumus boni iuris* como presupuesto de las medidas cautelares. Especial consideración a los procesos administrativo y constitucional. (A propósito del Auto del Tribunal Constitucional de 1 de diciembre de 1993)", *in RDP*, nº 1, Madrid, 1995, p. 260).

[491] Neste particular, Mário Aroso de Almeida assinala que o requisito do *fumus boni iuris* constitui um importante "factor de aperfeiçoamento da tutela cautelar" (ALMEIDA, Mário Aroso de, "Medidas cautelares no ordenamento contencioso. Breves notas", *in DJ*, vol. XI, Lisboa, 1997, p. 147).

Contudo, a demonstração da titularidade desse direito de acordo com as garantias próprias do processo equitativo (*due process of law*) e com as exigências necessárias à formação de um juízo de convicção plena não se compadece com a celeridade e a urgência inerentes à tutela cautelar[492].

Por via disso, por razões que se prendem com os limites intrínsecos decorrentes da sumariedade da cognição cautelar[493], para que a providência possa ser deferida é suficiente um juízo de mera aparência do direito (arts. 365º, nº 1, 368º, nº 1, 388º, nº 2, 392º, nº 1, e 405º, nº 1)[494], ou seja, basta que se encontre indiciariamente provado[495,496] que o direito do requerente existe e que está em risco de ser violado (arts. 362º, nº 1, 365º, nº 1, 368º, nº 1, 391º, nº 1, 392º, nº 1, 403º, nº 1, e 405º, nº 1)[497,498], sendo, por isso, provável que venha a obter

[492] *Vide*, no mesmo sentido, DINAMARCO, Cândido Rangel, *Nova Era do Processo Civil, op. cit.*, p. 63, MARTINS, Ana Gouveia, *A Tutela Cautelar no Contencioso Administrativo (Em Especial, nos Procedimentos de Formação dos Contratos), op. cit.*, p. 51, e BELEZA, Maria dos Prazeres Pizarro, "Procedimentos cautelares", *op. cit.*, p. 1503.

[493] MONTESANO, Luigi/ARIETA, Giovanni, *Diritto Processuale Civile*, III, *op. cit.*, p. 345. *Vide*, quanto à sumariedade associada à cognição na tutela cautelar, a sentença do Tribunal de Milão de 22.09.2005, *apud* FIORUCCI, Fabio, *I Provvedimenti d'Urgenza ex Art. 700 C.P.C., op. cit.*, p. 15, na qual se decidiu que "*Il procedimento cautelare si caratterizza per la pienezza del comando giudiziale anticipatore della sentenza di mérito, pur comportando sommarietà dell'accertamento, ridotta possibilità di contraddittorio e particolare celerità. La sommarietà delle fasi tale procedimento può essere giustificata solo dalla chiara accoglibilità della domanda: in tutti i casi in cui non esiste tale evidenza, la pretesa non può essere esaminata se non secondi i modelli istituzionalmente ordinari*".

[494] Cfr., a este propósito, CALDERON CUADRADO, Maria Pia, *Las Medidas Cautelares Indeterminadas en el Proceso Civil, op. cit.*, p. 160, SOUSA, Miguel Teixeira de, *Estudos sobre o Novo Processo Civil, op. cit.*, p. 233, FREITAS, José Lebre de/ALEXANDRE, Isabel, *Código de Processo Civil Anotado*, vol. II, *op. cit.*, p. 39, MARQUES, J. P. Remédio, *Acção Declarativa à Luz do Código Revisto, op. cit.*, p. 144, ALMEIDA, Francisco Manuel Lucas Ferreira de, *Direito Processual Civil, op. cit.*, p. 206, RODRIGUES, Fernando Pereira, *O Novo Processo Civil: Os Princípios Estruturantes*, Almedina, Coimbra, 2013, p. 226, THEODORO JÚNIOR, Humberto, *Curso de Direito Processual Civil*, vol. II, *op. cit.*, p. 496, ARIANO DEHO, Eugenia, *Problemas del Proceso Civil, op. cit.*, p. 663, DIANA, Antonio Gerardo, *Procedimenti Cautelari e Possessori, op. cit.*, p. 11, ARAZI, Roland, *Medidas Cautelares, op. cit.*, p. 7, bem como RIBEIRO, Darci, "Aspectos relevantes da teoria geral da ação cautelar inominada", *in Justitia*, nº 59, São Paulo, janeiro-março 1997, p. 78.

[495] *Vide*, quanto ao âmbito da prova indiciária, o ac. do STJ de 04.10.2000, proc. 1986/00, *in SASTJ*, ano 2000, no qual se decidiu que a prova indiciária reconduz-se à prova da existência provável e verosímil dos requisitos legais de que depende o decretamento de uma providência cautelar.

[496] Quanto à problemática da apreciação e da prova dos "factos difusos" ou "meramente indiciários", *vide* CARVALHO, Maria Clara Calheiros de, "Prova e verdade no processo judicial – Aspectos epistemológicos e metodológicos", *in RMP*, ano 29, nº 114, abril-junho 2008, pp. 78 a 80.

[497] Tal como salienta Calamandrei, na lei processual, existem alguns casos em que é a própria lei a contrapor a verosimilhança à verdade, isto é, antes do juízo definitivo acerca da verdade de um determinado facto, a lei basta-se com a verosimilhança desse facto para permitir a produção de determinados efeitos processuais (CALAMANDREI, Piero, *Estudios sobre el Proceso Civil, op. cit.*, p. 322).

êxito na ação principal de que a providência cautelar, em regra, depende[499]. Em suma, "não se exige uma prova da realidade jurídica, mas apenas manifestações externas; não se requer um direito certo, mas um direito aparente; um *fumus boni iuris*"[500,501].

Por essa exata razão, salvo se pedir a inversão do contencioso, o requerente da providência cautelar deve identificar a ação que vai propor, permitindo, desse modo, que o juiz valore a probabilidade de acolhimento, em sede principal, do direito que o requerente pretende acautelar, e controle a efetiva instrumentalidade da providência[502,503,504]. Sacrifica-se, pois,

[498] *Vide*, a este propósito, o ac. do STJ de 28.10.1993, proc. 084219, o ac. do STJ de 23.09.1997, proc. 97A465, bem como o ac. do TRP de 27.02.1996, proc. 9521217. Cfr., na doutrina, Luigi Montesano e Giovanni Arieta, segundo os quais o juiz deve formar uma simples "opinião de credibilidade" sobre a existência do direito invocado que seja suficiente para decidir pela concessão ou pela rejeição da tutela cautelar, sendo certo que semelhante juízo, seja ele positivo ou negativo, não produz qualquer efeito vinculativo em relação ao sentido da decisão a ser proferida no processo principal (Montesano, Luigi/Arieta, Giovanni, *Diritto Processuale Civile*, III, *op. cit.*, p. 345), bem como Martins, Ana Gouveia, *A Tutela Cautelar no Contencioso Administrativo (Em Especial, nos Procedimentos de Formação dos Contratos)*, *op. cit.*, p. 42, e Sebastián Otones, Milagros, "Las medidas cautelares: Su regulación en la Ley 1/2000", *op. cit.*, p. 1710.

[499] Cfr., no mesmo sentido, o ac. do STJ de 19.03.1992, proc. 081889, o ac. do STJ de 10.11.1993, proc. 083783, o ac. do STJ de 12.05.1994, proc. 085122, o ac. do TRP de 14.06.1994, proc. 9450047, bem como o ac. do STJ de 06.05.1998, proc. 242/97, *in SASTJ*, ano 1998.

[500] Couture, Eduardo J., *Estudios de Derecho Procesal Civil*, tomo III, Ediar, Buenos Aires, 1950, p. 280.

[501] Diversamente, no ordenamento jurídico chileno, o art. 298º do $CPC_{Ch.}$ determina que, para que a providência cautelar possa ser decretada, é necessário que o requerente faça acompanhar a petição inicial de elementos probatórios que constituam uma "presunção grave do direito que se reclama" Neste particular, Calvet Botella sustenta que a providência cautelar só pode ser decretada "quando o direito lesado que se pretende acautelar apareça não só como provável, mas também como qualificadamente provável" (Calvet Botella, Julio, "Medidas cautelares civiles", *op. cit.*, p. 450).

[502] Cfr., no mesmo sentido, Mascia, Alberto, *I Procedimenti Cautelari*, Wolters Kluwer Italia, 2008, p. 16, Cesiano, David, *La Tutela Cautelare in Tema di Marchi e di Concorrenza Sleale*, 2ª ed., Editrice Le Fonti, Milão, 2008, p. 128, Consolo, Claudio, *et al.*, *Commentario alla Riforma del Processo Civile*, Giuffrè Editore, Milão, 1996, p. 578, Buonfardieci, Maria Caterina, *et al.*, *Provvedimenti Cautelari nel Processo*, *op. cit.*, p. 42, Grasselli, Giorgio, *L'Istruzione Probatoria nel Processo Civile Riformato*, 2ª ed., Cedam, 2000, p. 720, Querzola, Lea, "Il contenuto del ricorso cautelare: brevi spunti tratti dalla giurisprudenza successiva alla riforma", *in RTDPC*, ano LIV, Giuffrè Editore, Milão, 2000, pp. 649 e 650, Tommaseo, Ferruccio, "Provvedimenti d'urgenza", *op. cit.*, p. 870, Gaio Júnior, Antônio Pereira, *Direito Processual Civil*, vol. 2, *op. cit.*, p. 274, e Abreu, Eridano de, "Das providências cautelares não especificadas", *op. cit.*, p. 113. Cfr., na jurisprudência, o ac. do TRP de 10.03.1998, proc. 9341126, o ac. do TRL de 06.12.2011, proc. 1652/11.1TJLSB.L1-7, bem como o ac. do TRL de 09.10.2014, proc. 10138/14.1T2SNT.L1-6. *Vide*, em sentido contrário, Geraldes, António Santos Abrantes, *Suspensão de Despedimento e Outros Procedimentos Cautelares no Processo do Trabalho*, *op. cit.*,

p. 118, segundo o qual deve apenas transparecer do requerimento com que se inicia o procedimento cautelar "que a medida pretendida constitui a preparação de uma providência final", já que não é formalmente necessária a indicação expressa da ação que se pretende intentar, bem como o ac. do TRL de 27.11.1940, *in GRL*, 54º, p. 247, o ac. do TRP de 11.10.1994, *in CJ*, tomo IV, 1994, p. 206, e o ac. do TRG de 17.05.2007, proc. 727/07-1.

503 Cfr., no mesmo sentido, a sentença do Tribunal de Milão de 05.06.2006, segundo a qual "*Il ricorso ex art. 700 c.p.c. o, più in generale, il ricorso cautelare proposto ante causam e volto ad ottenere un provvedimento di carattere c.d. anticipaatorio, deve necessariamente contenere, anche doppo la riforma dell'art. 669º-octies c.p.c. operata dalla legge 14 maggio 2005 n. 80, l'esatta indicazione degli elementi costitutivi dell'azione di merito*", a sentença do Tribunal de Urbino de 19.11.2003, na qual de decidiu que "*La parte che propone un ricorso cautelare ante causam ha l'onere di indicare con sufficiente precisione la domanda che intende proporre nel successivo processo di merito, la quale deve avere ad oggetto il medesimo diritto di cui si chiede la cautela*", a sentença do Tribunal de Milão de 25.03.1996, na qual se sustentou que "*Nel ricorso cautelare devono essere indicati gli elementi identificativi della domanda di merito in funzione della quale è richiesta la misura d'urgenza al fine di permettere, nella fase cautelare, alla controparte di poter adeguatamente difendersi in merito alla cautela invocata ed al giudice di compiere in adeguato accertamento sulla propria competenza a provvedere, sulla strumentalità del giudizio cautelare rispetto al giudizio di merito, nonché, in seguito, sill'eventuale inefficacia del provvedimento per il mancato azionamento del diritto cautelato*", *apud* Celeste, Alberto, *Il Nuovo Procedimento Cautelare Civile*, 2ª ed., Giuffrè Editore, Milão, 2010, p. 38, bem como a sentença do Tribunal de Isernia de 15 de setembro de 2009, *apud* Richter, Giorgio Stella/Richter, Paolo Stella, *La Giurisprudenza sul Codice di Procedura Civile (Libro IV – Dei Procedimenti Speciali), op. cit.*, p. 99, segundo a qual "*Il ricorso cautelare deve indicare gli elementi costitutivi dell'instauranda azione di merito anche nell'ipotesi in cui sia richiesta la concessione di un provvedimento cautelare a strumentalità attenuata in quanto ciò è necessario: a) per verificare la competenza del giudice adito in sede cautelare; b) per capire se il provvedimento cautelare richiesto sia effetivamente anticipatorio; c) perché il soggeto destinatario passivo di un provvedimento cautelare anticipatorio deve poter essere in grado di intrapendere il giudizio di merito attraverso il mero richiamo al provvedimento ed al ricorso cautelare, chiedendo il rigetto della domanda di controparte già virtualmente formulata nelle stesso ricorso*". No que concerne à posição da jurisprudência italiana em relação a esta questão, Claudio Consolo dá-nos conta da existência de duas teses distintas. Assim, para uma primeira tese, a petição inicial de uma providência cautelar que não indique suficientemente o objeto da ação de mérito a ser intentada padece de nulidade (cfr., entre outras, a sentença do Tribunal de Verona de 22.12.1993, a sentença do Tribunal de Monza de 03.02.1993, e a sentença do Tribunal de Nápoles de 30.04.1997). Diversamente, para uma segunda tese, a falta de indicação do objeto da ação de mérito não configura uma nulidade processual (a qual, de todo o modo, sempre seria sanável através do regime previsto no art. 164º do CPC_{It}), mas importa a inadmissibilidade insanável do procedimento cautelar (*vide*, entre outras, as sentenças do Tribunal de Catânia de 26.08.1993 e de 06.04.1994, bem como a sentença do Tribunal de Cagliari de 23.09.1993). Na perspetiva do citado Autor, esta última solução carece de fundamento, já que o exercício irregular da tutela cautelar não preclude o seu aperfeiçoamento, ainda que mediante a intervenção oficiosa do julgador. Por sua vez, a nulidade da petição cautelar só se verifica naqueles casos em que dela não resulte, ainda que implicitamente, qualquer ação de mérito que se pretenda instaurar (Consolo, Claudio, *et al.*, *Commentario alla Riforma del Processo Civile, op. cit.*, pp. 578 e 579).

504 Note-se, contudo, que a dependência entre o procedimento cautelar e a ação principal não exige a coincidência de pedidos. Assim, como se decidiu no ac. do TRL de 26.01.1984, *in CJ*, tomo I, 1984,

"a segurança jurídica em nome da celeridade indispensável à efetivação da tutela do direito material a ser resguardado pela via jurisdicional"[505].

Assim, o julgador, com base nos factos sumariamente alegados, deve fazer um juízo de prognose, "apoiado em simples critérios próprios do *homo prudens*, em presunções naturais ou de experiência"[506], quanto à probabilidade de o direito de que o requerente se arroga titular vir a ser tutelado na ação principal de que a providência cautelar depende[507]. Note-se, neste particular, que o requerente da providência cautelar deve apresentar e provar o seu direito, não em termos de certeza, mas sim de verosimilhança[508]: "não basta a mera afirmação, mas também não se exige ou deveria exigir-se um título executivo"[509]. A verosimilhança constitui, pois, um "meio termo" entre a cer-

p. 122, "Muito embora se tenha de conhecer, no procedimento cautelar, embora sumariamente, da questão que constituirá ou motivará o objecto da acção a propor ou que já foi proposta, não tem que haver coincidência entre os pedidos formulados no procedimento cautelar e na acção da qual aquele é dependente, mas apenas quanto às partes e causas de pedir". *Vide*, no mesmo sentido, o ac. do TCAN de 17.06.2016, proc. 00337/15.4BECBR-A, no qual se decidiu que cumpre a função da instrumentalidade "a providência cautelar que embora não apresente pedidos rigorosamente coincidentes com os da acção principal seja pré-ordenada à satisfação, no todo ou em parte, da pretensão substantiva principal, contenda com os mesmos intervenientes processuais e cujos factos essenciais integrem a causa de pedir do processo principal.".

505 Cambi, Eduardo, *Direito Constitucional à Prova no Processo Civil*, Editora Revista dos Tribunais, 2001, p. 63.

506 Ac. do STJ de 18.06.1996, proc. 303/96, *in SASTJ*, ano 1996, p. 93.

507 Cfr., nesse sentido, Liebman, Enrico Tullio, *Manuale di Diritto Processuale Civile: Principi*, 7ª ed., Giuffrè Editore, Milão, 2007, p. 198, Sousa, António Pais de/Ferreira, J. O. Cardona, *Processo Civil: Aspectos Controversos da Actual Reforma*, Rei dos Livros, Lisboa, 1997, p. 83, Angeles Jové, María, *Medidas Cautelares Innominadas en el Proceso Civil*, *op. cit.*, p. 30, Amato, Alessandra/Costagliola, Anna, *Compendio di Diritto Processuale Civile*, *op. cit.*, p. 315, bem como Carvalho, Paulo Morgado de, "O procedimento cautelar comum no processo laboral", *op. cit.*, p. 220. Na esteira de Mário Aroso de Almeida, na apreciação deste critério, o tribunal deve proceder à "apreciação perfunctória e provisória da consistência e, portanto, da credibilidade da pretensão do requerente" (Almeida, Mário Aroso de, *O Novo Regime do Processo nos Tribunais Administrativos*, *op. cit.*, p. 256). Por sua vez, Michele Taruffo chama a atenção para o facto de o conceito de "probabilidade" não se confundir com o de "possibilidade" nem com o de "verosimilhança", sendo que tal conceito é complexo e não unívoco, já que encerra uma componente gradativa – probabilidade baixa, média ou elevada (Taruffo, Michele, "La prueba científica en el proceso civil", *in Estudios sobre la Prueba*, Universidad Nacional Autónoma de México, México, 2006, p. 140). *Vide*, na jurisprudência, o ac. do TRL de 23.02.2010, proc. 5714/09.7TVLSB.L1-7.

508 Cfr., nesse sentido, o ac. do STJ de 16.04.1985, proc. 072782, *in BMJ*, nº 346, ano 1985, p. 225, bem como o ac. do TRP de 14.03.1994, proc. 9351404.

509 Calderon Cuadrado, Maria Pia, *Las Medidas Cautelares Indeterminadas en el Proceso Civil*, *op. cit.*, p. 162. *Vide*, no mesmo sentido, Rodrigues, Fernando Pereira, *A Prova em Direito Civil*, Coimbra Editora, Coimbra, 2011, p. 270, bem como Grubs, Shelby R., *et al.*, *International Civil Procedure*, Kluwer Law International, 2003, p. 366.

teza – que apenas será estabelecida na ação principal – e a incerteza que se encontra na base do processo judicial[510,511].

Neste contexto, o requisito da aparência do direito não se encontra preenchido se, na ação principal, já tiver sido indeferida, ainda que por decisão não transitado em julgado, a pretensão do requerente, uma vez que, se assim não fosse, este poderia obter pela via cautelar aquilo que não logrou conseguir com o processo principal, de que a providência depende[512].

2.1.2. Poderes de cognição do tribunal

A necessidade de proteção urgente de um direito, associada à tutela cautelar, exige a adoção de mecanismos que permitam ao julgador apreciar, de forma célere e sumária, os requisitos para o decretamento da providência cautelar[513].

Na verdade, o juiz deve exercer um controlo jurisdicional sumário tendente à verificação dos requisitos de que a lei faz depender o recurso à via cautelar[514], seja quanto à probabilidade da existência de um direito[515], seja quanto à presença de um perigo iminente que se afigure suscetível de comprometer ou de prejudicar irremediavelmente a tutela desse direito[516,517].

[510] Montero Aroca, Juan/Chacón Corado, Mauro, *Manual de Derecho Procesal* Civil, vol. I, *op. cit.*, p. 511.

[511] Quanto ao problema da distinção entre "ser verdadeiro" e "ser tido por verdadeiro", *vide* Ferrer Beltrán, Jordi, "La valoración de la prueba: verdad de los enunciados probatórios y justificación de la decisión", *in Estudios sobre la Prueba*, Universidad Nacional Autónoma de México, México, 2006, p. 36.

[512] Ac. do STJ de 30.09.1999, proc. 593/99, *in SASTJ*, ano 1999. *Vide*, no mesmo sentido, o ac. do STJ de 31.01.1989, proc. 077189, o ac. do STJ de 23.09.1999, proc. 99B593, *in BMJ*, 489º, ano 1999, p. 294, o ac. do TRP de 17.10.2006, proc. 0625119, bem como o ac. do TRC de 19.03.2019, proc. 2560/10.9TBPBL-B.C1. Cfr., na doutrina, Sousa, Miguel Teixeira de, *Estudos sobre o Novo Processo Civil, op. cit.*, p. 233.

[513] Cfr., a este propósito, Chiovenda, Guiseppe, *Principios de Derecho Procesal Civil*, tomo I, *op. cit.*, p. 263. *Vide*, no mesmo sentido, o ac. do TRL de 30.06.1992, proc. 0057751.

[514] De todo o modo, Tarzia assinala que, cada vez com maior frequência, a *summaria cognitio* dá lugar a uma *plena cognitio* da matéria de facto e de direito (Tarzia, Giuseppe, "Providências cautelares atípicas (Uma análise comparativa)", *op. cit.*, p. 245). Quanto à amplitude dos poderes instrutórios do juiz, *vide* Mandrioli, Crisanto, *Diritto Processuale Civile*, vol. II, 19ª ed., G. Giappichelli Editore, Turim, 2007, pp. 68 a 72.

[515] Cfr., no mesmo sentido, Vecina Cifuentes, Javier, "La trascendencia del *fumus boni iuris* como presupuesto de las medidas cautelares. Especial consideración a los procesos administrativo y constitucional. (A propósito del Auto del Tribunal Constitucional de 1 de diciembre de 1993)", *op. cit.*, p. 262, segundo o qual a adoção jurisdicional de uma medida cautelar pressupõe um cálculo preventivo de probabilidade sobre qual poderá ser o conteúdo da decisão a ser proferida na ação principal.

[516] Quanto aos critérios que devem nortear a atividade do julgador na apreciação deste requisito, *vide* o ac. do STJ de 18.12.1979, proc. 068449, *in BMJ*, 292º, ano 1980, p. 338, o ac. do STJ de

De facto, ao juiz cautelar não se impõe o exercício de uma atividade instrutória rigorosa ou o conhecimento da questão de fundo[518], bastando-lhe, pelo contrário, analisar sumariamente os factos alegados e as provas sumariamente produzidas pelo requerente (arts. 365º, nº 1, e 368º, nº 1), assentando, pois, a sua decisão num juízo de verosimilhança[519]. Isto porque o carácter urgente dos procedimentos cautelares, associado ao *periculum in mora* na tutela de um determinado direito, não se compadece com uma atividade probatória tendencialmente aprofundada e exaustiva, própria de uma ação judicial[520].

08.01.1987, proc. 073905, o ac. do STJ de 17.02.1994, proc. 084801, bem como o ac. do STJ de 18.06.1996, proc. 303/96, *in SASTJ*, ano 1996, p. 93. Cfr., ainda, a sentença do Tribunal de Terni de 02.12.1994, *apud* GIOVAGNOLI, Roberto/CAPITANO, Silvia, *I Procedimenti Cautelari – Percorsi Giurisprudenziali, op. cit.*, p. 6, na qual se decidiu que "*In materia di provvedimenti cautelari il fumus boni iuris si riçava da un esame solo sommario in ordine alla sussistenza del diritto vantato dal richierdente; ciò si riflette anche sul regime delle prove che evidentemente possono non avere quei requisiti di certezza tipici delle prove necessari nell'ambito del giudizio di mérito*".

517 Conforme assinala Alfredo Gozaíni, a atividade jurisdicional que é exercida nos procedimentos cautelares não difere daquela que é exercida no processo de declaração ou de execução, já que se trata sempre da mesma atividade, ainda que orientada para uma medida diversa. Mas é possível que a cognição seja diferente, isto é, que seja mais limitada ou focalizada num determinado aspeto (ALFREDO GOZAÍNI, Osvaldo, *Derecho Procesal Civil: tomo I (Teoría General del Derecho Procesal)*, vol. II, *op. cit.*, p. 801).

518 Como salienta Dora Neto Cardoso, o conhecimento da questão de fundo está reservado para o processo principal, pelo que o juiz deve resistir à tentação de conhecer o mérito da causa na tutela cautelar (CARDOSO, Dora Neto, "Meios urgentes e tutela cautelar – Relato", *in A Nova Justiça Administrativa*, CEJ, Coimbra Editora, Coimbra, 2006, p. 79).

519 Cfr., a este propósito, FONSECA, Isabel Celeste M., *Introdução ao Estudo Sistemático da Tutela Cautelar no Processo Administrativo, op. cit.*, p. 99, segundo a qual, "sendo a tutela cautelar uma forma de tutela urgente, o juiz não pode querer atingir sobre o mérito da decisão cautelar um conhecimento profundo, isto é, um conhecimento baseado na certeza". Cfr., no mesmo sentido, AMORIM, Tiago Meireles de, "Apontamentos sobre as condições de procedibilidade das providências cautelares no novo processo administrativo", *op. cit.*, p. 450, SILVA, Lucinda D. Dias da, *Processo Cautelar Comum: Princípio do Contraditório e Dispensa de Audição Prévia do Requerido, op. cit.*, p. 123, bem como WIEDERKHER, M. Georges, "L'accélération des procedures et les mesures provisoires", *op. cit.*, p. 453.

520 Cfr., no mesmo sentido, TARUFFO, Michele, "Funzione della prova: la funzione dimostrativa", *in RTDPC*, ano LI, Giuffrè Editore, Milão, pp. 572 e 573, CAVALLONE, Bruno, "*Les mesures provisoires et les régles de preuve*", *in Les Mesures Provisoires en Droit Belge, Français et Italien – Étude de Droit Comparé, op. cit.*, pp. 164 e 165, e CHINCHILLA MARÍN, Carmen, *La Tutela Cautelar en la Nueva Justicia Administrativa, op. cit.*, p. 45. *Vide*, na jurisprudência, o ac. do STJ de 18.11.1999, proc. 99B590, no qual se decidiu que "a natureza sumária e de meio instrumental de um processo cautelar não comporta a discussão de questão de constitucionalidade de uma norma que haja de ser aplicada bem como dos pressupostos da sua aplicação, o que deverá suceder em sede da acção principal e com respeito pelo contraditório", assim como o ac. do STJ de 19.12.2001, proc. 2733/01 – 1ª, *in SASTJ*, nº 56.

No que concerne ao grau de apreciação do *fumus boni iuris*, o julgador não pode "adoptar uma medida cautelar com a ingerência que esta supõe na esfera jurídica do requerido com base numa simples afirmação do direito, mas tão-pouco se pode conceder uma medida cautelar exigindo uma certeza absoluta, já que se impediria o cumprimento da sua função"[521]. Dito de outra forma, a adoção da medida cautelar não pode ficar dependente da prova exaustiva do autor quanto à existência efetiva do direito subjetivo por ele alegado – até porque a declaração e o reconhecimento desse direito constituirá o objeto da ação principal – mas também não pode decretar-se a providência cautelar só porque o autor, sem mais, a pediu.

A atividade judicial tendente à verificação do requisito do *fumus boni iuris* exige, por isso, a formulação de um juízo de probabilidade séria, de mera aparência ou "mera justificação"[522], quanto à verdade dos factos alegados na petição inicial[523] e à existência do direito invocado pelo requerente da providência[524,525],

[521] CALDERON CUADRADO, Maria Pia, *Las Medidas Cautelares Indeterminadas en el Proceso Civil*, *op. cit.*, p. 42. Cfr., no mesmo sentido, ANGELES JOVÉ, María, *Medidas Cautelares Innominadas en el Proceso Civil*, *op. cit.*, p. 31.

[522] SOUSA, Miguel Teixeira de, *As Partes, o Objecto e a Prova na Ação Declarativa*, Lex, Lisboa, 1995, p. 202.

[523] Sobre esta problemática, Calamandrei assinala que, no processo judicial, a afirmação de que um facto é verdadeiro não é mais do que a afirmação de que "é verosímil que o facto tenha ocorrido mesmo assim". Neste contexto, mesmo no seio da ação principal de que a providência cautelar depende, a valoração da prova segundo padrões mais exaustivos acaba sempre por conduzir a um juízo de probabilidade e de verosimilhança, e não de verdade absoluta (CALAMANDREI, Piero, *Instituciones de Derecho Procesal Civil*, trad. por Santiago Sentís Melendo, vol. III, Ediciones Jurídicas Europa-América, Buenos Aires, 1973, p. 319).

[524] Cfr., a este propósito, REIS, José Alberto dos, *Código de Processo Civil Anotado*, vol. I, *op. cit.*, pp. 620 e 683, ANDRADE, Manuel A. Domingues de, *Noções Elementares de Processo Civil*, *op. cit.*, p. 9, MARTINEZ, Pedro Romano, "Intimação para um comportamento. Providência cautelar", *in CJA*, nº 2, março-abril 1997, p. 58, BASTOS, Jacinto Fernandes Rodrigues, *Notas ao Código de Processo Civil*, vol. II, *op. cit.*, p. 169, CASTRO, Artur Anselmo de, *Direito Processual Civil Declaratório*, vol. I, *op. cit.*, p. 140, CALAMANDREI, Piero, "Verità e verosimiglianza nel processo civile" *in RDP*, vol. 9, nº 1, 1955, p. 173, RAMIRO PODETTI, J., *Derecho Procesal Civil, Comercial y Laboral – Tratado de las Medidas Cautelares*, IV, *op. cit.*, pp. 73 e 74, ALFREDO GOZAÍNI, Osvaldo, *Derecho Procesal Civil: tomo I (Teoría General del Derecho Procesal)*, vol. II, *op. cit.*, p. 801, e GIORDANO, Rosaria, *La Tutela Cautelare Uniforme – Prassi e Questioni*, Giuffrè Editore, Milão, 2008, p. 6. *Vide*, na jurisprudência, o ac. do STJ de 20.05.1993, proc. 083815, o ac. do STJ de 31.03.1993, proc. 083102, o ac. do STJ de 19.12.2001, proc. 2733/01, *in SASTJ*, ano 2001, o ac. do TRL de 23.02.2006, proc. 1020/2006-6, bem como o ac. do TRC de 08.04.2008, proc. 285/07.1TBMIR.C1. *Vide*, na jurisprudência italiana, a sentença do Tribunal de Terni de 02.12.1994, *apud* MASCIA, Alberto, *I Procedimenti Cautelari*, *op. cit.*, p. 22, segundo a qual "*In materia di provvedimenti cautelari il «fumus boni iuris» si ricava da un esame solo sommario in ordine alla sussistenza del diritto vantato dal richiedente; ciò si riflette anche sul regime delle*

bem como quanto à probabilidade[526] de o mesmo vir a ser reconhecido na ação principal de que a providência cautelar, em regra, depende[527,528].

prove che evidentemente possono non avere quei requisiti di certezza tipici delle prove necessari nell'ambito di un giudizio di merito".

[525] Em sede de direito comparado, o art. 728º, nº 2, da LEC, sob a epígrafe *"Apariencia de buen derecho"*, dispõe que o requerente da providência cautelar deve apresentar em juízo os dados, argumentos e provas documentais que permitam ao tribunal formar um juízo provisório e indiciário favorável à sua pretensão, assistindo-lhe a faculdade de recorrer a outros meios de prova em caso de inexistência e/ou insuficiência de prova documental.
Por sua vez, no ordenamento jurídico brasileiro, o art. 305º do $CPC_{Br.2015}$ preceitua que a providência cautelar só pode ser decretada mediante um juízo provisório e sumário quanto à existência do direito que se objetiva assegurar.
Em comentário ao direito inglês, Richard Fentiman assinala que a tutela cautelar só deve ser concedida quando o requerente seja capaz de demonstrar um interesse sério quanto à tutela da sua pretensão (*serious issue to be tried*). Se estiver em causa uma providência de conservação de bens (*freezing injunction*), o tribunal deve impor ao requerente um maior grau de certeza e de exigência quanto à razoabilidade e ao mérito da sua pretensão (*good arguable case on the merits*), sob pena de a providência não ser decretada (Fentiman, Richard, "Abuse of procedural rights: The position of English law", *in Abuse of Procedural Rights: Comparative Standards of Procedural Fairness*, Kluwer Law International, 1999, p. 62).

[526] De acordo com Cândido Dinamarco, os conceitos de "verosimilhança" e de "probabilidade" não se confundem. Assim, a probabilidade é a "situação decorrente da preponderância dos motivos convergentes à aceitação de determinada proposição, sobre os motivos divergentes. A probabilidade *é menos que a certeza*, porque, lá, os motivos divergentes não ficam afastados mas somente suplantados, e é mais do que *credibilidade*, ou verossimilhança, em que na mente do observador os motivos convergentes e os divergentes comparecem em situação de equivalência e, se o espírito não se anima a afirmar, também não ousa negar" (Dinamarco, Cândido Rangel, *A Instrumentalidade do Processo*, *op. cit.*, pp. 281 e 282). Por sua vez, para Calamandrei, o conceito de "probabilidade" representa um estado de evolução mais avançado em sede probatória que o de verosimilhança, na medida em que vai mais além do que a mera "aparência", isto é, o juiz admite a existência de argumentos suficientemente fortes para fazerem crer que a aparência corresponde, efetivamente, à realidade (Calamandrei, Piero, "Verità e verosimiglianza nel processo civile", *op. cit.*, p. 172. *Vide*, no mesmo sentido, Calamandrei, Piero, *Estudios sobre el Proceso Civil*, *op. cit.*, p. 326, bem como Calamandrei, Piero, *Introduccion al Estudio Sistematico de las Providencias Cautelares*, *op. cit.*, p. 74). Quanto à distinção entre prova e verosimilhança, *vide* Varela, João de Matos Antunes, *et al.*, *Manual de Processo Civil*, *op. cit.*, p. 436, segundo os quais "A *prova* assenta na certeza subjectiva da realidade do facto, ou seja, no (alto) grau de probabilidade de verificação do facto, suficiente para as necessidades práticas da vida; a *verosimilhança*, na simples probabilidade da sua verificação".

[527] Cfr., nesse sentido, Sousa, Miguel Teixeira de, *As Partes, o Objecto e a Prova na Ação Declarativa*, *op. cit.*, p. 203, Campos, João Mota de/Campos, João Luiz Mota de, *Contencioso Comunitário*, *op. cit.*, p. 533, Fiorucci, Fabio, *I Provvedimenti d'Urgenza ex Art. 700 C.P.C.*, *op. cit.*, p. 16, Montesano, Luigi, "Strumentalità e superficialità della cognizione cautelare", *op. cit.*, p. 309, Brandolini, Elena, *700 c.p.c. – Strategie Processuali ed Ambiti Applicativi*, Cedam, 2011, pp. 65 e 66, Angeles Jové, María, *Medidas Cautelares Innominadas en el Proceso Civil*, *op. cit.*, p. 29, bem como a sentença do Tribunal de Nápoles de 05.11.1998, *apud* Giovagnoli, Roberto/Capitano, Silvia, *I Procedimenti*

Ora, o art. 368º, nº 1, preceitua que a providência é decretada desde que o juiz conclua pela "probabilidade séria da existência do direito", sendo que o requerente deve oferecer com a petição prova sumária do direito ameaçado[529]. Significa isto que, para a apreciação do direito invocado, é suficiente uma prova tendencialmente sumária, superficial e provisória dos factos alegados[530,531] – os quais serão posteriormente submetidos a uma apreciação mais aprofundada, complexa e demorada na ação principal[532] – não se exigindo, por isso, um estado de certeza absoluta quanto à existência do direito invocado[533,534].

Cautelari – Percorsi Giurisprudenziali, op. cit., p. 42, na qual se decidiu que "*La cognizione del giudice sulle domande cautelari è sommaria, quindi semplificata, sia com riferimento al fumus boni iuris che al periculum in mora, ciò al fine di giungere ad una rapida decisione della controversia*".

528 Conforme assinala Daniel González Lagier, este juízo de probabilidade ou de verosimilhança encerra sempre uma margem de erro. Assim, ao dar como provado um determinado facto, tal não significa que esse facto seja verdadeiro, mas tão-só que, à luz da informação de que o julgador dispõe, pode afirmar-se, com algum grau de razoabilidade, que esse facto será verdadeiro (González Lagier, Daniel, "Argumentación y prueba judicial", *in Estudios sobre la Prueba*, Universidad Nacional Autónoma de México, México, 2006, p. 128). *Vide*, quanto à mesma problemática, Liakopoulos, Dimitris/Romani, Mauro, *Tutela Cautelare nel Diritto Processuale Internazionale e Comunitario Privato, op. cit.*, p. 135.

529 No que em particular se refere às providências cautelares especificadas, o art. 378º dispõe que a restituição provisória de posse é decretada desde que o juiz reconheça, "pelo exame das provas, que o requerente tinha a posse e foi esbulhado dela violentamente". Em relação à providência cautelar de arbitramento de reparação provisória, o art. 388º, nº 2, estipula que o juiz deve deferir a providência desde que se "verifique uma situação de necessidade em consequência dos danos sofridos e esteja indiciada a existência de obrigação de indemnizar a cargo do requerido". Quanto ao arresto, o art. 393º, nº 1, determina que esta providência é decretada desde que, examinadas as provas, se mostrem preenchidos os respetivos requisitos legais, isto é, que seja provável a existência do crédito e se encontre justificado o receio invocado. Relativamente ao arrolamento, o art. 405º, nº 2, preceitua que o juiz deve decretar esta providência cautelar quando, produzidas as provas, adquirir a convicção de que, sem o arrolamento, o interesse do requerente corre risco sério. Todavia, se o direito relativo aos bens depender de ação proposta ou a propor, o requerente tem de convencer o tribunal da provável procedência do pedido correspondente.

530 A este propósito, a jurisprudência tem vindo a considerar de forma praticamente unânime que, na apreciação desse requisito, é necessário um juízo de certeza e de verdade, embora não seja imprescindível que o julgador adquira uma convicção absoluta acerca da existência do direito que o requerente da providência pretende tutelar. Cfr., neste sentido, o ac. do TRL de 11.03.1986, *in CJ*, tomo II, p. 98, o ac. do TRC de 18.05.2004, proc. 974/04, bem como o ac. do TRG de 18.06.2013, proc. 70/13.1TBVNC-C.G1.

531 Na esteira de Adolfo Ceccarini, nos procedimentos cautelares, a prova sumária adquirida pelo julgador não pode ser qualificada como prova em sentido técnico, mas pode ser utilizada como elemento indiciário (Ceccarini, Adolfo, *La Prova Orale nel Processo Civile*, Giuffrè Editore, Milão, 2010, pp. 466 e 467).

532 Daí que, tal como se decidiu no ac. do TRE de 17.10.2002, proc. 1340/02-3, os factos que o tribunal dá como provados no procedimento cautelar, quer sejam favoráveis ou desfavoráveis ao

O grau de probabilidade ou de verosimilhança em relação à existência do direito invocado pelo requerente da tutela cautelar é diretamente proporcional ao nível de ingerência na esfera jurídica do requerido em resultado do acolhimento de uma determinada pretensão cautelar. Podemos, por isso, concluir que, quanto maiores e mais relevantes forem os interesses do requerido suscetíveis de serem afetados pelo decretamento de uma determinada providência cautelar, maior deverá ser o cuidado e a cautela do julgador, ou seja, maiores serão as exigências quanto à demonstração da probabilidade ou da verosimilhança da existência do direito que se pretende tutelar[535].

Semelhante conclusão implica admitir que, se a providência cautelar for requerida na pendência do processo principal, o juiz poderá fazer uso dos elementos factuais e probatórios constantes desse processo e que se revelem adequados a formar a sua convicção quanto ao grau de probabilidade de existência do direito de que o requerente se arroga titular. Na verdade, se assim não se entendesse, tal permitiria aceitar, de forma descuidada, o "risco de uma decisão cautelar inútil mas que, enquanto subsistisse, não deixaria de causar prejuízos desnecessários"[536].

Questão de particular importância é a de saber se o juiz, considerando que a matéria de facto alegada pelo requerente, apesar de conter os factos essenciais que constituem a causa de pedir da sua pretensão, apresenta, no entanto, insuficiências ou imprecisões ou carece de concretização (por exem-

requerente, não podem, só por tal circunstância, ser considerados como provados no processo principal.

[533] *Vide*, nesse sentido, FARIA, Rita Lynce de, "A sumarização da justiça", *in Julgar*, nº 4, janeiro-abril 2008, p. 213, bem como NIEVA FENOLL, Jordi, "Oralidad y inmediación en la prueba: luces y sombras", *in CPRw*, vol. 1, nº 2, julho-setembro 2010, pp. 35 e 36. Cfr., na jurisprudência, o ac. do STJ de 27.02.1982, *in BMJ*, 319º, p. 293, o ac. do STJ de 16.04.1985, proc. 072782, *in BMJ*, 346º, ano 1985, p. 225, o ac. do TRP de 14.03.1994, proc. 9351404, o ac. do TRC de 28.10.2003, proc. 2712/03, o ac. do TRL de 29.04.2008, proc. 2576/2008-1, bem como o ac. do TRE de 11.05.2017, proc. 76/16.9T8RDD.E2.

[534] Conforme salienta González Zamar, diversamente do que sucede com as providências cautelares clássicas, em que apenas se exige, para o seu decretamento, a mera verosimilhança quanto à existência do direito invocado, já nas providências cautelares para tutela de interesses difusos, deve exigir-se uma "forte verosimilhança", ou seja, o requerente da providência cautelar deve alegar factos dos quais resulte uma forte probabilidade quanto à existência do direito invocado (GONZÁLEZ ZAMAR, Leonardo C., "Las medidas cautelares y la tutela anticipatoria en el proceso colectivo", *in Cuaderno del Departamento de Derecho Procesal y Prática Profesional*, nº 8, Universidad Nacional de Córdoba, Alveroni Ediciones, Córdoba, Argentina, 2005, p. 132).

[535] Cfr., no mesmo sentido, SOUSA, Miguel Teixeira de, "As providências cautelares e a inversão do contencioso", *op. cit.*, p. 2.

[536] CAMPOS, João Mota de/CAMPOS, João Luiz Mota de, *Contencioso Comunitário, op. cit.*, p. 529.

plo, a factualidade invocada é insuficiente para demonstrar o *fumus boni iuris* ou o *periculum in mora*), deve indeferir liminarmente a providência, atento o caráter urgente do procedimento cautelar, ou, pelo contrário, deve convidar o requerente a esclarecer, completar e/ou concretizar a matéria de facto alegada.

Com efeito, dispõe o art. 590º, nº 4, que o juiz deve convidar as partes a suprir as insuficiências ou imprecisões na exposição ou concretização da matéria de facto alegada, fixando prazo para a apresentação de articulado em que se complete ou corrija o inicialmente produzido. A prolação desse despacho procura, fundamentalmente, melhorar os "contornos fácticos da questão submetida à apreciação do tribunal"[537]. Constata-se, assim, que o julgador está vinculado a um verdadeiro dever de convidar o requerente da providência cautelar a suprir as insuficiências ou imprecisões na exposição ou concretização da matéria de facto alegada[538], fixando um prazo para a apresentação de articulado em que se complete ou corrija o inicialmente produzido[539].

Diferentemente, se o requerimento inicial do procedimento cautelar não contiver os factos essenciais em que se estriba a pretensão do requerente, se a causa de pedir for ininteligível [arts. 5º, nº 1, e 186º, nº 2, al. *a)*] ou se a pretensão formulada for manifestamente improcedente, o juiz deverá indeferir liminarmente a providência requerida, não se justificando, consequentemente, a prolação de um despacho de convite ao aperfeiçoamento do articulado[540].

[537] Pimenta, Paulo, *A Fase do Saneamento do Processo Antes e Após a Vigência do Novo Código do Processo Civil*, Almedina, Coimbra, 2003, p. 154. Cfr., igualmente, Freitas, José Lebre de, *A Ação Declarativa Comum (À Luz do Código de Processo Civil de 2013)*, 4ª ed., Gestlegal, Coimbra, 2017, pp. 170 e 171.

[538] Cfr., no mesmo sentido, Freitas, José Lebre de, *A Acção Declarativa Comum (À Luz do Código de Processo Civil de 2013)*, 3ª ed., Coimbra Editora, Coimbra, 2013, p. 146, bem como o ac. do TRL de 15.05.2014, proc. 26903/13.4T2SNT.L1-2, o ac. do TRE de 19.06.2014, proc. 268/14.5TBSLV.E1, o ac. do TRL de 19.04.2016, proc. 267/15.0T8PTS.L1-7, e o ac. do TRG de 22.09.2016, proc. 2748/15.6TBBCL-A.G1.

[539] Em termos de direito comparado, o art. 601º do $CPC_{Ven.}$ estipula que "*Cuando el Tribunal encontrare deficiente la prueba producida para solicitar las medidas preventivas, mandará a ampliarla sobre el punto de la insuficiencia, determinándolo. Si por el contrario hallase bastante la prueba, decretará la medida solicitada y procederá a su ejecución. En ambos casos, dicho decreto deberá dictarse en el mismo día en que se haga la solicitud, y no tendrá apelación.*".

[540] Cfr., nesse sentido, o ac. do TRG de 07.08.2014, proc. 1336/14.TBGMR.G1, no qual se decidiu que "perante uma situação em que a causa de pedir se não encontra ou apresenta identificada mediante a alegação de um substrato factual suficiente para o efeito, por ter sido efectuada uma alegação em termos conclusivos, sem a adução de uma concreta factualidade sobre a qual pudesse incidir uma actividade probatória tendente à demonstração da existência de um qualquer receio de adveniência de lesão grave ou de difícil reparação, deve ser indeferida a providência cautelar requerida". *Vide*, ainda, o ac. do TRE de 23.02.2016, proc. 1106/13.1TBTMR-A.E1, o ac. do TCAN de 04.03.2016, proc. 00728/15.0BEVIS, o ac. do TCAS de 02.06.2016, proc. 13272/16, o ac. do TRE

No que concerne aos meios de prova admissíveis para a demonstração, ainda que indiciária, da aparência do direito do requerente da providência cautelar, pese embora o legislador não o refira expressamente, afigura-se que poderá ser utilizado qualquer meio de prova legalmente admissível, com particular destaque para a prova documental e testemunhal[541].

Importa, igualmente, salientar que o facto de o legislador autorizar a apreciação sumária do direito invocado pelo requerente da providência cautelar, com base no *periculum in mora* que se encontra associado à necessidade de tutela urgente desse direito, não significa que o tribunal possa ignorar algum ou alguns dos pressupostos do direito invocado pelo requerente[542]. É que o tribunal só pode decretar a providência cautelar quando considerar, ainda que através de uma análise sumária, que se encontram preenchidos todos os requisitos de que a lei faz depender a constituição e o exercício desse direito[543].

2.1.3. A *summaria cognitio* e a tutela do requerido

A natureza tendencialmente sumária da cognição do direito invocado em sede cautelar (*summaria cognitio*)[544] suscita graves problemas de segurança jurídica, seja pelo facto de a prova produzida revestir uma natureza superficial e perfunctória, seja por força da influência que essa prova poderá vir a ter na ação de composição definitiva do litígio[545].

de 06.10.2016, proc. 921/08.2TBTMR-C.E1, o ac. do TRE de 28.06.2018, proc. 668/18.1T8STR-A.E1, bem como o ac. do TRE de 17.01.2019, proc. 543/18.0T8OLH-B.E1.

[541] A este propósito, o art. 728º, nº 2, da LEC dispõe que "*El solicitante de medidas cautelares también habrá de presentar con su solicitud los datos, argumentos y justificaciones documentales que conduzcan a fundar, por parte del Tribunal, sin prejuzgar el fondo del asunto, un juicio provisional e indiciario favorable al fundamento de su pretensión. En defecto de justificación documental, el solicitante podrá ofrecerla por otros medios de prueba, que deberá proponer en forma en el mismo escrito.*".

[542] Cfr. o ac. do TRL de 06.07.2010, proc. 2005/09.7TJLSB.L1-7.

[543] Por conseguinte, conforme salienta Teixeira de Sousa, o *fumus boni iuris* não pode traduzir-se no exercício de um poder discricionário pelo tribunal, pelo que este deverá decretar ou rejeitar a providência conforme se verifique ou não este pressuposto processual (Sousa, Miguel Teixeira de, *Estudos sobre o Novo Processo Civil*, *op. cit.*, p. 234).

[544] Para um enquadramento histórico da *summaria cognitio*, *vide* Fonseca, Isabel Celeste M., *Processo Temporalmente Justo e Urgência – Contributo para a Autonomização da Categoria da Tutela Jurisdicional de Urgência na Justiça Administrativa*, *op. cit.*, pp. 721 a 730, bem como Henriques, Sofia, *A Tutela Cautelar não Especificada no Novo Contencioso Administrativo Português*, *op. cit.*, p. 100.

[545] De todo o modo, importa ressalvar que, nos termos do art. 364º, nº 4, nem o julgamento da matéria de facto, nem a decisão final proferida no procedimento cautelar, têm qualquer influência no julgamento da ação principal. *Vide*, a este propósito, o ac. do STJ de 23.09.2004, proc. 2089/04, *in SASTJ*, ano 2004, o ac. do TRL de 15.09.2009, proc. 5162/03.2TBALM-C.L1-7, o ac. do TC nº 400/97, de 21.05.1997, *in Acs. TC*, 37º, p. 235, bem como o ac. do STJ de 12.07.2018, proc. 2971/15.3T8PDL-B.L1.S1.

Na verdade, é um facto que a provisoriedade das medidas cautelares compensa os riscos de erro decorrentes do juízo de mera verosimilhança.

Em todo o caso, o julgador deve ser igualmente cauteloso no que concerne à avaliação das consequências danosas que poderão advir para o requerido em consequência do decretamento da providência, designadamente aquelas que possam implicar a produção de um prejuízo grave, irreparável ou irreversível[546,547].

De facto, a jurisprudência tem vindo a demonstrar que, por vezes, a providência cautelar é utilizada de forma abusiva como meio de coagir a parte contrária a aceder à satisfação das pretensões do requerente, fenómeno que é particularmente visível nas situações em que a providência cautelar, por força da lei ou por decisão do julgador, é decretada sem a audiência prévia do requerido[548,549]. Nestes casos, o "exame completo da questão de direito

[546] BRANDOLINI, Elena/FRANCAVIGLIA, Rosa, *I provvedimenti d'urgenza in sede civile ed in sede amministrativa, op. cit.*, p. 39. Analogamente, Dimitris Liakopoulos e Mauro Romani salientam que a tutela cautelar apresenta um alto grau de perigosidade, já que pode implicar a produção de um dano injusto para o requerido que resulte vitorioso no termo de um processo de cognição plena (LIAKOPOULOS, Dimitris/ROMANI, Mauro, *Tutela cautelare nel diritto processuale internazionale e comunitario privato, op. cit.*, p. 135).

[547] A este respeito, Rosaria Giordano observa que, face à possibilidade de serem decretadas medidas cautelares completamente antecipatórias da tutela jurídica pretendida, e de forma a se evitar a produção de danos irreparáveis na esfera jurídica do requerido, o juiz deve ser particularmente cuidadoso na análise quanto à provável existência do direito acautelando (GIORDANO, Rosaria, *La Tutela Cautelare Uniforme – Prassi e Questioni, op. cit.*, p. 5). Analogamente, Lawrence Collins destaca que o julgador deve ser extremamente cauteloso na decisão de concessão ou de rejeição da providência cautelar. Com efeito, se, por um lado, o indeferimento da providência cautelar pode prejudicar o requerente, por outro lado, a sua concessão pode prejudicar o requerido (COLLINS, Lawrence, *Essays in International Litigation and the Conflict of Laws*, reimp., Oxford University Press, New York, 1996, p. 11). Por sua vez, Georges Wiederkher assinala que o juiz cautelar, ainda que decretando uma medida a título provisório, pode acabar por ordenar medidas que, na prática, se tornam definitivas, já que as suas consequências não são passíveis de reversão. Aliás, pode suceder que a medida definitiva que vem substituir a providência cautelar não consiga anular completamente os efeitos já produzidos "provisoriamente" por essa providência cautelar (WIEDERKHER, M. Georges, "L'accélération des procedures et les mesures provisoires", *op. cit.*, p. 450).

[548] Este problema coloca-se com especial acuidade nas providências cautelares antecipatórias para tutela de interesses difusos (por exemplo, tutela do ambiente, do consumo, etc.), designadamente nas situações em que os efeitos dessas providências cautelares assumam um carácter irreversível. É o que sucede, designadamente, nos casos em que é requerida uma providência cautelar que visa impedir a realização de um espetáculo, situação em que os efeitos decorrentes do deferimento da providência cautelar assumem um carácter irreversível. Cfr., a este propósito, ALFREDO GOZAÍNI, Osvaldo, *Notas y Estudios Sobre el Proceso Civil*, Universidad Nacional Autónoma de México, México, 1994, p. 89.

[549] A jurisprudência tem vindo a pronunciar-se no sentido de não ser admissível a obtenção pela via cautelar da tutela definitiva do direito. Assim, o TRL, por acórdão de 19.02.2004, proc. 9647/2003-

(em sede cautelar) pode funcionar com uma missão preventiva desse tipo de situações, evitando que, *a posteriori*, a única forma de ressarcir o lesado seja através da indemnização prevista no artigo 390º, nº 1"[550].

Na verdade, não havendo contraditório prévio do requerido, o julgador fica limitado aos factos alegados pelo próprio requerente da providência, bem como às provas por ele produzidas[551].

Por via disso, o tribunal, antes de decretar uma medida cautelar, deve averiguar se existe na pretensão do requerente uma *serious question to be tried*[552].

A necessidade de tutela dos interesses do requerido coloca-se também com especial acuidade nas situações em que a providência cautelar seja suscetível de produzir efeitos imediatos e/ou irreversíveis na sua esfera jurídica[553,554].

Assim, quanto maior for a gravidade decorrente da concessão da providência cautelar, maior deverá ser o rigor do julgador em relação à apreciação do requisito do *fumus boni iuris*[555,556].

6, veio considerar que a formulação dos pedidos de condenação da requerida na reparação do veículo ou na sua substituição, feitos no âmbito de procedimento cautelar comum, consubstanciam pedidos próprios da ação principal, uma vez que, com eles, se obtém a condenação (definitiva) da requerida.

550 Faria, Rita Lynce de, *A Função Instrumental da Tutela Cautelar Não Especificada*, *op. cit.*, pp. 178 e 179.

551 Desse problema dava já conta Barbosa de Magalhães, em comentário ao "novo" Código de Processo Civil de 1939. Com efeito, tal como denota o referido Autor, o Código de Processo Civil, dando valor à aparência, atribuía ao juiz "o poder de, mediante um julgamento provisório, baseado em alegações e provas produzidas sem audiência do requerido, decretar providências graves, violentas, vexatórias, que, se, por vezes, acautelam valiosos interesses, também outras vezes acarretam enormíssimos prejuízos".

552 Collins, Lawrence, *Essays in International Litigation and the Conflict of Laws*, *op. cit.*, p. 13.

553 Cfr., a este respeito, Geraldes, António Santos Abrantes, *Temas da Reforma do Processo Civil*, vol. III, *op. cit.*, pp. 241 e 242.

554 Procurando obviar a esse problema, assume particular interesse a regra 17.2 das Regras do Processo Civil Transnacional, segundo a qual "*The applicant must fully disclose facts and circumstances of which the court properly should be aware*". Com efeito, o requerente da medida cautelar deve alegar todos os factos concernentes ao litígio que opõe as partes, incluindo aqueles que sejam favoráveis à parte contrária (Ali/Unidroit, *Draft Rules of Transnational Civil Procedure with Comments, prepared by Professors G. C. Hazard, Jr., R. Stürner, M. Taruffo and A. Gidi*, Roma, fevereiro 2004, pp. 14 e 15).

555 Cfr., no mesmo sentido, Baur, Fritz, *Studien zum einstweiligen Rechtsschutz*, *op. cit.*, p. 35.

556 Relativamente a este problema, Rui Pinto distingue entre os conceitos de "sumariedade fraca, sumariedade média e sumariedade forte", os quais têm por vetor central e decisivo o contraditório. Nesta perspetiva, de acordo com o aludido Autor, "a sumariedade é forte quando o contraditório é diferido", ou seja, "o sujeito passivo não participa da formação do acto judicial (...) que se abaterá sobre a sua esfera jurídica e pode-se pronunciar sobre o acto depois de o mesmo já estar concluído (contraditório formalmente diferido) ou antes do acto, mas sem que a sua oposição obste a uma procedência provisória da pretensão do autor (contraditório materialmente diferido)". Por sua vez, a sumariedade é média "quando o contraditório não é diferido pois o sujeito é chamado a

Ora, um dos principais desafios que se colocam atualmente consiste, precisamente, em encontrar um ponto de equilíbrio entre a necessidade de se garantir a efetividade do direito do requerente da providência cautelar e a de se proteger o requerido contra a utilização abusiva desse meio processual. De facto, a decisão de decretamento ou de indeferimento de uma providência cautelar não pode ficar dependente da arbitrariedade do julgador[557].

Exatamente por isso, alguns ordenamentos jurídicos têm vindo a ensaiar diversos critérios objetivos pelos quais o julgador deve nortear a sua decisão quanto ao deferimento da providência[558], não só para se proteger o requerido contra o recurso abusivo à tutela cautelar, mas também para se impedir a sua concessão arbitrária.

De todo o modo, conforme se referiu *supra*, o legislador procurou minimizar os efeitos sempre nefastos decorrentes da apreciação sumária do direito invocado, impondo, em regra, ao requerente da providência cautelar o ónus de intentar, num curto prazo, a ação principal de que a providência depende, na qual o direito litigioso será submetido a uma análise mais aprofundada, conscienciosa e ponderada (arts. 364º e 373º)[559].

2.2. *Periculum in mora*

2.2.1. Enquadramento

A excessiva lentidão dos tribunais e a consequente demora na obtenção de uma decisão definitiva pode acarretar a produção de danos graves e irrepa-

participar da formação do acto judicial que terá efeitos sobre a sua esfera jurídica, mas se ele não deduzir oposição à pretensão do autor será concedida de imediato a providência de tutela ou, numa variante mais fraca, será tida como reconhecida pelo réu a matéria de facto". Já na sumariedade fraca, "o sujeito é chamado a participar da formação do acto judicial, suscitando-se, nesse caso, uma apreciação sumária do objecto do processo pelo tribunal" (Pinto, Rui, *A Questão de Mérito na Tutela Cautelar – A Obrigação Genérica de não Ingerência e os Limites da Responsabilidade Civil*, *op. cit.*, pp. 261 a 263).

557 Alvarado Velloso, Adolfo, *Cautela Procesal: Criticas a las Medidas Precautorias*, *op. cit.*, p. 50.

558 *Vide*, a título de exemplo, o art. 463º do $CPC_{Pe.}$, segundo o qual, sendo declarada a revelia do réu ou do reconvindo, podem ser decretadas medidas cautelares para se assegurar a efetividade do processo. Por sua vez, os arts. 615º e 616º do $CPC_{Pe.}$ consagram casos especiais de procedência ou de improcedência da providência cautelar. Assim, nos termos do art. 615º do $CPC_{Pe.}$, a providência cautelar deve ser decretada quando o requerente tiver obtido sentença favorável, ainda que a mesma tenha sido objeto de impugnação. Por sua vez, nos termos do art. 616º do $CPC_{Pe.}$, devem ser indeferidas as providências cautelares que tenham por objeto a futura execução coerciva contra os poderes legislativo, executivo e judicial, o Ministério Público, os órgãos constitucionais autónomos, os Governos Regionais e Locais e as universidades.

559 Cfr., a este propósito, o ac. do TRC de 08.04.2008, proc. 759/05.9TBMGL-C.C1.

ráveis ou de difícil reparação[560]. Será o caso, designadamente, do credor que, não estando munido de um título executivo, intenta uma ação declarativa contra o pretenso devedor, com vista ao reconhecimento judicial do seu crédito, e, entretanto, toma conhecimento de que este, em virtude da mais que previsível execução coerciva do seu património, se prepara para o ocultar ou dissipar. Nestas circunstâncias, a impossibilidade de recurso, em tempo útil, a uma providência cautelar, destinada a garantir a satisfação desse direito de crédito, implicaria, na prática, que a sentença que viesse a ser proferida na ação declarativa se tornasse perfeitamente inútil[561].

De facto, um dos principais fundamentos para o recurso à tutela cautelar reside no justo receio de que outrem cause uma lesão grave e irreparável ou de difícil reparação de um determinado direito[562,563], quer pelos danos

[560] Reis, José Alberto dos, *Código de Processo Civil Anotado*, vol. I, *op. cit.*, p. 624. *Vide*, no mesmo sentido, Angel Fernandez, Miguel, *Derecho Procesal Civil*, III, Editorial Centro de Estudos Ramón Areces, S.A., 1996, p. 404, Calderon Cuadrado, Maria Pia, *Las Medidas Cautelares Indeterminadas en el Proceso Civil, op. cit.*, p. 169, Montero Aroca, Juan/Chacón Corado, Mauro, *Manual de Derecho Procesal* Civil, vol. I, *op. cit.*, p. 510, Dinamarco, Cândido Rangel, *Nova Era do Processo Civil, op. cit.*, p. 62, Angeles Jové, María, *Medidas Cautelares Innominadas en el Proceso Civil, op. cit.*, p. 57, Gutiérrez Barrenengoa, Aihoa, "De las medidas cautelares", *op. cit.*, p. 1367, e Cappeleti, Mario, *et al.*, *The Italian Legal System: An Introduction, op. cit.*, p. 125. Cfr., na jurisprudência, os acs. do TRL de 25.05.2006, proc. 4050/2006-6, e de 04.03.2008, proc. 912/2008-7. No entanto, no ac. do STJ de 12.12.1996, proc. 805/96, *in SASTJ*, ano 1996, p. 277, decidiu-se que "A necessidade de recurso à via judicial e a excessiva demora da solução do pleito são apenas eventualidades, possíveis mas não prováveis, que não justificam o receio de prejuízo que a requerente alegou na providência cautelar".

[561] A este propósito, refere Alberto dos Reis o seguinte: "(...) a demora no julgamento final e definitivo é, dentro de limites razoáveis, um facto normal, impossível de remover. Mas essa demora pode, em certas circunstâncias, criar um estado de perigo, porque pode expor o titular do direito a danos irreparáveis; pode, na verdade, suceder que até à altura da emanação da decisão final se produzam ocorrências graves, susceptíveis de comprometer a utilidade e a eficácia da sentença. O processo foi instruído, discutido e julgado com a ponderação indispensável para se obter uma decisão justa; mas essa decisão, porque vem muito tarde, já não serve de nada, ou serve de muito pouco: o interessado, obrigado a esperar longo tempo pelo reconhecimento do seu direito, foi vítima de prejuízos que a sentença já não pode apagar" (Reis, José Alberto dos, *Código de Processo Civil Anotado*, vol. I, *op. cit.*, p. 624). Cfr., no mesmo sentido, Rita Lynce de Faria, para a qual o dano jurídico que é tutelado pelas providências cautelares traduz-se na "inutilidade prática, total ou parcial, da sentença final favorável e, consequentemente, da inefectividade do direito do requerente" (Faria, Rita Lynce de, *A Função Instrumental da Tutela Cautelar Não Especificada, op. cit.*, p. 32).

[562] Cfr., a este respeito, o art. 362º, nº 1, segundo o qual a providência cautelar pode ser requerida "sempre que alguém mostre fundado receio de que outrem cause lesão grave e dificilmente reparável ao seu direito". Por sua vez, o art. 368º preceitua que "a providência será decretada desde que, para além de se verificar a probabilidade séria da existência do direito, se mostre suficientemente fundado o receio da sua lesão".

Analogamente, no ordenamento jurídico espanhol, o art. 728º, nº 1, da LEC dispõe que o tribunal só pode decretar uma providência cautelar se existir o receio de que venham a produzir-se durante

que possam advir dessa conduta[564,565], quer pela demora na tutela definitiva desse direito[566].

a pendência do processo "situações que impeçam ou dificultem a efectividade da tutela" que possa vir a ser concedida através da sentença definitiva.
Por sua vez, no direito francês, o art. 809º do NCPC estabelece que o tribunal pode decretar uma *ordonnance de référé* quando seja necessário prevenir "*un dommage imminent*".
No processo civil italiano, o art. 700º do $CPC_{It.}$ preceitua que a providência cautelar comum pode ser decretada quando se verifique um "*pregiudizio imminente e irreparabile*".
Analogamente, no ordenamento suíço, o art. 261º do $CPC_{Su.}$ preceitua que "*Le tribunal ordonne les mesures provisionnelles nécessaires lorsque le requérant rend vraisemblable qu'une prétention dont il est titulaire remplit les conditions suivantes: a. elle est l'objet d'une atteinte ou risque de l'être; b. cette atteinte risque de lui causer un préjudice difficilement réparable.*".
Já no § 935 da ZPO, o legislador prevê a possibilidade de se recorrer a uma providência cautelar quando exista o "risco de se verificar uma alteração das circunstâncias que possa frustrar ou dificultar consideravelmente a realização do direito de uma das partes".

563 A este respeito, Jean-Paul Lagasse assinala que o requisito do fundado receio de produção de um dano grave e dificilmente reparável verifica-se nas situações em que a execução imediata do ato impugnado seja suscetível de produzir efeitos irreversíveis, ao ponto de a anulação posterior do ato acabar por ser meramente simbólica (LAGASSE, Jean-Paul, *et al.*, *Le Référé Administratif*, Editions Formatique, Bruxelas, 1992, p. 52). De acordo com a jurisprudência belga, um prejuízo diz-se "dificilmente reparável" quando se revele extremamente difícil, senão mesmo impossível, reconstituir a situação de facto ao seu estado inicial. Nessa perspetiva, não têm sido considerados como prejuízos graves e dificilmente reparáveis o prejuízo que revista uma natureza exclusivamente moral, o prejuízo simplesmente pecuniário que seja suscetível de reparação através do pagamento dos danos ou dos interesses perdidos, o prejuízo puramente aleatório, o prejuízo imputável ao próprio requerente da tutela cautelar ou o prejuízo que não decorra unicamente do ato impugnado (LAGASSE, Jean-Paul, *et al.*, *Le Référé Administratif*, *op. cit.*, pp. 55 a 59). Por sua vez, Kazuo Watanabe sustenta que um dos requisitos mais importantes para o decretamento de uma providência cautelar traduz-se na existência de um "estado perigoso" que seja "capaz de ameaçar seriamente a incolumidade de um determinado direito da parte" (WATANABE, Kazuo, *Da Cognição no Processo Civil*, *op. cit.*, p. 135).

564 A este propósito, Rui Pinto distingue entre *periculum in mora* e "perigo de dano", sendo que este perigo assume uma natureza extraprocessual, não sendo imputável ao Estado, mas antes ao sujeito passivo. Trata-se, por isso, nas palavras de Rui Pinto, de um "perigo independente do processo e da sua morosidade, nada tendo, por conseguinte, a ver com a garantia do prazo razoável e a morosidade processual". O mesmo é dizer que, de acordo com este Autor, "o dano por mora e imputável ao Estado não é, ao contrário do que se pretende correntemente, o dano cujo perigo as providências cautelares procuram esconjurar. O dano cujo perigo as providências cautelares procuram esconjurar é diferente: é um dano resultante de uma ingerência ilícita na esfera jurídica alheia, em violação de uma norma de proibição" (PINTO, Rui, *A Questão de Mérito na Tutela Cautelar – A Obrigação Genérica de não Ingerência e os Limites da Responsabilidade Civil*, *op. cit.*, pp. 515 e 527).

565 *Vide*, quanto a esta questão, CALAMANDREI, Piero, *Introduccion al Estudio Sistematico de las Providencias Cautelares*, *op. cit.*, p. 75, segundo o qual o dano que se pretende evitar através do decretamento de uma providência cautelar só tem relevância jurídica enquanto for previsível que a demora da decisão judicial possa diminuir ou impedir a satisfação do direito.

566 Cfr., a respeito da relevância da urgência na tutela cautelar, REIS, Clayton, "Responsabilidade civil do magistrado na concessão de medida cautelar *ex officio*", *in Revista da Faculdade de Direito*, ano

Assim, a tutela cautelar surge inevitavelmente associada a uma tutela preventiva e urgente, já que a providência cautelar não pode ser decretada se não existir qualquer perigo e/ou ameaça grave e irreparável quanto à proteção de um direito[567,568]. O *periculum in mora* é, pois, "a verdadeira causa ou fundamento que autoriza a adopção de qualquer medida cautelar"[569].

2.2.2. Âmbito

O *periculum in mora* constitui um requisito processual de natureza constitutiva da providência cautelar concretamente requerida[570] – já que a falta desse

28, nº 28, Curitiba, 1994-1995, p. 173, ARAZI, Roland, *Medidas Cautelares, op. cit.*, p. 8, GIORDANO, Rosaria, *La Tutela Cautelare Uniforme – Prassi e Questioni, op. cit.*, pp. 5 e 6, CALVET BOTELLA, Julio, "Medidas cautelares civiles", *op. cit.*, p. 449, SEBASTIÁN OTONES, Milagros, "Las medidas cautelares: Su regulación en la Ley 1/2000", *op. cit.*, pp. 1710 e 1711, bem como MATCOVICH, Gonzalo Cortez, "La configuracion del *periculum in mora* en el regimen cautelar chileno", *op. cit.*, p. 108. *Vide*, na jurisprudência, o ac. do TRL de 30.05.2006, proc. 2562/2006-1.

[567] Na esteira de Calamandrei, o *periculum in mora* traduz-se não só na existência de perigo de produção de um dano que a providência cautelar tem a virtualidade de evitar, mas sobretudo na urgência em evitar a produção desse dano (CALAMANDREI, Piero, *Introduccion al Estudio Sistematico de las Providencias Cautelares, op. cit.*, p. 41).

[568] Conforme assinala Isabel Fonseca, aquilo que distingue a tutela jurisdicional cautelar das demais formas de tutela jurisdicional preventiva e/ou urgente é a ocorrência de uma situação de *periculum in mora*, ou seja, a existência de um perigo de dano em resultado da incapacidade do processo de cognição para compor o litígio em tempo útil, bem como o perigo de perda ou a ameaça de prejuízo quanto ao objeto sobre o qual recai ou recairá a ação principal (FONSECA, Isabel Celeste M., *Introdução ao Estudo Sistemático da Tutela Cautelar no Processo Administrativo, op. cit.*, p. 114). Analogamente, Fernando Pereira Rodrigues salienta que a tutela cautelar só pode ser concedida quando esteja em causa um dano grave e irreparável ou de difícil reparação. É que, como observa o referido Autor, "não se pode olvidar que, tratando-se de uma tutela cautelar decretada muitas vezes sem a audiência da parte contrária, não se poderia conceber que fosse qualquer lesão a justificar a ingerência na esfera jurídica do demandado, acaso lhe produzindo dano de que não pudesse ser ressarcido em caso de injustificado recurso à providência cautelar" (RODRIGUES, Fernando Pereira, *A Prova em Direito Civil, op. cit.*, p. 270). *Vide*, no mesmo sentido, CAMPOS, João Mota de/CAMPOS, João Luiz Mota de, *Contencioso Comunitário, op. cit.*, p. 534, bem como BELEZA, Maria dos Prazeres Pizarro, "Procedimentos cautelares", *op. cit.*, pp. 1501 e 1502.

[569] FONSECA, Isabel Celeste M., *Introdução ao Estudo Sistemático da Tutela Cautelar no Processo Administrativo, op. cit.*, p. 115. Cfr., no mesmo sentido, MARTINS, Ana Gouveia, *A Tutela Cautelar no Contencioso Administrativo (Em Especial, nos Procedimentos de Formação dos Contratos), op. cit.*, p. 41, AMORIM, Tiago Meireles de, "Apontamentos sobre as condições de procedibilidade das providências cautelares no novo processo administrativo", *op. cit.*, p. 431, MATCOVICH, Gonzalo Cortez, "La configuracion del *periculum in mora* en el regimen cautelar chileno", *op. cit.*, p. 113, bem como CARDOSO, Dora Neto, "Meios urgentes e tutela cautelar – Relato", *op. cit.*, p. 77.

[570] SOUSA, Miguel Teixeira de, *Estudos sobre o Novo Processo Civil, op. cit.*, p. 232. *Vide*, no mesmo sentido, CARLOS, Adelino da Palma, *Linhas Gerais do Processo Civil Português, op. cit.*, p. 71, PEREIRA, Célia Sousa, *Arbitramento de Reparação Provisória, op. cit.*, pp. 34 e 35, PEREIRA, Diogo Filipe

requisito obsta, por via de regra, ao decretamento efetivo da providência[571] – e traduz-se no prejuízo que poderá advir para o requerente em consequência da demora na tutela definitiva do seu direito[572,573]. Dito de outra forma,

Gil Castanheira, *Interesse Processual na Acção Declarativa*, Coimbra Editora, Coimbra, 2011, p. 98, Ventura, Sofia, "Decretamento provisório de providências cautelares no contencioso administrativo", *op. cit.*, p. 109, e Taruffo, Michele, *et al.*, *Le Riforme della Giustizia Civile*, *op. cit.*, p. 546.

[571] De acordo com Ramiro Podetti, o *periculum in mora* constitui a razão de ser jurídica e de facto das providências cautelares (Ramiro Podetti, J., *Derecho Procesal Civil, Comercial y Laboral – Tratado de las Medidas Cautelares*, IV, *op. cit.*, p. 78). Do mesmo modo, Cármen Marin assinala que a providência cautelar só tem sentido se existir um direito que careça de proteção provisória e urgente por força de um dano já produzido ou de iminente produção. Deste modo, sem esse perigo – que deve ser cautelarmente evitado por forma a que o objeto do processo se mantenha íntegro até que seja proferida uma sentença definitiva – não há qualquer razão justificativa para o decretamento de uma providência cautelar (Chinchilla Marín, Carmen, *La Tutela Cautelar en la Nueva Justicia Administrativa*, *op. cit.*, p. 42). Analogamente, Calderon Cuadrado defende que o *periculum in mora* está estreitamente associado não só à origem, como também à própria função que deve ser realizada pelas providências cautelares (Calderon Cuadrado, Maria Pia, *Las Medidas Cautelares Indeterminadas en el Proceso Civil*, *op. cit.*, p. 45). *Vide*, a este propósito, o ac. do TRC de 08.04.2008, proc. 285/07.1TBMIR.C1.

[572] A propósito do pressuposto do *periculum in mora*, Proto Pisani, na esteira de Calamandrei, distingue entre o "pericolo da *infruttuosità*" e o "pericolo da *tardivitá*". Assim, o "pericolo da *infruttositá*" traduz-se no perigo que, durante o tempo necessário para o decretamento de uma sentença definitiva no processo de declaração, surjam factos que tornem impossível ou muito difícil a possibilidade de execução da sentença. Por sua vez, o "pericolo da *tardivitá*" consiste no perigo resultante da mera duração do processo, prolongando-se no tempo o estado de insatisfação do direito, sendo essa uma causa de prejuízo para o titular do respetivo direito (Pisani, Andrea Proto, *Lezioni di Diritto Processuale Civile*, *op. cit.*, pp. 640 e 641. Cfr., no mesmo sentido, Pisani, Andrea Proto, "Procedimenti cautelari", *op. cit.*, p. 6, bem como Vianello, Elisabetta, "Nuove prospettive di applicabilità del rito cautelare uniforme in materia di brevetti per invenzioni industriali", *in RTDPC*, ano LII, Giuffrè Editore, Milão, 1998, p. 680). Partindo dessa diferenciação concetual, Isabel Fonseca destaca que o conteúdo da providência cautelar será diferente consoante se verifique uma ameaça de infrutuosidade ou de retardamento. Assim, no primeiro caso, "a providência cautelar deve ter um conteúdo que funcionalmente cumpra o objectivo de conservar o efeito útil da sentença, garantindo que o réu, no dia em que for condenado, ainda tenha no seu património bens que permitam a execução da sentença, ou assegurando que, no momento em que definitivamente se decide sobre o destino do objecto mediato da lide, ele ainda está íntegro". Por sua vez, perante uma ameaça de retardamento, a providência cautelar "deve ter como objectivo fingir que a decisão principal chega a tempo, isto é, que chega antes do tempo (normal) devido", para o que a decisão cautelar deverá "produzir um efeito semelhante ao da decisão principal, definindo, de forma antecipada, interinamente, o direito para um *status quo*" (Fonseca, Isabel Celeste M., *Introdução ao Estudo Sistemático da Tutela Cautelar no Processo Administrativo*, *op. cit.*, pp. 124 e 125).

[573] No que concerne ao requisito de iminência de produção de um prejuízo, Luigi Montesano e Giovanni Arieta distinguem, fundamentalmente, três situações: a de o prejuízo ainda não se ter verificado; a de já se ter iniciado o facto suscetível de vir a produzir o prejuízo; e a de o evento prejudicial já se ter verificado. Assim, na primeira situação, isto é, a de o prejuízo ainda não se ter verificado, o critério da "iminência" deve ser apreciado, não tanto em termos meramente crono-

o *periculum in mora* refere-se ao perigo no retardamento da tutela jurisdicional[574], procurando-se evitar que, por causa do tempo necessário para o julgamento definitivo do mérito da causa, o direito que se pretende fazer valer em juízo acabe por ficar irremediavelmente comprometido[575]. Caberá, assim, ao requerente "provar que não pode aguardar a decisão do processo principal sem sofrer um prejuízo de consequências graves e irreparáveis"[576].

2.2.3. Elementos

2.2.3.1. Dano grave e irreparável ou de difícil reparação

O *periculum in mora* é constituído por dois elementos essenciais: a demora e o dano decorrente dessa demora.

Relativamente à demora, a providência cautelar visa "proteger o justo receio de alguém se ver prejudicado por uma conduta de terceiro, inquietação que poderia ser agravada de forma efectiva, com as delongas normais dum pleito judicial"[577,578].

lógicos, mas sobretudo com referência a factos ou a circunstâncias que sejam suscetíveis de vir a provocar um prejuízo. Por sua vez, na segunda situação, ou seja, quando já se tenha iniciado o facto suscetível de provocar o evento danoso, a noção de "iminência" adquire o seu significado mais forte, pois que, nesse caso, a intervenção judicial visa paralisar o evento suscetível de provocar o facto danoso. Por último, na terceira situação, isto é, quando o evento danoso já se tenha verificado, não se encontra preenchido o requisito da atualidade do prejuízo, mas pode, mesmo assim, existir o receio de uma reiteração do evento danoso que torne oportuna a adoção de uma providência cautelar de carácter repressivo ou preventivo (Montesano, Luigi/Arieta, Giovanni, *Diritto Processuale Civile*, III, *op. cit.*, pp. 345 a 347).

574 Cfr., no mesmo sentido, Grasselli, Giorgio, *L'Istruzione Probatoria nel Processo Civile Riformato*, *op. cit.*, p. 721, bem como a sentença do CSCass. de 25.01.1986, nº 496, *in www.cortedicassazione.it.*

575 Galatro, Vincenzo, *Manuale Operativo di Procedura Civile*, *op. cit.*, p. 562. Cfr., no mesmo sentido, Cucarella Galiana, Luís-Andrés, "Constitución y tutela cautelar: una revisión de las aportaciones de la jurisprudencia y doctrina italianas", *in RDPr*, nº 1, Madrid, 1998, p. 78, bem como Theodoro Júnior, Humberto, "Tutela jurisdicional cautelar", *op. cit.*, p. 32, segundo o qual a situação de risco que se pretende acautelar deve ser de tal forma grave que, uma vez concretizado o dano temido, o processo principal perderá a sua utilidade quanto à defesa do possível direito do litigante.

576 Campos, João Mota de/Campos, João Luiz Mota de, *Contencioso Comunitário*, *op. cit.*, p. 535.

577 Ac. do TRE de 03.02.2005, proc. 2460/04-3. *Vide*, no mesmo sentido, o ac. do TRE de 24.02.2005, proc. 2953/04-2, no qual se decidiu que "Os procedimentos cautelares têm a finalidade precípua de acautelar o direito tutelado pela lei substantiva, de forma a esconjurar o perigo decorrente da insatisfação, em tempo útil, de tal direito ou interesse, mas desde que o requerente alegue e demonstre o receio fundado e concreto de lesão grave e dificilmente reparável do seu direito, como comanda o art. 381º, nº 1, do CPC, requisito ou pressuposto este, que é denominador comum de todos os procedimentos ou providências não especificadas", bem como o ac. do TRP de 14.11.2017, proc. 3077/17.6T8VNG.P1.

578 A este respeito, Daniele Piccione salienta que o prejuízo invocado pelo requerente da providência cautelar deve ser valorado com referência a um lapso de tempo específico e pontual, em regra

Já no que concerne ao dano, a providência cautelar só pode ser decretada desde que este seja grave e irreparável ou de difícil reparação, isto é, quando não seja viável a reintegração do direito de forma específica ou por equivalente no decurso de um juízo de mérito[579].

Com efeito, só as lesões graves e dificilmente reparáveis são suscetíveis de tutela em sede cautelar[580]. Na verdade, dado que as providências cautela-

correspondente ao período de tempo entre o decretamento da providência e o proferimento de uma decisão definitiva (PICCIONE, Daniele, "I pressuposti", *in La Tutela Cautelare e Sommaria nel Nuovo Processo Amministrativo (a cura di Frederico Freni)*, Giuffrè Editore, Milão, 2011, p. 34).

579 BRANDOLINI, Elena, *700 c.p.c. – Strategie Processuali ed Ambiti Applicativi*, *op. cit.*, p. 91. A propósito da utilização do conceito de "prejuízo de difícil reparação" como fundamento para o recurso à tutela cautelar (*periculum in mora*), Mário Aroso de Almeida destaca o avanço alcançado na justiça administrativa em resultado da utilização da expressão "fundado receio de constituição de uma situação de facto consumado". É que, tal como refere o aludido Autor, da conjugação das expressões "produção de prejuízos de difícil reparação" e "fundado receio de constituição de uma situação de facto consumado" resulta, por parte do legislador, a "clara rejeição do apelo, neste domínio, a critérios fundados na susceptibilidade ou insusceptibilidade da avaliação pecuniária dos danos, pelo seu carácter variável, aleatório ou difuso, em favor do entendimento segundo o qual o prejuízo do requerente deve ser considerado irreparável sempre que os factos concretos por ele alegados permitam perspectivar a criação de uma situação de impossibilidade da reintegração específica da sua esfera jurídica, no caso de o processo principal vir a ser julgado procedente" (ALMEIDA, Mário Aroso de, *O Novo Regime do Processo nos Tribunais Administrativos*, *op. cit.*, pp. 258 e 259). *Vide*, no mesmo sentido, a sentença do Tribunal de Nola de 09.10.2008, *apud* RICHTER, Giorgio Stella/ RICHTER, Paolo Stella, *La Giurisprudenza sul Codice di Procedura Civile (Libro IV – Dei Procedimenti Speciali)*, Giuffrè Editore, Milão, 2011, p. 184, na qual se considerou que o prejuízo irreparável previsto no art. 700º do $CPC_{It.}$ só se verifica quando estejam em causa posições subjetivas de carácter absoluto ou relativo, principalmente respeitantes à esfera pessoal do requerente da providência cautelar, que exijam a intervenção imediata do julgador, estando, por isso, excluídos os prejuízos que tenham uma natureza exclusivamente pecuniária, bem como GIMENO SENDRA, José Vicente, *et al.*, *Derecho Procesal Administrativo*, *op. cit.*, p. 534, segundo os quais, estando em causa prejuízos ou danos de natureza meramente patrimonial, estes são suscetíveis de fácil reparação, pelo que, por via de regra, nestes casos não é admissível o recurso à tutela cautelar.

580 Assim, conforme se decidiu no ac. do TRP de 23.05.1994, proc. 4341402, "Para ser decretada uma providência cautelar inominada não basta a prova do fundado receio de lesão do direito a acautelar, sendo necessária a prova de que a lesão receada seja grave e dificilmente reparável. Tendo o requerente de uma providência cautelar nominada o direito de exigir do requerido a entrega em certa data de uma loja de um centro comercial em construção, o facto de o requerido estar a demolir uma parede da mesma loja, embora fundamente o receio da sua demolição, não basta para que considere a lesão grave e dificilmente reparável, visto que, mesmo que toda a loja seja demolida, o requerente continua com o direito de exigir a sua colocação no estado em que estava antes da demolição e ainda a correspondente indemnização; não se justifica, assim, tal providência". Cfr., no mesmo sentido, o ac. do TRG de 14.05.2015, proc. 510/14.2T8VNF.G1, o ac. do TCAN de 03.06.2016, proc. 00677/15.2BEBRG, o ac. do TRL de 20.09.2018, proc. 11509/18.0T8LSB.L1-2, bem como o ac. do TRP de 07.12.2018, proc. 16211/18.0T8PRT.P1.

res podem ser concedidas sem a audiência prévia do requerido, apenas uma lesão suficientemente forte e grave é passível de justificar a agressão da sua esfera jurídica, sem o seu prévio conhecimento[581]. Dito de outra forma, "tratando-se de uma tutela cautelar decretada muitas vezes sem a audiência da parte contrária, não se poderia conceber que fosse qualquer lesão a justificar a ingerência na esfera jurídica do demandado, acaso lhe produzindo dano de que não pudesse ser ressarcido em caso de injustificado recurso à providência cautelar"[582].

Os requisitos da gravidade e da dificuldade da reparação são cumulativos. Consequentemente, ficam afastadas da tutela cautelar as lesões que sejam facilmente reparáveis – quer através de reconstituição natural, quer mediante indemnização substitutiva[583] – ou que, apesar de serem irreparáveis ou de difícil reparação, não revistam uma gravidade suficientemente forte que justifique o recurso à proteção cautelar[584].

No que concerne aos critérios que devem nortear a apreciação do requisito da irreparabilidade do dano, Proto Pisani salienta a existência de três posições doutrinais distintas:

a) de acordo com a tese restritiva adotada por Satta, só os direitos absolutos são suscetíveis de sofrer, em caso de violação ou de ameaça de violação, um dano irreparável;

b) por sua vez, para Montesano, está-se na presença de um prejuízo irreparável quando, face à demora na tutela do seu direito, o requerente

[581] Assim, conforme se decidiu no ac. do TRL de 03.02.1994, proc. 0062266, "Os cortes de abastecimento de água e do fornecimento de energia eléctrica constituem lesões graves ao direito do arrendatário".

[582] RODRIGUES, Fernando Pereira, *Elucidário de Temas de Direito (Civil e Processual), op. cit.*, p. 276.

[583] Ac. do TRL de 30.01.2019, proc. 7840/17.0T8CBR-B.L1-4.

[584] No sentido de o recurso à tutela cautelar só ser admissível quando esteja em causa, simultaneamente, uma lesão grave e dificilmente reparável, *vide* PEREIRA, Célia Sousa, *Arbitramento de Reparação Provisória, op. cit.*, p. 35, CRUZ, Rita Barbosa da, "O arresto", *op. cit.*, pp. 112 e 113, bem como FARIA, Rita Lynce de, *A Função Instrumental da Tutela Cautelar Não Especificada, op. cit.*, p. 57. Com efeito, de acordo com as citadas Autoras, não é admissível o recurso à tutela cautelar quando a lesão, embora grave, seja facilmente reparável, ou quando a lesão, não sendo grave, seja de difícil reparação, sendo certo que o objetivo subjacente a esta opção legislativa foi o de dificultar o recurso à justiça cautelar. Cfr., na jurisprudência, o ac. do STJ de 26.05.1994, proc. 085431, o ac. do STJ de 28.09.1999, proc. 99A678, o ac. do TRP de 21.10.1999, proc. 9931083, o ac. do STJ de 26.01.2006, proc. 05B4206, o ac. do TRL de 18.10.2006, proc. 6799/2006-4, ac. do TRE de 01.02.2007, proc. 2758/06-3, o ac. do TRL de 23.05.2007, proc. 575/2007-4, o ac. do TRL de 04.06.2009, proc. 1166-08.7TCSNT.L1-6, o ac. do TRL de 24.06.2009, proc. 3703/05.0TTLSB-E.L1-4, bem como o ac. do TRL de 20.11.2013, proc. 2247/13.0TTLSB-A.L1-4.

não possa servir-se de um remédio suficientemente eficaz contra a situação de inferioridade que para ele resulta do dano ameaçado;

c) por último, segundo a tese de Andrioli, o dano é irreparável quando não seja suscetível de reintegração em forma específica, nem seja ressarcível.

Ora, para Proto Pisani, a "irreparabilidade" deve ser analisada sob o prisma da pessoa titular de um direito e não sobre um determinado direito.

Por conseguinte, não configura um prejuízo irreparável a violação ou a ameaça de violação de um direito com um conteúdo exclusivamente patrimonial, exceto quando esteja em causa uma situação de perigo de insolvência[585].

Em contrapartida, já poderá ser qualificado como prejuízo irreparável aquele que resulte da violação ou da ameaça de violação de um direito de conteúdo e função não patrimoniais – como é o caso, por exemplo, dos direitos de personalidade –, bem como o resultante da violação ou da ameaça de violação de um direito com conteúdo patrimonial, mas com uma função não patrimonial[586].

Já no que concerne à irreparabilidade, os procedimentos de urgência revestem especial importância na tutela de direitos constitucionalmente relevantes, sendo abundante a jurisprudência que concede medidas de inibição de emissões acústicas ou odoríferas que, superando a normal tolerabilidade ou o repouso noturno, acabam por prejudicar a qualidade de vida e a saúde[587].

Há ainda que salientar que o facto de o dano ser de difícil ou impossível reparação não significa que este tenha que ser irressarcível, já que, quem solicita a tutela cautelar, pretende, em primeira instância, que o direito tutelado permaneça íntegro e não o pagamento de qualquer indemnização[588].

A nossa jurisprudência tem vindo a considerar que o conceito de "lesão grave e irreparável ou de difícil reparação" deve ser interpretado de acordo com dois critérios:

[585] *Vide*, a este propósito, o ac. do TRG de 10.10.2013, proc. 246/12.9TBBCL-A.G2.

[586] PISANI, Andrea Proto, *Lezioni di Diritto Processuale Civile, op. cit.*, pp. 676 a 678.

[587] BRANDOLINI, Elena, *700 c.p.c. – Strategie Processuali ed Ambiti Applicativi, op. cit.*, p. 92. Cfr., no mesmo sentido, GIORDANO, Rosaria, *La Tutela Cautelare Uniforme – Prassi e Questioni, op. cit.*, p. 101. *Vide*, na jurisprudência, o ac. do TRC de 02.02.1999, proc. 1680/98, no qual se considerou que a lesão da saúde, pela sua natureza, assume uma feição grave e insuscetível de reparação completa.

[588] CHINCHILLA MARÍN, Carmen, *La Tutela Cautelar en la Nueva Justicia Administrativa, op. cit.*, pp. 43 e 44. Cfr., no mesmo sentido, CONTE, Ricardo, "La nozione di irreparabilità nella tutela d'urgenza del diritto di credito", *op. cit.*, p. 218.

a) um critério subjetivo, o qual "atende às possibilidades concretas do requerido para suportar economicamente uma eventual reparação do direito do requerente";
b) um critério objetivo, o qual deve ser "aferido em função do tipo de lesão que a situação de perigo pode vir a provocar na esfera jurídica do requerente, o que significa que dependerá da natureza do direito alvo dessa lesão e da sanção que a ordem jurídica impõe para reparação do dano decorrente da lesão, sendo admissível o recurso à tutela cautelar, sempre que a reparação da lesão possa implicar a chamada reintegração por sucedâneo"[589].

Assim, um dano consubstanciado num prejuízo de natureza financeira não será, por via de regra, grave e irreparável ou de difícil reparação[590], salvo se o mesmo for insuscetível de integral compensação, na eventualidade de a ação principal vir a ser julgada procedente[591].

Ora, tal como decidiu o Tribunal de Nápoles, por sentença de 26 de abril de 2000[592], a valoração do dano grave e irreparável ou de difícil reparação deve ter por base a matéria de facto concretamente alegada, não sendo necessário que se trate de um dano irreparável em termos absolutos, bastando que implique uma reconstituição difícil do *status quo ante*.

2.2.3.2. Atualidade do dano

Para além da natureza grave e irreparável ou de difícil reparação do dano que se pretende evitar, para que o recurso à tutela cautelar possa ser considerado justificado, é ainda necessário que o *periculum in mora* seja atual e iminente.

No que em particular se refere à "iminência" do perigo, Tarzia destaca duas hipóteses distintas: pode suceder que o evento danoso já se tenha verificado, mas os seus efeitos prolongam-se no tempo, agravando a lesão do direito do

[589] Ac. do TRP de 22.11.2011, proc. 1408/11.1TJPRT.P1.

[590] Criticando o facto de as providências cautelares continuarem a ser recusadas com base no argumento de que não são irreparáveis os danos que sejam facilmente avaliáveis ou quantificáveis, *vide* AMORIM, Tiago Meireles de, "As providências cautelares do CPTA: Um primeiro balanço", *op. cit.*, p. 42.

[591] CAMPOS, João Mota de/CAMPOS, João Luiz Mota de, *Contencioso Comunitário, op. cit.*, p. 539. A este propósito, a doutrina italiana tem vindo a considerar que um dano será irreparável ou de difícil reparação quando não seja passível de ressarcimento por equivalente pecuniário ou com os "instrumentos de reintegração em forma específica" (*vide*, por todos, ALCIARINI, Luigi/SCARPA, Antonio, *I procedimenti cautelari. Questioni processuali*, Giuffrè Editore, Milão, 2010, p. 42).

[592] BRANDOLINI, Elena, *700 c.p.c. – Strategie Processuali ed Ambiti Applicativi, op. cit.*, p. 91.

requerente, ou que o evento danoso ainda não se tenha verificado, mas que seja previsível que o mesmo venha a ocorrer, mediante um conjunto de indícios que demonstram a iminência da lesão[593].

Deste modo, a providência cautelar deve ser indeferida, porque injustificada, nos casos em que o requerente se tenha conformado com a situação de perigo que ameaça afetar o seu direito, assumindo uma conduta inerte e passiva perante esse facto[594,595].

Assim, a título meramente exemplificativo, a providência cautelar de arresto será injustificada se, tendo o credor tomado conhecimento de que o devedor colocou à venda o único bem do seu acervo patrimonial, só alguns meses mais tarde é que vem invocar esse facto para fundamentar o receio de perda da garantia patrimonial do seu crédito.

Analogamente, se o proprietário de um prédio rústico toma conhecimento de que o proprietário do prédio confinante, onerado com uma servidão de passagem, iniciou a construção de um imóvel, que em parte se encontra implantado sobre o leito do caminho de servidão, impedindo a passagem de pessoas e de veículos, e conforma-se com esse facto, a ponto de só algum tempo mais tarde, com o aproximar do termo da obra, é que vem requerer o seu embargo,

[593] TARZIA, Giuseppe, *et al.*, *Il Nuovo Processo Cautelare*, *op. cit.*, p. 191. Na mesma linha de raciocínio, Jacques Normand salienta que o requerente da providência cautelar deve alegar e justificar o receio de vir a sofrer um dano iminente, sob pena de a medida solicitada ser indeferida (NORMAND, Jacques, "Les fonctions des référés", *in Les Mesures Provisoires en Droit Belge, Français et Italien – Étude de Droit Comparé*, *op. cit.*, pp. 78 e 79).

[594] *Vide*, no mesmo sentido, MONTERO AROCA, Juan, *et al.*, *El Nuevo Proceso Civil (Ley 1/2000)*, *op. cit.*, p. 840, PISANI, Andrea Proto, *Lezioni di Diritto Processuale Civile*, *op. cit.*, p. 681, GIUDICE, Federico del, *et al.*, *Codice di Procedura Civile*, 10ª ed., Edizioni Giuridiche Simone, 2006, p. 796, e CLOSSET-MARCHAL, Gilbert, *"L'urgence"*, *in Les Mesures Provisoires en Droit Belge, Français et Italien – Étude de Droit Comparé*, *op. cit.*, p. 24.

[595] Tal como se decidiu na sentença do Tribunal de Bruxelas de 14.01.1992 (*apud* CLOSSET-MARCHAL, Gilbert, *"L'urgence"*, *in Les Mesures Provisoires en Droit Belge, Français et Italien – Étude de Droit Comparé*, *op. cit.*, p. 24), não existe fundamento para o decretamento de uma providência cautelar no final do primeiro trimestre de um ano escolar quando esta visava pôr em crise uma decisão tomada pelo conselho de escola no final do ano escolar precedente. Do mesmo modo, conforme se decidiu na sentença do Tribunal de Namur de 27.11.1992, deve ser indeferida, por falta de urgência, uma providência cautelar em que se pretendia contestar a legalidade da exploração de um campo de aviação com fundamento na perturbação do direito ao sossego e à tranquilidade quando o mesmo já existia há vários anos, sem que tenha sido invocado qualquer facto novo ou recente que pudesse fundar esse receio. O mesmo é dizer que, conforme se julgou na sentença do Tribunal de Namur de 29.06.1993 (*apud* CLOSSET-MARCHAL, Gilbert, *"L'urgence"*, *in Les Mesures Provisoires en Droit Belge, Français et Italien – Étude de Droit Comparé*, *op. cit.*, p. 24), não é admissível o decretamento de uma providência cautelar quando tenha sido o próprio requerente a criar a situação de urgência, por ter requerido muito tarde a adoção dessa providência.

com fundamento na violação da servidão de passagem, essa providência deve ser indeferida, por falta de atualidade do *periculum in mora*[596].

Só assim não sucederá se se tiver verificado alguma superveniência objetiva ou subjetiva que, pela sua natureza ou pelas consequências dela resultantes para a esfera jurídica do titular do direito ameaçado, justifique a adoção urgente de uma providência cautelar[597,598].

Consequentemente, no primeiro dos apontados exemplos, o arresto poderá ser supervenientemente justificável se, por exemplo, o devedor auferia um salário e ficou, entretanto, desempregado, restando-lhe no seu património aquele referido imóvel.

De igual modo, a providência cautelar de embargo de obra nova poderá ser considerada supervenientemente justificada se o proprietário, apesar de ter oportunamente tomado conhecimento do início da obra, só mais tarde se apercebeu, designadamente com o evoluir dos trabalhos, que a dimensão da obra impede por completo o trânsito de pessoas e de veículos pelo caminho de servidão.

Em síntese, visando a providência cautelar evitar a lesão de um direito, esta não poderá ser decretada, porque injustificada, se essa lesão já se tiver consumado[599,600], salvo se esta fundamentar o receio de ocorrência de outras

[596] *Vide*, a este propósito, o ac. do TRP de 11.04.1996, proc. 9630189, bem como o ac. do STJ de 29.06.1999, proc. 99A367.

[597] Semelhante regime encontra-se, de resto, previsto no art. 728º da LEC, no qual se preceitua que "*No se acordarán medidas cautelares cuando con ellas se pretenda alterar situaciones de hecho consentidas por el solicitante durante largo tiempo, salvo que este justifique cumplidamente las razones por las cuales dichas medidas se han solicitado hastas entonces*".

[598] *Vide*, no mesmo sentido, FARIA, Rita Lynce de, *A Função Instrumental da Tutela Cautelar Não Especificada*, *op. cit.*, p. 81. Cfr., na jurisprudência, o ac. do TRP de 11.04.1996, *in BMJ*, 456º, p. 503, no qual se decidiu que "Sofrendo o requerente, há mais de cinco anos, danos diversos, não pode pôr-lhes fim através da providência cautelar não especificada, a menos que alegue e prove a existência dum agravamento de modo substancial da eventual violação dos seus direitos subjectivos".

[599] Cfr., neste sentido, o ac. do TRP de 17.01.1980, *in CJ*, tomo I, 1980, p. 13, o ac. do TRP de 19.10.1982, *in CJ*, tomo IV, 1982, p. 246, o ac. do TRE de 31.01.1985 *in CJ*, tomo I, 1985, p. 339, o ac. do TRC de 26.01.1988, *in BMJ*, 373º, p. 612, o ac. do TRP de 23.10.1990, *in BMJ*, 400º, p. 736, o ac. do TRP de 04.12.1990, proc. 9050658, o ac. do TRL de 26.11.1991, proc. 0049391, o ac. do STJ de 02.04.1992, proc. 082168, o ac. do TRL de 18.02.1993, proc. 0054346, o ac. do TRL de 08.06.1993, *in CJ*, tomo III, 1993, p. 123, o ac. do TRP de 04.11.1993, proc. 9220686, o ac. do TRL de 02.11.1995, proc. 0010196, o ac. do STJ de 28.11.1996, proc. 490/96, *in SASTJ*, ano 1996, p. 249, o ac. do TRP de 07.04.1997, proc. 9750112, o ac. do TRL de 04.12.2006, proc. 8108/2006-4, bem como o ac. do TRE de 20.09.2012, proc. 44/12.0T2STC.E1. Quanto à atualidade do perigo associado à tutela cautelar, *vide* o ac. do TRC de 18.05.2004, proc. 974/04, segundo o qual "O receio do credor só deixa de ser actual quando age já depois de terem surgido circunstâncias que puseram em perigo a satisfação do crédito". Cfr., na jurisprudência estrangeira, a sentença do Tribunal de Nápoles de

lesões idênticas e futuras[601], a produção de lesões de natureza continuada ou repetida[602] ou o agravamento do dano[603]. Isto porque a tutela cautelar pressupõe a alegação e demonstração de um "acto actual ao momento da entrega do requerimento", de que irá ter lugar um "acto futuro, por parte do requerido,

05.07.2011, *apud* Brandolini, Elena/Francaviglia, Rosa, *I provvedimenti d'urgenza in sede civile ed in sede amministrativa, op. cit.*, p. 41, na qual se decidiu que "*Non ricorre l'imminenza del pregiudizio nell'ipotesi in cui fra la verificazione dell'evento prospettato come lesivo e la proposizione del ricorso cautelare sia decorso un lasso di tempo apprezzabile*".

600 *Vide*, a este respeito, o art. 1171º do $CC_{It.}$, segundo o qual não pode ser decretada a providência cautelar de embargo de obra nova se esta já se encontrar concluída ou se tiver decorrido mais de um ano desde o seu início.

601 Cfr., nesse sentido, o ac. do STJ de 31.07.1962, *in BMJ*, 119º, p. 409, o ac. do TRP de 19.10.1982, *in CJ*, tomo IV, 1982, p. 246, o ac. do TRL de 19.05.1994, *in CJ*, tomo III, 1994, p. 95, o ac. do TRP de 03.07.1995, *in BMJ*, 449º, p. 444, o ac. do TRL de 11.01.1996, *in CJ*, tomo I, 1996, p. 82, o ac. do TRL de 27.11.1996, proc. 0005424, o ac. do TRP de 22.04.1997, proc. 9720189, o ac. do TRP de 19.06.1997, proc. 9730502, o ac. do STJ de 05.02.1998, proc. 964/97, *in SASTJ*, ano 1998, o ac. do TRP de 21.10.2004, proc. 0435292, o ac. do TRP de 20.04.2006, proc. 0630374, o ac. do TRL de 28.04.2009, proc. 1971/08.4TVLSB.L1-7, bem como o ac. do TRP de 12.10.2010, proc. 334/10.6TBCHA.P1. *Vide*, na doutrina, Bastos, Jacinto Fernandes Rodrigues, *Notas ao Código de Civil*, vol. II, *op. cit.*, p. 161, segundo o qual nada obsta a que, mesmo verificando-se a existência de lesões já consumadas, se requeiram providências cautelares idóneas para evitar a ocorrência de novas lesões, de que a primeira pode constituir indício de efetivação, bem como Brandolini, Elena/Francaviglia, Rosa, *I Provvedimenti d'Urgenza in Sede Civile ed in Sede Amministrativa, op. cit.*, p. 40, segundo as quais, nesse caso, verifica-se uma falta superveniente de interesse em agir, já que deixa de se verificar um *periculum in mora*, para passar a existir um dano efetivo. Do mesmo modo, Alberto dos Reis salienta que, pese embora, por via de regra, a providência cautelar não possa ser decretada se a lesão já se tiver consumado – uma vez que, nesse caso, a providência cautelar não teria qualquer função útil –, a verdade é que a lesão já consumada pode servir de fundamento a uma providência cautelar "destinada a evitar outros danos previsíveis e iminentes" (Reis, Alberto dos, *Código de Processo Civil Anotado*, vol. I, *op. cit.*, p. 684).

602 Cfr., nesse sentido, o ac. do TRP de 03.05.1993, proc. 9230922, o ac. do TRL de 10.02.1994, proc. 0067356, o ac. do TRP de 28.11.1994, proc. 9450788, o ac. do TRP de 03.07.1995, *in BMJ*, 449º, p. 444 – ainda que este aresto tenha considerado que não há que distinguir entre lesão instantânea e lesão continuada do direito para se dizer que, no primeiro caso, a lesão consumou-se e que, no segundo, não – o ac. do TRP de 07.05.2001, proc. 0150407, o ac. do TRL de 20.08.2007, proc. 6794/2007-6, o ac. do TRP de 08.07.2015, proc. 912/14.4T8PRT.P1, bem como o ac. do TRG de 07.12.2017, proc. 1162/17.3T8VRL-A.G1. *Vide*, na doutrina, Magalhães, Barbosa de, "Natureza jurídica dos processos preventivos e seu sistema no Código de Processo Civil", *in ROA*, ano 5º, nºs 3 e 4, Lisboa, 1945, p. 16, Sousa, Miguel Teixeira de, *Estudos sobre o Novo Processo Civil, op. cit.*, p. 234, Freitas, José Lebre de/Alexandre, Isabel, *Código de Processo Civil Anotado*, vol. II, *op. cit.*, p. 8, Freitas, José Lebre de, *Estudos sobre Direito Civil e Processo Civil*, vol. I, *op. cit.*, p. 246, e Cruz, Rita Barbosa da, "O arresto", *op. cit.*, p. 113.

603 Calamandrei, Piero, *Introduccion al Estudio Sistematico de las Providencias Cautelares, op. cit.*, p. 42. Cfr., no mesmo sentido, o ac. do TRL de 13.11.2012, proc. 24718/11.3T2SNT-B.L1-7.

que será um acto ingerente, relevado pelos seus efeitos de facto", bem como da existência de um nexo de causalidade entre o ato atual e o ato futuro[604].

Por conseguinte, se a lesão do direito que o requerente visava evitar ou salvaguardar vier a verificar-se na pendência do procedimento cautelar, antes do decretamento da providência, o tribunal deve proceder à extinção da instância, por inutilidade superveniente da lide, "por se ter perdido o efeito útil" da providência[605].

2.2.3.3. Imputabilidade do dano ao requerido

A providência cautelar só será justificada quando o dano que se receia for imputável a uma atuação ou omissão do requerido.

Assim, a providência cautelar não deve ser decretada quando o dano que se pretende evitar respeitar a um facto imputável ao próprio requerente ou quando este tiver contribuído para a produção desse mesmo dano[606].

Pense-se, por exemplo, no credor que pretende requerer o decretamento de um arresto, para garantia de um direito de crédito emergente de um contrato de mútuo, quando o próprio credor, ao celebrar esse contrato com o devedor, sabia perfeitamente que este apresentava graves dificuldades económicas, sendo, por isso, mais do que provável a insatisfação do direito de crédito emergente da outorga desse contrato.

2.2.4. Critérios de ponderação do *periculum in mora*

No que concerne aos critérios que devem nortear a atuação do julgador na apreciação do requisito do *periculum in mora*, a doutrina e a jurisprudência

[604] PINTO, Rui, *A Questão de Mérito na Tutela Cautelar – A Obrigação Genérica de não Ingerência e os Limites da Responsabilidade Civil*, *op. cit.*, pp. 590 a 593. No que em particular se refere ao nexo de causalidade entre o ato atual e o ato futuro, Rui Pinto sustenta que esse nexo de causalidade é "presumido", já que o mesmo assenta no "máximo raciocínio «probatório» que a ocorrência futura de um facto admite: uma presunção natural em que do facto conhecido actual se retira uma ocorrência de um facto/evento desconhecido futuro por conjugação das regras da causalidade natural com as regras da experiência comum, i.e., um padrão de objectividade ou padrão do homem médio ou terceiro razoável". Será o caso da "colocação reiterada de vários anúncios de venda de um imóvel", o que permite presumir, "segundo as regras da experiência", que ocorrerá a venda do imóvel pelo devedor, salvo algum motivo de força maior, ou o da "realização de obras num estabelecimento comercial até então encerrado", o que permite presumir, "segundo as regras da experiência, que vai ter lugar a abertura de um estabelecimento comercial concorrente com o autor, salvo motivos de força maior".

[605] Ac. do TRL de 16.06.2015, proc. 664/14.8T8LSB.L1-1. Cfr., no mesmo sentido, o ac. do TRE de 26.02.2015, proc. 262/14.6TTFAR.E1.

[606] Ac. do TRP de 29.03.1993, proc. 9360073.

têm vindo a entender que não bastam simples dúvidas, conjeturas ou receios meramente subjetivos ou precipitados, assentes numa apreciação ligeira e descuidada da realidade[607,608].

Com efeito, enquanto a aparência do direito se basta com um juízo de verosimilhança ou de probabilidade, o requisito do fundado receio de lesão grave e irreparável ou de difícil reparação exige, pelo contrário, um juízo de certeza[609] – valorado em função das particularidades de cada caso em

[607] *Vide*, no mesmo sentido, Alfredo Gozaíni, Osvaldo, *Derecho Procesal Civil: tomo I (Teoría General del Derecho Procesal)*, vol. II, *op. cit.*, p. 803, Ramiro Podetti, J., *Derecho Procesal Civil, Comercial y Laboral – Tratado de las Medidas Cautelares*, IV, *op. cit.*, p. 81, Figueiredo, Simone Diogo Carvalho/Sá, Renato Montans de, *Direito Processual Civil*, *op. cit.*, p. 217, Almeida, Mário Aroso de/Cadilha, Carlos Alberto Fernando, *Comentário ao Código de Processo nos Tribunais Administrativos*, *op. cit.*, p. 971, Henriques, Sofia, *A Tutela Cautelar não Especificada no Novo Contencioso Administrativo Português*, *op. cit.*, p. 90, Ribeiro, Darci, "Aspectos relevantes da teoria geral da ação cautelar inominada", *op. cit.*, p. 81, bem como Almeida, Luís Pedro Moitinho de, *Providências Cautelares Não Especificadas*, Coimbra Editora, Coimbra, 1981, p. 22. Cfr., na jurisprudência, o ac. do TRC de 08.11.1946, *in RLJ*, 80º, p. 172, o ac. do TRE de 02.11.1974, *in CJ*, tomo V, 1979, p. 1548, o ac. do STJ de 15.04.1980, *in BMJ*, 296º, p. 206, o ac. do TRL de 26.05.1983, *in CJ*, tomo III, 1983, p. 132, o ac. do TRP de 04.02.2003, proc. 0121170, o ac. do TRC de 18.03.2003, proc. 66/03, o ac. do TRL de 26.02.2004, proc. 562/2004-6, o ac. do TRL de 23.02.2006, proc. 1020/2006-6, o ac. do TRL de 15.05.2008, proc. 3326/2008-6, o ac. do TRL de 04.06.2009, proc. 1166-08.7TCSNT.L1-6, o ac. do TRL de 04.11.2009, proc. 2471-09.0TTLSB.L1-4, o ac. do TRP de 03.10.2011, proc. 1379/11.4TBOVR-A.P1, o ac. do TRP de 15.09.2014, proc. 2930/14.3TBMAI.P1, o ac. do TRP de 11.04.2019, proc. 257/18.0T8AMR.P1, bem como o ac. do TRP de 29.04.2019, proc. 8797/18.5T8VNG.P1.

[608] Conforme denota Calderon Cuadrado, na apreciação do requisito do *periculum in mora*, o tribunal deve exercer um duplo juízo cognitivo: verificar se os factos alegados pelo requerente da providência permitem indiciar que a efetividade da sentença se encontra em risco e comprovar se a situação de facto invocada pelo requerente da providência é constitutiva do requisito do *periculum in mora* (Calderon Cuadrado, Maria Pia, *Las Medidas Cautelares Indeterminadas en el Proceso Civil*, *op. cit.*, p. 170).

[609] Cfr., nesse sentido, o ac. do STJ de 15.10.1992, proc. 082753, o ac. do TRP de 01.02.1993, proc. 9220922, o ac. do TRE de 20.09.2012, proc. 44/12.0T2STC.E1, bem como o ac. do TRG de 11.09.2014, proc. 516/13.9TBEPS-A.G1. *Vide*, na doutrina, Reis, Alberto dos, *Código de Processo Civil Anotado*, vol. I, *op. cit.*, p. 683, o qual cita diversos arestos emanados no domínio do Código de Processo Civil de 1939, segundo os quais o preenchimento do requisito do perigo de produção de uma lesão grave e de difícil reparação de um direito dependia da formulação de um juízo de certeza, de verdade e de realidade, bem como Vecina Cifuentes, Javier, "La trascendencia del *fumus boni iuris* como presupuesto de las medidas cautelares. Especial consideración a los procesos administrativo y constitucional. (A propósito del Auto del Tribunal Constitucional de 1 de diciembre de 1993)", *op. cit.*, p. 262. *Vide*, em sentido contrário, o ac. do STJ de 18.06.1996, proc. 96B303, segundo o qual, na apreciação dos requisitos do *fumus boni iuris* e do *periculum in mora*, a lei contenta-se com a aparência da realidade do direito invocado, ou seja, com um juízo de mera probabilidade ou de verosimilhança apoiado em simples critérios próprios do *homo prudens*, em presunções naturais ou de experiência, assim como Roque, Miguel Prata, *Reflexões sobre a Reforma*

concreto[610] – que se revele suficientemente forte para convencer o julgador acerca da necessidade de decretamento da providência[611].

Por conseguinte, uma providência cautelar será injustificada se o *periculum in mora* nela invocado se fundar num juízo hipotético, genérico, abstrato, futuro ou incerto[612], ou num receio subjetivo, sustentado em meras conjeturas[613].

É o que sucede, por exemplo, com uma providência cautelar de arresto fundada exclusivamente no receio de que o requerido possa vir a praticar eventuais atos de alienação ou de oneração do seu património, não sendo, contudo, alegado qualquer facto concreto ou objetivo que permita demonstrar efetivamente tal receio.

O *periculum in* mora pressupõe, assim, um juízo qualificado[614] ou um temor racional[615], isto é, deve assentar em factos concretos e consistentes que permitam afirmar, com rigor, objetividade e distanciamento, a seriedade e a atualidade da ameaça, bem como a necessidade de serem adotadas medi-

da Tutela Cautelar Administrativa, op. cit., p. 74, o qual advoga que aquilo que se exige ao requerente da providência cautelar, quanto à demonstração do *periculum in mora*, é que "demonstre a probabilidade de ocorrência de danos, por força da demora processual inerente ao processo principal".

610 Cfr. o ac. do STJ de 23.01.2001, proc. 3379/00, *in SASTJ*, ano 2001.

611 PINHEIRO, Paulo Sousa, *O Procedimento Cautelar Comum no Direito Processual do Trabalho, op. cit.*, p. 50. Cfr., no mesmo sentido, CARVALHO, Paulo Morgado de, "O procedimento cautelar comum no processo laboral", *op. cit.*, p. 222, RAMIRO PODETTI, J., *Derecho Procesal Civil, Comercial y Laboral – Tratado de las Medidas Cautelares*, IV, *op. cit.*, p. 79, bem como FERNANDÉZ ROZAS, José Carlos, "Arbitraje y justicia cautelar", *op. cit.*, p. 31. De igual modo, a doutrina italiana tem vindo a considerar que, para que este requisito se encontre preenchido, é necessário que o requerente da providência cautelar forneça ao julgador elementos de facto razoáveis e suficientes que permitam demonstrar que o receio invocado tem um fundamento real (cfr., entre outros, MONTELEONE, Girolamo, *Diritto Processuale Civile, op. cit.*, p. 1210, e MARINELLI, Damiano, *et al.*, *Il Nuovo Processo di Cognizione dopo la Riforma 2009, op. cit.*, p. 152).

612 Cfr., nesse sentido, o ac. do STJ de 29.11.1990, proc. 080846, o ac. do STJ de 23.03.1999, proc. 153/99, o ac. do TRP de 14.10.2003, proc. 0323615, o ac. do TRL de 24.02.2000, *in BMJ*, 494º, p. 393, o ac. do TRP de 08.11.2005, proc. 0524432, o ac. do STJ de 21.03.2019, proc. 6/19.6YFLSB, bem como o ac. do STJ de 10.08.2018, proc. 54/18.3YFLSB.

613 Cfr., nesse sentido, o ac. do STJ de 11.11.1999, proc. 884/99, *in SASTJ*, ano 1999, o ac. do TRL de 02.10.2008, proc. 7653/2008-6, bem como o ac. do TRL de 25.02.2010, proc. 1114-A/2001.L1-6. *Vide*, na doutrina, THEODORO JÚNIOR, Humberto, "Tutela jurisdicional cautelar", *op. cit.*, p. 34.

614 BRANDOLINI, Elena/FRANCAVIGLIA, Rosa, *I provvedimenti d'urgenza in sede civile ed in sede amministrativa, op. cit.*, p. 39.

615 CALVO CABELLO, Eduardo, "Medidas cautelares en materia de derechos intelectuales: la modifica del artículo 127, ley de propriedad intelectual par la ley 20/1992, de 7 de julio: la experiencia española", *in BIMJ*, ano XLVII, nº 1676, julho 1993, p. 3380.

das urgentes, que permitam evitar o prejuízo[616,617]. O mesmo é dizer que só a presença de um prejuízo atual, concreto e real, "reconhecido como efectiva-

[616] Tal como se decidiu na sentença do Tribunal da Catâmia de 05.01.2004, *apud* GIOVAGNOLI, Roberto/CAPITANO, Silvia, *I Procedimenti Cautelari – Percorsi Giurisprudenziali*, *op. cit.*, p. 5, "*In materia di provvedimenti d'urgenza, la tutela dell'urgenza non puo prescindere dall'accertamento in concreto de periculum in mora che non puo essere implicitamente sempre ritenuto sussistente, ma che presuppone il positivo riscontro delle situazioni di fatto utili ad integrarei l pregiudizio irreparabile imposto dalla norma. Ocorre quindi una concreta dimostrazione dell'irreparabilità delle possibili conseguenze legate alla mancata adozione del provvedimento cautelare attraverso l'indicazione di validi indici dai quali poter desumere in termini di piena oggettività la consistenza nel nocumento*".

[617] Conforme observa Jacques Van Compernolle, em comentário ao regime processual civil belga, a lei não define o que se deve entender por "urgência no decretamento de uma determinada providência cautelar", pelo que semelhante conceito deve ser integrado pelo julgador em função das particularidades do caso em concreto. De todo o modo, a jurisprudência belga tem vindo a sufragar o entendimento segundo o qual existe urgência desde que se verifique um receio fundado de vir a ser produzido um prejuízo de uma certa gravidade ou um inconveniente sério que exijam a adoção de uma decisão imediata e desejável. De resto, dispõe o art. 584º do $CJ_{Bel.}$ que "*Le président du tribunal de première instance statue au provisoire dans les cas dont il reconnaît l'urgence, en toutes matières, sauf celles que la loi soustrait au pouvoir judiciaire*". Assim, é admissível o recurso à tutela provisória sempre que o processo ordinário não permita a resolução definitiva do litígio em tempo útil (VAN COMPERNOLLE, Jacques, "Introduction générale", *in Les Mesures Provisoires en Droit Belge, Français et Italien – Étude de Droit Comparé*, Bruylant, Bruxelas, 1998, p. 11). Por sua vez, Gilbert Closset-Marchal salienta que a jurisprudência belga tem vindo a construir diversos critérios orientadores quanto à determinação das situações em que se verifica um estado de urgência que permita o decretamento imediato de uma medida provisória. Assim, um dos principais critérios quanto à verificação da urgência prende-se com as situações em que se verifique uma lesão de um direito subjetivo que seja evidente e incontestável, perpetrada através de um ato material ou de um comportamento violento ou intempestivo [por exemplo, a obstrução de um caminho pelo qual se passava há vários anos (sentença do Tribunal de Charleroi de 03.10.1998) ou a interdição de acesso a um local de trabalho, através da força ou da coação, exercida por trabalhadores grevistas contra não-grevistas (sentença do Tribunal de Bruxelas de 09.06.1992)]. A jurisprudência belga tem vindo ainda a considerar que existe urgência no decretamento de uma medida provisória quando esteja em causa uma situação de receio de produção de um prejuízo ou de uma perda irreparável, sendo certo que as hipóteses em que se manifesta com maior frequência uma impossibilidade absoluta de reparação de um dano prendem-se, fundamentalmente, com os casos em que esteja em causa uma ordem de execução de uma obrigação de fazer ou de não fazer (assim se decidiu, entre outras, nas sentenças do Tribunal de Liége de 09.11.1990 e de 23.12.1991). Ademais, a urgência verifica-se igualmente nos casos de receio de produção de um prejuízo. Com efeito, para além das hipóteses de receio de produção de um prejuízo irreparável, a jurisprudência tem vindo a sufragar a tese de que se verifica uma situação de urgência quando o requerente da medida invoque o receio de sofrer um prejuízo grave ou um inconveniente sério (*vide*, nesse sentido, a decisão do CCass. de 21.05.1987), não sendo necessário que o requerente já tenha sofrido um prejuízo, mas antes que exista uma ameaça fundada de o vir a sofrer (cfr. a decisão do CCass. de 21.03.1985). Uma outra situação em que a jurisprudência belga tem vindo a admitir a verificação de um estado de urgência diz respeito aos casos em que, partindo do princípio da proporcionalidade, a proteção rápida de um direito

mente grave, iminente e irreparável, resultante da demora da sentença definitiva de mérito, pode justificar o acolhimento do pedido apresentado pela via da urgência"[618]. Exige-se, no fundo, um juízo de probabilidade "forte e convincente"[619], a ser valorado pelo julgador segundo um critério objetivo[620].

Deste modo, o requerente da providência deve trazer ao tribunal a notícia de factos reais[621], certos e concretos[622] que mostrem ser fundado o receio que invoca e não "fruto apenas da sua imaginação exacerbada ou da sua desconfiança doentia"[623], pelo que não é suficiente, para o decretamento de uma providência cautelar, a mera possibilidade remota de vir a sofrer danos[624].

ou de um interesse violado efetua-se apenas a expensas de um direito de valor menor. Por último, a urgência verifica-se igualmente quando o processo ordinário não seja suscetível de resolver o litígio em tempo razoável (cfr. a decisão do CCass. de 13.09.1990). Será o caso, por exemplo, de um litígio referente à transferência de um jogador de futebol em junho, quando o período de transferências termina em 25 de junho (sentença do Tribunal de Namur de 22.06.1993) ou de um litígio submetido à apreciação do julgador no mês de dezembro, referente a um pedido de alteração do direito de visitas nas férias de Natal (sentença do Tribunal de Bruxelas de 16.12.1992) – Van Compernolle, Jacques, "Introduction générale", *op. cit.*, pp. 15 a 24.

[618] Marinelli, Damiano, *et al.*, *Il Nuovo Processo di Cognizione dopo la Riforma 2009*, *op. cit.*, p. 152.

[619] Reis, José Alberto dos, *Código de Processo Civil Anotado*, vol. I, *op. cit.*, p. 621. Cfr., em sentido análogo, Theodoro Júnior, Humberto, *Curso de Direito Processual Civil*, vol. II, *op. cit.*, p. 497, segundo o qual "receio fundado é o que não decorre de simples estado de espírito do requerente, que não se limita à situação subjectiva de temor ou dúvida pessoal, mas se liga a uma situação objetiva, demonstrável através de um fato concreto".

[620] Montero Aroca, Juan/Chacón Corado, Mauro, *Manual de Derecho Procesal Civil*, vol. I, *op. cit.*, pp. 510 e 511.

[621] Tal como refere Angel Fernandez, o *periculum in mora* exige a verificação de um perigo real, já que a existência efetiva desse perigo é a verdadeira causa ou fundamento que autoriza a adoção de qualquer providência cautelar. Questão diversa é a de saber se o requerente da providência cautelar deve acreditar que essa situação de perigo se verifica no caso em concreto. De todo o modo, mesmo nos casos em que a lei não faça expressamente depender a concessão da providência cautelar da demonstração da existência de *periculum in mora*, nada impede que o requerido demonstre, em sede de oposição à providência, a ausência de perigo, já que o juiz deve obviar a que as providências cautelares se convertam num fim em si mesmas, subvertendo-se, desse modo, a finalidade que presidiu à sua criação (Angel Fernandez, Miguel, *Derecho Procesal Civil*, III, *op. cit.*, pp. 408 e 409).

[622] Cfr., a este propósito, o ac. do STJ de 23.03.1999, proc. 153/99, *in SASTJ*, ano 1999, o ac. do STJ de 26.01.2006, proc. 05B4206, bem como o ac. do TRC de 27.10.2009, proc. 5/06.8GBFIG-B.C1.

[623] Bastos, Jacinto Fernandes Rodrigues, *Notas ao Código de Processo Civil*, vol. II, *op. cit.*, p. 169. Cfr., no mesmo sentido, Silva, Lucinda D. Dias da, *Processo Cautelar Comum: Princípio do Contraditório e Dispensa de Audição Prévia do Requerido*, *op. cit.*, p. 146, bem como o ac. do TRC de 28.10.2003, proc. 2712/03.

[624] Cfr., nesse sentido, Brandolini, Elena/Francaviglia, Rosa, *I Provvedimenti d'Urgenza in Sede Civile ed in Sede Amministrativa*, *op. cit.*, p. 40, bem como Rodrigues, Fernando Pereira, *A Prova em Direito Civil*, *op. cit.*, p. 271. *Vide*, na jurisprudência, o ac. do STJ de 28.09.1999, proc. 99A678, bem como o ac. do TRL de 29.04.2008, proc. 2576/2008-1.

O requerente tem, pois, o ónus de alegar e de comprovar os factos reveladores do direito de que se arroga titular, a par de outros de onde se possa inferir a existência de um *periculum in mora* na tutela desse direito[625,626].

Por via disso, na apreciação deste requisito, o juiz deve "fazer um juízo de *prognose*, colocando-se na situação futura de uma hipotética sentença de provimento, para concluir se há, ou não, *razões* para recear que tal sentença venha a ser *inútil*, por entretanto se ter consumado uma situação de facto incompatível com ela, ou por se terem produzido prejuízos de difícil reparação para quem dela deveria beneficiar, que obstam à reintegração específica da sua esfera jurídica"[627].

Todavia, atenta a natureza tendencialmente célere e urgente das providências cautelares, a apreciação do requisito do *periculum in mora* não deve ser reconduzida a uma certeza inequívoca sobre a verificação, no caso em concreto, da situação de perigo que é invocada pelo requerente da providência, sendo antes suficiente que se mostre razoavelmente fundado e preenchido esse pressuposto[628].

Podemos, assim, concluir que, na apreciação do requisito do *periculum in mora* – mais concretamente, na apreciação da possibilidade de produção de

[625] *Vide*, a este propósito, Carmen Chinchilla Marín, segundo a qual "a indagação e comprovação da certeza do dano exigem uma actividade probatória da parte do requerente que solicita a providência cautelar. Este deverá provar que os danos ou prejuízos são realmente irreparáveis ou de difícil reparação" (CHINCHILLA MARÍN, Carmen, *La Tutela Cautelar en la Nueva Justicia Administrativa*, *op. cit.*, p. 43). Analogamente, Jean-Paul Lagasse salienta que o risco associado à tutela cautelar deve decorrer dos factos alegados pelo requerente da providência, sobre o qual recai o ónus de demonstrar o receio de produção de um dano grave e irreparável ou de difícil reparação (LAGASSE, Jean-Paul, *et al.*, *Le Référé Administratif*, *op. cit.*, p. 60).

[626] Sobre este concreto problema, Gonzalo Matcovich assinala que, independentemente de a lei impor ou não ao requerente da providência cautelar o ónus de alegar a verificação de uma situação de *periculum in mora* no caso em concreto, o certo é que, mesmo que a lei o exima dessa prova, nada obsta a que o requerido demonstre a ausência de *periculum in mora* em sede de contraditório (MATCOVICH, Gonzalo Cortez, "La configuracion del *periculum in mora* en el regimen cautelar chileno", *op. cit.*, p. 113). Cfr., quanto a esta problemática, PINTO, Rui, *A Questão de Mérito na Tutela Cautelar – A Obrigação Genérica de não Ingerência e os Limites da Responsabilidade Civil*, *op. cit.*, p. 568, bem como o ac. do STJ de 06.05.1998, proc. 265/98, *in SASTJ*, ano 1998, e o ac. do STJ de 25.11.1999, proc. 99B964.

[627] ANDRADE, José Carlos Vieira de, *A Justiça Administrativa (Lições)*, *op. cit.*, p. 329. Cfr., no mesmo sentido, MATCOVICH, Gonzalo Cortez, "La configuracion del *periculum in mora* en el regimen cautelar chileno", *op. cit.*, p. 110.

[628] Sobre esta concreta questão, Alberto dos Reis sustenta que a apreciação jurisdicional do requisito do *periculum in mora* deve ser "mais ou menos segura, consoante as circunstâncias e fins especiais de cada providência" (REIS, Alberto dos, "A figura do processo cautelar", *in BMJ*, 3º, 1947, p. 51). Cfr., no mesmo sentido, o ac. do TRL de 29.04.2008, proc. 2576/2008-1.

um dano grave e irreparável ou de difícil reparação – o juiz deve efetuar um juízo de prognose em relação aos seguintes pressupostos:

a) se as circunstâncias de facto do caso em concreto indiciam, com segurança, a existência de um motivo sério para recear o facto danoso;
b) se o facto receado carece de tutela urgente e se é necessário acautelar a sua proteção pela via provisória;
c) qual a melhor forma de providenciar a sua proteção, uma vez ponderados os interesses do requerente e do requerido[629].

2.3. Interesse processual

O recurso à tutela cautelar só é admissível desde que a ordem jurídica não coloque à disposição do requerente um outro meio processual menos gravoso que lhe permita proteger, de modo igualmente eficaz, o direito ameaçado[630].

Com efeito, apesar de o interesse em agir constituir um pressuposto processual geral da ação declarativa[631] – ainda que não se encontre expressamente

[629] CHIOVENDA, Guiseppe, *Principios de Derecho Procesal Civil*, tomo I, *op. cit.*, p. 263.

[630] Conforme salienta Teixeira de Sousa, o interesse processual impõe restrições ao exercício do direito à jurisdição, já que faz depender o recurso aos tribunais da inexistência de qualquer outro meio, processual ou extraprocessual, de exercício e tutela da situação subjetiva (SOUSA, Miguel Teixeira de, *As Partes, o Objecto e a Prova na Ação Declarativa*, *op. cit.*, p. 97). Por sua vez, James Goldschmidt considera que o critério do interesse em agir traduz-se numa "verdadeira necessidade ou interesse de tutela judicial". Assim, não existe interesse em agir quando o autor "possui outro caminho mais económico e mais certo para fazer cumprir o seu direito" (GOLDSCHMIDT, James, *Derecho Procesal Civil*, *op. cit.*, p. 97). Nas palavras de Humberto Theodoro Júnior, o interesse processual "é fruto de um juízo de utilidade da tutela jurisdicional, à luz do caso concreto deduzido em juízo. Assim, só há interesse processual quando, à falta da medida pleiteada em juízo, a parte esteja realmente exposta a sofrer um dano jurídico. A necessidade de evitar esse prejuízo, e a possibilidade de só fazê-lo pelo processo, é que configuram a condição da acção denominada «interesse processual»" (THEODORO JÚNIOR, Humberto, "Tutela jurisdicional cautelar", *op. cit.*, p. 27). Quanto à distinção entre o interesse em agir como necessidade, ou seja, como forma de proteção do direito lesado (*interesse-necessità*), e o interesse em agir como utilidade do processo para o autor, seja como meio, seja como resultado (*interesse-adeguazione* e *interesse-utilità*), *vide* CABRAL, António, "Interesse ad agire e zone de interesse", *in CPRw*, vol. 1, nº 1, março-junho 2010, p. 159.

[631] Cfr., a este propósito, o ac. do TRL de 26.02.1998, proc. 0006742, bem como o ac. do TRE de 26.06.2008, proc. 924/08-3. *Vide*, no mesmo sentido, SOUSA, Miguel Teixeira de, *As Partes, o Objecto e a Prova na Ação Declarativa*, *op. cit.*, pp. 103 a 106, MACHADO, António Montalvão/PIMENTA, Paulo, *O Novo Processo Civil*, 12ª ed., Almedina, Coimbra, 2010, p. 86, bem como MORTARA, Lodovico, *Manuale della Procedura Civile*, vol. I, 9ª ed. rev., Utet, Turim, 1926, p. 37. Cfr., em sentido contrário, MENDES, João de Castro, *Direito Processual Civil*, vol. II, Associação Académica, Lisboa, 1980, p. 189, segundo o qual o interesse em agir não constitui um pressuposto processual (e muito menos condição da ação), sendo que a falta desse interesse implica tão-só a responsabilidade do autor pelo pagamento das custas.

previsto no Código de Processo Civil[632,633] –, a verdade é que este requisito assume uma especial relevância no domínio da tutela cautelar, já que permite impedir o recurso abusivo a esta forma de composição provisória do litígio[634].

Neste particular, importa salientar que será mais apropriado utilizar a terminologia germânica "necessidade de tutela jurídica" (*Rechtsschutzbedürfnis*), porquanto a proteção cautelar só deve ser concedida nos casos em que esta se revele imprescindível para salvaguardar um risco de lesão grave e iminente do direito do requerente da providência[635].

De facto, conforme se referiu *supra*, o deferimento da providência cautelar implica que o requerente demonstre um fundado receio de que outrem cause uma lesão grave e irreparável ou de difícil reparação (art. 362º, nº 1). Por conseguinte, só há interesse processual "se houver fundado receio de que o réu possa obstar, através da sua conduta, à utilidade prática de uma sentença favorável ao autor. Se esse interesse faltar, a providência não é decretada"[636].

632 *Vide*, no mesmo sentido, PEREIRA, Diogo Filipe Gil Castanheira, *Interesse Processual na Acção Declarativa*, *op. cit.*, p. 27. No sentido de o pressuposto processual do interesse em agir encontrar manifestação, entre outros, nos arts. 610º, nº 3, e 535º, nº 2, al. *c)*, *vide* ANDRADE, Manuel A. Domingues de, *Noções Elementares de Processo Civil*, *op. cit.*, p. 82.

633 Note-se que, apesar de o legislador ter, aparentemente, estabelecido uma relação umbilical entre o interesse em agir e a legitimidade processual (art. 30º), fazendo depender a legitimidade das partes do interesse correlativo quanto à procedência ou improcedência da causa, a verdade é que *legitimidade processual* e *interesse em agir* não se confundem em termos processuais. Com efeito, o interesse em agir estabelece as condições em que a parte pode recorrer aos tribunais, enquanto a legitimidade define qual o sujeito que pode ser parte ativa ou passiva numa ação. Cfr., quanto à distinção processual entre interesse em agir e legitimidade processual, o ac. do TRP de 26.03.2009, proc. 0830329.

634 GERALDES, António Santos Abrantes, *Temas da Reforma do Processo Civil*, vol. III, *op. cit.*, p. 112. Cfr., quanto ao interesse em agir nas providências cautelares, ARENS, Peter, "Verfügungsanspruch und Interessenabwägung beim Erlaß einstweiliger Verfügungen", *in Festschrift Für Ernst Von Caemmerer*, Mohr Siebeck, Tübingen, 1978, p. 75, DEVIS ECHANDIA, Hernando, *Nociones Generales de Derecho Procesal Civil*, *op. cit.*, p. 254, PAULO, Comoglio Luigi, *et al.*, *Commentario del Codice di Procedura Civile*, vol. I, UTET Giuridica, Turim, 2012, p. 21, bem como o ac. do STJ de 03.06.1993, proc. 083931.

635 Do mesmo modo, Maurício Ferrão Pereira Borges salienta que o interesse processual no domínio da tutela cautelar resulta da união de dois requisitos que traduzem a utilidade da tutela jurisdicional ao seu proponente: "a adequação do provimento e a necessidade de demandar para atingir os efeitos jurídicos pretendidos mediante a propositura da ação" (BORGES, Maurício Ferrão Pereira, *Verfahrensrecht und Geschichte*, Grin Verlag, 2008, p. 107).

636 SOUSA, Miguel Teixeira de, *As Partes, o Objecto e a Prova na Ação Declarativa*, *op. cit.*, p. 117. *Vide*, no mesmo sentido, SOUSA, Miguel Teixeira de, *Estudos sobre o Novo Processo Civil*, *op. cit.*, p. 234, GERALDES, António Santos Abrantes, *Temas da Reforma do Processo Civil*, vol. IV, 4ª ed. rev. e atu., Almedina, Coimbra, 2010, p. 195, bem como ANDRADE, Manuel A. Domingues de, *Noções Elementares de Processo Civil*, *op. cit.*, pp. 80 e 81, segundo o qual o requisito do interesse processual só estará preenchido se existir um estado de coisas suficientemente grave para o demandante da

Assim, em sede cautelar, o requerente da providência só terá interesse processual se alegar e provar, pelo menos de forma indiciária, que é titular de um direito, que esse direito foi ou está na iminência de ser violado e de que existe a necessidade de se proceder à sua reintegração, ainda que de forma provisória.

Por via disso, o julgador deve apreciar o interesse em agir do requerente da providência cautelar não só em função do direito de que este se arroga titular, mas também através de uma análise geral do ordenamento jurídico, de modo a apurar se existe uma outra medida processual menos gravosa que permita uma tutela igualmente eficaz do direito ameaçado. Trata-se, consequentemente, de um importante mecanismo de proteção do requerido contra o decretamento de eventuais providências cautelares injustificadas, designadamente nos casos em que o requerente não tenha qualquer interesse em agir.

2.4. Proporcionalidade

A providência cautelar só pode ser decretada desde que o prejuízo que dela resultará para o requerido não exceda consideravelmente o dano que, com ela, o requerente pretende evitar (art. 368º, nº 2). Trata-se, com efeito, de uma manifestação do princípio da proporcionalidade.

Na verdade, o facto de a lei admitir, por motivos de celeridade e de urgência, uma prova meramente indiciária para que a providência cautelar possa ser aceite, não significa que a providência possa ser deferida independentemente da ponderação dos diversos interesses em presença.

Neste contexto, ainda que conclua pela verificação dos demais requisitos processuais, isto é, do *fumus boni iuris*, do *periculum in mora* e do interesse processual, o tribunal deve igualmente verificar se a tutela cautelar concretamente requerida protege, de forma proporcional, os interesses das partes em conflito[637].

providência que legitime a sua pretensão de conseguir, pela via judiciária, a tutela do seu direito. Cfr., na jurisprudência, o ac. do TRE de 26.02.1987, *in BMJ*, 366º, p. 587, o qual considerou que o facto de um sujeito ser detentor de um título executivo não o impede de requerer o arresto dos bens do devedor, assim como o ac. do TRE de 16.02.1995, *in CJ*, tomo I, 1995, p. 280.

[637] Para uma análise mais desenvolvida desta matéria, *vide infra* o ponto 4. do capítulo VI.

II. PROCEDIMENTOS CAUTELARES ESPECIFICADOS

1. Arresto

1.1. Âmbito

Dispõe o art. 391º, que o credor que tenha justificado receio de perder a garantia patrimonial do seu crédito pode requerer o arresto dos bens do devedor (art. 392º, nº 1) ou dos bens adquiridos por um terceiro ao devedor (art. 392º, nº 2)[638], consistindo essa providência numa apreensão judicial de bens cujo valor seja suficiente para assegurar a satisfação patrimonial do crédito invocado[639], à qual são aplicáveis as disposições relativas à penhora (art. 619º do CC)[640,641].

[638] Sobre as origens do arresto, as quais remontarão ao direito medieval italiano, *vide* GOLDSCHMIDT, James, *Derecho Procesal Civil, op. cit.*, p. 748, bem como CHIOVENDA, Guiseppe, *Principios de Derecho Procesal Civil*, tomo I, *op. cit.*, p. 264, e ALMEIDA, Luís Pedro Moitinho de, "Do arresto", *in SI*, tomo XIII, nº 67, Braga, maio-junho 1964, p. 292. Tal como observa Antunes Varela, durante muito tempo, defendeu-se que o arresto, face ao seu vínculo estreito com a penhora, pertencia ao domínio exclusivo do processo civil, aí sendo configurado como uma espécie típica de procedimento cautelar (VARELA, João de Matos Antunes, *Das Obrigações em Geral*, vol. II, 7ª ed., 3ª reimp., Almedina, Coimbra, 2007, p. 464).

[639] BAUR, Fritz, *Studien zum einstweiligen Rechtsschutz, op. cit.*, p. 23. Cfr., no mesmo sentido, BÜLOW, Oskar, *Gemeines deutsches Zivilprozessrecht*, Mohr Siebeck, Tübingen, 2003, p. 119, bem como SAENGER, Ingo, *Einstweiliger Rechtsschutz und materiellrechtliche Selbsterfüllung, op. cit.*, p. 32. *Vide*, na jurisprudência, o ac. do TRE de 20.09.2007, proc. 1499/07-2.

[640] Neste contexto, o arresto visa acautelar o perigo de subtração ou de ocultação do património do devedor em prejuízo do direito do credor, designadamente nos casos em que seja previsível a penhora desse património num processo de execução (GIUDICE, Federico del, *et al.*, *Codice di Procedura Civile, op. cit.*, p. 774). Cfr., no mesmo sentido, ALMEIDA, Luís Pedro Moitinho de, "Do arresto", *op. cit.*, p. 292, SERRA, Adriano Paes da Silva Vaz, "Responsabilidade patrimonial", *in BMJ*, 75º, abril de 1958, p. 146, CÂMARA, Alexandre Freitas, *Lições de Direito Processual Civil*, vol. II, 15ª ed. rev. e atu., Editora Lúmen Júris, Rio de Janeiro, 2008, pp. 264 e 265, COSTA, Salvador da, *O Concurso de Credores*, 5ª ed., Almedina, Coimbra, 2015, p. 13, MESQUITA, António L. da Costa, "Arresto", *in Pólis*, vol. I, Verbo, p. 379, FORTINO, Marcella, "Il sequestro conservativo e convenzionale", *in Enciclopedia del Diritto*, vol. XLII, Giuffrè Editore, Varese, 1990, p. 60, SANTULLI, Rita, "Sequestro giudiziario e conservativo", *in Enciclopedia Giuridica*, vol. XXVIII, Instituto della Enciclopedia Italiana, Roma, p. 5, ZUMPANO, Mariangela, "Il sequestro conservativo e giudiziario", *in Enciclopedia del Diritto*, vol. XLII, Giuffrè Editore, Varese, 1990, p. 115, CENDON, Paolo, *Commentario al Codice Civile. Artt. 2740-2906 – Responsabilitá Patrimoniale – Privilegi – Pegno e Ipoteca – Revocatoria – Sequestro Conservativo*, Giuffrè Editore, Milão, 2009, p. 1281, PARQUET, Muriel, *Introduction Générale au Droit*, 4ª ed., Editions Bréal, 2007, p. 149, e FENGER, Hermann, *Zivilprozeßrecht. Schnell erfaßt*, Springer, Berlim, 2001, p. 107. *Vide*, na jurisprudência, o ac. do STA de 23.03.1988, proc. 005300, o ac. do STJ de 02.03.1994, proc. 085030, bem como o ac. do TRL de 15.11.2011, proc. 163-E/1997.L1-7.

[641] *Vide*, no processo civil italiano, o art. 671º do $CPC_{It.}$, segundo o qual "*Il giudice, su istanza del creditore che ha fondato timore di perdere la garanzia del proprio credito, può autorizzare il sequestro conservativo di beni mobli o immobili del debitore o delle somme e cose a lui dovute, nei limiti in cui la legge ne permette il pignoramento*". Esta norma está, de resto, em perfeita harmonia com o art. 2905º, 1º, do $CC_{It.}$, a

propósito dos meios de conservação da garantia patrimonial, o qual preceitua o seguinte: "*Il creditore può chiedere il sequestro conservativo dei beni del debitore, secondo le regole stabilite dal codice di procedura civile*". Para além disso, o art. 2740º do $CC_{It.}$ dispõe, a propósito da responsabilidade patrimonial do devedor, que "*Il debitore risponde dell'adempimento delle obbligazioni con tutti i suoi beni presenti e futuri*".
Já no direito alemão, o § 916 da ZPO preceitua que o arresto preventivo tem lugar para assegurar a execução coerciva sobre o património mobiliário ou imobiliário quando esteja em causa uma obrigação pecuniária ou uma pretensão que possa converter-se em obrigação pecuniária. Assim, para que o arresto possa ser decretado, torna-se necessário o preenchimento de dois requisitos cumulativos, segundo um juízo de probabilidade: a aparência quanto à existência do direito que o requerente pretende acautelar (*fumus boni iuris*) e o fundado receio de que o devedor possa frustrar a efetividade da sentença que venha a ser proferida na ação principal e que reconheça a existência do direito de crédito. Por seu turno, o § 917 da ZPO determina que o arresto preventivo tem lugar se se suspeitar que, sem a sua imposição, fustrar-se-á ou dificultar-se-á consideravelmente a execução da sentença. De especial relevância é a norma consagrada no § 921 da ZPO. Com efeito, de acordo com esta disposição legal, ainda que não se justifique a pretensão ou o motivo do arresto preventivo, o tribunal pode, mesmo assim, decretá-lo sempre que seja prestada uma garantia quanto aos danos que possam ser causados ao requerido. O tribunal pode ainda fazer depender o decretamento do arresto preventivo da prestação de uma caução, mesmo nos casos em que se mostre justificada a pretensão e o motivo do arresto preventivo.
No ordenamento austríaco, o § 379, (2), da EO determina que pode ser pedido o decretamento de uma providência cautelar destinada a assegurar o pagamento de uma quantia pecuniária quando exista o risco de que, sem a adoção dessa providência, o requerido danifique, destrua, oculte ou transmita o seu património por forma a impedir a sua execução ou a torná-la mais difícil. De todo o modo, nos termos do § 386 da EO, tendo em vista a proteção da posição do requerido, o arresto só pode ser decretado desde que o requerente fundamente devidamente o seu receio de perda da garantia do crédito.
No ordenamento belga, o art. 1413º do $CJ_{Bel.}$ dispõe que "*Tout créancier peut, dans les cas qui requièrent célérité, demander au juge l'autorisation de saisir conservatoirement les biens saisissables qui appartiennent à son débiteur*".
No direito processual civil espanhol, o embargo preventivo de bens pode ser requerido sempre que seja necessário assegurar a execução de sentenças de condenação ou de entrega de quantidades de dinheiro ou de frutos, rendas e coisas fungíveis. Além disso, o embargo preventivo pode ser requerido quando se apresente como uma medida idónea e insuscetível de ser substituída por outra de eficácia igual ou superior e de menor onerosidade para o demandado (art. 727º, 1º, da LEC). Conforme salienta Silvia Barona Vilar, o embargo preventivo de bens não pode ser requerido para acautelar sentenças de simples apreciação ou constitutivas (Montero Aroca, Juan, *et al.*, *El Nuevo Proceso Civil (Ley 1/2000)*, *op. cit.*, p. 868).
No ordenamento jurídico francês, a Lei nº 91-650, de 09 de julho de 1991 – que veio reformar o processo de execução – dispõe no seu art. 67º, na redação que lhe foi dada pela Lei nº 92-644, de 13 de julho de 1992, que "*Toute personne dont la créance paraît fondée en son principe peut solliciter du juge l'autorisation de pratiquer une mesure conservatoire sur les biens de son débiteur, sans commandement préalable, si elle justifie de circonstances susceptibles d'en menacer le recouvrement. La mesure conservatoire prend la forme d'une saisie conservatoire ou d'une sûreté judiciaire*". Por sua vez, preceitua o art. 74º, na redação que lhe foi dada pela Lei nº 92-644, de 13 de julho de 1992, a propósito da *saisie conservatoire*, que "*La saisie conservatoire peut porter sur tous les biens mobiliers, corporels ou incorporels, appartenant au débiteur. Elle les rend indisponibles*". No que concerne às *sûretés judiciaires*, dispõe o art. 77º, na redação que

Com efeito, nos termos dos arts. 601º e 817º do CC, o património do devedor constitui a garantia geral das obrigações por si assumidas.

Por conseguinte, o arresto constitui uma providência cautelar de natureza especificada, que se destina a garantir um direito de crédito[642,643] sempre que o credor tenha o fundado receio de que o devedor possa alienar, ocultar ou dissipar o seu património, frustrando, dessa forma, a satisfação patrimonial desse direito[644].

lhe foi dada pela Lei nº 92-644, de 13 de julho de 1992, que "*Une sûreté judiciaire peut être constituée à titre conservatoire sur les immeubles, les fonds de commerce, les actions, parts sociales et valeurs mobilières*". No ordenamento suíço, o art. 271º da LPDF determina que "*Le créancier d'une dette échue et non garantie par gage peut requérir le séquestre des biens du débiteur qui se trouvent en Suisse: 1. lorsque le débiteur n'a pas de domicile fixe; 2. lorsque le débiteur, dans l'intention de se soustraire à ses obligations, fait disparaitre ses biens, s'enfuit ou prépare sa fuite; 3. lorsque le débiteur est de passage ou rentre dans la catégorie des personnes qui fréquentent les foires et les marchés, si la créance est immédiatement exigible en raison de sa nature; 4. lorsque le débiteur n'habite pas en Suisse et qu'il n'y a pas d'autre cas de séquestre, pour autant que la créance ait un lien suffisant avec la Suisse ou qu'elle se fonde sur une reconnaissance de dette au sens de l'art. 82, al. 1; 5. lorsque le créancier possède contre le débiteur un acte de défaut de biens provisoire ou définitif; 6. lorsque le créancier possède contre le débiteur un titre de mainlevée définitive.*". Nesse caso, nos termos do art. 272º da LPDF, para que o arresto seja decretado, torna-se necessário que o credor demonstre de forma verosímil que o seu crédito existe, que se verifica algum dos casos de arresto previstos no art. 271º da LPDF e que o devedor é titular de bens suscetíveis de arresto.
O direito inglês prevê a possibilidade de o tribunal, depois de declarar que o requerido é devedor de uma determinada quantia pecuniária ao requerente, decretar uma *Mareva Injunction*, a qual tem por finalidade assegurar a garantia patrimonial desse crédito, "impedindo o devedor, na pendência do processo, de praticar atos de disposição de bens, inclusive a sua transferência para o estrangeiro" (MIMOSO, Maria João, *Arbitragem do Comércio Internacional – Medidas Provisórias e Cautelares*, *op. cit.*, p. 32).
Na Letónia, o art. 139º do $CPC_{Let.}$ determina que o credor pode requerer o arresto de bens do devedor antes de propor uma ação judicial e mesmo antes do vencimento da obrigação, se o seu devedor, com o propósito de impedir o cumprimento coercivo da obrigação, ocultar ou alienar o seu património, abandonar a sua residência sem informar o credor ou adotar outros comportamentos que demonstrem que não está a atuar de boa-fé.
Quanto ao ordenamento jurídico peruano, o art. 642º do $CPC_{Pe.}$ preceitua que "*Cuando la pretensión principal es apreciable en dinero, se puede solicitar embargo. Este consiste en la afectación jurídica de un bien o derecho del presunto obligado, aunque se encuentre en posesión de tercero, con las reservas que para este supuesto señala la ley*".

[642] *Vide*, a este propósito, MARTINEZ, Pedro Romano/PONTE, Pedro Fuzeta da, *Garantias de Cumprimento*, 5ª ed., Almedina, Coimbra, 2006, pp. 13 e 14.

[643] No sentido de a providência cautelar de arresto só poder ser requerida em relação a direitos de crédito, pelo facto de esta visar precisamente a garantia do seu cumprimento, *vide* GERALDES, António Santos Abrantes, *Temas da Reforma do Processo Civil*, vol. IV, *op. cit.*, p. 189. Cfr., a este respeito, o ac. do STJ de 23.02.1995, proc. 086681, bem como o ac. do TRC de 23.01.2001, proc. 3425/2000.

[644] Assim, conforme salienta Andrea Lugo, o arresto (*sequestro conservativo*) tende a garantir um pretenso direito de crédito do requerente dessa providência cautelar e pode ter por objeto qualquer

Deste modo, a providência cautelar de arresto visa assegurar o efeito útil da respetiva ação declarativa de condenação, a ser intentada ou já pendente contra o alegado devedor, porquanto, em caso de procedência dessa ação, fica garantida a execução do seu património, mediante a conversão do arresto em penhora[645].

Note-se, neste particular, que o arresto traduz-se num "remédio de tutela indirecta do crédito", na medida em que não satisfaz diretamente o crédito invocado pelo requerente da providência, conservando, antes, os bens que serão objeto de execução patrimonial contra o devedor[646]. Assim, sendo o arresto uma providência cautelar destinada a assegurar um determinado direito de crédito, o seu objeto não se confunde com o da ação principal de que depende, qual seja o próprio direito de crédito a garantir[647].

Atenta a sua finalidade, esta providência cautelar consiste na apreensão de bens e/ou direitos do devedor que se revelem suficientes e adequados para garantir o crédito invocado pelo requerente – ainda que esses bens a arrestar já se encontrem onerados por eventuais hipotecas ou penhoras[648] –, tendo presente a regra segundo a qual, pelo cumprimento da obrigação, respondem todos os bens do devedor que sejam suscetíveis de penhora (art. 601º do CC)[649,650].

bem que, encontrando-se no património do devedor, constitua a garantia do direito do credor (LUGO, Andrea, *Manuale di Diritto Processuale Civile*, *op. cit.*, p. 462). *Vide*, no mesmo sentido, CALAMANDREI, Piero, *Instituciones de Derecho Procesal Civil*, vol. I, *op. cit.*, p. 157, SERRA, Adriano Paes da Silva Vaz, "Realização coactiva da prestação (Execução)", *op. cit.*, p. 41, GERALDES, António Santos Abrantes, *Temas da Reforma do Processo Civil*, vol. IV, *op. cit.*, pp. 176 e 177, QUATRATO, Bartolomeo/DIMUNDO, Francesco, *La verifica dei crediti nelle procedure concorsuali. Contratti bancari, parabancari e del mercato finanziario*, Giuffrè Editore, Milão, 2011, p. 1235, FERRI, Corrado, "Procedimenti cautelari a tutela del credito. Il sequestro conservativo", *in RTDPC*, ano LIV, Giuffrè Editore, Milão, 2000, pp. 45 e 46, CENDON, Paolo, *Commentario al Codice Civile*, *op. cit.*, p. 1294, FORTINO, Marcella, "Il sequestro conservativo e convenzionale", *op. cit.*, p. 62, LEVAL, Georges de, *La Saisie Immobilière*, 4ª ed., Editions Larcier, Bruxelas, 2002, p. 109, bem como GONÇALVES, Marco Carvalho, *Embargos de Terceiro na Ação Executiva*, Wolters Kluwer, Braga, 2010, pp. 154 e 155.

645 Cfr., nesse sentido, SOUSA, Miguel Teixeira de, "As providências cautelares e a inversão do contencioso", *op. cit.*, p. 3. *Vide*, na jurisprudência, o ac. do TRP de 21.11.2016, proc. 335/12.0TYVNG-G.P1.

646 FERRI, Corrado, "Procedimenti cautelari a tutela del credito. Il sequestro conservativo", *op. cit.*, p. 77. *Vide*, no mesmo sentido, RAMIRO PODETTI, J., *Derecho Procesal Civil, Comercial y Laboral – Tratado de las Medidas Cautelares*, IV, *op. cit.*, p. 215.

647 WALKER, Wolf-Dietrich, *Der Einstweilige Rechtsschutz im Zivilprozeß und im Arbeitsgerichtlichen Verfahren*, *op. cit.*, p. 141.

648 Ac. do TRP de 26.11.2001, proc. 0151443.

649 Cfr., no mesmo sentido, CARNELUTTI, Francesco, *Instituciones del Proceso Civil*, trad. da 5ª ed. italiana por Santiago Sentís Melendo, vol. III, *Ediciones Jurídicas Europa-América*, Buenos Aires,

Para o efeito, o requerente deve, no próprio requerimento inicial, identificar os bens que devem ser arrestados [arts. 392º, nº 1, e 724º, nºs 1, al. *i)*, e 2], embora nada o impeça de nomear posteriormente novos bens ou direitos, mesmo após o decretamento da providência cautelar de arresto, no caso de se constatar a falta ou insuficiência dos bens anteriormente designados[651].

Como garantia da satisfação do direito de crédito, o requerido é privado do gozo dos bens ou direitos objeto de arresto, os quais, na falta de cumprimento voluntário da obrigação que venha a ser judicialmente reconhecida, são posteriormente transmitidos, mediante a conversão do arresto em penhora e subsequente venda executiva[652]. Exatamente por isso, tal como sucede com a penhora, esses bens são entregues a um depositário, que os deve guardar e administrar em nome do Estado[653].

Por outro lado, importa referir que, conforme tem vindo a ser entendido pela nossa jurisprudência, o arresto "foi gizado pelo legislador como uma via poderosa para obrigar os devedores relapsos a cumprirem as suas obrigações"[654].

1960, p. 225. *Vide*, na jurisprudência, o ac. do STJ de 09.02.1982, *in BMJ*, 314º, p. 260, o ac. do STJ de 09.12.1993, proc. 084679, *in BMJ*, nº 432, ano 1994, p. 313, o ac. do STJ de 08.06.1995, proc. 086967, bem como o ac. do STJ de 20.01.2000, proc. 99B1201.

650 Deste modo, atenta a finalidade do arresto, se o único bem conhecido do requerido foi, entretanto, vendido antes do decretamento da providência, o arresto deve ser indeferido, por inutilidade superveniente, sem prejuízo da eventual impugnação pauliana dessa venda (cfr., nesse sentido, o ac. do STJ de 15.11.1995, proc. 08794).

651 Ac. do STA de 31.08.2011, proc. 0765/11.

652 Cfr., nesse sentido, Reis, José Alberto dos, *Processo de Execução*, vol. II, reimp., Coimbra Editora, Coimbra, 1985, p. 162, bem como Marques, J. P. Remédio, *Curso de Processo Executivo Comum à Face do Código Revisto*, Almedina, Coimbra, 2000, p. 168. Note-se, na esteira de Paula Costa e Silva, que é o próprio decretamento do arresto que implica a "apreensão judicial e jurídica dos bens arrestados", ainda que a apreensão efetiva e material desses bens só se verifique em momento ulterior (Silva, Paula Costa e, "A arbitrabilidade de medidas cautelares", *in ROA*, ano 63º, vol. I/II, Lisboa, abril 2003, p. 217).

653 De todo o modo, conforme se decidiu no ac. do STJ de 06.07.2000, proc. 1706/00, *in SASTJ*, ano 2000, "Enquanto a penhora é uma providência que consiste na apreensão judicial de bens que os retira da disponibilidade material do seu proprietário-devedor, para serem objecto de execução destinada a dar realização efectiva ao direito do credor-exequente, o arresto, acto preventivo e conservatório, tem uma função puramente cautelar, visando, também, a apreensão judicial de bens, mas para salvaguarda do receio de perda de garantia patrimonial do credor, em virtude de o devedor tornar ou poder tornar difícil a realização coactiva do seu crédito".

654 Ac. do STJ de 29.06.2000, proc. 465/00, *in SASTJ*, ano 2000.

Deste modo, pela sua especial natureza coerciva[655], o arresto só deve ser concedido em situações especiais e/ou de natureza excecional[656] e sempre como dependência de uma ação principal, presente ou futura, onde se peticione o reconhecimento do crédito e a condenação do réu no seu pagamento[657].

Na verdade, o arresto caracteriza-se, fundamentalmente, por ser um procedimento sumário, destinado a privilegiar o "fazer rápido" em vez do "fazer bem", em que se sacrifica temporariamente a ponderação e a justiça a favor da celeridade, sob pena de total ineficácia da decisão a ser proferida na ação principal[658].

1.2. Requisitos

Para que o arresto possa ser decretado, torna-se necessário o preenchimento cumulativo de dois requisitos, isto é, a probabilidade de existência de um direito de crédito e o justo receio de perda da garantia patrimonial desse direito[659].

Caberá, por isso, ao requerente do arresto o ónus de alegação e prova quanto à verificação destes requisitos[660], os quais devem estar preenchidos

[655] MAURO, Rubino Sammartano, *Il Diritto dell'arbitrato. Disciplina Comune e Regimi Speciali*, 6ª ed., Wolters Kluwer Italia, Pádua, 2010, p. 791.

[656] Ac. do TRL de 26.01.2010, proc. 4020/09.1TBOER-A.L1-7.

[657] *Vide*, sobre esta questão, FORTINO, Marcella, "Il sequestro conservativo e convenzionale", *op. cit.*, pp. 62 e 63, segundo a qual o arresto "nasce ao serviço de um processo definitivo de mérito", ou seja, "o seu escopo imediato é o de assegurar a eficácia do processo definitivo".

[658] SANTULLI, Rita, "Sequestro giudiziario e conservativo", *op. cit.*, p. 1.

[659] Cfr., entre outros, o ac. do STJ de 23.09.1993, proc. 084178, o ac. do STJ de 13.10.1993, proc. 084291, o ac. do STJ de 26.09.1995, proc. 087564, o ac. do STJ de 13.02.1996, proc. 088265, o ac. do TRL de 04.02.2010, proc. 923/08.9YXLSB-8, o ac. do TRL de 15.11.2011, proc. 1707/10.0TVLSB--B.L1-7, o ac. do TRG de 02.02.2017, proc. 1313/16.5T8VRL-A.G1, bem como o ac. do TRL de 24.05.2018, proc. 3385/17.6T8ALM.L1-2. *Vide*, na doutrina, ALMEIDA, Luís Pedro Moitinho de, "Do arresto", *op. cit.*, p. 294, COSTA, Mário Júlio de Almeida, *Direito das Obrigações*, reimp. da 12ª ed. rev. e atu., Almedina, Coimbra, 2016, p. 876, CORDEIRO, António Menezes, *Direito das Obrigações*, vol. II, reimp., Associação Académica da Faculdade de Direito de Lisboa, Lisboa, 2001, p. 495, CRUZ, Rita Barbosa da, "O arresto", *op. cit.*, p. 123, bem como ZUMPANO, Mariangela, "Il sequestro conservativo e giudiziario", *op. cit.*, p. 116.

[660] Como bem observa, com pertinente atualidade, Alberto dos Reis, para que o arresto possa ser decretado, não basta que o requerente se arrogue credor do requerido, sendo ainda necessário que prove o preenchimento dos requisitos de que a lei faz depender o decretamento dessa providência (REIS, José Alberto dos, "Jurisprudência crítica sobre processo civil. Providências cautelares. Comentário ao ac. STJ de 20.05.1949", *in RLJ*, ano 82º, nº 2922, Coimbra, 1950, p. 364). Cfr., na jurisprudência, o ac. do STJ de 09.02.1982, proc. 069887, *in BMJ*, nº 314, ano 1982, p. 260, o ac. do STJ de 25.11.1992, proc. 081742, o ac. do STJ de 09.10.1996, proc. 96B274, o ac. do TRE de 03.04.2008, proc. 52/08-3, bem como o ac. do TRL de 20.05.2008, proc. 4024/2008-1.

no momento em que o arresto é pedido e decretado, sob pena de a providência cautelar ser injustificada[661].

Sendo examinadas as provas, o arresto deve ser decretado, sem audiência da parte contrária[662], quando o julgador conclua pelo preenchimento desses requisitos (art. 393º)[663,664].

1.2.1. Probabilidade da existência de um direito de crédito

Nos termos do art. 392º, o requerente do arresto deve, desde logo, alegar os factos que tornem provável a existência do seu direito de crédito sobre o requerido[665], salvo se esses factos já tiverem sido invocados na ação principal em relação à qual o arresto venha a ser tramitado por apenso[666]. Com

[661] Cfr., nesse sentido, o ac. do TRP de 06.04.2006, proc. 0631873.

[662] Neste particular, Christoph Paulus defende que, muito embora a regra seja a da dispensa da audição do requerido, o tribunal pode optar por ouvi-lo, previamente ao decretamento do arresto, sempre que esteja em dúvida em relação à matéria de facto invocada pelo requerente ou quando exista o perigo de serem causados danos graves ao requerido (Paulus, Christoph, *Zivilprozessrecht: Erkenntnisverfahren, Zwangsvollstreckung und Eurpäisches Zivilprozessrecht*, *op. cit.*, p. 318).

[663] Cfr. o ac. do TRP de 09.01.2003, proc. 0232328, bem como o ac. do TRC de 30.06.2009, proc. 972/08.7TBLSA.C1. De todo o modo, Chiovenda defende que, neste tipo de providência, o julgador deve usar de especial cuidado e prudência na apreciação do grau de perigo (por exemplo, analisando se, não obstante o facto temido, o património do requerido ainda oferece garantias de cumprimento da obrigação), bem como o grau de verosimilhança do direito invocado pelo requerente da providência (Chiovenda, Guiseppe, *Principios de Derecho Procesal Civil*, tomo I, *op. cit.*, p. 265).

[664] Note-se que o ordenamento jurídico alemão permite que o tribunal decrete o embargo preventivo, ainda que não encontre justificação para a pretensão ou para o motivo do embargo, desde que seja prestada uma garantia pelo requerente da providência, que seja suscetível de assegurar a reparação dos prejuízos que possam vir a ser causados na esfera jurídica do requerido. Porém, mesmo que exista fundamento para a pretensão e quanto ao motivo do embargo preventivo, o tribunal pode, ainda assim, fazer depender o decretamento da providência da prestação de caução (§ 921, II, da ZPO). Cfr., a este respeito, Goldschmidt, James, *Derecho Procesal Civil*, *op. cit.*, p. 752, bem como Baur, Fritz, *Studien zum einstweiligen Rechtsschutz*, *op. cit.*, p. 24.

[665] *Vide*, a este propósito, o ac. do STJ de 01.06.2000, *in SASTJ*, 42º, p. 28, bem como o ac. do TRC de 19.05.2016, proc. 1624/15.7T8GRD-A.C1.

[666] Cfr., nesse sentido, o ac. do STJ de 05.01.1984, proc. 000612. De todo o modo, sendo a providência cautelar de arresto requerida na pendência da ação principal, os factos que foram articulados na ação, para a demonstração da existência do direito, deverão ser repetidos no procedimento cautelar (sobre esta problemática, *vide* o ac. do STJ de 10.12.1992, proc. 083214, com o seguinte sumário: "Sendo o arresto requerido na pendência da acção e não repetindo o requerente na petição do arresto os factos que articulou na acção para demonstrar a existência do seu direito, o juiz pode considerar que esses factos valem para a providência cautelar, deixando prosseguir esta, ou entender que é necessário que os factos integrem o requerimento do arresto, mandando completá-lo. O que não faz sentido é deixar seguir a providência e, depois, ignorar os factos articulados na acção").

efeito, o objeto do arresto é o próprio direito de crédito do requerente dessa providência[667,668].

Assim, no que diz respeito a este requisito, o legislador não exige a prova da verificação efetiva desse crédito[669,670] – mas tão-só que seja provável a existência do mesmo[671,672] – nem tão-pouco que a obrigação seja certa, exigível[673] e líquida[674] ou que já se encontre reconhecida pelos tribunais[675].

[667] FORTINO, Marcella, "Il sequestro conservativo e convenzionale", *op. cit.*, p. 79.

[668] Neste particular, o § 920 da ZPO determina que, no requerimento do arresto, deve constar a indicação do pedido a ser formulado na ação principal, com menção da quantidade de dinheiro ou do valor monetário, bem como do motivo do arresto (*vide*, a este propósito, BAUR, Fritz, *Studien zum einstweiligen Rechtsschutz, op. cit.*, p. 24, bem como PÉREZ RAGONE, Álvaro J./ORTIZ PRADILLO, Juan Carlos, *Código Procesal Civil Aléman (ZPO), op. cit.*, p. 940).

[669] Deste modo, o recurso a esta providência cautelar pressupõe que o credor ainda não tenha um título executivo, nos termos dos arts. 10º e 703º. *Vide*, a este propósito, MONTELEONE, Girolamo, *Diritto Processuale Civile, op. cit.*, p. 1189, segundo o qual, possuindo o requerente um título executivo, falta-lhe o pressuposto do interesse em agir para recorrer a este tipo de providência. De resto, esta era já a posição assumida pela jurisprudência italiana no séc. XIX, sendo paradigmática a sentença do Tribunal de Apelação de Nápoles de 12.03.1872, *apud* MAGNI, Claudio, *Codice di Procedura Civile del Regno d'Italia*, vol. II, *op. cit.*, p. 591, na qual se decidiu que o arresto não é mais do que uma penhora abreviada que é consentida ao credor que, não dispondo ainda de um título executivo, receia pela perda da garantia patrimonial do seu crédito. *Vide*, no mesmo sentido, MARQUES, J. P. Remédio, *Acção Declarativa à Luz do Código Revisto, op. cit.*, p. 164.

[670] Já no ordenamento jurídico espanhol, o art. 728º, nº 2, da LEC estabelece que "*El solicitante de medidas cautelares también habrá de presentar con su solicitud los datos, argumentos y justificaciones documentales que conduzcan a fundar, por parte del Tribunal, sin prejuzgar el fondo del asunto, un juicio provisional e indiciario favorable al fundamento de su pretensión. En defecto de justificación documental, el solicitante podrá ofrecerla por otros medios de prueba, que deberá proponer en forma en el mismo escrito*".

[671] *Vide*, a este propósito, a sentença do Tribunal de Apelação de Perúgia de 19.12.1870, *apud* MAGNI, Claudio, *Codice di Procedura Civile del Regno d'Italia*, vol. II, *op. cit.*, p. 592, na qual se decidiu que não é admissível o decretamento de uma providência cautelar de arresto se não se verificar, pelo menos com alguma solidez de base, o pressuposto da probabilidade da existência do direito que se pretende acautelar, bem como a sentença do Tribunal de Apelação de Turim de 14.03.1871, *apud* MAGNI, Claudio, *Codice di Procedura Civile del Regno d'Italia*, vol. II, *op. cit.*, p. 593, segundo a qual, para se obter um arresto, não é absolutamente necessário que o crédito esteja plenamente reconhecido na sua totalidade, bastando, ao invés, que esse juízo valorativo esteja apoiado em argumentos que permitam presumir, de forma fundada, a realidade. Cfr., na jurisprudência portuguesa, o ac. do STJ de 13.04.1973, proc. 064617, *in BMJ*, nº 226, ano 1973, p. 189, o ac. do STJ de 28.05.1981, proc. 069333, o ac. do STJ de 22.10.1992, proc. 083049, o ac. do TRE de 25.03.1993, *in BMJ*, 425º, p. 641, o ac. do STJ de 15.10.1996, proc. 593/96, *in SASTJ*, ano 1996, p. 155, e o ac. do TRP de 03.02.2000, proc. 9931346. Cfr., na doutrina, FREITAS, José Lebre de/ALEXANDRE, Isabel, *Código de Processo Civil Anotado*, vol. II, *op. cit.*, pp. 142 e 143, bem como CRUZ, Rita Barbosa da, "O arresto", *op. cit.*, p. 127.

[672] A este respeito, Corrado Ferri salienta que o direito tutelado pelo arresto não tem que possuir necessariamente um conteúdo pecuniário, devendo antes ser convertível numa soma em dinheiro ou ser suscetível de avaliação económica. Com efeito, de acordo com este Autor, o credor que peticiona a tutela cautelar afirma-se titular do direito a uma prestação de carácter pecuniário e

Pelo contrário, a lei contenta-se com a mera aparência do direito de crédito, podendo tratar-se de um crédito ilíquido ou sujeito a condição ou a termo[676].

Compreende-se, por isso, que tenha legitimidade para requerer o decretamento de uma providência cautelar de arresto o credor que se arrogue titular de um direito de crédito que tenha por objeto uma soma pecuniária ou uma coisa fungível[677,678], não sendo necessário que o crédito seja

ao pagamento de uma soma em dinheiro, mas pode também afirmar-se titular de um direito cuja prestação seja relativa a um comportamento do devedor, de dar ou de fazer, que seja suscetível de avaliação pecuniária (FERRI, Corrado, "Procedimenti cautelari a tutela del credito. Il sequestro conservativo", *op. cit.*, p. 79).

673 Cfr., nesse sentido, o ac. do STJ de 01.03.1979, proc. 067660, o ac. do TRE de 17.07.2008, proc. 1777/08-2, o ac. do TRL de 10.12.2009, proc. 86/05.1TCFUN-B.L1-7, bem como o ac. do TRL de 13.07.2010, proc. 96/10.7TVLSB-B.L1-2. *Vide*, na doutrina, COSTA, Salvador da, *O Concurso de Credores, op. cit.*, p. 14, GERALDES, António Santos Abrantes, *Temas da Reforma do Processo Civil*, vol. IV, *op. cit.*, p. 194, bem como PISANI, Andrea Proto, *Lezioni di Diritto Processuale Civile, op. cit.*, p. 657. Sobre esta questão, Hugo Alsina distingue entre os casos em que o crédito já é ou não exigível, sendo que, na primeira situação, basta ao requerente a prova sumária da existência e exigibilidade do crédito e, no segundo caso, a justificação do perigo iminente de prejuízo (ALSINA, Hugo, *Tratado Teorico Practico de Derecho Procesal Civil y Comercial*, tomo V, *op. cit.*, pp. 461 e 462).

674 *Vide*, no mesmo sentido, MONTESANO, Luigi/ARIETA, Giovanni, *Diritto Processuale Civile*, III, *op. cit.*, p. 296, MONTELEONE, Girolamo, *Diritto Processuale Civile, op. cit.*, p. 1189, TARZIA, Giuseppe, *et al.*, *Il Nuovo Processo Cautelare, op. cit.*, p. 13, SANTULLI, Rita, "Sequestro giudiziario e conservativo", *op. cit.*, p. 6, GERALDES, António Santos Abrantes, *Temas da Reforma do Processo Civil*, vol. IV, *op. cit.*, p. 194, ALSINA, Hugo, *Tratado Teorico Practico de Derecho Procesal Civil y Comercial, op. cit.*, p. 461, FERRI, Corrado, "Procedimenti cautelari a tutela del credito. Il sequestro conservativo", *op. cit.*, p. 76, COSTA, Salvador da, *O Concurso de Credores, op. cit.*, p. 14, e GONÇALVES, Marco Carvalho, *Embargos de Terceiro na Ação Executiva, op. cit.*, p. 155. Cfr., na jurisprudência, o ac. do STJ de 20.12.1977, *in BMJ*, 272º, p. 169, o ac. do TRC de 21.04.1998, *in BMJ*, 476º, p. 493, o ac. do TRP de 10.10.2002, proc. 0231194, o ac. do TRP de 27.05.2004, proc. 0432601, o ac. do TRL de 10.12.2009, proc. 86/05.1TCFUN-B.L1-7, bem como o ac. do TRE de 19.05.2016, proc. 57/16.2T8ORM.E1. Diversamente, no ordenamento jurídico brasileiro, o legislador exige que o crédito seja certo e líquido, sendo que esse facto só pode ser demonstrado através de documento (THEODORO JÚNIOR, Humberto, *Curso de Direito Processual Civil*, vol. II, *op. cit.*, p. 556). Do mesmo modo, no ordenamento belga, o arresto só pode ser decretado quando esteja em causa uma dívida certa, exigível e líquida ou suscetível de uma estimativa provisória, podendo, no entanto, ser arrestadas quantias liquidáveis periodicamente, tais como vencimentos ou pensões de reforma (art. 1415º do $CJ_{Bel.}$).

675 Ac. do TRP de 25.09.2012, proc. 500/09.7TBPRG-A.P1.

676 CHIOVENDA, Guiseppe, *Principios de Derecho Procesal Civil*, tomo I, *op. cit.*, p. 264.

677 *Vide*, a este propósito, SOUSA, Miguel Teixeira de, "Sobre a legitimidade processual", *in Separata do BMJ*, Lisboa, 1984, pp. 16 a 18, bem como SOUSA, Miguel Teixeira de, "A Legitimidade Singular em Processo Declarativo", *in Separata do BMJ*, Lisboa, 1979, pp. 24 e 25.

678 No sentido de não obstar ao decretamento do arresto o facto de o arrestante ser também devedor do arrestado, *vide* o ac. do TRP de 19.11.2012, proc. 344/12.9TBESP-A.P1.

líquido, ainda que deva ser apresentada uma estimativa aproximada do seu montante[679].

Neste enquadramento, é inadmissível o decretamento de uma providência cautelar de arresto quando esteja em causa a mera "esperança subjetiva do credor" ou uma pretensão destituída de fundamento, como sucede com a pretensão nascente de uma obrigação natural[680].

A probabilidade da existência do crédito verificar-se-á quando sejam alegados factos que, ainda que sumariamente comprovados, demonstrem ser verosímil a titularidade desse direito[681], isto é, que o requerente é efetivamente credor do requerido[682].

Neste contexto, a providência cautelar de arresto deve ser indeferida ou revogada nos casos em que, no procedimento cautelar ou na própria ação principal, se conclua pela inexistência do direito de crédito de que o credor se arrogou titular[683].

[679] PISANI, Andrea Proto, *Lezioni di Diritto Processuale Civile*, *op. cit.*, p. 657. Cfr., em sentido idêntico, ZUMPANO, Mariangela, "Il sequestro conservativo e giudiziario", *op. cit.*, p. 116, segundo a qual o montante do crédito deve ser indicado, pelo menos, de forma aproximada, bem como ALMEIDA, Luís Pedro Moitinho de, "Do arresto", *op. cit.*, p. 294. Este critério deve ser interpretado com alguma parcimónia. Assim, não será de exigir ao requerente de uma providência cautelar de arresto a indicação rigorosa e exata do montante do seu crédito quando o arresto constitua, por exemplo, um incidente de uma ação de prestação de contas, a qual, pela sua natureza, visa, precisamente, determinar o montante do crédito a garantir (*vide*, nesse sentido, o ac. do STJ de 30.11.1995, proc. 087059).

[680] SANTULLI, Rita, "Sequestro giudiziario e conservativo", *op. cit.*, pp. 5 e 6. *Vide*, no mesmo sentido, o ac. do TRG de 27.10.2014, proc. 543/09.0TBPTL-G.G1, no qual se decidiu que não pode ser requerido o decretamento de uma providência cautelar de arresto se o requerente, enquanto "titular do direito à partilha adicional de determinados bens, apenas tem a expetativa de que alguns deles lhe sejam adjudicados para preenchimento da sua meação, porquanto a constituição de algum crédito está ainda dependente de evento vindouro e incerto".

[681] Ac. do STJ de 01.06.2000, proc. 365/00, *in SASTJ*, ano 2000.

[682] Ac. do TRP de 25.09.2012, proc. 500/09.7TBPRG-A.P1. Analogamente, Moitinho de Almeida defende que o conceito jurídico de "credor" deve ser entendido "em sentido rigorosamente estrito e de significado comum: aquele a quem se deve uma determinada quantia" (ALMEIDA, Luís Pedro Moitinho de, "Do arresto", *op. cit.*, p. 294). *Vide*, no mesmo sentido, COSTA, Salvador da, *O Concurso de Credores*, *op. cit.*, p. 14. Diversamente, Redenti e Vellani sustentam que a providência cautelar de arresto não tem de ser forçosamente requerida pelo "credor", mas sim por aquele que, nesse momento, se apresenta perante o juiz como sendo credor do requerido e que possa induzi-lo, com base num *fumus boni iuris*, a que seja considerado como tal (REDENTI, Enrico/VELLANI, Mario, *Diritto Processuale Civile*, vol. III, *op. cit.*, p. 147).

[683] Cfr., a este respeito, o ac. do STJ de 19.10.1995, proc. 085184.

1.2.2. Fundado receio de perda da garantia patrimonial do crédito

O arresto só pode ser decretado quando se verifique um "fundado receio de perda da garantia patrimonial do crédito"[684].

Com efeito, o *periculum in mora* inerente à providência cautelar de arresto consubstancia-se no perigo de serem praticados atos de ocultação, disposição, alienação ou oneração do património do devedor – não sendo necessária a prova de qualquer conduta dolosa ou fraudulenta nesse sentido[685] – até que o credor obtenha um título executivo que lhe permita atingir o património do devedor[686].

Assim, o receio de perda da garantia patrimonial do crédito mostra-se justificado quando "está criado um perigo de insatisfação do crédito, por o seu titular se deparar com a ameaça de estar a ser lesado aquilo que lho garantia: o património do devedor"[687].

Deste modo, para que se verifique o preenchimento deste requisito processual, torna-se necessário que o credor arrestante alegue factos concretos e objetivos dos quais resulte a demonstração do receio ou da forte probabilidade de perder a garantia patrimonial do seu crédito[688,689] e/ou que, pelas

[684] *Vide*, a este propósito, o ac. do TRE de 26.02.1987, *in BMJ*, 366º, p. 587, o ac. do STJ de 03.03.1998, *in CJ*, tomo I, 1998, p. 116, o ac. do TRC de 02.03.1999, *in BMJ*, 485º, p. 491, e o ac. do TRE de 03.02.2005, proc. 2267/04-2. Acresce que, conforme vem sendo referido pela nossa jurisprudência, "na fórmula genérica do «justo receio de perder a garantia patrimonial», cabe uma variedade de casos, como os de receio de fuga do devedor, de sonegação ou ocultação de bens, de situação deficitária, desde que o requerente se não limite a alegar meras convicções, desconfianças, ou suspeições de tais situações, antes invoque as razões objectivas, convincentes, em que se fundam" (ac. do STJ de 20.01.2000, *in SASTJ*, 37º, p. 40).

[685] Cfr., nesse sentido, a sentença do Tribunal de Apelação de Florença de 25.07.1878, *apud* Magni, Claudio, *Codice di Procedura Civile del Regno d'Italia*, vol. II, *op. cit.*, p. 595. *Vide*, na jurisprudência portuguesa, o ac. do TRE de 12.06.2008, proc. 388/08-3.

[686] Tarzia, Giuseppe, *et al.*, *Il Nuovo Processo Cautelare*, *op. cit.*, p. 22.

[687] Ac. do TRE de 04.05.2006, proc. 2801/05-2. *Vide*, no mesmo sentido, o ac. do TRL de 26.01.2010, proc. 4020/09.1TBOER-A.L1-7, bem como o ac. do TRE de 05.07.2012, proc. 213/12.2TBEVR.E1.

[688] Cfr., nesse sentido, o ac. do STJ de 20.01.2000, proc. 99B1201, o ac. do TRP de 18.05.2000, proc. 0030658, o ac. do STJ de 01.06.2000, proc. 365/00, *in SASTJ*, ano 2000, o ac. do TRE de 04.05.2006, proc. 2801/05-2, o ac. do TRL de 12.02.2008, proc. 600/2008-1, o ac. do TRL de 26.01.2010, proc. 4020/09.1TBOER-A, o ac. do TRL de 25.02.2010, proc. 1114-A/2001.L1-6, o ac. do TRL de 15.11.2011, proc. 1707/10.0TVLSB-B.L1-7, o ac. do TRG de 03.07.2012, proc. 2382/10.7TBFLG-B.G1, o ac. do TRE de 05.07.2012, proc. 213/12.2TBEVR.E1, o ac. do TRP de 13.11.2012, proc. 3798/12.0YYPRT-A.P1, o ac. do TRC de 28.06.2017, proc. 9070/16.9T8CBR.C1, o ac. do TRG de 28.09.2017, proc. 1496/14.9T8GMR-E.G1, o ac. do TRG de 15.02.2018, proc. 556/16.6T8VVD-B.G1, o ac. do TRC de 06.03.2018, proc. 1833/17.4T8FIG.C1, o ac. do TRE de 28.06.2018, proc. 2395/16.5T8STR.E1, o ac. do TRL de 02.04.2019, proc. 959/11.2IDBGC-B.L1-5, bem como o ac. do TRL de 28.05.2019, proc. 8904/18.8T9LSB-B.L1-5. *Vide*, na doutrina, Pinto, Rui, *A Questão de Mérito na Tutela Cautelar – A*

regras da experiência comum ou pelo critério do bom pai de família[690], imponham o deferimento imediato da providência, sob pena de total ineficácia da ação judicial correlativa[691,692].

Consequentemente, o requerente do arresto deve alegar as razões de facto que justificam a apreensão imediata dos bens do requerido, isto é, a concreta situação de perigo que se poderá consumar se essa apreensão não for decretada[693],

Obrigação Genérica de não Ingerência e os Limites da Responsabilidade Civil, op. cit., p. 588, Geraldes, António Santos Abrantes, *Temas da Reforma do Processo Civil*, vol. IV, *op. cit.*, p. 196, bem como Leval, Georges de, *La Saisie Immobilière, op. cit.*, pp. 162 e 163.

689 A respeito da exigência processual de alegação de prejuízos objetivos e concretos, *vide* a sentença da Audiência Territorial de Cáceres de 02.03.1985, *in* Liaño González, Fernando Gómez de, *Ley de Enjuiciamiento Civil*, Editorial Forum, Oviedo, 1994, p. 1108, com o seguinte sumário: "*El motivo racional para creer que el deudor contra quien se pide el embargo preventivo ocultará o malbaratará sus bienes en daño de sus acreedores (art. 1400º in fine LEC) ha de ponerse de manifesto mediante hechos o circunstancias en que este temor se funde, actividad probatoria a cargo del solicitante del embargo* (...)". Em sentido contrário, viria a pronunciar-se a Audiência Territorial de Barcelona, por sentença de 30.09.1985, segundo a qual "*La petición de embargo preventivo, sustentada en el concepto legal de temor de ocultación o malbaratamiento de bienes, precisa de un acreditamiento generalmente no posible al solicitarse la medida, por lo que para su valoración judicial han de exponerse en este momento los datos fácticos en que se fundamenta la racional creencia, cuya prueba habrá de verificarse en el período correspondiente del incidente de oposición*".

690 Na esteira de Lebre de Freitas, o credor pode invocar, como fundamento do *periculum in mora*, qualquer "causa idónea a provocar num homem normal" o receio que é concretamente invocável pelo autor. Com efeito, aquilo que releva é a existência de qualquer facto concreto que seja suscetível de colocar uma "pessoa de são critério, colocada na posição do credor, a temer a perda da garantia patrimonial do seu crédito" (Freitas, José Lebre de/Alexandre, Isabel, *Código de Processo Civil Anotado*, vol. II, *op. cit.*, p. 144). Cfr., no mesmo sentido, o ac. do STJ de 11.01.2001, proc. 3479/00, *in SASTJ*, ano 2001.

691 *Vide*, nesse sentido, o ac. do STJ de 24.11.1988, *in BMJ*, 381º, p. 603, o ac. do TRP de 16.01.2003, proc. 35167, os acs. do TRL de 04.06.2009, proc. 1166/08.7TCSNT.L1-6, de 19.08.2009, proc. 4362/09.6TBOER.L1-7, de 13.07.2010, proc. 96/10.7TVLSB-B.L1-2, bem como o ac. do TRE de 19.05.2016, proc. 57/16.2T8ORM.E1. Cfr., na doutrina, Bastos, Jacinto Fernandes Rodrigues, *Notas ao Código de Processo Civil*, vol. II, *op. cit.*, p. 191.

692 Na esteira de Goldschmidt, a *causa arresti* consiste num facto que, no momento em que se requer o arresto, justifica o receio de difícil reparação do direito. Assim, constituem fundamento suficiente para o recurso ao procedimento cautelar de arresto as situações, entre outras, de prodigalidade na alienação de bens, mas já não a mera possibilidade de concorrência com outros credores (Goldschmidt, James, *Derecho Procesal Civil, op. cit.*, p. 749).

693 Carnelutti, Francesco, *Instituciones del Proceso Civil*, vol. III, *op. cit.*, pp. 226 e 227. *Vide*, no mesmo sentido, Andrea Lugo, segundo o qual o requerente da providência cautelar de arresto deve alegar factos objetivos e concretos dos quais possa resultar a justificação para a existência de um fundado receio de perda da garantia patrimonial do crédito (Lugo, Andrea, *Manuale di Diritto Processuale Civile, op. cit.*, p. 462). Cfr., ainda, Montesano, Luigi/Arieta, Giovanni, *Diritto Processuale Civile*, III, *op. cit.*, p. 296, bem como Pisani, Andrea Proto, *Lezioni di Diritto Processuale Civile, op. cit.*, p. 658.

demonstrando, dessa forma, que o fundado receio é "justo"[694]. Essas razões de facto devem ser fundadas em elementos objetivos, atinentes à consistência económica do objeto da garantia, e subjetivos, revelados pelo comportamento processual e/ou extraprocessual do devedor[695].

Há ainda que salientar que a lei não exige que a perda da garantia patrimonial seja efetiva ou certa, bastando apenas que exista um receio fundado dessa perda[696]. Trata-se, na verdade, de um "juízo dirigido para o futuro", regendo-se, naturalmente, por critérios de probabilidade, já que "o futuro é sempre uma mera possibilidade de ser"[697]. Significa isto que o credor arrestante não tem de demonstrar a existência de um receio certo, mas antes de um receio provável, não bastando, no entanto a "prova da existência de um receio qualquer, porque tem de ser «justo»"[698]. Fundamentalmente, aquilo que se exige para o preenchimento do requisito do *periculum in mora* é a verificação de uma situação de facto que seja suscetível de causar num credor "medianamente cauteloso e prudente" o receio de não lograr receber o crédito que detém sobre o devedor/requerido[699]. Dito de outra forma, haverá receio fundado de perda da garantia do crédito quando "qualquer pessoa, de são critério, em face do modo de agir do devedor, e colocado no seu lugar, também temeria vir a perder o seu crédito"[700], ou seja, o tribunal deve "orientar-se por critérios que, ultrapassando a mera apreciação pessoal do requerente, o façam crer que qualquer credor, medianamente cauteloso e prudente, perante a situação concreta do devedor, teria sério receio de não receber o seu crédito"[701].

Por via disso, é manifestamente insuficiente para o decretamento desta providência cautelar a mera alegação de hipóteses, suspeições, conjeturas ou considerações puramente subjetivas quanto ao receio de perda da garantia patrimonial do crédito[702,703].

[694] *Vide*, nesse sentido, ALMEIDA, Luís Pedro Moitinho de, "Do arresto", *op. cit.*, pp. 295 e 296.

[695] BUONFARDIECI, Maria Caterina, *et al.*, *Provvedimenti Cautelari nel Processo*, *op. cit.*, p. 113. Cfr., no mesmo sentido, FERRI, Corrado, "Procedimenti cautelari a tutela del credito. Il sequestro conservativo", *op. cit.*, p. 88, bem como SANTULLI, Rita, "Sequestro giudiziario e conservativo", *op. cit.*, p. 6. *Vide*, na jurisprudência, a sentença do CSCass. de 17.06.1998, *in www.cortedicassazione.it.*

[696] Ac. do TRG de 06.11.2002, proc. 982/02-2.

[697] Ac. do TRC de 31.01.2012, proc. 1530/11.4TBPBL-B.C1.

[698] Cfr. o ac. do STJ de 13.10.1993, proc. 084291. *Vide*, no mesmo sentido, o ac. do STJ de 17.10.2000, proc. 2140/00, *in SASTJ*, ano 2000.

[699] *Vide*, nesse sentido, o ac. do STJ de 13.02.1996, proc. 088265.

[700] Ac. do TRL de 12.06.2012, proc. 14067/11.2T2SNT-A.L1-1.

[701] CRUZ, Rita Barbosa da, "O arresto", *op. cit.*, p. 126. Cfr., no mesmo sentido, o ac. do TRE de 16.01.2006, proc. 2145/05-2.

[702] Cfr., a este propósito, o ac. do TRP de 15.07.1999, proc. 9930422, o ac. do STJ de 07.11.1990, proc. 079624, o ac. do STJ de 19.04.1991, proc. 080154, o ac. do STJ de 23.05.1991, proc. 080708,

Ademais, para que o arresto seja admissível, não relevam apenas as "atitudes predeterminadas, intencionais, dolosas, por parte do devedor, no sentido de frustrar a realização do crédito, nomeadamente alienando ou dissipando bens do seu património, a fim de os subtrair à acção do credor".

Outrossim, "qualquer circunstancialismo que, justificada e plausivelmente faça perspectivar o perigo de se tornar inviável ou altamente precária essa realização, é passível de conduzir ao decretamento da providência"[704].

Por outro lado, o receio de perda da garantia patrimonial do crédito deve ser valorado em função da ponderação de diversos fatores, tais como "o montante do crédito, a maior ou menor capacidade de solvabilidade do devedor, a forma da sua actividade, a sua situação económica e financeira, a natureza do seu património, a dissipação ou extravio de bens, a ocorrência de procedimentos anómalos que revelem o propósito de não cumprir, o próprio montante do crédito"[705].

Nesta perspetiva, têm vindo a ser considerados, entre outros, como fatores admissíveis para a demonstração do receio de perda da garantia patrimonial do direito de crédito os seguintes:

- o montante elevado do crédito, associado à falta de liquidez do devedor[706];
- a suspeita de fuga do devedor[707];
- a dificuldade considerável ou acrescida na recuperação do crédito[708];

o ac. do STJ de 05.12.1991, proc. 081498, o ac. do STJ de 07.12.1994, proc. 086460, o ac. do STJ de 20.01.2000, proc. 99B1201, o ac. do TRE de 03.06.2003, proc. 71/03-2, bem como o ac. do TRE de 12.07.2007, proc. 1152/07-3. *Vide*, na doutrina, Rodrigues, Fernando Pereira, *Elucidário de Temas de Direito (Civil e Processual)*, *op. cit.*, pp. 61 e 62.

703 De facto, conforme se decidiu, com pertinente atualidade, na sentença do Tribunal de Apelação de Génova de 26 de fevereiro de 1875 (*apud* Magni, Claudio, *Codice di Procedura Civile del Regno d'Italia*, vol. II, *op. cit.*, pp. 591 e 592) "o arresto, enquanto acto que tem na sua natureza elementos ou caracteres executivos, não deve ser regularmente admitido pelo juiz sem que o crédito pelo qual se procede seja justificado de forma genérica e sem a prova do justo motivo pelo qual o credor receia a fuga ou a subtracção de bens pelo devedor, já que, na falta de tais exigências, a medida tornar-se-á vexatória e odiosa, paralisando os cidadãos na sua liberdade de disposição do seu património e no gozo dos próprios bens, direitos esses garantidos por lei".

704 Ac. do TRL de 12.02.2008, proc. 600/2008-1.

705 Cfr., nesse sentido, o ac. do TRP de 09.01.2003, proc. 0232328, bem como o ac. do TRP de 16.01.2003, proc. 35167.

706 Ac. do TRE de 20.01.2010, proc. 2180/09.0TBEVR.E1.

707 De todo o modo, no ac. do TRL de 24.01.1985, *in CJ*, tomo I, 1985, p. 157, considerou-se que "Não tendo a requerida quaisquer bens em Portugal, e alegando-se, apenas, que a mesma pretende ausentar-se para os Estados Unidos, este facto não tem qualquer reflexo de natureza patrimonial".

708 Cfr. o ac. do TRP de 21.07.1987, *in CJ*, tomo IV, p. 216.

- o facto de o único bem conhecido do devedor ser um crédito em dinheiro que este detém sobre o próprio credor[709];
- a circunstância de o património do devedor se encontrar onerado para garantia de um passivo elevado[710];
- o facto de o devedor estar acumulado de dívidas, não lhe sendo conhecido qualquer património[711];
- a redução acentuada do património do devedor, associada à existência de dívidas de valor superior ao dos seus ativos[712];
- a insuficiência do património conhecido do devedor, aliada ao facto de este ter abandonado a atividade profissional que constituía a sua única fonte de rendimento[713];
- a desproporção acentuada entre o montante do crédito exigido e o valor do património conhecido, sendo este facilmente ocultável[714];
- o fundado receio de ocultação de bens do devedor[715];
- o receio de subtrações indiscriminadas (por exemplo, vendas ou prodigalidades), designadamente a existência de atos simulados de venda ou de oneração de bens, assim como a transmissão gratuita de bens a favor de terceiros;
- a alienação de determinados bens ou a transferência dos mesmos para o estrangeiro, ficando o património do devedor reduzido a bens que, pela sua natureza, dificilmente encontrarão um comprador em sede de venda judicial[716];
- a alienação de determinados bens a um terceiro, encontrando-se o devedor a negociar com aquele a venda do único bem que ainda subsiste no seu património, sendo o devedor e o terceiro conhecidos no

[709] Ac. do STJ de 22.05.1990, proc. 079028.

[710] Cfr. os acs. do TRE de 27.11.2003, proc. 2113/03-2, e de 20.01.2010, proc. 2180/09.0TBEVR.E1, bem como o ac. do TRL de 15.11.2011, proc. 1707/10.0TVLSB-B.L1-7.

[711] Ac. do TRP de 08.10.2002, proc. 0221087.

[712] Ac. do TRL de 30.04.1918, *in GRL*, nº 33, p. 172.

[713] Ac. do STJ de 13.02.1996, proc. 088265. Sobre este concreto aspeto, Corrado Ferri assinala que a insuficiência do património do devedor não basta para concretizar, por si só, o *periculum in mora* (FERRI, Corrado, "Procedimenti cautelari a tutela del credito. Il sequestro conservativo", *op. cit.*, p. 88).

[714] Cfr. o ac. do STJ de 11.12.1973, *in BMJ*, 232º, p. 110.

[715] Ac. do STJ de 31.05.1968, proc. 062192, *in BMJ*, nº 177, ano 1968, p. 221. No sentido de não ser necessário ao credor provar que o devedor já começou a praticar atos de ocultação, sendo antes suficiente a existência de um fundado receio de se verificar essa ocultação, *vide* ALMEIDA, Luís Pedro Moitinho de, "Do arresto", *op. cit.*, p. 297.

[716] Ac. do STJ de 16.02.1993, proc. 082738.

meio empresarial como não sendo titulares de quaisquer bens penhoráveis[717];

- a alienação do único património conhecido do devedor, no seguimento de uma sentença condenatória, face à previsível execução da sentença[718];
- a tentativa de alienação do património em prejuízo dos credores, associada à exiguidade desse património[719];
- a pendência de diversas execuções contra o devedor e/ou a oneração do seu património com penhoras[720];
- o risco de a sociedade devedora se preparar para encerrar a sua atividade, pretendendo os seus sócios constituir uma nova sociedade, para não pagar aos credores[721];
- o risco concreto de insolvência do devedor; ou
- a frustração de contactos com o devedor, por facto que lhe seja imputável, associada ao risco de dissipação do seu património[722].

Uma vez que a valoração do requisito do *periculum in mora* na providência cautelar de arresto não se encontra sujeita a critérios rigorosamente predeterminados, muito por força da multiplicidade de situações de facto que podem ou não justificar o fundado receio de perda da garantia patrimonial do crédito, caberá ao julgador, no seu prudente juízo, valorar, caso a caso, se se encontra ou não preenchido esse requisito processual[723]. Significa isto que a providência cautelar de arresto só poderá ser decretada quando o julgador

[717] Ac. do STJ de 05.03.1996, proc. 96A045.

[718] Ac. do STJ de 09.02.1999, proc. 98A1145. Com efeito, decidiu-se o seguinte neste acórdao: "Estando provado que «após terem tido conhecimento do teor do referido acórdão (condenatório numa determinada indemnização), os requeridos combinaram desfazer-se dos seus bens», e que os bens arrestados são o único património conhecido do agravado e sua mulher, tais factos são suficientes para justificar o receio de perda da garantia patrimonial, pois demonstram, com probabilidade séria, a disposição do devedor em se desfazer do único património capaz de garantir o crédito".

[719] Cfr. o ac. do TRP de 09.05.1989, *in BMJ*, 387º, p. 646, bem como os acs. do STJ de 08.07.1993, proc. 083909, e de 04.11.1993, proc. 084512.

[720] Ac. do TRC de 23.01.2001, proc. 3425/2000.

[721] Ac. do TRP de 13.02.2006, proc. 0556938.

[722] Ac. do STJ de 24.11.1988, proc. 077019, *in BMJ*, 381º, p. 603, e ac. do TRL de 18.12.2012, proc. 585/12.9TBLNH.L1-7. *Vide*, na doutrina, CHIOVENDA, Guiseppe, *Principios de Derecho Procesal Civil*, tomo I, *op. cit.*, p. 264, SOUSA, Miguel Teixeira de, *Estudos sobre o Novo Processo Civil, op. cit.*, pp. 235 e 236, bem como RODRIGUES, Fernando Pereira, *Elucidário de Temas de Direito (Civil e Processual), op. cit.*, p. 62.

[723] TARZIA, Giuseppe, *et al.*, *Il Nuovo Processo Cautelare, op. cit.*, p. 23.

considere que, com base nos indícios e provas recolhidas em sede instrutória, é provável a existência do direito de crédito que se visa garantir e que o credor tem um justo motivo para suspeitar da atuação do devedor quanto à dissipação do seu património[724].

Nestas circunstâncias, o arresto será injustificado se for "patente a ausência do direito (ex. o devedor tinha apresentado um fiador idóneo ou o requerente beneficiava de outro tipo de garantia que ocultou ao tribunal) ou, pura e simplesmente, por falta total de factos susceptíveis de integrarem o justo receio, tendo o juiz decretado o arresto com base nos elementos deturpados que o arrestante apresentou ao tribunal, na sonegação de outros ou em qualquer outra conduta dolosa destinada a criar uma convicção no juiz que não corresponde à verdade"[725].

Assim, o arresto será injustificado, entre outras, nas seguintes situações:

- se o devedor, ao invés do alegado na petição inicial, nunca pretendeu alienar, dissipar ou ocultar o seu património[726], nem está em risco de falir[727];
- se o devedor, apesar de pretender alienar um determinado bem, possuir no seu património outros bens que garantam igualmente o pagamento do crédito reclamado[728];

[724] Cfr., neste sentido, a sentença do Tribunal de Apelação de Génova, de 30.03.1869, *apud* MAGNI, Claudio, *Codice di Procedura Civile del Regno d'Italia*, vol. II, *op. cit.*, p. 592.

[725] CRUZ, Rita Barbosa da, "O arresto", *op. cit.*, p. 140. Cfr., no mesmo sentido, LEITÃO, Luís Manuel Teles de Menezes, *Garantias das Obrigações*, 5ª ed., Almedina, Coimbra, 2016, p. 90.

[726] Ac. do STJ de 12.12.1996, proc. 96B603.

[727] Assim, conforme se decidiu no ac. do STJ de 28.05.1997, proc. 97B343, "O receio de insolvência, para fundamentar o arresto, deve ser justo e apoiar-se em factos objectivos que convençam de que o requerido se pode colocar nessa situação ou causar prejuízos de difícil reparação".

[728] Cfr., a este propósito, o ac. do STJ de 09.10.1996, proc. 2748/96, *in SASTJ*, ano 1996, p. 183, no qual se decidiu que "É manifestamente insuficiente, para se ter como provado o invocado receio, demonstrar-se apenas que as requeridas colocaram o prédio à venda, não se apurando o desconhecimento do requerente da existência de outros bens, mas tão-só que alegou esse desconhecimento. Era necessário ainda ter-se estabelecido, por alegação e prova do requerente, que as requeridas, em consequência dessa venda, ficavam patrimonialmente incapazes de lhe assegurar a satisfação do seu crédito.". *Vide*, no mesmo sentido, o ac. do TRP de 28.10.1999, proc. 9931166, segundo o qual "É de indeferir liminarmente a providência cautelar de arresto se o requerente, pretendendo demonstrar o justo receio da perda de garantia patrimonial, apenas alega que o requerido já dissipou parte dos seus bens pois fica-se sem saber qual o património que lhe resta", bem como o ac. do TRP de 07.03.2002, proc. 0230228, no qual se decidiu que "Do simples facto de um requerido de um arresto ter posto à venda uma moradia, não se pode concluir, sem mais, que, no caso de eventual venda, o mesmo fique desprovido de património ou fontes de rendimento capazes de garantirem a satisfação do crédito do requerente".

- se o devedor possui no seu património mais bens do que aqueles que foram alegados na petição inicial como sendo os "únicos bens conhecidos", não podendo o credor, sem culpa, desconhecer a existência de outros bens, mediante uma simples consulta às bases de dados (por exemplo, conservatórias de registo predial, automóvel e comercial)[729];
- se o credor tinha perfeito conhecimento do risco de insatisfação patrimonial do crédito, por manifesta insuficiência do património do devedor, ou se ignorou culposamente a sua situação económica deficitária, salvo nos casos em que tenha sido o próprio devedor a ocultar dolosamente ao credor a insuficiência do seu património[730];
- se o crédito se encontra suficientemente assegurado por uma garantia pessoal[731] ou real[732], salvo se, por qualquer motivo, essa garantia se tiver tornado insuficiente, nos termos dos arts. 633º, 665º, 678º e 701º do CC[733];
- se o credor já dispõe de um título executivo, não sujeito a condição ou a termo, que lhe permita intentar de imediato a correspondente ação executiva, com a consequente penhora de bens do devedor[734,735];

[729] Cfr., a este respeito, o ac. do STJ de 06.06.2000, proc. 382/00, no qual, no âmbito de um procedimento cautelar de arresto, se decidiu que "Como reflexo da prudência normal era obrigação do requerente colher informações sobre o património do requerido". *Vide*, em sentido diverso, o ac. do TRP de 20.10.2009, proc. 43/09.9TJPRT, no qual se decidiu, a propósito de uma ação de responsabilidade civil intentada pelo requerido de uma providência cautelar de arresto contra o requerente, que "Os réus não efectuaram uma correta indagação sobre o património do devedor, mas também é verdade que os meios legais colocados ao seu dispor, para tal efeito, são actualmente bastante diminutos. No domínio extrajudicial as normas relativas ao sigilo fiscal impedem a utilização de informações fiscais e quanto às conservatórias do registo predial e automóvel a Lei de Proteção de Dados Pessoais restringe, de forma muito significativa, a possibilidade de obtenção de informações sobre imóveis e automóveis. [...] Por outro lado, também não se pode deixar de assinalar a escassez de tempo que o requerente teve disponível para indagação quanto ao património do devedor".

[730] *Vide*, nesse sentido, TARZIA, Giuseppe, *et al.*, *Il Nuovo Processo Cautelare*, *op. cit.*, pp. 24 e 25.

[731] Cfr., em sentido contrário, o ac. do TRC de 02.12.1997, *in BMJ*, 472º, p. 570.

[732] *Vide*, no mesmo sentido, SOUSA, Miguel Teixeira de, *Estudos sobre o Novo Processo Civil*, *op. cit.*, p. 236, bem como SERRA, Adriano Paes da Silva Vaz, "Realização coactiva da prestação (Execução)", *op. cit.*, p. 58, CRUZ, Rita Barbosa da, "O arresto", *op. cit.*, p. 126, ALMEIDA, Luís Pedro Moitinho de, "Do arresto", *op. cit.*, p. 296, e o ac. do STJ de 31.01.1978, proc. 067087, *in BMJ*, nº 273, ano 1978, p. 279.

[733] Cfr., nesse sentido, FREITAS, José Lebre de/ALEXANDRE, Isabel, *Código de Processo Civil Anotado*, vol. II, *op. cit.*, p. 143.
Vide, em sentido contrário, CRUZ, Rita Barbosa da, "O arresto", *op. cit.*, p. 126, segundo a qual, verificando-se a insuficiência dos bens objeto de garantia para o reembolso total da dívida, não tem sentido o arresto, devendo antes o credor requerer o reforço da garantia.

[734] GOLDSCHMIDT, James, *Derecho Procesal Civil*, *op. cit.*, p. 749. *Vide*, no mesmo sentido, SOUSA, Miguel Teixeira de, *Estudos sobre o Novo Processo Civil*, *op. cit.*, p. 236. Alguma jurisprudência italiana

- se o credor se limita a alegar que o requerido atravessa dificuldades económicas[736];
- se o credor alega tão-somente que a requerida não cumpriu a obrigação a que estava vinculada e que tem a intenção de vender um ou mais imóveis, sendo esta uma sociedade imobiliária em cuja atividade esses atos se inserem[737];
- se o credor se limita a alegar que o devedor recusa-se a cumprir a obrigação[738];
- se o devedor apenas levantou saldos de contas bancárias da herança requerente, recusando-se a restituir esse crédito[739];
- se o devedor se limitou a colocar num estabelecimento comercial a indicação "trespassa-se"[740];
- se o receio invocado pelo requerente se reconduz ao facto de os bens do devedor serem facilmente transacionáveis[741];
- se o credor se limita a alegar o mero incumprimento, pelo devedor, da obrigação de desoneração das garantias pessoais[742];
- se o credor requer o arresto de bens comuns do casal, para pagamento de uma dívida da responsabilidade exclusiva de apenas um dos cônjuges[743];

tem vindo a defender a tese oposta, isto é, a de que um credor pode peticionar o decretamento de uma providência cautelar de arresto mesmo nos casos em que já se encontre munido de um título executivo, baseando-se, para o efeito, nos "diferentes pressupostos, na diversa natureza e na diversa finalidade da acção executiva e da acção cautelar" (SANTULLI, Rita, "Sequestro giudiziario e conservativo", *op. cit.*, p. 6).

735 Mesmo que o credor já disponha de um título executivo, a providência cautelar de arresto poderá, ainda assim, ser justificada quando o credor não possa recorrer de imediato a uma ação executiva, o que sucederá, designadamente, nos casos em que os tribunais se encontrem encerrados em período de férias judiciais. Do mesmo modo, o credor poderá requerer o arresto de bens do devedor quando, apesar de já dispor de uma sentença condenatória, o devedor tenha interposto recurso dessa sentença, admitido com efeito suspensivo, sem que tenha prestado caução para garantia de eventuais danos que possam ser causados ao recorrido. No mesmo sentido, *vide* PEREIRA, Diogo Filipe Gil Castanheira, *Interesse Processual na Acção Declarativa*, *op. cit.*, p. 180, SERRA, Adriano Paes da Silva Vaz, "Realização coactiva da prestação (Execução)", *op. cit.*, p. 61, bem como o ac. do TRE de 26.02.1987, *in BMJ*, 366º, p. 587.

736 Ac. do TRE de 04.07.2006, proc. 1467/06-2.

737 Ac. do TRG de 03.07.2012, proc. 2382/10.7TBFLG-B.G1.

738 Ac. do TRL de 30.11.2011, proc. 1026/11.4RBBNV-A.L1-2.

739 Ac. do TRP de 18.05.2000, proc. 0030658.

740 Ac. do TRE de 04.05.2006, proc. 2801/05-2.

741 Ac. do TRL de 09.03.2004, proc. 296/2004-7.

742 Ac. do TRL de 18.03.2010, proc. 6379/09.1TVLSB.L1-6.

743 Ac. do TRE de 20.09.2012, proc. 44/12.0T2STC.E1.

- se o receio invocado pelo requerente reside na circunstância de o património do devedor poder vir a ser arrestado ou penhorado por outros credores[744];
- se o requerente, pedindo o arresto de bens do arrendatário que pretende despejar do locado, se limita a alegar que, após a concretização do despejo, é previsível que esses bens venham a desaparecer, seja por atuação própria do requerido, seja por ação de outros credores[745];
- se o requerente se limita a alegar que "os requeridos, apesar de terem «modestos rendimentos», têm «uma vida desregrada» pois gastam muito dinheiro na sua vida pessoal, designadamente em frequentes almoços em restaurantes e outros hábitos de vida dispendiosos"[746]; ou
- se o credor se limita a alegar que a requerida "é uma empresa que evidencia problemas de organização e financeiros", sendo "ré e executada em oito ações judiciais"[747].

De todo o modo, essa apreciação deve ser casuística, ou seja, deve ser feita em função das particularidades do caso em concreto, já que, no ordenamento jurídico português, não vigora o regime da precedência das decisões judiciais.

1.3. Aresto em casos especiais

1.3.1. Arresto contra o adquirente de bens do devedor

Pode suceder que o devedor tenha transmitido os seus bens a um terceiro, frustrando, dessa forma, a satisfação dos direitos de crédito dos seus credores.

Nessa eventualidade, o credor pode requerer o arresto dos bens que tenham sido objeto de transmissão[748], como dependência de uma ação principal na qual se peticione a declaração de nulidade, por simulação (art. 240º do CC), ou de ineficácia, por impugnação pauliana (art. 610º do CC), dessa transmissão patrimonial[749].

Ora, nos termos do art. 392º, nº 2, se o arresto for requerido contra o devedor e o adquirente dos bens do devedor, em litisconsórcio necessário natural

[744] Ac. do TRG de 25.02.2016, proc. 6189/15.7T8BRG-A.G1.

[745] Ac. do TRC de 28.06.2017, proc. 9070/16.9T8CBR.C1.

[746] Ac. do TRG de 28.09.2017, proc. 1496/14.9T8GMR-E.G1.

[747] Ac. do TRE de 28.03.2019, proc. 76/19.7T8ABF.E1.

[748] Com efeito, conforme se decidiu no ac. do TRC de 13.10.2015, proc. 56/15.1T8CNT-B.C1, o arresto só pode recair sobre os bens que tenham sido alienados pelo devedor, não podendo, por isso, ser arrestados outros bens de que o terceiro seja proprietário.

[749] *Vide*, a este respeito, o ac. do TRL de 19.10.2006, proc. 6767/2006-2, bem como o ac. do TRG de 09.04.2019, proc. 2595/16.8T8VCT-C.G1.

(art. 33º, nºs 2 e 3)[750], o requerente, para além de alegar os factos que tornam provável a existência do crédito e justificam o receio invocado, deve igualmente deduzir os factos que tornam provável a procedência da impugnação, salvo se já se encontrar pendente a ação principal tendente à impugnação da transmissão (arts. 619º, nº 2, do CC e 392º, nº 2)[751].

Neste particular, afigura-se que o requerente do arresto não carece de alegar factos que demonstrem a existência de um *periculum in mora* quanto ao terceiro/transmissário. É que o terceiro/transmissário deve ser demandado, conjuntamente com o devedor, em litisconsórcio necessário natural, não porque o credor tenha, quanto a ele, qualquer justo receio de extravio, dissipação ou ocultação do bem objeto de transmissão, mas apenas para assegurar que esse bem seja conservado intacto no seu património, garantindo-se, dessa forma, a ineficácia de quaisquer atos subsequentes de disposição do bem[752]. De resto, o *periculum in mora* resulta demonstrado pelo facto de o devedor ter transmitido o seu património a um terceiro, diminuindo ou inutilizando, dessa forma, a garantia patrimonial do direito de crédito de que o requerente se arroga titular.

Por outro lado, importa referir que, neste caso, o procedimento cautelar de arresto pressupõe a existência de duas ações principais, *maxime* de uma ação de cobrança de dívida e de uma ação declarativa para impugnação da validade ou da eficácia do ato de transmissão do bem objeto de arresto[753].

Assim, se as duas ações forem propostas conjuntamente, sendo nelas demandados, em coligação, todos os réus, pelo facto de existir uma relação

[750] Cfr., nesse sentido, o ac. do TRG de 28.05.2015, proc. 3778/14.0T8GMR-B.G1, no qual se decidiu que "Quando o arresto visa acautelar efeitos da impugnação, designadamente a pauliana, a legitimidade passiva para o respectivo processo terá que coincidir com a legitimidade passiva para a acção de impugnação". *Vide*, ainda, o ac. do TRG de 25.05.2017, proc. 877/17.0T8VCT-A.G1.

[751] *Vide*, nesse sentido, o ac. do TRE de 16.01.2014, proc. 3078/12.0TBSTR-A.E1, o ac. do TRG de 28.05.2015, proc. 3778/14.0T8GMR-B.G1, assim como o ac. do TRG de 09.04.2019, proc. 2595/16.8T8VCT-C.G1.

[752] *Vide*, nesse sentido, o ac. do TRL de 20.01.2015, proc. 618/13.1TCFUN-B.L1).

Cfr., em sentido contrário, o ac. do TRL de 17.05.2011, proc. 9087/11.0T2SNT.L1-1, no qual se decidiu que "Porque o terceiro perante a relação obrigacional, uma vez julgada procedente a impugnação, não pode obstar a que o credor execute no seu património o bem objecto do acto impugnado (cfr. artºs 616º, nº 1, e 818º, ambos do CPC), tendo este último direito à sua restituição na medida do seu interesse, no âmbito da providência do arresto requerido contra o adquirente de bens do devedor (cfr. nº 2 do artº 407º do CPC) justifica-se que, pelo menos no tocante ao bem objecto do acto impugnado, se exija a alegação e a prova indiciária (ónus a cargo do credor) do justo receio da prática pelo terceiro de actos, v.g., de alienação e/ou oneração", bem como o ac. do TRL de 20.09.2018, proc. 8499/18.2T8LSB-A.L1-6.

[753] Cfr., a este respeito, o ac. do TRL de 10.05.2018, proc. 2738/15.9T8OER-A.L1.

de prejudicialidade ou de dependência entre os pedidos (art. 36º, nº 1), o procedimento cautelar deve ser apensado aos autos desse processo principal (art. 364º, nº 2).

Diferentemente, se as duas ações foram propostas em separado, o procedimento cautelar de arresto deve ser apensado à ação de impugnação da transmissão, por força do disposto no art. 364º, nº 2[754], sem prejuízo da possibilidade de, qualquer uma das partes, requerer a apensação dessas duas ações, ao abrigo do art. 267º, pelo facto de se encontrarem preenchidos os pressupostos de admissibilidade da coligação[755].

1.3.2. Arresto de bem transmitido mediante negócio jurídico para garantia do pagamento do preço da respetiva aquisição

Nos termos do art. 396º, nº 3, se estiver em dívida, no todo ou em parte, o preço devido pela aquisição de um determinado bem, que tenha sido transmitido mediante negócio jurídico, o transmitente pode requerer o arresto desse bem.

Conforme se referiu *supra*, este arresto tem a particularidade de dispensar o credor do dever de provar a existência de um justo receio de perda da garantia patrimonial do crédito.

Neste particular, coloca-se o problema de saber se o requerente tem de alegar factos relativos à existência de um fundado receio de perda da garantia patrimonial do seu crédito, estando, no entanto, dispensado da prova desses factos, por força do estatuído no art. 396º, nº 3[756], ou se, diferentemente, o requerente não tem de alegar quaisquer factos atinentes ao fundado receio de perda da garantia patrimonial do seu direito de crédito, pela simples razão de que também não tem de provar a verificação desse fundado receio[757].

Sobre esta concreta questão, entendemos que o credor não tem de alegar a existência de um *periculum in mora*, por várias ordens de razões.

Desde logo, se a lei dispensa o credor do ónus de provar a verificação de um fundado receio de perda da garantia patrimonial do seu direito de crédito, sempre seria redundante ou inútil obrigar o credor a alegar factos que fossem suscetíveis de demonstrar a existência desse fundado receio.

[754] Cfr., nesse sentido, o ac. do TRL de 19.10.2006, proc. 6767/2006-2.

[755] Observe-se, de resto, que, se a apensação das duas ações não for requerida ou, tendo-o sido, não for admitida (art. 267º, nº 1, *in fine*), dado que os pedidos das duas ações estão entre si numa relação de prejudicialidade ou de dependência, o juiz da ação de impugnação da transmissão deve determinar a suspensão da instância, nos termos do art. 272º, nº 1, já que a decisão dessa ação está dependente do desfecho da ação de cobrança de dívida.

[756] *Vide*, nesse sentido, PINTO, Rui, *Notas ao Código de Processo Civil*, vol. I, *op. cit.*, pp. 336 e 337.

[757] Cfr., nesse sentido, FERNANDEZ, Elizabeth, *Um Novo Código de Processo Civil? – Em busca das diferenças*, *op. cit.*, p. 128.

Acresce, por outro lado, que este arresto não reveste a natureza de providência cautelar conservatória, assumindo, ao invés, uma feição nitidamente moralizadora e sancionatória, na medida em que o legislador quis punir o devedor que, apesar de ter adquirido um determinado bem, mediante um negócio jurídico celebrado com o credor, não cuidou, no entanto, de liquidar o preço devido pela aquisição desse bem[758,759]. Na verdade, a lei não presume a existência de um qualquer *periculum in mora* associado aos casos em que, havendo um negócio jurídico, o adquirente não proceda ao pagamento do preço devido pela aquisição do bem objeto desse negócio, o que torna absolutamente inútil a alegação, por parte do requerente, de qualquer factualidade suscetível de demonstrar a verificação de um *periculum in mora*.

Por último, importa salientar que arresto destina-se a permitir, única e exclusivamente, a apreensão do bem que foi objeto do negócio jurídico, e já não de qualquer outro bem que integre o património do devedor. Daí que, se o credor pretender obter o arresto de outros bens que não tenham sido objeto do negócio jurídico em que se funda a sua pretensão, já não se encontre dispensado de alegar e de comprovar a existência de um fundado receio de perda da garantia patrimonial do seu direito de crédito, por força dos requisitos gerais dos quais depende o decretamento da providência cautelar de arresto.

1.3.3. Arresto de navios

O arresto de navios e da respetiva carga encontra-se sujeito a requisitos especiais[760].

Com efeito, nos termos do art. 9º do DL nº 201/98, de 10 de julho – diploma que define e regula o estatuto legal do navio[761] – o navio pode ser arrestado ou

[758] *Vide*, no mesmo sentido, FERNANDEZ, Elizabeth, *Um Novo Código de Processo Civil? – Em busca das diferenças*, *op. cit.*, p. 128. Cfr., na jurisprudência, o ac. do TRL de 16.03.2017, proc. 41/17.9T8FNC. L1-8.

[759] O mesmo sucede, *mutatis mutandis*, com a possibilidade de penhora de instrumentos de trabalho, de objetos indispensáveis ao exercício da atividade ou formação profissional do executado, bem como de bens imprescindíveis a qualquer economia doméstica, que se encontrem na casa de habitação efetiva do executado, quando a execução se destine ao pagamento do preço da sua aquisição ou da sua reparação [art. 737º, nº 2, al. *b)*, e nº 3].

[760] Nesse sentido, CRUZ, Rita Barbosa da, "O arresto", *op. cit.*, p. 165. Quanto aos requisitos obrigatórios da decisão que decrete o arresto de navios, *vide* OVIDIO, Antonio Lefebvre d', *et al.*, *Manuale di Diritto della Navigazione*, 12ª ed., Giuffrè Editore, Milão, 2008, p. 712.

[761] Nos termos do art. 1º do DL nº 210/98, de 10 de julho, "navio" é o "engenho flutuante destinado à navegação por água, fazendo parte integrante do navio, além da maquinaria principal e das máquinas auxiliares, todos os aparelhos, aprestos, meios de salvação, acessórios e mais equipamentos existentes a bordo necessários à sua operacionalidade". Quanto à noção de "navio", *vide*, na doutrina,

penhorado[762,763], mesmo que se encontre despachado para viagem[764], sendo este regime igualmente aplicável aos géneros ou mercadorias carregados no navio[765,766].

PINHEIRO, Luís de Lima, "Temas de direito marítimo II. O navio em direito internacional", *in ROA*, ano 71º, vol. II, Lisboa, abril-junho 2011, p. 447, segundo o qual navio é um "engenho apto a navegar no mar e utilizado ou susceptível de ser utilizado no transporte de pessoas ou de mercadorias". No que respeita à sua natureza jurídica, *vide* CORDEIRO, António Menezes, "Da natureza jurídica do navio", *in II Jornadas de Lisboa de Direito Marítimo*, vol. II, coord. de Januário Costa Gomes, Almedina, Lisboa, 2010, pp. 41 a 45.

762 Nos termos do art. 13º do DL nº 384/99, de 23 de setembro, o arresto de um navio traduz-se num "acontecimento de mar", entendendo-se como tal "todo o facto extraordinário que ocorra no mar, ou em águas sobre qualquer jurisdição nacional, que tenha causado ou possa causar danos a navios, engenhos flutuantes, pessoas ou coisas que neles se encontrem ou que neles sejam transportadas".

763 Quanto à inadmissibilidade de arresto de navios de guerra estrangeiros em águas nacionais, *vide* MAGALHÃES, Barbosa de, *Estudos sobre o Novo Código de Processo Civil*, 2º vol., *op. cit.*, pp. 194 e 195.

764 Diversamente, dispunha o art. 491º do CCom. – disposição legal entretanto revogada pelo art. 33º do DL nº 210/98, de 10 de julho – que o navio despachado para viagem não podia ser arrestado ou penhorado, a não ser por dívida contraída para o aprovisionamento dessa mesma viagem ou para caução de responsabilidade por abalroação. *Vide*, a este propósito, ALMEIDA, Luís Pedro Moitinho de, "Do arresto", *op. cit.*, p. 298.

765 Tal como resulta do preâmbulo do DL nº 201/98, de 10 de julho, este diploma veio consagrar "o princípio de que o arresto e a penhora de navio e mercadorias podem ser efectuados mesmo que o navio já se encontre despachado para viagem, perfilhando-se assim a solução da Convenção Internacional para a Unificação de Certas Regras sobre o Arresto de Navios de Mar, assinada em Bruxelas em 10.05.1952".

766 Em sede de direito comparado, na Argentina, o art. 531º da Ley nº 20.094, de 1973 (Lei da Navegação) dispõe que "*Los buques de bandera nacional pueden ser embargados preventivamente en cualquier punto de la República por créditos privilegiados y por otros créditos en el puerto donde su propietario tenga su domicilio o establecimiento principal*". Já quanto aos navios de bandeira estrangeira, o art. 532º do citado diploma legal preceitua que "*Los buques extranjeros surtos en puertos de la República, pueden ser embargados preventivamente: a) Por créditos privilegiados; b) Por deudas contraídas en territorio nacional en utilidad del mismo buque, o de otro buque que pertenezca o haya pertenecido, cuando se originó el crédito, al mismo propietario; c) Por deudas originadas en la actividad del buque, o por otros créditos ajenos a ésta, cuando sean exigibles ante los tribunales del país.*". De todo o modo, nos termos do art. 538º da Lei da Navegação, o tribunal pode exigir ao embargante a prestação de uma caução que seja suficiente para responder pelos danos ou prejuízos que possam ser causados pelo arresto do navio, desde que a caução exigida não implique "converter em ilusório" o direito do requerente da providência cautelar. Na determinação do valor da caução, o tribunal deve atender à natureza do litígio, à solvência de quem solicita a medida cautelar, à necessidade de acautelar o seu eventual direito e de prevenir, dentro do possível, os prejuízos que possam ser causados ao requerido com o decretamento da providência e, em especial, se o navio arrestado integra uma linha regular de passageiros.
Na Bulgária, o art. 365º do Código Marítimo Mercantil preceitua que um navio pode ser arrestado para garantia de um crédito emergente de acidentes, colisões, prestações de serviços ou transporte de mercadorias.

Na China, o art. 21º da LPM prevê a possibilidade de o navio ser arrestado para garantia de diversos créditos, tais como créditos emergentes da abalroação de navios, da morte ou de lesão relacionadas diretamente com as atividades operacionais do navio, de danos ambientais, de danos causados nas mercadorias transportadas, de serviços portuários ou de serviços de pilotagem, de trabalhos de construção ou de reparação do navio, bem como créditos salariais. De todo o modo, nos termos do art. 16º da LPM, o tribunal pode condicionar o arresto do navio à prestação de uma garantia por parte do requerente, situação em que, não sendo essa garantia prestada, a providência cautelar será rejeitada. Neste particular, Kevin Xingang Li e Colin Ingram salientam que os tribunais chineses têm vindo a exigir a prestação de caução fundamentalmente nos casos em que o requerente do arresto vive no estrangeiro, quando a sua situação financeira é desconhecida do tribunal ou quando existam dúvidas quanto à sustentabilidade do arresto. Assim, os tribunais não exigem a prestação de caução quando o requerente do arresto é uma empresa conhecida, com uma forte capacidade financeira, e a matéria subjacente ao arresto seja evidente e forte (LI, Kevin Xingang/ INGRAM, Colin W. M., *Maritime Law and Policy in China*, Cavendish Publishing Limited, Londres, 2002, p. 30). O tribunal deve tomar uma decisão quanto ao arresto de um navio no prazo máximo de quarenta e oito horas após a apresentação do respetivo pedido (art. 18º da LPM). Sendo a providência decretada, são tomadas de imediato as medidas executivas necessárias ao arresto efetivo do navio. Essas medidas executivas não são suspensas pela eventual oposição do requerido, a qual deve ser apresentada no prazo de cinco dias após a notificação da decisão que decretou o arresto. Nos termos do art. 20º da LPM, se a providência cautelar de arresto tiver sido peticionada erradamente, o arrestante deve compensar o requerido por quaisquer perdas e danos decorrentes do decretamento do arresto.
Na Dinamarca, o art. 91º do Código Marítimo Mercantil determina que um navio pode ser arrestado para garantia de diversos créditos, tais como créditos emergentes de colisões entre navios, transporte de mercadorias, perdas ou danos nas mercadorias transportadas, etc.. Nos termos do art. 94º, antes que o arresto seja decretado, o tribunal pode impor como condição que o requerente preste uma caução para garantia dos eventuais danos que possam vir a ser causados ao requerido.
Na Itália, o art. 644º do CDN, referente ao objeto da execução coerciva e das medidas cautelares, dispõe que "*possono formare oggetto di espropriazione forzata e di misure cautelari le navi e i galleggianti, i loro carati e le loro pertinenze separabili*". Por sua vez, o art. 645º do CDN determina que não podem ser objeto de medidas cautelares, entre outros, os navios "*pronti a partire o in corso di navigazione, purché non si tratti di debiti a causa del viaggio che stanno per intraprendere o che proseguono*". A este respeito, Gabriele Silingardi salienta que os requisitos processuais para o decretamento do arresto do navio são os que se encontram previstos, em termos genéricos, no Código de Processo Civil, ou seja, o *fumus boni iuris* e o *periculum in mora*. Neste particular, a citada Autora esclarece que alguma jurisprudência italiana tem vindo a considerar que o simples facto de o navio estar permanentemente sujeito a movimentações contínuas e à própria fortuna do mar não é, por só si, suficiente para integrar o requisito do *periculum in mora*. Diversamente, a jurisprudência tem vindo a considerar que, nos casos em que esteja em causa um credor privilegiado sobre o navio a arrestar, este não tem de fazer prova da existência de um *periculum in mora* (SILINGARDI, Gabriele, "Sequestro della nave o dell'aeromobile", *in Enciclopedia del Diritto*, vol. XLII, Giuffrè Editore, Varese, 1990, p. 173). Sendo decretado o arresto do navio, dispõe o art. 682º do CDN que a decisão deve conter a proibição de o devedor alienar o navio arrestado sem autorização judicial, a intimação ao comandante do navio para não sair do porto – ou, no caso de navio em navegação, de não sair do porto de chegada –, bem como os elementos de identificação da embarcação. Verifica-se, por isso, que a decisão de arresto de um navio reveste uma natureza muito particular, já que só permite a apreensão desse

Contudo, dispõe o art. 394º, nº 1, que, estando em causa o arresto de um navio ou da sua carga, incumbe ao requerente demonstrar, para além do preenchimento dos requisitos gerais, que a penhora é admissível, atenta a natureza do crédito. A este respeito, importa salientar que o art. 829º, nº 1, antes de ter sido revogado pelo DL nº 38/2003, de 8 de março[767], dispunha, sob a epígrafe, "Penhora de navio ou de mercadorias carregadas em navio já despachado para viagem", que o navio despachado para viagem não podia ser penhorado, exceto quando estivessem em causa dívidas ao Estado ou contraídas para o aprovisionamento da mesma viagem, ou para pagamento de salários de assistência ou salvação, ou em consequência de responsabilidade por abalroação[768].

No que concerne às regras a observar no arresto de navios, dispõe o art. 755º, nº 1, *ex vi* art. 768º, nº 1, que este realiza-se por comunicação ao serviço de registo competente. Estando o navio despachado para viagem, o arresto é seguido de notificação à capitania, para que esta apreenda os respetivos documentos e impeça a saída (art. 768º, nº 4)[769]. Nessa eventualidade, a capitania pode promover a deslocação do navio penhorado dentro do porto, nomeada-

bem, ainda que o devedor seja proprietário de outros bens ou navios (SILINGARDI, Gabriele, "Sequestro della nave o dell'aeromobile", *op. cit.*, p. 174).
Questão de particular importância é a que se prende com a possibilidade de o arresto ser substituído por caução adequada. Na realidade, conforme salienta Gabriele Silingardi, "a multiplicidade de interesses prejudicados pela inutilização coativa do navio na pendência do procedimento implica que seja constantemente aplicado o art. 684º do $CPC_{It.}$, com a consequente substituição da medida cautelar por uma outra garantia e libertação do navio da garantia" (SILINGARDI, Gabriele, "Sequestro della nave o dell'aeromobile", *op. cit.*, p. 176). De todo o modo, mesmo que o arresto não venha a ser substituído por caução, o art. 652º do CDN prevê, como forma de atenuar os danos decorrentes da imobilização forçada do navio, a possibilidade de o tribunal autorizar, a pedido do interessado e uma vez ouvidos os credores hipotecários, que o navio arrestado realize uma ou mais viagens, determinando, nesse caso, quais as garantias e medidas que devem ser observadas.

[767] Segundo Lebre de Freitas e Isabel Alexandre, o art. 829º, nº 1, do $CPC_{95/96}$ já havia sido tacitamente revogado pelo DL nº 201/98, de 10 de julho, cujo art. 9º veio facultar, sem qualquer restrição, o arresto de navio, bem como dos géneros e mercadorias nele carregados, independentemente de já se encontrar ou não despachado para viagem (FREITAS, José Lebre de/ALEXANDRE, Isabel, *Código de Processo Civil Anotado*, vol. II, *op. cit.*, p. 156).

[768] Sobre esta questão, *vide* DIOGO, Luís Manuel Gomes da Costa/JANUÁRIO, Rui Manuel Justino, *Direito Comercial Marítimo, Quid Iuris*, Lisboa, 2008, p. 21, bem como o ac. do TRL de 30.01.1991, proc. 0042164, o ac. do TRP de 20.05.1993, proc. 9330201, e o ac. do STJ de 09.12.1993, proc. 084679.

[769] A este propósito, Lebre de Freitas assinala que este regime só é aplicável ao arresto de navios com nacionalidade portuguesa. Assim, tendo o navio nacionalidade estrangeira, o arresto do navio é efetuado através da sua apreensão material pela capitania, seja pela sua retenção, seja pela sua remoção para um porto e subsequente entrega à capitania, consoante se encontre ou não acostado em algum porto (FREITAS, José Lebre de, *Estudos sobre Direito Civil e Processo Civil*, vol. I, *op. cit.*, p. 266).

mente nos casos em que seja necessário garantir a facilidade de deslocação de outros navios[770], minimizando-se, dessa forma, os efeitos negativos do arresto.

Tratando-se de um bem sujeito a rápida deterioração, a jurisprudência tem vindo a admitir a possibilidade de, uma vez convertido o arresto em penhora, o navio ser vendido de forma antecipada[771].

Já no que em particular se refere ao arresto de mercadorias carregadas em navio, o art. 746º, nº 1, preceitua que, ainda que o navio esteja despachado para viagem, uma vez efetuado o arresto de mercadorias carregadas, pode ser autorizada a sua descarga se o credor satisfizer por inteiro o frete em dívida, as despesas da descarga, estiva, desarrumação, sobredemora e descarga, ou se prestar caução ao pagamento dessas despesas.

Estando em causa uma providência cautelar de arresto de navio para cujo decretamento seja competente um tribunal marítimo[772], dispõe o art. 12º, nºs 1 e 2, da Lei nº 35/86, de 4 de setembro – diploma que procedeu à instituição dos tribunais marítimos – que, sendo o procedimento cautelar de arresto concluso ao juiz, este deve decidir, no prazo de 24 horas, se o processo deve prosseguir. Não havendo lugar a indeferimento liminar, o juiz deve determinar, se nisso convier o requerente, que "pelo modo mais célere seja determi-

[770] Raposo, Mário, "Arresto de navios", *in ROA*, ano 70º, vol. I/IV, Lisboa, janeiro-dezembro 2010, p. 154.

[771] Cfr., a este respeito, o ac. do TRL de 07.12.1995, proc. 0101302: "Para efeitos de venda antecipada de bens, um navio, sujeito ao poder deletério da água do mar, pode considerar-se um bem deteriorável ou sujeito a deterioração". No sentido de o navio arrestado não poder ser vendido antecipadamente, por a isso se opor a natureza do arresto, *vide* o ac. do TRL de 13.12.2000, proc. 0076817, segundo o qual "Não pode ter lugar a venda antecipada de navio arrestado, a coberto do disposto no art. 851º do CPC, porque a isso se opõem a natureza e fins puramente conservatórios da providência cautelar de arresto, sendo certo que o procedimento onde é decretado se esgota, em termos executórios, com a apreensão dos bens sobre que recai e não gera título executivo, mesmo provisório. A venda antecipada, fora da acção executiva, só poderia ser autorizada se o navio se encontrasse em situação de abandono nos termos do art. 18º do DL nº 202/98, de 10/07".

[772] Nos termos do art. 4º, al. *i)*, da Lei nº 35/86, de 4 de setembro, e do art. 113º, nº 1, al. *i)* da LOSJ, compete aos tribunais marítimos conhecer, em matéria civil, das questões relativas ao decretamento de providências cautelares sobre navios, embarcações e outros engenhos flutuantes, respetiva carga e bancas e outros valores pertinentes aos navios, embarcações e outros engenhos flutuantes, bem como solicitação preliminar à capitania para suster a saída das coisas que constituam objeto de tais providências. Note-se que, até ao Decreto nº 21.794, de 29 de setembro de 1932, a competência para se proceder ao arresto do navio ou da sua carga pertencia à jurisdição mercantil. Com a promulgação daquele diploma legal, essa competência viria a ser transferida para os tribunais comuns, os quais passaram a ter poderes para julgar questões civis, comerciais e marítimas (Nunes, Vítor Augusto Pereira, "A lei não garante a efectivação do arresto do navio ou da carga: sua urgente reforma", *op. cit.*, p. 28).

nado ao capitão do porto em cuja jurisdição se encontre o objecto da diligência que tome as providências adequadas à respectiva guarda e retenção".

Muito embora a lei dispense a audiência prévia do requerido, quando a mesma seja suscetível de comprometer o fim ou a eficácia da providência, o certo é que esta dispensa, em certos casos, pode não ser suficiente, o que leva a lei a "antecipar efeitos da própria providência cautelar por decretar". Ora, tendo em conta a "especial mobilidade" do navio, que permite que o mesmo possa sair facilmente de território nacional, a lei prevê a possibilidade de o navio ser retido e ficar guardado pelo capitão do porto[773]. Neste contexto, "aquilo que o art. 12-2 da Lei 35/86 designa como «providências adequadas à (...) guarda e retenção [do navio]» mais não é do que uma apreensão antecipada, cujos efeitos ficam condicionados ao decretamento da providência cautelar"[774].

Em matéria de direito internacional quanto ao arresto de navios, importa destacar a Convenção Internacional para a Unificação de Certas Regras sobre o Arresto de Navios de Mar, assinada em Bruxelas em 10 de maio de 1952[775] na sequência da XXII Conferência do Comité Marítimo Internacional, realizada em Nápoles, entre os dias 23 e 30 de setembro de 1951[776,777].

[773] Freitas, José Lebre de, *Estudos sobre Direito Civil e Processo Civil*, vol. I, *op. cit.*, pp. 264 e 265. No mesmo sentido, Freitas, José Lebre de, "A apreensão liminar como antecipação do arresto de navio", *in Nos 20 anos do Código das Sociedades Comerciais: Homenagem aos Profs. Doutores A. Ferrer Correia, Orlando de Carvalho e Vasco Lobo Xavier*, Coimbra Editora, Coimbra, 2007, pp. 1096 e 1097.

[774] Freitas, José Lebre de, *Estudos sobre Direito Civil e Processo Civil*, vol. I, *op. cit.*, p. 266.

[775] Esta convenção foi aprovada, para ratificação, pelo DL nº 41007, publicado no *DG*, 1ª Série, nº 38, de 16.02.1957.

[776] *Vide*, a este respeito, o ac. do TRL de 26.10.1995, proc. 0010110, nos termos do qual "São aplicáveis ao arresto de navios todas as normas processuais, gerais e especiais, que regulam a providência cautelar do arresto no direito português e não sejam contrárias às da Convenção de Bruxelas sobre o Arresto de Navios de Mar, de 1952/05/10, aprovada para ratificação pelo DL n. 41007, de 1957/02/16", bem como o ac. do TRL de 06.12.1997, proc. 0008532, com o seguinte sumário: "Nos termos da convenção internacional para unificação de certas regras sobre o arresto de navios de mar, assinada em Bruxelas em 10/05/1952, crédito marítimo significa alegação de um direito ou de um crédito proveniente, em primeira linha, da exploração do navio. Nos termos do art. 3º, nº 1 dessa convenção, a pessoa que invoca a seu favor a existência de um crédito marítimo, que teve origem na exploração do navio, pode fazer arrestá-lo, ainda que ele já não pertença à mesma pessoa que dele era proprietária, aquando da constituição de tal crédito marítimo. Por força do princípio da hierarquia das fontes e da prevalência das normas convencionais sobre as normas legais, tendo em conta o disposto no art. 8º da Constituição, o arresto do navio, nos termos referidos, encontra justificação no estipulado naquela convenção e não em qualquer instituto do direito interno português".

[777] A este propósito, Medina de Lemus salienta que esta convenção – que foi ratificada por cerca de sessenta países – teve como principal finalidade a proteção dos interesses dos proprietários de navios e da respetiva carga, garantindo a livre movimentação do navio, já que a maioria dos

Com efeito, nos termos do art. 3º, nº 1, da Convenção, qualquer autor pode arrestar, tanto o navio a que o crédito se reporta[778], como outro pertencente àquele que na data da constituição do crédito marítimo[779] era proprietário do navio a que este crédito se refere, mesmo que o navio arrestado se encontre despachado para viagem[780].

Assim, para que seja possível pedir o arresto de um navio – entendido, no texto da Convenção, como sendo a imobilização de um navio, mediante autorização da autoridade judiciária competente, em garantia de um crédito marítimo, não compreendendo a apreensão de um navio baseada em título exequível[781] – é suficiente a alegação da existência de um direito ou de um crédito marítimo proveniente de uma das causas previstas no art. 1º da Convenção[782],

ordenamentos jurídicos nacionais permitia o arresto de navios com base em qualquer crédito, independentemente da sua natureza (MEDINA DE LEMUS, Manuel, *Contratos de Comercio Exterior: (Doctrina y formularios)*, 3ª ed., Librería-Editorial Dykinson, Madrid, 2008, p. 428).

[778] Cfr., a este propósito, o ac. do STJ de 25.11.1997, proc. 97A585, segundo o qual "O detentor de crédito marítimo pode fazer arrestar o navio a que respeita esse crédito se, ao tempo do decretamento dessa providência, ele já não é propriedade do responsável pela dívida, por ter sido alienado a outrem". *Vide*, no mesmo sentido, o ac. do STJ de 02.12.1988, proc. 001877, o ac. do TRL de 21.11.1995, proc. 0004361, o ac. do STJ de 18.03.1997, proc. 96B894, bem como o ac. do TRL de 30.09.1997, proc. 0014921.

[779] A este propósito, no ac. do STJ de 14.04.1999, proc. 99A156, *in BMJ*, nº 486, ano 1999, p. 246, decidiu-se que "Constitui crédito marítimo o resultante das despesas feitas com o fornecimento de combustível para o navio".

[780] No sentido de não ser admissível o arresto de um navio para garantia de um crédito respeitante a um outro navio pertencente à mesma frota, quando os mesmos naveguem sob a bandeira de um Estado não contratante da Convenção, *vide* LUNDMARK, Thomas, *Juristische Technik und Methodik des Common Law*, LIT Verlag Münster, 1998, p. 289.

[781] Cfr., a este respeito, RAPOSO, Mário, "Arresto de navios", *in II Jornadas de Lisboa de Direito Marítimo*, vol. II, coord. de Januário Costa Gomes, Almedina, Lisboa, 2010, p. 47, segundo o qual encontra-se excluído deste âmbito o "arresto executivo, ou seja, o que tenha a finalidade imediata de concretizar uma execução".

[782] *Vide*, quanto ao problema de saber se é suficiente a alegação da existência de um crédito ou se é necessária uma prova sumária que indicie esse crédito, RAPOSO, Mário, "Problemas relacionados com o arresto de navios", *in ROA*, ano 63º, vol. I/II, Lisboa, abril 2003, p. 12. Com efeito, de acordo com o citado Autor, a doutrina e a jurisprudência internacionalmente dominantes – designadamente na Espanha, na Itália, na Holanda e na Bélgica – entendem que basta ao credor alegar a existência de um dos créditos previstos no art. 1º da convenção, não sendo necessário fazer prova desse mesmo crédito. No mesmo sentido se pronunciou COSTA, Salvador da, *O Concurso de Credores*, *op. cit.*, pp. 19 e 20, para o qual o credor/requerente não tem de fazer prova da verosimilhança do crédito por ele invocado, cabendo-lhe tão-só o ónus da alegação dos factos relativos à demonstração da natureza marítima do seu crédito. De todo o modo, tal como assinala Mário Raposo, a Comissão de Direito Marítimo Internacional, aquando da sua audição em relação ao texto da Convenção com vista à sua ratificação por Portugal, emitiu um parecer segundo o qual os tribunais só deveriam decretar

estando, por isso, o credor dispensado de alegar o justo receio de perda da garantia patrimonial desse crédito[783].

Acresce que, ao abrigo do art. 4º, nenhum navio pode ser arrestado senão mediante autorização de um tribunal ou de outra autoridade judiciária competente do Estado Contraente onde o arresto é efetuado[784].

Sendo decretado o arresto, o tribunal ou a autoridade judiciária competente deverá determinar o levantamento da providência logo que seja prestada garantia suficiente. Na falta de acordo das partes em relação ao montante da caução ou da garantia, caberá ao tribunal ou à autoridade judiciária competente fixar a sua natureza e valor. De todo o modo, o pedido de levantamento do arresto, mediante a prestação dessa garantia, não pode ser interpretado nem como reconhecimento de responsabilidade, nem como renúncia ao benefício da limitação legal da responsabilidade do proprietário do navio (art. 5º).

Já no que se refere ao regime da responsabilidade do requerente da providência, dispõe o art. 6º da Convenção que todas as questões relativas à responsabilidade do autor, por prejuízos causados pelo arresto ou por despesas de caução ou de garantia prestadas para o levantar ou impedir, serão reguladas pela lei do Estado Contraente em cuja jurisdição o arresto tiver sido efetuado ou pedido.

A Convenção Internacional para a Unificação de Certas Regras sobre o Arresto de Navios de Mar, de 10 de maio de 1952, viria a ser substituída pela Convenção Internacional de Arresto de Navios, de 12 de março de 1999[785].

o arresto se o requerente fizesse prova da "verosimilhança do seu direito". Neste particular, Mário Raposo salienta que o facto de a Convenção de 1952 permitir o decretamento de um arresto com base na mera alegação de um direito de crédito, sem necessidade de qualquer prova sumária do mesmo, associado à dispensa de demonstração do *periculum in mora*, permite que o arresto seja utilizado como um importante instrumento de pressão por parte dos credores (Raposo, Mário, "Arresto de navios", *in II Jornadas de Lisboa de Direito Marítimo*, *op. cit.*, p. 55).

[783] Cfr., nesse sentido, Raposo, Mário, "Arresto de navios", *op. cit.*, p. 161, Cruz, Rita Barbosa da, "O arresto", *op. cit.*, p. 165, bem como Costa, Salvador da, *O Concurso de Credores*, *op. cit.*, pp. 19 e 20. *Vide*, na jurisprudência, o ac. do TRL de 24.03.1994, proc. 0059256, o ac. do STJ de 21.05.1996, proc. 213/96, *in SASTJ*, ano 1996, p. 37, o ac. do TRL de 18.02.1997, proc. 0010371, o ac. do TRL de 03.07.2003, proc. 5515/2003-6, e o ac. do TRL de 13.03.2012, proc. 757/10.0TNLSB-C.L1-1.

[784] Cfr., a este propósito, o ac. do STJ de 22.11.1985, proc. 001173, *in BMJ*, 351º, ano 1985, p. 318.

[785] Esta convenção surgiu na sequência da Resolução nº 52/182, de 18.12.1997, da Assembleia Geral das Nações Unidas, que decidiu convocar uma conferência diplomática para examinar e adotar uma convenção sobre o arresto de navios. Conforme se extrai do seu preâmbulo, a adoção desta convenção teve como objetivo facilitar o desenvolvimento harmonioso e ordenado do comércio marítimo internacional, através de um instrumento jurídico suscetível de estabelecer a uniformização internacional em matéria de arresto de navios e que tivesse em conta a evolução recente em diversas áreas afins.

Assim, nos termos do parágrafo 2º do art. 1º da referida Convenção, entende-se por "arresto" toda a imobilização ou restrição à saída de um navio imposta por ordem judicial como garantia de um crédito marítimo, aí não se compreendendo a retenção de um navio para a execução de uma sentença ou de outro instrumento executório.

Relativamente ao exercício do direito ao arresto, dispõe o art. 3º da referenciada Convenção que é admissível o arresto de um navio em relação ao qual se alegue a existência de um crédito marítimo quando:

- *a)* a pessoa que era proprietária do navio no momento em que foi constituído o crédito marítimo está obrigada em virtude desse crédito e é proprietária do navio quando o arresto é efetuado;
- *b)* se o fretador do navio[786], no momento em que nasceu o crédito marítimo, está obrigado em virtude desse crédito e é fretador ou proprietário do navio quando o arresto é efetuado;
- *c)* se o crédito se baseia em hipoteca ou em outra garantia real da mesma natureza sobre o navio;
- *d)* se o crédito é referente à propriedade ou à posse do navio;
- *e)* se o crédito é contra o proprietário, o fretador, o gestor ou o operador do navio e está garantido por um privilégio marítimo que é concedido ou que resulta da legislação do Estado em que o arresto é requerido.

Nos termos do art. 4º da Convenção, pode ser ordenado o levantamento de um arresto sobre um navio quando seja prestada uma caução adequada e satisfatória, exceto se estiver em causa um crédito marítimo previsto no art. 1º, nº 1, als. s) e t). Na falta de acordo das partes sobre o montante e a forma de prestação da caução, caberá ao tribunal determinar a sua natureza e quantia, a qual não poderá exceder, em todo o caso, o valor do navio arrestado[787,788].

[786] Nos termos do art. 1º do DL nº 191/87, de 29 de abril, contrato de frete é "aquele em que uma das partes (fretador) se obriga em relação à outra (afretador) a pôr à sua disposição um navio, ou parte dele, para fins de navegação marítima, mediante uma retribuição pecuniária denominada frete".

[787] Neste particular, Hendrikse salienta o facto de o Tribunal de Apelação de Amesterdão, na sua decisão de 10 de fevereiro de 2000, ter considerado que a circunstância de o arresto ter de ser levantado contra uma garantia suficiente não significa que essa garantia tenha de ser prestada pelo montante do crédito reclamado. Assim, no caso em concreto, um barco de pesca foi arrestado para garantia de um crédito no montante de 800.000 dólares, mas aquele barco apenas valia 110.000 dólares. Por via disso, o tribunal ordenou que o arresto fosse levantado contra a prestação de uma caução pelo montante de 110.000 dólares, já que, na ponderação dos interesses em conflito, considerou que o interesse do proprietário da embarcação em ver o arresto levantado, por forma a poder utilizá-lo na sua atividade profissional, era superior ao interesse do credor em manter o arresto

Verdadeiramente inovadora nesta convenção foi a introdução da possibilidade de o juiz condicionar o decretamento do arresto à prestação de caução. Assim, dispõe o art. 6º, nº 1, da Convenção, sob a epígrafe "protecção dos proprietários e fretadores de navios arrestados", que o tribunal pode, como condição para determinar o arresto de um navio ou, uma vez efetuado o arresto, para autorizar a sua manutenção, impor ao credor que tenha solicitado ou que tenha obtido o arresto do navio a obrigação de prestar uma garantia – cuja natureza, montante e condições serão determinadas pelo tribunal – para responder pelos prejuízos que puderem vir a ser causados ao requerido em resultado do arresto e que sejam imputáveis à conduta do credor arrestante, designadamente no que se refere às perdas e danos suportados pelo requerido quando se venha a verificar que o arresto é ilícito ou injustificado (*wrongful arrest*)[789,790] ou quando tenha sido pedida e prestada uma garantia excessiva[791,792].

para pressionar o proprietário a pagar o crédito reclamado (Hendrikse, M. L., *et al.*, *Aspects of Maritime Law: Claims Under Bills of Lading*, Kluwer Law International, 2008, p. 353).

788 *Vide*, em sentido contrário, Gault, Simon, *et al.*, *Marsden on Collisions at Sea*, 13ª ed., Sweet & Maxwell, Londres, 2003, pp. 655 e 656, segundo os quais o montante da caução a ser prestada deve ser suficiente para cobrir quer o valor do crédito reclamado, quer o valor das custas prováveis do processo judicial.

789 *Vide*, nesse sentido, Raposo, Mário, "Arresto de navios", *in II Jornadas de Lisboa de Direito Marítimo*, *op. cit.*, p. 49.

790 A este respeito, importa referir que, no âmbito dos trabalhos preparatórios da convenção, a delegação do Reino Unido defendeu que não devia ser incluída no texto final da convenção a expressão "injustificado", já que a consagração desse regime podia entrar em conflito com a legislação do Reino Unido, a qual é baseada na premissa de que, com exceção do arresto ilegal, o requerente da providência não deve ser penalizado por ter arrestado um navio, ainda que a ação venha a ser julgada improcedente. Assim, a versão do texto deveria apenas consagrar a responsabilidade do requerente quando o arresto viesse a ser considerado ilegal (*Compilação de comentários e de propostas dos Governos sobre o projeto da convenção de arresto de navios* – TD/B/IGE.1/3 – LEG/MLM/40, de 23.10.1996, disponível no sítio *http://www.unctad.org/Templates/Search.asp?intItemID=2100&lang=1&frm Search Str=arrest+of+ships&frmCategory=all&section=whole*, acedido em 15.01.2011).
Da mesma forma, o México entendeu que a expressão "injustificado" devia ser eliminada da redação final da convenção, pelo facto de encerrar um critério subjetivo e ambíguo.
Por sua vez, a Tailândia defendeu igualmente a eliminação do termo "injustificado" do art. 6º, por considerar que esta expressão já era inerente ao significado geral de arresto "ilícito". Para além disso, a introdução do conceito "injustificado" – o qual nunca fora ensaiado ou posto à prova internacionalmente – poderia conduzir a um aumento dos litígios e a dificuldades de interpretação.
Na mesma linha de raciocínio, a República Unida da Tanzânia veio defender que o conceito "injustificado" devia ser melhor concretizado (*Compilação de comentários e de propostas dos Governos e das organizações governamentais e não governamentais sobre o projeto da convenção de arresto de navios* – A/CONF.188/3, de 25.11.1998 –, disponível no sítio *http://www.unctad.org/ Templates/Search.asp?int ItemID=2100&lang=1&frmSearchStr=arrest+of+ships&frmCategory=all&section=whole*, acedido em 15.01.2011).

Por sua vez, nos termos do nº 2 da referida disposição legal, os tribunais do Estado em que tiver sido efetuado o arresto de um navio são competentes para determinar o alcance da responsabilidade do credor pelas perdas e danos causados ao requerido, aqui se incluindo os prejuízos decorrentes da necessidade de prestação de uma garantia excessiva[793,794].

[791] A introdução desta disposição na redação final da convenção internacional sobre o arresto de navios mereceu o apoio de diversos países. Assim, para a China, a imposição de uma caução para ressarcir o requerido pelos danos decorrentes de um arresto ilícito ou injustificado traduziu-se numa medida benéfica, uma vez que obriga que o credor pondere bem antes de recorrer ao arresto, designadamente quando as circunstâncias de facto sejam duvidosas ou quando o arresto seja utilizado apenas como meio de pressão injustificada sobre o devedor, constituindo, por isso, uma medida dissuasora dos arrestos injustificados. Por sua vez, o Quénia, apesar de aplaudir a introdução desta medida, sugeriu, no entanto, que a convenção contemplasse igualmente uma cláusula específica para proteger os interesses das autoridades portuárias, mediante a qual o credor arrestante devia ser obrigado a prestar uma caução para garantir os gastos judiciais e os custos operacionais que pudessem vir a ser suportados pelas autoridades judiciárias em consequência do arresto (*Compilação de comentários e de propostas dos Governos e das organizações governamentais e não governamentais sobre o projeto da convenção de arresto de navios* – A/CONF.188/3, de 25.11.1998 –, disponível no sítio *http://www.unctad.org/Templates/Search.asp?intItemID=2100&lang=1&frmSearchStr=arrest+of+ships&frmCategory=all&section=whole*, acedido em 15.01.2011).

[792] Relativamente a esta norma, Simon Baughen assinala o facto de o tribunal dispor de um verdadeiro poder discricionário no que concerne à imposição ao requerente do arresto da obrigação de prestar uma caução para garantia dos danos que possam vir a ser causados ao requerido. Assim, por não revestir um carácter obrigatório, esta norma tem vindo a ser aplicada de forma muito residual pelos tribunais ingleses (Baughen, Simon, *Shipping Law*, 3ª ed., Routledge, 2004, p. 373). Cfr., no mesmo sentido, Abou-Nigm, Verónica Ruiz, *The Arrest of Ships in Private International Law*, Oxford University Press, 2012, pp. 87 e 88.

[793] Assim, conforme elucida Aleka Mandaraka-Sheppard, no direito inglês, o dono da embarcação arrestada ou o fretador têm o ónus de demonstrar que o arrestante atuou com dolo ou com negligência grosseira quando requereu o arresto do navio, bem sabendo que não o podia ter feito. Por conseguinte, no processo judicial em que se suscita a responsabilidade de quem requereu indevidamente o arresto de navio, "o tribunal deve colocar a seguinte questão: existe ou não razão para se dizer que a pretensão foi trazida ao tribunal de tal forma injustificada ou com tão-pouca cor ou fundamento que implica, por si só, malícia da parte do requerente ou negligência grosseira que é equivalente a essa malícia?" (tradução nossa). Neste particular, os tribunais ingleses têm entendido que não existe má-fé e que a ação de indemnização por danos tem, consequentemente, de improceder quando tenha havido um erro desculpável por parte do requerente do arresto no que concerne à correta identificação do navio a ser arrestado.

Seguindo de perto Aleka Mandaraka-Sheppard, a jurisprudência dos tribunais ingleses tem demonstrado que é muito difícil para o proprietário do navio ser bem sucedido nas ações de indemnização por danos fundadas em arresto injustificado. Assim, no caso "The Kommunar", muito embora os requerentes do arresto tivessem perfeito conhecimento de que os usufrutuários que se encontravam na posse do navio eram uma entidade diferente dos proprietários do navio no momento em que o arresto foi requerido, o certo é que os proprietários, mesmo assim, não

De acordo com o nº 5 do art. 6º da Convenção, o credor arrestante que tiver prestado uma garantia pode solicitar ao tribunal, em qualquer momento, a redução, modificação ou o cancelamento dessa garantia.

A matéria das providências cautelares sobre navios encontra, igualmente, regulamentação internacional na Convenção das Nações Unidas sobre o Direito do Mar[795].

Assim, dispõe o art. 290º, nº 1, da CNUDM que "Se uma controvérsia tiver sido devidamente submetida a uma corte ou tribunal que se considere, *prima facie*, com jurisdição nos termos da presente parte ou da secção 5 da parte XI, a corte ou tribunal poderá decretar quaisquer medidas provisórias que considere apropriadas às circunstâncias, para preservar os direitos respectivos das partes na controvérsia ou impedir danos graves ao meio marinho, até decisão definitiva".

foram bem sucedidos na ação de responsabilidade civil que intentaram contra os requerentes do arresto. Com efeito, de acordo com o entendimento então sufragado pelo tribunal, no caso em concreto, não existia qualquer prova de má-fé; acresce que, ainda que tivesse havido negligência grosseira, o tribunal considerou que era impossível dizer-se que era óbvio para os requerentes de que aquela providência cautelar estava destinada ao fracasso (*vide*, no mesmo sentido, LI, Kevin Xingang/INGRAM, Colin W. M., *Maritime Law and Policy in China, op. cit.*, p. 31, segundo os quais só haverá lugar a responsabilidade civil do requerente do arresto em caso de dolo ou de negligência grosseira). Já no caso "Gulf Azov vs Idisi", os tribunais britânicos não tiveram a menor dúvida em decidir que o arresto de um navio na Nigéria fora injustificado, na medida em que o requerente atuara sem levar seriamente em conta se havia motivos suficientes e justificados para manter o arresto no montante exorbitante que havia sido peticionado. De todo o modo, "os casos em que é evidente o dolo ou a negligência grave são raros".
Sob o ponto de vista da proteção do requerido do arresto, Aleka Mandaraka-Sheppard destaca o facto de o art. 6º da Convenção de 1999 ter vindo permitir que o tribunal faça depender o decretamento do arresto da prestação de uma caução. De todo o modo, lamenta que o direito inglês continue a não prever a existência dessa garantia, o que determina que o requerido tenha uma grande dificuldade na prova da culpa do requerente, ainda que a título de negligência grosseira, por muita injustiça que sofra (MANDARAKA-SHEPPARD, Aleka, *Modern Maritime Law*, 2ª ed., Routledge-Cavendish, Oxfordshire, 2007, pp. 121 a 123).
Relativamente a esta problemática, John Reeder assinala que, nos casos "The Kate", "The Hopewell" e "The Strathmaver", os tribunais ingleses consideraram que o requerente de arresto injustificado só poderia ser sancionado quando tivesse atuado com dolo ou com negligência grosseira (REEDER, John, *Brice on Maritime Law of Salvage*, 5ª ed., Sweet & Maxwell, 2012, p. 128).
Por sua vez, Kevin Xingang Li e Colin Ingram salientam que a caução tem vindo a ser imposta pelos tribunais ingleses de forma arbitrária, como bem o demonstra o caso "The Tjaskemolen" (LI, Kevin Xingang/INGRAM, Colin W. M., *Maritime Law and Policy in China, op. cit.*, p. 31).

[794] Note-se, neste particular, que o direito inglês prevê a possibilidade de o tribunal ordenar o levantamento de um arresto sobre um navio quando tiver havido um atraso substancial do requerente no prosseguimento da causa (GAULT, Simon, *et al.*, *Marsden on Collisions at Sea, op. cit.*, p. 655).

[795] Ratificada através da Resolução da Assembleia da República nº 60-B/97, *in DR*, nº 238/97, série I-A, 1º suplemento, de 14 de outubro de 1997.

Nos termos do nº 3 da referida disposição legal, as medidas provisórias só podem ser decretadas, modificadas ou revogadas "a pedido de uma das partes na controvérsia e após ter sido dada às partes a oportunidade de serem ouvidas".

O tribunal pode substituir ou revogar as medidas provisórias "desde que as circunstâncias que as justificaram se tenham modificado ou deixado de existir".

Por sua vez, dispõe o art. 292º, nº 1, da CNUDM, a propósito da pronta libertação das embarcações ou das suas tripulações, que "Quando as autoridades de um Estado Parte tiverem apresado uma embarcação que arvore a bandeira de um outro Estado Parte e for alegado que o Estado que procedeu à detenção não cumpriu as disposições da presente Convenção no que se refere à pronta libertação da embarcação ou da sua tripulação, mediante a prestação de uma caução idónea ou outra garantia financeira[796], a questão da libertação poderá ser submetida, salvo acordo em contrário das partes, a qualquer corte ou tribunal escolhido por acordo entre as partes ou, não havendo acordo no prazo de 10 dias subsequentes ao momento da detenção, à corte ou tribunal aceite, nos termos do artigo 287º, pelo Estado que fez a detenção ou ao Tribunal Internacional do Direito do Mar".

O pedido de libertação imediata da embarcação ou da sua tripulação só pode ser feito pelo Estado de bandeira da embarcação ou em seu nome, sendo que, uma vez apresentado esse pedido, o tribunal deve apreciá-lo de imediato, ocupando-se, em princípio, exclusivamente sobre o pedido de libertação.

Nos termos do art. 292º, nº 4, da CNUDM, sendo prestada a caução ou a garantia financeira fixada pela corte ou tribunal, as autoridades do Estado que tiverem efetuado a apreensão devem cumprir de imediato a decisão relativa à libertação da embarcação ou da sua tripulação.

Por outro lado, à luz do art. 294º, nº 1, da CNUDM, "A corte ou tribunal referido no artigo 287º ao qual tiver sido feito um pedido relativo a uma con-

[796] A este propósito, Michael White salienta que, na generalidade dos casos de direito marítimo, a caução é prestada mediante uma garantia bancária ou outra garantia financeira. O que releva é que se trate de um instrumento que a parte vencedora não tenha dificuldades em acionar caso tal se torne necessário (White, Michael, "Prompt release cases in ITLOS", *in Law of the Sea, Environmental Law and Settlement of Disputes: Liber Amicorum Judge Thomas A. Mensah*, coord. de Tafsir Malick Ndiaye, Rüdiger Wolfrum, Martinus Nijhoff Publishers, Holanda, 2007, p. 1025).
Por sua vez, L. D. M. Nelson destaca que o TIDM goza de uma grande margem de discricionariedade no que concerne à determinação do montante e à forma de prestação da caução, o que, em certos casos, pode levar a uma situação de imprevisibilidade (Nelson, L.D.M., "The jurisprudence of the International Tribunal for the Law of the Sea: some observations", *in Law of the Sea, Environmental Law and Settlement of Disputes: Liber Amicorum Judge Thomas A. Mensah, op. cit.*, p. 970).

trovérsia mencionada no artigo 297º decidirá, por solicitação de uma parte, ou poderá decidir, por iniciativa própria, se o pedido constitui utilização abusiva dos meios processuais ou se *prima facie* é bem fundamentado. Se a corte ou tribunal decidir que o pedido constitui utilização abusiva dos meios processuais ou é *prima facie*, infundado, cessará a sua acção no caso".

O arresto do navio tem vindo a ser considerado injustificado quando, designadamente:

- o requerente não dispõe de qualquer crédito suscetível de tutela por via do arresto de navio[797];
- o crédito reclamado pelo credor arrestante é superior ao crédito que acabou por ser reconhecido judicialmente e que o requerido se dispunha a pagar[798];
- os proprietários do navio não são responsáveis pelos créditos marítimos invocados em sede de arresto[799];
- a garantia exigida pelo requerente do arresto é injustificadamente elevada[800].

1.4. Proporcionalidade

Tomando por referência o princípio da proporcionalidade, o arresto deve limitar-se aos bens cujo valor se revele suficiente e adequado para garantir a satisfação do crédito a acautelar e que sejam suscetíveis de penhora, atento o disposto nos arts. 622º, nº 2, do CC, 393º, nº 2, e 755º, nº 3[801,802].

[797] LI, Kevin Xingang/INGRAM, Colin W. M., *Maritime Law and Policy in China, op. cit.*, p. 30. Em relação a esta questão, o Supremo Tribunal de Justiça Holandês tem vindo a considerar que o arresto só será injustificado quando o crédito invocado pelo requerente não tiver sido totalmente reconhecido. Outrossim, se o crédito invocado em sede de arresto só vier a ser parcialmente reconhecido, tal já não significa que o arresto seja injustificado. Com efeito, a eventual injustificabilidade do arresto terá de ser apreciada caso a caso, em face das suas particularidades factuais (HENDRIKSE, M. L. *et al.*, *Aspects of Maritime Law: Claims Under Bills of Lading, op. cit.*, p. 355).

[798] HENDRIKSE, M. L., *et al.*, *Aspects of Maritime Law: Claims Under Bills of Lading, op. cit.*, p. 355.

[799] LI, Kevin Xingang/INGRAM, Colin W. M., *Maritime Law and Policy in China, op. cit.*, p. 30.

[800] *Idem, ibidem*, p. 30.

[801] Tal como assinala Goldschmidt, da decisão judicial que tiver decretado o arresto deve constar o fundamento dessa providência cautelar, a quantia que a mesma visa garantir e o montante da caução que poderá ser prestada pelo requerido caso este pretenda evitar a execução da providência. Para além disso, pese embora não tenha de constar dessa decisão o objeto sobre o qual há de recair o arresto – a não ser que o mesmo tenha sido decretado com o único propósito de permitir a apreensão de um determinado bem – deve, contudo, ser estabelecido o limite máximo que a providência cautelar visa assegurar (GOLDSCHMIDT, James, *Derecho Procesal Civil, op. cit.*, p. 753).

[802] Cfr., a este propósito, o ac. do STJ de 10.10.1990, proc. 079625. *Vide*, na doutrina, SOUSA, Miguel Teixeira de, *Ação Executiva Singular*, Lex, Lisboa, 1998, p. 33.

Assim, apesar de a lei não exigir que o credor conheça, com exatidão, os bens que integram o património do devedor[803], a verdade é que aquele deve identificar minimamente os bens a ser apreendidos, salvo se alegar e justificar dificuldade séria na sua identificação[804].

Com efeito, na petição inicial, o credor deve especificar se, para além dos bens a arrestar, conhece ou não outro património do devedor, já que tal será importante para se aferir da justificabilidade e da proporcionalidade da providência cautelar.

Basta pensar, por exemplo, na possibilidade de o credor requerer o arresto de um bem de valor consideravelmente superior ao crédito cujo pagamento pretende garantir pela via cautelar, apesar de existirem no património do devedor outros bens de valor proporcional a esse crédito, ou ainda na hipótese de o credor fundar o pedido de arresto na circunstância de o devedor se preparar para alienar um determinado bem, não obstante o devedor possuir no seu património outros bens suscetíveis de garantir a satisfação do direito de crédito de que o credor se arroga titular.

Por outro lado, importa salientar que, se é certo que o objeto do arresto deve circunscrever-se aos bens que, em condições normais, sejam suficientes para garantir a execução forçada, tal não significa que não possam ser arrestados bens cujo valor ultrapasse o do crédito a garantir[805].

Com efeito, "no cálculo a fazer, o juiz não pode ter apenas em conta o valor de mercado do bem nem o valor atual do crédito; terá de ter também em conta o tempo previsível até que se possa conseguir, na ação executiva, a venda do bem, a desvalorização previsível que o bem arrestado possa sofrer, o aumento que o crédito possa vir a ter (designadamente por via de juros vincendos), o facto de, na venda forçada, normalmente não se atingir o valor de mercado do bem vendido, as custas da ação, os encargos que possam existir sobre o bem (designadamente por via de privilégio creditório) e qualquer outra circunstância que razoavelmente seja de ter em conta"[806].

[803] Ac. do TRC de 23.01.2001, proc. 3425/2000.

[804] Ac. do TRL de 18.11.2004, proc. 7116/2004-2. *Vide*, no mesmo sentido, o ac. do TRL de 04.03.2010, proc. 5071/03.5TBOER-F.L1-6, segundo o qual "A imposição ao requerente da providência de indicar os bens a apreender, tem a ver com o princípio do dispositivo e com a natureza da providência, que se quer célere e é decretada sem audiência da parte contrária".

[805] Na mesma linha de raciocínio, o ac. do TRL de 13.07.2010, proc. 2480/09.0TBCSC-C.L1-6, decidiu que "O arresto deverá ser decretado sobre bens que se afigurem suficientes para garantia do crédito do requerente. Para concretização desse critério, haverá que não ser excessivamente benévolo para com o requerido, por forma a não se frustrar o objectivo do arresto, que é a promoção do cumprimento coercivo da obrigação.".

[806] Freitas, José Lebre de/Alexandre, Isabel, *Código de Processo Civil Anotado*, vol. II, *op. cit.*, p. 154.

Significa isto que o tribunal só deve reduzir o arresto aos seus justos limites, ao abrigo do princípio da proporcionalidade, nos casos em que se verifique um excesso "manifesto e exagerado" do valor dos bens arrestados por contraposição ao montante do crédito a garantir[807,808].

Neste contexto, sendo arrestados bens de valor manifestamente superior ao crédito a garantir, por facto imputável ao requerente – porque, por exemplo, nomeou conscientemente mais bens do que aqueles que seriam necessários, apresentando valores de mercado substancialmente inferiores ao valor efetivo dos bens a arrestar – este deverá responder pelos danos causados ao requerido, já que a providência cautelar é injustificada no que concerne à extensão com que foi realizada[809].

O mesmo critério já não se aplicará, no entanto, quando o valor nominal de um determinado bem ou direito não corresponde ao seu valor real. Pense-se, por exemplo, num determinado bem imóvel cujo valor de mercado é inferior ao valor inscrito na matriz ou numa quota societária cujo valor efetivo é inferior ao seu valor nominal.

Numa outra perspetiva, importa salientar que, por aplicação dos princípios gerais da tutela cautelar, o pedido de arresto pode ser recusado quando os

[807] *Idem, ibidem*, p. 134.

[808] A este propósito, não nos parece acertada a tese vertida no ac. do TRL de 09.06.2006, proc. 302/2006-2, segundo a qual "Admite-se como perfeitamente razoável que o requerimento de arresto seja dirigido a mais bens do que os aparentemente necessários para garantir o crédito do requerente, acertando-se, depois, já no confronto com o arrestado, a medida em que a providência já efectivada deve subsistir, ou ser reduzida.". Com efeito, sendo requerido *ab initio* o arresto de bens cujo valor patrimonial exceda manifestamente o do crédito que se pretende garantir, o tribunal tem a obrigação de reduzir o arresto aos seus justos limites aquando do seu decretamento, já que só assim se permitirá evitar a produção de danos desnecessários na esfera jurídica do requerido. De outro modo, estaria encontrado o caminho para o credor utilizar indevidamente a providência cautelar de arresto como forma de compelir o devedor a cumprir voluntariamente a obrigação – sem discutir o mérito da causa – apenas para evitar a agressão do seu património nos moldes que foram ordenados pelo tribunal.

[809] *Vide*, a este propósito, CAMPOS, Diogo Leite de, "A responsabilidade do credor na fase do cumprimento", *in ROA*, ano 52º, vol. III, Lisboa, dezembro 1992, p. 865, segundo o qual o credor, neste caso, atua com abuso do direito, já que não atende aos interesses legítimos do devedor. Assim, nessa situação, assistirá ao devedor não só o direito a ver substituídos os bens que foram arrestados em excesso, como também o de exigir uma indemnização ao credor pelos danos patrimoniais e não patrimoniais que haja sofrido com a sua conduta. De igual modo, Georges de Leval sustenta que o credor atua com abuso do direito nos casos em que se verifique uma desproporção entre o valor do crédito a garantir e o valor dos bens apreendidos, quando o credor podia ter optado por outros bens de valor proporcional ao da dívida. Na verdade, de acordo com o citado Autor, pode haver abuso do direito mesmo nos casos em que a pretensão encontre fundamento legal e seja reivindicada através de um procedimento regular (LEVAL, Georges de, *La Saisie Immobilière, op. cit.*, p. 114).

danos decorrentes do seu decretamento excedam consideravelmente aqueles que se pretendem evitar[810]. Trata-se, com efeito, de uma decorrência do princípio da proporcionalidade, o qual se destina a proteger o requerido contra agressões injustificadas do seu património.

De todo o modo, conforme assinalou o Tribunal Constitucional de Espanha, "a decisão de arresto dos bens do devedor encontra-se sujeita a duas garantias que impedem que se fale em indefesa. Em primeiro lugar, requer-se uma aparência de bom direito, acreditada documentalmente num título executivo, que permita entender inicialmente justificada a interferência no património do demandado. (...) Em segundo lugar, o arresto é decretado por conta e risco do credor. É certo, como refere o Julgado de Valls, que a mera apreensão dos bens traz consigo prejuízos ao executado. Mas tão-pouco pode ignorar-se que, se o arresto for infundado, todas as custas do processo, conforme decorre do art. 1474.2 da LEC, deverão ser suportadas pela entidade demandante, a qual deverá então responder pelos prejuízos causados pelo arresto preventivamente decretado por sua solicitação, como regulam com carácter geral os arts. 1413 e 1418 da Lei Processual Civil. As anteriores cautelas legais servem de contrapeso razoável às faculdades outorgadas ao autor, quem certamente pode obter mediante uma petição unilateral o arresto dos bens do demandado, de valor suficiente para cobrir a quantidade inicialmente assinalada pelo mesmo de forma igualmente unilateral, sem prévio contraste com as razões e provas do devedor. Mas ele tem consciência de que deverá assumir todas as responsabilidades que resultem do arresto, se este resultar infundado"[811].

1.5. Efeitos

O arresto produz, com as necessárias adaptações, os mesmos efeitos da penhora, atento o disposto no art. 391º, nº 2.

Por conseguinte, o arresto acarreta a ineficácia dos atos de disposição, oneração ou arrendamento dos bens arrestados (art. 819º do CC), bem como a ineficácia do ato de extinção do direito de crédito que tenha sido arrestado, por causa dependente da vontade do requerido ou do seu devedor (art. 820º do CC).

Deste modo, se o requerido vender a um terceiro os bens objeto de arresto, esse ato, apesar de válido, é ineficaz em relação ao requerente do arresto[812].

[810] Ac. do TRL de 09.06.2006, proc. 302/2006-2.

[811] Cfr. a sentença nº 14/1992, de 10 de fevereiro, do pleno do TC. Es, *in BOE*, nº 54, de 03.03.1992.

[812] *Vide*, a este propósito, o ac. do TRP de 21.11.2016, proc. 335/12.0TYVNG-G.P1.

2. Arrolamento

2.1. Âmbito

À luz do art. 403º, nº 1, havendo justo receio de extravio, ocultação ou dissipação de bens móveis ou imóveis, ou de documentos[813,814], pode ser requerido o seu arrolamento, o qual é dependência da ação à qual interesse a especificação dos bens ou a prova da titularidade dos direitos relativos às coisas arroladas[815].

Trata-se, com efeito, de uma providência cautelar de garantia ou de natureza conservatória, que tanto pode ser utilizada quando seja necessário "assegurar a manutenção de certos bens litigiosos" enquanto subsistir a discussão sobre a titularidade do direito desses bens na ação principal[816], como quando esteja em causa a necessidade de "garantir a persistência de documentos para provar a titularidade do direito"[817].

2.2. Requisitos

No que concerne aos requisitos para o seu decretamento, o art. 405º dispõe que o requerente deve fazer prova sumária do direito relativo aos bens a arrolar[818], bem como dos factos em que se fundamenta o receio do seu extravio, ocultação ou dissipação[819,820].

813 No sentido de também ser admissível o arrolamento de direitos de conteúdo não patrimonial, enquanto "providência adequada a proteger o perigo de lesão de uma expectativa juridicamente tutelada", *vide* o ac. do TRC de 27.04.2004, proc. 881/04. Quanto à admissibilidade de arrolamento de depósitos bancários, *vide* os acs. do TRL de 12.11.2014, proc. 273/14.1TBSCR-B.L1-8, e de 02.07.2015, proc. 4899/14.5T2SNT.L2-2.

814 No sentido de o arrolamento não poder recair sobre as marcas de uma exploração agrícola, já que as mesmas são insuscetíveis de venda ou de partilha, *vide* o ac. do TRE de 11.04.2019, proc. 1075/18.1T8BJA.E1.

815 Para um enquadramento histórico do arrolamento, *vide* Almeida, Luís Pedro Moitinho de, "Do arrolamento", *in SI*, tomo XVIII, nºs 95-96, Braga, janeiro-abril 1969, p. 149.

816 Ac. do STJ de 17.12.1997, proc. 97B653. Cfr., no mesmo sentido, os acs. do TRC de 16.12.2003, proc. 3394/03, de 20.01.2004, proc. 2819/03, e de 17.09.2013, proc. 839/07.6TBPBL-C.C1.

817 Geraldes, António Santos Abrantes, *Temas da Reforma do Processo Civil*, vol. IV, *op. cit.*, p. 280. *Vide*, no mesmo sentido, o ac. do TRP de 19.11.1992, proc. 9250528, no qual se sustentou que o arrolamento visa "evitar a produção de um eventual prejuízo, bem como conservar um determinado património quando exista um receio fundado de extravio do mesmo", assim como o ac. do STJ de 14.10.1997, proc. 97B599.

818 Sobre este requisito, Alberto dos Reis alude ao "interesse na conservação dos bens, por parte do requerente" (Reis, Alberto dos, "A figura do processo cautelar", *op. cit.*, p. 61).

819 Na esteira de Abrantes Geraldes, o elemento verdadeiramente caracterizador e integrante da causa de pedir do arrolamento é a existência de uma situação concreta e específica de perigo quanto ao extravio, dissipação ou ocultação de bens ou documentos (Geraldes, António Santos Abrantes, *Temas da Reforma do Processo Civil*, vol. IV, *op. cit.*, p. 280). Cfr., no mesmo sentido, Almeida, Luís Pedro Moitinho de, "Do arrolamento", *op. cit.*, p. 151. *Vide*, na jurisprudência, o ac. do

Por conseguinte, o arrolamento só pode ser decretado desde que fique demonstrado que o requerente tem interesse jurídico na conservação de certos bens ou documentos e que há um justo receio de que eles possam vir a ser extraviados ou dissipados[821].

2.2.1. Probabilidade da existência de um direito sobre bens ou documentos

Atento o disposto no art. 403º, nº 2, o arrolamento depende de uma ação à qual interesse a especificação dos bens ou a prova da titularidade dos direitos relativos às coisas arroladas[822].

Assim, para que o arrolamento possa ser admitido, torna-se necessário que o requerente alegue e faça prova sumária da titularidade de um direito sobre os bens ou documentos que pretende arrolar[823], ou seja, exige-se que o requerente demonstre um interesse jurídico relevante na conservação desses mesmos bens ou documentos (art. 405º, nº 1)[824]. Se esse direito depender de ação proposta ou a propor, o requerente deve igualmente convencer o tribunal da provável procedência do pedido correspondente[825]. Exige-se,

STJ de 12.01.1999, proc. 1088/98, *in SASTJ*, ano 1999, o ac. do TRP de 25.01.2007, proc. 2020/06-3, bem como o ac. do TRL de 21.02.2019, proc. 18153/18.0T8LSB-A.L1-2.

820 Em comentário ao regime jurídico brasileiro, Humberto Theodoro Júnior salienta que o arrolamento só pode ser decretado quando se verifique, cumulativamente, um fundado receio de extravio ou dissipação de bens, assim como o interesse do requerente na conservação desses mesmos bens (Theodoro Júnior, Humberto, *Curso de Direito Processual Civil*, vol. II, *op. cit.*, p. 609).

821 Ac. do STJ de 30.01.1992, proc. 081978. *Vide*, no mesmo sentido, o ac. do STJ de 14.10.1997, proc. 97B599. No sentido de o desconhecimento do local concreto onde se encontra o bem a arrolar não constituir fundamento para o indeferimento liminar do arrolamento, desde que tenha sido feita prova efetiva da existência do bem, *vide* o ac. do TRC de 14.02.2012, proc. 1747/11.1TBACB-B.C1.

822 É o que sucede, designadamente, com o processo de inventário para partilha dos bens da herança (cfr., nesse sentido, o ac. do TRC de 02.03.1999, proc. 1720/98, bem como o ac. do TRC de 30.04.2019, proc. 3409/18.0T8LRA-A.C1).

823 *Vide*, a este propósito, o ac. do TRE de 17.01.2019, proc. 5483/16.4TBSTB-B.E1, no qual se decidiu que "A preferência não constitui aquele que se arroga do direito de preferência na titularidade de direitos sobre bens concretos e determinados que possam vir a ser objeto do negócio jurídico pretendido celebrar por via do exercício de tal direito", razão pela qual o titular de um direito de preferência não pode requerer o arrolamento do bem que seja objeto desse direito.

824 Ac. do STJ de 23.04.1998, proc. 225/98, *in SASTJ*, ano 1998. *Vide*, no mesmo sentido, o ac. do STJ de 23.09.1997, proc. 97A307, o ac. do STJ de 12.01.1999, proc. 1088/98, *in SASTJ*, ano 1999, bem como o ac. do TRP de 27.05.2013, proc. 832/12.7TVPRT-B.P1. Cfr., na doutrina, Santulli, Rita, "Sequestro giudiziario e conservativo", *op. cit.*, p. 2.

825 Cfr., no mesmo sentido, o ac. do TRP de 22.02.1996, proc. 9531200, Almeida, Luís Pedro Moitinho de, "Do arrolamento", *op. cit.*, p. 151, bem como Rodrigues, Fernando Pereira, *A Prova em Direito Civil*, *op. cit.*, p. 284.

por isso, um "direito aparente", o qual pode estar já constituído e reconhecido ou a aguardar pela sua declaração em ação judicial pendente ou a propor[826].

No entanto, para que o arrolamento seja decretado, a lei não exige um juízo de certeza quanto à propriedade do bem a arrolar, sendo antes suficiente a mera aparência no que diz respeito à titularidade desse direito[827].

Nessa exata medida, o arrolamento deve ser indeferido liminarmente, porque injustificado, se o requerente não invocar qualquer direito sobre o bem que pretende arrolar, limitando-se antes a alegar o risco da sua dissipação[828].

2.2.2. Justo receio de extravio, ocultação ou dissipação de bens ou de documentos

Nos termos do art. 403º, nº 1, o arrolamento só pode ser decretado desde que se verifique um justo receio de extravio, ocultação ou dissipação de bens ou de documentos.

Com efeito, o justo receio de extravio, ocultação ou dissipação de bens ou de documentos "constitui o *periculum in mora*" da providência cautelar de arrolamento[829]. Assim, o arrolamento só pode ser ordenado quando, uma vez produzidas as provas que forem julgadas necessárias, o tribunal adquira a convicção de que o direito do requerente corre um risco sério, situação em que o arrolamento será realizado mediante a descrição, avaliação e depósito dos bens[830,831]. Neste contexto, o arrolamento não deve ser concedido, por se revelar injustificado, quando os bens já se encontrem devidamente identificados e apenas se discuta a "titularidade do direito real sobre eles incidente ou a do direito de crédito à sua prestação"[832].

[826] Almeida, Luís Pedro Moitinho de, "Do arrolamento", *op. cit.*, p. 151.

[827] Ac. do TRP de 10.10.1991, proc. 9150386. *Vide*, no mesmo sentido, o ac. do STJ de 23.04.1998, proc. 225/98, *in SASTJ*, ano 1998.

[828] Ac. do STJ de 14.10.1997, proc. 97B599.

[829] Freitas, José Lebre de/Alexandre, Isabel, *Código de Processo Civil Anotado*, vol. II, *op. cit.*, p. 187. Assim, tal como se decidiu no ac. do TRP de 10.05.2004, proc. 0451621, o que é relevante para que o arrolamento seja decretado não é saber se os bens cujo arrolamento se requer foram efetivamente extraviados ou ocultados, mas antes aquilatar acerca da existência, ou não, de justo receio do seu extravio, ocultação ou dissipação.

[830] *Vide*, a este propósito, Geraldes, António Santos Abrantes, *Temas da Reforma do Processo Civil*, vol. IV, *op. cit.*, p. 286.

[831] No sentido de não ser admissível o arrolamento quando destinado, não à conservação de bens, mas antes à pesquisa da eventual existência de bens, *vide* o ac. do TRP de 12.12.2011, proc. 1524/10.7TBMCN.P1.

[832] Freitas, José Lebre de, *Estudos sobre Direito Civil e Processo Civil*, vol. I, *op. cit.*, p. 237.

O justo receio de extravio ou dissipação de bens "envolve uma acepção de temor, acompanhado de incerteza, e que constitui um facto inconsumado a produzir no futuro, posto que presumível"[833]. Por conseguinte, não basta ao requerente desta providência cautelar a alegação genérica de que existe um justo receio de extravio ou dissipação de bens, fundada em simples temores ou receios meramente subjetivos, impondo-se, ao invés, a alegação e prova de factos concretos e objetivos que permitam demonstrar que esse receio é sério e real (art. 405º, nº 1)[834].

Por outro lado, importa salientar que o arrolamento só será justificado se o extravio ou a dissipação ainda não se tiverem verificado[835] ou quando, tendo já sido extraviados ou dissipados certos bens ou documentos, subsista o perigo de extravio ou dissipação em relação a outros bens ou documentos[836].

2.3. Identificação dos bens ou documentos a arrolar

Na petição inicial, o requerente não tem o ónus de identificar, de forma individualizada e pormenorizada, os bens ou documentos que pretende arrolar[837].

Com efeito, apesar de ser desejável essa identificação, sempre que a mesma seja possível, atento o facto de facilitar a realização do arrolamento, pode, no entanto, suceder que o requerente não se encontre em condições de identificar esses bens ou documentos. Aliás, pode ocorrer que o requerente desconheça a existência dos bens ou dos documentos que pretende arrolar, tal como sucede, por exemplo, com o pedido de arrolamento dos bens que integram o património hereditário de alguém que faleceu ou de saldos de depósitos bancários de que o requerido seja titular. Nesses casos, a identificação e concretização dos bens ou documentos objeto de arrolamento apenas terá lugar aquando da execução dessa providência.

[833] Ac. do STJ de 20.01.1977, proc. 066456, *in BMJ*, nº 263, ano 1977, p. 214. Cfr., no mesmo sentido, o ac. do TRP de 14.03.1995, proc. 9421268.

[834] Ac. do TRP de 18.05.1993, proc. 9220796.

[835] No que concerne ao termo "extravio", Moitinho de Almeida sustenta que este conceito deve ser interpretado em sentido amplo, ou seja, abrange "todos os factos susceptíveis de produzir o desaparecimento dos bens: ocultação, perda, destruição, etc. Tudo, menos *dissipação*, porque o justo receio desta é considerado em separado como outra causa de pedir do arrolamento" (Almeida, Luís Pedro Moitinho de, *op. cit.*, p. 152).

[836] Cfr., nesse sentido, Almeida, Luís Pedro Moitinho de, "Do arrolamento", *op. cit.*, p. 152.

[837] Cfr., no mesmo sentido, o ac. do TRL de 16.03.2017, proc. 185/15.1T8FNC-A.L1-2 (Rel. Maria José Mouro).

Vide, em sentido contrário, o ac. do TRP de 27.09.2016, proc. 2745/15.1T8GDM.P1 (Rel. Rui Moreira), no qual se decidiu que o requerente do arrolamento tem o ónus de identificar os bens que pretende que sejam arrolados, salvo se alegar, de forma fundamentada, a existência de uma especial dificuldade nessa identificação.

Neste particular, questão problemática é a de saber se, sendo requerido o arrolamento de saldos de depósitos bancários, o tribunal pode determinar, oficiosamente ou a pedido do requerente, que a entidade bancária informe os autos sobre os movimentos a débito realizados nesses depósitos e/ou se esta entidade pode recusar a prestação de tal informação, com fundamento em sigilo bancário.

A este respeito, a jurisprudência tem vindo a entender que o arrolamento opera relativamente aos bens que vierem a ser encontrados, não constituindo, por isso, um meio de reação relativamente a atos de dissipação ou de oneração que, entretanto, já tenham sido praticados. Daí que, extravasando o âmbito do arrolamento a identificação de eventuais movimentos realizados em depósito bancário cujo saldo tenha sido arrolado, não seja justificável o levantamento de sigilo bancário[838].

Na nossa perspetiva, afigura-se que este entendimento será o mais acertado.

Na realidade, sendo o arrolamento uma providência cautelar de natureza conservatória, o mesmo visa impedir o extravio, a ocultação ou a dissipação de bens ou de documentos, não sendo, por isso, um meio processual de reação contra um extravio, ocultação ou dissipação que já tenham sido concretizadas.

Por conseguinte, o tribunal não poderá impor a uma entidade bancária o levantamento do sigilo relativamente aos movimentos já realizados num determinado depósito bancário, sendo antes suficiente a prestação, por essa entidade, da informação dos depósitos bancários de que o requerido seja titular, bem como a identificação dos respetivos saldos.

2.4. Arrolamento em casos especiais

2.4.1. Arrolamento de bens comuns ou de bens próprios sob a administração do outro cônjuge

2.4.1.1. Âmbito

O art. 409º, nº 1, prevê a possibilidade de ser requerido o arrolamento de bens comuns ou de bens próprios do requerente, mas que se encontrem sob a administração do outro cônjuge.

Do citado preceito legal resulta igualmente que esta providência cautelar pode ser requerida como preliminar ou incidente de uma ação de separação judicial de pessoas e bens, de divórcio[839] ou de declaração de nulidade ou anu-

[838] *Vide*, nesse sentido, o ac. do TRL de 30.03.2017, proc. 4324/16.7T8VFX-B.L1-6.

[839] No sentido de a providência cautelar de arrolamento, como preliminar ou incidente da ação de divórcio, não depender de o requerente ter ou não direito efetivo ao divórcio, *vide* o ac. do TRP de 16.01.1990, proc. 0309927.

lação de casamento. Em todo o caso, a jurisprudência tem vindo a entender – ainda que de forma não pacífica – que este arrolamento pode igualmente ser requerido após o trânsito em julgado da sentença proferida nessa ação, na medida em que o efeito útil do arrolamento é o de garantir a conservação do património comum até à concretização da sua partilha[840].

Concomitantemente, mesmo que o arrolamento tenha sido pedido como preliminar ou como incidente de uma ação de separação judicial de pessoas e bens, divórcio, declaração de nulidade ou anulação de casamento, o mesmo não se encontra sujeito ao prazo de caducidade previsto no art. 373º, nº 1, al. *a)*, isto é, o processo de inventário não tem de ser promovido no prazo de trinta dias após a notificação ao requerente do trânsito em julgado da decisão que haja decretado tal providência, razão pela qual o arrolamento subsiste até que seja convertido em descrição e relação de bens no processo de inventário[841]. Trata-se, por isso, de um caso excecional previsto no nosso ordenamento jurídico, em que uma providência cautelar pode subsistir no tempo, sem sujeição a um prazo de caducidade.

Por outro lado, importa salientar que o arrolamento pode ter como objeto, para além dos bens próprios do requerente que se encontrem na posse do outro cônjuge, os bens do casal a ser partilhados e "tem como finalidade garantir que tais bens existam no momento em que se efectue a partilha"[842].

[840] Cfr., nesse sentido, o ac. do TRL de 18.09.2014, proc. 2170/14.1TBSXL.L1-8, o ac. do TRE de 11.01.2018, proc. 3440/17.2T8FAR.E1, o ac. do TRL de 28.06.2018, proc. 21568/17.7T8SNT.L1-8, bem como o ac. do TRG de 24.01.2019, proc. 1515/17.7T8VCT-B.G1 (com um voto de vencido). *Vide*, em sentido contrário, isto é, de que este arrolamento especial não é admissível depois de ter sido decretado o divórcio, o ac. do TRP de 02.05.2005, proc. 0551713.

[841] Cfr., nesse sentido, o ac. do TRG de 15.09.2014, proc. 566/10.7TMBRG-A.G1, com o seguinte sumário: "I – A acção de que o arrolamento, regulado no art. 427º, nº 1, do CPC (409º do NCPC), é preliminar ou incidente, não é o inventário, mas sim o divórcio. II – Não existe norma que imponha a promoção do inventário dentro de qualquer prazo sob pena de caducidade do arrolamento, nem há necessidade de estender a aplicação do artº 389º, nº 1, *a)* e *b)* do CPC [373º, nº 1, *a)* e *b)* do NCPC] à situação dos autos, porque a sua *ratio* (não imposição de um prolongamento desnecessário duma situação de indisponibilidade de qualquer direito do requerido) não ocorre, uma vez que o inventário pode ser requerido e promovido por qualquer das partes.".

[842] Ac. do STJ de 25.11.1998, proc. 911/98, *in SASTJ*, ano 1998. Cfr., no mesmo sentido, o ac. do TRP de 15.03.1999, proc. 9950056, o ac. do TRC de 04.04.2000, proc. 502/00, bem como o ac. do TRG de 15.09.2014, proc. 566/10.7TMBRG-A.G1. No sentido de, neste caso, não ser admissível o recurso a um procedimento cautelar não especificado, atenta a circunstância de o arrolamento acautelar devidamente os interesses patrimoniais do cônjuge ou do ex-cônjuge que pretenda evitar a dissipação de património comum do casal, *vide* o ac. do TRL de 23.04.2015, proc. 3376/14.9T8FNC-A.L1-6.

Vale isto por dizer que, tendo em conta as suas finalidades específicas, não pode ser pedido o arrolamento de bens próprios do requerido[843], nem tão-pouco de bens de que o requerente e o requerido sejam comproprietários, já que esses bens não podem ser objeto de partilha no âmbito de um processo de inventário subsequente à dissolução do casamento[844].

Concomitantemente, este regime especial do arrolamento não é aplicável às uniões de facto, face à inexistência de património comum que seja suscetível de ser partilhado[845].

Por outro lado, importa referir que o arrolamento pode ter por objeto depósitos ou contas bancárias que sejam tituladas por ambos os cônjuges, sendo que, nesse caso, o requerente não tem o ónus de identificar ou de especificar expressamente os depósitos ou as contas a arrolar[846].

2.4.1.2. Requisitos

Para que esta providência cautelar possa ser decretada, é suficiente o preenchimento cumulativo de dois requisitos[847]:

a) o cônjuge requerente deve provar que é ou que foi casado com o cônjuge requerido. Ficam, por conseguinte, excluídas do âmbito desta providência cautelar as situações em que requerente e requerido(a) vivam em união de facto[848];

b) o cônjuge requerente deve demonstrar que existe a probabilidade séria de os bens que pretende arrolar serem comuns[849] ou, pelo con-

[843] *Vide*, a este respeito, o ac. do TRL de 04.07.2002, proc. 0058082, o ac. do TRE de 19.04.2007, proc. 474/07-3, bem como os acs. do TRP de 27.09.2016, proc. 2745/15.1T8GDM.P1, e de 08.11.2016, proc. 27602/15.8T8PRT.P1.

[844] Cfr., nesse sentido, o ac. do TRE de 21.01.2016, proc. 1331/14.8T8STR-A.E1.

[845] *Vide*, nesse sentido, o ac. do TRP de 16.05.2016, proc. 7818/15.8T8VNG-A.P1.

[846] Ac. do TRL de 16.03.2017, proc. 185/15.1T8FNC-A.L1-2. No sentido de extravasar o âmbito do arrolamento "o pedido de informação sobre levantamentos ocorridos anteriormente nas contas bancárias cujos saldos foram arrolados", não se justificando, por isso, o pedido de levantamento do sigilo bancário, atento o facto de o arrolamento produzir os seus efeitos apenas em relação aos bens que vierem a ser efetivamente encontrados, *vide* o ac. do TRL de 30.03.2017, proc. 4324/16.7T8VFX-B.L1-6.

[847] Cfr., a este respeito, o ac. do TRL de 16.03.2017, proc. 185/15.1T8FNC-A.L1-2.

[848] *Vide*, nesse sentido, o ac. do TRP de 16.05.2016, proc. 7818/15.8T8VNG-A.P1, no qual se decidiu que o unido de facto que pretenda o decretamento de uma providência cautelar de arrolamento deve alegar e provar a existência de um *periculum in mora*, consubstanciado no fundado receio de extravio, ocultação ou dissipação de bens ou de documentos.

[849] Havendo dúvidas, face à prova sumariamente produzida, se os bens móveis a arrolar constituem bens comuns ou bens próprios e estando as partes casadas sob o regime da comunhão de

trário, próprios, estando, no entanto, os mesmos sob a administração do cônjuge requerido[850,851].

Por outro lado, a especialidade deste arrolamento reside no facto de o seu decretamento não estar dependente da alegação e prova do justo receio de extravio, ocultação ou dissipação de bens ou de documentos, ou seja, não é necessária a demonstração de qualquer *periculum in mora* (art. 409º, nº 3)[852].

Na verdade, como bem observa Lebre de Freitas, "a situação de conflito que normalmente acompanha o tipo de situação em causa faz assim presumir, *juris et de jure*, o *periculum in mora*, quer no plano da prova, quer no da própria alegação"[853].

adquiridos, deve considerar-se que esses bens são comuns, atento o disposto no art. 1725º do CC.

[850] Cfr., nesse sentido, o ac. do STJ de 23.10.2001, proc. 2119/01, *in SASTJ*, ano 2001, bem como o ac. do TRL de 16.03.2017, proc. 185/15.1T8FNC-A.L1-2.

[851] Assim, conforme se decidiu no ac. do TRE de 21.01.2016, proc. 1331/14.8T8STR-A.E1, não pode ser decretado o arrolamento de um bem que, tendo sido adquirido antes do casamento, pertença, em compropriedade, a ambos cônjuges, casados sob o regime da comunhão de adquiridos.
Do mesmo modo, não pode ser pedido o arrolamento de bens próprios do requerido, já que o arrolamento só pode ter por objeto os bens comuns do casal e os bens próprios do requerente que se encontrem na posse do requerido. *Vide*, nesse sentido, o ac. do TRP de 08.11.2016, proc. 27602/15.8T8PRT.P1, bem como o ac. do TRP de 27.09.2016, proc. 2745/15.1T8GDM.P1.

[852] *Vide*, quanto a este problema, Sousa, Miguel Teixeira de, *Estudos sobre o Novo Processo Civil*, *op. cit.*, p. 237. Cfr., no mesmo sentido, o ac. do TRE de 15.05.1986, *in BMJ*, 359º, p. 790, o ac. do TRP de 10.10.1991, proc. 9150386, o ac. do TRP de 26.11.1992, proc. 9210764, o ac. do TRP de 22.06.1995, proc. 9530353, o ac. do TRL de 30.01.1996, proc. 0006971, o ac. do TRL de 29.10.1996, proc. 0001631, o ac. do TRL de 06.02.1997, proc. 0007572, o ac. do TRL de 11.03.1997, proc. 0015221, o ac. do TRL de 24.04.1997, proc. 0013372, o ac. do STJ de 28.01.1998, proc. 075805, *in BMJ*, 373º, p. 496, o ac. do STJ de 16.04.1998, proc. 79/98, *in SASTJ*, ano 1998, o ac. do TRP de 21.12.1998, proc. 9851215, o ac. do TRL de 25.05.2000, proc. 0038568, o ac. do TRL de 13.12.2000, proc. 0090778, o ac. do STJ de 23.10.2001, proc. 2119/01, *in SASTJ*, ano 2001, o ac. do TRP de 10.10.2002, proc. 0231245, o ac. do TRL de 16.12.2003, proc. 8877/2003-7, o ac. do TRE de 12.10.2006, proc. 368/06-3, o ac. do TRL de 28.06.2018, proc. 21568/17.7T8SNT.L1-8, bem como o ac. do TRP de 14.07.2008, proc. 0822966.

[853] Freitas, José Lebre de/Alexandre, Isabel, *Código de Processo Civil Anotado*, vol. II, *op. cit.*, p. 198. Analogamente, Abrantes Geraldes sustenta que "o surgimento dos conflitos conjugais reflecte-se sobremaneira no modo como cada um dos cônjuges passa a comportar-se relativamente aos bens comuns e aos bens do outro colocados sob a sua administração. Daí até à apropriação indevida de bens, à sua ocultação ou à prática de actos em detrimento do outro, a distância é tão curta que só o accionamento imediato de meios preventivos se mostra satisfatório para acautelar os direitos do cônjuge interessado" (Geraldes, António Santos Abrantes, *Temas da Reforma do Processo Civil*, vol. IV, *op. cit.*, p. 302). Cfr., na jurisprudência, o ac. do TRL de 11.09.2018, proc. 2787/17.2T8LSB-B.L1, no qual se decidiu que, na base do arrolamento especial, previsto no art. 409º, nº 1, "está o pressuposto de existência de uma situação de tensão e conflito entre os cônjuges

Exatamente por isso, o Tribunal Constitucional tem vindo a sustentar que a dispensa de alegação do *periculum in mora* não enferma de qualquer inconstitucionalidade, na medida em que o fundado receio decorre implicitamente da ideia de que "existe normalmente uma situação de crise matrimonial que antecede o decretamento do divórcio"[854].

Em todo o caso, se o arrolamento for requerido após o trânsito em julgado da decisão proferida na ação principal, de separação judicial de pessoas e bens, divórcio ou declaração de nulidade ou de anulação do casamento, é controvertida a questão de saber se, nesse caso, o decretamento do arrolamento está igualmente dispensado da alegação e prova do *periculum in mora*, por aplicação analógica do art. 409º, nº 3[855], ou se, pelo contrário, é necessário demonstrar o *periculum in mora*, por força do art. 403º, nº 1, atento o facto de, nessa hipótese, o arrolamento não constituir preliminar ou incidente da ação de separação judicial de pessoas e bens, divórcio, declaração de nulidade ou anulação de casamento (art. 409º, nº 1)[856].

Na verdade, recorrendo a uma interpretação literal do art. 409º, nºs 1 e 3, extrair-se-ia a conclusão de que a dispensa de alegação do *periculum in mora*, isto é, do fundado receio de extravio, ocultação ou dissipação de bens, móveis ou imóveis, ou de documentos, apenar seria aplicável às situações em que o arrolamento fosse requerido como preliminar ou incidente de uma ação de separação judicial de pessoas e bens, de divórcio ou de declaração de nulidade ou de anulação de casamento, motivo pelo qual, sendo o arrolamento requerido após o trânsito em julgado da decisão proferida nessa ação, o requerente já teria de alegar factos que demonstrassem a existência de um *periculum in mora*, por força da regra geral constante do art. 403º, nº 1.

Simplesmente, a especialidade do arrolamento previsto no art. 409º, nº 1, traduzida na dispensa de alegação do *periculum in mora*, quando essa providência cautelar seja requerida como preliminar ou incidente de uma ação de separação judicial de pessoas e bens, de divórcio ou de declaração de nulidade ou de anulação do casamento, traduz-se, precisamente, no facto de o legisla-

manifestada na própria existência da ação de divórcio, proposta e/ou a propor, com o que se presume (*iuris et de iure*) que quaisquer um dos cônjuges possa assumir comportamentos lesivos do património comum e/ou do outro cônjuge", bem como o ac. do TRL de 11.09.2018, proc. 3412/16.4T8CSC-L1-7.

[854] Ac. do TC nº 6483/96, *in DR*, 2ª Série, de 03.07.1996.

[855] *Vide*, nesse sentido, o ac. do TRL de 19.12.2013, proc. 7669/12.1TCLRS-C.L1-7, o ac. do TRL de 18.09.2014, proc. 2170/14.1TBSXL.L1-8, bem como o ac. do TRL de 10.03.2016, proc. 169/13.4TMFUN-A-L1-2.

[856] Cfr., nesse sentido, o ac. do TRP de 25.02.1997, proc. 9621426, o ac. do TRL de 17.07.2000, proc. 0070091, bem como o ac. do TRP de 02.05.2005, proc. 0551713.

dor presumir a existência de um fundado receio de dissipação, oneração ou ocultação de bens neste tipo de conflitos conjugais.

Ora, visando o arrolamento impedir a dissipação, o extravio ou a ocultação dos bens comuns do casal até que ocorra a sua partilha, afigura-se que o regime previsto no art. 409º, nº 1, deve ser igualmente aplicado, por interpretação analógica e extensiva, aos casos em que o arrolamento seja requerido como preliminar ou incidente do processo de inventário subsequente à dissolução patrimonial ou pessoal do vínculo conjugal, pois que é possível presumir que, mesmo após essa dissolução, a conflituosidade entre os ex-cônjuges continuará a existir até que se concretize e efetive a partilha do seu património comum.

2.4.1.3. Depositário

Sendo decretado o arrolamento, as funções de depositário serão exercidas, em regra, pelo cônjuge que estiver na posse dos bens[857].

2.4.1.4. Caducidade

Destinando-se o arrolamento a impedir a dissipação ou o extravio de bens comuns do casal ou de bens próprios do requerente que estejam sob a administração do requerido, essa providência cautelar caducará logo que se mostre concluído o inventário subsequente ao divórcio, atenta a extinção do receio de dissipação dos bens objeto de arrolamento[858,859].

O mesmo é dizer que "o arrolamento subsiste e mantém a sua eficácia para além da decisão que julgar a acção de divórcio até ser efectuada a partilha dos bens"[860].

[857] Ac. do TRP de 09.10.2001, proc. 0121189. Cfr., no mesmo sentido, os acs. do TRP de 31.05.2004, proc. 0452888, e de 25.11.2004, proc. 0436269, bem como o ac. do TRL de 11.09.2018, proc. 3412/16.4T8CSC-L1-7, no qual se consignou que "No procedimento cautelar de arrolamento o depositário é o próprio possuidor ou detentor dos bens, salvo se houver manifesto inconveniente em que lhe sejam entregues, donde resulta que nenhum critério de escolha do depositário é incompatível com a finalidade da providência cautelar de arrolamento, ao qual, na parte desprovida de sobreposição reguladora ou de contrariedade ontológica, são aplicáveis as disposições relativas à penhora".

[858] Ac. do STJ de 12.04.1998, proc. 076648. *Vide*, no mesmo sentido, o ac. do STJ de 23.10.2001, proc. 2119/01, *in SASTJ*, ano 2001.

[859] No sentido de o arrolamento caducar com a apresentação da relação de bens no processo de inventário, *vide* o ac. do TRG de 12.01.2010, proc. 642/07.3TCGMR-H.G1.

[860] Ac. do TRP de 02.05.2000, proc. 9920817.

2.4.2. Arrolamento de bens abandonados

À luz do art. 409º, nº 2, se existirem bens abandonados, pelo facto de o seu titular se encontrar ausente, por pertencerem a herança que se encontre em estado de jacência, ou por qualquer outro motivo, e se for necessário salvaguardar a perda ou a deterioração desses bens, estes são arrecadados judicialmente, mediante arrolamento.

Tal como sucede com o arrolamento de bens comuns ou de bens próprios que se encontrem sob a administração de outro cônjuge, o decretamento deste arrolamento não depende da alegação e/ou prova da verificação de um fundado receio de produção de um dano grave e irreparável ou de difícil reparação (*periculum in mora*), atento o disposto no art. 403º, nº 2.

2.5. Efeitos

Sendo decretado o arrolamento, importa saber se o requerido pode, mesmo assim, onerar ou dispor dos bens ou direitos que tenham sido arrolados.

Com efeito, o art. 406º, nº 5, preceitua que são aplicáveis ao arrolamento as disposições relativas à penhora, em tudo quanto não contrarie o regime do arrolamento ou a diversa natureza dessa providência.

Ora, conforme se referiu *supra*, um dos efeitos da penhora traduz-se na ineficácia, em relação à execução, dos atos de disposição ou oneração dos bens penhorados (art. 819º do CC), sendo que esse efeito não contraria, na nossa perspetiva, a natureza do arrolamento. Na verdade, constituindo o arrolamento uma providência cautelar de garantia, o justo receio de extravio, ocultação ou dissipação de bens só pode ser devidamente acautelado se qualquer ato de disposição ou oneração dos bens arrolados for ineficaz em relação ao próprio arrolamento.

Sendo ineficazes em relação ao arrolamento os atos de disposição ou oneração de bens arrolados, impõe-se, no entanto, apurar se o depositário dos bens arrolados pode continuar a utilizar e/ou a fruir esses bens.

Sobre este concreto problema, parece-nos que o regime da penhora deve ser aplicado, com as devidas adaptações, ao arrolamento, atento o disposto no art. 406º, nº 5.

Por conseguinte, se o arrolamento tiver recaído, por exemplo, sobre bens móveis ou imóveis, afigura-se que o requerido, sendo nomeado depositário desses bens, poderá continuar a utilizar ou a fruir esses bens, já que tal não é incompatível com a natureza do arrolamento. Assim, tendo sido arrolado, por hipótese, um veículo automóvel, tal não obsta a que esse bem continue a ser utilizado pelo requerido, não se aplicando, por isso, o regime da imobilização previsto para a penhora (art. 768º, nº 3)[861].

Mais problemática é a questão de saber se, tendo o arrolamento recaído sobre um saldo de um depósito bancário, esse saldo deve ficar bloqueado, por aplicação subsidiária do regime da penhora de saldos bancários, previsto no art. 780º[862], ou se, pelo contrário, o arrolamento não acarreta o bloqueio do saldo bancário, podendo, por isso, o requerido continuar a dispor livremente desse saldo[863,864].

Na nossa perspetiva, entendemos que, se o arrolamento recair sobre um saldo de um depósito bancário, esse saldo deve ficar bloqueado, por aplicação subsidiária do art. 780º. É que, se assim não se entendesse, a providência cautelar de arrolamento não cumpriria a sua finalidade, qual seja a de garantir a conservação dos bens em caso de justo receio de extravio, ocultação ou dissipação dos mesmos, razão pela qual o requerente ver-se-ia forçado a complementar o arrolamento com o pedido de decretamento de uma providência cautelar não especificada, tendente a impedir a movimentação da respetiva conta bancária – sob pena de, não procedendo deste modo, o requerido poder dissipar todo o dinheiro depositado na instituição bancária –, solução que não se afigura minimamente razoável ou sustentável.

3. Restituição provisória de posse

3.1. Âmbito

A restituição provisória de posse é uma providência cautelar que, sendo, em princípio, dependente de uma ação possessória[865] ou de reivindicação[866],

[861] Cfr., nesse sentido, o ac. do TRP de 23.10.2007, proc. 0725029.

[862] *Vide*, nesse sentido, o ac. do TRL de 23.04.2015, proc. 3376/14.9T8FNC-A.L1, bem como o ac. do TRL de 02.07.2015, proc. 4899/14.5T2SNT.L2-2.

[863] Cfr., nesse sentido, o ac. do TRP de 21.01.2008. proc. 0754997, bem como o ac. do TRL de 12.11.2014, proc. 273/14.1TBSCR-B.L1-8, no qual se decidiu que "O arrolamento de depósitos bancários não invalida a sua possível movimentação pelo seu titular, já que este arrolamento especial não pretende impedir a normal utilização dos bens arrolados, mas obviar ao seu extravio ou dissipação, o que se atinge com a descrição, avaliação e depósito dos bens".

[864] Defendendo uma solução intermédia, segundo a qual "Em caso de arrolamento de depósitos bancários, deve nomear-se como depositários desses saldos requerente e requerido, cada um na proporção de metade do respectivo valor", *vide* o ac. do TRG de 19.06.2014, proc. 1281/12.2TBEPS-B.G1.

[865] Constituem ações possessórias a ação de prevenção (art. 1276º do CC) e a ação de manutenção ou restituição da posse (art. 1278º do CC). Por sua vez, o Código de Processo Civil consagra, no seu art. 342º, os embargos de terceiro enquanto meio judicial de defesa da posse. Cfr., a este propósito, Vieira, José Alberto C., *Direitos Reais*, Coimbra Editora, Coimbra, 2008, p. 620, bem como o ac. do TRE de 17.12.1991, *apud* Pitão, José António de França, *Posse e Usucapião*, Almedina, Coimbra,

permite ao possuidor obter a restituição provisória da coisa de cuja posse tenha sido esbulhado com violência[867].

De facto, nos termos do art. 377º, em caso de esbulho violento, o possuidor pode pedir que seja restituído provisoriamente à sua posse, alegando, para o efeito, os factos que constituem a posse, o esbulho e a violência[868]. Paralelamente, o art. 1279º do CC dispõe que "o possuidor que for esbulhado com violência tem o direito a ser restituído provisoriamente à sua posse, sem audiência do esbulhador"[869].

Por conseguinte, se o juiz reconhecer, pelo exame das provas, que o requerente tinha a posse e que foi dela esbulhado violentamente, deve ordenar a restituição provisória de posse, sem citação, nem audiência do esbulhador (art. 378º)[870,871].

2007, p. 141, no qual se decidiu que "o deferimento do pedido provisório de posse não substitui a acção possessória em que se vise defender o direito acautelado por aquela providência".

[866] Cfr., nesse sentido, o ac. do TRC de 05.01.1993, *in BMJ*, 423º, p. 617, bem como o ac. do TRP de 12.09.2011, proc. 83/11.8TBVLC.P2.

[867] Durval Ferreira considera que a restituição provisória de posse não é uma "providência cautelar pura", na medida em que o seu decretamento não depende da existência de uma situação de *periculum in mora* (Ferreira, Durval, *Posse e Usucapião*, 3ª ed., Almedina, Coimbra, 2008, p. 416).

[868] Na esteira de Abrantes Geraldes, a providência cautelar de restituição provisória de posse traduz-se num meio de defesa da posse previsto no art. 1279º do CC, o qual faculta ao lesado, de forma célere e eficaz, a devolução da posse da coisa de que foi esbulhado, impedindo, dessa forma, a persistência da situação danosa, bem como o agravamento dos danos (Geraldes, António Santos Abrantes, *Temas da Reforma do Processo Civil*, vol. IV, *op. cit.*, p. 28). *Vide*, no mesmo sentido, Ascensão, José de Oliveira, *Direito Civil. Reais*, 5ª ed. reimp., Coimbra Editora, Coimbra, 2012, p. 112.

[869] A este respeito, Alberto González assinala que, enquanto o fundamento normal e natural das providências cautelares reside no *periculum in mora*, tal não se verifica na restituição provisória de posse. É que, de acordo com este Autor, "ocorrida a privação do domínio de facto, *o fundado receio de que outrem cause lesão grave e dificilmente reparável ao seu direito* independe de o esbulho ter sido violento, uma vez que esse *periculum* está no esbulho, não na violência" (González, José Alberto, "O princípio do contraditório na restituição provisória da posse: breve linha evolutiva histórica e regime actual", *in 35º Aniversário da Constituição de 1976*, Coimbra Editora, Coimbra, 2012, p. 271).

[870] Na esteira de José Alberto Vieira, "o sacrifício do princípio do contraditório encontra a sua justificação na reacção à violência. Sendo esta intolerável para a ordem jurídica, o esbulhador não é admitido sequer a pronunciar-se sobre a pretensão do esbulhado e é condenado a devolver a coisa ao esbulhado antes de poder intervir processualmente" (Vieira, José Alberto C., *Direitos Reais, op. cit.*, p. 622). Por sua vez, Oliveira Ascensão salienta que o sacrifício do princípio do contraditório encontra justificação na necessidade de se "chegar rapidamente a uma composição provisória do litígio" (Ascensão, José de Oliveira, *Direito Civil. Reais, op. cit.*, p. 112).

[871] Como bem observa Abrantes Geraldes, a inexistência de contraditório prévio na providência cautelar de restituição provisória de posse acarreta um maior risco quanto à possibilidade de ser proferida uma decisão injusta, sendo certo que esse perigo "nem sequer pode ser afastado ou atenuado através do condicionamento da providência cautelar à prévia prestação de caução por parte

Assim, esta providência cautelar, além de conceder ao lesado a possibilidade de obter, de forma célere e eficaz, a devolução da posse, impede igualmente a "persistência da situação danosa e o agravamento dos danos"[872]. Trata-se, por isso, de uma providência cautelar de regulação provisória de um litígio, que permite alterar provisoriamente a situação de facto existente, criando uma "situação nova"[873].

Por outro lado, importa salientar que, em termos processuais, a providência cautelar de restituição provisória de posse assume, simultaneamente, uma natureza declarativa e executiva, na medida em que, uma vez decretada, efetiva-se no próprio procedimento cautelar, sem necessidade, portanto, de recurso a uma ação executiva para que o possuidor obtenha a restituição da coisa de que foi esbulhado[874].

Exatamente por isso, o decretamento da restituição provisória de posse implica uma intromissão grave na esfera jurídica do requerido, na medida em que impõe a retirada da posse da coisa alegadamente esbulhada e a sua entrega ao requerente[875], não havendo lugar a contraditório prévio[876], não sendo admissível a substituição da providência cautelar de restituição provisória de posse

do requerente". Exatamente por isso, de acordo com o referido Autor, o juiz, na decisão quanto ao acolhimento da providência requerida, deve utilizar um "critério mais rigoroso ou, ao menos, accionar o princípio do inquisitório, tendo em vista determinar a eventual falta de condições de viabilidade da medida, por detrás de uma situação aparentemente carecida de protecção jurisdicional" (Geraldes, António Santos Abrantes, *Temas da Reforma do Processo Civil*, vol. IV, *op. cit.*, p. 53).

[872] *Idem, ibidem*, p. 28. Cfr., no mesmo sentido, o ac. do TRL de 15.01.1991, proc. 0028531.

[873] *Vide*, nesse sentido, Magalhães, Barbosa de, *Estudos sobre o Novo Código de Processo Civil*, 2º vol., *op. cit.*, p. 310.

[874] Cordeiro, António Menezes, *A Posse: Perspectivas Dogmáticas Actuais*, *op. cit.*, pp. 143 e 144. Cfr., no mesmo sentido, o ac. do TRL de 10.05.2018, proc. 26706/17.7T8LSB.L1-6, no qual se consignou que "Ordenada a restituição da posse, é esta oficiosamente realizada, por investidura do requerente, nos próprios autos do procedimento, sem necessidade de se instaurar acção executiva para o efeito, mas com recurso às normas aplicáveis à entrega de coisa certa".

[875] Geraldes, António Santos Abrantes, *Temas da Reforma do Processo Civil*, vol. IV, *op. cit.*, p. 61.

[876] Na esteira de Alberto González, a utilização da violência no esbulho conserva uma penalização para o seu autor, a qual se consubstancia na "obrigação de restituir sem citação nem audiência do esbulhador. Do ponto de vista processual, é um pesado castigo, dado o princípio contido no artigo 3º-A do Código de Processo Civil e dada, portanto, a óbvia possibilidade de a violência não ter efetivamente sucedido" (González, José Alberto, "O princípio do contraditório na restituição provisória da posse: breve linha evolutiva histórica e regime actual", *op. cit.*, p. 272). Cfr., no mesmo sentido, Marcato, António Carlos, *Procedimentos Especiais*, *op. cit.*, p. 158, bem como o ac. do TRE de 10.12.1992, *in BMJ*, 422º, p. 453, e o ac. do STJ de 14.11.1994, *in BMJ*, 442º, p. 261, no qual se decidiu que "O benefício concedido ao possuidor de ser restituído à posse imediatamente, isto é, antes de ser julgada procedente a acção, tem a sua justificação precisamente na violência cometida pelo esbulhador: é, por assim dizer, o castigo da violência".

por caução[877], nem tão-pouco sendo possível a recusa da providência com fundamento na superioridade do prejuízo que, do seu decretamento, resultaria para o requerido, comparativamente com o dano que, com ela, o requerente pretende evitar (art. 368º, nº 2)[878].

3.2. Requisitos

No que concerne aos requisitos para o seu decretamento, a restituição provisória de posse depende da verificação de uma situação de esbulho violento de uma determinada coisa que era possuída pelo requerente, pressupondo, por isso, de forma cumulativa, a posse, o esbulho e a violência[879].

Com efeito, o requerente desta providência cautelar deve alegar que era detentor legítimo de um determinado bem, móvel ou imóvel, e que foi dele privado através de um esbulho praticado com violência[880].

Neste enquadramento, o benefício da providência é concedido ao possuidor "não em atenção a um perigo de dano iminente, mas como compensação da violência de que o possuidor foi vítima, pela aplicação da regra *spoliatus ante omnia restituendus*. Por isso, mingua excepcionalmente no procedimento cautelar de restituição provisória de posse a característica do *periculum in mora*, que se encontra em todos os demais processos cautelares, pelo que o autor não carece de alegar e provar que corre um risco, que é exposto à ameaça de

[877] Cfr., nesse sentido, REGO, Carlos Francisco de Oliveira Lopes do, *Comentários ao Código de Processo Civil*, vol. I, *op. cit.*, p. 363. *Vide*, na jurisprudência, o ac. do TRE de 15.04.1999, *in BMJ*, 486º, p. 376, o ac. do STJ de 18.05.1999, *in BMJ*, 487º, p. 251, o ac. do TRE de 20.05.1999, *in BMJ*, 487º, p. 306, bem como o ac. do STJ de 20.05.2000, *in CJ*, tomo II, 2000, p. 83. Em sentido contrário, embora fazendo impender sobre o requerido "o ónus da alegação e prova das concretas razões de facto que justificam a opção pela manutenção da situação decorrente do esbulho por si praticado em vez da reposição da situação anterior", *vide* o ac. do TRE de 25.02.1999, *in CJ*, tomo I, 1999, p. 278, no qual se decidiu que "A substituição por caução duma restituição provisória da posse só deve ocorrer nos casos em que se verifiquem ponderosos e aceitáveis interesses e razões do esbulhador, que possam superar o interesse de reprimir a violência do esbulhador de modo a assegurar a paz pública", bem como o ac. do TRE de 30.11.2000, *in CJ*, tomo V, 2000, p. 273.

[878] *Vide*, nesse sentido, o ac. do TRG de 23.11.2017, proc. 777/17.4T8FAF.G1.

[879] Cfr., nesse sentido, GERALDES, António Santos Abrantes, *Temas da Reforma do Processo Civil*, vol. IV, *op. cit.*, p. 28, FREITAS, José Lebre de, *Estudos sobre Direito Civil e Processo Civil*, vol. I, *op. cit.*, p. 236, CORDEIRO, António Menezes, *A Posse: Perspectivas Dogmáticas Actuais*, 3ª ed. atu., 2ª reimp., Almedina, Coimbra, 2005, p. 142, bem como ALMEIDA, Luís Pedro Moitinho de, *Restituição da Posse e Ocupação de Imóveis*, 5ª ed. atu., Coimbra Editora, Coimbra, 2002, p. 133. *Vide*, na jurisprudência, o ac. do STJ de 13.11.1984, proc. 072245, *in BMJ*, nº 341, ano 1984, p. 401, bem como o ac. do STJ de 24.05.1989, proc. 077229.

[880] RODRIGUES, Fernando Pereira, *A Prova em Direito Civil*, *op. cit.*, p. 274.

um dano jurídico com a demora da posse, bastando-lhe alegar e provar os pressupostos desta acção cautelar"[881].

3.2.1. Posse

Relativamente à posse, esta traduz-se no exercício de poderes de facto sobre uma coisa por forma correspondente ao direito de propriedade ou de outro direito real (art. 1251º do CC)[882], sendo que o nosso ordenamento jurídico tutela as situações de exercício aparente de um direito real de gozo[883].

Por via disso, o requerente deve "caracterizar, de forma tão completa quanto possível, os poderes de facto efectivamente exercidos, a par da sua qualificação por referência ao direito real correspondente, dado que uma mesma situação pode ser conotada com diversos direitos"[884].

Assim, tanto pode lançar mão desta providência cautelar o possuidor em nome próprio[885], como alguns possuidores em nome alheio, como sucede com o parceiro pensador, o locatário, o comodatário e o depositário[886].

[881] ALMEIDA, Luís Pedro Moitinho de, *Restituição da Posse e Ocupação de Imóveis, op. cit.*, p. 134. *Vide*, no mesmo sentido, GERALDES, António Santos Abrantes, *Temas da Reforma do Processo Civil*, vol. IV, *op. cit.*, p. 28, MARIANO, João Cura, *A Providência Cautelar de Arbitramento de Reparação Provisória, op. cit.*, p. 20, bem como GONZÁLEZ, José Alberto, "O princípio do contraditório na restituição provisória da posse: breve linha evolutiva histórica e regime actual", *op. cit.*, p. 276. Cfr., na jurisprudência, o ac. do TRG de 08.06.2017, proc. 219/16.2T8PVL-A.G1, o ac. do TRG de 23.11.2017, proc. 777/17.4T8FAF.G1, bem como o ac. do TRG de 06.12.2018, proc. 2817/18.0T8VCT.G1.

[882] Para uma abordagem histórica quanto à evolução do regime jurídico da posse, *vide* CORDEIRO, António Menezes, *A Posse: Perspectivas Dogmáticas Actuais, op. cit.*, pp. 15 a 46, VIEIRA, José Alberto C., *Direitos Reais, op. cit.*, pp. 514 a 518, bem como FERREIRA, Durval, *Posse e Usucapião, op. cit.*, pp. 5 a 11.

[883] Muito embora a tutela possessória se revele com maior destaque no exercício de poderes de facto sobre uma coisa por forma correspondente à titularidade de um direito real de gozo, tal não obsta a que a posse se manifeste igualmente no exercício de um direito real de garantia ou de um direito de cariz obrigacional (GERALDES, António Santos Abrantes, *Temas da Reforma do Processo Civil*, vol. IV, *op. cit.*, pp. 33 a 45). *Vide*, no mesmo sentido, MESQUITA, Miguel, *Apreensão de Bens em Processo Executivo e Oposição de Terceiro*, 2ª ed. rev. e aum., Almedina, Coimbra, 2001, pp. 46 a 49, LEITÃO, Luís Manuel Teles de Menezes, *Direitos Reais*, 7ª ed., Almedina, Coimbra, 2018, pp. 118 e 119, bem como TURCO, Claudio, *Lezioni di Diritto Privato*, Giuffrè Editore, Milão, 2011, p. 213.

[884] GERALDES, António Santos Abrantes, *Temas da Reforma do Processo Civil*, vol. IV, *op. cit.*, p. 52. A este respeito, Menezes Cordeiro assinala que o juiz apenas deve decretar a restituição provisória de posse desde que "fique convencido", mediante recurso aos meios admitidos na lei processual civil, "do exercício de poderes materiais não causais sobre uma coisa e não exista disposição legal que imponha mera detenção" (CORDEIRO, António Menezes, *A Posse: Perspectivas Dogmáticas Actuais, op. cit.*, pp. 142 e 143). No sentido de o requerente desta providência cautelar não se encontrar obrigado a provar o domínio ou mesmo a sua plausibilidade, mas antes os factos constitutivos da posse, sendo suficiente a demonstração do *corpus* por se presumir o *animus*, *vide* o ac. do TRE de 19.06.2014, proc. 268/14.5TBSLV.E1.

[885] FREITAS, José Lebre de/ALEXANDRE, Isabel, *Código de Processo Civil Anotado*, vol. II, *op. cit.*, p. 94. Cfr., na jurisprudência, o ac. do TRE de 12.03.2015, proc. 55/14.0TBAVS.E1.

Diversamente, carecem de legitimidade para requerer o decretamento desta providência cautelar as pessoas que exerçam poderes de facto sem intenção de agir como beneficiárias do direito[887] e as que se aproveitam da mera tolerância do titular do direito[888], restando-lhes apenas o direito de pedir uma indemnização pela privação da coisa, sem prejuízo do eventual procedimento criminal, que ao caso couber, contra o agente da violência[889].

Por conseguinte, a providência cautelar de restituição provisória de posse será decretada desde que o julgador formule um juízo de mera probabilidade quanto à verificação da posse, isto é, o tribunal deve "certificar-se de que o autor é, aparentemente, titular do direito que invoca"[890,891].

3.2.2. Esbulho

No que concerne ao esbulho, este verifica-se nos casos em que a pessoa é privada, total ou parcialmente, do exercício da "retenção ou fruição do objecto possuído", ou seja, quando fica privada de exercer a sua posse ou os direitos que tinha anteriormente[892,893]. O esbulho abrange, por isso,

[886] *Vide*, nesse sentido, o ac. do STJ de 12.06.1991, proc. 080710.

[887] Cfr., a este propósito, o ac. do TRL de 28.05.1985, *in BMJ*, 354º, p. 605, no qual se decidiu que "No contrato-promessa de arrendamento e ainda que haja tradição da coisa, não pode o promitente arrendatário usar dos meios para defesa da posse, designadamente a restituição provisória, uma vez que se configura apenas a detenção ou posse precária".

[888] Cfr., nesse sentido, Freitas, José Lebre de/Alexandre, Isabel, *Código de Processo Civil Anotado*, vol. II, *op. cit.*, p. 94.

[889] Cordeiro, António Menezes, *A Posse: Perspectivas Dogmáticas Actuais*, *op. cit.*, p. 143.

[890] Almeida, Luís Pedro Moitinho de, *Restituição da Posse e Ocupação de Imóveis*, *op. cit.*, p. 135.

[891] No sentido de esta providência cautelar ser injustificada nos casos em que o requerente não alegou factos donde pudesse decorrer a existência da posse ou de outro direito suscetível de ser tutelado por esta via, *vide* o ac. do TRE de 08.11.2012, proc. 2919/11.4TBSTR-A.E1.

[892] Ac. do STJ de 19.03.1996, proc. 96A110. Cfr., a este propósito, o ac. do TRE de 23.02.2017, proc. 76/14.3T8TMR-B.E1, no qual se decidiu que "Verificam-se os pressupostos para o decretamento da providência cautelar de restituição provisória de posse, designadamente o esbulho, mesmo que o Requerente tenha a chave da porta da casa a restituir, desde que os Requeridos ali tenham acesso e tranquem a porta por dentro, não permitindo a entrada mesmo a quem tem a chave.".

[893] Nessa exata medida, conforme se decidiu no ac. do TRL de 06.12.2017, proc. 7225/17.8T8ALM.L1-2, "O procedimento cautelar de restituição provisória de posse não é o meio adequado para pedir a atribuição da casa de morada de família, na sequência de decisão ainda não transitada em julgado que decretou o divórcio por mútuo consentimento, e no qual ficou acordado que ao requerido seria atribuído o uso da casa de morada de família, o que não pode deixar de acarretar o indeferimento liminar do requerimento inicial, por manifesta improcedência do pedido". Cfr., ainda, o ac. do TRE de 26.10.2017, proc. 311/17.6T8LAG.E2, no qual se decidiu que "Não há esbulho se – com vista a remover os obstáculos que entretanto foram colocados ao seu acesso à habitação de que tinha o uso – se procede ao corte dos arames do portão de acesso à propriedade onde está a habitação para

os atos que impliquem a perda da posse contra a vontade do possuidor e que assumam proporções de tal modo significativas que impeçam a sua conservação[894,895].

Nos termos do art. 1283º do CC, "é havido como nunca perturbado ou esbulhado o que foi mantido na sua posse ou a ela foi restituído judicialmente". Neste pressuposto, a restituição provisória de posse será injustificada, por inexistência de "esbulho", nas situações em que a coisa possuída tenha sido apreendida por via do cumprimento de uma ordem judicial[896] ou no âmbito de uma ação executiva para entrega coisa certa[897], bem como nos casos em que se verifique uma mera turbação da posse, isto é, quando os atos de um terceiro apenas dificultam o exercício do poder de facto sobre uma coisa, poder esse que, no entanto, se mantém na esfera do possuidor[898].

3.2.3. Violência

Relativamente ao requisito da violência, a doutrina e a jurisprudência têm vindo a dividir-se quanto à questão de saber se a violência no esbulho só pode ser exercida sobre a pessoa do possuidor ou se pode igualmente recair sobre a própria coisa possuída[899].

Assim, para uma primeira corrente, de âmbito mais restritivo, a violência só pode ser exercida sobre as pessoas, isto é, haverá violência no esbulho

continuar o uso que já vinha fazendo anteriormente", bem como o ac. do TRL de 07.02.2019, proc. 6113/18.5T8ALM-A.L1-2, no qual se exarou que "O pedido de restituição provisória da posse não procede contra quem está a ocupar o imóvel com base num contrato de arrendamento".

894 Geraldes, António Santos Abrantes, *Temas da Reforma do Processo Civil*, vol. IV, *op. cit.*, p. 46. Cfr., no mesmo sentido, González, José Alberto, "O princípio do contraditório na restituição provisória da posse: breve linha evolutiva histórica e regime actual", *op. cit.*, p. 273, bem como o ac. do TRL de 12.12.1996, *in BMJ*, 462º, p. 481.

895 Quanto à distinção entre turbação e esbulho, *vide* Freitas, José Lebre de/Alexandre, Isabel, *Código de Processo Civil Anotado*, vol. II, *op. cit.*, p. 89.

896 Cfr. o ac. do TRE de 11.01.1990, *in BMJ*, 393º, p. 683, o qual considerou que não há esbulho (violento) mesmo nos casos em que o tribunal é obrigado a recorrer a meios coativos para impor as suas decisões.

897 Ac. do TRE de 15.01.2015, proc. 2188/14.4 T8STB-A.E1.

898 Ac. do TRC de 16.05.2006, proc. 1240/06.

899 Cfr. quanto a esta problemática, entre outros, Reis, José Alberto dos, *Código de Processo Civil Anotado*, vol. I, *op. cit.*, p. 670, Geraldes, António Santos Abrantes, *Temas da Reforma do Processo Civil*, vol. IV, *op. cit.*, pp. 47 a 50, Sousa, Miguel Teixeira de, *Estudos sobre o Novo Processo Civil, op. cit.*, p. 238, Freitas, José Lebre de/Alexandre, Isabel, *Código de Processo Civil Anotado*, vol. II, *op. cit.*, pp. 90 a 93, Rego, Carlos Francisco de Oliveira Lopes do, *Comentários ao Código de Processo Civil*, vol. I, *op. cit.*, pp. 363 e 364, Almeida, Luís Pedro Moitinho de, *Restituição da Posse e Ocupação de Imóveis, op. cit.*, pp. 123 e 124, bem como Ferreira, Durval, *Posse e Usucapião, op. cit.*, pp. 419 a 425.

quando tenha havido coação física ou moral diretamente sobre a pessoa do esbulhado, atento o disposto no art. 1261º, nº 2, do CC[900].

Por sua vez, para uma segunda corrente, de âmbito mais amplo, a violência no esbulho tanto pode incidir sobre pessoas, como pode recair sobre coisas – tal como sucede, por exemplo, com a mudança de uma fechadura ou o derrube de um portão – desde que, independentemente de o esbulhado ter ou não estado presente no momento do esbulho, essa ação constitua um "meio de coagir o esbulhado a suportar uma situação contra a sua vontade"[901], isto é, quando os contornos do ato ou os meios utilizados "traduzam um cariz intimidatório, de ameaça latente, que pode vir a repercutir-se sobre o esbulhado, impedindo-o de aceder ou utilizar a coisa possuída"[902]. Assim, de acordo com esta orientação, ainda que o ato seja praticado sobre a coisa, não haverá violência se esse ato não produzir no esbulhado qualquer "constrangimento psicológico no sentido de afectar a sua liberdade, a sua segurança e tranquilidade"[903].

Na nossa perspetiva, entendemos ser de perfilhar a segunda corrente, isto é, para além dos casos em que a violência é exercida sobre a própria pessoa do possuidor, o esbulho será igualmente violento quando, sendo exercido de forma direta e imediata sobre uma coisa, atinja de algum modo, ainda que por via indireta ou reflexa, designadamente pelo seu cariz ameaçador ou intimidatório, a pessoa do possuidor[904].

[900] Cfr., entre outros, o ac. do TRP de 12.12.2000, proc. 0020965.

[901] Ac. do TRG de 03.11.2011, proc. 69/11.2TBGMR-B.G1. Cfr., no mesmo sentido, o ac. do TRL de 20.01.2005, proc. 6966/2004-2, o ac. do TRC de 07.02.2006, proc. 4151/05, o ac. do TRC de 04.04.2006, proc. 552/06, o ac. do TRG de 12.06.2008, proc. 1004/08-2, o ac. do TRC de 20.05.2014, proc. 84/14.4TBNLS.C1, o ac. do TRG de 16.05.2015, proc. 134/13.1TBEPS.G1, bem como o ac. do STJ de 19.10.2016, proc. 487/14.4T2STC.E2.S1. Com efeito, conforme se decidiu no último dos citados arestos, "A interpretação mais restritiva seria redutora e deixaria sem tutela cautelar o possuidor privado da sua posse por outrem que, na sua ausência e sem o seu consentimento, actuou por forma a criar obstáculo ou obstáculos que o constrangem, nomeadamente, impedindo-lhe o acesso à coisa".

[902] Ac. do TRE de 19.06.2014, proc. 268/14.5TBSLV.E1. *Vide*, no mesmo sentido, o ac. do TRE de 20.10.2016, proc. 469/16.1T8ABT.E1, o ac. do TRC de 24.01.2017, proc. 1350/16.0T8GRD.C1, o ac. do TRG de 04.04.2017, proc. 1053/16.5T8BCL.G1, o ac. do TRG de 14.09.2017, proc. 99/17.0T8AMR.G1, o ac. do TRG de 23.11.2017, proc. 777/17.4T8FAF.G1, bem como o ac. do TRC de 11.04.2019, proc. 28/19.7T8MBR.C1.

[903] Ac. do TRC de 09.11.2004, proc. 3030/04. Cfr., no mesmo sentido, o ac. do TRC de 24.01.2017, proc. 1350/16.0T8GRD.C1, no qual se decidiu que "a violência sobre as coisas, para relevar em termos de restituição provisória de posse, terá de ter reflexos, ainda que indirectos, como forma de intimidação, sobre as pessoas.".

[904] Cfr., nesse sentido, o ac. do TRE de 25.11.1993, *in BMJ*, 431º, p. 584, o ac. do TRC de 07.02.2006, proc. 4151/05, o ac. do TRP de 26.11.2012, proc. 220/12.5TJPRT-B.P1, bem como o ac. do TRE de

Deste modo, aquilo que se exige para efeitos de restituição provisória de posse é que a violência seja caracterizadora do próprio esbulho[905]. Por conseguinte, a providência cautelar de restituição provisória de posse só poderá ser decretada desde que o julgador se convença, ainda que de forma indiciária, que o requerente tinha a posse de uma determinada coisa e que foi dela esbulhado de forma violenta[906].

No entanto, o não preenchimento do requisito da violência não implica, por si só, que o recurso à tutela cautelar seja injustificado, porquanto nada obsta a que o julgador decrete uma providência cautelar comum, que permita ao requerente obter a restituição provisória da coisa esbulhada. Todavia, nesse caso, o decretamento da providência cautelar comum depende não só da demonstração da posse e do esbulho ou turbação da mesma, como também do preenchimento dos requisitos gerais da tutela cautelar, *maxime* do *fumus boni iuris*, do *periculum in mora* e do interesse processual[907].

4. Suspensão de deliberações sociais

4.1. Âmbito

O art. 380º, nº 1, estabelece que, se alguma associação ou sociedade, seja qual for a sua espécie, tomar deliberações contrárias à lei, aos estatutos ou ao contrato, qualquer sócio pode requerer, no prazo de dez dias[908,909], a suspensão da execução dessas deliberações, desde que, para tal, justifique a sua

19.06.2014, proc. 268/14.5TBSLV.E1.

905 Cordeiro, António Menezes, *A Posse: Perspectivas Dogmáticas Actuais, op. cit.*, p. 142.

906 Cfr., nesse sentido, o ac. do TRP de 18.09.1995, *in BMJ*, 449º, p. 445. *Vide*, em sentido contrário, o ac. do STJ de 11.01.1961, *in BMJ*, 109º, p. 564, segundo o qual "Ao deferimento do pedido basta um juízo de probabilidade ou verosimilhança sobre a verificação dos requisitos legais".

907 *Vide*, nesse sentido, o ac. do TRG de 21.09.2017, proc. 2931/17.0T8BRG.G1, bem como o ac. do TRC de 11.04.2019, proc. 28/19.7T8MBR.C1.

908 Nos termos do art. 380º, nº 3, o prazo de dez dias para a apresentação do requerimento de suspensão da deliberação social conta-se a partir da data da assembleia em que a deliberação foi tomada ou, se o requerente da providência cautelar não tiver sido regularmente convocado para essa assembleia, a partir da data em que teve conhecimento da tomada dessa deliberação. *Vide*, a este propósito, o ac. do TRC de 20.02.2019, proc. 3635/18.1T8VIS-A.C1, no qual se decidiu o seguinte: "A irregularidade da convocatória que releva para efeitos de contagem do prazo previsto no artigo 380º do CPC (prazo para requerer a suspensão das deliberações sociais) é apenas a irregularidade que tem idoneidade para impedir o sócio/accionista de tomar efectivo conhecimento da realização da assembleia e das deliberações que nela foram tomadas; se o sócio toma efectivo conhecimento da realização da assembleia e da respectiva ordem de trabalhos e se nela comparece, a mera circunstância de a abandonar não lhe permitirá invocar o desconhecimento da deliberação que aí venha a ser tomada sobre assunto que constava da ordem de trabalhos e, portanto, ainda que a convocatória padecesse de alguma irregularidade, o prazo para requerer a suspensão da

qualidade de sócio e demonstre que essa execução é suscetível de causar um dano apreciável.[909]

Assim, esta providência cautelar permite antecipar determinados efeitos jurídicos resultantes da sentença declarativa de nulidade ou de anulação da deliberação social ao impedir a execução da deliberação inválida[910,911] e a consequente produção de efeitos negativos na esfera jurídica do requerente da providência cautelar ou da própria associação ou sociedade em causa[912,913].

Na verdade, "para fazer valer o direito de impugnação de deliberações sociais é necessário tempo", resultando dessa morosidade "o risco de as deliberações se irem desde logo executando, portanto criando direitos e obriga-

deliberação deverá ser contado a partir da data da assembleia nos termos previstos na 1ª parte do nº 3 do citado artigo 380º".

909 Cfr., a este respeito, o ac. do TRE de 11.04.2019, proc. 2251/18.2T8PTM-A.E1, com o seguinte sumário: "O prazo de 10 dias previsto no nº 1 do artigo 380º do Código de Processo Civil tem natureza civil ou substantiva e é um prazo de caducidade, ao qual, são aplicáveis as regras dos nºs 1 a 3 do artigo 138º do Código de Processo Civil, por força do estatuído no nº 4 deste artigo. Ao referido prazo não é aplicável a regra prevista no nº 5 do artigo 139º do Código de Processo Civil". Por sua vez, decidiu-se no ac. do TRE de 28.03.2019, proc. 77/18.2T8RDD-A.E1, que "O procedimento cautelar comum não pode ser usado para impossibilitar actos de execução de deliberações sociais quando o prazo para requerer a sua suspensão já decorreu".

910 Cfr., nesse sentido, XAVIER, Vasco da Gama Lobo, "O conteúdo da providência de suspensão de deliberações sociais", *op. cit.*, pp. 211 a 214, segundo o qual a suspensão de deliberações sociais visa garantir a "eficácia prática de uma eventual sentença anulatória, face à possibilidade de a duração do respectivo processo frustrar os resultados que através dele o autor visa atingir".

911 Quanto ao direito de impugnação de deliberações ilegais, *vide* ALMEIDA, Luís Pedro Moitinho de, *Anulação e Suspensão de Deliberações Sociais*, 4ª ed., Coimbra Editora, Coimbra, 2003, pp. 9 a 13.

912 GERALDES, António Santos Abrantes, *Temas da Reforma do Processo Civil*, vol. IV, *op. cit.*, p. 76. Com efeito, como denota Abrantes Geraldes, a providência cautelar de suspensão de deliberações sociais exerce uma função instrumental em relação às ações em que se visa reconhecer a invalidade de uma determinada deliberação societária, pelo que só faz sentido o recurso a esta providência quando a "situação litigiosa tenha origem numa deliberação cuja execução se pretenda evitar, com a alegação dos prejuízos que daí possam decorrer" (GERALDES, António Santos Abrantes, *Temas da Reforma do Processo Civil*, vol. IV, *op. cit.*, p. 79). Do mesmo modo, tal como se decidiu no ac. do TRL de 28.10.1993, proc. 0077762, *in CJ*, ano XVIII, 1993, p. 106, "A suspensão de deliberações sociais é um meio de acautelar a utilidade prática da sentença de anulação contra o risco derivado da duração do respectivo processo".

913 A este respeito, mais do que a finalidade antecipatória, Vasco Lobo Xavier chama a atenção para o facto de a providência cautelar de suspensão de deliberações sociais permitir conciliar "a relevância, para a vida societária, que terá a deliberação impugnada e a demora, potencialmente amplíssima, da acção anulatória" (XAVIER, Vasco da Gama Lobo, "Suspensão de deliberações sociais ditas 'já executadas'", *in RLJ*, 123º, nº 3801, e 124º, nº 3802, Coimbra, abril-maio 1991, p. 376).

ções que a anulabilidade que há-de vir a ser decretada não pode praticamente atingir"[914].

Nesta perspetiva, a suspensão de deliberações sociais traduz-se num "procedimento preparatório" da ação anulatória de deliberações societárias que sejam contrárias à lei, aos estatutos ou ao contrato[915], sem prejuízo da possibilidade de inversão do contencioso (arts. 376º, nº 4, e 382º).

4.2. Requisitos

Para que seja admissível o recurso a esta providência cautelar, torna-se necessário o preenchimento cumulativo dos seguintes requisitos[916]:

a) estar em causa uma deliberação societária que seja inválida, por violar a lei, os estatutos ou o contrato;
b) ter o requerente a qualidade de sócio ou de associado da pessoa coletiva em causa[917];
c) não ter a deliberação sido já executada[918];
d) resultar da execução dessa deliberação a produção de um dano apreciável[919].

[914] ALMEIDA, Luís Pedro Moitinho de, *Anulação e Suspensão de Deliberações Sociais, op. cit.*, p. 141.

[915] RODRIGUES, Fernando Pereira, *A Prova em Direito Civil, op. cit.*, p. 275.

[916] Diversamente, Lopes do Rego, no seguimento da jurisprudência firmada pelo ac. do STJ, *in BMJ*, 467º, p. 59, sustenta que são apenas dois os requisitos de que depende o deferimento desta providência cautelar: a qualidade atual de sócio e a ilegalidade da deliberação, suscetível de gerar dano apreciável com a sua execução (REGO, Carlos Francisco de Oliveira Lopes do, *Comentários ao Código de Processo Civil*, vol. I, *op. cit.*, p. 365). Por sua vez, o ac. do TRP de 15.11.1993, proc. 9350684, decidiu que os requisitos para o decretamento desta providência cautelar reconduzem-se à ilegalidade da deliberação e à possibilidade de produção de um dano apreciável em virtude da sua execução imediata.

[917] Na esteira de Abrantes Geraldes, não existe uma coincidência entre o pressuposto processual da legitimidade ativa para a suspensão de deliberações sociais e para as ações. Assim, enquanto a suspensão de deliberações sociais só pode ser requerida por quem tiver a qualidade de sócio, já a ação de nulidade pode ser proposta por qualquer interessado, seja ele ou não sócio (GERALDES, António Santos Abrantes, *Temas da Reforma do Processo Civil*, vol. IV, *op. cit.*, p. 89).

[918] Trata-se, com efeito, do requisito da atualidade do perigo, ficando, por isso, excluídas do âmbito desta providência cautelar as deliberações sociais que já tenham sido executadas, bem como aquelas que se encontrem esvaziadas de conteúdo (GERALDES, António Santos Abrantes, *Temas da Reforma do Processo Civil*, vol. IV, *op. cit.*, p. 103). Cfr., no mesmo sentido, ALMEIDA, Luís Pedro Moitinho de, *Anulação e Suspensão de Deliberações Sociais, op. cit.*, p. 141, bem como BASTOS, Jacinto Fernandes Rodrigues, *Notas ao Código de Processo Civil*, vol. II, *op. cit.*, p. 181.

[919] *Vide*, nesse sentido, o ac. do TRL de 14.01.1992, proc. 0050921, o ac. do TRP de 01.04.1993, proc. 9220960, ac. do TRC de 26.03.2019, proc. 1762/18.4T8LRA-A.C1, bem como o ac. do TRG de 02.05.2019, proc. 7568/18.3T8VNF-A.G1.

Deste modo, o decretamento da providência cautelar de suspensão de deliberações sociais depende da alegação, sob pena de injustificabilidade, da qualidade do requerente enquanto sócio ou associado da pessoa coletiva em questão, do conteúdo da deliberação, das razões da sua invalidade e dos factos dos quais resulte o perigo de ocorrência de um dano apreciável por força da execução futura dessa deliberação[920,921], sendo certo que a falta de verificação de algum desses requisitos impede o decretamento da providência[922].

4.2.1. Deliberação social inválida

A invalidade da deliberação social que se pretende impugnar corresponde ao *fumus boni iuris* da providência cautelar de suspensão de deliberações sociais.

Com efeito, esta providência cautelar será justificada quando se encontre demonstrada, pelo menos de forma indiciária[923], a invalidade da deliberação societária[924,925], pelo facto de a mesma violar a lei, os estatutos ou o contrato de sociedade[926,927].

[920] GERALDES, António Santos Abrantes, *Temas da Reforma do Processo Civil*, vol. IV, *op. cit.*, p. 92. Cfr., a este propósito, o ac. do TRL de 11.10.2012, proc. 255/12.8TVLSB-A.L1-6, bem como o ac. do TRC de 17.09.2013, proc. 85/13.0TBACN-A.C1, sendo que, neste último acórdão, decidiu-se que o requisito da qualidade de sócio constitui pressuposto da legitimidade ativa, enquanto os demais constituem elementos integrantes da causa de pedir.

[921] Tal como denota Teixeira de Sousa, o dano que o requerente desta providência cautelar pretende evitar deve ser apreciável, mas não tem, necessariamente, de ser irreparável ou de difícil reparação (SOUSA, Miguel Teixeira de, *Estudos sobre o Novo Processo Civil*, *op. cit.*, p. 240). Cfr., no mesmo sentido, o ac. do TRL de 20.11.2014, proc. 1972/13.0TVLSB.L1-2, no qual se decidiu que "O dano apreciável é o dano visível, de aparente dignidade, não se exigindo que estejam evidenciados danos irreparáveis e de difícil reparação, como sucede no procedimento cautelar comum, mas impondo-se ao requerente o ónus de convencer o tribunal de que a suspensão da deliberação é condição essencial para impedir a verificação de um dano apreciável".

[922] Cfr., nesse sentido, o ac. do TRL de 15.03.2018, proc. 19797/17.2T8LSB.L1-6.

[923] *Vide*, no mesmo sentido, o ac. do TRP de 22.10.2009, proc. 697/09.3TYVNG-A.P1, o ac. do TRL de 28.09.2017, proc. 2317-17.6T8FNC-A.L1-8, bem como o ac. do TRC de 02.04.2019, proc. 58/19.9T8FVN.C1.

[924] Ainda que tal questão seja controvertida na jurisprudência, a providência cautelar de suspensão de deliberações sociais não constitui o meio processual adequado para se requerer a suspensão de deliberações tomadas por outros órgãos, nomeadamente pela direção, pela gerência, pela administração ou pelo conselho fiscal, já que a validade das deliberações tomadas por esses órgãos deve ser sindicada em assembleia geral da sociedade, nos termos do art. 412º do CSC, apenas sendo possível requerer, a título cautelar, a suspensão da deliberação social que, a esse propósito, vier a ser tomada pela assembleia-geral. Cfr., nesse sentido, o ac. do STJ de 26.11.1987, proc. 075792, o ac. do TRP de 22.01.1992, proc. 0124498, o ac. do TRL de 08.05.2001, proc. 0020891, o ac. do TRP de 30.06.2014, proc. 1150/13.9TBBGC-A.P1, bem como o ac. do TRC de 20.04.2016, proc. 9619/15.4T8CBR.C1. Cfr., em sentido contrário, o ac. do TRL de 13.03.2014, proc. 1535/13.0TYLSB-A.L1-6 (Rel. Maria Manuela Gomes), no qual se decidiu que, apesar de, em regra, as deliberações do conselho de

O decretamento da providência implica, assim, que "o ânimo do juiz deve estar, pelo menos, bastante propenso [...] a acreditar que o requerente da suspensão obterá ganho de causa na acção anulatória"[928]. De facto, esta providência cautelar só pode ser concedida quando o juiz "tenha chegado, quando não a uma certeza absoluta segundo o seu próprio critério, pelo menos a uma convicção positiva nítida no sentido da irregularidade e, portanto, da nulidade das mesmas deliberações. [...] Só deve ordená-la se no seu espírito se desenhar uma inclinação decidida, ou pelo menos bem apreciável,

administração de uma sociedade anónima não serem suscetíveis de impugnação judicial direta, razão pela qual a sua eventual nulidade ou anulabilidade deve ser deliberada em assembleia geral, cabendo desta deliberação ação judicial (art. 412º do CSC), a verdade é que, se a deliberação do conselho de administração tiver sido tomada em virtude de uma autorização resultante do contrato de sociedade, como sucede com o aumento do capital social, nos termos do art. 456º do CSC, é possível requerer diretamente a suspensão dessa deliberação.
No sentido de o art. 412º do CSC não padecer de qualquer vício de inconstitucionalidade, pelo facto de não admitir, de forma direta e imediata, a impugnação judicial da deliberação tomada pelo órgão executivo da sociedade, em alegada violação do princípio constitucional do acesso ao Direito e aos Tribunais, *vide* o ac. do TC nº 415/2003, de 24.09.2003, proc. 245/03, *in www.tribunalconstitucional.pt.*

925 A este respeito, Alexandre Soveral Martins sustenta que o procedimento cautelar de suspensão de deliberações sociais pode ser utilizado para suspender a execução de deliberações anuláveis, nulas ou ineficazes (Martins, Alexandre Soveral, "Suspensão de deliberações sociais de sociedades comerciais: alguns problemas", *in ROA*, ano 63º, vol. I/II, Lisboa, abril 2003, p. 347).

926 No seguimento de Pedro Maia, a invalidade da deliberação social pode resultar de vícios ocorridos no procedimento deliberativo ou de vícios do conteúdo da deliberação. Inserem-se no primeiro grupo, entre outros, os vícios atinentes à convocação dos sócios, à reunião dos sócios, à apresentação e discussão de propostas e à votação, contagem de votos e apuramento de resultados. Por sua vez, incluem-se no segundo grupo os vícios respeitantes ao conteúdo da deliberação, por ser contrária ao que se encontra regulado na lei, no contrato ou nos estatutos, sendo certo que, enquanto a violação de normas contratuais ou de normas legais dispositivas acarreta a anulabilidade da deliberação, já a violação de normas legais imperativas dá origem à nulidade da deliberação (Maia, Pedro, *et al.*, *Estudos de Direito das Sociedades*, 11ª ed., Almedina, Coimbra, 2013, pp. 237 a 241).

927 É o que sucede, por exemplo, com a deliberação de destituição de um gerente tomada numa assembleia geral sem que tal assunto, apesar de ser previsível, constasse da respetiva ordem de trabalhos (ac. do TRP de 14.03.2017, proc. 2541/16.9T8AVR.P1).

928 Andrade, Manuel A. Domingues de/Correia, Ferrer, "Suspensão e anulação de deliberações sociais", *in RDES*, ano III, nºs 5-6, dezembro 1947 – fevereiro 1948, p. 382. De todo o modo, conforme salienta Alberto dos Reis, "a demonstração de que a deliberação briga com disposições expressas na lei ou nos estatutos não precisa de ser feita, com toda a plenitude, no processo de suspensão; é na acção de anulação que há-de apurar-se exaustivamente esse ponto, já porque os termos desse processo permitem uma discussão completa e profunda a tal respeito, já porque o pedido aí formulado é a anulação" (Reis, Alberto dos, "A figura do processo cautelar", *op. cit.*, p. 56). *Vide*, no mesmo sentido, o ac. do TRP de 15.11.1993, proc. 9350684.

no sentido da nulidade das deliberações e, por conseguinte, no do êxito daquela acção"[929].

Consequentemente, o juiz não deve ordenar a suspensão de uma deliberação social quando considere que, ainda que a ação judicial de anulação da deliberação possa vir a ter provimento, é maior a probabilidade de essa ação ser julgada improcedente ou, pelo menos, quando se encontrem em equilíbrio as posições sustentadas por cada uma das partes[930].

No que concerne ao preenchimento deste requisito, a jurisprudência tem vindo a entender que é suficiente um juízo de probabilidade quanto à invalidade da deliberação societária[931].

4.2.2. Qualidade de sócio ou de associado

Nos termos do art. 380º, nº 1, a suspensão de deliberações sociais só pode ser requerida por um sócio da respetiva sociedade ou associação que, naturalmente, não tenha votado em sentido favorável à deliberação impugnada[932].

Para além disso, o sócio deve ter essa qualidade "à data da deliberação e à data do pedido de suspensão"[933], para o que deve fazer prova, ainda que sumária, desse facto na petição inicial[934,935].

929 ANDRADE, Manuel A. Domingues de/CORREIA, Ferrer, *Suspensão de Deliberações Sociais e Direitos Individuais dos Accionistas (Jurisprudência Crítica)*, *op. cit.*, p. 57. No mesmo sentido, ANDRADE, Manuel A. Domingues de/CORREIA, Ferrer, "Suspensão e anulação de deliberações sociais", *op. cit.*, p. 381. Em sentido diverso, Alberto Pimenta defende que o julgador deve suspender a deliberação social quando, no seu espírito, se estabeleça a dúvida quanto ao preenchimento desse requisito ou mesmo nos casos em que, na sua opinião, seja provável que esse requisito não se verifique. Isto porque, de acordo com este Autor, o requisito fundamental da suspensão de deliberações sociais traduz-se no dano que possa resultar da deliberação. "A ilegalidade ou a antiestaturidade da deliberação é, por consequência, apreciada, no processo de suspensão, a título meramente perfunctório. Por consequência, se o juiz, na dúvida, ou opinando não ser provável a invalidade da deliberação, não a suspende, verificar-se-ão efeitos danosos, sendo certo que uma análise mais ampla e mais profunda poderia e deveria justificar a suspensão" (PIMENTA, Alberto, *Suspensão e Anulação de Deliberações Sociais*, Coimbra Editora, Coimbra, 1965, pp. 34 e 35). Cfr., ainda, MARTINS, Alexandre Soveral, "A propósito da suspensão de deliberações sociais e do princípio da igualdade de tratamento – ac. do TRG de 15.10.2003, Proc. 1552/03", *in CDP*, nº 13, 2006, p. 50, segundo o qual, para que esta providência cautelar possa ser decretada, "basta um «mero juízo de verosimilhança»".

930 ANDRADE, Manuel A. Domingues de/CORREIA, Ferrer, "Suspensão e anulação de deliberações sociais", *op. cit.*, p. 381.

931 Cfr., nesse sentido, o ac. do STJ de 24.10.1994, proc. 086078, bem como o ac. do TRC de 08.11.2011, proc. 158/10.0T2AVR-A.C2.

932 *Vide*, a este propósito, o ac. do TRL de 11.10.2012, proc. 255/12.8TVLSB-A.L1-6.

933 FREITAS, José Lebre de/ALEXANDRE, Isabel, *Código de Processo Civil Anotado*, vol. II, *op. cit.*, pp. 109 e 110. *Vide*, a este respeito, o ac. do TRL de 11.10.2012, proc. 255/12.8TVLSB-A.L1-6, no qual

Com efeito, no que concerne à legitimidade para requerer o decretamento desta providência, deve entender-se como sócio "aquele que já o era no momento da deliberação impugnada e conserva esta qualidade ao tempo da impugnação, pelo que não tem legitimidade para requerer a suspensão quem, embora tenha sido sócio, já havia perdido essa qualidade aquando da tomada da deliberação"[936]. O mesmo é dizer que o sócio, requerente da providência cautelar de suspensão da deliberação social, deve beneficiar dessa qualidade de sócio durante todo o procedimento cautelar, sob pena de se poder verificar uma exceção dilatória de ilegitimidade ativa superveniente[937].

Para a apreciação deste requisito, é suficiente um juízo de mera probabilidade ou de verosimilhança[938], ou seja, não se exige uma prova exaustiva quanto à qualidade do requerente enquanto sócio ou associado da requerida.

A prova da qualidade de sócio reveste uma natureza essencialmente documental, podendo ser feita, nomeadamente, através da exibição de certidão do registo comercial, de documento que comprove a titularidade de participações sociais numa sociedade[939] ou através de fotocópia certificada de cartão de associado de uma determinada associação.

4.2.3. Atualidade da deliberação

A providência cautelar de suspensão de deliberações sociais visa paralisar uma deliberação que ainda não tenha sido executada, impedindo, dessa forma, a produção de danos futuros.

se decidiu que "Só o sócio detentor de legitimidade substantiva para instaurar a ação principal de anulação da deliberação social terá a mesma legitimidade para pedir a suspensão da execução dessa deliberação".

934 Assim, conforme se decidiu no ac. do STJ de 20.05.1997, proc. 97A313, *in BMJ*, nº 467, ano 1997, p. 529, "Não tem legitimidade para requerer a suspensão da execução de deliberação social quem, embora tivesse sido sócio, não mantém essa qualidade na altura da tomada da deliberação".

935 Tal como se decidiu no ac. do TRC de 08.11.2011, proc. 158/10.0T2AVR-A.C2, este requisito constitui um verdadeiro pressuposto quanto à legitimidade ativa da providência.

936 Ac. do STJ de 20.05.1997, *in BMJ*, 467º, p. 529. Cfr., no mesmo sentido, o ac. do STJ de 26.11.1987, proc. 075792, bem como o ac. do TRC de 08.11.2011, proc. 158/10.0T2AVR-A.C2.

937 Ac. do TRL de 28.06.2018, proc. 78/18.0T8AGH-A.L1-6.

938 Ac. do TRC de 08.11.2011, proc. 158/10.0T2AVR-A.C2.

939 *Vide*, a este propósito, o ac. do TRL de 16.01.2018, proc. 14649/17.9T8SNT-A.L1-1, no qual se decidiu que, sendo o requerente de uma providência cautelar de suspensão de deliberações sociais sócio de uma sociedade anónima, incumbe-lhe fazer prova dessa sua qualidade, mediante a alegação e prova de que é portador de ações dessa sociedade, bem como do negócio causal à detenção desses títulos.

Deste modo, partindo do princípio segundo o qual só podem ser suspensas as deliberações societárias que ainda não tenham sido completamente executadas[940], a doutrina e a jurisprudência têm vindo a dividir-se quanto à questão de saber quando é que uma deliberação deve ser qualificada como já tendo ou não sido "executada"[941].

[940] Cfr., entre outros, XAVIER, Vasco da Gama Lobo, "O conteúdo da providência de suspensão de deliberações sociais", *op. cit.*, p. 199, bem como o ac. do TRL de 22.01.1992, proc. 0055412, no qual se decidiu que "Se a deliberação social cuja execução se pretende suspender já foi executada, a providência cautelar perdeu todo o seu sentido útil, pelo que deve ser indeferida". *Vide*, em sentido contrário, o ac. do TRP de 20.11.1995, proc. 9551014, segundo o qual "Podem ser suspensas deliberações sociais consideradas já executadas, já que a suspensão da execução a que se refere o artigo 396º do Código de Processo Civil significa a suspensão da eficácia da deliberação impugnada".

[941] Assim, Teixeira de Sousa assinala que a providência cautelar de suspensão de deliberações sociais será injustificada se a deliberação impugnada já se encontrar executada à data da propositura do respetivo procedimento (SOUSA, Miguel Teixeira de, *Estudos sobre o Novo Processo Civil*, *op. cit.*, p. 240). Analogamente, Lebre de Freitas sustenta que, visando esta providência cautelar suspender a execução de uma determinada deliberação, aquela só pode ser decretada desde que a deliberação não se mostre "inteiramente executada". Nessa exata medida, "as deliberações de execução instantânea só podem ser objeto do procedimento cautelar de suspensão se essa execução for diferida e não se tiver ainda verificado". São, por isso, passíveis de suspensão as "deliberações cuja execução tenha tido início, mas deva ainda prosseguir, por ser continuada: a providência evitará, neste caso, a continuação da execução em curso" (FREITAS, José Lebre de/ALEXANDRE, Isabel, *Código de Processo Civil Anotado*, vol. II, *op. cit.*, p. 108). Cfr., no mesmo sentido, PIMENTEL, João/DINIS, David Sequeira, "Ainda sobre o procedimento cautelar de suspensão de deliberações sociais. O conceito de deliberação não executada para efeitos do artigo 396º do Código de Processo Civil", *in Actualidad Jurídica Uría Menéndez*, nº 26, Madrid, 2010, p. 21. É o que sucede, designadamente, com a "deliberação que elege os corpos sociais", já que a sua execução é continuada ou permanente, "não se podendo considerar desde logo executada" (ac. do TRP de 12.02.1996, proc. 9551089). Por sua vez, Lobo Xavier defende uma conceção ampla do termo "execução", pelo que a execução das deliberações sociais pode ser "integrada por todos os actos a que os órgãos da sociedade foram directa ou indirectamente vinculados com base na deliberação, ou ainda, mais amplamente, por toda a actividade dos órgãos sociais efectuada *em conformidade* com a deliberação" (XAVIER, Vasco da Gama Lobo, "Suspensão de deliberações sociais ditas 'já executadas'", *op. cit.*, p. 380). Do mesmo modo, Alexandre Soveral Martins sustenta que esta providência cautelar abrange todos os actos que encontrem o seu fundamento na deliberação (MARTINS, Alexandre Soveral, "Suspensão de deliberações sociais de sociedades comerciais: alguns problemas", *op. cit.*, p. 351). Seguindo a mesma orientação, Rui Pinto Duarte defende uma interpretação "substancialista ou ampla" quanto à expressão "executar", isto é, pode ser suspensa uma deliberação social de execução contínua ou permanente ou que, executando-se num só ato, continue a produzir efeitos danosos para além desse ato, na medida em que "nada na letra da lei inculca outro sentido e que só tal interpretação permite, as mais das vezes, que o preceito em causa cumpra a sua finalidade: evitar que entre a propositura da providência e o seu julgamento seja frustrada a utilidade do eventual decretamento da providência". De todo o modo, o referido Autor é sensível ao problema da utilização abusiva e injusta desta providência cautelar como forma de paralisação da deliberação pela simples citação da pessoa coletiva requerida, pelo que, como alternativa ao regime vigente, sugere a "atribuição

Com efeito, relativamente a este problema, a justificabilidade da providência cautelar deve ser valorada em função da distinção entre "deliberações de execução imediata" e "deliberações de execução contínua ou permanente".

Assim, se em relação às primeiras, a mera execução da deliberação prejudica, por si só, a possibilidade de suspensão da deliberação, no que respeita às segundas, é admissível a suspensão de deliberações sociais já executadas quando a execução revestir um carácter contínuo e permanente ou quando aquelas, apesar de já terem sido executadas, continuem a produzir efeitos danosos[942].

De todo o modo, se a providência cautelar concretamente requerida de suspensão de deliberações sociais não for adequada a impedir a verificação dos danos que o requerente receia vir a sofrer – porque, por exemplo, já se encontra executada a deliberação que se visava suspender – o tribunal deve indeferir liminarmente essa pretensão, por falta de interesse em agir e consequente injustificabilidade da providência[943].

4.2.4. Receio de produção de um dano apreciável

A invalidade da deliberação impugnanda não justifica, por si só, a suspensão da deliberação, exigindo-se, outrossim, que a execução dessa deliberação seja suscetível de causar um dano apreciável ao requerente da tutela cautelar[944,945].

ao juiz do poder de, no despacho de citação, ordenar a suspensão intercalar de todos ou alguns actos de execução da deliberação impugnada" (DUARTE, Rui Pinto, "A ilicitude da execução de deliberações a partir da citação para o procedimento cautelar de suspensão", *in CDP*, nº 5, Braga, janeiro-março 2004, p. 21). *Vide*, na jurisprudência, o ac. do TRP de 11.03.1996, proc. 9551383, *in CJ*, tomo II, ano XXI, p. 191. Apresentando uma súmula das diferentes orientações doutrinais sobre esta matéria, *vide* o ac. do TRC de 20.03.2012, proc. 392/10.3TBTND.C1.

942 BASTOS, Rodrigues, *Notas ao Código de Processo Civil*, vol. II, *op. cit.*, p. 181. Cfr., no mesmo sentido, o ac. do STJ de 06.06.1991, *in BMJ*, 408º, p. 673, no qual se decidiu que "podem ser suspensas as deliberações sociais já executadas, desde que sejam de execução permanente ou contínua, ou, sendo de execução através de um único acto, continuarem a produzir efeitos danosos", o ac. do TRP de 15.06.1993, proc. 10317, o ac. do STJ de 29.06.1993, proc. 083913, *in CJSTJ*, 1993, ano I, tomo II, p. 169, o ac. do TRP de 18.04.1994, proc. 9331423, o ac. do TRP de 18.04.1994, proc. 9410071, o ac. do TRP de 26.05.1994, proc. 9420057, o ac. do TRE de 20.09.2007, proc. 1502/07-3, o ac. do TRL de 04.06.2009, proc. 1196/07.6TYLSB-A.L1-8, o ac. do TRC de 02.04.2019, proc. 8510/18.7T8CBR.C1, bem como o ac. do TRC de 02.04.2019, proc. 58/19.9T8FVN.C1. Assim, conforme se decidiu no ac. do STJ de 21.06.1988, proc. 23285, "O registo comercial da destituição dum gerente no dia imediato ao da decisão da Assembleia não impede o pedido de suspensão".

943 Ac. do TRC de 20.03.2012, proc. 392/10.3TBTND.C1.

944 Ac. do TRL de 26.09.1991, proc. 0024806.

945 No sentido de ser admissível o recurso ao procedimento cautelar de suspensão de deliberações sociais fundado numa ilegalidade que acarrete a nulidade da deliberação impugnanda, *vide*

O *periculum in mora* desta providência cautelar reside, na verdade, no perigo da execução da deliberação tida por ilegal[946].

Ora, de acordo com a jurisprudência, para que esta providência cautelar seja justificada, não é necessário "considerar todos os prejuízos que possam decorrer das eventuais delongas na obtenção da decisão anulatória, mas apenas os que possam emergir do facto de, no decurso do respectivo processo, se adoptar qualquer procedimento de carácter executivo; isto é, quaisquer actos complementares da deliberação, eventualmente necessários para que se produza o particular efeito jurídico pela mesma visado e, ainda, dos actos a cuja prática os administradores (gerentes) ficam vinculados, logo que produzido (imediata ou mediatamente) esse especial efeito jurídico"[947].

Vale isto por dizer que, para que esta providência cautelar seja decretada, não se exige a produção de danos irreparáveis ou de difícil reparação em consequência da execução da providência cautelar inválida, sendo suficiente, ao invés, a possibilidade de produção de um dano apreciável[948], dano esse que "respeita à possibilidade de prejuízos imputáveis à demora do processo comum de anulação de deliberação social, de que o processo cautelar de suspensão da deliberação social é dependência"[949]. Neste contexto, o conceito de "dano apreciável" tanto abrange os danos patrimoniais, como os danos morais, independentemente de se refletirem sobre a sociedade ou o sócio[950].

Martins, Alexandre Soveral, "A propósito da suspensão de deliberações sociais e do princípio da igualdade de tratamento – ac. do TRG de 15.10.2003, proc. 1552/03", *op. cit.*, pp. 48 a 50.

946 Xavier, Vasco da Gama Lobo, "O conteúdo da providência de suspensão de deliberações sociais", *op. cit.*, p. 230. Na esteira de Corrado Ferri, o prejuízo inerente à providência cautelar de suspensão de deliberações sociais é meramente eventual e hipotético, na medida em que a deliberação impugnada pode não ser executada (Ferri, Corrado, "I procedimenti cautelari ed urgenti in materia di società commerciali", *op. cit.*, p. 122).

947 Ac. do STJ de 04.05.2000, proc. 337/00, *in SASTJ*, ano 2000. Cfr., no mesmo sentido, o ac. do TRC de 08.11.2011, proc. 158/10.0T2AVR-A.C2.

948 Reis, Alberto dos, "A figura do processo cautelar", *op. cit.*, p. 56. Cfr., no mesmo sentido, o ac. do STJ de 29.10.1991, proc. 081272, o ac. do TRP de 15.11.1993, proc. 9350684, o ac. do TRP de 31.01.1994, proc. 9715, o ac. do TRP de 28.06.1994, proc. 9226, o ac. do TRP de 05.01.1995, proc. 9430800, o ac. do TRL de 17.07.2008, proc. 2321/2008-1, bem como o ac. do TRL de 05.02.2019, proc. 19967/17.3T8SNT.L1-1. Cfr., em sentido contrário, o ac. do TRP de 04.05.2000, proc. 28062, no qual se considerou que, para que a providência cautelar de suspensão de deliberações sociais possa ser decretada, torna-se necessário "alegar factos integradores do prejuízo invocado, não bastando invocar a mera possibilidade do prejuízo".

949 Ac. do TRL de 10.12.1991, proc. 051491. *Vide*, em sentido análogo, o ac. do TRL de 21.06.2007, proc. 2647/2007-6.

950 Ac. do TRP de 07.03.2005, proc. 0550385. *Vide*, no mesmo sentido, o ac. do STJ de 25.06.1998, proc. 98B492, o ac. do TRP de 27.09.2005, proc. 0523043, o ac. do TRL de 17.07.2008, proc. 2321/2008-1, bem como o ac. do TRC de 08.11.2011, proc. 158/10.0T2AVR-A.C2.

A verificação do "dano apreciável" exige a alegação de factos objetivos que permitam demonstrar a existência de um receio fundado quanto ao perigo de produção desse dano[951], bem como uma prova "consistente", baseada numa "probabilidade muito forte de que a execução da deliberação possa causar o dano apreciável[952] que, com a providência, se pretende evitar"[953].

De facto, para que seja decretada a suspensão de deliberações sociais, não se exige a verificação de um dano concreto e quantificável, já que o tribunal move-se no "domínio das conjecturas e probabilidades, em cujo campo o julgamento tem de atender às especiais circunstâncias do caso e de ser feito com base em indícios circunstanciais que levem a concluir pelo maior ou menor grau de probabilidade da ocorrência dos factos apontados como danosos, bem como da importância ou relevância do eventual dano para o poder qualificar de «apreciável»"[954].

Assim, a suspensão de deliberações sociais será injustificada se não se mostrar preenchido o requisito do *periculum in mora*, ou seja, se a deliberação impugnanda não for suscetível de produzir qualquer dano considerável[955], como sucede com as deliberações respeitantes à distribuição de dividendos ou com as que possuam um conteúdo omissivo, não sendo, por isso, passíveis de execução[956]. Na verdade, o requerente da suspensão de deliberações sociais deve alegar factos concretos dos quais seja possível inferir a existência de prejuízos, bem como a sua gravidade[957].

[951] *Vide*, nesse sentido, o ac. do TRC de 20.04.2016, proc. 9619/15.4T8CBR.C1.

[952] A este propósito, Lebre de Freitas assinala que o "dano apreciável" não se confunde com o "dano irreparável", nem com o "dano de difícil reparação" previsto no art. 362º para o decretamento da providência cautelar comum (FREITAS, José Lebre de/ALEXANDRE, Isabel, *Código de Processo Civil Anotado*, vol. II, *op. cit.*, p. 111).

[953] *Idem, ibidem*, p. 95. Cfr. na jurisprudência, entre outros, o ac. do TRC de 08.11.2011, proc. 158/10.0T2AVR-A.C2, o ac. do TRL de 28.09.2017, proc. 2317-17.6T8FNC-A.L1-8, assim como o ac. do TRC de 02.04.2019, proc. 58/19.9T8FVN.C1.

[954] Ac. do TRL de 30.09.1993, proc. 0069372.

[955] Cfr., nesse sentido, o ac. do TRP de 05.01.1995, proc. 9430800, o ac. do TRP de 27.11.1997, proc. 26057, bem como o ac. do TRP de 23.04.2001, proc. 31006.

[956] SOUSA, Miguel Teixeira de, *Estudos sobre o Novo Processo Civil*, *op. cit.*, p. 240. *Vide*, na jurisprudência, o ac. do TRL de 17.10.1995, proc. 0006791, bem como o ac. do TRP de 22.04.1996, proc. 9650144.

[957] Ac. do STJ de 04.05.2000, proc. 337/00, *in SASTJ*, ano 2000. Cfr., no mesmo sentido, o ac. do TRP de 04.05.2000, proc. 0030540, no qual se decidiu que o requerente da providência cautelar de suspensão de deliberações sociais deve alegar os "factos integradores do prejuízo invocado, não bastando invocar a mera possibilidade do prejuízo", o ac. do TRP de 11.06.2001, proc. 0150734, o ac. do TRL de 28.02.2008, proc. 920/2008-6, o ac. do TRP de 17.10.2008, proc. 0825051, bem como o ac. do TRC de 08.11.2011, proc. 158/10.0T2AVR-A.C2.

A providência cautelar de suspensão de deliberações sociais será igualmente injustificada se o dano que se pretende evitar já se tiver produzido, circunstância em que o tribunal não deve decretar a providência[958].

Por outro lado, importa salientar que, diversamente do que sucede com o requisito da invalidade da deliberação impugnada, o qual, para que se considere preenchido, exige apenas um juízo de mera probabilidade, já na apreciação do requisito do receio de produção de um dano apreciável, exige-se a "prova da certeza ou de uma probabilidade muito forte" do dano, por força da execução da deliberação[959]. Para tanto, o requerente deve alegar "factos concretos que permitam aferir da existência dos prejuízos e da correspondente gravidade"[960].

4.3. Proporcionalidade

Ao abrigo do princípio da proporcionalidade, mesmo que a deliberação social seja, em princípio, contrária à lei, aos estatutos ou ao contrato, o juiz pode decidir não suspendê-la desde que o prejuízo resultante da suspensão seja superior ao que pode derivar da sua execução (art. 381º, nº 2)[961]. Vale isto por dizer que a providência cautelar só poderá ser decretada desde que o dano decorrente da execução da deliberação seja igual ou superior ao que resultará para a requerida na eventualidade de a deliberação ser suspensa[962].

A propósito do juízo de ponderação quanto aos danos, acompanhamos de perto Domingues de Andrade e Ferrer Correia, os quais assinalam que "o juiz não deve dar a prevalência a um interesse sobre o outro e que, portanto, se os dois interesses se equilibram exactamente, deve deixar as coisas no *statu quo* – não ordenando a suspensão. Aliás, para a apreciação do justo equilíbrio dos interesses supomos razoável atender-se, não só ao grau do prejuízo que um

[958] *Vide*, a este respeito, o ac. do TRP de 07.10.1992, proc. 9150629.

[959] Ac. do STJ de 05.12.2000, proc. 2924/00, *in SASTJ*, ano 2000. *Vide*, no mesmo sentido, o ac. do STJ de 11.01.2001, proc. 3487/00, *in SASTJ*, ano 2001, o ac. do STJ de 19.04.2001, proc. 853/01, *in SASTJ*, ano 2001, o ac. do TRP de 19.12.2002, proc. 0232627, bem como o ac. do TRC de 10.12.2002, proc. 3086/02.

[960] Ac. do TRC de 06.09.2011, proc. 894/11.4TBPBL-A.C1.

[961] Como bem salienta Lopes do Rego, ao invés do que sucede com o regime previsto no art. 368º, nº 2, não se exige que a desproporção seja manifesta ou considerável, pelo que o julgador goza de uma maior margem de discricionariedade na aplicação a esta providência cautelar do princípio da proporcionalidade (Rego, Carlos Francisco de Oliveira Lopes do, *Comentários ao Código de Processo Civil*, vol. I, *op. cit.*, p. 397). *Vide*, no mesmo sentido, o ac. do TRC de 19.12.1989, *in CJ*, tomo V, 1989, p. 64, o ac. do STJ de 27.04.1999, proc. 1251/98, *in SASTJ*, ano 1999, bem como o ac. do STJ de 28.09.1999, proc. 682/99, *in SASTJ*, ano 1999.

[962] Ac. do TRL de 28.09.2017, proc. 3133-16.8T8CSC.L1-8.

ou outro pode sofrer, mas ao volume dos próprios interesses em jogo, quer no ponto de vista da sua extensão, quer no número dos respectivos titulares. E assim, será dada certa preferência ao interesse social sobre o individual, e ao interesse do maior número de sócios e de acções sobre o do menor número"[963].

Por outro lado, importa salientar que este regime não pode ser aplicado na eventualidade de o tribunal decidir inverter o contencioso, já que a adoção de uma decisão de não suspensão da deliberação, com fundamento na superioridade dos prejuízos que resultariam para o requerido, mesmo que o tribunal concluísse pela ilegalidade da deliberação, seria incompatível e inconciliável com o regime da inversão do contencioso, o qual visa obter a composição definitiva do litígio[964].

4.4. Efeitos

No que concerne aos seus efeitos, o art. 381º, nº 3, preceitua que, após a citação, e enquanto não for julgado em primeira instância o pedido de suspensão, a requerida não pode executar a deliberação impugnada[965,966]. Assim, a decisão de suspensão da deliberação societária impugnada produz um efeito constitutivo, o qual se traduz na criação de uma obrigação de não execução da deliberação objeto da providência[967], suspendendo, desde logo, a eficácia executiva da deliberação[968].

[963] ANDRADE, Manuel A. Domingues de/CORREIA, Ferrer, *Suspensão de Deliberações Sociais e Direitos Individuais dos Accionistas (Jurisprudência Crítica)*, *op. cit.*, p. 61. No mesmo sentido, ANDRADE, Manuel A. Domingues de/CORREIA, Ferrer, "Suspensão e anulação de deliberações sociais", *op. cit.*, p. 385. *Vide*, em sentido contrário, o ac. do TRP de 14.01.1992, proc. 9130676, no qual se decidiu que "A providência de suspensão de execução de deliberação social deve ser deferida se se igualarem os prejuízos resultantes da suspensão e da execução.".

[964] Cfr., nesse sentido, o ac. do TRP de 13.09.2018, proc. 5147/17.1T8OAZ.P2.

[965] Conforme elucida Rui Pinto Duarte, esta norma teve na sua génese o art. 124º, § 4, do Código do Processo Comercial, na redação de 1905, o qual dispunha que "desde a data da notificação não poderá a direcção executar a deliberação recorrida" (DUARTE, Rui Pinto, "A ilicitude da execução de deliberações a partir da citação para o procedimento cautelar de suspensão", *op. cit.*, p. 17).

[966] A este respeito, Lucinda Dias da Silva salienta que a consagração deste regime normativo veio conciliar os interesses do requerente (urgência na suspensão da deliberação) e do requerido (afastar uma decisão cautelar com efeitos constitutivos irreversíveis), tendo, desse modo, conservado a tramitação normal do processo cautelar, ou seja, com contraditório prévio do requerido, "associando ao momento da citação a produção dos efeitos que são próprios de uma decisão cautelar favorável" (SILVA, Lucinda D. Dias da, *Processo Cautelar Comum: Princípio do Contraditório e Dispensa de Audição Prévia do Requerido*, *op. cit.*, p. 173).

[967] Nesse sentido, XAVIER, Vasco da Gama Lobo, "O conteúdo da providência de suspensão de deliberações sociais", *op. cit.*, pp. 236 e 237.

[968] *Idem, ibidem*, p. 251.

Relativamente ao alcance deste preceito, a doutrina e a jurisprudência têm vindo a dividir-se em duas teses antagónicas:

a) para uma primeira tese, a requerida, após a citação, fica impedida de executar a deliberação impugnada, ou seja, a citação produz os mesmos efeitos do decretamento da providência cautelar, sendo, por isso, ilegais os atos de execução da deliberação praticados após a citação[969,970]. Vale isto por dizer que, na suspensão de deliberações sociais, a citação da requerida "opera uma antecipação do efeito final do procedimento cautelar, em toda a linha, como se a mesma tivesse sido decretada"[971];

b) para uma segunda tese, a citação da requerida não tem a virtualidade de antecipar os efeitos que são próprios da providência cautelar de suspensão de deliberações sociais[972]. De facto, os efeitos decorrentes da suspensão de deliberações sociais limitam-se à esfera dos administradores da sociedade[973]. Significa isto que, se a requerida, uma vez citada, executar a deliberação social impugnada, esses atos de execução são válidos, mas a requerida e/ou os seus representantes legais respondem civilmente pelas consequências danosas que resultem da execução da deliberação[974,975].

[969] Cfr., nesse sentido, o ac. do TRL de 21.11.1990, proc. 0023846, *in CJ*, ano XV, tomo V, p. 127.

[970] No sentido de não ser admissível a formulação, em sede de providência cautelar de suspensão de deliberações sociais, de um pedido de declaração de nulidade de todos os atos de execução da deliberação impugnada que sejam praticados posteriormente à citação no âmbito da providência, *vide* BELEZA, Maria dos Prazeres Pizarro, "Impossibilidade de alteração do pedido ou da causa de pedir nos procedimentos cautelares", *in DJ*, vol. XI, tomo I, Universidade Católica Editora, 1997, p. 347.

[971] Ac. do TRP de 08.11.1994, proc. 9330839. No entanto, como salienta Vasco Lobo Xavier, os efeitos da providência cautelar de suspensão de deliberações sociais só aproveitam ao respetivo requerente, ou seja, só este fica "investido no direito de exigir que a sociedade se abstenha de executar a deliberação suspensa" (XAVIER, Vasco da Gama Lobo, "O conteúdo da providência de suspensão de deliberações sociais", *op. cit.*, p. 233).

[972] *Vide*, nesse sentido, XAVIER, Vasco da Gama Lobo, "O conteúdo da providência de suspensão de deliberações sociais", *op. cit.*, p. 277, bem como o ac. do STJ de 13.05.2004, proc. 04A1519.

[973] XAVIER, Vasco da Gama Lobo, "O conteúdo da providência de suspensão de deliberações sociais", *op. cit.*, p. 278.

[974] Cfr., quanto a esta problemática, PIMENTEL, João/DINIS, David Sequeira, "Os efeitos da citação no procedimento cautelar de suspensão de deliberações sociais: breve análise crítica do regime do artigo 397º, nº 3 do Código de Processo Civil", *in Actualidad Jurídica Uría Menéndez*, nº 24, Madrid, 2009, pp. 89 a 91.

[975] Segundo Lebre de Freitas e Isabel Alexandre, o objetivo deste preceito foi o de impedir que a providência não possa ser decretada por, entretanto, ter sido executada a suspensão que se visava impugnar e, por outro lado, responsabilizar a sociedade ou associação pela execução da delibera-

Em suma, como bem salientam João Pimentel e David Sequeira Dinis, esta norma parece "tutelar dois interesses relevantes e contraditórios. De uma banda, teríamos o interesse do requerente da suspensão (normalmente sócio ou acionista minoritário) que pretende que a máquina judiciária lhe assegure a utilidade prática da decisão definitiva. É evidente que o efeito suspensivo da citação assegura melhor os interesses deste, pois permite-lhe, segundo certa doutrina, invalidar/travar os efeitos a quaisquer actos praticados depois da citação em execução da deliberação em causa. De outra banda, porém, encontrar-se-ia o interesse oposto da sociedade em evitar a paralisia da vida social, por parte de um requerente movido, por vezes, por interesses egoístas ou mesmo maliciosos"[976].

Pela nossa parte, entendemos que, com a citação da requerida, torna-se ineficaz qualquer ato de execução da deliberação impugnanda, sob pena de ficar definitivamente comprometido o efeito útil que se visava garantir com o recurso à providência cautelar[977,978].

ção impugnanda (FREITAS, José Lebre de/ALEXANDRE, Isabel, *Código de Processo Civil Anotado*, vol. II, *op. cit.*, p. 116).

[976] PIMENTEL, João/DINIS, David Sequeira, "Os efeitos da citação no procedimento cautelar de suspensão de deliberações sociais: breve análise crítica do regime do artigo 397º, nº 3 do Código de Processo Civil", *op. cit.*, pp. 91 e 92.

[977] Analogamente, nos termos do art. 128º do CPTA, a entidade requerida fica impedida de iniciar ou de prosseguir com a execução do ato impugnado logo que receba o duplicado do requerimento. Quanto ao alcance deste regime legal, *vide* SOUSA, Jorge Manuel Lopes de, "Notas práticas sobre o decretamento provisório de providências cautelares", *in CJA*, nº 47, setembro-outubro 2004, p. 50.

[978] Em sentido diverso, João Pimentel e David Dinis sustentam que a tese segundo a qual os atos praticados pela sociedade, após a sua citação, são válidos e eficazes, é aquela que melhor protege os interesses em conflito do requerente e da requerida. Na verdade, de acordo com os citados Autores, com esta tese "o requerente da suspensão vê os seus interesses suficientemente acautelados, pois sabe que, se vier a ser decretada a providência cautelar, poderá sempre pedir o ressarcimento dos danos sofridos junto da sociedade e dos administradores, no quadro do instituto da responsabilidade civil e dos seus pressupostos. Por outro lado, esta responsabilização funciona como uma poderosa ameaça que obriga a uma reflexão muito ponderada da administração antes da prática de qualquer acto, o que na prática levará ainda a que, na maioria das vezes, tais actos só sejam executados quando exista um elevado grau de certeza quanto à improcedência do procedimento cautelar (o que coincidirá, no mais das vezes, com os casos em que o mesmo era abusivo ou visava fins ínvios)". De todo o modo, sensíveis às fragilidades desta tese, os citados Autores defendem uma solução *de iure condendo*, segundo a qual a citação da requerida produziria a suspensão dos efeitos da deliberação impugnada, o que permite acautelar a segurança jurídica e os interesses relacionados com o tráfico jurídico e comercial. Assim, "como forma de precaver abusos, o Juiz deveria, no despacho que recebe o procedimento cautelar e manda citar a sociedade requerida, fundamentar – ainda que sumariamente – os motivos que conduziram a essa decisão por referência aos factos e elementos de prova fornecidos com o requerimento inicial. [...] Tomada a decisão de

É bem certo que a "paralisação da vida" da requerida, materializada na circunstância de esta ficar impedida de executar a deliberação objeto de impugnação por mero efeito da citação, pode implicar a produção de danos irreparáveis ou de difícil reparação, o que resulta particularmente agravado pelo facto de esse efeito suspensivo não se encontrar fundado em qualquer decisão judicial e atuar mesmo antes do contraditório da requerida[979].

Todavia, os interesses da requerida ficam devidamente acautelados pela aplicação do regime previsto no art. 374º, nº 1, já que, se a providência cautelar

receber o requerimento inicial, citar-se-ia a sociedade requerida para se opor, com todos os efeitos daí advenientes, incluindo os suspensivos, seguindo-se os ulteriores trâmites processuais, incluindo a realização de audiência de julgamento, na qual o requerente teria possibilidade de produzir a prova que não tivesse sido produzida na fase liminar de admissão do procedimento cautelar. Por último, cremos que, em simultâneo, deveria ser criado um mecanismo de responsabilização – forte e dissuasor – do requerente temerário e *trouble maker*" (PIMENTEL, João/DINIS, David Sequeira, "Os efeitos da citação no procedimento cautelar de suspensão de deliberações sociais: breve análise crítica do regime do artigo 397º, nº 3 do Código de Processo Civil", *op. cit.*, pp. 92 a 94).

979 No mesmo sentido, Lopes do Rego assinala que a proibição de execução da deliberação impugnada durante todo o tempo em que durar o processo até ao julgamento em primeira instância, por força da atuação do requerente, com a sua litigância contumaz, pode traduzir-se na produção, para a requerida, de "prejuízos de extrema gravidade", *maxime* pela frustração da "possibilidade prática de executar a deliberação tomada em momento e circunstâncias determinadas" (REGO, Carlos Francisco de Oliveira Lopes do, *Comentários ao Código de Processo Civil*, vol. I, *op. cit.*, p. 366). Analogamente, Lebre de Freitas e Isabel Alexandre sustentam que a interpretação literal do art. 381º, nº 3, pode conduzir a resultados violentos e prejudiciais para a requerida. Assim, "pedindo a suspensão infundada de uma deliberação social, a menos que a falta de fundamento fosse manifesta e o juiz dela conhecesse no despacho liminar [...] o requerente consegue sempre obter, ainda que provisoriamente, o resultado pretendido, a partir do momento em que a citação da pessoa coletiva tenha lugar, podendo assim conseguir uma paralisia injusta" (FREITAS, José Lebre de/ALEXANDRE, Isabel, *Código de Processo Civil Anotado*, vol. II, *op. cit.*, p. 116). Do mesmo modo, Vasco Lobo Xavier assinala que "A citação não tem na sua base uma qualquer apreciação consistente sobre o bem fundado da posição do autor e designadamente sobre a realidade dos factos por este articulados: para lavrar o despacho que a ordena, deve bastar ao juiz, sob este aspecto, que não lhe apareça como evidentemente inviável a pretensão do requerente, tal como se encontra formulada e fundamentada na petição inicial [...]. Em face disto, parece inaceitável, sem uma expressa e inequívoca manifestação de vontade do legislador nesse sentido, atribuir à citação, no processo cautelar em análise, efeitos idênticos aos que competem à própria providência requerida, e que se traduziriam em algo tão grave para a sociedade demanda como a suspensão antecipada da eficácia integral da deliberação. Na verdade, os perigos da solução repelida estão bem à vista: ela permitiria sempre que um sócio malevolente ou caprichoso paralisasse a sua talante, durante um período mais ou menos longo, as medidas deliberadas pela sociedade, pois nunca lhe seria impossível apresentar a sua pretensão com alguma aparência de viabilidade, através inclusivamente da alegação de factos inverídicos" (XAVIER, Vasco da Gama Lobo, "O conteúdo da providência de suspensão de deliberações sociais", *op. cit.*, pp. 280 e 281).

caducar[980] ou vier a ser julgada injustificada, o requerente responderá pelos danos causados à requerida, quando não tenha agido com a prudência normal.

Importa ainda salientar que, ao invés do que sucede com a providência cautelar não especificada, com o arresto e com o arrolamento, a suspensão de deliberações sociais não pode ser substituída por caução, não só porque a lei não o admite, mas também porque as finalidades desta diligência não se coadunam com a sua substituição por uma garantia patrimonial[981].

4.5. Improcedência da ação principal

Sendo a ação principal, de anulação da deliberação societária reputada de inválida, julgada improcedente, tudo se passa como se a providência cautelar de suspensão de deliberações sociais não tivesse sido decretada, ou seja, verifica-se uma "eliminação retroactiva dos efeitos da medida cautelar"[982].

4.6. Inversão do contencioso

Como vimos *supra*, o art. 376º, nº 4, prevê expressamente a aplicabilidade do regime da inversão do contencioso à providência cautelar de suspensão de deliberações sociais, isto é, a possibilidade de o juiz dispensar o requerente da tutela cautelar do ónus de propor a ação principal[983].

[980] A este propósito, Martìn Pastor salienta que o carácter instrumental da providência cautelar de suspensão de deliberações sociais, obrigando à propositura de uma ação principal, constitui um meio importante de defesa da sociedade contra o "risco de proliferação de providências cautelares suspensivas", já que estas, mesmo antes de caducarem, seriam suscetíveis de causar danos graves e irreversíveis à sociedade requerida durante o tempo de produção provisória dos seus efeitos. Assim, ao invés do que sucede no ordenamento jurídico português, no direito italiano verifica-se uma "instrumentalidade forte", já que o art. 2378º do $CC_{It.}$ determina que a deliberação social só pode ser suspensa depois de proposta a ação principal (Martìn Pastor, José, "Compatibilità e coordinamento tra il nuovo processo cautelare e la sospensione delle delibere assembleari impugnate ex art. 2378, comma 4º, cc", *in RTDPC*, ano LII, Giuffrè Editore, Milão, 1998, p. 269).

[981] Cfr., nesse sentido, Almeida, Luís Pedro Moitinho de, *Anulação e Suspensão de Deliberações Sociais*, *op. cit.*, p. 160.

[982] Xavier, Vasco da Gama Lobo, "O conteúdo da providência de suspensão de deliberações sociais", *op. cit.*, p. 275.

[983] De todo o modo, conforme assinala Rita Lobo Xavier, pese embora, em alguns casos excecionais, a consolidação como definitiva da suspensão de deliberações sociais possa ter interesse quando a deliberação seja nula ou quando com a própria suspensão "se esgotar a modalidade de tutela requerida", o certo é que, "na maior parte dos casos [...] sendo a suspensão instrumental em relação à ação anulatória, não se verificarão os pressupostos da inversão do contencioso, na medida em que a suspensão da deliberação social *ad aeternum* não será adequada a realizar a composição definitiva do litígio, mesmo que o juiz alcance uma convicção segura sobre a anulabilidade da mesma. Só não seria assim se o pedido de inversão do contencioso pudesse ser configurado como um pedido de anulação, como acontecia no contexto do RPCE, mas tal não parece corresponder

Contudo, esta providência cautelar apresenta especificidades no tocante à aplicação deste regime.

Com efeito, a regra prevista no art. 371º, nº 1, é a de que, logo que transite em julgado a decisão que haja decretado a providência cautelar e invertido o contencioso, o requerido deve ser notificado para, querendo, intentar a ação principal destinada a impugnar a existência do direito acautelado no prazo de trinta dias após essa notificação, sob pena de, não o fazendo, a providência cautelar decretada se consolidar como composição definitiva do litígio. No entanto, estando em causa um procedimento cautelar de suspensão de deliberações sociais, o art. 382º, nº 1, preceitua que, tendo sido decretada a inversão do contencioso, o prazo de trinta dias para a propositura da ação principal pelo requerido começa a correr com a notificação da decisão judicial que haja suspendido a deliberação social ou, sendo obrigatório, com o registo dessa decisão judicial. O interesse do legislador foi, pois, o de acelerar a composição definitiva do litígio, isto é, a estabilidade da ordem jurídica quanto à deliberação societária objeto de impugnação.

Por outro lado, atenta a especificidade do procedimento cautelar de suspensão de deliberações sociais em matéria de legitimidade (art. 381º, nº 1), a ação principal destinada a impugnar a existência do direito acautelado pode ser proposta não só pelo requerido, como também por aqueles que teriam legitimidade para a ação de nulidade ou de anulação de deliberações sociais[984].

Por conseguinte, a ação de impugnação da existência do direito acautelado pode ser intentada quer pela sociedade, quer por qualquer sócio que tenha votado no sentido que fez vencimento ou posteriormente aprovou a deliberação, expressa ou tacitamente. Com efeito, conforme salienta Rita Lobo Xavier, o legislador procurou impedir que a inércia da sociedade em propor a ação de impugnação da existência do direito acautelado pudesse ter como efeito a "consolidação da providência como definitiva", afetando, dessa forma, todos os sócios que não estivessem "interessados na suspensão *ad aeternum* da deliberação"[985].

à letra do preceito do nº 1 do artigo 371º" (Xavier, Rita Lobo, "Suspensão de deliberações sociais e inversão do contencioso", *op. cit.*, p. 809).

[984] Sendo o procedimento cautelar de suspensão de deliberações sociais dependente de uma ação principal tendente a obter a declaração de nulidade ou a anulação da deliberação impugnada, dispõem os arts. 57º a 60º do CSC que a ação pode ser intentada pelo órgão de fiscalização (ou, não havendo, por qualquer gerente) ou por qualquer sócio que não tenha votado no sentido que fez vencimento nem posteriormente tenha aprovado a deliberação, expressa ou tacitamente, e deve ser proposta contra a sociedade.

[985] Xavier, Rita Lobo, "Suspensão de deliberações sociais e inversão do contencioso", *op. cit.*, p. 806.

5. Embargo de obra nova

5.1. Âmbito

O art. 397º, nº 1, preceitua que, quem se julgar ofendido no seu direito de propriedade, em qualquer direito real ou pessoal de gozo ou na sua posse, em resultado de obra, trabalho ou serviço novo que lhe cause ou ameace causar prejuízo, pode requerer, no prazo de trinta dias a contar do conhecimento desse facto, que a obra, trabalho ou serviço seja mandada suspender imediatamente[986,987].

Com efeito, a providência cautelar de embargo de obra nova visa impedir a violação – ou a continuação da violação – de um direito real ou pessoal de gozo ou da posse em virtude da execução de uma obra, trabalho ou serviço[988], isto é, tem como objetivo principal "suspender provisoriamente uma obra cuja suspensão definitiva ou cuja demolição possa vir a ser decretada na acção"[989]. Trata-se, por isso, de uma providência cautelar que procura regular provisoriamente um litígio, garantindo a "estabilização da situação de facto"[990] até que o direito seja declarado e reconhecido na ação principal de que aquela providência depende.

Exatamente por essa razão, não pode ser requerida, porque injustificada, uma providência cautelar de embargo de obra nova por via da qual se peticione a reposição da coisa nos exatos termos e condições em que se encontrava antes do início da obra, trabalho ou serviço novo[991].

[986] Tal como se decidiu no ac. do TRP de 12.05.1998, proc. 9820206, "O embargo de obra nova a que se reportam os artigos 412º e seguintes do Código de Processo Civil, destina-se a defender o proprietário contra a violação do seu direito de propriedade produzida por obra nova a que alguém dê início".

[987] Assim, conforme se decidiu no ac. do TRL de 15.02.2018, proc. 2204/17.8T8PDL-2, "Não se pode requerer uma providência cautelar comum, quando aquilo que se quer é a suspensão de obras que se dizem pôr em risco o estado do prédio como ele era à data em que foi dado de arrendamento condicional à requerente (arts. 362/3 e 397/1 do CPC)".

[988] Cfr., nesse sentido, FREITAS, José Lebre de/ALEXANDRE, Isabel, *Código de Processo Civil Anotado*, vol. II, *op. cit.*, p. 163. Analogamente, Claudio Turco assinala que o embargo de obra nova procura preservar um sujeito do prejuízo ou dano que possa ser infligido ao bem objeto da sua posse ou direito por força de uma obra nova (TURCO, Claudio, *Lezioni di Diritto Privato*, *op. cit.*, p. 234).

[989] Ac. do TRL de 20.06.1991, proc. 0032206.

[990] Expressão de GERALDES, António Santos Abrantes, *Temas da Reforma do Processo Civil*, vol. IV, *op. cit.*, p. 250.

[991] Ac. do TRL de 08.06.1995, proc. 0005496.

5.2. Requisitos

Para que o embargo de obra nova possa ser decretado – ou, na eventualidade de ter sido realizado extrajudicialmente, ratificado – torna-se necessário o preenchimento cumulativo dos seguintes requisitos[992]:

a) deve estar em causa uma obra, um trabalho ou serviço;
b) a obra, o trabalho ou o serviço devem encontrar-se em execução;
c) a obra, o trabalho ou o serviço devem ser novos, isto é, deve verificar-se uma novidade;
d) tem de verificar-se a ofensa de um direito real ou pessoal de gozo ou da posse em consequência dessa obra, trabalho ou serviço;
e) a obra, o trabalho ou o serviço devem causar, ou ameaçar causar, um dano ou um prejuízo.

Vejamos, então, em que consiste cada um desses requisitos.

5.2.1. Obra, trabalho ou serviço

Ao invés do que sucedia com o Código de Processo Civil de 1876, cujo art. 380º apenas aludia à expressão "obra", a lei de processo civil passou, desde o Código de Processo Civil de 1939, a prever a possibilidade de se requerer o embargo de "obra, trabalho ou serviço"[993].

Com efeito, ao referir-se à expressão "obra, trabalho ou serviço", o objetivo do legislador foi o de pôr termo às dúvidas que então se colocavam quanto à extensão do conceito de "obra", *maxime* quanto à questão de saber se este conceito apenas abrangia construções ou se englobava também "demolições, cortes de árvores, extracções de cortiça e actos de abertura de valas para plantações, destruição de canais condutores de água e semelhantes"[994].

[992] Cfr., no mesmo sentido, Freitas, José Lebre de/Alexandre, Isabel, *Código de Processo Civil Anotado*, vol. II, *op. cit.*, pp. 164 e 165. Por sua vez, Moitinho de Almeida considera que são requisitos desta providência cautelar: que o requerente seja titular de um direito; que se julgue ofendido no seu direito em consequência da obra, trabalho ou serviço novo; que o dito trabalho ou serviço novo lhe cause ou ameace causar prejuízo (Almeida, Luís Pedro Moitinho de, *Embargo ou Nunciação de Obra Nova*, 3ª ed. atu., Coimbra Editora, Limitada, 1994, p. 9). *Vide*, na jurisprudência, o ac. do TRP de 19.04.1993, proc. 9210874, o ac. do TRP de 03.07.1995, proc. 9550234, o ac. do TRP de 25.05.1999, proc. 9720966, o ac. do TRC de 15.11.2005, proc. 2698/05, o ac. do TRE de 08.07.2008, proc. 1701/08-2, o ac. do TRP de 19.02.2013, proc. 1560/12.9TJPRT.P1, o ac. do STJ de 15.10.1998, proc. 713/98, o ac. do TCAN de 20.05.2016, proc. 03134/15.3BEBRG, o ac. do TRG de 13.10.2016, proc. 1833/16.1T8VCT.G1, bem como o ac. do TRL de 20.09.2018, proc. 4637/18.3T8ALM.L1-2.

[993] Cfr. o art. 420º do CPC_{1939}.

[994] Freitas, José Lebre de/Alexandre, Isabel, *Código de Processo Civil Anotado*, vol. II, *op. cit.*, p. 163. No sentido de o embargo de obra nova abranger tanto as construções, como as demolições, *vide* o ac. do TRP de 12.05.1998, proc. 9820206.

Neste enquadramento, a jurisprudência tem vindo a entender que constituem obras, trabalhos ou serviços suscetíveis de embargo de obra nova, entre outros, os seguintes:

- a construção de um edifício[995];
- a abertura de um vão de porta na parede de um prédio contíguo ao do requerente[996];
- a demolição de uma parede meeira[997];
- a demolição de muros[998];
- a plantação ou o corte de árvores[999];
- a destruição da camada vegetal de um prédio rústico[1000];
- a execução de trabalhos de terraplanagem[1001];
- o aterro ou desaterro de prédios[1002];
- a abertura de uma cave[1003];
- a abertura de valas[1004]; ou
- a extração de areia ou de outros materiais inertes do leito de um rio ou das suas margens[1005].

5.2.2. Execução da obra, trabalho ou serviço

Para que seja possível decretar uma providência cautelar de embargo de obra nova, é igualmente necessário que se tenha iniciado a execução de uma obra, trabalho ou serviço[1006].

Neste sentido, esta providência será injustificada se a obra ainda não se tiver iniciado, tal como sucede, nomeadamente, nos casos em que apenas

[995] Ac. do TRC de 24.04.2012, proc. 4696/11.0TBLRA-A.C1.

[996] Ac. do TRC de 02.11.2010, proc. 77/10.0TBAGN.C1.

[997] Ac. do TRC de 18.09.2007, proc. 280/05.5TBFND.C1.

[998] Ac. do TRG de 13.10.2016, proc. 1833/16.1T8VCT.G1.

[999] Cfr. o ac. do TRC de 20.05.1990, *in BMJ*, 397º, p. 578, bem como o ac. do TRP de 21.05.2013, proc. 2862/12.0TBOAZ.P1.

[1000] Ac. do TRP de 12.09.2011, proc. 3889/10.1TBVFR.P1.

[1001] Ac. do TRE de 16.12.2003, proc. 2207/03-2.

[1002] Ac. do TRP de 21.05.2013, proc. 2862/12.0TBOAZ.P1.

[1003] Ac. do TRP de 30.06.1994, *in BMJ*, 438º, p. 550.

[1004] Ac. do TRE de 09.12.2009, proc. 602/09.0TBBJA.E1.

[1005] Ac. do TRP de 10.02.1983, *in BMJ*, 324º, p. 620.

[1006] Cfr., a este respeito, o ac. do TRL de 09.05.2019, proc. 27494/18.5T8LSB.L1-2, no qual se decidiu que "Se uma obra abrange dois edifícios contíguos e prevê a demolição integral do edifício onde se situa o locado, a obra considera-se iniciada, para efeitos de se poder embargar a mesma (art. 397º do CPC), mesmo que ela tenha começado pelo outro edifício".

exista um projeto de construção[1007] ou em que estejam em causa atos meramente preparatórios da obra, tais como a obtenção das respetivas licenças de construção ou a deposição, no local da obra, dos materiais e equipamentos necessários à sua execução[1008].

Pelo contrário, a providência cautelar será justificada mesmo nos casos em que a obra fique suspensa no decurso da sua execução, na medida em que se verifique um receio, juridicamente relevante, de que a obra possa vir a ser retomada[1009].

Há ainda que salientar que, se o embargo de obra nova pressupõe que a obra já se tenha iniciado, de igual modo esta providência cautelar só pode ser decretada desde que a obra se encontre em curso, isto é, que não esteja concluída aquando do decretamento da providência[1010,1011], sendo irrelevante que o dono da obra afirme que não tenciona terminá-la ou completá-la[1012].

Por outro lado, importa referir que a obra deve considerar-se concluída quando apenas lhe faltem alguns trabalhos secundários ou complementares, tais como rebocar os interiores, proceder à colocação de portas e janelas ou pintar o exterior de um prédio[1013].

[1007] *Vide*, nesse sentido, o ac. do STJ de 15.10.1998, proc. 713/98, *in SASTJ*, ano 1998.

[1008] Cfr., nesse sentido, FREITAS, José Lebre de/ALEXANDRE, Isabel, *Código de Processo Civil Anotado*, vol. II, *op. cit.*, p. 165. *Vide*, quanto a esta matéria, o ac. do TRL de 21.10.1993, proc. 0063126, o ac. do STJ de 25.11.1998, proc. 1046/98, *in SASTJ*, ano 1998, bem como o ac. do TRP de 11.03.1999, proc. 9930296.

[1009] FERREIRA, Durval, *Posse e Usucapião*, *op. cit.*, p. 431.

[1010] Na esteira do ac. do TRP de 10.01.2002, proc. 0131319, uma obra deve considerar-se concluída quando, ainda que já se tenha verificado o prejuízo, "este não possa ser aumentado com a prossecução daquela, nem eliminado com a sua suspensão".

[1011] *Vide*, nesse sentido, o ac. do STJ de 31.10.1990, proc. 079500, o ac. do STJ de 24.06.1993, proc. 084152, o ac. do TRP de 07.10.1993, proc. 9340236, o ac. do TRP de 26.10.1993, proc. 9350582, o ac. do TRP de 15.11.1993, proc. 9340577, o ac. do TRP de 29.11.1993, proc. 9340578, o ac. do TRL de 02.12.1993, proc. 0063116, o ac. do TRP de 05.07.1999, proc. 9950763, bem como o ac. do TRP de 14.01.2003, proc. 0121339. Cfr., na doutrina, REGO, Carlos Francisco de Oliveira Lopes do, *Comentários ao Código de Processo Civil*, vol. I, *op. cit.*, p. 375, GERALDES, António Santos Abrantes, *Temas da Reforma do Processo Civil*, vol. IV, *op. cit.*, p. 256, bem como MARCATO, António Carlos, *Procedimentos Especiais*, 13ª ed., Editora Atlas, São Paulo, 2007, p. 168.

[1012] Ac. do TRP de 17.06.1996, proc. 9650104.

[1013] FREITAS, José Lebre de/ALEXANDRE, Isabel, *Código de Processo Civil Anotado*, vol. II, *op. cit.*, p. 165. Cfr., no mesmo sentido, FERREIRA, Durval, *Posse e Usucapião*, *op. cit.*, p. 431. *Vide*, na jurisprudência, o ac. do TRP de 02.05.2000, proc. 0020285. Diversamente, no ac. do STJ de 08.04.1997, proc. 96A696, determinou-se que o facto de já se encontrarem concluídos certos trabalhos não obsta ao decretamento do embargo de obra nova, sendo suficiente que a violação do direito do requerente possa vir a ser agravada.

5.2.3. Novidade

Para que esta providência cautelar possa ser decretada, torna-se ainda necessário que esteja em causa uma obra, trabalho ou serviço efetivamente "novo", isto é, que implique uma "modificação substancial da coisa", tal como sucede, por exemplo, com a abertura de novas portas ou janelas, com a remoção de uma cobertura de uma varanda e a demolição de paredes interiores[1014] ou com a reconstrução de um edifício em ruínas, mas com diferente volumetria ou com novos pisos.

Com efeito, o embargo de obra nova só pode ser requerido contra a execução de "obras relevantes", encontrando-se excluídas as "meramente secundárias, os acabamentos ou o aproveitamento de obras anteriores", tal como sucede, por exemplo, com a substituição de um telhado ou a reparação de uma parede.

Por conseguinte, não é admissível o recurso a este meio cautelar para o embargo de uma obra que se traduza em "meras modificações superficiais ou na mera reconstrução de uma situação preexistente" [1015,1016].

5.2.4. Ofensa de um direito real ou pessoal de gozo ou da posse em consequência dessa obra, trabalho ou serviço

A providência cautelar de embargo de obra nova só pode ser decretada quando da execução da obra, trabalho ou serviço novo resulte a ofensa de um direito real ou pessoal de gozo ou da posse[1017].

Carecem, consequentemente, de legitimidade para requerer o embargo de obra nova os titulares de um direito real de garantia ou os meros detentores[1018,1019].

1014 Cfr., a este propósito, o ac. do TRL de 26.01.2017, proc. 21079/16.8T8LSB.L1-6.

1015 GERALDES, António Santos Abrantes, *Temas da Reforma do Processo Civil*, vol. IV, *op. cit.*, pp. 256 e 257. Cfr., no mesmo sentido, FREITAS, José Lebre de/ALEXANDRE, Isabel, *Código de Processo Civil Anotado*, vol. II, *op. cit.*, p. 166, bem como o ac. do STJ de 16.07.1974, proc. 065356, *in BMJ*, nº 239, ano 1974, p. 199, e o ac. do TRP de 09.02.1993, *in CJ*, tomo I, 1993, p. 228.

1016 De todo o modo, nada obsta, nestes casos, ao recurso ao procedimento cautelar comum, situação em que o requerido deverá igualmente alegar o requisito da gravidade da lesão e da sua irreparabilidade ou muito difícil reparação (cfr. a este propósito, entre outros, o ac. do TRP de 19.02.2013, proc. 1560/12.9TJPRT.P1).

1017 Sobre este concreto requisito, o ac. do TRP de 15.02.1993, proc. 9240263, considerou que o que releva para efeitos de recurso ao embargo de obra nova é que o requerente tenha a convicção da verificação ou ocorrência de ofensa no seu direito de propriedade ou outro direito geral de gozo ou posse. Cfr., ainda, o ac. do TRE de 12.10.2017, proc. 1215/17.8T8STR.E1, no qual se decidiu que "Para o decretamento da providência cautelar de ratificação de embargo de obra nova apresenta-se essencial, desde logo, a verificação do seu pressuposto da probabilidade séria da existência do direito invocado".

1018 *Vide*, nesse sentido, MARINELLI, Damiano, *et al.*, *Il Nuovo Processo di Cognizione dopo la Riforma 2009*, *op. cit.*, p. 167. Cfr., na jurisprudência, o ac. do TRG de 07.12.2016, proc. 192/16.7T8VPA.G1.

No que em particular se refere à ofensa do direito de propriedade ou de outro direito real menor de gozo, bem como de um direito pessoal de gozo[1020], o embargo de obra nova encontra justificação sempre que dela decorra uma limitação ao uso e fruição da coisa, ainda que esse direito já se achasse legalmente comprimido.

Por sua vez, em relação à ofensa da posse, o possuidor, ao atuar por forma correspondente ao exercício do direito de propriedade ou de outro direito real (art. 1251º do CC), goza da presunção da titularidade do direito (art. 1268º do CC), o que lhe permite recorrer ao embargo de obra nova em caso de ofensa da sua posse, ainda que esta se funde num direito real de garantia que pressuponha a posse da coisa[1021].

Já no que diz respeito à ofensa do direito pessoal de gozo, pese embora este direito pressuponha uma posse em nome alheio, a verdade é que a lei faculta, em certos casos, ao respetivo titular o recurso aos meios de defesa da posse – é o que sucede com o parceiro pensador (art. 1125º, nº 2, do CC), com o locatário (art. 1037º, nº 2, do CC), com o comodatário (art. 1133º, nº 2, do CC) e com o depositário (art. 1188º, nº 2, do CC). Assim, se antes do DL nº 329-A/95 já se entendia que os titulares destes direitos pessoais de gozo podiam requerer o embargo de obra nova, com a redação que foi dada ao art. 412º do $CPC_{95/96}$ – correspondente ao atual art. 397º – por aquele diploma legislativo passou a estender-se a aplicação deste regime aos titulares de outros direitos pessoais de gozo[1022].

Considerando o âmbito subjetivo desta providência cautelar, o embargo de obra nova será injustificado quando o mesmo seja requerido para tutelar direitos de personalidade – como, por exemplo, o direito ao repouso e à tranquilidade –, ainda que se invoque a ofensa desses direitos em consequência da realização de uma obra, trabalho ou serviço novo[1023].

Do mesmo modo, o embargo de obra nova será injustificado quando a ação principal correlativa não tenha por objeto a "defesa ou reconhecimento do direito do gozo ou da posse sobre a coisa"[1024].

[1019] Cfr., a este respeito, o ac. do TRG de 07.12.2016, proc. 192/16.7T8VPA.G1, no qual se decidiu que não pode requerer esta providência cautelar o utilizador de um caminho público, que pretenda obter a suspensão de uma obra de natureza particular, implantada no leito desse caminho.

[1020] *Vide*, a este propósito, o ac. do TRL de 15.02.2018, proc. 2204/17.8T8PDL-2, no qual se problematizou a possibilidade de o arrendário sob condição suspensiva requerer um embargo de obra nova.

[1021] Cfr., nesse sentido, Freitas, José Lebre de/Alexandre, Isabel, *Código de Processo Civil Anotado*, vol. II, *op. cit.*, p. 167.

[1022] *Idem, ibidem*, pp. 146 e 147.

[1023] *Vide*, a este propósito, o ac. do STJ de 14.01.1997, proc. 96A760, bem como o ac. do TRP de 09.12.1999, proc. 9931364.

[1024] Ac. do TRP de 19.02.2013, proc. 1560/12.9TJPRT.P1.

Pressuposta a urgência associada ao decretamento desta providência cautelar, a sua natureza não comporta uma análise aprofundada e detalhada quanto à titularidade efetiva do direito de que o requerente se arroga titular, cabendo, ao invés, ao julgador da ação principal a tarefa de apreciar circunstanciadamente a titularidade de tal direito[1025]. Fundamentalmente, para que o embargo de obra nova possa ser decretado ou ratificado judicialmente, torna-se "necessária a verosimilhança do direito que se diz ameaçado"[1026].

Numa outra perspetiva, o prejuízo associado ao embargo de obra nova encontra justificação na "ofensa de direito alheio, não sendo necessária a prova de que da obra resultam «perdas e danos» para o requerente"[1027].

De todo o modo, o requerente do embargo de obra nova deve procurar informar-se, com o cuidado de um homem normalmente prudente, da verdadeira situação jurídica quanto à titularidade do direito, sob pena de responder civilmente pelos danos causados ao requerido no caso de tal providência se revelar injustificada, como sejam os decorrentes do "aumento dos custos de mão de obra na construção civil e dos materiais a aplicar na obra (...) incómodos e aborrecimentos por ver as obras paralisadas e/ou por não poder utilizar o prédio"[1028].

Importa ainda salientar que não constitui obstáculo ao decretamento da providência cautelar o facto de a obra se encontrar devidamente licenciada pela respetiva licença de construção[1029].

5.2.5. Existência de um prejuízo ou de uma ameaça de prejuízo

Nos termos do art. 397º, nº 1, o decretamento da providência cautelar de embargo de obra nova pressupõe a existência de uma obra, trabalho ou serviço novo que cause ou ameace causar um prejuízo[1030].

[1025] TURCO, Claudio, *Lezioni di Diritto Privato, op. cit.*, p. 234.

[1026] Ac. do STJ de 07.11.1990, proc. 079736. *Vide*, no mesmo sentido, o ac. do STJ de 12.01.1995, proc. 086367, bem como o ac. do TRP de 28.09.1995, proc. 9530521, sendo que, neste último acórdão, decidiu-se que "Não merece ratificação o embargo de uma obra nova requerida a partir da invocação de que esta ofende o direito de propriedade do embargante no que respeita ao impedimento, diminuição e perturbação do acesso aos edifícios deste, sem que se demonstre que a obra é efectuada de forma incorrecta ou deficiente ou que há fortes probabilidades de ser declarada nula a deliberação que concedeu a licença para a obra".

[1027] Ac. do TRP de 03.05.1993, proc. 9350074.

[1028] Ac. do TRC de 24.02.2000, *in CJ*, tomo I, p. 2000, p. 36. Cfr., no mesmo sentido, o ac. do STJ de 19.06.1991, *in BMJ*, 408º, p. 469, o ac. do STJ de 06.01.2000, *in SASTJ*, 37º, p. 28, o ac. do STJ de 16.10.2003, proc. 03B3039, bem como o ac. do TRG de 06.07.2010, proc. 1011/07.0TBVVD.G1.

[1029] Ac. do TRL de 16.05.1995, proc. 0094241.

[1030] Sobre esta questão, Lebre de Freitas sustenta que o "prejuízo ou ameaça de prejuízo" não constitui um requisito autónomo, já que a violação do direito ou da posse através da obra entretanto

De facto, o embargo só pode ser decretado desde que se verifique, pelo menos, a possibilidade de ocorrência de danos irreparáveis ou de difícil reparação[1031], ou seja, não pode ser decretado o embargo de obra nova se o prejuízo já se verificou, ainda que possa vir a ser agravado pela obra em curso[1032,1033].

A jurisprudência tem vindo a considerar que o requerente do embargo "tem simplesmente que alegar como causa de pedir a factualidade em que se concretiza a ofensa do seu direito", não sendo necessário que invoque a natureza irreparável ou de difícil reparação das consequências danosas da ofensa[1034].

Assim, para que este requisito se encontre preenchido, isto é, para que a obra cause um prejuízo, "basta que ofenda o direito de propriedade, a posse ou a fruição do embargante"[1035], não se exigindo a ocorrência de danos efetivos[1036]. Vale isto por dizer que o termo "prejuízo" é utilizado no art. 397º em termos genéricos, pelo que engloba "qualquer ofensa do direito de pro-

iniciada consubstancia, em si mesmo, o prejuízo a que alude o art. 397º. O mesmo é dizer que a obra é a "causa do juízo do requerente sobre o prejuízo que ela lhe causará, constituindo, em si, prejuízo a ofensa do seu direito ou posse" (Freitas, José Lebre de/Alexandre, Isabel, *Código de Processo Civil Anotado*, vol. II, *op. cit.*, p. 169). De acordo com Lopes do Rego – na esteira da jurisprudência perfilhada pelo ac. do STJ de 29.06.1999, *in BMJ*, 488º, p. 310 – na providência cautelar de embargo de obra nova, não se torna necessário o preenchimento do requisito da verificação de um fundado receio de lesão grave e dificilmente reparável (Rego, Carlos Francisco de Oliveira Lopes do, *Comentários ao Código de Processo Civil*, vol. I, *op. cit.*, p. 376). Analogamente, no ac. do TRL de 12.11.1991, proc. 0046061, decidiu-se que a "causa de pedir do embargo de obra nova é a ofensa do direito do requerente, não carecendo este de alegar que da obra resulta prejuízos". Cfr., no mesmo sentido, o ac. do TRP de 23.02.2012, proc. 1543/11.56TBMCN.P1.

1031 Ac. do STJ de 10.12.1996, proc. 96A798.

1032 *Vide*, nesse sentido, o ac. do STJ de 17.06.1998, proc. 98A600.

1033 Sobre esta concreta questão, Moitinho de Almeida distingue entre o embargo repressivo, o qual tem lugar perante a obra já iniciada, que causa prejuízo ao requerente, e o embargo preventivo, perante obra que, estando iniciada, ameace causar-lhe prejuízo. Com efeito, de acordo com o citado Autor, "o prejuízo, como requisito de embargo de obra nova, não carece de valoração autónoma, pois deriva sempre pura e simplesmente da própria violação do direito. Basta a ilicitude para haver prejuízo" (Almeida, Luís Pedro Moitinho de, *Embargo ou Nunciação de Obra Nova*, *op. cit.*, p. 18). *Vide*, no mesmo sentido, o ac. do TRL de 20.03.1997, proc. 0001766, bem como o ac. do TRL de 19.06.1997, proc. 0031262.

1034 Cfr., entre outros, o ac. do TRC de 18.02.1997, *in BMJ*, 464º, p. 627, bem como o ac. do TRP de 19.02.2013, proc. 1560/12.9TJPRT.P1.

1035 Ac. do TRL de 25.03.1993, proc. 0056656. Cfr., no mesmo sentido, o ac. do TRP de 20.06.1995, proc. 9520479, no qual se decidiu que "No embargo de obra nova o prejuízo não carece de valoração autónoma, pois está já ínsito na ofensa do direito, no dano jurídico causado".

1036 Ac. do TRP de 27.04.1999, proc. 9920170. Cfr., no mesmo sentido, o ac. do STJ de 16.12.1999, proc. 1001/99, *in SASTJ*, ano 1999, bem como o ac. do TRP de 03.04.2000, proc. 0050325.

priedade, desde que ilícita"[1037], ou seja, "basta um dano jurídico, traduzido na ilicitude do facto"[1038].

De todo o modo, se o requerente do embargo não alegar e provar que a obra impugnanda lhe causou ou ameaça causar prejuízos, isto é, se o elenco dos factos alegados e provados não permitir demonstrar a existência de um justo receio de lesão iminente, nesse caso, o tribunal não deve decretar o embargo de obra nova[1039]. Com efeito, ainda que o requerente do embargo de obra nova se encontre dispensado de alegar e provar os danos concretos que para ele resultam do começo de uma obra, trabalho ou serviço novo, já o deve fazer em relação aos "factos em que se traduz ou virá a traduzir a violação do seu direito, isto é, da forma como será prejudicado ou ofendido esse direito através da execução da nova obra"[1040].

5.3. Embargo extrajudicial

Atentos os requisitos de que a lei faz depender o deferimento da providência cautelar de embargo de obra nova – *maxime* que a obra se encontre em execução aquando do embargo – pode suceder que a apresentação de um pedido de embargo judicial de uma obra não seja compatível com o preenchimento desse requisito. Basta pensar, por exemplo, na hipótese de estar a ser levada a cabo uma obra de construção ou de demolição, a qual ficará concluída em poucas horas ou no próprio dia em que o lesado dela teve conhecimento. Nessa eventualidade, poderia suceder que, quando o requerente pedisse o embargo judicial da obra, a mesma já se achasse concluída, inviabilizando-se, assim, o decretamento dessa providência cautelar.

Ora, para obviar a estas situações, que representariam uma verdadeira denegação de justiça, o art. 397º, nº 2, prevê a possibilidade de o embargo de obra nova ser realizado por via extrajudicial. Nesse caso, o embargo é efetuado, na presença de duas testemunhas, através de uma notificação verbal direta ao dono da obra, ao encarregado ou quem o substituir, para não continuar a obra, trabalho ou serviço[1041].

[1037] Ac. do TRP de 28.10.1999, proc. 9931082.

[1038] Ac. do TRP de 15.11.2001, proc. 9921170.

[1039] Ac. do TRP de 14.01.2003, proc. 35592. Cfr., no mesmo sentido, o ac. do STJ de 16.12.1999, proc. 1001/99, *in SASTJ*, ano 1999.

[1040] Ac. do TRC de 02.05.2000, proc. 197/00.

[1041] No ac. do TRL de 08.11.1990, proc. 0039252, decidiu-se que o embargo de obra nova só deve ser requerido contra o dono da obra e não contra o seu executante.
Diferentemente, no ac. do TRP de 28.11.2017, proc. 11599/17.2T8PRT.P1, entendeu-se que o embargo de obra nova pode ser requerido quer contra o autor material, quer o mandante da obra.

A este propósito, importa salientar que o conceito de "notificação verbal" deve ser entendido, não no sentido de "notificação judicial", mas antes enquanto mera declaração de vontade[1042]. É, por isso, suficiente uma simples comunicação verbal que, de forma clara e inequívoca, expresse a vontade do declarante no sentido de os trabalhos serem suspensos de imediato, não se tornando, por isso, necessária a elaboração de um documento que ateste a realização dessa notificação ou de um auto de embargo[1043].

Em todo o caso, o art. 1º estabelece o princípio geral, segundo o qual a ninguém é lícito o recurso à força com o fim de realizar ou assegurar o próprio direito.

Nessa exata medida, o embargo de obra nova que tenha sido realizado por via extrajudicial carece de ser submetido à apreciação judicial, isto é, precisa de ser "validado" por um juiz.

Assim, à luz do art. 397º, nº 3, uma vez realizado o embargo extrajudicial, o interessado deve, no prazo de cinco dias, requerer a ratificação judicial do embargo, sob pena de, não o fazendo, o embargo extrajudicial caducar.

Para que o tribunal julgue procedente o pedido de ratificação do embargo extrajudicial de obra nova, é necessário que se encontrem preenchidos os requisitos gerais, isto é, a probabilidade séria da existência de um direito de propriedade, de outro direito real ou pessoal de gozo ou da posse[1044], que esse direito possa ou tenha sido ofendido em consequência de uma obra, trabalho ou serviço novo e que exista um fundado receio de vir a ser causado um prejuízo ao requerente ou de que tal prejuízo possa vir a ser agravado[1045].

Outrossim, para a ratificação do embargo extrajudicial, é indiferente que a obra já se encontre concluída nesse momento, porquanto, aquilo que releva é que, aquando da realização do embargo extrajudicial, a obra estivesse em execução[1046].

Por sua vez, no ac. do TRC de 24.04.2012. proc. 4696/11.0TVLRA-A.C1, decidiu-se que, não se encontrando na obra o dono da obra ou o respetivo encarregado, o aviso verbal para a paragem da obra, em caso de embargo extrajudicial, pode ser feito perante os operários que nela se encontrem a trabalhar.

1042 Ac. do TRP de 28.11.2017, proc. 11599/17.2T8PRT.P1.

1043 Cfr., nesse sentido, o ac. do TRL de 26.01.2017, proc. 21079/16.8T8LSB.L1-6.

1044 Cfr., nesse sentido, o ac. do TRE de 12.10.2017, proc. 1215/17.8T8STR.E1.

1045 *Vide*, em sentido contrário, o ac. do TRP de 21.05.2013, proc. 2862/12.0TBOAZ.P1, no qual se decidiu que "Na providência cautelar de ratificação de embargo de obra nova não tem o requerente de alegar e provar o justo ou fundado receio de lesão grave e de difícil reparação do direito invocado".

1046 Cfr., no mesmo sentido, Freitas, José Lebre de/Alexandre, Isabel, *Código de Processo Civil Anotado*, vol. II, *op. cit.*, p. 165, bem como o ac. do TRC de 05.07.1989, *in BMJ*, 389º, p. 660, o ac. do TRL de 11.02.1992, proc. 0054111, e o ac. do TRP de 20.10.1994, proc. 9450451.

5.4. Obras que não podem ser embargadas

Não podem ser embargadas as obras do Estado, das demais pessoas coletivas públicas e das entidades concessionárias de obras ou serviços públicos quando, pelo facto de o litígio se reportar a uma relação jurídico-administrativa, a defesa dos direitos ou dos interesses lesados deva ser feita através dos meios previstos na lei de processo administrativo contencioso (art. 399º).

Com efeito, o embargo de obra nova não pode ser requerido quando a obra em causa se reporte a uma relação jurídica administrativa – isto é, em que a entidade administrativa atue investida de um poder de autoridade com vista à prossecução de um interesse público –, já que, nesse caso, a competência para o conhecimento de tal relação jurídica pertence aos tribunais administrativos e fiscais, de acordo com o previsto nos arts. 1º, nº 1, e 4º do ETAF, e 212º, nº 3, da CRP.

Outrossim, pode ser requerido o embargo de obra nova, mesmo que o dono da obra seja uma autarquia local e ainda que essa obra diga respeito, de forma direta ou indireta, a um interesse que a autarquia local deva prosseguir, quando o requerente, arrogando-se titular de um direito real ou pessoal de gozo sobre um determinado prédio, considere que essa obra ofende o seu direito, já que, nesse caso, a relação jurídica reveste natureza privada e não administrativa[1047].

5.5. Efeitos

Formando o julgador um juízo de verosimilhança quanto ao preenchimento destes requisitos processuais, deve ser deferida a providência cautelar sem o contraditório prévio do requerido[1048], procedendo-se ao decretamento do embargo de obra nova ou à ratificação do embargo que tiver sido efetuado extrajudicialmente.

O embargo é efetuado ou ratificado através da elaboração de um auto, no qual se deve proceder à descrição, tão minuciosa quanto possível, do estado

[1047] Cfr., nesse sentido, o ac. do TRC de 20.04.2016, proc. 1/16.7T8CNF.C1. Com efeito, conforme se decidiu neste aresto, "o que está em causa é uma actividade, acto, comportamento ou conduta, vista da perspectiva de um lesado (terceiro) particular, cuja avaliação, inclusive para efeitos de eventual responsabilidade civil é regulada por normas de direito privado, que não por normas, princípios e critérios de direito público. A uma tal apreciação/avaliação não subjaz qualquer relação jurídico-administrativa, uma relação jurídica regulada pelo direito público, mas uma mera relação jurídico-privada, como tal regulada pelo direito privado".

[1048] Jaccheri, Elena, "Un caso peculiare in tema di denuncia di nuova opera", *in RTDPC*, ano LII, Giuffrè Editore, Milão, 1998, p. 1476.

da obra e da sua medição[1049], sendo o dono da obra ou o encarregado notificado para não a continuar (art. 400º, nº 1).

Nos termos do art. 400º, nº 3, pese embora resulte da letra da lei a sua natureza facultativa, afigura-se importante a recolha de fotografias, já que estas permitem reproduzir com maior fidedignidade o estado da obra e, além disso, comprovar a eventual verificação de inovações abusivas[1050].

Se, à revelia da providência decretada, o embargado continuar a obra, o embargante pode requerer ao tribunal que a parte inovada seja destruída, situação em que o requerido, uma vez comprovada a continuação da obra[1051] – o que passa, designadamente, pelo confronto entre o estado atual da obra e a descrição que dela foi feita no auto de embargo[1052] – será obrigado a fazê-lo[1053,1054]. Nesse caso, o despacho que ordene a reposição da obra no estado anterior à inovação constitui título executivo tendo em vista a demolição da obra inovada[1055], sendo que a eventual inexistência de prejuízos para o embar-

[1049] *Vide*, a este propósito, o ac. do TRL de 26.01.2017, proc. 21079/16.8T8LSB.L1-6, no qual se decidiu que "O auto que seja facultativamente elaborado num embargo extra-judicial de obra nova não carece de observar os requisitos que se prevêem para o auto de embargo judicial e para a ratificação do embargo, constantes do artigo 400º, nº 3, do CPC".

[1050] Note-se que o art. 400º, nº 3, determina que "O embargante e o embargado podem, no ato do embargo, mandar tirar fotografias da obra, para serem juntas ao processo; nesse caso, é o facto consignado no auto, com indicação do nome do fotógrafo". Neste particular, face ao estado avançado das novas tecnologias, designadamente a utilização cada vez mais frequente de *smartphones* com câmaras integradas de alta resolução, entendemos que este preceito deve ser interpretado de forma atualista, no sentido de o próprio embargante ou o embargado poderem recolher fotografias através de *smartphone* pessoal ou de outros meios tecnológicos, tendo em vista a sua junção ao processo, sem prejuízo da sua autenticação por notário ou entidade com poderes equiparados. De resto, em sende de direito comparado, importa salientar que, no ordenamento jurídico brasileiro, o art. 422º, § 1º, do $CPC_{Br. 2015}$, prevê expresamente que "As fotografias digitais e as extraídas da rede mundial de computadores fazem prova das imagens que reproduzem, devendo, se impugnadas, ser apresentada a respectiva autenticação eletrônica ou, não sendo possível, realizada perícia".

[1051] No sentido de a averiguação da inovação poder ser feita por meio de arbitramento ou, quando tal não seja possível, com recurso a testemunhas, *vide* o ac. do STJ de 23.05.1996, proc. 187/96, *in SASTJ*, ano 1996, p. 56.

[1052] *Idem*.

[1053] Note-se, neste particular, que, tal como se decidiu no ac. do TRL de 07.02.1991, proc. 0024236, sendo "Decretado o embargo de obra nova, não pode discutir-se novamente se qualquer inovação abusiva causa ou não prejuízo, com vista a justificar a inovação".

[1054] Conforme se decidiu no ac. do TRC de 10.07.2007, proc. 563/04.1TBVNO.C1, se o requerido continuar a obra que se encontra embargada, este incorre na sanção imediata do dever de repor a obra no estado anterior em que se encontrava à continuação ilícita.

[1055] Ac. do TRP de 06.05.1993, proc. 9110673.

gante, em consequência da continuação abusiva da obra, não constitui obstáculo à demolição da parte inovada[1056].

5.6. Autorização da continuação da obra

Nos termos do art. 401º, o requerido pode ser autorizado a continuar a obra embargada, quando se reconheça que a sua demolição restituirá o embargante ao estado anterior à continuação ou quando o prejuízo resultante da paralisação da obra é muito superior ao que poderá advir da sua continuação[1057], desde que preste caução (*cautio damni infecti*)[1058,1059].

Assim, na ponderação do pedido de continuação da obra embargada, o julgador deve atender, por um lado, ao prejuízo que resulte para o embargado com a paralisação da obra e, por outro lado, ao prejuízo que pode advir para o requerente com a sua continuação[1060].

Sobre o que se deve entender por prejuízo resultante da paralisação da obra, a jurisprudência tem vindo a considerar que este abrange "todo e qualquer prejuízo a que fica exposto o dono da obra pelo facto de ela não continuar, não só o prejuízo que se repercute na obra em si mesma (por exemplo, porque a demora inutiliza os materiais ou põe em perigo a construção), como os extrínsecos à mesma, derivados da suspensão"[1061].

Por sua vez, o prejuízo resultante da continuação da obra "não se reduz apenas ao "dano jurídico", pressuposto do decretamento do embargo, que,

[1056] Ac. do TRP de 24.01.1994, proc. 9320987.

[1057] *Vide*, nesse sentido, o ac. do STJ de 16.05.1991, proc. 080768, *in BMJ*, nº 407, ano 1991, p. 430, segundo o qual "Provados embora que são elevados os prejuízos sofridos pela recorrente com a paralisação, que fez inúmeros investimentos e grandes despesas com vista à instalação do posto de combustíveis e que está a perder não só o rendimento do dinheiro investido como também lucros que visava auferir com a venda dos combustíveis, não é de autorizar a continuação da obra quando o fundamento do embargo e o interesse público, não redutível a dinheiro, de defesa do ambiente se sobrepõe ao interesse privado do recorrente". Cfr., no mesmo sentido, o ac. do TRL de 22.01.1992, proc. 0057772, bem como o ac. do TRL de 23.06.1994, proc. 0086142.

[1058] Numa abordagem clássica, a *cautio damni infecti* consistia numa garantia imposta pelo tribunal por via da qual o dono da obra em curso prometia indemnizar o vizinho na eventualidade de ocorrerem os danos futuros por ele temidos com o prosseguimento dessa obra (Justo, A. Santos, "A «*Cautio damni infecti*» (época clássica)", *in Estudos em Homenagem ao Professor Doutor Manuel Gomes da Silva*, Edição da Faculdade de Direito da Universidade de Lisboa, Coimbra Editora, Coimbra, 2001, p. 581).

[1059] No sentido de, nesta hipótese, a obra só poder ser iniciada após a prestação da caução, cujo montante deve ser fixado no respetivo incidente, *vide* o ac. do TRP de 04.04.1995, proc. 9421123.

[1060] Ac. do TRP de 07.12.1995, proc. 9530971. Cfr., no mesmo sentido, o ac. do STJ de 04.04.2000, proc. 264/00, *in SASTJ*, ano 2000.

[1061] Ac. do TRC de 15.11.2005, proc. 2572/05.

por isso mesmo, não carece de valoração autónoma, pois, de alguma forma, já está ínsito na ofensa do direito, mas é todo aquele que se repercute na esfera jurídica do embargante por causa da continuação"[1062].

Por conseguinte, ponderados os interesses de todos os intervenientes, o embargo de obra nova não deve ser decretado quando os prejuízos do embargante e do embargado "sejam sensivelmente iguais ou quando a superioridade resultante da paralisação seja pouco acentuada"[1063,1064].

6. Alimentos provisórios

6.1. Âmbito

Nos termos do art. 384º, o interessado que se encontre em situação de necessidade pode requerer, como dependência da ação em que, principal ou acessoriamente, se peça a prestação de alimentos[1065], a fixação da quantia mensal que deva receber, a título de alimentos provisórios, enquanto não houver pagamento da primeira prestação definitiva.

Os alimentos provisórios são "fixados para vigorarem enquanto não houver sentença exequível na acção de alimentos (definitivos) ou esta ser julgada improcedente (arts. 399º, nº 1, do CPC e 2007º, nº 1, do CC)", e encontram justificação no princípio *venter non patit dilationem*[1066]. Acresce que a prestação alimentícia provisória é estabelecida em função do estritamente necessário

[1062] *Idem.*

[1063] Ac. do TRL de 22.11.1990, proc. 0031772.

[1064] No que concerne ao conceito de "prejuízo", a jurisprudência tem vindo a considerar que este conceito não deve ser analisado sob um prisma estritamente económico, devendo antes partir da consideração do direito violado (cfr., entre outros, o ac. do STJ de 09.12.1993, proc. 084658).

[1065] Os alimentos provisórios podem ser peticionados como dependência da ação em que o seu objeto se traduza no pedido de alimentos ou em que esse pedido seja formulado a título acessório, como é o caso da ação de divórcio ou de separação sem o consentimento de um dos cônjuges (arts. 1179º e 2016º-A do CC), da ação de separação judicial de pessoas e bens (art. 1794º do CC), da ação de investigação de maternidade (arts. 1814º e 1821º do CC) ou da paternidade (arts. 1869º e 1884º, nº 2, do CC) e da ação de regulação do exercício das responsabilidades parentais em caso de divórcio, separação judicial de pessoas e bens ou de declaração de nulidade ou de anulação do casamento (art. 1906º do CC). Cfr., a este propósito, o ac. do TRP de 08.11.2001, proc. 0131502, segundo o qual "O procedimento cautelar de alimentos provisórios, a instaurar como preliminar ou incidente da acção em que sejam pedidos alimentos definitivos, a título principal ou acessório, é sempre dependência desta última causa, vigorando a decisão no mesmo proferida, de natureza necessariamente provisória, enquanto não houver lugar ao pagamento da primeira prestação definitiva daqueles alimentos", bem como o ac. do TRP de 18.02.2019, proc. 2914/17.0T8MTS.P1. No sentido de a providência cautelar de alimentos provisórios poder ser requerida como preliminar da ação para fixação de alimentos definitivos, *vide* o ac. do TRP de 20.12.1999, proc. 9951305.

[1066] SANTOS, Eduardo dos, *Direito da Família*, Almedina, Coimbra, 1999, p. 641.

para o sustento, habitação e vestuário do requerente, segundo o prudente arbítrio do julgador[1067,1068] – embora nada impeça que possam também ser fixados por acordo entre as partes[1069] –, achando-se ainda compreendida nos alimentos provisórios a quantia que for indispensável para prover a instrução e educação do alimentando, nos termos do art. 2003º do CC[1070].

[1067] Este regime processual encontra-se em perfeita sintonia com o direito substantivo, designadamente com o art. 2007º do CC, segundo o qual "Enquanto se não fixarem definitivamente os alimentos, pode o tribunal, a requerimento do alimentando, ou oficiosamente se este for menor, conceder alimentos provisórios, que serão taxados segundo o seu prudente arbítrio". *Vide*, quanto à diferença entre o regime dos alimentos definitivos e o dos provisórios, o ac. do TRP de 23.03.2006, proc. 0631320, segundo o qual os alimentos definitivos compreendem tudo aquilo que seja "indispensável" à satisfação das necessidades do alimentando, enquanto os alimentos provisórios abarcam apenas aquilo que se mostrar "estritamente necessário" para o efeito.

[1068] Cfr., a este propósito, o ac. do STJ de 07.10.1977, proc. 066671, o ac. do TRL de 30.04.1992, proc. 0039656, o ac. do TRC de 04.11.2003, proc. 2924/03, bem como o ac. do TRL de 09.12.2015, proc. 74/15.0T8SXL-D.L1-2. *Vide*, na doutrina, FREITAS, José Lebre de/ALEXANDRE, Isabel, *Código de Processo Civil Anotado*, vol. II, *op. cit.*, p. 124, bem como SANTOS, Eduardo dos, *Direito da Família*, *op. cit.*, p. 641. No sentido de os critérios de fixação dos alimentos serem tão-só os que se encontram previstos na lei substantiva, já que o art. 384º não reproduziu no novo Código de Processo Civil o regime que então se encontrava previsto no art. 399º, nº 2, do CPC_{1996}, *vide* o ac. do TRL de 21.04.2016, proc. 1390/15.6T8TVD-A.L1-2.

[1069] SANTOS, Eduardo dos, *Direito da Família*, *op. cit.*, pp. 641 e 642.

[1070] *Vide*, em sede de direito comparado, o art. 1694º do $CC_{Br.}$, o qual determina que os parentes, os cônjuges ou companheiros podem pedir uns aos outros os "alimentos de que necessitem para viver de modo compatível com a sua condição social, inclusive para atender às necessidades de sua educação". Contudo, de acordo com o § 1º do referido preceito legal, "Os alimentos devem ser fixados na proporção das necessidades do reclamante e dos recursos da pessoa obrigada".
Por sua vez, o art. 142º do $CC_{Es.}$ determina que o conceito jurídico de "alimentos" compreende tudo o que seja indispensável para o sustento, habitação, vestuário e assistência médica, bem como para a educação e instrução do alimentando.
No ordenamento jurídico francês, o Código Civil não concretiza o âmbito da obrigação alimentar. De todo o modo, nos termos do art. 208º do $CC_{Fr.}$, os alimentos devem ser fixados, de forma proporcional, em função das necessidades daquele que os reclama. Em todo o caso, a jurisprudência tem vindo a entender que esta obrigação alimentar compreende, fundamentalmente, o que seja necessário para garantir o pagamento das despesas com habitação, vestuário e alimentação.
Na Grécia, o art. 1493º do $CC_{Gr.}$ determina que os alimentos compreendem tudo aquilo que seja necessário para garantir a subsistência do alimentando, bem como as despesas de educação e de formação profissional.
Na Holanda, o art. 1:395a do $CC_{Hol.}$ preceitua que a obrigação de alimentos abrange, fundamentalmente, o que se revele necessário para garantir a subsistência e a educação do alimentando.
Por seu turno, no ordenamento alemão, o § 1361 do BGB preceitua que, em caso de separação dos cônjuges, a obrigação de alimentos deve ter por referência o nível de vida e a situação patrimonial de cada um dos cônjuges.

Trata-se, com efeito, de uma das medidas cautelares previstas no nosso ordenamento jurídico em que mais se justifica a necessidade de proteger uma situação de risco enquanto não se obtém uma solução definitiva para o litígio, designadamente nos casos em que os requerentes desta providência cautelar são ainda menores[1071]. Aliás, a proteção jurisdicional do menor justifica a possibilidade de lhe ser fixada uma pensão provisória de alimentos em qualquer estado da causa, atento o disposto no art. 28º do RGPTC[1072].

6.2. Requisitos

Para que a providência cautelar de alimentos provisórios possa ser acolhida pelo tribunal, torna-se necessário o preenchimento de dois requisitos cumulativos:

- probabilidade de o requerente ser titular de um direito a alimentos;
- carecer o requerente da prestação, a título provisório, de alimentos, por não se encontrar em condições de aguardar por alimentos definitivos.

6.2.1. Probabilidade da existência de um direito a alimentos

Na petição inicial da providência cautelar de alimentos provisórios, o requerente deve, desde logo, expor os factos dos quais resulte, ainda que de forma indiciária, a titularidade do direito a alimentos e a obrigação de o requerido os prestar[1073], concluindo pelo pedido de atribuição de uma prestação pecuniária mensal até que lhe seja fixada, na respetiva ação principal, uma prestação mensal a título de alimentos definitivos (arts. 365º e 385º, nº 1)[1074].

[1071] GERALDES, António Santos Abrantes, *Temas da Reforma do Processo Civil*, vol. IV, *op. cit.*, p. 114.

[1072] ALMEIDA, Francisco Manuel Lucas Ferreira de, *Direito Processual Civil*, *op. cit.*, p. 238. Cfr. ainda, MARQUES, J. P. Remédio, *Algumas Notas Sobre Alimentos (Devidos a Menores)*, 2ª ed. rev., Coimbra Editora, Coimbra, 2007, p. 131.

[1073] A este respeito, o Decreto nº 2, de 25 de dezembro de 1910, dispunha que o filho ilegítimo, que fosse autor numa ação de investigação da paternidade, tinha direito a pedir alimentos provisórios, os quais, no entanto, só lhe eram concedidos pelo juiz se este se "convencesse" de que o autor poderia ter razão, não influindo, porém, essa sentença no resultado final da ação de investigação da paternidade. *Vide*, em comentário a este preceito legal, ROCHA, Manuel António Lopes, "Alimentos provisórios devidos a menores autores em acção de investigação de paternidade ou maternidade ilegítima", *in SI*, tomo XVII, Braga, 1968, p. 350.

[1074] Conforme salienta Ramiro Podetti, a providência cautelar de alimentos provisórios só pode ser decretada quando se encontrem preenchidos dois requisitos: a verosimilhança quanto à titularidade do direito a alimentos e o perigo de demora na tutela desse direito. No que em particular se refere à verosimilhança quanto à titularidade do direito, este requisito pressupõe: a) a existência de um vínculo entre o requerente e o requerido do qual resulte a obrigação alimentar; *b)* a neces-

Nos termos do art. 2003º do CC, por "alimentos" entende-se tudo aquilo que é indispensável ao sustento, habitação e vestuário, compreendendo-o ainda a instrução e educação do alimentando, no caso de este ser menor[1075].

Traduzindo-se os alimentos provisórios numa antecipação dos alimentos definitivos, a apreciação da probabilidade do direito aos alimentos por parte do requerente da providência cautelar deve seguir as mesmas regras legais dos alimentos definitivos, salvo no que diz respeito ao seu montante[1076].

6.2.2. Verificação de uma situação de necessidade

A concessão da providência cautelar de alimentos provisórios depende igualmente da alegação, pelo requerente, da verificação de uma situação de necessidade quanto à sua subsistência, que seja suscetível de justificar a intervenção imediata e urgente do direito[1077]. Será o caso, designadamente, da existência de necessidades mensais em termos de habitação, sustento e alimentação, bem como, se for caso disso, de instrução e de educação[1078].

Na verdade, o *periculum in mora* na providência cautelar de alimentos provisórios decorre do estado de necessidade do alimentando, isto é, da impossibilidade de "esperar pela formação e execução da sentença a proferir no processo principal de alimentos definitivos"[1079].

sidade de quem solicita os alimentos, o que implica a alegação e prova, ainda que indiciária, da falta de recursos suficientes e a impossibilidade de os obter por outro meio; *c)* a possibilidade de o requerido prestar os alimentos, o que implica a demonstração sumária dos seus rendimentos e/ou do seu património (RAMIRO PODETTI, J., *Derecho Procesal Civil, Comercial y Laboral – Tratado de las Medidas Cautelares*, IV, *op. cit.*, p. 462).

1075 Quanto à noção e classificação dos alimentos, *vide* SANTOS, Eduardo dos, *Direito da Família, op. cit.*, pp. 640 a 645, MARQUES, J. P. Remédio, *Algumas Notas Sobre Alimentos (Devidos a Menores), op. cit.*, pp. 32 a 38, bem como SERRA, Adriano Paes da Silva Vaz, "Obrigação de alimentos", *in BMJ*, 108º, julho de 1961, pp. 20 a 37.

1076 Ac. do TRL de 12.06.1996, proc. 0002492.

1077 REIS, José Alberto dos, *Código de Processo Civil Anotado*, vol. I, *op. cit.*, p. 621. Tal como se decidiu no ac. do TRP de 28.04.1998, proc. 9820271, "Nos alimentos provisórios, as exigências factuais não são as mesmas que devem ser observadas na acção de alimentos definitivos, bastando que o requerente alegue e comprove o seu direito a pedi-los ao requerido, as possibilidades de este os prestar e a ingente necessidade daquele os receber".

1078 Cfr. o ac. do TRL de 07.05.1991, proc. 0041951, no qual se decidiu que "O filho maior não totalmente profissionalizado, sem culpa grave, tem direito a alimentos dos pais, cabendo a estes o ónus da prova daquela culpa".

1079 REIS, Alberto dos, "A figura do processo cautelar", *op. cit.*, pp. 52 e 53. Analogamente, Carlos Oliveira salienta que, na providência cautelar de alimentos provisórios, "o perigo de dano decorre, não da duração do processo em si mesma considerada, mas antes da possibilidade de que falte sustento ao autor até que se obtenha uma decisão definitiva na ação principal" (OLIVEIRA, Carlos Alberto Álvaro de, "A tutela cautelar antecipatória e os alimentos *initio litis*", *in Revista Forense*, ano

De todo o modo, o critério para a atribuição e fixação dos alimentos provisórios não é o mesmo que se verifica quanto aos alimentos definitivos, já que, naqueles, o julgador deve ter em conta apenas aquilo que se revele estritamente "necessário" para a habitação, sustento e alimentação do requerente da providência[1080,1081]. Na verdade, no procedimento cautelar de alimentos provisórios, o juiz tem que "atender tão só às básicas necessidades do alimentando, deixando-se para a decisão definitiva a fixação da medida concreta e cabal dos alimentos carecidos e devidos"[1082].

A providência cautelar de alimentos provisórios só deve ser deferida quando o requerente não tenha capacidade económica que lhe permita prover as suas necessidades de sustento[1083], não sendo, por isso, de decretar a providência se ficar provado que o requerente tem possibilidade de se autobastar no seu sustento por via da atividade profissional que exerce, ainda que a sua remuneração mensal seja inferior à do requerido[1084].

6.3. Medida dos alimentos

Ao fixar a medida dos alimentos provisórios, o tribunal deve tomar em consideração não só a capacidade económica daquele que os deve prestar – partindo, designadamente, da análise do seu nível de vida[1085] –, como também

84, vol. 303, Rio de Janeiro, julho-setembro 1988, p. 83). Cfr., na jurisprudência, o ac. do TRE de 28.06.2018, proc. 1177/16.9T8OLH-A.E1.

1080 *Vide*, a este propósito, o ac. do TRL de 28.05.1991, proc. 0047201. Cfr., no mesmo sentido, o ac. do TRP de 19.11.1991, proc. 00225468, o ac. do TRL de 09.02.1993, proc. 9210675, o ac. do TRP de 04.04.1995, proc. 9520284, o ac. do TRP de 28.04.1998, proc. 9820271, o ac. do TRL de 25.05.1999, proc. 0068011, bem como o ac. do TRP de 23.03.2006, proc. 0631320. Cfr., na doutrina, Marques, J. P. Remédio, *Algumas Notas Sobre Alimentos (Devidos a Menores)*, *op. cit.*, p. 64.

1081 Conforme assinala José dos Santos Silveira, na fixação de alimentos provisórios, o julgador deve apreciar, em cada caso em concreto, as necessidades do alimentando e as possibilidades do alimentante, já que este deve velar para que o alimentando não fique sem meios de subsistência e o alimentante não seja injustamente sacrificado (Silveira, José dos Santos, *Questões Subsequentes em Processo Civil (Excepções, Nulidades, Reconvenções e Incidentes)*, Almedina, Coimbra, 1964, pp. 371 e 372).

1082 Ac. do TRL de 14.01.1999, proc. 0056352. *Vide*, no mesmo sentido, o ac. do STJ de 07.10.1977, proc. 066671, o ac. do TRL de 30.04.1992, proc. 0039656, bem como o ac. do TRL de 09.02.1993, proc. 9210675.

1083 *Vide*, a este propósito, o ac. do TRL de 09.11.1995, proc. 000089.

1084 Cfr. o ac. do TRL de 30.06.1994, proc. 0071276. A este respeito, Francisco Ferreira de Almeida sustenta que a providência cautelar de alimentos provisórios só deve ser decretada quando se encontrem preenchidos dois requisitos cumulativos: que o requerente seja titular do direito a alimentos e que o mesmo não disponha das condições necessárias para poder aguardar pelos alimentos definitivos (Almeida, Francisco Manuel Lucas Ferreira de, *Direito Processual Civil*, *op. cit.*, p. 237).

1085 Marques, J. P. Remédio, *Algumas Notas Sobre Alimentos (Devidos a Menores)*, *op. cit.*, p. 154.

a situação financeira e patrimonial daquele que os deve receber (art. 2004º do CC).

Tratando-se, no entanto, de alimentos devidos a cônjuges na sequência de divórcio ou de separação judicial de pessoas e bens[1086], o art. 2016º-A do CC determina que, na fixação do montante dos alimentos, o tribunal deve tomar em consideração "a duração do casamento, a colaboração prestada à economia do casal, a idade e estado de saúde dos cônjuges, as suas qualificações profissionais e possibilidades de emprego, o tempo que terão de dedicar, eventualmente, à criação de filhos comuns, os seus rendimentos e proventos, um novo casamento ou união de facto e, de modo geral, todas as circunstâncias que influam sobre as necessidades do cônjuge que recebe os alimentos e as possibilidades do que os presta"[1087].

O julgador deve decidir a quantia devida a título de alimentos provisórios segundo o seu "prudente arbítrio", ou seja, partindo do "binómio possibilidade/necessidade (cfr. o nº 1 do art. 2007º) e em função do estritamente necessário para assegurar as finalidades da medida e também para as despesas da acção (art. 384º)"[1088].

Assim, na fixação da medida dos alimentos, o tribunal deve nortear-se por um juízo de equidade, de proporcionalidade e de atualidade, atentando a um "mínimo vital, sem esquecer o relativismo desse mínimo, quer do lado do alimentando, quer do lado do obrigado"[1089].

Por sua vez, nos termos do art. 2005º do CC, os alimentos devem ser fixados em prestações pecuniárias mensais – salvo se houver acordo ou disposi-

[1086] Observe-se que, nos termos do art. 931º, nº 7, na pendência do processo de divórcio ou de separação sem consentimento do outro cônjuge, o juiz, em qualquer altura do processo e oficiosamente ou a requerimento de alguma das partes, pode, se o considerar conveniente, fixar um regime provisório quanto a alimentos. No sentido de este regime configurar uma tutela cautelar de "caráter especialíssimo", *vide* o ac. do TRE de 12.10.2017, proc. 2521/16.4T8PTM.E1.

[1087] *Vide*, a este respeito, o ac. do TRP de 20.04.2017, proc. 1158/14.7TBPVZ.P1, no qual se decidiu que, no dever de alimentos posterior ao divórcio, "há um dever humanitário de solidariedade e socorro marcado pela relação conjugal anterior, sendo o dever de alimentos limitado à garantia de um nível de subsistência condigna". Outrossim, na pendência do casamento, mesmo que os cônjuges se encontrem separados de facto, estes devem "garantir reciprocamente, em matéria de alimentos, um nível de vida tendencialmente semelhante àquele que tinham enquanto durou a comunhão de vida, influenciado pelo tempo decorrido desde a separação, os laços persistentes e a situação atual de cada um deles". Cfr., ainda, o ac. do TRE de 26.01.2017, proc. 1550/15.0T8TMR-A.E1, bem como o ac. do TRL de 09.11.2017, proc. 2032/15.5T8BRR.L1-2.

[1088] ALMEIDA, Francisco Manuel Lucas Ferreira de, *Direito Processual Civil, op. cit.*, pp. 237 e 238.

[1089] Ac. do TRP de 04.04.1995, proc. 9520284. Cfr., no mesmo sentido, o ac. do TRL de 09.07.1998, proc. 0022181, bem como o ac. do TRL de 09.12.2015, proc. 74/15.0T8SXL-D.L1-2.

ção legal em contrário ou se ocorrerem motivos que justifiquem medidas de exceção – sendo que, à luz do art. 386º, nº 1, os alimentos são devidos a partir do primeiro dia do mês subsequente à data da dedução do respetivo pedido (art. 386º, nº 1)[1090].

Existindo fundamento ou motivo atendível para alterar ou fazer cessar a prestação de alimentos que tiver sido fixada anteriormente, esse pedido deve ser formulado no mesmo processo, ao abrigo do disposto no art. 386º, nº 2[1091]. Na verdade, ainda que o requerido tenha sido condenado na prestação de alimentos provisórios ao requerente, nada obsta a que a sentença possa ser alterada, desde que se modifiquem as circunstâncias de facto que tiverem determinado a condenação[1092].

A prestação de alimentos provisórios só cessa com a decisão definitiva que vier a ser proferida na ação principal de que esta providência cautelar depende[1093], sendo certo que, nesse caso, coincidindo a prestação definitiva com aquela que tiver sido provisoriamente decretada, verifica-se uma "conversão da natureza provisória da prestação num efeito civil definitivo"[1094].

7. Arbitramento de reparação provisória

7.1. Âmbito

Tendo sido introduzida no nosso ordenamento jurídico pela reforma processual civil de 95/96[1095], a providência cautelar de arbitramento de repa-

[1090] *Vide*, a este propósito, o art. 2006º do CC, segundo o qual os alimentos são devidos desde a propositura da ação ou, estando já fixados pelo tribunal ou por acordo, desde o momento em que o devedor se constituiu em mora.

[1091] Cfr. o art. 2012º do CC, segundo o qual "Se, depois de fixados os alimentos pelo tribunal ou por acordo dos interessados, as circunstâncias determinantes da sua fixação se modificarem, podem os alimentos taxados ser reduzidos ou aumentados, conforme os casos, ou podem outras pessoas ser obrigadas a prestá-los", bem como os arts. 2013º do CC e 2019º do CC quanto ao regime da cessação da obrigação alimentar. *Vide*, a este propósito, o ac. do TRL de 28.09.1995, proc. 0006356, bem como o ac. do STJ de 03.03.1998, proc. 97B258.

[1092] Ac. do STJ de 03.03.1998, proc. 97B258.

[1093] Ac. do TRP de 15.07.1999, proc. 9930876.

[1094] Marques, J. P. Remédio, *Algumas Notas Sobre Alimentos (Devidos a Menores)*, *op. cit.*, p. 183. Quanto ao enquadramento histórico desta providência cautelar, *vide* Pereira, Célia Sousa, *Arbitramento de Reparação Provisória*, *op. cit.*, pp. 71 a 73.

[1095] Cfr. o preâmbulo do DL nº 329-A/95, de 12 de dezembro, o qual destaca a instituição no ordenamento jurídico português da providência de arbitramento de reparação provisória, "(...) ampliada em termos de abranger não apenas os casos em que se trata de reparar provisoriamente o dano decorrente de morte ou lesão corporal como também aqueles em que a pretensão indemnizatória se funde num dano susceptível de pôr seriamente em causa o sustento ou a habitação do lesado". Para um enquadramento histórico da consagração do arbitramento de reparação provisória no

ração provisória permite antecipar o efeito jurídico pretendido na ação principal e visa garantir a tutela do direito em situações manifestamente graves[1096,1097].

Tal como sucede nos alimentos provisórios, esta providência assume uma natureza marcadamente social face à comprovada insuficiência da tutela jurisdicional para prevenir todas as consequências danosas[1098], procurando, assim, "obviar a uma situação premente de carência, antecipando-se a satisfação do direito"[1099].

De facto, atenta a normal morosidade da justiça no que respeita à determinação da obrigação de indemnizar, associada ao desequilíbrio económico bem patente nesse tipo de ações, em que o devedor, normalmente, é a parte mais forte, esta providência cautelar permite, por um lado, evitar o protelamento da decisão final e, por outro, garantir a sustentabilidade económica do requerente, até que essa decisão revista um carácter definitivo. Na realidade, "o arbitramento de uma quantia mensal a título provisório tem por base valores ligados à própria condição humana. Daí que a lei, através desta providência, possa impor a quem é presumivelmente responsável pela obrigação de indemnizar o sacrifício de, antecipadamente, reparar provisoriamente os danos sofridos pelo lesado em consequência da lesão"[1100].

Assim, dispõe o art. 388º, em conjugação com o art. 565º do CC, que, como dependência da ação de indemnização fundada em morte[1101] ou lesão

nosso ordenamento jurídico, *vide* MARIANO, João Cura, *A Providência Cautelar de Arbitramento de Reparação Provisória, op. cit.*, pp. 45 a 52.

1096 *Vide*, no mesmo sentido, o ac. do TRP de 05.05.1998, proc. 9820416, no qual se decidiu que "Com a concessão da providência referida no nº 1 do artigo 403º do Código de Processo Civil visa-se satisfazer uma necessidade decorrente dos danos sofridos, antecipando-se um montante indemnizatório antes da decisão definitiva sobre este", bem como o ac. do TRP de 07.10.1999, proc. 9931104.

1097 Quanto à inaplicabilidade do procedimento cautelar de arbitramento de reparação provisória ao processo penal, mesmo que, nesse processo, tenha sido deduzido um pedido de indemnização civil, *vide* o ac. do TRE de 23.02.2016, proc. 2400/11.1TASTB-A.E1.

1098 GERALDES, António Santos Abrantes, *Temas da Reforma do Processo Civil*, vol. IV, *op. cit.*, p. 140. Cfr., a este respeito, o ac. do TRP de 03.05.2007, proc. 0731630, segundo o qual "A providência cautelar prevista nos arts. 403º a 405º do CPC é subsidiária dos alimentos provisórios, destinando--se a suprir necessidades fundamentais, a tutelar eficazmente certos direitos de personalidade, pretendendo atenuar as consequências de lesões já produzidas pelo facto ilícito".

1099 FREITAS, José Lebre de/ALEXANDRE, Isabel, *Código de Processo Civil Anotado*, vol. II, *op. cit.*, p. 133. Cfr., no mesmo sentido, PEREIRA, Célia Sousa, *Arbitramento de Reparação Provisória, op. cit.*, p. 79.

1100 PEREIRA, Célia Sousa, *Arbitramento de Reparação Provisória, op. cit.*, p. 80.

1101 Quanto ao âmbito dos danos causados pela morte e à determinação do montante da sua indemnização, *vide* CAMPOS, Diogo Leite de, "Os danos causados pela morte e a sua indemnização", *in Comemorações dos 35 Anos do Código Civil e dos 25 Anos da Reforma de 1977*, vol. III – Direito das

corporal[1102], os lesados, bem como os titulares do direito a que se refere o art. 495º, nº 3, do CC, podem requerer o arbitramento de quantia certa, sob a forma de renda mensal, como reparação provisória do dano[1103,1104].

Nos termos do art. 388º, nº 4, este regime é igualmente aplicável aos casos em que a pretensão indemnizatória se funde em dano suscetível de pôr seriamente em causa o sustento ou a habitação do lesado[1105].

Obrigações, Coimbra Editora, Coimbra, 2007, pp. 133 a 137, bem como MARIANO, João Cura, *A Providência Cautelar de Arbitramento de Reparação Provisória, op. cit.*, pp. 56 a 59.

1102 No sentido de o arbitramento de reparação provisória apenas ser admissível quando esteja em causa uma ação em que se exija o cumprimento da obrigação de reparação dos prejuízos decorrentes de morte, lesão corporal ou dano que ponha em causa o sustento ou a habitação do lesado, *vide* MARIANO, João Cura, *A Providência Cautelar de Arbitramento de Reparação Provisória, op. cit.*, p. 53. Analogamente, o ac. do TRP de 05.11.2007, proc. 0755028, considerou que "A providência cautelar de arbitramento de reparação provisória não se aplica só nos casos de morte ou lesão corporal. Abrange também as situações provocadas por ilícito extracontratual, se o lesado ficar em situação de grave dificuldade de prover ao seu sustento ou habitação".

1103 Quanto à não inconstitucionalidade dos arts. 388º e 390º, *vide* o ac. do TC nº 255/2001, de 29.05.2001, *in www.tribunalconstitucional.pt*. Com efeito, a questão suscitada neste acórdão prendia-se com o problema da eventual inconstitucionalidade dos arts. 403º a 405º do CPC_{1996}, correspondentes aos atuais arts. 388º e 390º, por violação do art. 20º, nº 4, CRP, na parte em que se consagra o direito a um processo equitativo, subordinado aos princípios da proporcionalidade, da igualdade de armas e da proibição do excesso. Chamado a pronunciar-se sobre essa questão, o Tribunal Constitucional considerou que o arbitramento de uma renda provisória antes de transitada em julgado a ação principal não consubstancia a imposição ao requerido de um sacrifício desproporcionado, já que "o deferimento do requerimento depende não apenas de estar «indiciada a existência de obrigação de indemnizar a cargo do lesado» bem como, fundamentalmente, de estar demonstrada a existência de uma «situação de necessidade do lesado em consequência dos danos sofridos», não sendo o sacrifício imposto ao requerido excessivo ou desproporcionado, consideradas as finalidades que o deferimento do requerimento visa satisfazer (fazer face à comprovada situação de necessidade do requerente, provocada pelo comportamento gerador do dever de indemnizar)" (FREITAS, José Lebre de/SANTOS, Cristina Máximo dos, *O Processo Civil na Constituição*, Coimbra Editora, Coimbra, 2008, p. 110).

1104 *Vide*, no ordenamento jurídico italiano, a Lei nº 990, de 24.12.1969 (*in GURI*, nº 002, de 03.01.1970), a qual regula o seguro obrigatório de responsabilidade civil decorrente da circulação de veículos motorizados e de embarcações. Com efeito, estipula o art. 24º deste diploma legislativo o seguinte: "*Nel corso del giudizio di primo grado, gli aventi diritto al risarcimento che, a causa del sinistro, vengano a trovarsi in stato di bisogno, possono chiedere che sia loro assegnata una somma da imputarsi nella liquidazione definitiva del danno. Il giudice istruttore civile o penale, sentite le parti, qualora da un sommario accertamento risultino gravi elementi di responsabilità a carico del conducente, con ordinanza immediatamente esecutiva provvede all'assegnazione della somma ai sensi del primo comma, nei limiti dei quattro quinti della presumibile entità del risarcimento che sarà liquidato con la sentenza*".

1105 Conforme resulta do ac. do TRP de 12.06.2008, proc. 0833448, "O nº 4 do art. 403º estende assim o âmbito de aplicação da tutela antecipatória prevista no nº 1 do preceito a todos os titulares de direito à indemnização assente em qualquer evento gerador de responsabilidade civil extra-contratual (de que não tenha resultado a morte ou lesão corporal, que o nº 1 já assegura)

Face à sua natureza, esta providência cautelar só se aplica às pessoas singulares, sendo, consequentemente, inadmissível qualquer tipo de interpretação extensiva que visasse permitir a sua aplicação às pessoas coletivas[1106].

7.2. Requisitos

O juiz deve deferir o arbitramento de reparação provisória desde que se verifique uma situação de necessidade em consequência dos danos sofridos e se encontre indiciada a existência da obrigação de indemnizar a cargo do requerido[1107]. O mesmo é dizer que o decretamento desta providência cautelar depende do preenchimento dos seguintes requisitos cumulativos[1108]:

a) existência de indícios suficientemente fortes quanto à obrigação de indemnizar por parte do requerido;
b) verificação de uma situação de necessidade;
c) nexo de causalidade entre os danos sofridos pelo requerente e a situação de necessidade que fundamenta o recurso à tutela cautelar.

7.2.1. Existência de indícios suficientemente fortes quanto à obrigação de indemnizar por parte do requerido

Nos termos do art. 388º, o recurso à providência cautelar de arbitramento de reparação provisória pressupõe a existência de uma "obrigação de indemnizar",

ou de responsabilidade contratual, desde que tal evento os tenha deixado em situação de grave dificuldade de proverem ao seu sustento ou habitação". A este respeito, Fernando Salgado destaca o facto de o legislador ter preenchido uma lacuna legislativa grave, na medida em que só estavam inicialmente protegidos os casos de morte e de lesão corporal (Salgado, Fernando, "Arbitramento de reparação provisória", *in Lusíada – Revista de Ciência e Cultura*, Universidade Lusíada, nºs 1 e 2, Porto, 1999, p. 540).

1106 *Vide* o ac. do TRP de 11.12.2003, proc. 0336087.

1107 Cfr., a este propósito, o ac. do TRP de 05.05.1998, proc. 9820416, o ac. do TRL de 19.11.1998, proc. 0048696, o ac. do STJ de 31.05.2000, proc. 00A448, bem como o ac. do TRL de 04.10.2012, proc. 4246/11.8TBALM-A.L1-6. *Vide*, na doutrina, Rodrigues, Fernando Pereira, *A Prova em Direito Civil*, *op. cit.*, p. 278.

1108 Cfr. o ac. do TRG de 22.01.2009, proc. 2739/08-1, o ac. do TRP de 16.01.2012, proc. 1854/11.0TBMAI.P1, o ac. do TRL de 16.02.2016, proc. 482/14.3T8OER-A.L2-1, o ac. do TRE de 02.06.2016, proc. 953/15.4T8EVR.E2, o ac. do TRL de 14.09.2017, proc. 423/17.6T8SXL.L1-2, o ac. do TRE de 26.10.2017, proc. 369/17.8T8STB.E1, o ac. do TRG de 08.11.2018, proc. 450/18.6T8BRG-A.G1, bem como o ac. do TRL de 09.05.2019, proc. 5995/18.5T8ALM-A.L1-2. *Vide*, na doutrina, Pereira, Célia Sousa, *Arbitramento de Reparação Provisória*, *op. cit.*, pp. 124 e 125. No sentido de ser ainda necessário o preenchimento de um outro pressuposto processual, qual seja o da prova de que foi intentada uma ação com vista à efetivação da indemnização em causa, *vide* o ac. do TRP de 22.11.2005, proc. 0424987. Trata-se, com efeito, com uma orientação que não podemos sufragar, atento o disposto no art. 373º.

desde que a ação de indemnização de que essa providência depende se funde em morte ou lesão corporal, ou ainda em dano que seja suscetível de pôr seriamente em risco o sustento e a habitação do lesado.

Neste contexto, o arbitramento de reparação provisória só será justificado se se encontrar suficientemente indiciada a obrigação de indemnizar por parte do requerido (*fumus boni iuris*)[1109]. Isto porque esta providência cautelar depende de uma ação principal que tem por objeto o pagamento de uma indemnização[1110].

Deste modo, o requerente desta tutela cautelar deve fazer prova sumária da titularidade do direito à indemnização, isto é, de que se encontra indiciada a existência da obrigação de pagamento de uma indemnização, a qual apenas abrange, por via de regra, os danos patrimoniais[1111].

Neste enquadramento, a providência cautelar de arbitramento de reparação provisória será manifestamente injustificada se a ação principal já tiver sido decidida em sentido desfavorável ao requerente[1112]. Na verdade, atenta a redação do art. 388º e a instrumentalidade desta providência cautelar, facilmente se compreende que, se a ação principal já tiver sido julgada em sentido desfavorável ao requerente – mesmo que a respetiva sentença ainda não tenha transitado em julgado –, não pode este solicitar a concessão da providência de arbitramento de reparação provisória[1113].

7.2.2. Verificação de uma situação de necessidade

A providência cautelar de arbitramento de reparação provisória pressupõe igualmente que o requerente se encontre numa situação de necessidade em

1109 *Vide*, neste sentido, o ac. do TRP de 23.01.2003, proc. 0232893, bem como o ac. do TRP de 16.01.2006, proc. 0555805. No sentido de esta providência cautelar não ser aplicável aos casos de responsabilidade civil contratual, *vide* o ac. do TRL de 05.02.1998, *in CJ*, tomo I, 1998, p. 109.

1110 Pereira, Célia Sousa, *Arbitramento de Reparação Provisória*, *op. cit.*, p. 105. No mesmo sentido, *vide* Mariano, João Cura, *A Providência Cautelar de Arbitramento de Reparação Provisória*, *op. cit.*, p. 55, bem como Salgado, Fernando, "Arbitramento de reparação provisória", *op. cit.*, p. 541.

1111 Freitas, José Lebre de/Alexandre, Isabel, *Código de Processo Civil Anotado*, vol. II, *op. cit.*, p. 136. Analogamente, Célia Sousa Pereira assinala que "apenas o trânsito em julgado da decisão final a ser proferida em sede de acção principal confere a segurança plena de um julgamento rodeado de todas as garantias exigíveis para o bom julgamento da causa. No entanto, é com fundamento numa forte probabilidade de procedência da acção definitiva, baseada no requisito da existência de indícios da obrigação de indemnizar, que o legislador considerou justa a atribuição provisória e antecipada de uma renda mensal a imputar na liquidação definitiva do dano" (Pereira, Célia Sousa, *Arbitramento de Reparação Provisória*, *op. cit.*, p. 134).

1112 Ac. do TRP de 17.10.2006, proc. 0625119.

1113 Cfr., nesse sentido, o ac. do TRL de 30.01.2007, proc. 6905/2007-6, bem como o ac. do TRP de 26.04.2007, proc. 0731623.

consequência dos danos sofridos[1114]. Vale isto por dizer que, "para que a tutela cautelar seja concedida sob a forma de uma quantia mensal provisória aos titulares do direito à indemnização, o lesado tem de se encontrar numa situação de carência económica resultante do facto de ter sofrido determinados danos em consequência do facto lesivo"[1115], independentemente da circunstância de o requerente já ter recebido algum adiantamento por conta da importância indemnizatória que lhe é devida[1116].

Com efeito, o *periculum in mora* inerente a esta providência cautelar reside, precisamente, na verificação de uma situação de necessidade[1117]. A "situação de necessidade" a que alude o art. 388º, nº 2, é, tal como sucede no caso dos alimentos provisórios, uma "situação de necessidade económica", que toma por referência, em princípio, o sustento, habitação e vestuário do lesado[1118].

Acresce que, na integração do conceito de "necessidade" devem tomar-se em consideração as situações em que a morte ou a lesão corporal grave é acompanhada de uma redução nos ganhos que afete seriamente a satisfação das necessidades básicas do lesado e do seu agregado familiar[1119].

1114 No sentido de ser igualmente admissível o recurso ao arbitramento de reparação provisória nos casos em que o requerente se encontrasse já em situação de pré-carência, tendo o facto danoso contribuído para o estado de carência, *vide* o ac. do TRP de 22.11.2007, proc. 0735179, bem como o ac. do TRP de 12.06.2008, proc. 0833448.

1115 PEREIRA, Célia Sousa, *Arbitramento de Reparação Provisória, op. cit.*, p. 125. *Vide*, no mesmo sentido, MARIANO, João Cura, *A Providência Cautelar de Arbitramento de Reparação Provisória, op. cit.*, p. 55, segundo o qual o recurso a esta providência cautelar depende da verificação de uma "situação de necessidade económica do lesado que não permita que se aguarde pelo desfecho da acção indemnizatória, para se proceder à reparação dos prejuízos causados, justificando-se uma intervenção de emergência que elimine aquela situação de necessidade premente".

1116 Cfr., nesse sentido, o ac. do TRE de 08.02.2018, proc. 241/17.1T8FAR-A.E1, no qual se consigou que "Um adiantamento de indemnização efectuada pela responsável em data anterior à propositura do procedimento, não obsta ao arbitramento da indemnização provisória sob a forma de renda mensal, se não se demonstra que tal pagamento também é bastante para satisfazer as necessidades do sinistrado a partir do 1º dia do mês subsequente à data da dedução do respectivo pedido".

1117 MARIANO, João Cura, *A Providência Cautelar de Arbitramento de Reparação Provisória, op. cit.*, p. 79.

1118 FREITAS, José Lebre de/ALEXANDRE, Isabel, *Código de Processo Civil Anotado*, vol. II, *op. cit.*, p. 134. Cfr., no mesmo sentido, PEREIRA, Célia Sousa, *Arbitramento de Reparação Provisória, op. cit.*, p. 126, bem como MARIANO, João Cura, *A Providência Cautelar de Arbitramento de Reparação Provisória, op. cit.*, p. 79.

1119 GERALDES, António Santos Abrantes, *Temas da Reforma do Processo Civil*, vol. IV, *op. cit.*, p. 146. Cfr., no mesmo sentido, MARCELINO, Américo, "Questões de responsabilidade civil", *in Separata da SI*, tomo XXX, nºs 175-178, janeiro-dezembro 1982, pp. 6 e 7. *Vide*, a este respeito, o ac. do TRL de 14.05.2009, proc. 345/08.1TBSRQ.L1-6, no qual se decidiu que, para se determinar a situação de "necessidade" prevista no art. 388º, nº 2, é necessário cotejar o conjunto dos rendimentos auferidos

Uma vez que esta providência visa garantir a tutela de bens fundamentais, não é possível requerer-se o arbitramento de uma reparação provisória tendo em vista o ressarcimento de danos de natureza patrimonial que, apesar de serem importantes para o requerente, não assumam a grandeza dos direitos e dos valores que o legislador quis tutelar, como sejam o pagamento das importâncias devidas pelo aluguer de um veículo de substituição ou da reparação de um veículo acidentado[1120].

Numa outra perspetiva, importa salientar que a indemnização a ser fixada provisoriamente não tem de se circunscrever às necessidades do lesado em sede de sustento, habitação e vestuário[1121]. Assim, se o lesado tiver ficado impossibilitado de continuar a auferir os rendimentos do seu trabalho por força da lesão corporal que tiver sofrido, a reparação provisória deve igualmente contemplar qualquer outra necessidade do lesado, tomando por referência o seu estilo de vida, desde que este não disponha de outro meio económico para a satisfazer.

Questão fundamental é a de saber qual a medida da "situação de necessidade" em que se deve encontrar o lesado para que o recurso a esta providência cautelar possa ser considerado como justificado.

Sobre este problema, a doutrina tem vindo a entender que, na apreciação deste requisito, deve ser utilizado um critério de razoabilidade. Destarte, "não se deve limitar a atribuição da providência a situações clamorosas de necessidade, muito próximas da indigência, tal como não se deve considerar que existe uma situação de necessidade pelo simples facto de o lesado ver afectado o seu património, pelo acréscimo de despesas que passou a efectuar em consequência dos danos sofridos, desde que essas despesas não influenciem sobremaneira a sua situação económico-financeira"[1122].

A medida do arbitramento de reparação provisória deve ser fixada segundo um critério de equidade[1123], sendo certo que o tribunal, na avaliação da situação

pelo requerente com o conjunto das despesas a suportar. Assim, para se concluir pela verificação da situação de "necessidade", não é suficiente a alegação de que os rendimentos diminuíram.

1120 Ac. do TRP de 03.05.2007, proc. 0731630.

1121 Ac. do TRP de 28.06.2001, proc. 0130960.

1122 PEREIRA, Célia Sousa, *Arbitramento de Reparação Provisória, op. cit.*, p. 126. Analogamente, João Cura Mariano salienta que, para que o recurso a esta providência cautelar seja justificado, "não se exige a verificação de um estado de indigência ou de risco de sobrevivência física, mas a insuficiência de rendimentos deve ser suficientemente séria, não bastando uma qualquer dificuldade na gestão orçamental da vida económica do lesado" (MARIANO, João Cura, *A Providência Cautelar de Arbitramento de Reparação Provisória, op. cit.*, p. 80).

1123 Ac. do TRP de 22.11.2001, proc. 0131393. *Vide*, no mesmo sentido, o ac. do TRL de 09.12.2008, proc. 8460/2008-6.

de necessidade, "deve atender de modo particular às condições normais de vida do lesado e avaliar em que medida os danos sofridos em consequência da lesão condicionaram a vida do lesado e das pessoas que dele estão dependentes"[1124].

Ao invés do que sucede com o requisito anteriormente analisado, a prova relativa à situação de necessidade não carece de ser exaustiva, sendo suficiente um juízo de probabilidade quanto ao facto de o requerente se encontrar nessa situação[1125].

7.2.3. Nexo de causalidade entre os danos sofridos pelo requerente e a situação de necessidade que fundamenta o recurso à tutela cautelar

O decretamento da providência cautelar de arbitramento de reparação provisória depende da verificação de um nexo de causalidade entre a situação atual de necessidade em que se encontra o lesado e os danos que o mesmo sofreu em consequência do facto danoso[1126], ou seja, o estado de necessidade deve resultar do dano gerador de uma das obrigações de indemnização previstas no art. 388.º[1127]. O mesmo é dizer que "a situação de necessidade tem necessariamente de ser consequência directa do facto gerador da responsabilidade, não podendo a mesma resultar de factores totalmente alheios a esse facto, sob pena de não se encontrar preenchido um dos requisitos de que depende a procedência da providência de arbitramento e, consequentemente, a mesma ser indeferida por falta de verificação de um dos requisitos cumulativos necessários ao seu decretamento"[1128].

Assim, se o requerente da providência cautelar de arbitramento de reparação provisória já se encontrava em situação de necessidade antes de recor-

[1124] Ac. do TRP de 21.06.2010, proc. 133/10.5TBSTS-B.P1.

[1125] SALGADO, Fernando, "Arbitramento de reparação provisória", *op. cit.*, p. 542. *Vide*, em sentido contrário, o ac. do TRE de 26.10.2017, proc. 369/17.8T8STB.E1, no qual se decidiu que "Quanto à situação de necessidade em que o lesado se encontra, enquanto requisito de decretamento desta específica tutela cautelar, apesar da *summaria cognitio*, a prova do mesmo há-de resultar pelo menos de um juízo de probabilidade mais forte e convincente do que aquele que se exige para a probabilidade séria da existência do direito.".

[1126] PEREIRA, Célia Sousa, *Arbitramento de Reparação Provisória, op. cit.*, p. 130. Cfr., no mesmo sentido, MARIANO, João Cura, *A Providência Cautelar de Arbitramento de Reparação Provisória, op. cit.*, p. 55, bem como FONSECA, Isabel Celeste M., "A garantia do prazo razoável: o juiz de Estrasburgo e o juiz nacional", *in CJA*, n.º 44, março-abril 2004, p. 64.

[1127] MARIANO, João Cura, *A Providência Cautelar de Arbitramento de Reparação Provisória, op. cit.*, p. 85. Cfr., na jurisprudência, o ac. do TRL de 22.06.2017, proc. 11497/16.7T8RLSB-2.

[1128] PEREIRA, Célia Sousa, *Arbitramento de Reparação Provisória, op. cit.*, p. 130.

rer à tutela cautelar, não terá direito, em princípio, ao arbitramento de uma quantia mensal a título de reparação provisória[1129].

Contudo, o recurso à providência cautelar de arbitramento de reparação provisória já será admissível nas situações em que, existindo outras causas, o facto danoso contribuiu ou agravou a situação de carência[1130].

Em suma, se a matéria de facto constante do processo permitir ao tribunal concluir, num juízo sumário[1131], que o requerido, com um alto grau de probabilidade, será condenado a ressarcir os danos sofridos pelo requerente[1132] – estando, assim, indiciada a obrigação de indemnizar[1133] – e que a situação de necessidade em que se encontra não é compatível com a delonga normal do processo judicial, tal será bastante para que se arbitre uma reparação provisória ao requerente, cujo montante deverá ser suficiente para garantir a sua subsistência até que seja proferida uma decisão com carácter definitivo na ação principal[1134].

Todavia, para além desses requisitos específicos, é ainda necessário que se encontrem preenchidos os requisitos gerais das providências cautelares,

[1129] *Vide*, no mesmo sentido, MARIANO, João Cura, *A Providência Cautelar de Arbitramento de Reparação Provisória*, *op. cit.*, p. 85. De todo o modo, João Cura Mariano já admite o recurso a esta providência cautelar nos casos em que o dano veio agravar o estado de necessidade que já existia, "cavando ainda mais o fosso entre o montante dos rendimentos obtidos e o das despesas necessárias a uma vivência digna".

[1130] Cfr., nesse sentido, o ac. do TRL de 19.11.1998, *in CJ*, 1998, tomo V, p. 103, bem como o ac. do TRP de 26.04.1999, proc. 9950304, o ac. do STJ de 31.05.2000, proc. 00A448, e o ac. do TRP de 22.11.2007, proc. 0735179.

[1131] Consequentemente, tendo em conta o carácter urgente associado à tutela cautelar, decidiu-se no ac. do TRP de 19.10.2000, proc. 0031046, que "Não deve ser indeferida a providência de arbitramento de reparação provisória, prevista no artigo 403º e seguintes do Código de Processo Civil, com o fundamento de que não se apurou o modo como se deu o acidente do qual teria resultado – segundo o requerente – a obrigação de indemnizar".

[1132] Conforme se decidiu no ac. do TRP de 26.04.2007, proc. 0731623, tendo sido proferida sentença – ainda que não tenha transitado em julgado – que julgou improcedente o pedido indemnizatório, deve ser indeferido o pedido de arbitramento de reparação provisória que não fora ainda apreciado à data da sentença. Com efeito, de acordo com o referido aresto, se foi proferida sentença negando o direito à indemnização que se exercitava na ação e tendo em conta a função instrumental das providências cautelares, seria contraditório com essa sentença vir a decretar-se posteriormente uma providência cautelar que pressupõe a existência desse direito.

[1133] Cfr. o ac. do TRP de 23.01.2003, proc. 0232893: "Para ser decretada a providência de arbitramento de reparação provisória, é necessário, além do mais, que esteja indiciada a obrigação de indemnizar a cargo do requerido".

[1134] No sentido de o tribunal dever ser cauteloso e ponderado no decretamento da providência cautelar de arbitramento de reparação provisória, só devendo conceder esta tutela cautelar quando se convencer, com a necessária probabilidade, que a decisão cautelar possa vir a ser confirmada pela decisão definitiva, *vide* o ac. do TRP de 07.10.1999, proc. 9931104.

maxime no que se refere à probabilidade da existência do direito à indemnização do requerente (*fumus boni iuris*), bem como a verificação, *in casu*, de uma situação de carência que não se compadeça com as delongas do processo judicial (*periculum in mora*)[1135].

7.3. Efeitos

No que concerne ao montante indemnizatório, o art. 388º, nº 3, preceitua que este deve ser fixado equitativamente pelo tribunal[1136]. Nessa ponderação, o julgador poderá atender a diversos critérios, tais como as circunstâncias particulares do caso em concreto, o rendimento auferido pelo lesado antes da produção do facto danoso[1137,1138], o seu estilo de vida[1139] e/ou o valor provável da indemnização que será arbitrada na ação principal[1140].

1135 *Vide*, no mesmo sentido, FREITAS, José Lebre de/ALEXANDRE, Isabel, *Código de Processo Civil Anotado*, vol. II, *op. cit.*, p. 136.

1136 Cfr. o ac. do TRG de 22.01.2009, proc. 2739/08-1.

1137 Note-se que o art. 64º, nº 7, do DL nº 291/2007, de 21 de agosto, com as alterações que lhe foram introduzidas pelo DL nº 153/2008, de 6 de agosto, veio estabelecer que "para efeitos de apuramento do rendimento mensal do lesado no âmbito da determinação do montante da indemnização por danos patrimoniais a atribuir ao lesado, o tribunal deve basear-se nos rendimentos líquidos auferidos à data do acidente que se encontrem fiscalmente comprovados, uma vez cumpridas as obrigações declarativas relativas àquele período, constantes da legislação fiscal". Na realidade, tal como emerge do preâmbulo do DL nº 153/2008, de 6 de agosto, "Uma das medidas previstas na Resolução do Conselho de Ministros nº 172/2007, de 6 de Novembro, diz respeito à «revisão do regime jurídico aplicável aos processos de indemnização por acidente de viação, estabelecendo regras para a fixação do valor dos rendimentos auferidos pelos lesados para servir de base à definição do montante da indemnização, de forma que os rendimentos declarados para efeitos fiscais sejam o elemento mais relevante». Com efeito, hoje sucede que a determinação do valor dos rendimentos auferidos pelos lesados em processos de indemnização por acidente de viação, na medida em que contribuem para a definição do *quantum* indemnizatório por danos patrimoniais, gera litígios evitáveis, uma vez que as seguradoras, em regra, baseiam o respectivo cálculo nos rendimentos declarados pelos lesados à administração tributária, ao passo que os sinistrados, não raras vezes, invocam em juízo rendimentos bastantes superiores, sem qualquer correspondência com as respectivas declarações fiscais. Trata-se, portanto, de uma área que, em razão da potencial litigiosidade que lhe está associada, requer a aprovação de regras mais objectivas, que baseiem o cálculo da indemnização, quanto aos rendimentos do lesado, na declaração apresentada para efeitos fiscais. Assim, não obstante o avanço trazido pela Portaria nº 377/2008, de 26 de Maio, que veio fixar os critérios e valores orientadores para efeitos de apresentação aos lesados por acidente automóvel de proposta razoável para indemnização do dano corporal, torna-se imperioso pôr cobro ao potencial de litigiosidade que aquela situação encerra, procurando, por um lado, contribuir para acentuar a tendencial correspondência entre a remuneração inscrita nas declarações fiscais e a remuneração efectivamente auferida – sinalizando-se também aqui, o reforço de uma ética de cumprimento fiscal –, e, por outro, aumentar as margens de possibilidade de acordo entre seguradoras e segurados, evitando o foco de litigância que surge associado à dissemelhança de valores que estas situações

Acresce que a renda arbitrada pelo tribunal deve ser adequada não só a colmatar as necessidades de habitação, vestuário, educação e bem-estar do requerente, como também as próprias necessidades dos familiares que dele eventualmente dependam[1141,1142].

Já se o requerente ficar incapacitado para o trabalho, sendo essa a fonte de satisfação das suas necessidades básicas, o quantitativo a ser fixado a título provisório deve atender a todo um conjunto de fatores índice específicos, tais como a idade do requerente, o seu ganho mensal, o grau de incapacidade, o tempo útil de vida ativa e as alterações salariais[1143]. Na fixação da quantia a ser arbitrada mensalmente podem ainda ser tomadas em consideração as despesas judiciais, nos casos em que o requerente não se encontre em condições de beneficiar de apoio judiciário[1144].

Contudo, tendo em conta os riscos decorrentes da apreciação sumária que caracteriza a tutela cautelar, a renda mensal deve ser arbitrada de forma regrada, prudente e com recurso à equidade[1145], impondo-se, inclusivamente,

comportam. A introdução desta regra contribui igualmente para que nestas matérias exista mais objectividade e previsibilidade nas decisões dos tribunais, criando também condições para que a produção de prova seja mais fácil e célere e a decisão mais justa".

1138 Conforme se decidiu no ac. do TRG de 22.01.2009, proc. 2739/08-1, nos casos em que o lesado aufira rendimentos fiscalmente comprovados inferiores ao rendimento mensal mínimo garantido, o tribunal deve basear-se no valor desse rendimento para determinar o montante da indemnização por danos patrimoniais a título de arbitramento de reparação provisória. Por sua vez, no ac. do TRL de 16.02.2016, proc. 482/14.3T8OER-A.L2-1, decidiu-se que "à míngua de outros elementos, o valor do rendimento do lesado antes do acidente, serve como guia para a fixação do valor da renda, por corresponder ao normal padrão de vida do mesmo, assegurando agora, como antes do acidente, as necessidades básicas que, assim, não ficarão afetadas por via do evento danoso".

1139 *Vide*, nesse sentido, o ac. do TRP de 16.01.2006, proc. 0555805: "Se o acidentado ficar impossibilitado, por causa da lesão, de manter o seu estilo de vida, a renda mensal provisória a fixar, com base na equidade, deve contemplar uma quantia que lhe permita assegurar os rendimentos que usufruía antes do acidente".

1140 Cfr., a este propósito, o ac. do TRP de 21.11.2001, proc. 0131393, bem como o ac. do TRP de 05.12.2005, proc. 0554946.

1141 Cfr., nesse sentido, o ac. do TRP de 28.06.2001, proc. 0130960, o ac. do TRL de 12.07.2007, proc. 4382/2007-6, bem como o ac. do TRG de 12.06.2014, proc. 757/1.3TBCBT-A.G1.

1142 A este propósito, Célia Sousa Pereira sustenta que, ao invés do que sucede com os alimentos provisórios, a lei não impõe qualquer restrição quanto à natureza dos danos indemnizáveis na providência de arbitramento de reparação provisória. Assim, o titular do direito à indemnização pode "requerer o arbitramento de uma quantia mensal para a satisfação de qualquer necessidade que seja consequência dos danos sofridos" (PEREIRA, Célia Sousa, *Arbitramento de Reparação Provisória*, *op. cit.*, p. 83).

1143 Cfr. o ac. do TRP de 16.12.2002, proc. 0251917.

1144 ALMEIDA, Francisco Manuel Lucas Ferreira de, *Direito Processual Civil*, *op. cit.*, p. 246.

1145 *Vide*, a este respeito, o ac. do TRP de 28.06.2001, proc. 0130960.

que se atendam na sua fixação não só às necessidades do requerente em relação à sua subsistência, como também aos meios de que o requerido dispõe para prover à satisfação das carências do requerente[1146,1147].

De todo o modo, se as necessidades do requerente, que foram consideradas na decisão cautelar, tiverem, entretanto, sofrido alterações, não existe obstáculo legal para que seja modificada ou revogada a prestação mensal que lhe tinha sido inicialmente arbitrada[1148].

Atentas as suas finalidades, facilmente se compreende que, mostrando-se esgotado o capital máximo fixado numa providência cautelar de arbitramento de reparação provisória e se o requerente continuar em situação de necessidade, nada obsta a que seja requerida uma nova providência cautelar de arbitramento de reparação provisória, desde que se encontrem preenchidos os requisitos de que a lei faz depender o seu decretamento[1149,1150].

Não sendo efetuado o pagamento da quantia arbitrada mensalmente, a decisão judicial que tiver decretado o arbitramento de reparação provisória é imediatamente exequível, nos termos do art. 389º, nº 2.

[1146] Cfr. o ac. do TRL de 09.12.2008, proc. 8460/2008-6.

[1147] A renda mensal a arbitrar ao requerente da providência "deverá procurar igualar o valor dos rendimentos do lesado ao montante das suas despesas consideradas imprescindíveis, calculadas mensalmente, uma vez que ela visa pôr termo ao estado de necessidade daquele provocado ou agravado pelo dano sofrido. A indemnização cautelar nunca deverá ultrapassar em caso algum este valor, sob pena de exceder a sua finalidade" (Mariano, João Cura, *A Providência Cautelar de Arbitramento de Reparação Provisória*, *op. cit.*, pp. 94 e ss.).

[1148] Cfr., no mesmo sentido, o ac. do TRP de 04.07.2007, proc. 0752894, com o seguinte sumário: "A provisoriedade das medidas tomadas na providência cautelar de reparação provisória determina que, havendo alteração das circunstâncias determinantes que presidiram à primeira decisão, possam ser novamente apreciadas pelo Tribunal. E cumprirá ao lesado a alegação e prova dos factos que apontam para a verificação concreta da modificação das circunstâncias e justificativas da alteração da medida, eventualmente como incidente de alteração da providência".

[1149] Cfr., neste sentido, o ac. do TRP de 16.11.2009, proc. 9921223.

[1150] Note-se, contudo, que o montante da prestação pode ser alterado a todo o tempo, mediante pedido a ser deduzido no processo, nos termos do disposto no art. 386º, nº 2, aplicável ao arbitramento de reparação provisória por força do art. 389º, nº 1.

Capítulo VI
Meios de tutela do requerido

Sumário: 1. Introdução. 2. Medidas anticautelares. 3. Princípio do dispositivo e liberdade de conformação do julgador no decretamento da providência cautelar. 3.1. Âmbito. 3.2. Limitações. 4. Proporcionalidade da providência. 5. Princípio da mínima ingerência. 6. Condicionamento da providência à prestação de caução. 6.1 Âmbito. 6.2. Funções. 6.2.1. Garantia de ressarcimento dos danos. 6.2.2. Regulação do acesso à tutela cautelar. 6.2.3. Restabelecimento do equilíbrio entre as partes. 6.2.4. Proteção da atividade judicial. 6.3. Um novo paradigma: prestação obrigatória de caução. 6.4. Medida e forma. 6.5. Âmbito. 6.6. Tramitação. 7. Contraditório do requerido. 7.1. Contraditório por antecipação. 7.2. Contraditório prévio. 7.3. Contraditório diferido. 7.3.1. Âmbito. 7.3.2. Constitucionalidade do contraditório diferido. 7.3.3. Risco de decretamento de providência cautelar injustificada. 7.3.4. Critérios de dispensa do contraditório prévio do requerido. 7.3.4.1. Urgência. 7.3.4.2. Efetividade. 7.3.5. Dever de fundamentação da decisão. 7.3.6. Meios de reação do requerido. 7.3.6.1. Recurso. 7.3.6.2. Oposição. 8. Substituição da providência por caução. 9. Modificabilidade, substituição ou revogação da providência. 10. Proibição de repetição de providência cautelar injustificada. 10.1. Âmbito. 10.2. Requisitos. 10.2.1. Repetição de providência cautelar. 10.2.2. Repetição na pendência da mesma causa. 10.2.3. A providência cautelar tenha caducado ou sido julgada injustificada. 11. Caducidade da providência cautelar. 11.1. Âmbito. 11.1.1. Falta de propositura da ação principal. 11.1.2. Inércia do autor no prosseguimento da causa. 11.1.3. Improcedência da ação principal. 11.1.4. Absolvição do réu da instância. 11.1.5. Extinção do direito do requerente. 11.2. Efeitos.

1. Introdução

Tal como salienta Wolf-Dietrich Walker, mais importante do que a ponderação, pelo julgador, dos interesses em conflito na tutela cautelar, são os mecanismos previstos no ordenamento jurídico que visam impedir que o requerido sofra danos ou prejuízos em consequência do decretamento de uma providência injusta ou errada[1151].

Ora, relativamente a esta problemática, Cândido Dinamarco sustenta que "as técnicas processuais da cautelaridade e da antecipação de tutela incluem um bom sistema de freios e contrapesos dos riscos, capaz de reduzi-los a níveis aceitáveis e de oferecer compensação pelos males eventualmente impostos em razão da efetividade das medidas cautelares"[1152]. Assim, o citado Autor elucida que, muito embora o juiz corra o risco de errar na decisão de decretar uma providência cautelar, já que este é chamado a decidir com base na sua convicção e em probabilidades razoáveis, a verdade é que "o sistema oferece portas de saída, ao deixar as medidas urgentes sob a regência de plena revogabilidade, ao vetar medidas portadoras de efeitos irreversíveis, ao autorizar a exigência de cauções como contracautela e, finalmente, ao ditar a responsabilidade do beneficiário pelos danos injustamente causados ao adversário"[1153].

Com efeito, se, por um lado, é fundamental a consagração de medidas provisórias e urgentes que permitam tutelar um determinado direito quando exista um receio fundado de vir a ser causado um dano grave e irreparável ou de difícil reparação – sob pena de ficar irremediavelmente comprometida a tutela jurisdicional efetiva que é constitucionalmente garantida a todas as pessoas –, por outro lado é igualmente imprescindível estabelecer medidas de "contracautela" que permitam proteger os eventuais interesses da parte contrária, quer evitando a produção de danos na sua esfera jurídica, quer assegurando os meios adequados à sua reparação[1154]. Nesta perspetiva, "da mesma forma que os órgãos judiciais podem adoptar qualquer medida cautelar que se revele adequada para garantir a efectividade da sentença, podem adoptar também qualquer medida que seja igualmente idónea para evitar ou reduzir as consequências danosas que daquelas possam derivar, sempre, claro está, que com isso não se inviabilize a eficácia da medida que tenha sido considerada necessária para outorgar a tutela cautelar"[1155].

Vejamos, então, quais são os meios previstos na lei de processo civil vigente que permitem proteger o requerido no âmbito da tutela cautelar.

[1151] WALKER, Wolf-Dietrich, *Der Einstweilige Rechtsschutz im Zivilprozeß und im Arbeitsgerichtlichen Verfahren*, *op. cit.*, p. 331.

[1152] DINAMARCO, Cândido Rangel, *A Instrumentalidade do Processo*, *op. cit.*, p. 309.

[1153] DINAMARCO, Cândido Rangel, *Nova Era do Processo Civil*, *op. cit.*, p. 19.

[1154] CHINCHILLA MARÍN, Carmen, "Las medidas cautelares en el proceso contencioso-administrativo en derecho español", *op. cit.*, p. 560.

[1155] *Idem, ibidem*, p. 560.

2. Medidas anticautelares

Alguma doutrina, particularmente Jorge W. Peyrano, tem vindo a sustentar a possibilidade de o potencial requerido de uma providência cautelar, que se encontre em situação de "vulnerabilidade cautelar", requerer o decretamento de uma "medida anticautelar", a qual, tendo natureza urgente, permita evitar a concessão de providências injustificadas e a ocorrência de danos e de abusos processuais[1156]. Para o efeito, de acordo com o citado Autor, o postulante de uma "medida anticautelar", para além de demonstrar a situação de "vulnerabilidade cautelar" em que se encontre, deve igualmente evidenciar que é verosímil que lhe assiste razão no seu pedido, porque tal medida cautelar lhe é particularmente gravosa ou que a apreensão de determinados bens lhe será prejudicial, bem como que dispõe de bens adequados que poderão ser apreendidos pelo destinatário da medida anticautelar, evitando-se, dessa forma, a paralisação da atividade económica do requerente dessa medida.

Em todo o caso, o requerente terá sempre de prestar caução adequada que responda pelos prejuízos que possam vir a ser causados com o decretamento da medida anticautelar e consequente restrição que venha a ser imposta ao titular do direito violado[1157].

O tribunal deve decidir sobre a medida anticautelar sem ouvir a parte contrária, sem prejuízo da possibilidade de recurso de tal decisão. Para além disso, a medida anticautelar só poderá ser concedida desde que o requerido não tenha, previamente, peticionado o decretamento da providência cautelar que se pretende, precisamente, impedir[1158].

3. Princípio do dispositivo e liberdade de conformação do julgador no decretamento da providência cautelar

3.1. Âmbito

Dispõe o art. 376º, nº 3, que o tribunal não está adstrito à providência cautelar concretamente requerida, ou seja, é possível decretar uma providência diversa daquela que tiver sido pedida[1159,1160].

[1156] Conforme elucida Jorge Peyrano, as "medidas anticautelares" não se destinam a impedir o recurso à tutela cautelar, mas antes impedir um exercício excessivo ou abusivo dessa tutela (PEYRANO, Jorge W., "Las medidas anticautelares?", disponível *in http://www.elateneo.org* (acedido em 19.08.2014), pp. 1 e 2).

[1157] PEYRANO, Jorge W., "¿Qué son las medidas anticautelares?", disponível *in http://www.faeproc.org* (acedido em 19.08.2014), pp. 1 e 2.

[1158] *Idem, ibidem*, p. 2.

[1159] A este respeito, Manuel Pereira Barrocas assinala que as medidas cautelares arbitrais apresentam vantagens consideráveis em relação às medidas cautelares judiciais, já que aquelas, sendo

Trata-se, com efeito, de uma exceção ao princípio do dispositivo, consagrado, entre outros, nos arts. 3º e 609º[1161], justificada pela urgência associada à tutela cautelar, bem como pela necessidade de o juiz adequar a providência cautelar concretamente requerida às particularidades e às circunstâncias de facto que exijam uma tutela urgente[1162,1163].

menos formais e não se encontrando tipificadas, podem ser livremente adotadas (BARROCAS, Manuel Pereira, "Algumas notas sobre medidas cautelares no direito comparado da arbitragem", *in ROA*, ano 71º, vol. II, Lisboa, abril-junho 2011, p. 493).

1160 Em sede de direito comparado, preceitua o art. 204º do $CPC_{Arg.}$, sob a epígrafe "Faculdades do juiz", que "*El juez, para evitar perjuicios o gravámenes innecesarios al titular de los bienes, podrá disponer una medida precautoria distinta de la solicitada, o limitarla, teniendo en cuenta la importancia del derecho que se intentare proteger*". Por sua vez, dispõe o art. 206º do $CPC_{Arg.}$ que "*Cuando la medida se trabare sobre bienes muebles, mercaderías o materias primas, pertenecientes a establecimientos comerciales, fabriles o afines, que los necesitaren para su funcionamiento, el juez podrá autorizar la realización de los actos necesarios para no comprometer el proceso de fabricación o comercialización*". O fundamento destes poderes atribuídos ao julgador, na esteira de Alfredo Gozaíni, "radica em evitar que as medidas cautelares sejam fomento de atitudes extorsivas, ou abusivas, sem prejuízo da flexibilidade que pondera o uso adequado de cada uma das precautórias" (ALFREDO GOZAÍNI, Osvaldo, *Derecho Procesal Civil: tomo I (Teoría General del Derecho Procesal)*, vol. II, *op. cit.*, p. 819).
Por sua vez, no ordenamento alemão, o § 938 da ZPO determina que o tribunal tem a possibilidade de escolher a medida mais adequada à pretensão que tiver sido deduzida pelo requerente da tutela cautelar.
No ordenamento jurídico francês, o art. 5º do NCPC preceitua que "*Le juge doit se prononcer sur tout ce qui est demandé et seulement sur ce qui est demandé*". De todo o modo, o juiz dispõe de uma certa margem de apreciação na adoção de uma determinada providência cautelar (NORMAND, Jacques, "Le juge du provisoire face au principe dispositif et au principe de la contradiction", *in Les Mesures Provisoires en Droit Belge, Français et Italien – Étude de Droit Comparé, op. cit.*, p. 138). Na verdade, o art. 484º do NCPC atribui ao julgador o poder de decretar as "medidas necessárias" em função das particularidades do caso em concreto.

1161 *Vide*, no mesmo sentido, FREITAS, José Lebre de/ALEXANDRE, Isabel, *Código de Processo Civil Anotado*, vol. II, *op. cit.*, p. 84, GERALDES, António Santos Abrantes, *Temas da Reforma do Processo Civil*, vol. I, 3ª reimp. da ed. de 1998, Almedina, Coimbra, 2010, p. 55, bem como SOUSA, Miguel Teixeira de, *Estudos sobre o Novo Processo Civil, op. cit.*, p. 248.

1162 Conforma assinala Fabio Marelli, a doutrina italiana divide-se quanto à questão de saber se o princípio do dispositivo tem plena aplicação na tutela cautelar, ou se, pelo contrário, pode sofrer limitações ou adaptações, em particular no que respeita à regra da correspondência entre o pedido e a decisão. Assim, segundo uma parte da doutrina, o juiz goza de ampla discricionariedade na individualização do tipo e do conteúdo do procedimento cautelar. Por sua vez, segundo uma outra corrente doutrinária, a tutela cautelar encontra-se sujeita ao princípio do dispositivo, já que o juiz, apesar de gozar de um poder discricionário, encontra-se vinculado à matéria de facto alegada pelo requerente da providência cautelar, designadamente no que concerne ao *fumus boni iuris* e ao *periculum in mora*. Para o referido Autor, deve ser admitida a orientação segundo a qual o juiz goza de um poder discricionário oficioso, pelo que este pode adotar a providência cautelar que se afigure mais adequada tendo em conta a concreta *fattispecie* (TARUFFO, Michele, *et al.*, *Le Riforme della Giustizia Civile, op. cit.*, pp. 564 e 565). Em sentido contrário, Maria Francesca Ghirga

Este poder amplo do juiz encontra justificação na exigência particular da tutela cautelar que reclama proteção constitucional em matéria de tutela jurisdicional efetiva.

De facto, a urgência em impedir a produção de um dano grave e irreparável ou de difícil reparação consente que seja atribuído ao juiz um poder mais amplo comparativamente com aquele que se verifica no processo de declaração.

Por via disso, pode existir a necessidade de se afastar o princípio do dispositivo sempre que tal se revele necessário para garantir o decretamento de uma providência dotada de efetividade prática em relação à situação de perigo que foi apresentada em juízo[1164]. O mesmo é dizer que o tribunal decide no âmbito de um poder de adequação material ou de um "poder geral de cautela"[1165], ainda que tal implique a "alteração da forma do procedimento" ou a adequação formal (art. 547º)[1166].

O poder atribuído ao juiz quanto à livre conformação do objeto da providência cautelar encontra ainda fundamento no facto de este tipo de tutela revestir uma natureza provisória, não se encontrando, por isso, submetida às limitações do princípio "*Nec ultra nec extra petita*". Consequentemente, partindo da consideração e análise dos interesses em presença, o julgador tem toda a liberdade para regular a intensidade da providência cautelar em função da aparência do direito sobre a qual se funda a pretensão do requerente[1167].

considera que o princípio da correspondência entre o pedido e a decisão tem plena aplicação à matéria das providências cautelares de urgência, pelo que o juiz tem o dever de fazer corresponder o conteúdo da providência cautelar ao pedido que foi formulado pelo requerente da providência (Ghirga, Maria Francesca, "*L'application aux mesures provisoires du principe dispositif et du principe de la contradiction en droit italien*", *in Les Mesures Provisoires en Droit Belge, Français et Italien – Étude de Droit Compare*, *op. cit.*, pp. 120 e 129).

[1163] Na esteira de Laure du Castillon, se é certo que o juiz não pode pronunciar-se sobre pedidos que não lhe tiverem sido formulados, não é menos verdade que nada o impede de (re)interpretar o que as partes quiseram, realmente, submeter à sua apreciação e de proceder à consequente requalificação do objeto. Deste modo, o julgador, dentro dos limites dos poderes que lhe foram conferidos, pode proceder à modificação ou à substituição do objeto da demanda por forma a adotar medidas "menos radicais e mais respeitadoras dos interesses em presença" (Castillon, Laure du, "Variations autour du principe dispositif et du contradictoire dans l'instance en référé", *in Les Mesures Provisoires en Droit Belge, Français et Italien – Étude de Droit Comparé*, Bruylant, Bruxelas, 1998, pp. 96 a 98).

[1164] Taruffo, Michele, *et al.*, *Le Riforme della Giustizia Civile*, *op. cit.*, pp. 566 e 567.

[1165] Urdaneta Sandoval, Carlos Alberto, "Introducción al análisis sistemático de las medidas cautelares atípicas del Código de Procedimiento Civil Venezolano", *op. cit.*, p. 106.

[1166] Freitas, José Lebre de/Alexandre, Isabel, *Código de Processo Civil Anotado*, vol. II, *op. cit.*, pp. 84 e 85. Cfr., na jurisprudência, o ac. do TRL de 14.11.2013, proc. 5053/13.9TBOER-A.L1-2.

[1167] Cfr., nesse sentido, Castillon, Laure du, "Variations autour du principe dispositif et du contradictoire dans l'instance en référé", *op. cit.*, p. 100.

Deste modo, tendo em conta a natureza da tutela cautelar e o tipo de interesses que a mesma visa proteger, o tribunal deve verificar se a providência concretamente requerida é a que melhor se adequa à proteção do *fumus boni iuris* e do *periculum in mora* que foram invocados pelo requerente da providência. Neste contexto, o juiz deve "ponderar se para o *periculum in mora* que foi alegado e demonstrado a medida pedida é a que, à luz das regras de experiência será idónea a interromper o nexo de causalidade presumido[1168], já que o tribunal não está vinculado às alegações das partes em matéria de indagação, interpretação e aplicação das regras de direito"[1169].

Contudo, este mecanismo só pode ser aplicado pelo julgador quando os factos alegados pelo requerente da providência cautelar possibilitem essa conversão[1170], isto é, o juiz só pode aproveitar um procedimento cautelar que, de outro modo, seria inútil, com base nos factos alegados pelo requerente da providência e no conteúdo do direito por ele invocado[1171] e desde que se encontrem preenchidos os requisitos gerais ou específicos da providência cautelar que o tribunal julgue mais adequada às particularidades do caso em concreto[1172].

O facto de o tribunal não se encontrar vinculado à providência cautelar que tiver sido concretamente solicitada constitui um importante mecanismo processual de tutela dos interesses do requerido contra o decretamento de eventuais providências cautelares injustificadas[1173].

Na verdade, a consagração deste mecanismo legal "não desvirtua a finalidade de asseguramento que se persegue; trata-se de aceitar faculdades discricionárias do juiz em torno das modalidades da precautória. A liberdade para decidir dá-se nos dois planos já comentados da segurança da justiça e da eficácia do serviço jurisdicional. Portanto, a directriz que encomenda este

[1168] Diversamente, Sebastián Otones sustenta que este regime deve ser aplicado apenas nos casos em que, tendo sido requerido o decretamento de uma determinada providência cautelar, o tribunal está em condições de decretar uma medida cautelar menos gravosa para os interesses do requerido (SEBASTIÁN OTONES, Milagros, "Las medidas cautelares: Su regulación en la Ley 1/2000", *op. cit.*, p. 1708).

[1169] MARQUES, J. P. Remédio, *Acção Declarativa à Luz do Código Revisto, op. cit.*, p. 151.

[1170] SOUSA, Miguel Teixeira de, *Estudos sobre o Novo Processo Civil, op. cit.*, p. 248. Cfr., no mesmo sentido, MARQUES, J. P. Remédio, *Acção Declarativa à Luz do Código Revisto, op. cit.*, p. 153.

[1171] FREITAS, José Lebre de/ALEXANDRE, Isabel, *Código de Processo Civil Anotado*, vol. II, *op. cit.*, p. 85.

[1172] Cfr., nesse sentido, o ac. do TRL de 04.04.2000, proc. 0002321, o ac. do TRP de 12.12.2000, proc. 0020965, bem como o ac. do TRP de 13.09.2011, proc. 264/11.4TJVNF-A.P1.

[1173] Sobre esta problemática e, em particular, quanto à distinção entre o poder discricionário e poder arbitrário do juiz na tutela cautelar genérica, *vide* THEODORO JÚNIOR, Humberto, "Tutela jurisdicional cautelar", *op. cit.*, p. 33.

princípio admite que as medidas cautelares que se requerem devem ajustar-se aos seus limites precisos, sem ocasionar danos desnecessários à contraparte, preservando a materialização da execução no pressuposto hipotético de que fora necessária"[1174].

Deste modo, este mecanismo deve ser especialmente utilizado naqueles casos em que o tribunal considere que o direito ameaçado possa ser tutelado por uma providência cautelar diversa – ainda que igualmente eficaz –, mas menos lesiva para os direitos e interesses do requerido dessa providência[1175].

3.2. Limitações

A liberdade de conformação do objeto das providências cautelares encontra duas ordens de limites: limites funcionais e limites processuais[1176].

No que concerne aos limites funcionais, importa desde logo salientar que a vontade das partes prevalece sobre os poderes do juiz.

Com efeito, o tribunal ficará privado de conformar livremente o objeto da tutela cautelar na eventualidade de as partes, através de um acordo formal, convencionarem expressamente excluir um determinado objeto dessa tutela. Nesse caso, o princípio do dispositivo recupera todo o seu vigor, pelo que o tribunal, não podendo contrariar a vontade das partes, deve adotar a providência cautelar que, respeitando esse objeto, se revele mais adequada às particularidades do caso em concreto.

Há ainda que salientar que, ao proceder à adequação da providência cautelar aos interesses em conflito, o julgador deve observar os limites que lhe são impostos pelo direito material.

Assim, o juiz não pode conceder ao requerente da providência cautelar uma tutela mais forte do que aquela que, em abstrato, lhe poderia ser atribuída através do julgamento do mérito da causa[1177].

[1174] ALFREDO GOZAÍNI, Osvaldo, *Derecho Procesal Civil: tomo I (Teoría General del Derecho Procesal)*, vol. II, *op. cit.*, p. 819.

[1175] Assim, conforme se decidiu no ac. do TRP de 13.09.2011, proc. 264/11.4TJVNF-A.P1, "Ao decretar a realização de obras de isolamento acústico e vibratório da unidade fabril da requerida, adequadas à sua contenção em limites aceitáveis, o tribunal decide um *minus* relativamente ao pedido de inibição de toda a actividade industrial da requerida ou em restritos períodos temporais compatíveis com os períodos de descanso nocturno e de lazer dos requerentes".

[1176] CASTILLON, Laure du, "Variations autour du principe dispositif et du contradictoire dans l'instance en référé", *op. cit.*, pp. 104 a 106.

[1177] *Vide*, no mesmo sentido, GHIRGA, Maria Francesca, *"L'application aux mesures provisoires du principe dispositif et du principe de la contradiction en droit italien"*, *op. cit.*, p. 121, segundo a qual o juiz cautelar só pode conceder ao requerente dessa providência um *minus* ou um *idem* em relação ao julgamento da ação principal, mas nunca um *aliud*.

Um outro limite funcional prende-se com o dever de o julgador observar o princípio da proporcionalidade e da adequação no que em particular se refere aos limites da tutela cautelar.

De facto, o juiz não pode conceder uma providência cautelar mais gravosa do que aquilo que se revelar necessário para tutelar convenientemente o interesse do requerente[1178]. Significa isto que o juiz deve, sempre que possível, limitar o âmbito da providência cautelar concretamente concedida ao mínimo indispensável à tutela desse interesse[1179].

Já no que se refere aos limites processuais, o julgador que pretenda decretar uma providência cautelar diversa daquela que tiver sido requerida não carece de comunicar previamente às partes essa sua intenção, a fim de se evitar o proferimento de uma decisão surpresa[1180]. Isto porque, em matéria de providências cautelares, a aplicação plena do princípio do contraditório é inconciliável com a exigência de rapidez e de eficácia da medida.

De todo o modo, havendo lugar a audiência prévia do requerido, nada obsta a que o julgador, no final da audiência, interpele as partes sobre a medida que ele pretende adotar, sempre que tal solução não prejudique a celeridade e a eficácia na execução da providência[1181].

[1178] NORMAND, Jacques, "Le juge do provisoire face au principe dispositif et au principe de la contradiction", *op. cit.*, p. 140.

[1179] WALKER, Wolf-Dietrich, *Der Einstweilige Rechtsschutz im Zivilprozeß und im Arbeitsgerichtlichen Verfahren*, *op. cit.*, p. 332.

[1180] Neste particular, Lucinda Dias da Silva defende uma "concepção ampla da proibição das decisões surpresa", a qual abrange todas as questões de direito que sejam conhecidas pelo tribunal e que não tenham sido previamente submetidas ao contraditório das partes (SILVA, Lucinda D. Dias da, *Processo Cautelar Comum: Princípio do Contraditório e Dispensa de Audição Prévia do Requerido*, *op. cit.*, pp. 76 a 79).

[1181] NORMAND, Jacques, "Le juge do provisoire face au principe dispositif et au principe de la contradiction", *op. cit.*, p. 141. Analogamente, Rui Pinto sustenta que, nesse juízo de adequação, o tribunal "deve tomar sempre em linha de conta dois limites negativos que podem impedir a obtenção de decisão favorável ao pedido ou que ditarão a opção do juiz por uma medida e não por outra". Assim, o primeiro desses limites traduz-se na "instrumentalidade perante a acção principal, seja quanto ao objecto [...], seja quanto à sua utilidade". Com efeito, o juiz não pode conceder ao requerente, a título cautelar, mais do que aquilo que ele poderia obter na ação principal e não pode, por outro lado, "retirar, por esvaziamento, utilidade à decisão final ou atacar esta, *maxime* a providência cautelar não pode antecipar a medida final". Por outro lado, o segundo desses limites consiste na proporcionalidade, ou seja, "deve haver um «justo equilíbrio entre o prejuízo que a providência pode causar e aquele que pode evitar»" (PINTO, Rui, *A Questão de Mérito na Tutela Cautelar – A Obrigação Genérica de não Ingerência e os Limites da Responsabilidade Civil*, *op. cit.*, pp. 235 a 237). Cfr., no mesmo sentido, ROQUE, Miguel Prata, "Providências cautelares com prazo de validade? – O protelamento no acesso à tutela cautelar administrativa", *in CJA*, nº 73, Braga, 2009,

4. Proporcionalidade da providência

A ponderação da proporcionalidade entre as medidas judiciais a adotar e os interesses que se pretendem proteger assume particular relevância no domínio das providências cautelares, designadamente nas situações em que, por não existir um contraditório prévio do requerido, o exercício da atividade jurisdicional se baseie em critérios de mera probabilidade[1182].

Semelhante problema assume particular relevância, já que o requerente pode pretender obter pela via cautelar uma tutela manifestamente injustificada e/ou desproporcionada tendo em conta os prejuízos que dela advirão para o requerido, sendo certo que, não raras vezes, a atuação processual do requerente é motivada pela tentativa injustificada de coagir o requerido a ceder à sua pretensão, aproveitando-se, para o efeito, da celeridade e da sumariedade da tutela cautelar[1183,1184].

Nessa exata medida, dispõe o art. 368º, nº 1, que a providência cautelar é decretada desde que haja probabilidade séria da existência do direito e se mostre suficientemente fundado o receio da sua lesão, devendo o juiz decidir de imediato após a produção da prova, atento o carácter célere e urgente das providências cautelares[1185].

Todavia, nos termos do art. 368º, nº 2, a providência cautelar pode ser recusada pelo tribunal quando, ainda que "funcionalmente adequada"[1186], o prejuízo dela resultante para o requerido exceda consideravelmente o dano que, com ela, o requerente pretenda evitar[1187,1188,1189].

p. 39, segundo o qual a natureza provisória e instrumental das providências cautelares "impede que a decisão cautelar esvazie de objecto a decisão final a proferir na acção administrativa principal".

[1182] Geraldes, António Santos Abrantes, *Temas da Reforma do Processo Civil, op. cit.*, p. 221.

[1183] Veja-se, a este propósito, a problemática tratada no ac. do TRC de 13.04.2010, proc. 42404/08.7YIPRT-A.C1, em que, para garantir um crédito no montante de € 223.901,64, a requerente pediu o arresto de diversos prédios da requerida, no valor real e efetivo de € 1.448.901,64, tendo a primeira instância decretado liminarmente o arresto e, uma vez exercido o contraditório da requerida, reduzido o âmbito da providência.

[1184] De todo o modo, conforme salienta Teixeira de Sousa, se o requerido não for ouvido previamente ao decretamento da providência cautelar e se a medida vier a revelar-se injustificada, o requerente responderá perante o requerido pelos danos que lhe tiver causado (Sousa, Miguel Teixeira de, *Estudos sobre o Novo Processo Civil, op. cit.*, p. 249).

[1185] Cfr., a este respeito, o ac. do STJ de 22.05.1990, proc. 079113, o ac. do TRP de 06.04.1999, proc. 9821001, o ac. do TRC de 04.12.2001, proc. 2654/01, bem como o ac. do TRP de 21.09.2004, proc. 0453624.

[1186] Pinto, Rui, *A Questão de Mérito na Tutela Cautelar – A Obrigação Genérica de não Ingerência e os Limites da Responsabilidade Civil, op. cit.*, p. 646.

[1187] Na esteira de Rui Pinto, "o vector da proporcionalidade é um sinal distintivo central da tutela cautelar e que conduz a que a norma decorrente do art. 387º, nº 2, deva, assim, ser integrada com o art. 381º, constituindo um complexo de normas permissivas e restritivas à semelhança do que sucede com os regimes da legítima defesa e da acção directa" (Pinto, Rui, *A Questão de Mérito na Tutela Cautelar – A Obrigação Genérica de não Ingerência e os Limites da Responsabilidade Civil, op. cit.*, p. 650).

1188 *Vide*, nesse sentido, o ac. do STJ de 18.05.1976, *in BMJ*, 257º, 1976, p. 144, bem como o ac. do STJ de 11.11.1999, proc. 884/99, *in SASTJ*, ano 1999. Relativamente a esta problemática, importa atentar no ac. do TRP de 22.09.2009, proc. 982/09.7TBPNF.P1, no qual se decidiu que "Traduzindo-se a lesão do direito violado pelos requeridos na obstrução de um caminho público, que afecta as populações de vários lugares da mesma freguesia, na avaliação da gravidade dessa lesão interessa ponderar, de um lado, a existência de caminho alternativo e o valor do prejuízo patrimonial que possa ser causado aos requeridos com o deferimento da providência, e, de outro lado, a dimensão da incomodidade provocada para aquelas populações tendo em conta a maior distância a percorrer no caminho alternativo, o carácter persistente e continuado da lesão, o número de pessoas afectadas e a duração previsível dessa situação até à resolução definitiva do litígio. Consistindo a providência requerida na demolição e remoção de um muro em blocos mecan e de uma vedação de malha sol e serapilheira, na estrita medida em que ocupam o espaço do caminho público necessário ao trânsito a pé das pessoas, a pequena relevância do prejuízo patrimonial que possa ser causado aos requeridos é incomparável com a dimensão do prejuízo causado às populações afectadas pela obstrução do caminho até à resolução definitiva do litígio. O que cria a convicção reforçada da necessidade de tutela cautelar para evitar a persistência dessa situação lesiva". Cfr., ainda, o ac. do TRP de 23.10.2014, proc. 1629/13.2TBLSD.P1, no qual se decidiu que "Provando-se que o ruído, cujo valor só excede o limite legal em 1 dB no período diurno, de uma fábrica de paletes, em que laboram onze trabalhadores, instalada no prédio contíguo ao dos requerentes e onde está implantada a sua casa de habitação, apenas afecta o seu descanso e repouso, em consequência do que se sentem cansados, angustiados, nervosos e sob stress, não se justifica o encerramento daquela, no processo cautelar, requerido como única providência adequada".

1189 Do mesmo modo, o art. 726º, nº 1, 2º, da LEC preceitua que o tribunal deverá adotar as medidas cautelares que se revelem menos gravosas ou prejudiciais para o requerido da tutela cautelar. Relativamente ao princípio da proporcionalidade no ordenamento jurídico espanhol, o Tribunal Constitucional de Espanha considerou, na sua sentença nº 55/1996, de 28 de março, *in BOE*, nº 102, de 27.04.1996, que "*Debe advertirse que el principio de proporcionalidad no constituye en nuestro ordenamiento constitucional un canon de constitucionalidad autónomo cuya alegación pueda producirse de forma aislada respecto de otros preceptos constitucionales. Es, si quiere decirse así, un principio que cabe inferir de determinados preceptos constitucionales – y en particular de los aquí invocados – y, como tal, opera esencialmente como un criterio de interpretación que permite enjuiciar las posibles vulneraciones de concretas normas constitucionales. Dicho con otras palabras, desde la perspectiva del control de constitucionalidad que nos es propio, no puede invocarse de forma autónoma y aislada el principio de proporcionalidad, ni cabe analizar en abstracto si una actuación de un poder público resulta desproporcionada o no. Si se aduce la existencia de desproporción, debe alegarse primero y enjuiciarse después en qué medida ésta afecta al contenido de los preceptos constitucionales invocados: sólo cuando la desproporción suponga vulneración de estos preceptos cabrá declarar la inconstitucionalidad*".

No direito anglo-saxónico, a jurisprudência tem vindo a considerar que a *interim injunction* só pode ser decretada mediante a ponderação prévia dos interesses em conflito (*balance of convenience*). Do mesmo modo, estando em causa uma *mareva injunction*, o requisito da proporcionalidade é absolutamente imprescindível, ou seja, "o tribunal, deve em função da demonstração dos requisitos respectivos e do grau de convencimento obtido sobre eles, proceder a um *balance of convenience*, i.e.,

No âmbito das providências cautelares especificadas, merece particular atenção a norma do art. 401º, referente ao embargo de obra nova. Assim, dispõe o referido preceito legal que, uma vez embargada a obra, pode ser autorizada a sua continuação, a requerimento do embargado, quando se reconheça que a demolição restituirá o embargante ao estado anterior à continuação, ou quando se apure que o prejuízo resultante da paralisação da obra é consideravelmente superior ao que poderá advir da sua continuação e, em ambos os casos, mediante prestação de caução prévia às despesas de demolição total[1190].

Com efeito, a apreciação sumária, pelo tribunal, dos requisitos de que a lei faz depender o decretamento da providência – associada à inexistência de uma certeza absoluta acerca da titularidade do direito do embargante e da sua ofensa – facilita o recurso abusivo a esta providência cautelar, muitas das vezes com o único propósito de obrigar o requerido a ceder às pretensões do

uma ponderação das consequências negativas a que a concessão ou a negação da medida sujeitará cada uma das partes, devendo o resutado dessa ponderação ser favorável ao requerente" (PINTO, Rui, *A Questão de Mérito na Tutela Cautelar – A Obrigação Genérica de não Ingerência e os Limites da Responsabilidade Civil, op. cit.*, pp. 237 e 238). Relativamente aos Estados Unidos da América, Rui Pinto salienta que, "em razão do elevado risco de erro por parte de um tribunal que decide com base em informação incompleta", o decretamento da providência cautelar depende, previamente, da realização de um *balance of interests* destinado a avaliar as consequências negativas que advirão para o requerente no caso de a providência vir a ser recusado e aqueles que resultarão para o requerido na eventualidade de a mesma vir a ser decretada (PINTO, Rui, *A Questão de Mérito na Tutela Cautelar – A Obrigação Genérica de não Ingerência e os Limites da Responsabilidade Civil, op. cit.*, p. 238). Já nos ordenamentos jurídicos francês e alemão, "a formação de um juízo de proporcionalidade não se resume a uma vantagem económica favorável ao requerente na comparação ou ponderação dos interesses das partes". Neste contexto, esse juízo de proporcionalidade deve ter em conta, designadamente, o grau de aparência do direito do requerente da providência cautelar e a consequente probabilidade de procedência da ação principal, a verosimilhança do perigo e a intensidade do perigo (PINTO, Rui, *A Questão de Mérito na Tutela Cautelar – A Obrigação Genérica de não Ingerência e os Limites da Responsabilidade Civil, op. cit.*, p. 240).

1190 A propósito do embargo de obra nova (*denuncia di nuova opera*) no ordenamento jurídico italiano, dispõe o art. 1171º do $CC_{It.}$ o seguinte: "*Il proprietario, il titolare di altro diritto reale di godimento o il possessore, il quale ha ragione di temere che da una nuova opera, da altri intrapresa sul proprio come sull'altrui fondo, sia per derivare danno alla cosa che forma l'oggeto del suo diritto o del suo possesso, può denunziare all'auttorità giudiziaria la nuova opera, purché questa non sia terminata e non sia trascorso un anno dal suo inizio. L'autorità giudiziaria, presa sommaria cognizione del fatto, può vietare la continuazione dell'opera, ovvero permetterla, ordinando le opportune cautele: nel primo caso, per il risarcimento del danno prodotto dalla sospensione dellópera, qualora le opposizioni al suo proseguimento risultimo infondante nella decisione del merito; nel secondo caso, per la demolizione o riduzione dell'opera e per il risarcimento del danno che possa soffrirne il dinunziante, se questi ottiene sentenza favorevole, nonostante la permessa continuazione*".

requerente, por forma a minimizar e/ou evitar a produção de prejuízos decorrentes do embargo da obra[1191].

É exatamente por isso que, tomando em consideração esse perigo real e objetivo, o legislador veio atribuir ao requerido a possibilidade de solicitar ao juiz autorização para continuar a obra, desde que demonstre que os prejuízos decorrentes da sua paralisação[1192] são superiores aos danos que se pretendem evitar com a providência[1193] ou quando se reconheça que a destruição da parte inovada permitirá restituir o embargante ao estado anterior à sua continuação.

Note-se que, mesmo que o embargado tenha prosseguido a obra de forma ilegal, violando o embargo que contra ela fora decretado, este pode solicitar ao tribunal autorização para continuar a obra, nos termos do art. 401º, desde que, para tal, preste caução[1194,1195].

[1191] Como bem assinala, com pertinente atualidade, Nunes Cardoso, "O Código de Processo Civil é, indiscutivelmente, um diploma que procura impor normas de conduta justas, jurídicas e morais e se da sua aplicação resultarem decisões injustas, injurídicas ou anti-morais, a origem do mal não é de filiar, em regra, no arbítrio que a lei concede a quem tem de decidir" (CARDOSO, João Eloy Pereira Nunes, *Processos Preventivos e Preparatórios: Providências Cautelares e Arrestos*, *op. cit.*, p. 6).

[1192] Conforme se decidiu no ac. do TRC de 15.11.2005, proc. 2572/05, "O prejuízo resultante da paralisação da obra abrange todo e qualquer prejuízo a que fica exposto o dono da obra pelo facto de ela não continuar, não só o prejuízo que se repercute na obra em si mesma (por exemplo, porque a demora inutiliza os materiais ou põe em perigo a construção), como os extrínsecos à mesma, derivados da suspensão".

[1193] Os danos que se pretendem evitar com a providência compreendem não só os danos jurídicos, enquanto pressuposto do decretamento do embargo – que, por isso mesmo, não carecem de valoração autónoma, pois de alguma forma já estão ínsitos na ofensa do direito –, mas também todos aqueles que se repercutem, de forma direta ou indireta, na esfera jurídica do embargante por causa da continuação da obra (cfr. o ac. do TRC de 15.11.2005, proc. 2572/05).

[1194] Cfr., nesse sentido, o ac. do TRC de 23.06.1981, *in CJ*, tomo III, p. 232, bem como o ac. do TRL de 23.10.2003, proc. 2643/2003-6. Cfr., em sentido contrário, o ac. do TRL de 11.05.2006, proc. 3544/2006-6, com a seguinte fundamentação: "(...) se no caso de inovação abusiva fosse de admitir a autorização para continuação da obra, dada *a posteriori* para obra já realizada, o legislador não deixaria de prevenir tal situação, pelo que ao dizer que «averiguada a existência da inovação, é o embargado condenado a destrui-la» (art. 420º/2), não deixaria de acrescentar algo semelhante a «salvo se o embargante obtiver entretanto autorização de continuação da obra nos termos do art. 419º»". Numa posição intermédia, ainda que excessivamente formalista, *vide* o ac. do TRP de 28.07.1983, *in CJ*, tomo IV, 1983, p. 238, segundo o qual, uma vez provada a inovação abusiva, o juiz não pode autorizar a continuação da obra sem que, antes disso, ordene, tal como foi requerido, a demolição do que, abusivamente, foi feito e a reposição no estado anterior, sem embargo de posteriormente poder vir a ser autorizada a continuação da obra com a construção do que havia sido acabado de demolir.

[1195] No sentido de não ser admissível a prestação de caução para fazer subsistir uma obra abusivamente inovada, *vide* RODRIGUES, Fernando Pereira, *Elucidário de Temas de Direito (Civil e Processual)*, *op. cit.*, pp. 142 e 143.

Uma vez utilizada a faculdade prevista no art. 401º, o tribunal deve ponderar o conflito entre o interesse do embargante na paralisação da obra e o do embargado na continuação da mesma e sacrificar aquele que se revelar de menor dimensão ou cuja reparação seja menos onerosa, em obediência aos princípios da proporcionalidade e da adequação[1196].

Já na providência cautelar de arresto, o princípio da proporcionalidade encontra manifestação no art. 393º, porquanto, na execução dessa providência, deve observar-se a proporcionalidade entre o montante do crédito a garantir e o valor dos bens arrestados. Por via disso, caberá ao juiz reduzir o arresto aos bens que se afigurem suficientes e/ou necessários para garantirem o pagamento do crédito, quando o valor dos bens nomeados e/ou arrestados seja manifestamente superior (art. 393º, nº 2)[1197]. Ademais, o requerido não pode ser privado dos rendimentos que se apresentem estritamente necessários e indispensáveis aos seus alimentos e aos da sua família (art. 393º, nº 3).

Paralelamente, dispõe o art. 381º, nº 2, a propósito da providência cautelar de suspensão de deliberações sociais, que "Ainda que a deliberação seja contrária à lei, aos estatutos ou ao contrato, o juiz pode deixar de suspendê-la, desde que o prejuízo resultante da suspensão seja superior ao que pode derivar da execução"[1198,1199].

[1196] Cfr., a este propósito, o ac. do TRL de 23.10.2003, proc. 2643/2003-6. Sobre esta questão, Tesheiner salienta que, apesar de a proibição de inovar impedir a realização de trabalhos de conservação na obra embargada, o certo é que o julgador pode autorizar a realização de obras de conservação ou a própria continuação da obra a fim de evitar que a demora do processo não agrave os danos (Tesheiner, José Maria Rosa, *Elementos para uma Teoria Geral do Processo, op. cit.*, p. 158).

[1197] Cfr., nesse sentido, o ac. do TRE de 24.01.2008, proc. 2144/07-3, bem como o ac. do TRE de 16.04.2015, proc. 3013/12.6TBFAR-A.E1.

[1198] Em anotação a este preceito legal, Lebre de Freitas e Isabel Alexandre sustentam que, ao invés do que sucede no procedimento cautelar comum, em que o legislador exige a verificação de um excesso considerável do prejuízo provável do requerido em face do prejuízo provável do requerente, já na suspensão de deliberações sociais, basta que o prejuízo do requerido seja superior ao do requerente para que o juiz, ponderadas as circunstâncias do caso em concreto, possa recusar o decretamento da providência (Freitas, José Lebre de/Alexandre, Isabel, *Código de Processo Civil Anotado*, vol. II, *op. cit.*, p. 115).

[1199] Na verdade, no seguimento de Paulo Sousa Pinheiro, "a providência a decretar deve visar apenas o esconjuro do *periculum in mora*. Ela não poderá ser utilizada abusivamente pelo requerente como uma espécie de arma de arremesso contra o requerido" (Pinheiro, Paulo Sousa, *O Procedimento Cautelar Comum no Direito Processual do Trabalho, op. cit.*, p. 56). Por sua vez, Remédio Marques considera que o art. 381º, nº 2, constitui uma manifestação do princípio da conformidade ou da adequação de meios das providências cautelares, ou seja, "as medidas cautelares adoptadas devem ser apropriadas à prossecução do fim ou fins a elas subjacentes". Neste contexto, de acordo com o aludido Autor, "se o juiz chegar sumariamente à conclusão da necessidade e adequação da

A decisão de decretamento ou de indeferimento de uma providência cautelar depende da formulação de um juízo de proporcionalidade quanto aos efeitos dessa providência, devendo o julgador procurar a justa medida que permita alcançar a melhor composição possível dos interesses conflituantes[1200].

Com efeito, vendo-se obrigado a formular um juízo de valor sobre o fundado receio de lesão de um direito aparente e os resultados danosos que poderão advir do decretamento ou da rejeição da providência, o julgador deve encontrar a solução justa ao caso em concreto, através da ponderação dos interesses em disputa[1201].

concreta providência requerida (...), ele deve ainda assim perguntar-se se, num juízo de ponderação de bens jurídicos em conflito, o resultado obtido pelo requerente caso a providência seja ordenada é proporcional ao fim que com ela se pretende alcançar" (Marques, J. P. Remédio, *Acção Declarativa à Luz do Código Revisto, op. cit.*, p. 149. Cfr., no mesmo sentido, Almeida, Francisco Manuel Lucas Ferreira de, *Direito Processual Civil, op. cit.*, pp. 212 e 213, Navarro Varona, Edurne/González Durántez, Henar, "Medidas cautelares en el derecho de la competencia ante la Comisión y los Tribunales Europeos", *in Gaceta Jurídica de la Unión Europea y de la Competencia*, nº 220, Madrid, 2002, p. 25, bem como Maçãs, Maria Fernanda, "As medidas cautelares", *op. cit.*, p. 463).

1200 Cfr., a este propósito, Freitas, José Lebre de/Alexandre, Isabel, *Código de Processo Civil Anotado*, vol. II, *op. cit.*, p. 41, segundo os quais o tribunal deve ponderar a relação de equilíbrio entre os prejuízos do requerente e do requerido, Sousa, Miguel Teixeira de, "As providências cautelares e a inversão do contencioso", *op. cit.*, p. 6, que defende que a providência cautelar apenas deverá ser decretada quando não representar para o requerido um sacrifício desproporcionado relativamente aos interesses que o requerente pretende tutelar provisoriamente, bem como Fonseca, Isabel Celeste M., "Verdade e verosimilhança: o (provável) erro de Calamandrei", *in BFD*, vol. LXXXI, Coimbra, 2005, p. 666. *Vide*, na jurisprudência, o ac. do STJ de 29.04.1998, proc. 471/97, *in SASTJ*, ano 1998, o ac. do TRC de 23.11.2004, proc. 3064/04, bem como o ac. do TCAS de 16.06.2016, proc. 13335/16.

1201 Assim, na esteira de Isabel Fonseca, o juiz deve fazer uma ponderação que se concretiza num "balanço de interesses no qual é apurado o «excesso de danos» resultantes do decretamento da medida para a contraparte. [...] Por um lado, é o princípio da prudência que proíbe que se exponha a contraparte a riscos desproporcionais, entre os quais se conta a possibilidade de se criarem situações de factos consumados, infundadamente. Por outro lado, a concretização da ética do processo cautelar, que permite o sacrifício do provável ao improvável, exige que perante algumas composições provisórias, o aprofundamento da cognição sumária cautelar seja acompanhada pela ponderação de interesses, de tal modo que quanto maiores são os riscos para os interesses das partes, de existir uma solução antecipada errada, mais intensa deve ser a cognição cautelar" (Fonseca, Isabel Celeste M., *Introdução ao Estudo Sistemático da Tutela Cautelar no Processo Administrativo, op. cit.*, pp. 111 e 112). Na mesma linha de raciocínio, Douglas Lichtman sustenta que o tribunal, na decisão de decretamento ou de indeferimento da medida cautelar, deve ponderar três fatores: a probabilidade de o requerente vir a obter ganho de causa; os danos que o requerido irá sofrer se a medida cautelar for erradamente decretada; os danos que o requerente irá sofrer se a medida cautelar for erradamente recusada (Lichtman, Douglas Gary, "Uncertainty and the standard for preliminary relief", *John M. Olin Program in Law & Economics Working Paper no. 166*, The University of

Significa isto que, "partindo dos meios de prova apresentados pelo requerente ou realizando as diligências de prova que entenda convenientes, o tribunal deve exercer todos os poderes que a lei lhe confere, com vista a evitar, tanto quanto possível, o decretamento de providências cautelares substancialmente injustas ou desproporcionadas"[1202,1203].

Na realidade, o legislador procurou deixar nas mãos do julgador uma certa "margem de manobra", por forma a conciliar os interesses do requerente e do requerido em função das particularidades de cada caso em concreto[1204].

Deste modo, partindo da providência cautelar concretamente requerida, o tribunal deve exercer, segundo o seu prudente arbítrio[1205], um juízo de ponderação que lhe permita adotar a solução que se afigure mais justa ou adequada[1206,1207], apoiando-se em "simples critérios próprios do homem comum, sem se fazer apelo à sensibilidade ou intuição do jurista"[1208].

Chicago, 2002, p. 1). Cfr., em sentido idêntico, MAÇÃS, Maria Fernanda, "Providências cautelares e tutela judicial efectiva: os incontornáveis obstáculos da suspensão judicial da eficácia", *op. cit.*, p. 119, DIAS, José Eduardo Figueiredo, "As providências cautelares na acção popular civil ambiental e o relevo do princípio da proporcionalidade", *in RCEDOUA*, ano V, nº 9, Coimbra, 2002, p. 144, DINAMARCO, Cândido Rangel, *Nova Era do Processo Civil, op. cit.*, pp. 64 e 65, bem como NORMAND, Jacques, "Les fonctions des référés", *op. cit.*, p. 80. *Vide*, na jurisprudência, o ac. do STJ de 07.11.1989, proc. 077980, bem como o ac. do STJ de 13.05.1999, proc. 334/99, *in SASTJ*, ano 1999.

1202 GERALDES, António Santos Abrantes, *Temas da Reforma do Processo Civil*, vol. III, *op. cit.*, p. 247.

1203 Note-se, a este propósito, que o ordenamento processual argentino prevê um mecanismo de equilíbrio entre os interesses do requerente e os do requerido. Assim, nos termos do art. 203º do $CPC_{Arg.}$, o requerente da providência pode pedir a ampliação, a melhoria ou a substituição da providência cautelar que tiver sido decretada, justificando que esta não cumpre adequadamente a função de garantia a que estava destinada. Por sua vez, o requerido pode pedir a substituição da providência cautelar por outra que se revele menos prejudicial, desde que esta garanta suficientemente o direito do requerente da tutela. Nos termos do art. 204º do $CPC_{Arg.}$, o juiz, para evitar a produção de prejuízos desnecessários ao titular dos bens, pode decretar uma providência cautelar distinta da que tiver sido solicitada ou limitá-la, tendo em conta a importância do direito que se pretende proteger.

1204 Cfr., nesse sentido, CARDOSO, João Eloy Pereira Nunes, *Processos Preventivos e Preparatórios: Providências Cautelares e Arrestos, op. cit.*, p. 6, segundo o qual "o legislador reconheceu que quem tem de aplicar o direito com justiça não deve estar acorrentado a regras rígidas e inflexíveis, dada a impossibilidade de prever todas as hipóteses".

1205 Relativamente a esta problemática, Clayton Reis salienta que este poder do julgador não é arbitrário ou alheio aos factos que justificam a concessão da providência cautelar, embora ele disponha do "livre convencimento acerca da matéria *sub examinis*, assegurando à autoridade judicante a ampla e democrática análise dos factos que ensejaram o acionamento da máquina jurisdicional" (REIS, Clayton, "Responsabilidade civil do magistrado na concessão de medida cautelar *ex officio*", *op. cit.*, p. 176).

1206 Tal como observa Jacques Van Compernolle, o julgador, aplicando a regra da proporcionalidade na balança dos interesses em presença e antes de decretar a medida de urgência, deve comparar o

Assim, a aplicação do princípio da proporcionalidade à tutela cautelar implica que, mesmo que se encontrem preenchidos os requisitos legais de que a lei faz depender o decretamento da providência, esta não deve ser decretada – pelo menos nos moldes que foram requeridos – quando conduza a resultados injustos ou irreversíveis[1209], considerando a gravidade dos seus efeitos

prejuízo que resultará para o requerente, no caso de indeferir a medida solicitada, com o prejuízo suscetível de ser causado ao requerido com o decretamento da providência, sendo certo que essa comparação entre os prejuízos suscetíveis de serem causados a ambas as partes pode residir não só em critérios puramente económicos, mas também com base numa primeira apreciação quanto ao mérito da causa (Van Compernolle, Jacques, "Introduction générale", *op. cit.*, p. 12). *Vide*, a este propósito, o ac. do TRL de 07.12.1995, proc. 0013516, com o seguinte sumário: "Ao requerente de providência cautelar não especificada cabe o ónus de alegar e provar o fundado receio de sofrer prejuízo de difícil reparação e a probabilidade séria da existência do direito ameaçado. Se a providência for requerida sem audiência do requerido, cabe-lhe, ainda, alegar e provar que, da providência não resulta dano superior ao que se pretende evitar. Se o requerente não tiver alegado este requisito, antes de ordenar a providência, sem audiência do requerido, deve o juiz ordenar as diligências necessárias à sua verificação".

[1207] A este propósito, no caso *American Hospital Supply Corp. vs Hospital Products Ltd. (780 F.2d 589, 7th Cir, 1986), in Civil Procedure: Casenote Legal Briefs*, Wolters Kluwer, 2010, p. 13, o juiz norte-americano Richard A. Posner desenvolveu uma fórmula, segundo a qual a concessão de uma medida cautelar é adequada se o dano causado ao requerente com o não decretamento da providência, multiplicado pela probabilidade de vir a obter ganho de causa, é superior ao dano que será causado ao requerido no caso de a providência ser decretada, multiplicado pela probabilidade de ser este a ganhar a ação.

[1208] Ac. do STJ de 14.12.1995, proc. 087455, *in BMJ*, 452º, ano 1996, p. 400.

[1209] Cfr., no mesmo sentido, Buonfardieci, Maria Caterina, *et al.*, *Provvedimenti Cautelari nel Processo*, *op. cit.*, p. 169, Frisina, Pasquale, «La Tutela Antecipatoria: Profili Funzionali e Strutturalli», *in RDP*, ano XLI, nº 2-3, Cedam, Pádua, 1986, pp. 381 e 382, Pinheiro, Paulo Sousa, *O Procedimento Cautelar Comum no Direito Processual do Trabalho*, *op. cit.*, p. 56, Almeida, Francisco Manuel Lucas Ferreira de, *Direito Processual Civil*, *op. cit.*, p. 212, Freitas, José Lebre de, *Estudos sobre Direito Civil e Processo Civil*, vol. I, *op. cit.*, p. 250, Pereira, Célia Sousa, *Arbitramento de Reparação Provisória*, *op. cit.*, p. 41, Andrade, José Carlos Vieira de, "Tutela cautelar", *in CJA*, nº 34, julho-agosto 2002, p. 48, Ortiz-Ortiz, Rafael, "La tutela anticipada en la protección de los derechos fundamentales", *in Tendencias Actuales del Derecho Procesal: Constitución y Proceso*, coord. de Jesús María Casal e Mariana Zerpa Morloy, Universidad Católica Andrés Bello, Caracas, 2007, p. 242, bem como as decisões do CSCass. de 16.01.1986, do Tribunal de Turim de 30.03.1994, do Tribunal de Modena de 11.06.1999 e do Tribunal de Milão de 01.12.2003. A este propósito, González Zamar enuncia o critério da "improcedência em caso de perigo de irreversibilidade da medida", segundo o qual a providência cautelar de natureza antecipatória não pode ser decretada quando exista o perigo de irreversibilidade dos seus efeitos na esfera jurídica do requerido (González Zamar, Leonardo C., "Las medidas cautelares y la tutela anticipatoria en el proceso colectivo", *op. cit.*, p. 136). *Vide*, em sentido contrário, Dinamarco, Cândido Rangel, *Nova Era do Processo Civil*, *op. cit.*, p. 66, o qual sustenta que, apoiando-se o sistema de medidas cautelares na conveniência de distribuir riscos, a providência cautelar pode ser decretada, mesmo que conduza a uma situação de irreversibilidade, quando estejam em causa situações extremas ou particularmente graves.

na esfera jurídica do requerido[1210], bem como quando o prejuízo que poderá advir para o requerido em consequência do seu decretamento exceda consideravelmente o dano que o requerente pretende evitar[1211].

Neste enquadramento, a providência cautelar deve ser recusada quando, por exemplo, não for possível determinar o montante do prejuízo receado pelo requerente, nem tão-pouco se tal prejuízo é ou não superior ao interesse do requerido[1212].

Diversamente, nada obsta ao decretamento da providência cautelar nos casos em que o tribunal fique com dúvidas em relação ao "excesso considerável do prejuízo do requerido sobre o prejuízo receado pelo requerente"[1213].

Na eventualidade de se ver confrontado com interesses insuscetíveis de quantificação patrimonial, o tribunal deve orientar-se por "padrões de razoabilidade quanto aos riscos suportados pelo requerente e aos inconvenientes que para o requerido podem advir da providência cautelar"[1214], devendo a providência ser recusada quando do seu decretamento resultem prejuízos para o requerido muito superiores aos danos que, com ela, se pretendem evitar[1215,1216].

[1210] *Vide*, a este propósito, MONTERO AROCA, Juan, *et al.*, *El Nuevo Proceso Civil (Ley 1/2000)*, *op. cit.*, p. 834: "A medida deve ser proporcionalmente adequada aos fins pretendidos, de modo que se adoptará quando não seja susceptível de «substituição por outra medida igualmente eficaz e menos gravosa ou prejudicial para o demandado» (art. 726.1, 2º, LEC). A proporcionalidade delimitar-se-á mediante um juízo de razoabilidade acerca da finalidade perseguida e das circunstâncias concorrentes, potenciando-se com ele uma menor onerosidade para o demandado". Cfr., na jurisprudência, o ac. do TRP de 25.09.2001, proc. 9921596, bem como o ac. do TRL de 12.10.2010, proc. 2782/10.2TCLRS.L1-7.

[1211] CAMPOS, João Mota de/CAMPOS, João Luiz Mota de, *Contencioso Comunitário*, *op. cit.*, pp. 542 e 544. Cfr., no mesmo sentido, AMORIM, Tiago Meireles de, "Apontamentos sobre as condições de procedibilidade das providências cautelares no novo processo administrativo", *op. cit.*, p. 462, bem como MAC-GREGOR, Eduardo Ferrer, "Los poderes del juez constitucional y las medidas cautelares en controversia constitucional", *op. cit.*, p. 195. *Vide*, na jurisprudência, o ac. do TRP de 20.06.2000, proc. 0020714.

[1212] Sobre este problema, Lea Querzola sustenta que, nesse "balanço de interesses", o tribunal deve ponderar não só os interesses das partes, mas também os interesses de terceiros que possam, eventualmente, ser lesados pela decisão de concessão ou de rejeição da providência cautelar concretamente requerida (QUERZOLA, Lea, "Appunti sulle condizioni per la concessione della tutela cautelare nell'ordinamento comunitario", *op. cit.*, p. 515). Cfr., na jurisprudência, o ac. do TRE de 13.06.1991, *in BMJ*, 408º, p. 673.

[1213] Ac. do TRG de 26.01.2012, proc. 122/08.0TBPTB-B.G1.

[1214] GERALDES, António Santos Abrantes, *Temas da Reforma do Processo Civil*, vol. III, *op. cit.*, p. 244. Cfr., no mesmo sentido, GAROFOLI, Roberto/PROTTO, Mariano, *Tutela Cautelare, Monitoria e Sommaria nel Nuovo Processo Amministrativo*, *op. cit.*, p. 147. *Vide*, na jurisprudência, o ac. do TRL de 27.11.1994, *in CJ*, tomo V, 1994, p. 112.

[1215] Note-se que o que está aqui em causa não é a apreciação comparativa do grau de importância dos valores ou dos interesses conflituantes, mas sim dos danos e prejuízos inerentes à recusa ou

Há ainda que salientar que o princípio da proporcionalidade permite que o tribunal possa ordenar o levantamento de uma providência cautelar anteriormente decretada se, ponderada a situação que se verificava à data em que foi requerido o decretamento da providência e a que se regista no momento da apreciação da oposição, ou por força de algum facto superveniente, o prejuízo resultante do seu decretamento tiver, entretanto, excedido consideravelmente o dano que o requerente pretendia acautelar[1217].

5. Princípio da mínima ingerência

Ainda que se encontrem preenchidos os requisitos de que a lei faz depender a concessão da providência cautelar, o juiz deve procurar decretar, entre as várias medidas viáveis, aquela que implique a menor ingerência possível na esfera jurídica do requerido[1218].

De facto, a sujeição provisória do requerido ao poder cautelar que é exercido pelo requerente, sob a alçada da necessidade de tutela urgente do seu direito, acarreta sempre o risco de que, em caso de reconhecimento posterior da injustificabilidade da providência cautelar, não seja possível reverter todos os efeitos negativos decorrentes do seu decretamento, situação em que não restará ao requerido outra alternativa que não seja a de pedir o pagamento de uma compensação ou indemnização pelos danos sofridos. Exatamente por isso, as providências cautelares devem reconduzir-se ao mínimo possível para assegurar a tutela provisória do direito sumariamente invocado[1219].

Por conseguinte, o princípio da mínima ingerência da tutela cautelar implica, fundamentalmente, que o julgador, na ponderação dos diferentes interesses em conflito, decrete a providência cautelar que, garantindo eficazmente o *periculum in mora* que o requerente pretende evitar, se revele mais adequada a causar o menor dano possível na esfera jurídica do requerido[1220].

ao decretamento da providência (ANDRADE, José Carlos Vieira de, *A Justiça Administrativa (Lições)*, *op. cit.*, p. 336).

1216 A este propósito, Lebre de Freitas assinala que a providência cautelar só deve ser recusada quando se verifique uma desproporção considerável entre os interesses do requerente e as eventuais desvantagens de ordem patrimonial que possam ocorrer do lado do requerido (FREITAS, José Lebre de, *Estudos sobre Direito Civil e Processo Civil*, vol. I, *op. cit.*, pp. 252 e 253).

1217 Cfr. o ac. do TRC de 09.11.2004, proc. 976/04.

1218 *Vide*, no mesmo sentido, SILVA, Lucinda D. Dias da, *Processo Cautelar Comum: Princípio do Contraditório e Dispensa de Audição Prévia do Requerido*, *op. cit.*, p. 146.

1219 SAENGER, Ingo, *Einstweiliger Rechtsschutz und materiellrechtliche Selbsterfüllung*, *op. cit.*, p. 39.

1220 SOUSA, Miguel Teixeira de, "As providências cautelares e a inversão do contencioso", *op. cit.*, p. 4. Cfr., no mesmo sentido, GUTIÉRREZ BARRENENGOA, Aihoa, "De las medidas cautelares", *op. cit.*, p. 1348.

Tal poderá passar, designadamente, pela adoção de uma providência cautelar de natureza diversa daquela que tiver sido concretamente pedida ou pelo eventual decretamento da providência cautelar peticionada, ainda que com uma amplitude restringida ou limitada, face à necessidade de proteção do próprio requerido.

Há ainda que salientar que, ao abrigo do princípio da mínima ingerência, o juiz deve dar prevalência às medidas cautelares de natureza conservatória sobre as de natureza antecipatória, já que estas só se justificam quando sejam a única via possível para assegurar e efetividade da sentença e/ou do direito que o requerente pretende acautelar[1221].

6. Condicionamento da providência à prestação de caução

6.1. Âmbito

Dispõe o art. 374º, nº 2, que, sempre que o julgue conveniente, em face das circunstâncias, o juiz pode, mesmo sem audiência do requerido, fazer depender a concessão da providência cautelar da prestação de uma caução adequada pelo requerente[1222,1223].

Com efeito, conforme se referiu *supra*, o decretamento da providência cautelar assenta, primordialmente, num juízo de apreciação sumária sobre a existência do direito invocado (*fumus boni iuris*) e do fundado receio de vir a ser causado um dano grave e irreparável ou de difícil reparação (*periculum in mora*)[1224].

Por via disso, há um certo risco, inerente ao estado de incerteza quanto à existência do direito de que o requerente se arroga titular, de que possam ser decretadas providências cautelares injustificadas[1225]. Por outras palavras, o facto de a providência cautelar ser adotada num contexto de urgência e a

[1221] Angeles Jové, María, *Medidas Cautelares Innominadas en el Proceso Civil*, *op. cit.*, p. 132.

[1222] No sentido de a caução constituir um verdadeiro pressuposto necessário para a adopção de uma providência cautelar, assumindo, ela própria, a natureza de uma medida tão cautelar quanto a principal que assegura, *vide* Chinchilla Marín, Carmen, *La Tutela Cautelar en la Nueva Justicia Administrativa*, *op. cit.*, p. 49.

[1223] Veja-se, a respeito da providência cautelar de arresto, o art. 620º do CC, segundo o qual o requerente do arresto é obrigado a prestar caução, se esta lhe for exigida pelo tribunal. Conforme salientam Lima, Pires de/Varela, Antunes, *Código Civil Anotado*, vol. I, *op. cit.*, p. 638, dado o carácter secreto do arresto, o valor da caução deve ser arbitrado e a sua idoneidade apreciada sem que o requerido seja ouvido, para mais facilmente se alcançar os fins pretendidos pelo legislador com a estatuição desta providência.

[1224] *Vide*, a este propósito, Montesano, Luigi, "Danno irreparabile e reclamo nell'istruzione preventiva", *in RDP*, ano LV, nº 1, Pádua, janeiro-março 2000, p. 103.

[1225] Calamandrei, Piero, *Introduccion al Estudio Sistematico de las Providencias Cautelares*, *op. cit.*, p. 84.

partir de um juízo de probabilidade e de verosimilhança cria as condições ideais para que o juiz possa incorrer em erro no decretamento da providência cautelar, causando danos injustos ao requerido[1226].

Ademais, para além da insegurança emergente dessa *summaria cognitio*, a providência cautelar pode ser decretada sem a audiência prévia do requerido, quer nos casos em que a lei assim o determine, quer quando o julgador se convença, face à matéria de facto alegada pelo requerente, de que essa audição prévia poderá comprometer a eficácia ou o efeito útil da diligência.

Exatamente por essas razões, o decretamento da providência cautelar deve ser especialmente ponderado e sopesado pelo julgador tendo em conta os prejuízos graves e irreparáveis que dela podem advir para o requerido[1227]. Assim, "se é certo que o processo cautelar pode (e deve) ser intentado para resguardar direitos ameaçados por fatores circunstanciais, não é menos certo que, dependendo do momento e de cada caso concreto, litigantes inescrupulosos tentarão valer-se dos efeitos assecuratórios que o processo cautelar enseja para fins escusos, em detrimento da justiça. Isto porque, sendo o processo cautelar de natureza célere, prescindindo, até, dependendo da hipótese, no seu início, do contraditório [...] aquele que litiga deliberadamente de má fé disporá de terreno fértil para desenvolver expedientes pouco ortodoxos"[1228].

Numa outra perspetiva, pode suceder que a parte contra a qual a providência cautelar tenha sido decretada e que se encontre constrangida a suportar os efeitos provisórios dessa medida até que o juiz de recurso ou da ação principal se pronunciem sobre o mérito dessa decisão corra o sério risco de não lograr obter mais tarde a restituição e/ou a justa indemnização pelos danos sofridos na eventualidade de a providência cautelar vir a ser infirmada[1229] ou de caducar, *maxime* nas situações em que esteja em causa a produção de efeitos irreversíveis[1230].

[1226] CHINCHILLA MARÍN, Carmen, *La Tutela Cautelar en la Nueva Justicia Administrativa*, *op. cit.*, p. 47. *Vide*, no mesmo sentido, ANGELES JOVÉ, María, *Medidas Cautelares Innominadas en el Proceso Civil*, *op. cit.*, p. 69, bem como BLASCO PELLICER, Angel, *Las Medidas Cautelares en el Proceso Laboral*, *op. cit.*, p. 45.

[1227] ALVARADO VELLOSO, Adolfo, *Cautela Procesal: Criticas a las Medidas Precautorias*, *op. cit.*, p. 40. Cfr., no mesmo sentido, OLIVIERI, Giuseppe, "I provvedimenti cautelari e urgenti nel disegno di legge per l'accelerazione dei tempi della giustizia civile", *in RDP*, ano XLIII, nº 3, 1988, p. 786.

[1228] ALMEIDA, Roberto Fernandes de, "A contra-cautela", *in Justitia*, nº 51 (148), São Paulo, outubro-dezembro 1998, p. 11.

[1229] NORMAND, Jacques, "La Réparation du Préjudice subi en cas d'Infirmation de la Décision Provisoire par le Juge du Fond", *in Les Mesures Provisoires en Droit Belge, Français et Italien – Étude de Droit Comparé*, Bruylant, Bruxelas, 1998, p. 419.

[1230] Cfr., nesse sentido, GAROFOLI, Roberto/PROTTO, Mariano, *Tutela Cautelare, Monitoria e Sommaria nel Nuovo Processo Amministrativo*, *op. cit.*, pp. 220 e 221, bem como FARIA, Rita Lynce de, "A sumarização da justiça", *op. cit.*, p. 214.

Ciente dessa realidade, o legislador consagra a possibilidade de o juiz fazer depender o decretamento da providência cautelar de uma condição suspensiva[1231,1232] ou de uma "contracautela para garantia dos danos"[1233], consubstanciada na imposição do dever de prestação de uma caução pelo requerente da tutela cautelar[1234,1235]. O mesmo é dizer que o juiz pode associar a concessão da providência cautelar ao decretamento de "contra-providências", ou seja, fazer acompanhar a providência de garantias a ser prestadas pelo requerente[1236].

Com efeito, a caução apresenta-se como uma válvula de escape, uma "contramedida"[1237] ou uma medida de contracautela[1238,1239]– concebida pelo

[1231] No sentido de a caução dever ser prestada antes do decretamento da providência cautelar, *vide* CALDERON CUADRADO, Maria Pia, *Las Medidas Cautelares Indeterminadas en el Proceso Civil, op. cit.*, p. 179. Trata-se, na verdade, de uma condição prévia à execução da providência cautelar e não de uma condição da sua admissibilidade ou procedência (ALFREDO GOZAÍNI, Osvaldo, *Derecho Procesal Civil: tomo I (Teoría General del Derecho Procesal)*, vol. II, *op. cit.*, p. 805).

[1232] Cfr., em sentido contrário, Luigi Montesano e Giovanni Arieta, segundo os quais a falta de prestação da caução que tiver sido fixada pelo julgador configura uma verdadeira condição resolutiva, já que semelhante omissão determina, não a caducidade *ex tunc* da providência cautelar, mas antes a ineficácia superveniente da mesma (MONTESANO, Luigi/ARIETA, Giovanni, *Diritto Processuale Civile*, III, *op. cit.*, p. 438).

[1233] SANTULLI, Rita, "Sequestro giudiziario e conservativo", *op. cit.*, p. 7.

[1234] No sentido de se tratar de um poder vinculado, e não discricionário, do juiz, *vide* FREITAS, José Lebre de/ALEXANDRE, Isabel, *Código de Processo Civil Anotado*, vol. II, *op. cit.*, p. 78.

[1235] Quanto à noção e ao âmbito da caução, *vide* VASCONCELOS, L. Miguel Pestana de, *Direito das Garantias*, reimp. da 2ª ed., Almedina, Coimbra, 2017, pp. 79 a 82.

[1236] ANDRADE, José Carlos Vieira de, "Tutela cautelar", *op. cit.*, p. 49.

[1237] Expressão de Calamandrei (CALAMANDREI, Piero, *Introduccion al Estudio Sistematico de las Providencias Cautelares, op. cit.*, p. 76).

[1238] Cfr. CHIOVENDA, Guiseppe, *Principios de Derecho Procesal Civil*, tomo I, *op. cit.*, p. 263, segundo o qual, para se assegurar o ressarcimento dos danos a quem tenha sido privado do gozo de um determinado bem, em consequência da execução de uma providência cautelar, o juiz pode acompanhá-la de uma medida de contracautela, ou seja, a imposição ao requerente do dever de prestar uma caução. Do mesmo modo, Calamandrei refere-se à caução enquanto medida de "cautela da cautela" (CALAMANDREI, Piero, *Introduccion al Estudio Sistematico de las Providencias Cautelares, op. cit.*, pp. 63 e 64). *Vide*, no mesmo sentido, DIANA, Antonio Gerardo, *Procedimenti Cautelari e Possessori, op. cit.*, p. 24, CALVO CABELLO, Eduardo, "Medidas cautelares en materia de derechos intelectuales: la modifica del artículo 127, ley de propriedad intelectual par la ley 20/1992, de 7 de julio: la experiencia española", *op. cit.*, p. 3383, bem como IOFRIDA, Giulia/SCARPA, Antonio, *I Nuovi Procedimenti Cautelari, op. cit.*, p. 265.

[1239] A este respeito, Fabio Marelli sustenta que a caução constitui uma providência cautelar em sentido próprio, sendo instrumental em relação a uma eventual condenação de ressarcimento por danos, e que visa proteger o requerido de uma providência cautelar contra os efeitos nefastos decorrentes da superficialidade da apreciação do direito que o requerente procurou acautelar,

legislador para obviar às consequências sempre nefastas resultantes do decretamento de uma providência cautelar injustificada[1240].

De facto, a caução – enquanto instrumento idóneo a restabelecer a igualdade entre as partes – visa acautelar o direito de ressarcimento dos danos por responsabilidade agravada[1241], ou seja, "serve para responder pelos possíveis danos e prejuízos que possam ser causados ao demandado se, posteriormente, se tornar manifesto que a medida cautelar carecia de fundamento e é revogada"[1242], já que a providência cautelar é decretada sob a responsabilidade de quem a requer[1243].

A prestação de caução não constitui, no entanto, um requisito de que dependa o decretamento da providência cautelar, mas antes uma condição para a execução efetiva da providência anteriormente decretada[1244].

direito esse que pode vir a ser declarado inexistente no juízo de mérito que vier a ser produzido na ação principal (Taruffo, Michele, *et al.*, *Le Riforme della Giustizia Civile*, *op. cit.*, p. 585).

1240 Conforme salienta Rita Lynce de Faria, o regime previsto no art. 374º, nº 2, apresenta duas vantagens de fundo: por um lado, constitui uma medida de segurança acrescida nos casos em que a providência tenha sido decretada sem o contraditório prévio do requerido (art. 372º, nº 1); por outro lado, a caução desempenha uma função preventiva, já que garante o ressarcimento dos danos causados ao requerido no caso de se concluir pela injustificabilidade da providência ou se esta vier a caducar. Assim, "o risco natural associado ao procedimento cautelar, por força de uma cognição meramente sumária, é compensado pela possibilidade de exigir ao requerente a prestação de caução que, no futuro, sirva de garantia a um eventual direito de indemnização" (Faria, Rita Lynce de, *A Função Instrumental da Tutela Cautelar Não Especificada*, *op. cit.*, pp. 256 e 257).

1241 Pisani, Andrea Proto, *Lezioni di Diritto Processuale Civile*, *op. cit.*, p. 648. *Vide*, em sentido idêntico, Cristina Sassoon, segundo a qual a caução configura uma verdadeira "contra-medida" ou "contra-cautela", que visa preservar a integridade do direito do sujeito passivo da providência cautelar no caso de vir a ser declarada em sede principal a inexistência do direito que se visava proteger (Taruffo, Michele, *et al.*, *Le Riforme della Giustizia*, *op. cit.*, p. 538).

1242 Montero Aroca, Juan, *et al.*, *El Nuevo Proceso Civil (Ley 1/2000)*, 2ª ed., Tirant lo Blanch, Valência, 2001, p. 840. Do mesmo modo, Alfredo Gozaíni sustenta que a caução ou contracautela constitui uma garantia do sujeito passivo da providência cautelar, já que, através dela, obtém uma segurança em relação aos danos hipotéticos que para ele possam advir se a providência cautelar se revelar ilegal ou abusiva (Alfredo Gozaíni, Osvaldo, *Derecho Procesal Civil: tomo I (Teoría General del Derecho Procesal)*, vol. II, *op. cit.*, p. 805). Por sua vez, Cristina Sassoon considera que a caução serve para garantir o eventual ressarcimento dos danos que possam vir a ser imputados ao sujeito a favor do qual a providência cautelar venha a ser decretada, no caso de o tribunal acabar por concluir pela sua responsabilidade agravada (Taruffo, Michele, *et al.*, *Le Riforme della Giustizia Civile*, *op. cit.*, p. 537). Já para Elena Brandolini, a caução traduz-se numa antecipação de uma eventual condenação do requerente da providência cautelar no ressarcimento dos danos causados ao requerido, pressupondo que, na ação de mérito, venha a ser reconhecida a desnecessidade da providência cautelar (Brandolini, Elena, *700 c.p.c. – Strategie Processuali ed Ambiti Applicativi*, *op. cit.*, p. 71).

1243 Fernandéz Rozas, José Carlos, "Arbitraje y justicia cautelar", *op. cit.*, p. 32.

1244 *Vide*, em sentido contrário, Calderon Cuadrado, Maria Pia, *Las Medidas Cautelares Indeterminadas en el Proceso Civil*, *op. cit.*, p. 54.

O tribunal deve fazer depender a concessão da providência cautelar da prestação de uma caução quando esteja em causa a necessidade de se assegurar a posterior e difícil reparação de eventuais prejuízos emergentes do decretamento da providência[1245], o que implica que o juiz, após uma análise sumária dos factos alegados e da prova produzida, fique com dúvidas quanto à veracidade dos factos ou à necessidade real e efetiva de tutela cautelar, mas não disponha de elementos suficientemente fortes que lhe permitam recusar o decretamento da providência[1246]. Trata-se, por isso, de um "grande remédio colocado nas mãos do juiz para agilizar a pronta prestação da tutela preventiva. Assim, nos casos de dúvida ou de insuficiência de provas liminares, o juiz, ao invés de indeferir a medida de urgência, deverá, na sistemática da contracautela, impor ao requerente a prestação da competente caução"[1247].

A prestação de caução assume um papel especialmente relevante nos casos em que a providência cautelar tenha sido decretada sem o contraditório prévio do requerido, na medida em que permite suprir as consequências processualmente nefastas da derrogação do princípio do contraditório, acautelando os eventuais direitos e interesses do requerido que possam vir a ser lesados por força do decretamento da providência[1248].

De todo o modo, apesar de o incidente de prestação de caução se revelar mais adequado nas situações em que a providência cautelar é decretada sem o contraditório prévio do requerido[1249], nada impede que a caução possa igualmente ser imposta nos casos em que o requerido é ouvido previamente ao decretamento da providência[1250].

[1245] Cfr., nesse sentido, o ac. do TRP de 23.01.2006, proc. 0555630. *Vide*, na doutrina, DIANA, Antonio Gerardo, *Procedimenti Cautelari e Possessori*, *op. cit.*, p. 24.

[1246] *Vide*, no mesmo sentido, CRUZ, Rita Barbosa da, "O arresto", *op. cit.*, p. 141.

[1247] THEODORO JÚNIOR, Humberto, "Tutela jurisdicional cautelar", *op. cit.*, p. 38. Cfr., no mesmo sentido, THEODORO JÚNIOR, Humberto, *Curso de Direito Processual Civil*, vol. II, *op. cit.*, p. 530, bem como ALMEIDA, Roberto Fernandes de, "A contra-cautela", *op. cit.*, p. 14.

[1248] Cfr., no mesmo sentido, ARAZI, Roland, *Medidas Cautelares*, *op. cit.*, p. 6.

[1249] *Vide*, em sentido contrário, Luigi Montesano e Giovanni Arieta, segundo os quais a caução não pode ser imposta na providência cautelar que tiver sido decretada *inaudita altera pars*, por duas ordens de razões: a primeira prende-se com a oportunidade ou com a necessidade de que a caução, enquanto instrumento de contracautela, fique sujeita ao contraditório da parte contrária; a segunda reporta-se ao curto período de eficácia da tutela cautelar, a qual deve ser seguida de uma decisão judicial que, uma vez observado o contraditório do requerido, a confirme, modifique ou revogue, o que torna irrazoável sujeitar a caução à emissão de uma medida privada de efetiva estabilidade e destinada, em qualquer caso, a ser consumida por uma outra decisão (MONTESANO, Luigi/ARIETA, Giovanni, *Diritto Processuale Civile*, III, *op. cit.*, pp. 435 e 436).

[1250] Como observa Abrantes Geraldes, a prestação de caução não constitui um poder discricionário do julgador. Na verdade, essa decisão deve fundar-se numa análise objetiva dos elementos do

Por outro lado, diversamente do que sucede com o ordenamento jurídico português, em que o juiz tem apenas a faculdade de, atentas as circunstâncias de um determinado caso, fazer depender a concessão da providência da prestação de uma caução, já em outros ordenamentos jurídicos existe um verdadeiro dever de prestação de caução[1251].

processo e nas próprias regras da experiência (GERALDES, António Santos Abrantes, *Temas da Reforma do Processo Civil*, vol. III, *op. cit.*, p. 300).

[1251] Em termos de direito comparado, verifica-se, fundamentalmente, a divisão entre os ordenamentos jurídicos que atribuem ao juiz a mera possibilidade de fazer depender o decretamento de uma providência cautelar da prestação de uma caução e aqueles que impõem uma verdadeira obrigação de prestação de caução.

No primeiro grupo enquadram-se, entre outros, os ordenamentos jurídicos brasileiro, italiano, alemão, francês, belga, suíço, letão, ucraniano, marroquino e chinês.

Assim, o art. 300º, § 1, do $CPC_{Br.2015}$ dispõe que "Para a concessão da tutela de urgência, o juiz pode, conforme o caso, exigir caução real ou fidejussória idônea para ressarcir os danos que a outra parte possa vir a sofrer, podendo a caução ser dispensada se a parte economicamente hipossuficiente não puder oferecê-la". A este respeito, Antônio Gaio Júnior assinala que a prestação de uma caução real e fidejussória visa ressarcir os eventuais danos que possam vir a ser causados ao requerido da providência cautelar pelo facto de a medida ser concedida sem a sua audição prévia, sendo a mesma executada de forma imediata e cumprida através de um simples mandato (GAIO JÚNIOR, Antônio Pereira, *Direito Processual Civil*, vol. 2, *op. cit.*, p. 275). Por sua vez, Humberto Theodoro Júnior salienta que a proteção cautelar "dirige-se predominantemente ao interesse público de preservar a força e utilidade do processo principal para o desempenho de promover a justa composição da lide", pelo que, se o juiz sentir que o requerido pode vir a sofrer danos com o decretamento da medida cautelar, pode condicionar a concessão da medida à prestação de uma caução pelo requerente (THEODORO JÚNIOR, Humberto, *Curso de Direito Processual Civil*, vol. II, *op. cit.*, p. 530). Do mesmo modo, Simone Figueiredo e Renato Montans de Sá assinalam que "Se a medida for executada e, mais tarde, restar verificado que a plausibilidade do direito invocado na petição inicial não existia, o legislador impõe ao requerente a responsabilidade objetiva pela reparação dos prejuízos eventualmente causados ao requerido. Assim, para, desde já, ficar garantido o juízo de maneira que seja possível eventual fixação de indenização em favor do requerido, o magistrado poderá impor ao requerente, para que lhe seja concedida a medida sem a oitiva do réu, a prestação de caução real ou fidejussória (contracautela). É de notar que se trata de faculdade do juiz" (FIGUEIREDO, Simone Diogo Carvalho/SÁ, Renato Montans de, *Direito Processual Civil*, *op. cit.*, p. 223).

No ordenamento jurídico italiano, o art. 669º-*undecies* preceitua que "*Con il provvedimento di accoglimento o di conferma ovvero con il provvedimento di modifica il giudice può imporre all'istante, valutata ogni circostanza, una cauzione per l'eventuale risarcimento dei danni*". Trata-se, por isso, de um poder discricionário, e não vinculado, do juiz, já que a imposição da caução depende da sua apreciação subjetiva quanto à necessidade da mesma (*vide*, nesse sentido, GIUDICE, Federico del, *et al.*, *Codice di Procedura Civile*, *op. cit.*, p. 766, SASSANI, Bruno, *Lineamenti del Processo Civile Italiano*, *op. cit.*, p. 591, e SATTA, Salvatore/PUNZI, Carmine, *Diritto Processuale Civile*, 13ª ed., Cedam, Milão, 2000, p. 798). Anteriormente ao regime atual, o art. 674º do $CPC_{It.}$ consagrava, em relação à providência cautelar de arresto (*sequestro conservativo*), a possibilidade de o juiz impor ao requerente da providência cautelar a prestação de uma caução para ressarcimento de eventuais danos que pudessem ser causados ao requerido. Não sendo prestada a caução que tivesse sido fixada pelo tribunal, a

providência cautelar eventualmente decretada era declarada ineficaz (AMATO, Alessandra/COSTAGLIOLA, Anna, *Compendio di Diritto Processuale Civile, op. cit.*, pp. 322 e 323).
No direito alemão, o § 921 da ZPO determina que, ainda que não se justifique a pretensão ou o motivo do arresto preventivo, o tribunal pode, mesmo assim, decretá-lo sempre que seja prestada uma garantia quanto aos danos que possam ser causados ao requerido. Com efeito, neste caso em concreto, a prestação de caução "funciona como um substituto do *periculum in mora*". Acresce que o tribunal pode ainda fazer depender o decretamento do arresto preventivo da prestação de uma caução, mesmo nos casos em que se mostre justificada a pretensão e o motivo do arresto preventivo. A este propósito, Fritz Baur salienta que, muito embora o tribunal, em regra, deva verificar o preenchimento dos requisitos necessários para o decretamento do arresto, essa verificação pode ser dispensada quando o requerente do arresto preste caução adequada a acautelar os eventuais danos e prejuízos que possam advir para o requerido por força do decretamento da providência (BAUR, Fritz, *Studien zum einstweiligen Rechtsschutz, op. cit.*, p. 24). Cfr., no mesmo sentido, PÉREZ RAGONE, Álvaro J./ORTIZ PRADILLO, Juan Carlos, *Código Procesal Civil Aléman (ZPO), op. cit.*, p. 143.
Do mesmo modo, o direito francês estabelece a possibilidade de o julgador subordinar a execução provisória de uma providência cautelar à prestação de uma garantia, dentro das condições previstas nos arts. 517º a 522º do NCPC Com efeito, dispõe o art. 489º do NCPC que "*L'ordonnance de référé est exécutoire à titre provisoire. Le juge peut toutefois subordonner l'exécution provisoire à la constitution d'une garantie dans les conditions prévues aux articles 517 à 522. En cas de nécessité, le juge peut ordonner que l'exécution aura lieu au seul vu de la minute.*". Todavia, tal como denota Jacques Normand, a falta de prestação de caução constitui, atualmente, um dos principais problemas das providências cautelares, sendo certo que, lamentavelmente, os tribunais franceses têm vindo a aplicar esta medida garantística de forma muito residual (NORMAND, Jacques, "La Réparation du Préjudice subi en cas d'Infirmation de la Décision Provisoire par le Juge du Fond", *op. cit.*, p. 420).
Analogamente, no ordenamento jurídico belga, o art. 1039º do $CJ_{Bel.}$ determina, quanto às *ordonnances sur référé*, que "*Les ordonnances sur référé ne portent préjudice au principal. Elles sont exécutoires par provision, nonobstant opposition ou appel, et sans caution, si le juge n'a pas ordonné qu'il en serait fourni une*". Por sua vez, o art. 1029º do $CJ_{Bel.}$ dispõe, quanto às *ordonnances sur requête unilatérale*, que "*L'ordonnance est délivrée en chambre du conseil. Elle est exécutoire par provision, nonobstant tout recours et sans caution, à moins que le juge n'en ait décidé autrement*".
De igual modo, no direito suíço, o art. 264º, nº 1, do $CPC_{Su.}$ preceitua que "*Le tribunal peut astreindre le requérant à fournir des suretés si les mesures provisionnelles risquent de causer un dommage à la partie adverse.*". Paralelamente, o art. 329º do $CPC_{CBer.}$ dispõe que "*Si la partie contre laquelle la mesure provisoire est demandée risque d'en subir un préjudice, le juge imposera au requérant l'obligation de fournir convenable sûreté avant d'ordonner les mesures préliminaires conformément à l'article 308a et en fera dépendre l'exécution de sa décision de mesures provisoires.*". Do mesmo modo, preceitua o art. 82º, nº 2, da LFPCF que "*Le juge astreint le requérant à fournir des suretés si les mesures provisionnelles ou les mesures d'urgence sont de nature à causer un préjudice à la partie adverse.*".
Na Letónia, o art. 140º, nº 2, do $CPC_{Let.}$, determina que o juiz, ao decretar uma providência cautelar de arresto, pode ordenar que o requerente preste uma caução para assegurar os danos que o requerido possa vir a sofrer por causa da execução do arresto, entregando, para o efeito, uma determinada quantia pecuniária ao tribunal a título de depósito.
Da mesma forma, no contencioso comunitário, o art. 162º, nº 2, do RPTJUE dispõe que "A execução do despacho pode ser sujeita à constituição, pelo requerente, de uma caução cujo montante e modalidades são fixados tendo em conta as circunstâncias". A este respeito, conforme salienta Peter Oliver, a primeira situação em que se suscitou o problema de saber se o decretamento de

uma providência cautelar podia ficar dependente da prestação de caução foi no proc. C-195/90R (Comissão *vs* Alemanha), tendo o TJUE decidido que a execução de uma providência cautelar só deve ficar dependente da prestação de caução por uma determinada parte nos casos em que o litígio tenha por objeto a disputa em relação a uma determinada quantia pecuniária e exista o risco de essa parte ficar impossibilitada de pagar essa quantia (Oliver, Peter, "Interim measures: some recent developments", *op. cit.*, p. 8).
Na Ucrânia, o art. 153º, nº 4, do $CPC_{Uc.}$ determina que o tribunal, ao decretar uma medida cautelar, pode exigir ao respetivo requerente que assegure a sua pretensão mediante a prestação de uma caução suficiente para prevenir qualquer abuso, a qual deve ser prestada mediante o depósito de uma quantia pecuniária no tribunal. O montante da caução deve ser determinado pelo tribunal, tomando por referência as particularidades da situação, não devendo, em caso algum, ser superior ao valor da pretensão.
Em Marrocos, o art. 153º do $CPC_{Mar.}$ dispõe que o tribunal pode fazer depender a execução de uma providência cautelar da prestação de uma caução.
No ordenamento jurídico chinês, o art. 94º da LPC estabelece que, o tribunal, ao decretar uma providência cautelar, pode impor ao requerente a obrigação de prestação de uma caução. Nesse caso, se o requerente se recusar a prestar a caução imposta pelo tribunal, a providência cautelar será rejeitada.
Já no que concerne ao segundo grupo, enquadram-se aqui, entre outros, os ordenamentos jurídicos espanhol, austríaco, inglês, norte-americano, mexicano, argentino, colombiano, peruano, chileno, boliviano e saudita.
Assim, o ordenamento jurídico espanhol impõe ao requerente de providência cautelar, pelo art. 728º, nº 3, da LEC, o dever de prestar uma caução suficiente para responder, de maneira rápida e efetiva, pelos prejuízos e danos que a adoção dessa providência cautelar possa causar no património do requerido. Nesse caso, o tribunal deve fixar o valor da caução não só em função da natureza e do conteúdo da pretensão, mas também segundo a valoração sobre o fundamento da medida concretamente requerida. *Vide*, a este propósito, Ortells Ramos, Manuel, "Verso un nuovo processo civile in Spagna: l'«Anteproyecto» di legge sul processo civile del 1997", *op. cit.*, p. 1018, o qual salienta que um regime efetivo de responsabilização civil do requerente de tutela cautelar injustificada exige a imposição de uma garantia patrimonial concreta e específica que seja suscetível de acautelar devidamente o eventual direito do sujeito passivo ao pagamento de uma indemnização. Cfr., no mesmo sentido, Cornide-Quiroga, Ángel Fenor de La Maza *y*, *Nuevas Perspectivas en el Proceso Contencioso-Administrativo: Las Medidas Cautelares*, Editorial Montecorvo, Madrid, 1997, pp. 329 e 330, Calderon Cuadrado, Maria Pia, *Las Medidas Cautelares Indeterminadas en el Proceso Civil*, *op. cit.*, pp. 50 a 52, Montero Aroca, Juan, *et al.*, *El Nuevo Proceso Civil (Ley 1/2000)*, *op. cit.*, p. 841, Gutiérrez Barrenengoa, Aihoa, "De las medidas cautelares", *op. cit.*, p. 1372, e Ángeles Jové, María, *Medidas Cautelares Innominadas en el Proceso Civil*, *op. cit.*, pp. 71 a 73, segundo a qual a caução constitui um verdadeiro pressuposto da medida cautelar ou, melhor dizendo, uma condição da sua efetividade, já que, sem a prestação da caução, a providência cautelar é ineficaz. Ainda a propósito do ordenamento jurídico espanhol, Calvet Botella assinala que o regime processual espanhol anterior deixava na discricionariedade do juiz a decisão de exigir ou não a prestação de caução, bem como a própria natureza da caução a ser prestada, o que, em alguns casos, dava lugar à responsabilidade do próprio juiz, nos termos do art. 1402º da Lei de 1881 (Calvet Botella, Julio, "Medidas cautelares civiles", *op. cit.*, p. 450).
Do mesmo modo, no ordenamento jurídico austríaco, o § 393, (3), da EO determina que, ao requerer a concessão de uma providência cautelar, o requerente é obrigado a prestar uma caução

na secretaria do tribunal, sendo que a providência cautelar não pode ser executada enquanto essa caução não for prestada.

No direito inglês, Richard Fentiman salienta que a parte que obtém uma *interlocutory injunction* deve comprometer-se a compensar a parte contrária por qualquer dano que lhe possa ser causado na eventualidade de a sua pretensão não ser atendida a final (Fentiman, Richard, "Abuse of procedural rights: The position of English law", *op. cit.* pp. 62 e 63). Na mesma linha de raciocínio, Neil Andrews assinala que a regra geral neste domínio é a de que o requerente de uma providência cautelar deve prestar uma *cross-undertaking* para indemnizar o requerido (ou terceiros afetados pela providência) na eventualidade de se concluir pela sua injustificabilidade (Andrews, Neil, "Abuse of process in English civil litigation", *in Abuse of Procedural Rights: Comparative Standards of Procedural Fairness*, Kluwer Law International, 1999, p. 90).

Também no ordenamento norte-americano, a regra 65, (C), das FRCP dispõe, sob a epígrafe "Segurança", que "*The court may issue a preliminary injunction or a temporary restraining order only if the movant gives security in an amount that the court considers proper to pay the costs and damages sustained by any party found to have been wrongfully enjoined or restrained. The United States, its officers, and its agencies are not required to give security*".

No direito mexicano, o art. 391º do CFPC dispõe que "*La parte que solicite la medida debe previamente otorgar garantía suficiente para responder de los daños y perjuicios que con ella se ocasionen, y la parte contra la que se dicte podrá obtener el levantamiento de la medida, o que no se efectúe, otorgando contragarantía suficiente para responder de los resultados del juicio*".

Em sentido análogo, o art. 199º do CPC$_{\text{Arg.}}$ preceitua que "*La medida precautoria sólo podrá decretarse bajo la responsabilidad de la parte que la solicitare, quien deberá dar caución por todas las costas y daños y perjuicios que pudiere ocasionar en los supuestos previstos en el primer párrafo del artículo 208*". Nessa situação, o tribunal deverá graduar a qualidade e a quantia da caução em função da maior ou menor verosimilhança do direito e das circunstâncias do caso em concreto, sendo certo que a caução poderá ser prestada através de garantia de instituições bancárias ou de pessoas de acreditada capacidade económica. Excecionalmente, a prestação de caução não é exigível, designadamente, se o requerente da providência cautelar for o Estado ou se gozar do benefício de apoio judiciário (art. 200º do CPC$_{\text{Arg.}}$). Acresce a isto que o art. 201º do CPC$_{\text{Arg.}}$ prevê a possibilidade de o requerido da providência requerer o reforço da caução, provando sumariamente que esta é insuficiente. De igual modo, o art. 459º do CPC$_{\text{Crd.}}$ dispõe que "*El solicitante deberá prestar fianza u otra caución, según el caso, por las costas y daños y perjuicios, si resultare que el derecho que se pretende asegurar no existe. El fiador deberá ser persona de reconocida solvencia y la fianza se otorgará en acta levantada ante el tribunal. La determinación del monto de los daños y perjuicios se sustanciará por vía incidental.*" Por sua vez, o art. 466º do CPC$_{\text{Crd.}}$ determina, a propósito da providência cautelar de arresto preventivo de bens do devedor, que "*En cualquier estado de la causa y aun antes de entablar la demanda, podrá el acreedor pedir el embargo preventivo de bienes del deudor, sin necesidad de acreditar la deuda y con la sola condición de prestar fianza de conformidad con el art. 1998 del Código Civil o dar otra caución equivalente por cantidad que, a juicio del Tribunal, sea bastante para cubrir los daños y perjuicios, si resultare que la deuda no existe*".

No direito colombiano, o art. 590º, nº 2, do CGP dispõe que "*Para que sea decretada cualquiera de las anteriores medidas cautelares, el demandante deberá prestar caución equivalente al veinte por ciento (20%) del valor de las pretensiones estimadas en la demanda, para responder por las costas y perjuicios derivados de su práctica. Sin embargo, el juez, de oficio o a petición de parte, podrá aumentar o disminuir el monto de la caución cuando lo considere razonable, o fijar uno superior al momento de decretar la medida. No será necesario prestar caución para la práctica de embargos y secuestros después de la sentencia favorable de primera instancia*".

Na mesma linha de raciocínio, o art. 610º do CPC$_{Pe.}$ impõe ao requerente da providência cautelar o dever de oferecer caução, sob pena de indeferimento imediato da providência. Nesse caso, nos termos do art. 613º do referido diploma legal, cabe ao juiz admitir a caução prestada quanto à sua natureza e montante, assistindo-lhe a faculdade de a modificar ou de a substituir por uma outra que seja necessária para garantir devidamente os eventuais danos e prejuízos que possam vir a ser causados ao requerido. No entanto, algumas entidades estão dispensadas de prestar caução. É o que sucede quando o requerente da providência cautelar é o poder legislativo, executivo ou judicial, o Ministério Público, os órgãos constitucionais autónomos, os governos regionais e locais, bem como as universidades (art. 614º do CPC$_{Pe}$).

No ordenamento jurídico chileno, a prestação de caução só é exigível quando esteja em causa a prestação de medidas prejudiciais precautórias, a adoção de medidas não autorizadas expressamente pela legislação e, quando faltando o requisito do *fumus boni iuris*, aquelas medidas cautelares sejam concedidas por um curto período de tempo. De todo o modo, o art. 298º do CPC$_{Ch.}$ dispõe, na sua parte final, que "*Podrá también el tribunal cuando lo estime necesario, y no tratándose de medidas expresamente autorizadas por la ley, exigir caución al actor para responder de los perjuicios que se originen*".

No ordenamento boliviano, o art. 173º, nº 1, do CPC$_{Bol.}$ dispõe que "*La medida precautoria sólo podrá decretarse bajo responsabilidad de la parte solicitante quien deberá dar caución por las costas y daños y perjuicios que pudiere ocasionar en caso de haberla pedido sin derecho*".

Na Arábia Saudita, o art. 215º do CPC$_{Arb.}$ preceitua, a propósito da providência cautelar de arresto, que o credor arrestante deve apresentar ao tribunal uma declaração escrita de um fiador solidário, autenticada por notário, com a qual garanta todos os direitos do arrestado, bem como o ressarcimento dos danos que este possa vir a sofrer no caso de se demonstrar posteriormente que o credor arrestante não tinha razão na sua pretensão (China, Sergio La/Alotaibi, Mansour, *La Legge sul Processo Civile dell'Arabia Saudita*, Giuffrè Editore, Milão, 2010, p. 115). Por sua vez, o art. 236º do CPC$_{Arb.}$ prevê a possibilidade de ser requerida uma providência cautelar imediatamente antes da propositura da ação principal ou na sua pendência com o propósito de impedir o adversário de viajar. Nesse caso, o tribunal poderá decretar a providência cautelar que iniba o requerido de viajar desde que existam razões fundadas para crer que a viagem do requerido poderá pôr em causa o direito do requerente e/ou causar uma demora excessiva ao processo. Contudo, a providência cautelar só poderá ser decretada desde que o requerente preste uma caução, previamente fixada pelo juiz, que seja suscetível de compensar o requerido no caso de a pretensão se revelar injustificada. A fixação da indemnização ao requerido quanto aos danos resultantes do atraso na realização da sua viagem deverá ter lugar na própria ação cautelar.

No confronto entre estes dois modelos, os Princípios e Regras do Processo Civil Transnacional estabelecidos pelo ALI e pelo UNIDROIT acabam por perfilhar a segunda das indicadas orientações, já que o Princípio 8.3 estabelece que "*In appropriate circumstances, the court must require the applicant for provisional relief to post a bond or formally to assume a duty of indemnification*" (Ali/Unidroit, *Draft Principles of Transnational Civil Procedure with Comments, prepared by Professors G. C. Hazard, Jr., R. Stürner, M. Taruffo and A. Gidi*, Roma, fevereiro 2004, p. 7). Neste particular, importa salientar que a versão anterior do Princípio 8.3 estabelecia, não um "dever", mas antes um "poder" do tribunal quanto à fixação de caução, ao determinar que "*The court may grant provisional relief when necessary to preserve the ability to grant effective relief by final judgment or to maintain or otherwise regulate the status quo*" (Ali/Unidroit, *Draft Principles of Transnational Civil Procedure with Comments, prepared by Professors G. C. Hazard, Jr., R. Stürner, M. Taruffo and A. Gidi*, Roma, abril, 2003, p. 17). É, aliás, essa a solução que consta da regra 17.5.1 das Regras do Processo Civil Transnacional, segundo a qual "*The court may require the applicant for provisional relief to post a bond or formally to assume a duty of indemnification.*"

A adoção de um modelo de prestação obrigatória de caução, como meio de segurança contra o recurso abusivo e injustificado à tutela cautelar, tem vindo, no entanto, a encontrar alguma resistência na doutrina.

Com efeito, se é verdade que a prestação obrigatória de caução constitui uma medida fortemente dissuasora do recurso injustificado à tutela cautelar, o certo é que o dever de prestação de caução pode representar, na prática, a impossibilidade de acesso à via cautelar quando o requerente não reúna as condições económicas necessárias para a prestação dessa garantia[1252]. Exatamente por isso, na decisão relativa à imposição da prestação de uma caução, o julgador deve ter em consideração as condições económicas do requerente da providência cautelar, sob pena de poder vir a revelar-se impossível a prestação da garantia fixada pelo julgador, com manifesto prejuízo para o direito que se visava acautelar[1253].

Voltando ao nosso ordenamento jurídico, importa ainda salientar que a faculdade concedida ao julgador quanto à imposição de prestação de caução não configura o uso de um poder puramente discricionário, já que a decisão que condicione o recebimento da providência cautelar à prestação de caução deve ser devidamente fundamentada e é passível de recurso[1254,1255].

(ALI/UNIDROIT, *Draft Rules of Transnational Civil Procedure with Comments, prepared by Professors G. C. Hazard, Jr., R. Stürner, M. Taruffo and A. Gidi*, Roma, fevereiro 2004, p. 14).

1252 Cfr., nesse sentido, FARIA, Rita Lynce de, *A Função Instrumental da Tutela Cautelar Não Especificada, op. cit.*, p. 259.

1253 TARUFFO, Michele, *et al.*, *Le Riforme della Giustizia Civile, op. cit.*, p. 585.

1254 Cfr., em sentido contrário, BASTOS, Jacinto Fernandes Rodrigues, *Notas ao Código de Processo Civil*, vol. II, *op. cit.*, p. 177, TARZIA, Giuseppe, *et al.*, *Il Nuovo Processo Cautelare, op. cit.*, p. 295, BUONFARDIECI, Maria Caterina, *et al.*, *Provvedimenti Cautelari nel Processo, op. cit.*, p. 83, bem como ALMEIDA, Francisco Manuel Lucas Ferreira de, *Direito Processual Civil, op. cit.*, p. 215. Por sua vez, Bruno Sassani sustenta que a imposição da caução traduz-se no exercício de um poder discricionário, ainda que limitado pelo facto de o julgador dever ponderar as circunstâncias de facto de cada caso em concreto (CONSOLO, Claudio, *et al.*, *Commentario alla Riforma del Processo Civile, op. cit.*, p. 676).

1255 Quanto à questão de saber se o juiz pode determinar oficiosamente a obrigação de prestação de uma caução ou se é necessário um requerimento da parte afetada nesse sentido, Fábio Marelli assinala que, pese embora alguns autores sustentem que a caução pode ser fixada oficiosamente pelo julgador, o certo é que o princípio do dispositivo e a própria natureza da providência cautelar que vise proteger um direito subjetivo impõem sufragar a tese segundo a qual a caução só pode ser fixada mediante requerimento da parte interessada nesse sentido (TARUFFO, Michele, *et al.*, *Le Riforme della Giustizia Civile, op. cit.*, p. 586). Diverso é o entendimento de Humberto Theodoro Júnior, segundo o qual cabe ao julgador impor oficiosamente a obrigação de prestação de caução sempre que considere que tal é relevante para acautelar os interesses do requerido, embora nada impeça que a caução possa ser imposta mediante requerimento da parte interessada (THEODORO JÚNIOR, Humberto, *Curso de Direito Processual Civil*, vol. II, *op. cit.*, p. 530).

Tendo em conta a natureza e as finalidades da caução, não existe fundamento para que o decretamento da providência cautelar fique dependente da prestação de caução quando o tribunal considere que é mais que provável a existência do direito que se pretende acautelar, quando a urgência da providência não se compadeça com a demora inerente ao incidente de prestação de caução ou quando se considere que é pouco provável que a providência cautelar venha a ser considerada injustificada ou a caducar por motivo imputável ao requerente[1256].

No domínio dos procedimentos cautelares especificados, o art. 620º do CC dispõe, quanto à providência cautelar de arresto, que "O requerente do arresto é obrigado a prestar caução se esta lhe for exigida pelo tribunal". Assim, o tribunal pode impor ao credor arrestante a obrigação de prestação de uma caução, sendo que semelhante mecanismo deve ser adotado preferencialmente nas situações em que a fragilidade factual e/ou probatória, embora não justificando o indeferimento da providência, implique a adoção de especiais cautelas na tutela dos interesses do requerido[1257].

Todavia, em algumas situações, o tribunal, por via de regra, deve ordenar a prestação de caução por parte do credor. É o que sucede, designadamente, nos casos em que esteja em causa uma obrigação condicional, atenta a incerteza da existência efetiva do crédito[1258], bem como quando o montante do crédito a garantir é elevado[1259].

Sendo imposta a caução ao credor, esta pode ser prestada através de qualquer garantia real ou pessoal – desde que se revele idónea e suficiente – cabendo ao tribunal o dever de apreciar a sua idoneidade (arts. 623º, nº 3, e 624º do CC).

6.2. Funções

No que em particular se refere às suas funções, a prestação de caução justifica-se, fundamentalmente, por quatro ordens de razões distintas: garantia de ressarcimento dos danos que possam ser causados ao requerido, regulação do acesso à tutela cautelar, restabelecimento do equilíbrio entre as par-

1256 Cfr., a este propósito, o ac. do TRL de 22.02.2007, proc. 712/07-2.

1257 Na esteira de Antunes Varela, "O arresto atinge de tal modo os poderes de livre disposição do proprietário dos bens, numa altura em que não há ainda prova da existência da violação do direito do credor, que bem se compreende a necessidade de prevenir os abusos a que uma arma de gume tão afiado como essa, embora necessária, se presta nas mãos de pessoas menos escrupulosas" (Varela, João de Matos Antunes, *Das Obrigações em Geral*, vol. II, *op. cit.*, p. 466).

1258 *Idem, ibidem*, p. 466.

1259 Cruz, Rita Barbosa da, "O arresto", *op. cit.*, p. 141.

tes e proteção da atividade judicial. Vejamos, em particular, em que consiste cada uma dessas funções.

6.2.1. Garantia de ressarcimento dos danos

A principal função da caução consiste em garantir o ressarcimento dos danos que possam vir a ser causados ao requerido com o decretamento de uma determinada providência cautelar que acabe por se revelar injustificada.

Com efeito, a imposição da prestação de caução, enquanto condição para o decretamento da providência cautelar, constitui um importante mecanismo de proteção do requerido, já que, na maior parte dos casos, a providência cautelar é decretada sem a sua audiência prévia.

Assim, a caução é o mecanismo mediante o qual, pressuposta a gravidade que decorre do decretamento de uma providência cautelar, se procura proteger o requerido quanto a eventuais danos e prejuízos que lhe possam ser causados pela execução da medida[1260]. Na realidade, "como a concessão da tutela cautelar coloca em situação privilegiada quem a solicitou, deve exigir-se, como contrapartida ao desequilíbrio provocado pela concessão da providência, a prestação de uma caução para que, de algum modo, ainda que só formalmente, seja restabelecido entre as partes o *status quo ante*"[1261].

No prosseguimento desse desiderato, o tribunal deve sujeitar a concessão da providência à prestação prévia de caução por parte do requerido a fim de impedir atuações malévolas ou temerárias ou sempre que o juiz tenha dúvidas quanto ao fundamento real da providência[1262].

Deste modo, se se concluir pela inexistência do direito que se visou acautelar e, consequentemente, que a providência cautelar foi inútil e que causou danos ao requerido, há lugar à obrigação de ressarcimento dos danos, situação em que a caução anteriormente prestada funcionará como garantia desse direito à indemnização[1263,1264].

[1260] Exatamente por isso, o valor da caução deve ser determinado com base numa estimativa dos danos e prejuízos que possam vir a ser causados ao requerido (PARDO IRANZO, Virginia, "Sobre la tutela cautelar de la propiedad horizontal (Consideraciones a partir del Auto de 14 de junio de 1994 de la Audiencia de Barcelona)", *op. cit.*, p. 704).

[1261] ANGELES JOVÉ, María, *Medidas Cautelares Innominadas en el Proceso Civil*, *op. cit.*, p. 69. Cfr., no mesmo sentido, GERALDES, António Santos Abrantes, *Temas da Reforma do Processo Civil*, vol. III, *op. cit.*, p. 266, e DINAMARCO, Cândido Rangel, *A Instrumentalidade do Processo*, *op. cit.*, p. 311.

[1262] GERALDES, António Santos Abrantes, *Temas da Reforma do Processo Civil*, vol. III, *op. cit.*, p. 266.

[1263] Relativamente a este problema, Calamandrei assinala que o direito ao ressarcimento dos danos resulta, não do facto de a providência cautelar ser ilegítima, mas antes da circunstância de a urgência associada a este tipo de tutela comportar uma certa margem de erro que terá que ser suportada por quem se aproveita dos benefícios decorrentes da concessão, ainda que provisória,

6.2.2. Regulação do acesso à tutela cautelar

Para além da função reparadora dos danos que possam vir a ser causados ao requerido, a caução desempenha também uma importante função reguladora do acesso à tutela cautelar. Na realidade, a obrigação de prestação de uma caução permite impedir o recurso desregrado à tutela cautelar nos casos em que não se justifique uma composição provisória do litígio.

Paralelamente, a imposição da prestação de caução cumpre, igualmente, uma função dissuasora relevante quanto a uma eventual atuação dolosa ou gravemente negligente do requerente, na medida em que este tenderá a "pensar duas vezes" antes de requerer o decretamento de uma providência cautelar[1265]. De facto, sabendo de antemão o requerente que o tribunal condicionará o decretamento da providência requerida à obrigação de prestação de caução, este tenderá não só a procurar informar-se convenientemente acerca da viabilidade da sua pretensão antes de recorrer à tutela cautelar – por exemplo, saber se é efetivamente credor, se a obra a embargar ofende algum direito de que se arroga titular, se a deliberação social a suspender viola a lei ou os estatutos, etc. –, como também a abster-se de recorrer à via cautelar quando tenha a perfeita consciência da sua injustificabilidade.

De todo o modo, esta função é mais visível nos ordenamentos jurídicos em que o decretamento da providência cautelar depende, obrigatoriamente, da prestação de caução. Nos demais ordenamentos – como sucede com o nosso – não sendo obrigatória a prestação de caução, esta função reguladora e dissuasora não é tão eficiente, já que a obrigação de prestação de caução apenas

da providência cautelar (Calamandrei, Piero, *Introduccion al Estudio Sistematico de las Providencias Cautelares*, *op. cit.*, p. 84).

1264 Conforme salienta Goldschmidt, apesar de a lei processual alemã prever a possibilidade de o arresto ser decretado mediante a mera prestação de caução (§ 920, II, e § 921, II, da ZPO), o certo é que, comprovando-se posteriormente que o arresto era injustificado, o requerente da providência cautelar fica obrigado a indemnizar o requerido pelos danos que lhe tenham sido causados em virtude do decretamento e consequente execução dessa providência, ou pelo facto de ter obrigado o requerido a prestar caução para evitar a execução do arresto, nos termos do § 945 da ZPO (Goldschmidt, James, *Derecho Procesal Civil*, *op. cit.*, pp. 750 e 751). A este respeito, dispunha o § 945 da ZPO, no texto vigente em 01 de janeiro de 1934, que, se o decretamento do arresto ou da providência cautelar resultassem injustificados ou viessem a ser revogados por atos ordenados por efeito deles, segundo o § 926, II, ou o § 943, III, o requerente ficava obrigado a ressarcir a parte contrária pelos danos que lhe tivessem sido causados em virtude da execução dos atos decretados ou pela necessidade de prestar caução para evitar a sua execução ou obter a sua revogação.

1265 Assim, conforme se decidiu no auto da AP de Barcelona, de 26.03.2002, proc. 229/2001, *in www.poderjudicial.es*, a caução constitui, única e exclusivamente, uma garantia da responsabilidade que possa derivar da medida provisória ou da realização integral e antecipada da tutela requerida.

será valorada, caso a caso, pelo julgador, não sendo por isso possível determinar *a priori*, com a antecedência devida, se o decretamento de uma determinada providência cautelar ficará ou não condicionado à prestação de caução.

6.2.3. Restabelecimento do equilíbrio entre as partes

Uma outra função relevante da caução é aquela que se prende com o facto de permitir restabelecer o equilíbrio entre as partes, colocando-as em situação de paridade.

De facto, pode suceder que o juiz, induzido em erro pela matéria de facto invocada pelo requerente, acabe por decretar uma providência cautelar injustificada. Nesse caso, a caução constitui um instrumento indispensável para repor o equilíbrio entre as partes e remediar os eventuais danos sofridos pelo requerido em consequência da precipitação inicial do julgador[1266].

Assim, ao ser exigida a prestação de uma caução, o julgador, para além de reforçar junto do requerente a consciência de que, na eventualidade de a providência cautelar vir a ser julgada injustificada, responderá pelos danos causados ao requerido, garante ainda a igualdade entre as partes, na medida em que protege os interesses do requerido no caso de sofrer danos ou prejuízos em consequência da execução dessa medida[1267].

Neste contexto, "a mesma lei, prevendo os abusos a que pode dar lugar a concessão demasiado fácil dos embargos, predispõe, como correlativo das cautelas, certas contracautelas que, empregues no momento oportuno, podem moderar a coacção psicológica, exercida por uma providência cautelar demasiado violenta, mediante um contra choque psicológico que serve para restabelecer o equilíbrio entre as partes"[1268].

Por conseguinte, a imposição da caução garante o equilíbrio entre as partes, já que acautela, por um lado, o interesse do requerente em obter a tutela provisória do seu direito e, por outro lado, o eventual direito à indemnização do requerido no caso de se concluir pela injustificada da providência[1269].

[1266] Calamandrei, Piero, *Instituciones de Derecho Procesal Civil*, vol. III, *op. cit.*, p. 285.

[1267] Cfr., em sentido contrário, Alvarado Velloso, Adolfo, *Cautela Procesal: Criticas a las Medidas Precautorias, op. cit.*, p. 40, segundo o qual esse objetivo não é atingido, já que, por muito importante que seja a caução, esta não supre a lacuna da falta da audiência prévia do requerido que deve operar enquanto manifestação elementar e essencial do direito constitucional do contraditório e da possibilidade de defesa em juízo.

[1268] Calamandrei, Piero, *Estudios sobre el Proceso Civil*, *op. cit.*, p. 284.

[1269] Buonfardieci, Maria Caterina, *et al.*, *Provvedimenti Cautelari nel Processo*, *op. cit.*, p. 82. Na mesma linha de raciocínio, Kevin Xingang Li e Colin Ingram salientam que a caução a ser prestada para garantir o ressarcimento dos danos decorrentes de um arresto injustificado constitui

6.2.4. Proteção da atividade judicial

O facto de as providências cautelares poderem ser decretadas sem o contraditório prévio do requerido, seja por imposição legal, seja por determinação do julgador, implica que o tribunal formule um juízo de valor apenas com base nos elementos de facto que foram carreados para o processo por uma das partes.

Neste enquadramento, a caução permite acautelar a própria atividade judicial contra o risco de acolhimento de uma providência cautelar injustificada[1270]. Pense-se, por exemplo, na situação do credor arrestante que, tendo perfeita consciência da injustificabilidade da providência cautelar de arresto, decide desistir dessa providência, depois de confrontado com a decisão do julgador que condicionou o decretamento do arresto à prestação de uma caução.

Deste modo, mais do que a proteção do requerido, a caução desempenha um papel preponderante na proteção da própria atividade judicial, já que, sempre que o tribunal se veja confrontado com dúvidas acerca do preenchimento dos requisitos de que a lei faz depender o decretamento da providência – não sendo, no entanto, estas suficientemente fortes para determinarem o seu indeferimento liminar[1271] –, pode impor a prestação de uma caução que se afigure suficientemente adequada a assegurar o ressarcimento dos danos e prejuízos

um instrumento muito importante para se garantir a equidade no arresto de bens e pode afetar de forma decisiva a escolha do credor arrestante antes de recorrer ao arresto de um determinado bem (Li, Kevin Xingang/Ingram, Colin W. M., *Maritime Law and Policy in China*, *op. cit.*, pp. 30 e 31). Cfr. ainda, quanto a esta questão, Tarzia, Giuseppe, *et al.*, *Il Nuovo Processo Cautelare*, *op. cit.*, pp. 294 e 295, Montesano, Luigi/Arieta, Giovanni, *Diritto Processuale Civile*, III, *op. cit.*, p. 435, Arazi, Roland, *Medidas Cautelares*, *op. cit.*, p. 9, e Theodoro Júnior, Humberto, "Tutela jurisdicional cautelar", *op. cit.*, p. 38.

1270 González Zamar, Leonardo C., "Las medidas cautelares y la tutela anticipatoria en el proceso colectivo", *op. cit.*, pp. 136 e 137. Cfr., no mesmo sentido, María Herrán, José, "El derecho ambiental y las medidas cautelares", *op. cit.*, p. 151.

1271 *Vide*, a este propósito, o ac. do TRL de 08.09.2009, proc. 5050/06.0TBAMD-E.L1-6: "Os despachos liminares de indeferimento das providências cautelares terão de ser reservados para situações de manifesta e indiscutível improcedência do pedido. Nos casos de fronteira, onde a dúvida se coloca, deverá dar-se seguimento ao procedimento, ainda que se admita à partida a eventualidade do seu insucesso dentro da sua normal tramitação". Cfr., no mesmo sentido, o ac. do TRL de 01.10.2009, proc. 1617/08.0TBSCR.L1-6, segundo o qual "O despacho liminar de indeferimento de providência cautelar terá de ser reservado para situações de manifesta e indiscutível improcedência do pedido. Nos casos de fronteira, onde a dúvida se coloca, deverá dar-se seguimento ao procedimento, ainda que se admita à partida a eventualidade do seu insucesso no âmbito da sua regular tramitação", bem como o ac. do TRL de 19.10.2011, proc. 1774/11.9TTLSB.L1-4.

que possam vir a ser causados ao requerido[1272], colocando à prova, por essa via, a segurança e a consciência do requerente da providência quanto à eventual (in)justificabilidade da providência cautelar concretamente requerida.

6.3. Um novo paradigma: prestação obrigatória de caução

Partindo da análise das vantagens resultantes do condicionamento da providência cautelar à prestação de caução, julgamos que o sistema que melhor se adequa à tutela dos interesses do requerido é o da prestação obrigatória de caução.

Desde logo, muito embora o nosso ordenamento jurídico preveja a possibilidade de o julgador condicionar o decretamento de uma providência cautelar à prestação de uma caução, a verdade é que este regime tem vindo a ser utilizado de forma residual pelos nossos tribunais.

Para além disso, importa salientar que o instituto da responsabilidade do requerente de providência cautelar injustificada, previsto no art. 374º, não é tão eficaz quanto o da obrigação de prestação de caução no que concerne à tutela do requerido.

Isto porque o regime da responsabilidade do requerente *atua a jusante*, isto é, após o decretamento de uma providência cautelar injustificada e depois de já terem sido causados danos (eventualmente irreversíveis) ao requerido.

Por sua vez, o regime da prestação de caução *atua a montante*, ou seja, antes da concessão da providência cautelar, pelo que, enquanto não for prestada a caução fixada pelo julgador, o requerido fica devidamente protegido contra os efeitos nefastos de uma providência cautelar eventualmente injustificada.

De resto, como se referiu *supra*, se o requerente da providência cautelar tiver plena consciência da injustificabilidade da medida concretamente requerida, este tenderá a não transpor a barreira imposta pelo julgador, desistindo, consequentemente, da providência.

[1272] No que em particular se refere ao direito ao ressarcimento dos danos no ordenamento jurídico italiano, Fabio Marelli assinala que este direito pode fundar-se exclusivamente no disposto no art. 96º, 2º parágrafo, do $CPC_{It.}$, pelo que a imposição do dever de prestar a caução deve partir não só da avaliação do *fumus boni iuris*, mas também da consideração quanto à existência de indícios relativos a uma possível falta de prudência normal do requerente na propositura da providência cautelar. Assim, o julgador não poderá prescindir de uma avaliação cautelosa quanto ao tipo de intensidade do *periculum*, sendo que, neste caso, a caução pode nem sempre ser eficaz, mais concretamente naquelas situações em que o direito que se pretende acautelar tem um conteúdo não patrimonial, ou seja, não reintegrável por equivalente monetário (TARUFFO, Michele, *et al.*, *Le Riforme della Giustizia Civile*, *op. cit.*, p. 585).

Há ainda que salientar que, face à crescente utilização distorcida da tutela cautelar como forma de resolução célere de litígios – que não carecem, verdadeiramente, de uma composição provisória e urgente – a consagração de um regime de prestação obrigatória de caução desempenharia um papel crucial na regulação do acesso à justiça cautelar, na medida em que permitiria demover a apresentação de pedidos de decretamento de providências cautelares manifestamente injustificadas.

Parece-nos, por isso, que a alteração do regime vigente, tornando-se obrigatória a prestação de caução pelo requerente de uma determinada providência cautelar, traria vantagens inegáveis ao nosso ordenamento jurídico, seja no que respeita ao sancionamento eficaz da conduta do requerente de providência cautelar injustificada, seja no que concerne à regulação do acesso à via cautelar.

6.4. Medida e forma

Atenta a sua principal finalidade, qual seja a de ressarcir o requerido pelos danos que uma providência cautelar possa vir a causar na sua esfera jurídica, a caução só será adequada quando, num juízo axiológico-valorativo, se revelar um meio suficientemente idóneo e eficaz para assegurar a reparação desses danos.

Todavia, a fixação da medida da caução prende-se, muitas vezes, com dificuldades relacionadas precisamente com o cálculo e quantificação desses mesmos danos[1273].

Ora, tendo em conta que o legislador atribuiu ao juiz o poder de fazer depender o decretamento de uma providência cautelar da prestação de uma caução, cabe-lhe determinar a medida da caução em função do maior ou menor grau de convicção sumária acerca da aparência do direito[1274] e da situação de *periculum in mora* alegada pelo requerente da providência, bem como

[1273] Cfr., a este propósito, CHINCHILLA MARÍN, Carmen, *La Tutela Cautelar en la Nueva Justicia Administrativa*, *op. cit.*, p. 49, CALDERON CUADRADO, Maria Pia, *Las Medidas Cautelares Indeterminadas en el Proceso Civil*, *op. cit.*, p. 55, bem como ANGELES JOVÉ, María, *Medidas Cautelares Innominadas en el Proceso Civil*, *op. cit.*, p. 84. *Vide*, na jurisprudência, o ac. do TRP de 16.09.1999, proc. 9930990.

[1274] Assim, conforme assinala RAMOS MÉNDEZ, *La Anotación Preventiva de Demanda*, Bosch, Barcelona, 1980, p. 133, "*Cuando el acreditamiento revista un grado de verosimilitud importante, y estamos pensando sobre todo en un título ejecutivo, la fianza aunque exigida se reduciría notablemente; por el contrario, cuando la apariencia, si bien suficiente para la adopción de la cautela, fuera insuficiente en la demonstración de esa cualificada verosimilitud, el órgano jurisdiccional contemplará con más intensidad ese eventual derecho cuyo nacimiento se estima más probable*".

de acordo com os efeitos da providência cautelar e com a própria situação económica do requerente dessa medida[1275,1276,1277].

A suficiência da caução deve ser valorada sob um ponto de vista quantitativo e qualitativo, ou seja, a caução deve ser suficiente para acautelar os possíveis danos e prejuízos que o decretamento de uma providência cautelar ilícita ou injustificada possa vir a causar ao requerido[1278].

1275 CALDERON CUADRADO, Maria Pia, *Las Medidas Cautelares Indeterminadas en el Proceso Civil, op. cit.*, p. 55. *Vide*, no mesmo sentido, BAZAN, Francisco, "Exposicion general del derecho procesal civil paraguayo – tomo IV Juicio Ejecutivo", *in RDJ*, Assunção, Paraguai, 1992, p. 36, segundo o qual o tribunal deve graduar a medida da caução em função da maior ou menor verosimilhança do direito invocado e das circunstâncias do caso em concreto.

1276 Note-se que o ordenamento jurídico argentino, no que se refere ao dever de prestação da caução, obriga o julgador a atender à natureza e à capacidade económica do requerente da providência cautelar. Assim, nos termos do art. 200º do $CPC_{Arg.}$, estão isentos de prestação de caução o Estado Nacional, as províncias, os municípios e as pessoas que justifiquem ser "reconhecidamente abonadas" ou que atuem com o benefício de apoio judiciário. Relativamente ao que se deva entender por "reconhecidamente abonada", Alfredo Gozaíni sustenta que esta qualidade deve ser aquilatada em função da "importância económica da questão a satisfazer, ou seja, comparativamente com o património da pessoa física ou jurídica que pretende reunir as condições processuais de isenção. Tratando-se do Estado, das províncias ou de alguma das suas dependências autorizadas a litigar no exercício de uma representação própria, ou de uma municipalidade, a suficiência económica é presumida". Acrescenta ainda o referido Autor que "alguma jurisprudência estende aos bancos e a outras entidades económicas o benefício da isenção; todavia, entendemos que ela é improcedente em face do disposto na parte final do art. 199 (*Poderá oferecer-se a garantia de instituições bancárias ou de pessoas de reconhecida suficiência económica*), porque seria uma contradição do código admitir que afiance nos casos de assistência a terceiros, e que não o faça a seu próprio respeito. Na verdade, o carácter de «reconhecidamente abonado» de um banco seria difícil de desconhecer, mas como empresas comerciais que são, não estão livres do risco financeiro" (ALFREDO GOZAÍNI, Osvaldo, *Derecho Procesal Civil: tomo I (Teoría General del Derecho Procesal)*, vol. II, *op. cit.*, pp. 806 e 807).

1277 Na esteira de Alvarado Velloso, existem determinadas situações de facto em que o julgador deve prescindir da prestação de caução. É o que sucede, nomeadamente, nos casos em que o requerente da providência cautelar apresenta uma solvabilidade incontestável (por exemplo, o Estado), em que já tenha sido obtida uma sentença judicial favorável em relação à pretensão cuja efetivação se pretende acautelar, em que ostenta a qualidade de sócio, de herdeiro ou de condómino em relação aos bens da sociedade, da herança ou do condomínio, em que litiga contra um demandado que se encontre em situação de revelia ou em que tenha a qualidade de credor privilegiado em relação ao bem que pretende apreender (ALVARADO VELLOSO, Adolfo, *Cautela Procesal: Criticas a las Medidas Precautorias, op. cit.*, pp. 45 e 46). *Vide*, no mesmo sentido, BAZAN, Francisco, "Exposicion general del derecho procesal civil paraguayo – tomo IV Juicio Ejecutivo", *op. cit.*, p. 36.

1278 MONTERO AROCA, Juan, *et al.*, *El Nuevo Proceso Civil (Ley 1/2000), op. cit.*, p. 841. Cfr., no mesmo sentido, CALDERON CUADRADO, Maria Pia, *Las Medidas Cautelares Indeterminadas en el Proceso Civil, op. cit.*, p. 54, segundo a qual, na fixação da caução, o juiz deve ter em conta a proporcionalidade, adequação e suficiência da caução, numa relação direta com a eventual responsabilidade do requerente pelos danos e prejuízos que possam vir a ser causados ao requerido.

Assim, quanto mais graves forem os prejuízos que possam vir a ser causados ao requerido, maior deverá ser a caução imposta pelo julgador. Diversamente, quanto mais verosímil ou provável for a existência do direito invocado pelo requerente da providência, menor deverá ser a caução a ser prestada[1279].

Nesta aceção, nada obsta a que o requerido de uma providência cautelar possa peticionar o reforço de uma caução que tenha sido prestada pelo requerente dessa providência, quando se verifique que a caução é insuficiente para responder pelos danos e prejuízos que possam advir da execução da providência cautelar, *maxime* quando se indicie, por força da oposição apresentada pelo requerido, a inexistência do direito invocado pelo requerente (*fumus mali iuris*)[1280,1281].

Questão particularmente complexa e difícil é a de saber se o juiz deve impor a prestação de uma caução nos casos em que o requerente da providência cautelar beneficie de apoio judiciário, na modalidade de dispensa de pagamento da taxa de justiça e demais encargos com o processo.

Com efeito, uma das principais manifestações do princípio da tutela jurisdicional efetiva consiste na impossibilidade de se limitar o acesso ao Direito e aos tribunais por insuficiência de meios económicos. Por conseguinte, não dispondo o requerente de uma determinada providência cautelar de meios económicos que lhe permitam suportar os custos do acesso à justiça, a lei permite-lhe requerer a concessão de proteção jurídica.

Contudo, o benefício do apoio judiciário não abrange a prestação de caução que o juiz possa vir a impor ao requerente da providência cautelar[1282,1283,1284].

[1279] ARAZI, Roland, *Medidas Cautelares, op. cit.*, p. 13. Cfr., em sentido contrário, MONROY PALACIOS, Juan José, "Una interpretación errónea: «a mayor verosimilitud, menor caución» y viceversa. Apuntes críticos sobre los presupuestos para el otorgamiento y para la ejecución de la medida cautelar", *in Revista Peruana de Derecho Procesal*, nº 8, Peru, 2005, p. 261, segundo o qual "*pretender que exista una correlación entre verosimilitud y caución significa confundir severamente los conceptos que componen la Teoría Cautelar, trastocar su contenido de manera irreflexiva*".

[1280] *Vide*, nesse sentido, RAMIRO PODETTI, J., *Derecho Procesal Civil, Comercial y Laboral – Tratado de las Medidas Cautelares*, IV, *op. cit.*, p. 191.

[1281] Em sede de direito comparado, *vide* o art. 201º do $CPC_{Arg.}$, segundo o qual "*En cualquier estado del proceso, la parte contra quien se hubiere hecho efectiva una providencia cautelar podrá pedir que se mejore la caución probando sumariamente que es insuficiente. El juez resolverá previo traslado a la otra parte*".

[1282] A este propósito, G. Zambiazzo observa que o facto de o requerente da providência cautelar não dispor de meios económicos para litigar em juízo não significa que não possua condições para prestar uma caução adequada e suficiente (G. ZAMBIAZZO, Mauricio, "Otros aspectos de la anticipación de tutela (una contribución a la oportunidad en la solución jurisdiccional a pretensiones urgentes)", *op. cit.*, p. 116).

[1283] O Tribunal Constitucional de Espanha foi chamado a pronunciar-se sobre a questão de saber se a exigência de caução comprometia a tutela jurisdicional efetiva. Com efeito, a questão que se

Assim, a imposição da obrigação de prestação de caução deverá ser ponderada em função das particularidades de cada caso em concreto, já que tudo dependerá da sua quantidade e do modo de a prestar. É que, se é certo que o requerente da providência cautelar goza da assistência judiciária e da possibilidade de requerer a adoção da providência cautelar que se revele mais adequada à tutela dos seus interesses, também é verdade que o requerido deve ser protegido contra agressões injustificadas da sua esfera jurídica, *maxime* nos casos em que a providência cautelar é decretada sem a sua audição prévia[1285].

discutia nesse processo prendia-se com uma ação de reivindicação de diversos bens imóveis contra determinados adquirentes dos mesmos, apresentada no Julgado de Barcelona, tendo sido fixada a quantia de cem milhões de pesetas. O Julgado de Barcelona decretou o registo preventivo dos bens em causa no Registo da Propriedade, embora tivesse condicionado essa providência à prestação prévia de uma caução de vinte e cinco milhões de pesetas. Interposto recurso de apelação dessa decisão, o mesmo viria a ser julgado improcedente pela Audiência Territorial de Barcelona. Perante esse facto, o requerente interpôs novo recurso para o Tribunal Constitucional, invocando a violação dos arts. 14º e 24º, nº 1, da Constituição Espanhola, pelo facto de a exigência de prestação de uma caução de vinte e cinco milhões de pesetas como condição prévia para a tutela do direito implicar a impossibilidade de exercício do direito correlativo, com a consequente violação dos princípios da igualdade e da tutela jurisdicional efetiva, tanto mais quanto é certo que beneficiava de apoio judiciário. Por conseguinte, a fixação de uma caução "impossível" como condição prévia para a execução de uma decisão judicial implicaria a violação do art. 24º da Constituição, já que "equivaleria a converter as decisões judiciais em meras declarações de intenções". O Tribunal Constitucional de Espanha – para além de considerar que o benefício do apoio judiciário não dispensa a obrigatoriedade da prestação de caução – veio defender que a fixação de caução não viola o princípio da igualdade, já que esta medida constitui uma garantia cautelar instituída pelo legislador em benefício da parte demandada para garantir os eventuais danos que lhe possam vir a ser causados na sua esfera jurídica. No que concerne ao montante da caução que foi fixado pelo tribunal – situação que, na ótica do recorrente, impedia e inutilizava o exercício do seu direito – o Tribunal Constitucional considerou que é necessário, de igual modo, atender aos interesses do requerido, atribuindo, por isso, a lei ao juiz a possibilidade de fixar a caução, bem como a sua forma e garantia, com atenção aos prejuízos que podem advir para o requerido em consequência do decretamento da medida judicial concretamente requerida (cfr. a sentença nº 202/1987, de 17.12.1987, do $TC_{Es.}$, *in BOE*, de 08.01.1988). *Vide*, na doutrina, GUTIÉRREZ BARRENENGOA, Aihoa, "De las medidas cautelares", *op. cit.*, p. 1373.

1284 Em sentido contrário, o ordenamento jurídico peruano dispensa o requerente da providência cautelar da obrigação de prestar caução quanto este litigue com benefício de apoio judiciário.

1285 Cfr., a este propósito, G. ZAMBIAZZO, Mauricio, "Otros aspectos de la anticipación de tutela (Una contribución a la oportunidad en la solución jurisdiccional a pretensiones urgentes)", *op. cit.*, p. 116. Na mesma linha de raciocínio, Angeles Jové sustenta que a obrigação de prestação de caução deve subsistir mesmo nos casos em que o requerente da providência cautelar beneficie de proteção jurídica, fundamentalmente por duas ordens de razões: por um lado, porque, se assim não fosse, só gozariam da proteção da caução os requeridos que fossem demandados por quem tivesse uma boa condição económica; por outro lado, porque a não prestação de caução por quem beneficiasse de proteção jurídica criaria uma perigosa indefesa jurídica (ANGELES JOVÉ, María, *Medidas Cautelares Innominadas en el Proceso Civil*, *op. cit.*, p. 77).

A obrigação de prestação de caução, enquanto medida de contracautela, encontra, no entanto, grandes dificuldades quando esteja em causa a necessidade de assegurar a tutela de interesses não patrimoniais do requerido da providência[1286].

Na verdade, a perigosidade, intrínseca à tutela cautelar, resulta particularmente agravada nas situações em que os efeitos da providência cautelar são, pela sua natureza, irreversíveis, quando destinados a incidir sobre interesses não patrimoniais, ou, pelo contrário, sendo em abstrato reversíveis, não o são na prática, pelo facto de as condições económicas do requerente da providência não permitirem a prestação de caução.

Para obviar a esta dificuldade, o julgador deve limitar a sumariedade da cognição quanto à existência do direito de que o requerente se arroga titular – caso em que deverá ser aprofundado o conhecimento da matéria de facto em sede cautelar – e, por outro lado, avaliar, de forma comparativa, os danos que resultarão da recusa da tutela cautelar e os danos que resultarão para o requerido com a sua concessão. Consequentemente, o juiz só deverá conceder a providência quando os danos decorrentes da recusa da tutela cautelar sejam qualitativa e quantitativamente superiores aos que resultariam para o requerido com o seu decretamento[1287].

Já no que respeita à sua qualidade, a caução poderá ser prestada pelas formas previstas na lei, cabendo ao tribunal apreciar a idoneidade da caução oferecida, nos termos do disposto no art. 909º, nº 2[1288,1289].

[1286] *Vide*, a este propósito, PISANI, Andrea Proto, "Procedimenti cautelari", *op. cit.*, p. 11, segundo o qual a caução encontra-se, fundamentalmente, dirigida para a tutela de direitos com um conteúdo patrimonial.

[1287] PISANI, Andrea Proto, *Lezioni di Diritto Processuale Civile*, *op. cit.*, pp. 649 e 650. No mesmo sentido, PISANI, Andrea Proto, "Procedimenti cautelari", *op. cit.*, p. 12.

[1288] Alfredo Gozaíni dá-nos conta de que, no ordenamento jurídico argentino, a jurisprudência tem vindo a optar por fixar o montante da caução em função da maior ou menor solidez do *fumus boni iuris* que tiver sido alegado pelo requerente da providência cautelar, bem como atendendo à magnitude dos perigos patrimoniais que possam vir a ser causados por força da execução da providência cautelar. Para além disso, o ordenamento jurídico argentino consagra duas modalidades de cauções: pessoais e reais. Assim, a caução pessoal (caução juratória) consiste num juramento do requerente da providência cautelar de que responderá pelos danos que possam vir a ser causados ao requerido. Esta modalidade de prestação de caução, pela sua natureza, tem vindo a ser eliminada da prática judicial, pelo facto de não oferecer as garantias adequadas, designadamente quando estão em causa providências cautelares de tutela de direitos patrimoniais. Por sua vez, a caução real traduz-se na entrega de uma quantia pecuniária que é fixada previamente pelo juiz, podendo ser prestada pelo próprio interessado ou por um terceiro. De todo o modo, essa quantia pode ser substituída por títulos mobiliários ou pela garantia de uma instituição bancária, mediante a emissão de uma carta de fiança (cfr., a este propósito, ALFREDO GOZAÍNI, Osvaldo, *Derecho Procesal Civil: tomo I (Teoría General del Derecho Procesal)*, vol. II, *op. cit.*, p. 808).

6.5. Âmbito

Um aspeto manifestamente relevante no tocante à prestação de caução na tutela cautelar prende-se com a norma, de âmbito restritivo, prevista no art. 376º, nº 2, segundo a qual este regime, no caso dos procedimentos cautelares nominados, só é aplicável ao arresto e ao embargo de obra nova.

De facto, o poder de exigir uma caução não se justifica perante certas providências cautelares especificadas, como sucede com a restituição provisória de posse, com a suspensão de deliberações sociais, com os alimentos provisórios, com o arbitramento de reparação provisória e com o arrolamento.

Assim, a exigência de caução apenas faz sentido no arresto – em que está em causa a apreensão de bens do requerido – bem como no embargo de obra nova – em que se impede a continuação de uma obra[1290].

6.6. Tramitação

Processualmente, a imposição de prestação de uma caução reveste natureza cautelar, já que esta é tomada na mesma decisão em que o tribunal se pronuncia sobre o decretamento da providência cautelar[1291].

Contudo, a prestação de caução constitui um incidente que é processado por apenso ao procedimento cautelar (art. 915º).

Sendo prestada a caução fixada pelo tribunal e uma vez confirmada a sua idoneidade, torna-se efetiva a providência cautelar – cuja eficácia se encon-

[1289] A este respeito, Alvarado Velloso distingue três diferentes tipos de caução: a caução real, a caução pessoal e a caução juratória. Assim, a caução real é aquela que é constituída pelo próprio requerente da providência cautelar ou por um terceiro, sendo afetado um determinado bem a título de garantia de pagamento da quantia que tiver sido fixada pelo tribunal a título de caução (constituem exemplos deste tipo de caução, entre outros, o depósito judicial de dinheiro, títulos, ações ou valores mobiliários e a hipoteca ou o penhor de bens). Por sua vez, a caução pessoal é aquela que é prestada por um terceiro, o qual se obriga pessoalmente pela caução e assume, por via disso, a qualidade de fiador judicial. Por último, a caução juratória é o juramento que é prestado pelo requerente da providência cautelar, por via do qual este se compromete a responder pelos danos que a providência possa vir a causar na esfera jurídica do requerido. Pela sua natureza, esta caução só pode ser prestada pelo próprio requerente da providência (ALVARADO VELLOSO, Adolfo, *Cautela Procesal: Criticas a las Medidas Precautorias*, *op. cit.*, p. 45). Cfr., no mesmo sentido, ARAZI, Roland, *Medidas Cautelares*, *op. cit.*, pp. 11 e 12, o qual destaca ainda que, em alguns casos, o juiz pode admitir, a título de caução, a garantia pessoal do advogado patrocinante do requerente da providência cautelar (ainda que este não seja possuidor de um património elevado), já que o prestígio e as virtudes éticas e morais do advogado podem ser suficientes para acautelar os interesses do requerido.

[1290] FREITAS, José Lebre de/ALEXANDRE, Isabel, *Código de Processo Civil Anotado*, vol. II, *op. cit.*, p. 78.

[1291] TARUFFO, Michele, *et al.*, *Le Riforme della Giustizia Civile*, *op. cit.*, p. 538.

trava suspensa até à prestação de caução[1292] –, ficando, deste modo, assegurada a posição jurídica do requerido, designadamente no que concerne ao ressarcimento dos prejuízos e danos que lhe possam advir em resultado do decretamento de uma providência cautelar injustificada[1293].

7. Contraditório do requerido

7.1. Contraditório por antecipação

O direito alemão prevê a possibilidade de o requerido se proteger, por antecipação, contra o decretamento de providências cautelares sem a sua audição prévia[1294]. De facto, quando alguém suspeite de que foi ou irá ser requerida contra si a adoção de uma determinada providência cautelar sem o seu contraditório prévio, pode apresentar um requerimento para que essa providência não seja decretada ou, pelo menos, que não seja decretada sem a sua audição prévia (*Schutzschrift*)[1295].

Trata-se, com efeito, de um importante mecanismo de reação preventiva contra a adoção de uma determinada providência cautelar eventualmente injustificada sem o contraditório prévio do requerido[1296].

[1292] *Vide*, no mesmo sentido, SANTULLI, Rita, "Sequestro giudiziario e conservativo", *op. cit.*, p. 13, segundo a qual, não sendo prestada a caução fixada pelo tribunal, o providência cautelar é considerada ineficaz.

[1293] A este propósito, o ordenamento jurídico suíço adota uma solução curiosa, já que os arts. 264º, nº 3, do $CPC_{Su.}$ e 84º da LFPCF prevêem que a caução prestada pelo requerente é libertada desde que se encontre estabelecido que não será intentada qualquer ação de indemnização por danos. Em caso de incerteza quanto à eventual propositura dessa ação de indemnização por danos, o Tribunal fixa um prazo para a propositura da mesma, sob pena de, não sendo a ação intentada, a caução ser libertada.

[1294] Note-se que o art. 103º da GG consagra o direito ao contraditório num processo judicial. Assim, na esteira de Valentin Spernath, a restrição ao direito fundamental do requerido de ser ouvido previamente ao proferimento de uma decisão judicial só é possível quando tal se revele necessário para a proteção de um direito com igual tutela constitucional. É o que sucede, designadamente, quando esteja em causa a necessidade de se acautelar o perigo de dissipação patrimonial por parte do requerido (SPERNATH, Valentin, *Die Schutzschrift in zivilrechtlichen Verfahren*, Mohr Siebeck, Tübingen, 2009, p. 9).

[1295] PÉREZ RAGONE, Álvaro J./ORTIZ PRADILLO, Juan Carlos, *Código Procesal Civil Aléman (ZPO)*, *op. cit.*, p. 146. Cfr., no mesmo sentido, THÜMMEL, Roderich C., *Zivilprozessordnung und Nebengesetze: Grosskommentar*, vol. 5, 3ª ed., Walter de Gruyter, Berlim, 1995, p. 171.

[1296] MELULLIS, Klaus-J, *Handbuch des Wettbewerbsprozesses: Unter besonderer Berücksichtigung der Rechtsprechung*, Verlag Dr. Otto Schmidt, Colónia, 2000, p. 35. Cfr., no mesmo sentido, SPERNATH, Valentin, *Die Schutzschrift in zivilrechtlichen Verfahren*, *op. cit.*, p. 12, bem como THÜMMEL, Roderich C., *Zivilprozessordnung und Nebengesetze: Grosskommentar*, vol. 5, *op. cit.*, p. 171.

Na verdade, este instituto jurídico, que não se encontra expressamente codificado no direito alemão[1297], sendo antes o resultado de uma construção doutrinal e jurisprudencial[1298], permite criar junto do tribunal a dúvida quanto ao fundamento da pretensão do requerente e à própria urgência da tutela por ele requerida[1299].

Há ainda que salientar que o *Schutzschrift* desempenha uma importante função de equilíbrio (*ausgleichendes Moment*) entre os interesses do requerente e do requerido.

Com efeito, o interesse do requerente, no sentido de o tribunal tutelar, de forma célere e provisória, o direito sumariamente invocado, em nada é afetado pela apresentação do *Schutzschrift*.

Por sua vez, o interesse do requerido é igualmente acautelado, na medida em que a lei permite-lhe apresentar junto do julgador, por antecipação, as razões pelas quais não deve ser decretada a medida cautelar concretamente requerida ou, pelo menos, nos termos em que foi pedida[1300].

Uma vez que este instituto não se encontra expressamente codificado no direito alemão, a lei não prevê a existência de formalismos específicos para a sua apresentação junto do tribunal onde foi ou irá ser requerido o decretamento de uma providência cautelar, bastando, ao invés, que o mesmo seja formalizado e apresentado por escrito[1301].

Nesse requerimento, o requerente deve fazer uma breve alusão ao direito aplicável e aos factos que fundamentam a sua pretensão, concluindo pelo pedido de audição antes do decretamento de qualquer providência

[1297] *Vide*, a este propósito, MELULLIS, Klaus-J, *Handbuch des Wettbewerbsprozesses: Unter besonderer Berücksichtigung der Rechtsprechung*, *op. cit.*, p. 35, o qual alude à natureza "consuetudinária" deste instituto jurídico, bem como SPERNATH, Valentin, *Die Schutzschrift in zivilrechtlichen Verfahren*, *op. cit.*, p. 2. Diversamente, o Código de Processo Civil suíço regula expressamente o regime do *Schutzschrift* no seu art. 270º. Assim, dispõe o art. 270º da $ZPO_{Ch.}$ que, quem tiver fundadas razões para crer que será requerida contra si uma providência cautelar ou uma outra medida judicial sem a sua audição prévia, pode antecipar preventivamente a sua defesa mediante a apresentação de um requerimento de proteção (*Schutzschrift*). Nesse caso, a parte contrária só será notificada desse requerimento se chegar a dar início aos procedimentos judiciais que se pretendem evitar, sendo que o requerimento de proteção torna-se ineficaz no prazo de seis meses após a sua apresentação.

[1298] Cfr., nesse sentido, PÉREZ RAGONE, Álvaro J./ORTIZ PRADILLO, Juan Carlos, *Código Procesal Civil Aléman (ZPO)*, *op. cit.*, p. 147. Para um enquadramento histórico do *Schutzschrift*, *vide* SPERNATH, Valentin, *Die Schutzschrift in zivilrechtlichen Verfahren*, *op. cit.*, pp. 1 e 2.

[1299] MELULLIS, Klaus-J, *Handbuch des Wettbewerbsprozesses: Unter besonderer Berücksichtigung der Rechtsprechung*, *op. cit.*, p. 36.

[1300] SPERNATH, Valentin, *Die Schutzschrift in zivilrechtlichen Verfahren*, *op. cit.*, pp. 9 e 10.

[1301] *Idem*, *ibidem*, p. 57.

cautelar[1302]. Para o efeito, o requerente deve identificar claramente as partes interessadas, bem como a que procedimento temido ou já pendente se refere o *Schutzschrift*, não sendo admissível a apresentação de um requerimento de proteção contra desconhecidos[1303].

Se, com a apresentação do *Schutzschrift*, o tribunal ficar com dúvidas quanto ao acolhimento de uma determinada pretensão cautelar, nesse caso, pode optar por indeferir a providência requerida ou ordenar a realização de uma audiência de partes por forma a decidir convenientemente em função dos interesses conflituantes das partes envolvidas[1304].

7.2. Contraditório prévio

Dispõe o art. 366º, nº 1, que o tribunal deve ouvir o requerido (*audiatur altera pars*), exceto quando a sua audiência seja suscetível de colocar em risco sério o fim ou a eficácia da providência[1305,1306].

[1302] Cfr., nesse sentido, MELULLIS, Klaus-J, *Handbuch des Wettbewerbsprozesses: Unter besonderer Berücksichtigung der Rechtsprechung*, *op. cit.*, pp. 35 e 36.

[1303] *Vide*, a este propósito, SPERNATH, Valentin, *Die Schutzschrift in zivilrechtlichen Verfahren*, *op. cit.*, p. 57.

[1304] *Vide*, nesse sentido, THÜMMEL, Roderich C., *Zivilprozessordnung und Nebengesetze: Grosskommentar*, vol. 5, *op. cit.*, p. 171.

[1305] Note-se que o art. 406º do CPC_{1939} preceituava que o juiz devia dispensar a audiência prévia do requerido se esta pudesse pôr em risco a *utilidade da providência*. Por sua vez, o art. 392º, nº 2, do CPC_{1961} estabelecia que a dispensa da audiência do requerido tinha lugar quando pusesse em risco o *fim da providência*.

[1306] Em sede de direito comparado, o art. 733º, nº 1, da LEC dispõe que "*Como regla general, el tribunal proveerá a la petición de medidas cautelares previa audiencia del demandado*".

De igual modo, no ordenamento jurídico italiano, o art. 669º-*sexies*, 1º parágrafo, do $CPC_{It.}$ preceitua que "*Il giudice, sentite le parti, omessa ogni formalità non essenziale al contraddittorio, procede nel modo che titiene più opportuno agli atti di istruzione indispensabili in relazione ai presupposti e ai fini del provvedimento richiesto, e provvede com ordinanza all'accoglimento o al rigetto della domanda*". Em anotação a esta norma, Claudio Consolo salienta que o legislador abandonou a anterior solução legislativa segundo a qual, estando em causa medidas cautelares graves e importantes como o caso do arresto ou do arrolamento de bens móveis, o julgador devia *tout court* decretar a providência sem o contraditório prévio do requerido, independentemente da alegação e da eventual demonstração da existência de uma particular urgência e/ou da necessidade de secretismo do procedimento. Aliás, a jurisprudência italiana, perante a insensibilidade dessa solução legislativa, vinha já adotando a prática de convocar uma audiência de comparência das partes antes do decretamento da providência cautelar (CONSOLO, Claudio, *et al.*, *Commentario alla Riforma del Processo Civile*, *op. cit.*, p. 617). Do mesmo modo, Giuseppe Tarzia salienta que o ordenamento jurídico italiano consagra o princípio do contraditório enquanto princípio essencial do processo civil, na aceção de que o julgador, salvo quando a lei disponha em sentido contrário, não pode pronunciar-se sobre o mérito de um litígio sem que a parte contrária tenha tido a oportunidade de se defender em juízo (TARZIA, Giuseppe,

"Le principe du contradictoire dans la procédure civile italienne", *in RIDC*, ano 33º, nº 3, julho--setembro 1981, pp. 790 e 791). Cfr., no mesmo sentido, FINOCCHIARIO, Giuseppe, "Sul nuovo procedimento cautelare", *in RDP*, ano L, nº 3, Cedam, Pádua, julho-setembro 1995, p. 873, bem como LIAKOPOULOS, Dimitris/ROMANI, Mauro, *Tutela Cautelare nel Diritto Processuale Internazionale e Comunitario Privato, op. cit.*, p. 226.

No direito francês, o art. 486º do NCPC preceitua, a propósito das *ordonnances de référé*, que "*Le juge s'assure qu'il s'est écoulé un temps suffisant entre l'assignation et l'audience pour que la partie assignée ait pu préparer sa défense*". Por sua vez, o art. 493º do NCPC estipula, a respeito das *ordonnances sur requête*, que "*L'ordonnance sur requête est une décision provisoire rendue non contradictoirement dans les cas où le requérant est fondé à ne pas appeler de partie adverse.*". Com efeito, conforme salienta Carmen Marin, o principal elemento distintivo entre as "*ordonnances sur référé*" e as "*ordonnances sur requête*" resulta do facto de estas últimas serem decretadas sem audiência prévia da parte contrária (*inaudita altera pars*). Na verdade, de acordo com a aludida Autora, para que as "ordonnances sur requête" possam ser decretadas, é necessário que exista urgência na adoção dessas medidas e que as circunstâncias de facto do caso em concreto exijam que o seu decretamento tenha lugar sem a audição prévia da parte contrária. Neste contexto, não é admissível o decretamento de uma "*ordonnance sur requête*" quando esta conduza a um resultado irreversível ou atente contra os direitos aparentes da parte contrária (CHINCHILLA MARÍN, Carmen, *La Tutela Cautelar en la Nueva Justicia Administrativa, op. cit.*, p. 78). Do mesmo modo, Jacques Normand assinala que, no ordenamento jurídico francês, o decretamento da medida provisória (*ordonnances de référé*) obedece, por via de regra, a um procedimento contraditório, pese embora seja admissível, a título excecional, a adoção de medidas provisórias através de um procedimento unilateral (*ordonnances sur requête*) – cfr. NORMAND, Jacques, "Les fonctions des référés", *op. cit.*, pp. 73 e 74. Por sua vez, Hakim Boularbah salienta que as *ordonnances sur requête* conciliam a necessidade de assegurar a efetividade e a eficácia no recurso ao tribunal em certas circunstâncias urgentes ou particulares de tutela de direitos (BOULARBAH, Hakim, *Requête Unilatérale et Inversion du Contentieux*, Larcier, Bruxelas, 2010, p. 16). Analogamente, Isabel Fonseca alude ao facto de as *ordonnances sur requête* assentarem num "mecanismo de contencioso invertido", já que estas providências traduzem-se em "decisões provisórias decretadas sem contraditoriedade", sendo destinadas a "atender a situações de extrema urgência". Por seu turno, as *ordonnances de référé* são decisões provisórias, precedidas de contraditório, ainda que "nem sempre pleno" (FONSECA, Isabel Celeste M., *Processo Temporalmente Justo e Urgência – Contributo para a Autonomização da Categoria da Tutela Jurisdicional de Urgência na Justiça Administrativa, op. cit.*, pp. 687 e 688).

No ordenamento jurídico brasileiro, o art. 5º, LV, da CRFB dispõe que "aos litigantes, em processo judicial ou administrativo, e aos acusados em geral são assegurados o contraditório e a ampla defesa, com os meios e recursos a ela inerentes". Por sua vez, o art. 797º do $CPC_{Br.1973}$ preceituava que "Só em casos excepcionais, expressamente autorizados por lei, determinará o juiz medidas cautelares sem a audiência das partes". Cfr., quanto ao sentido e alcance desta disposição legal, SANCHES, Sydney, "Poder cautelar geral do juiz", *in RIL*, ano 25, nº 100, Brasília, outubro-dezembro 1988, p. 241.

Seguindo a mesma orientação, no contencioso comunitário, o art. 160º, nº 5, do RPTJUE dispõe que o pedido de decretamento de uma medida provisória é notificado à parte contrária, à qual o presidente do tribunal deve fixar um prazo curto para se pronunciar oralmente ou por escrito. Contudo, por razões de celeridade e urgência, o nº 7 desse preceito legal prevê a possibilidade de o presidente do tribunal deferir a medida provisória mesmo antes de a parte contrária se ter pronunciado, sendo que essa decisão pode, posteriormente, ser alterada ou revogada, ainda que oficiosamente. Com efeito, conforme se decidiu no ac. do TJUE, de 12.12.2002, nº 395, *apud* MASCIA,

Com efeito, nos procedimentos cautelares, a regra é a de que o tribunal deve ouvir o requerido[1307], pelo que só após o exercício do seu contraditório é que a providência será decretada ou recusada[1308]. De facto, o requerido de uma providência cautelar deve ser chamado a juízo para poder exercer o seu direito de defesa[1309], não sendo possível, em princípio, decretar-se essa pro-

Alberto, *I Procedimenti Cautelari, op. cit.*, p. 3, "constitui um princípio geral do direito comunitário aquele que impõe a efetividade do direito de defesa em qualquer procedimento relativo a sujeitos determinados que seja idóneo a conduzir à adoção de medidas que sejam desfavoráveis a esses sujeitos, devendo-se reconhecer em particular o direito dos sujeitos interessados a apresentarem em juízo as suas próprias razões".

Por sua vez, o Princípio 8.2. dos Princípios e Regras do Processo Civil Transnacional estabelece que "*A court may order provisional relief without notice only upon urgent necessity and preponderance of considerations of fairness. The applicant must fully disclose facts and circumstances of which the court properly should be aware. A person against whom ex parte relief is directed must have the opportunity at the earliest practicable time to respond concerning the appropriateness of the relief*", sendo que o conteúdo deste princípio é reproduzido pela regra 17.2 das Regras do Processo Civil Transnacional (ALI/UNIDROIT, *Draft Rules of Transnational Civil Procedure with Comments, prepared by Professors G. C. Hazard, Jr., R. Stürner, M. Taruffo and A. Gidi*, Roma, fevereiro 2004, p. 14).

Já o mesmo não sucede no ordenamento jurídico argentino, pois, segundo o art. 198º do $CPC_{Arg.}$, as medidas cautelares são decretadas e cumpridas sem a audiência da outra parte, sendo certo que nenhum incidente suscitado pelo destinatário da medida poderá deter o seu cumprimento. Por via disso, se o requerido não tiver tomado conhecimento da providência cautelar por força da sua execução, deverá ser notificado no prazo de três dias.

No mesmo sentido, o art. 637º do $CPC_{Pe.}$ determina que a providência cautelar é decretada sem a audiência prévia do requerido, considerando a prova e os fundamentos apresentados pelo requerente da providência.

[1307] RODRIGUES, Fernando Pereira, *O Novo Processo Civil: Os Princípios Estruturantes, op. cit.*, pp. 52 e 53. No sentido de, nos procedimentos cautelares comuns, a regra ser a da audiência prévia do requerido, cfr. o ac. do STJ de 29.04.1988, *in BMJ*, 476º, p. 335, o ac. do TRP de 04.05.1992, proc. 9230070, o ac. do TRP de 04.03.1996, proc. 9551384, o ac. do TRP de 06.05.1997, proc. 9341126, o ac. do TRC de 18.05.1999, *in BMJ*, 487º, p. 371, bem como o ac. do TRP de 26.10.2017, proc. 2894/16.9T8STS-A.P1.

[1308] Quanto ao âmbito constitucional do princípio do contraditório, *vide* MIRANDA, Jorge/ MEDEIROS, Rui, *Constituição Portuguesa Anotada*, vol. I, *op. cit.*, pp. 322 a 328, bem como TARZIA, Giuseppe, *Lineamenti del Processo Civile di Cognizione*, 4ª ed., Giuffrè Editore, Milão, 2009, pp. 10 e 11.

[1309] A este respeito, Lebre de Freitas defende uma conceção ampla de "contraditoriedade", entendida como a "garantia da participação efetiva das partes no desenvolvimento de todo o litígio, mediante a possibilidade de, em plena igualdade, influírem em todos os elementos (*factos, provas, questões de direito*) que se encontrem em ligação com o objeto da causa e que em qualquer fase do processo apareçam como potencialmente relevantes para a decisão" (FREITAS, José Lebre de, *Introdução ao Processo Civil – Conceito e Princípios Gerais à Luz do Novo Código de Processo Civil*, 4ª ed., Gestlegal, Coimbra, 2017, pp. 126 e 127).

vidência sem a sua audição prévia[1310,1311]. Trata-se, na verdade, de uma decorrência elementar do princípio da igualdade das partes, o qual, por regra, deve ser "respeitado em todas as fases processuais"[1312].

O princípio do contraditório, consubstanciado na possibilidade de o requerido de uma determinada providência "oferecer as suas provas, de controlar as provas do adversário e de discretear sobre o valor e resultados", insere-se no direito a um processo justo ou equitativo[1313], sendo, por isso, um importante "instrumento de procura da verdade provável"[1314]. Com efeito, o princípio do contraditório é concretizado, quer pelo direito à audição prévia da parte contra a qual foi requerida a providência judicial[1315], quer pelo direito de resposta em relação a um determinado ato processual praticado pela contraparte ou pelo tribunal[1316].

Neste contexto, o princípio do contraditório desempenha um papel preponderante enquanto mecanismo de reação e de proteção do requerido contra o decretamento de uma providência cautelar injustificada.

1310 Cfr., nesse sentido, DEVIS ECHANDIA, Hernando, *Nociones Generales de Derecho Procesal Civil, op. cit.*, p. 49, RAMOS MÉNDEZ, Francisco, *El Sistema Procesal Español*, Bosch, Barcelona, 1997, p. 79, MORON PALOMINO, Manuel, *Derecho Procesal Civil (Cuestiones Fundamentales)*, Marcial Pons, Madrid, 1993, pp. 72 e 73, ASENCIO MELLADO, José Maria, *Introducción al Derecho Procesal*, 5ª ed., Tirant lo Blanch, Valência, 2008, p. 181, ARIETA, Giovanni, *Trattato di Diritto Processuale Civile*, vol. XI – Le Tutele Sommarie, I Procedimento Cautelare, Il Rito Cautelare Uniforme, Pádua, Cedam, 2005, p. 531, e GONÇALVES, Marcus Vinicius Rios, *Novo Curso de Direito Processual Civil – Teoria Geral de Processo de Conhecimento, op. cit.*, p. 26.

1311 No que em particular se refere ao ordenamento jurídico processual italiano, Luigi Montesano e Giovanni Arieta destacam o facto de o legislador ter limitado de forma drástica os poderes do juiz, no sentido de decretar uma determinada providência cautelar sem a audição prévia da parte contrária, por força dos abusos decorrentes da não consideração adequada da fortíssima compressão do direito de defesa do requerido (MONTESANO, Luigi/ARIETA, Giovanni, *Diritto Processuale Civile*, III, *op. cit.*, p. 422).

1312 SILVA, Lucinda D. Dias da, *Processo Cautelar Comum: Princípio do Contraditório e Dispensa de Audição Prévia do Requerido, op. cit.*, p. 41.

1313 Ac. do TC nº 460/2011, de 11.10.2011, proc. 517/11, *in www.tribunalconstitucional.pt*. *Vide*, no mesmo sentido, SOUSA, Miguel Teixeira de, *Introdução ao Processo Civil*, 2ª ed., Lex, Lisboa, 2000, p. 53, ALMEIDA, Francisco Manuel Lucas Ferreira de, *Direito Processual Civil, op. cit.*, p. 90, GRINOVER, Ada Pellegrini, *Novas Tendências do Direito Processual Civil de Acordo com a Constituição de 1988*, Forense Universitária, São Paulo, 1990, pp. 19 e 20, bem como TROCKER, Nicolò, "Il nuovo articulo 111 della costituzione e il «giusto processo» in materia civile: profili generali", *in RTDPC*, ano LV, Giuffrè Editore, Milão, 2001, p. 393.

1314 PICARDI, Nicola, "*Il principio del contraddittorio*", *in RDP*, ano LIII, nº 3, julho-setembro 1998, p. 680.

1315 Tal como decorre do art. 3º, nº 1, o tribunal não pode resolver o conflito de interesses que a ação pressupõe sem que a resolução lhe seja pedida por uma das partes e a outra seja devidamente chamada para deduzir oposição.

1316 SOUSA, Miguel Teixeira de, *Introdução ao Processo Civil, op. cit.*, pp. 53 e 54.

Com efeito, a regra vigente no nosso direito processual civil é a de que o requerido deve ser ouvido previamente ao decretamento de uma determinada providência cautelar, exceto nos casos em que a sua audição prévia possa colocar em perigo o efeito útil ou a efetividade da providência (art. 366º, nº 1).

Por via disso, nas situações em que a lei não dispense expressamente, nem imponha a audição prévia do requerido, o requerente tenderá a pedir ao tribunal que a providência cautelar seja decretada sem o conhecimento daquele.

Ora, nestes casos, sempre que o tribunal, não dispondo de elementos para indeferir liminarmente a providência cautelar concretamente requerida, considere, no entanto, que a matéria de facto sumariamente alegada não lhe permite formar uma convicção segura, ainda que indiciária, quanto ao *fumus boni iuris* ou à existência de uma situação de *periculum in mora*, deve promover a audição prévia do requerido, ordenando a sua notificação.

Com efeito, o contraditório prévio do requerido permitirá ao tribunal decidir com maior segurança, na medida em que deixa de ficar dependente da visão unilateral dos factos que lhe foi apresentada pelo requerente da providência.

Em todo o caso, parece-nos que esta solução só será admissível nas situações em que a audição prévia do requerido não comprometa, de forma irremediável e definitiva, o efeito útil da providência cautelar concretamente requerida, já que, se assim não fosse, a tutela cautelar tornar-se-ia absolutamente inútil.

7.3. Contraditório diferido

7.3.1. Âmbito

A audiência prévia do requerido – nos casos em que a lei coloca essa decisão nas mãos do julgador – permite uma maior segurança e certeza da decisão judicial, já que, ponderados os factos alegados na petição do requerente e na oposição do requerido, o julgador ver-se-á reconfortado com a possibilidade de decidir o pleito em conformidade com a matéria de facto indiciariamente provada e devidamente contraditada[1317,1318].

1317 *Vide*, quanto a esta matéria, o ac. do TRP de 04.12.2001, proc. 0120924, no qual se consignou o seguinte: "Ao conhecer da oposição deduzida contra decisão que decretou uma providência cautelar, o juiz deve apreciar toda a prova, tanto a produzida inicialmente pelo requerente como a produzida pelo requerido na fase da oposição".

1318 A este propósito, Andrea Lugo sustenta que o tribunal deve promover a audiência prévia das partes sempre que esteja em causa uma situação de particular perigo de prejuízo, convocando-as para uma audiência dentro de um prazo não superior a quinze dias (Lugo, Andrea, *Manuale di Diritto Processuale Civile*, *op. cit.*, p. 458).

Na verdade, "a audiência da parte adversa pode exercer, e exerce ordinariamente, uma função útil: esclarece o tribunal sobre a legalidade da providência. O requerente apresenta os factos sob o prisma que lhe convém; se for ouvido o seu adversário, este dará ao tribunal outro aspecto ou outra visão dos factos; o juiz, de posse das duas versões, pronunciar-se-á com mais segurança, com conhecimento mais perfeito da realidade. Pelo contrário, se decidir com base unicamente na alegação do requerente arrisca-se a decretar uma providência injustificada, por a sua decisão assentar numa exposição unilateral e tendenciosa dos factos"[1319].

Simplesmente, em determinadas providências cautelares, seja pelo objeto do litígio, seja pela especificidade do *fundado receio* alegado pelo requerente, a audiência prévia do requerido representaria, na prática, a condenação da providência cautelar ao fracasso e ao insucesso.

Assim, sem prejuízo das situações em que é a própria lei que dispensa o contraditório prévio do requerido[1320], se o tribunal entender que a sua audiência prévia é suscetível de comprometer o efeito útil da providência ou a finalidade que com ela se pretende alcançar[1321,1322], nesse caso, a providência deve ser decretada de forma unilateral[1323], isto é, apenas com base na maté-

[1319] REIS, Alberto dos, *Código de Processo Civil Anotado*, vol. I, *op. cit.*, p. 689. *Vide*, quanto à mesma problemática, BOULARBAH, Hakim, *Requête Unilatérale et Inversion du Contentieux*, *op. cit.*, p. 23, bem como CRUZ, Rita Barbosa da, "O arresto", *op. cit.*, p. 140, a qual salienta que, normalmente, o juiz só se apercebe da distorção da realidade dos factos ou do dolo ou negligência grosseira do requerente da providência cautelar após a oposição do requerido, momento a partir do qual o julgador fica na posse de toda a factualidade relevante para o correto julgamento da causa.

[1320] É o caso paradigmático da providência cautelar de arresto (art. 393º, nº 1) e da restituição provisória de posse (art. 378º).

[1321] Com efeito, o Tribunal Constitucional tem vindo a considerar que o princípio do contraditório não tem uma natureza absoluta, pelo que é constitucionalmente admissível o diferimento do momento do seu exercício, *maxime* quando esteja em causa a proteção de outros valores constitucionais, como é o caso da celeridade processual e da efetividade da tutela jurisdicional (ac. do TC nº 62/2010, de 04.02.2010, proc. 642/09, *in www.tribunalconstitucional.pt*).

[1322] A este respeito, Lucinda Dias da Silva sustenta que a dispensa da audiência prévia do requerido depende do preenchimento de três requisitos cumulativos, quais sejam a existência de risco para o efeito útil da providência, que esse risco seja sério e que o efeito útil da providência seja posto em causa por força da audição imediata do requerido (SILVA, Lucinda D. Dias da, *Processo Cautelar Comum: Princípio do Contraditório e Dispensa de Audição Prévia do Requerido*, *op. cit.*, p. 158).

[1323] Repare-se que, enquanto nas providências cautelares não especificadas, o tribunal decide se deve observar o contraditório prévio do requerido em face do que foi alegado pelo requerente, já no procedimento cautelar de arrolamento, a jurisprudência tem vindo a entender que, em primeiro lugar, tem lugar a produção antecipada da prova que o tribunal julgue necessária para a apreciação do mérito da providência cautelar e só depois é que o tribunal deve ajuizar, em face da prova produzida, se a audiência prévia do requerido é suscetível de comprometer a eficácia ou a finalidade

ria de facto alegada e na prova produzida pelo requerente (arts. 366º, nº 1, 2ª parte, e 3º, nº 2)[1324].

Trata-se, com efeito, de uma exceção ao princípio do contraditório – admitida pelo art. 3º, nº 2, mas que não deixa de ser fortemente lesiva do "princípio da igualdade de armas"[1325] – e que encontra fundamento na necessidade de

da diligência (cfr. o ac. do STJ de 15.05.1997, *in BMJ*, 467º p. 523, segundo o qual "O juiz que, num arrolamento, ordene logo a audiência do requerido, sem primeiro ouvir a prova, ofende os nºs 2 e 3 do artigo 423º do Código de Processo Civil)". Criticando esta interpretação, pelo facto de a mesma carecer de sustentação legal, *vide* GERALDES, António Santos Abrantes, *Temas da Reforma do Processo Civil*, vol. III, *op. cit.*, p. 188.

1324 *Vide*, no mesmo sentido, o art. 733, nº 2, da LEC, segundo o qual "(...) *cuando el solicitante así lo pida y acredite que concurren razones de urgencia o que la audiencia previa puede comprometer el buen fin de la providência cautelar, el tribunal podrá acordarla sin más trámites mediante auto, en el plazo de cinco días, razonando por separado sobre la concurrencia de los requisitos de la providência cautelar y las razones que han aconsejado acordarla sin oír al demandado*". Com efeito, conforme salientam MONTERO AROCA, Juan, *et al.*, *El Nuevo Proceso Civil (Ley 1/2000), op. cit.*, p. 846, a LEC estabelece, quanto ao princípio do contraditório, duas fórmulas: o contraditório prévio e o contraditório diferido.
Do mesmo modo, em comentário à solução preconizada pelo ordenamento jurídico francês, Jacques Normand defende que o julgador pode decretar uma providência cautelar sem a audiência prévia do requerido (*ordonnances sur requête*) dentro dos casos previstos na lei (por exemplo, arts. 812º, 851º e 874º do NCPC) ou quando as circunstâncias de facto exijam que a medida seja decretada sem qualquer contraditório prévio (NORMAND, Jacques, "Les fonctions des référés", *op. cit.*, p. 74). Já no ordenamento jurídico belga, o art. 584, 3º, do $CJ_{Bel.}$ estipula que "*Le président est saisi par voie de référé ou, en cas d'absolue nécessité, par requête*". Em anotação a esta norma, Laure du Castillon defende que a adoção de uma providência cautelar unilateral (*requête*) só pode ter lugar em caso de "absoluta necessidade". Neste contexto, não é admissível o decretamento de uma providência cautelar unilateral quando a citação do requerido possa ser efetuada de forma eficaz e sem pôr em risco a eficácia da providência, bem como nas situações em que a "absoluta necessidade" resulte da negligência do demandante pelo facto de este ter agido de forma tardia, a não ser que esse atraso não lhe seja imputável ou quando se tenha verificado um agravamento (ou um risco de agravamento) do prejuízo do requerente da tutela cautelar (CASTILLON, Laure du, "Variations autour du principe dispositif et du contradictoire dans l'instance en référé", *op. cit.*, p. 108). Cfr., no mesmo sentido, a decisão do CCass. de 13.06.1975, *in http://jure.juridat.just.fgov.be*, segundo a qual "*Lorsqu'aucune urgence exceptionnelle ne peut être déduite de la nature même de la mesure demandée, la demande en référé ne peut, à défaut de nécessité absolue, être introduite par voie de requête unilatérale. (Code judiciaire, article 584)*".

1325 Cfr., a este propósito, ANDOLINA, Italo/VIGNERA, Giuseppe, *Il Modello Costituzionale del Processo Civile Italiano*, G. Giappichelli Editore, Turim, 1990, p. 141, FREITAS, José Lebre de, *Estudos sobre Direito Civil e Processo Civil*, vol. I, *op. cit.*, pp. 31 e ss., BAPTISTA, José João, *Processo Civil I – Parte Geral e Processo Declarativo, op. cit.*, p. 76, CHINA, Sergio La, "Giusto processo, laboriosa utopia", *in RDP*, ano LX, nº 4, outubro-dezembro 2005, pp. 1116 e 1117, bem como DEVIS ECHANDIA, Hernando, *Nociones Generales de Derecho Procesal Civil, op. cit.*, p. 48. *Vide*, na jurisprudência, o ac. do TEDH de 02.10.2001, proc. 44069/98 (G.B. contra a França), *in SJTEDH*, Ministério da Justiça, 2001, p. 24, o ac. do TEDH de 20.02.2003, proc. 39482/98 (Dowsett contra o Reino Unido), *in SJTEDH*, Ministério da Justiça, 2003, p. 11, o ac. do TEDH de 20.02.2003, proc. 47316/99 (Forrer-Niedenthal contra a Alemanha), *in SJTEDH*, Ministério da Justiça, 2003, p. 13, o ac. do TEDH, de 10.10.2000,

proteger a efetividade da providência cautelar[1326], que Claudio Consolo apelida, sugestivamente, de "*periculum in mora* ao quadrado"[1327].

7.3.2. Constitucionalidade do contraditório diferido

Os arts. 3º, nº 2, 366º, nº 1, e 372º, ao permitirem o decretamento de uma providência cautelar, sem audiência prévia do requerido, não enfermam de inconstitucionalidade, por violação do princípio do contraditório e do direito de defesa, já que o legislador assegurou ao requerido a possibilidade de reagir, em momento posterior, contra a decisão que decretou a providência cautelar[1328,1329], ainda que de forma mais limitada[1330].

proc. 39485/98, (Lagrance contra a França), *in SJTEDH*, Ministério da Justiça, 2000, pp. 18 e 19, o ac. do TC nº 538/2005, de 14.10.2005, proc. 164/2005, *in DR*, 3ª Série, nº 3, de 04.01.2006, o ac. do TC nº 413/2010, de 09.11.2010, proc. 982/2009, *in www.tribunalconstitucional.pt*, bem como o ac. do TC nº 460/2011, de 11.10.2011, proc. 517/11, *in www.tribunalconstitucional.pt*.

1326 Sobre este problema, Rui Pinto fala em "celeridade processual qualitativa", em que "o encurtamento processual resulta da diminuição, justificada e proporcional, de garantias processuais, para se obterem os mesmos resultados próprios da tutela plena" (PINTO, Rui, *A Questão de Mérito na Tutela Cautelar – A Obrigação Genérica de não Ingerência e os Limites da Responsabilidade Civil, op. cit.*, p. 781). Analogamente, Cândido Dinamarco salienta que os dogmas do processo civil – como o do contraditório obrigatório do demandado – têm vindo a ser mitigados para se harmonizarem com os interesses da justiça. Assim, no que em particular se refere às medidas cautelares que são concedidas *inaudita altera parte*, se é certo que estas encerram uma transgressão ao princípio constitucional do contraditório, a verdade é que são absolutamente essenciais para assegurar a tutela jurisdicional efetiva, a qual, "se ficar para depois, poderá tornar-se impossível, menos útil ou mesmo desprovida de qualquer utilidade" (DINAMARCO, Cândido Rangel, *Nova Era do Processo Civil, op. cit.*, p. 16). Cfr., no mesmo sentido, PÉREZ RAGONE, Álvaro J./ORTIZ PRADILLO, Juan Carlos, *Código Procesal Civil Aléman (ZPO), op. cit.*, p. 146, segundo os quais este regime só deve ser aplicado quando exista um *periculum in mora* qualificado.

1327 CONSOLO, Claudio, *et al.*, *Commentario alla Riforma del Processo Civile, op. cit.*, p. 625.

1328 Quanto à não inconstitucionalidade, por violação do princípio do contraditório, do decretamento de uma providência cautelar sem a audiência prévia do requerido, *vide* o ac. do TC nº 598/99, de 02.11.1999, proc. 804/97, *in www.tribunalconstitucional.pt*, no qual se decidiu que, pese embora o princípio do contraditório constitua um dos princípios fundamentais do processo civil, tal não significa que não existam situações em que ele tem de ceder face à necessidade de eficácia de determinadas medidas judiciais, as quais seriam absolutamente inoperantes se fossem precedidas da audiência da parte contra quem são requeridas, bem como o ac. do STJ de 03.05.1995, proc. 086682. Cfr., na doutrina, MIRANDA, Jorge/MEDEIROS, Rui, *Constituição Portuguesa Anotada*, vol. I, *op. cit.*, pp. 326 e 327, e TARZIA, Giuseppe, "Il giusto processo di esecuzione", *in RDP*, ano LVII, nº 2, abril-junho 2002, p. 335.

1329 No mesmo sentido pronunciou-se o Tribunal Constitucional de Espanha, através das sentenças nºs 218/1994, de 18 de julho, *in BOE*, nº 197, de 18.08.1994, e 256/94, de 26 de setembro, *in BOE*, nº 252, de 21.10.1994. Com efeito, no primeiro dos citados arestos, o Tribunal Constitucional de Espanha considerou que o facto de o requerido não ser ouvido antes do decretamento da providência cautelar não tem qualquer relevância constitucional, já que, sob o prisma dos direitos constitucionais à tutela jurisdicional efetiva e à defesa, a audição posterior do requerido da providência cautelar impede considerar que se tenha verificado uma verdadeira indefesa material. Por sua vez, na sentença nº 40/2002, de 14 de fevereiro, *in BOE*, nº 63, de 14.03.2002, o Tribunal Constitucional de Espanha sustentou que "*en el contexto del artículo 24.1 CE, la indefensión es una noción material que se caracteriza por suponer una privación o minoración sustancial del derecho de defensa; un menoscabo sensible de los principios de contradicción y de igualdad de las partes que impide o dificulta gravemente a una de ellas la posibilidad de alegar y acreditar en el proceso su propio derecho, o de replicar dialécticamente la posición contraria en igualdad de condiciones con las demás partes procesales*". Analogamente, na sua sentença nº 48/1984, de 04 de abril (*apud* PULIDO QUECEDO, Manuel, *La Constitucíon Española – Con la jurisprudencia del Tribunal Constitucional*, Aranzadi Editorial, 1993, p. 542), o Tribunal Constitucional de Espanha decidiu que "*En el contexto del art. 24 de la C.E., la indefensión se caracteriza por suponer una privación o limitación del derecho de defensa, que si se produce por vía legislativa sobrepasa el límite del contenido esencial prevenido en el art. 53 de la C.E., y si se produce en virtud de concretos actos de los órganos jurisdiccionales entraña mengua del derecho de intervenir en el proceso en el que se ventilan intereses concernientes al sujeto, así como del derecho de realizar los alegatos que se estimen pertinentes para sostener ante el Juez la situación que se cree preferible y de utilizar los medios de prueba para demostrar los hechos alegados y, en su caso y modo, utilizar los recursos contra las resoluciones judiciales. No se encuentra en situación de indefensión la persona a quien se ha dado a conocer la existencia del proceso y ha podido intervenir en él, ni aquella otra que, conociéndolo, ha dejado de intervenir en él por un acto de su voluntad. Tampoco hay indefensión si a quien interviene en un proceso se le limitan los medios de alegación y de prueba en forma no sustancial para el éxito de las pretensiones que mantiene o aquella otra a quien se le limita la defensa a sus propios intereses sin permitirle la defensa de otros con los que los suyos estén en una conexión sólo indirecta o mediata*". Do mesmo modo, Alfredo Gozaíni sustenta que a ausência do contraditório prévio do requerido não viola o princípio da tutela jurisdicional efetiva do demandado, já que o equilíbrio entre as partes é garantido através da caução que é exigida ao requerente da providência e, essencialmente, porque visando a providência cautelar assegurar a efetividade das decisões judiciais, esta finalidade poderia frustrar-se se o requerido tivesse conhecimento prévio da providência (ALFREDO GOZAÍNI, Osvaldo, *Derecho Procesal Civil: tomo I (Teoría General del Derecho Procesal)*, vol. II, *op. cit.*, pp. 829 e 830). Já para Cristina Sassoon, nesta hipótese, a garantia do contraditório não é completamente eliminada, uma vez que se verifica um mero diferimento do contraditório para uma fase posterior ao decretamento da providência (TARUFFO, Michele, *et al.*, *Le Riforme della Giustizia Civile*, *op. cit.*, p. 513). Do mesmo modo, Laure du Castillon defende que o facto de o contraditório só ser exercido numa fase posterior ao decretamento da providência cautelar não viola as garantias de defesa previstas no art. 6º da Convenção Europeia dos Direitos Humanos, já que a natureza dos interesses envolvidos permite que o contraditório só seja exercido *a posteriori* (CASTILLON, Laure du, "Variations autour du principe dispositif et du contradictoire dans l'instance en référé", *op. cit.*, p. 110). No mesmo sentido, Tarzia sustenta que o contraditório diferido do requerido está em perfeita consonância com as normas constitucionais que consagram o princípio do contraditório, sendo que a natureza de algumas providências cautelares exige que o requerido só seja ouvido num momento posterior ao decretamento da providência (TARZIA, Giuseppe, *Lineamenti del Processo Civile di Cognizione*, *op. cit.*, pp. 12 e 13, e TARZIA, Giuseppe, "Le principe du contradictoire dans la procédure civile italienne", *op. cit.*, p. 800). Cfr. ainda, no mesmo sentido, ALSINA, Hugo, *Tratado Teorico Practico de Derecho Procesal Civil y Comercial*, tomo V, *op. cit.*, p. 451, e MONTERO AROCA, Juan, *et al.*, *Derecho Jurisdiccional II – Proceso Civil*, 10ª ed., Tirant lo Blanch, Valência, 2001, p. 681.

Note-se, aliás, que, nos termos do art. 155º, nº 1, a audiência final de procedimentos cautelares é sempre gravada[1331], garantindo-se, dessa forma, a efetividade do contraditório do requerido, através do acesso aos depoimentos que estiveram na base da formação da convicção do julgador[1332], bem como a pos-

[1330] De facto, como bem se observou no ac. do TRL de 20.06.2018, proc. 298/16.2T8FNC-D.L1-1, "Nas providências cautelares sem contraditório prévio, o contraditório diferido é, na realidade um contraditório inexoravelmente "defeituoso", na justa medida em que não permite ao requerido um contraditório pleno, nos moldes em que lhe seria possível exercer ao abrigo do disposto nos artigos 366º e 367º do Código de Processo Civil, o que demanda a procura de soluções interpretativas que, pese embora com reflexo na letra da lei, tendam a repor o equilíbrio das partes num procedimento cautelar sem audiência do requerido, quer ao nível dos meios de reação, quer dos meios de prova e das condições da respetiva produção, que permitam aproximar, tanto quanto possível, as condições em que se realiza a primeira audiência com aquelas em que se realiza a segunda". Analogamente, o ac. do TRG de 10.01.2019, proc. 2064/18.1T8GMR-G1, decidiu o seguinte: "A circunstância de a providência cautelar ser decretada sem audição do requerido traduz-se sempre numa significativa desvantagem para este, já que, nomeadamente, se vê impedido de contrapor a sua versão factual à alegada pelo requerente e de participar na instrução do procedimento, quer indicando os meios probatórios que entenda como pertinentes, quer intervindo na produção da prova indicada pelo requerente (vg., pronunciando-se sobre documentos ou instando testemunhas). Sendo assim, quando tal sucede, sob pena de violação dos princípios do contraditório, do acesso à justiça e da igualdade das partes, só em casos muito lineares e evidentes, designadamente em que a oposição à decisão de deferimento da providência cautelar se revela totalmente incipiente, não contendo a alegação de novos factos ou meios de prova suscetíveis de pôr em causa a providência decretada, é que cumprirá ao tribunal decidir desde logo sobre o mérito da oposição apresentada.".

[1331] Criticando o facto de, no regime anterior à reforma de 95/96, o legislador não prever a gravação da audiência de inquirição das testemunhas nos casos em que a providência cautelar fosse decretada sem a audiência prévia do requerido, o que colocava o requerente em vantagem injustificada, *vide* FREITAS, José Lebre de, "Em torno da revisão do direito processual civil", *in ROA*, ano 55º, vol. I, Lisboa, janeiro 1995, p. 11. Quanto à importância do sistema de gravação da prova para a celeridade e segurança da justiça, *vide* VAZ, Alexandre Mário Pessoa, "O tríplice ideal da justiça célere, económica e segura ao alcance do legislador processual moderno", *in ROA*, ano 33º, Lisboa, 1973, pp. 173 a 176.

[1332] Cfr., a este propósito, os acs. do TRE de 16.12.2003, proc. 2748/03-3, e de 27.05.2004, proc. 957/04-2, bem como os acs. do TRL de 11.10.2007, proc. 8278/2007-6, e de 16.07.2009, proc. 142/09.7TVLSB-A.L1-2. *Vide*, na doutrina, CRUZ, Rita, "Algumas notas à Proposta de alteração do processo especial de tutela urgente da personalidade", *op. cit.*, p. 71. Quanto à inconstitucionalidade do Código de Processo Civil Português (na versão anterior à que lhe foi dada pela reforma de 95/96) pelo facto de não prever a redução a escrito da prova produzida nas providências cautelares que fossem decretadas sem o contraditório prévio do requerido, já que este não tinha qualquer controlo sobre a prova não documental em que a decisão se baseara, *vide* FREITAS, José Lebre de, "Inconstitucionalidades do Código de Processo Civil", *op. cit.*, p. 38. Aliás, em intervenção realizada na Ordem dos Advogados, em 20 de abril de 1985, sobre o projeto de alteração do Código de Processo Civil, Lebre de Freitas havia já suscitado o problema da inexistência de registo escrito da prova nos procedimentos cautelares nos casos em que o requerido não fosse ouvido antes do decretamento da providência, o que violava, de forma flagrante e ostensiva, o princípio da igual-

sibilidade de responsabilização criminal e civil pelos danos causados quando a providência cautelar tenha sido alcançada com base em "depoimentos testemunhais forjados"[1333].

7.3.3. Risco de decretamento de providência cautelar injustificada

O risco de decretamento de uma providência cautelar injustificada é maior nas hipóteses em que a lei ou o julgador dispensam o contraditório prévio do requerido, já que, nesse caso, a decisão é tomada com base numa exposição unilateral e facciosa dos factos[1334].

De resto, nas situações em que a lei é omissa, o requerente tenderá a pedir que o tribunal decrete a providência sem a audiência prévia do requerido[1335], alegando, para o efeito, o perigo da inutilização do interesse e das finalidades que se pretendem acautelar[1336].

Por outro lado, a própria seleção dos meios probatórios pode exercer uma influência preponderante na decisão do julgador, já que o requerente da providência, em face da ausência de contraditório prévio do requerido, escolherá

dade das partes e do contraditório (Freitas, José Lebre de, "Justiça e processo civil", *in Separata do BMJ*, 350º, Lisboa, 1985, p. 18).

1333 Geraldes, António Santos Abrantes, *Temas da Reforma do Processo Civil*, vol. II, 4ª ed. rev. e atu., Almedina, Coimbra, 2010, p. 314.

1334 Reis, José Alberto dos, *Código de Processo Civil Anotado*, vol. I, *op. cit.*, p. 688. A este respeito, Lea Querzola sustenta que, não obstante a inexistência de contraditório prévio do requerido, ainda assim tal não significa que a providência cautelar seja injusta, já que o juiz, antes de a decretar, deve verificar o preenchimento dos requisitos do *periculum in mora* e do *fumus boni iuris* (Querzola, Lea, "Tutela cautelare e convenzione di Bruxelles nell'esperienza della Corte di giustizia delle Comunità europee", *in RTDPC*, ano LIV, Giuffrè Editore, Milão, 2000, p. 823). Por sua vez, Gianni Bellagamba e Giuseppe Cariti salientam que o juiz pode assumir uma atitude instrutória com vista à obtenção de uma "informação sumária", não se limitando, assim, a verificar se se encontram preenchidos os pressupostos para o decretamento da providência cautelar de acordo com a matéria de facto que foi alegada pelo requerente da providência (Bellagamba, Gianni/Cariti, Giuseppe, *I Procedimenti Cautelari e Possessori – Rassegna della Giurisprudenza sulla Nuova Disciplina*, *op. cit.*, p. 58). Na esteira de Paula Costa e Silva, mesmo que se verifique o contraditório prévio do requerido, existe sempre o risco de ser decretada uma providência cautelar injustificada, já que a decisão funda-se numa instrução diminuta comparativamente com aquela que é realizada na ação principal (Silva, Paula Costa e, *A Litigância de Má Fé*, *op. cit.*, p. 499).

1335 Note-se que, tal como se decidiu no ac. do TRC de 04.12.2007, proc. 1783/07.2TBCBR.C1, o despacho que ordena a audiência prévia do requerido é passível de recurso pelo requerente caso este haja pedido a dispensa do contraditório, e só após o trânsito em julgado é que deve ser citado o requerido.

1336 Cfr., a este propósito, o ac. do STJ de 02.12.1993, proc. 9310636, segundo o qual "Em providência cautelar não especificada, o juízo de valor sobre a audiência do requerido deve ser formulado em face do teor da petição inicial e da situação nela descrita".

apenas os meios de prova que permitam corroborar a sua versão dos factos aduzidos em juízo, omitindo toda a demais factualidade e/ou prova que, se fosse conhecida pelo tribunal, poderia determinar a improcedência da pretensão cautelar[1337].

Para além disso, a rapidez de decisão que é exigida ao julgador torna acrescida a probabilidade de erro de julgamento e a consequente responsabilidade do requerente no caso de se demonstrar que este, ao não agir com a diligência exigível, acabou por causar prejuízos ao requerido ao solicitar o decretamento de uma providência cautelar injustificada[1338].

Assim, cabendo ao tribunal o poder decisório de decretar ou não a providência sem a audiência prévia do requerido[1339], o juiz deve sopesar entre o risco inerente ao contraditório prévio – que poderá permitir uma correta apreciação dos factos, mas inutilizar o efeito útil da providência – e a possibilidade de decidir de forma injusta, porque apoiado numa visão unilateral dos factos[1340], ainda que garantindo o efeito útil da providência por via da inexistência de contraditório prévio[1341,1342]. Neste contexto, se o juiz considerar que o reque-

[1337] Sobre esta problemática, Lebre de Freitas salienta que resulta do art. 372º "ver-se colocada numa grave situação de inferioridade a parte contra a qual é requerida uma providência cautelar cujo decretamento não passa pela sua prévia audiência (...) pelo facto de contra ela serem produzidos depoimentos não registados, com base nos quais a providência pode ser decretada, sem a possibilidade do mínimo controlo, ainda que *a posteriori*, dos depoimentos em regime de contraditório". Neste sentido, de acordo com o referenciado Autor, esta desigualdade "não constitui ofensa do princípio da igualdade de armas, mas sim do princípio do contraditório, que impõe a plena contrariedade *ex post* nos casos em que ela não possa ser imediatamente observada, o que implica que o requerido da providência cautelar tenha, após a sua citação para a causa, acesso a todos os elementos processuais que hajam conduzido ao decretamento da providência, a fim de a poder atacar" (FREITAS, José Lebre de, *Estudos sobre Direito Civil e Processo Civil*, vol. I, *op. cit.*, p. 41).

[1338] BELEZA, Maria dos Prazeres Pizarro, "Procedimentos cautelares", *op. cit.*, p. 1503.

[1339] No sentido de se tratar de um verdadeiro poder vinculado do juiz, cfr., entre outros, PINHEIRO, Paulo Sousa, *O Procedimento Cautelar Comum no Direito Processual do Trabalho*, *op. cit.*, p. 88, e GERALDES, António Santos Abrantes, *Temas da Reforma do Processo Civil*, vol. III, *op. cit.*, p. 192.

[1340] Sobre esta problemática, Lopes de Sousa assinala que, "se é certo que a falta de contraditório prévio pode conduzir à ocorrência de situações em que o tribunal seja induzido em erro por um requerimento apresentado com má fé, as sanções previstas na lei para a litigância de má fé parecem ser um elemento fortemente dissuasor da sua apresentação, quando está em causa a obtenção de um êxito processual durante apenas alguns dias" (SOUSA, Jorge Manuel Lopes de, "Notas práticas sobre o decretamento provisório de providências cautelares", *op. cit.*, p. 51).

[1341] A este respeito, Abrantes Geraldes considera que o julgador, em regra, deve ouvir previamente o requerido, já que o legislador, quando pretendeu que a providência fosse decretada sem a audiência prévia do requerido, soube expressá-lo de forma inequívoca. Assim, o legislador só deverá dispensar a audiência prévia do requerido quando constate que o exercício antecipado do contraditório compromete o fim ou a eficácia da providência, não sendo bastante um simples temor

rido, sendo ouvido, não poderá fazer nada que frustre o êxito da providência a decretar, deve proceder à sua audição prévia – enquanto mecanismo adicional de garantia – na medida em que tal permite uma decisão mais segura[1343].

De todo o modo, mesmo que o tribunal decida decretar uma providência cautelar sem o contraditório prévio do requerido, a medida cautelar escolhida não pode assumir uma feição irremediável ou irreversível, sob pena de violação do princípio do processo equitativo, consagrado nos arts. 6º da CEDH, 10º da DUDH, 14º, nº 1, do PIDCP e 8º, nº 1, da CADH[1344,1345].

insuficientemente concretizado em factos (GERALDES, António Santos Abrantes, *Temas da Reforma do Processo Civil*, vol. III, *op. cit.*, p. 187). Cfr., no mesmo sentido, ALFREDO GOZAÍNI, Osvaldo, *Notas y Estudios Sobre el Proceso Civil*, *op. cit.*, p. 90, segundo o qual a ausência de bilateralidade reafirma o dever de tutela do juiz quanto às consequências danosas que poderão resultar para o requerido em consequência do decretamento da providência.

1342 Refira-se, a este propósito, que o art. 406º do CPC_{1961} estipulava que o tribunal, antes de tomar as providências concretamente requeridas, podia colher as informações que reputasse necessárias e mandar proceder sumariamente às diligências indispensáveis. Diversamente, o art. 365º prevê atualmente que o requerente deve oferecer com a petição prova sumária do direito ameaçado e justificar o receio da lesão. Por sua vez, nos termos do art. 293º, nº 1 – aplicável aos procedimentos cautelares por força do art. 365º, nº 3 – no seu requerimento, o requerente deve oferecer o rol de testemunhas e requerer outros meios de prova. Esta diferença de redação normativa parece inculcar a ideia de que, no regime anterior, o juiz tinha um maior poder inquisitório em sede cautelar, pois a lei permitia-lhe recolher todas as informações e provas que julgasse pertinentes antes de proferir a decisão final. Deste modo, o juiz estaria em melhores condições para, ainda que dispensada a audiência prévia do requerido, poder decidir sobre o mérito da providência de forma mais cautelosa e segura, evitando-se, dessa forma, o decretamento de providências cautelares manifestamente injustificadas. Note-se, contudo, que essa diferença de regimes é meramente aparente. Isto porque, nos termos do art. 411º, incumbe ao juiz, ao abrigo do princípio do inquisitório, realizar ou ordenar, mesmo oficiosamente, todas as diligências necessárias ao apuramento da verdade e à justa composição do litígio, quanto aos factos que lhe é lícito conhecer.

1343 RODRIGUES, Fernando Pereira, *A Prova em Direito Civil*, *op. cit.*, p. 274.

1344 BOULARBAH, Hakim, *Requête Unilatérale et Inversion du Contentieux*, *op. cit.*, p. 392.

1345 *Vide*, quanto ao âmbito do processo equitativo, FONSECA, Isabel Celeste M., *Processo Temporalmente Justo e Urgência – Contributo para a Autonomização da Categoria da Tutela Jurisdicional de Urgência na Justiça Administrativa*, *op. cit.*, p. 221, FONSECA, Isabel Celeste M., "Do novo contencioso administrativo e do direito à justiça em prazo razoável", *in Estudos em Comemoração do 10º Aniversário da Licenciatura em Direito da Universidade do Minho*, Almedina, Coimbra, 2004, pp. 355 a 360, LIMA, Joaquim Pires de, "Considerações acerca do direito à justiça em prazo razoável", *in ROA*, ano 50º, vol. III, Lisboa, 1990, p. 681, FREITAS, José Lebre de, "Revisão do processo civil", *in ROA*, ano 55º, vol. II, Lisboa, julho 1995, p. 423, ROQUE, Miguel Prata, *Reflexões sobre a Reforma da Tutela Cautelar Administrativa*, Almedina, Coimbra, 2005, p. 12, ALMEIDA, José Manuel Gonçalves Dias Ribeiro de, "Crítica da razão legislativa: a reforma das medidas cautelares na justiça administrativa", *in Reforma do Contencioso Administrativo – O Debate Universitário (Trabalhos Preparatórios)*, vol. I, Ministério da Justiça, Coimbra Editora, Coimbra, 2003, p. 737, GARCIA, Maria da Glória Ferreira Pinto

A decisão de dispensa da audiência prévia do requerido deve ser tomada com base na matéria de facto alegada na petição inicial e de acordo com a situação factual nela descrita[1346], sem prejuízo dos poderes de cognição que a lei concede ao julgador por força do princípio do inquisitório[1347].

Todavia, tendo em conta a atual configuração do processo civil português, afigura-se inquestionável que o juízo cognitivo de apreciação do risco quanto à audiência prévia do requerido não depende necessariamente do impulso processual do requerente da providência[1348,1349], já que o tribunal pode dispensar oficiosamente a audiência prévia do requerido – se necessário, após a realização das diligências complementares que se revelem necessárias para uma correta apreciação dos factos[1350,1351] – desde que o faça de forma funda-

Dias, "Meios cautelares em direito processual administrativo", *in SI*, tomo XLIII, nºs 250/252, julho-dezembro 1994, pp. 220 e 221, Trocker, Nicolò, "Il nuovo articulo 111 della costituzione e il «giusto processo» in materia civile: profili generali", *op. cit.*, p. 389, bem como Dondi, Angelo, "Spunti di raffronto comparatistico in tema di abuso del processo (a margine della l.24.3.2001, n. 89)", *in La Nuova Giurisprudenza Civile Commentata*, ano XIX, nº 1, janeiro-fevereiro 2003, p. 65. Cfr., na jurisprudência, o ac. do TC nº 62/91, de 13.03.1991, proc. 150/89, *in DR*, 1ª Série, nº 91, de 19.04.1991; o ac. do TC nº 210/92, proc. 119/91; o ac. do TC nº 1193/96, de 20.11.1996, proc. 496/96, *in Acs. TC*, vol. 35º, 1996, p. 529; o ac. do TC nº 358/98, de 12.05.1998, proc. 322/97, *in DR*, 2ª Série, nº 163, de 17.07.1998; o ac. do TC nº 345/99, de 15.06.1999, proc. 996/98, *in DR*, 2ª Série, nº 40, de 17.02.1999; o ac. do TC nº 412/00, de 04.10.2000, proc. 975/98, *in DR*, 2ª Série, nº 269, de 21.11.2000; o ac. do TC nº 157/01, de 04.04.2001, proc. 67/01, *in DR*, 1ª Série, nº 108, de 10.05.2001; o ac. do TC nº 330/01, de 10.07.2001, proc. 102/01, *in DR*, 2ª Série, nº 237, de 12.10.2001; e o ac. do TC nº 460/2011, de 11.10.2011, proc. 517/11, *in www.tribunalconstitucional.pt*.

1346 *Vide*, nesse sentido, o ac. do TRP de 02.12.1993, proc. 9310636.

1347 Cfr., a este respeito, o ac. do TRP de 25.03.2019, proc. 272/19.7T8PVZ.P1.

1348 Conforme assinala Alberto dos Reis, embora seja natural que o requerente da providência cautelar peticione, sempre que possível, que a providência cautelar seja decretada sem a audiência prévia do requerido, a verdade é que o juiz pode ordenar a providência sem a citação do requerido mesmo que o requerente não tenha formulado semelhante pedido (Reis, Alberto dos, *Código de Processo Civil Anotado*, vol. I, *op. cit.*, p. 690).

Em sentido contrário, Fabio Marelli defende que incumbe à parte requerer ao juiz a dispensa do contraditório prévio da parte contrária, por se tratar de um juízo de valoração de conveniência que só a parte pode determinar (Taruffo, Michele, *et al.*, *Le Riforme della Giustizia Civile*, *op. cit.*, p. 576).

1349 Diversamente, o art. 733º, nº 2, da LEC estabelece que a dispensa da audiência prévia do requerido só pode ter lugar quando o requerente *"así lo pida y acredite que concurren razones de urgencia o que la audiencia previa puede comprometer el buen fin de la providência cautelar"*, caso em que, na decisão que tiver decretado a dispensa da audiência prévia do requerido, o juiz deverá fazer constar, de forma fundamentada, o preenchimento dos requisitos para a adoção dessa medida, bem como as razões que motivaram o diferimento do contraditório do requerido.

1350 *Vide*, neste sentido, Freitas, José Lebre de/Alexandre, Isabel, *Código de Processo Civil Anotado*, vol. II, *op. cit.*, p. 29. Analogamente, Brunella Brunelli salienta que a decisão de decretamento da providência cautelar *inaudita altera parte* não assume qualquer natureza arbitrária, estando antes

mentada e que com ela não seja posta em causa a celeridade da diligência e, consequentemente, a sua utilidade prática[1352].

Exatamente por isso, mesmo que o requerente da providência apresente de forma insuficiente os fundamentos de facto e de direito que justificam a dispensa da audiência prévia do requerido, nem por isso o tribunal deverá decidir automaticamente pelo contraditório antecipado. É que, para além do facto de o art. 590º, nº 2, al. *b)*, e nº 4 impor ao juiz o dever de convidar qualquer das partes a suprir as insuficiências ou imprecisões na exposição ou concretização da matéria de facto alegada, fixando prazo para a apresentação de articulado em que se complete ou corrija o inicialmente produzido, nada obsta a que o tribunal aprecie oficiosamente, atenta a matéria de facto alegada e a eventual prova indiciariamente produzida, se a audiência prévia do requerido colocará ou não em risco sério o fim ou a eficácia da providência (art. 366º, nº 1)[1353].

rigidamente condicionada à concreta demonstração da sua oportunidade em função do caso em concreto (BRUNELLI, Brunella, "Note sull'esecuzione del sequestro", *in RTDPC*, ano L, Giuffrè Editore, Milão, 1996, p. 132).

1351 Em relação a esta questão, Laure du Castillon salienta que, no sistema processual civil belga, contrariamente ao que sucede no direito francês, quando é requerido o decretamento de uma providência cautelar sem a audiência prévia da parte contrária (*requête unilatérale*), o julgador não dispõe de meios de investigação suficientes que lhe permitam certificar-se do bom fundamento das alegações do requerente da providência (CASTILLON, Laure du, "Variations autour du principe dispositif et du contradictoire dans l'instance en référé", *op. cit.*, p. 112). Com efeito, o art. 1028º do $CJ_{Bel.}$ dispõe apenas que, sendo requerido o decretamento de uma providência cautelar unilateral, o juiz pode ouvir o requerente, bem como os demais intervenientes na causa. Em contrapartida, o art. 27º do NCPC preceitua que o juiz pode proceder, mesmo oficiosamente, à realização de todas as investigações que se revelem úteis, assistindo-lhe, ainda, a faculdade de ouvir, sem qualquer formalidade especial, as pessoas que o possam esclarecer, bem como aquelas cujos interesses corram o risco de ser afetados pela sua decisão. Acresce a isto que, nos termos do art. 26º do NCPC, o juiz pode igualmente fundar a sua decisão com base nos factos de que tenha tomado conhecimento pessoal através das suas próprias investigações, ainda que esses factos não tenham sido alegados pelo requerente da providência.

1352 Cfr. o ac. do TRC de 02.10.2007, proc. 554/04. *Vide*, na doutrina, SILVA, Lucinda D. Dias da, *Processo Cautelar Comum: Princípio do Contraditório e Dispensa de Audição Prévia do Requerido*, *op. cit.*, p. 156.

1353 Cfr., em sentido contrário, o ac. do TC nº 140/87, de 22.04.1987, proc. 86/87, *in www.tribunalconstitucional.pt*, no qual se decidiu que, não tendo o requerente da providência cautelar (no caso *sub iudice*, o encerramento de todas as sedes do partido "Força de Unidade Popular – FUP" que se encontrassem abertas e a proibição de reabertura das sedes que se mantivessem encerradas, bem como de abertura de novas sedes) fundamentado suficientemente que a audiência prévia do partido seria suscetível de pôr em risco o fim da providência, devia ser mandado citar o requerido, com vista ao exercício do contraditório.

7.3.4. Critérios de dispensa do contraditório prévio do requerido

A dispensa da audiência prévia do requerido pode encontrar fundamento em razões de urgência ou de proteção da efetividade da providência cautelar.

7.3.4.1. Urgência

Deve ser dispensada a audiência prévia do requerido quando a providência cautelar revista um carácter urgente e dessa audiência possa resultar uma demora suscetível de aumentar ou prolongar o dano[1354,1355].

Além disso, quando o tribunal se aperceba, objetivamente, da existência de um perigo iminente que determine a necessidade de decretamento imediato da providência, deve igualmente dispensar a audiência prévia do requerido, para assegurar a sua efetividade prática[1356,1357].

[1354] Cfr., nesse sentido, o ac. do STJ de 22.06.1963, *in BMJ*, 131º, p. 328, o ac. do TRL de 30.11.1993, proc. 0074991, o ac. do STJ de 17.04.1997, proc. 97B027, bem como o ac. do TRC de 02.10.2007, proc. 554/04. *Vide*, na doutrina, ORMAZABAL SÁNCHEZ, Guillermo, *Introducción al Derecho Procesal, op. cit.*, p. 129, segundo o qual, para que certas medidas cautelares sejam eficazes, torna-se necessário que sejam adotadas com grande celeridade e urgência, dispensando-se, por conseguinte, a audiência prévia do requerido, bem como CALAMANDREI, Piero, *Estudios sobre el Proceso Civil, op. cit.*, p. 281, GONÇALVES, Marcus Vinicius Rios, *Novo Curso de Direito Processual Civil – Teoria Geral de Processo de Conhecimento, op. cit.*, p. 28, ALMEIDA, Francisco Manuel Lucas Ferreira de, *Direito Processual Civil, op. cit.*, p. 210, ASENCIO MELLADO, José Maria, *Introducción al Derecho Procesal, op. cit.*, p. 182, e LIAKOPOULOS, Dimitris/ROMANI, Mauro, *Tutela Cautelare nel Diritto Processuale Internazionale e Comunitario Privato, op. cit.*, pp. 226 e 227.

[1355] Analogamente, tal como observa Jacques Van Compernolle, no procedimento de *requête* belga, a parte, em caso de estado de absoluta necessidade, pode pedir ao juiz o decretamento de uma medida provisória unilateral (arts. 1025º a 1034º do $CJ_{Bel.}$), devendo a mesma ser decretada quer nos casos em que a situação seja de tal maneira urgente que não se compadeça com a demora necessária para se proceder à audição prévia da parte contrária, quer nas situações em que a natureza da medida requerida imponha, de forma imperiosa, o recurso a um procedimento unilateral, quer ainda nos casos em que seja impossível identificar convenientemente as pessoas em relação às quais a medida deverá ser decretada (VAN COMPERNOLLE, Jacques, "Introduction générale", *op. cit.*, p. 16).

[1356] Cfr. o ac. do TRP de 01.03.2001, proc. 0031555, a propósito de uma providência cautelar comum requerida pela ANIMAL – Associação Nortenha de Intervenção no Mundo Animal contra incertos visando impedir a realização das corridas com "touros de morte" em Barrancos, o ac. do TRP de 10.04.2007, proc. 0721017, respeitante a uma providência cautelar requerida pelo Ministério Público com o propósito de impedir a realização de uma corrida de galgos com lebres vivas que se encontrava aprazada para uma data próxima e fora amplamente divulgada nos meios de comunicação social locais, bem como o ac. do TRL de 29.04.2008, proc. 2576/2008-1, referente a uma providência cautelar não especificada requerida contra uma editora jornalística, para que esta fosse impedida de divulgar, prestar declarações, comentar ou disponibilizar documentos ou fotografias alusivas a uma relação extraconjugal do requerente.

[1357] Assim, na esteira de Lebre de Freitas e Isabel Alexandre, não deve ter lugar a audiência do requerido quando "a demora no deferimento da providência resultante da observância da contra-

Do mesmo modo, estando o requerido ausente em parte incerta e não havendo lugar à citação edital nos procedimentos cautelares, o tribunal deve dispensar a sua audiência prévia quando se certificar que a sua citação pessoal não é viável (art. 366º, nº 4)[1358] ou quando conclua que o tempo necessário para conseguir localizar e citar o requerido não é compatível com a situação de urgência que se torna necessário acautelar[1359,1360].

7.3.4.2. Efetividade

No que diz respeito ao critério da efetividade, não deve ter lugar a audiência prévia do requerido quando esta ponha em risco o efeito prático que, con-

ditoriedade aumente o perigo de lesão grave e de difícil reparação que a providência visava evitar" (FREITAS, José Lebre de/ALEXANDRE, Isabel, *Código de Processo Civil Anotado*, vol. II, *op. cit.*, p. 29).

1358 Cfr., a este propósito, REGO, Carlos Francisco de Oliveira Lopes do, *Comentários ao Código de Processo Civil*, vol. I, *op. cit.*, p. 352.

1359 BELLAGAMBA, Gianni/CARITI, Giuseppe, *I Procedimenti Cautelari e Possessori – Rassegna della Giurisprudenza sulla Nuova Disciplina*, *op. cit.*, p. 58. Com efeito, a lei permite ao juiz decretar a providência cautelar sem a audição prévia do requerido quando tal se fique a dever, designadamente, a uma necessidade excecional de urgência, situação em que o contraditório deve ser assegurado logo que possível por forma a se garantir a defesa do requerido. *Vide*, no mesmo sentido, GIUDICE, Federico del, *et al.*, *Codice di Procedura Civile*, *op. cit.*, p. 758, CARDOSO, João Eloy Pereira Nunes, *Processos Preventivos e Preparatórios: Providências Cautelares e Arrestos*, *op. cit.*, p. 4, bem como ANDRADE, José Carlos Vieira de, *A Justiça Administrativa (Lições)*, *op. cit.*, pp. 341 e 342. Cfr., na jurisprudência, o ac. do TRC de 02.10.2007, proc. 554/04.

1360 Conforme assinala Mandrioli, trata-se de uma manifestação da *summaria cognitio* inerente à tutela cautelar, concretizada pelo facto de a lei permitir que, em alguns casos, a providência seja decretada sem a audiência prévia da parte contrária (MANDRIOLI, Crisanto, *Corso di Diritto Processuale Civile*, vol. III, *op. cit.*, p. 195). Com efeito, dispõe o art. 669º-*sexies*, 2º parágrafo, do $CPC_{It.}$ que "*Quando la convocazione della contraparte potrebbe pregiudicare l'auttuazione del provvedimento, provvede con decreto motivato assunte ove ocorra sommarie informazioni. In tal caso fissa, com lo stesso decreto, l'udienza di comparizione delle parti davanti a se' entro un termine non superiore a quindici giorni assegnando all'istante un termino perentorio non superiore a otto giorni per la notificazione del ricorso e del decreto. A tale udienza il giudice, com ordinanza, conferma, modifica o revoca i provvedimenti emanati con decreto*". No mesmo sentido, Girolamo Monteleone sustenta que não deve haver lugar a contraditório prévio do requerido quando a necessidade de acautelar o direito seja de tal forma urgente que não seja possível sequer atender ao breve tempo técnico necessário para a audição prévia da parte contrária (MONTELEONE, Girolamo, *Diritto Processuale Civile*, *op. cit.*, p. 1160). Analogamente, Giulia Iofrida e Antonio Scarpa salientam que a dispensa do contraditório prévio do requerido reveste uma natureza excecional, pelo que esse regime só deve ser aplicado quando o juiz considere que a audiência do requerido colocaria em sério risco o êxito e a efetividade da providência cautelar (IOFRIDA, Giulia/SCARPA, Antonio, *I Nuovi Procedimenti Cautelari*, *op. cit.*, p. 1). *Vide* ainda, no mesmo sentido, GRAZIOZI, Andrea, "I procedimenti in materia di famiglia nel progetto di riforma del codice di procedura civile spagnolo", *in RTDPC*, ano LI, Giuffrè Editore, Milão, 1998, pp. 561 e 562, bem como TESHEINER, José Maria Rosa, *Medidas Cautelares (no Código de Processo Civil de 1973)*, *op. cit.*, p. 13.

cretamente, se pretende atingir[1361], ou seja, quando o conhecimento antecipado da providência cautelar permita ao requerido agir de forma a inutilizar o interesse ou a eficácia da providência cautelar[1362].

É o que sucede, por exemplo, nos casos em que o contraditório prévio do requerido seria suscetível de permitir a dissipação os bens que se visavam apreender ou a prática do ato que se pretendia impedir[1363].

7.3.5. Dever de fundamentação da decisão

Se o tribunal decidir dispensar a audiência prévia do requerido, semelhante decisão deve ser fundamentada[1364] – sob pena de se verificar uma nulidade

[1361] Cfr., nesse sentido, o ac. do TRP de 26.10.1992, proc. 9250226, o ac. do TRP de 19.03.1996, proc. 9521265, o ac. do TRP de 06.05.1997, proc. 9341126, o ac. do STJ de 20.10.1998, proc. 98A680, o ac. do TRP de 02.12.1998, proc. 9850852, bem como o ac. do STJ de 23.09.1999, proc. 99A522.

[1362] *Vide*, neste sentido, WALKER, Wolf-Dietrich, *Der Einstweilige Rechtsschutz im Zivilprozeß und im Arbeitsgerichtlichen Verfahren*, *op. cit.*, p. 530, SCHWAB, Martin, *Zivilprozess*, 3ª ed., C.F. Müller, Berlim, 2010, p. 130, CALAMANDREI, Piero, *Instituciones de Derecho Procesal Civil*, vol. III, *op. cit.*, p. 281, CARPI, Frederico, "I procedimenti cautelari e l'esecuzione nel disegno di legge per la riforma urgente del c.p.c.: la competenza e il procedimento", *in RTDPC*, ano XLIV, nº 4, dezembro 1990, p. 1264, MONTELEONE, Girolamo, *Diritto Processuale Civile*, *op. cit.*, p. 1160, BRANDOLINI, Elena/FRANCAVIGLIA, Rosa, *I Provvedimenti d'Urgenza in Sede Civile ed in Sede Amministrativa*, *op. cit.* p. 14, TARZIA, Giuseppe, *et al.*, *Il Nuovo Processo Cautelare*, *op. cit.*, p. 275, DIANA, Antonio Gerardo, *Procedimenti Cautelari e Possessori*, *op. cit.*, p. 21, SALETTI, Achille, "*Appunti sulla nuova disciplina delle misure cautelari*", *in RDP*, ano XLVI, nº 2, abril-junho 1991, p. 367, ABAL OLIU, Alejandro, *Derecho Procesal*, tomo I, 2ª ed. rev. e atu., Fundación de Cultura Universitaria, 2001, p. 121, OLIVIERI, Giuseppe, "I provvedimenti cautelari nel nuovo processo civile (legge 26 novembre 1990, n. 353)", *in RDP*, ano XLVI, nº 3, julho-setembro 1991, p. 705, bem como FREITAS, José Lebre de/ALEXANDRE, Isabel, *Código de Processo Civil Anotado*, vol. I, 3ª ed., Coimbra Editora, Coimbra, 2014, pp. 6 e 7.

[1363] *Vide*, a este respeito, ORMAZABAL SÁNCHEZ, Guillermo, *Introducción al Derecho Procesal*, *op. cit.*, p. 129. Com efeito, de acordo com este Autor, a adoção de uma providência cautelar *inaudita altera parte* pode justificar-se pela necessidade de se impedir que o destinatário leve a cabo manobras que possam frustrar a efetividade da medida, como é o caso paradigmático do arresto de bens. Do mesmo modo, Laure du Castillon salienta que a providência cautelar deve ser decretada sem a audiência prévia do requerido quando o efeito surpresa seja indispensável para se garantir a eficácia da providência cautelar, sendo que, em alguns casos, o simples aviso da intenção de se decretar uma providência cautelar é suficiente para comprometer, de forma irreversível, os direitos do requerente da providência (CASTILLON, Laure du, "Variations autour du principe dispositif et du contradictoire dans l'instance en référé", *op. cit.*, p. 109). Cfr., no mesmo sentido, TARUFFO, Michele, *et al.*, *Le Riforme della Giustizia Civile*, *op. cit.*, pp. 513 e 577, CONSOLO, Claudio, *et al.*, *Commentario alla Riforma del Processo Civile*, *op. cit.*, pp. 617 e 625, BELLAGAMBA, Gianni/CARITI, Giuseppe, *I Procedimenti Cautelari e Possessori – Rassegna della Giurisprudenza sulla Nuova Disciplina*, *op. cit.*, p. 58, bem como SASSANI, Bruno, *Lineamenti del Processo Civile Italiano*, *op. cit.*, p. 588. Cfr., na jurisprudência, o ac. do STJ de 20.05.1993, proc. 083815, o ac. do TRP de 04.10.1993, proc. 9350851, bem como o ac. do TRC de 04.12.2007, proc. 1783/07.2TBCBR.C1.

relativa[1365] –, sendo certo que essa decisão não se integra no poder discricionário do juiz[1366].

Na realidade, a decisão de dispensa da audiência prévia do requerido encontra-se subordinada aos critérios legais previstos no art. 366º, nº 1, não se podendo, por isso, concluir que a dispensa da audiência prévia do requerido se encontra na livre disponibilidade do juiz[1367].

[1364] Cfr., a este propósito, o ac. do STJ de 01.07.1997, proc. 97A406, o ac. do STJ de 29.04.1998, proc. 98B132, o ac. do TRC de 18.05.1999, proc. 399/99, e o ac. do TRG de 17.05.2007, proc. 727/07-1. *Vide*, em sentido contrário, o ac. do TRE de 04.02.1993, *in BMJ*, 424º, p. 760, o ac. do TRL de 05.05.1994, proc. 0050806, e o ac. do TRP de 24.10.1996, proc. 9630830.

[1365] Cfr., nesse sentido, o ac. do STJ de 09.04.1991, proc. 080445, o ac. do STJ de 13.07.1992, proc. 082615, o ac. do TRP de 24.10.1996, proc. 9630830, o ac. do TRP de 27.01.1997, proc. 9650978, o ac. do TRP de 18.02.1997, proc. 9620735, o ac. do STJ de 08.04.1997, proc. 96A907, o ac. do STJ de 06.05.1997, proc. 97A232, o ac. do STJ de 02.06.1998, proc. 98A448, o ac. do TRP de 04.02.1999, proc. 9930093, e o ac. do TRP de 04.11.2002, proc. 0151214. No sentido de a falta de fundamentação da dispensa de audição prévia do requerido importar a nulidade por falta de citação, com a consequente anulação de todo o processado posterior à petição inicial, *vide* o ac. do STJ de 29.04.1998, *in BMJ*, 476º, p. 335, o ac. do TRC de 18.05.1999, *in BMJ*, 487º, p. 371, o ac. do TRC de 18.05.1999, proc. 399/99, bem como o ac. do TRC de 18.01.2005, proc. 3809/04. Sem qualificar o vício decorrente da falta de fundamentação da decisão de não audiência prévia do requerido – ainda que, de forma implícita, se afigure que o tribunal remete para o vício da nulidade insanável –, *vide* o ac. do STJ de 27.11.1997, proc. 97B650. No sentido de não se verificar qualquer nulidade por falta de fundamentação, já que tal pressuporia a existência de um "despacho implícito" – o que a lei não admite – *vide* o ac. do STJ de 29.04.1998, proc. 132/98, *in SASTJ*, ano 1998. Diversamente, o ac. do STJ de 30.04.1996, proc. 96B084, sanciona com o vício da *inexistência* a decisão que, aderindo implicitamente ao requerimento de dispensa de audiência prévia do requerido, se limita a ordenar a providência cautelar, sem a audiência prévia do requerido, silenciando toda e qualquer fundamentação.

[1366] Cfr., neste sentido, o ac. do STJ de 30.04.1996, *in BMJ*, 456º, p. 371, o ac. do TRL de 05.04.1988, *in BMJ*, 376º, p. 650, bem como Arieta, Giovanni, *Trattato di Diritto Processuale Civile*, vol. XI, *op. cit.*, p. 532, o qual defende que a dispensa da audiência prévia do requerido insere-se no poder discricionário do tribunal, ainda que o legislador o tenha limitado de forma assinalável, já que este só pode ser acionado quando a audição prévia do requerido ponha em risco a efetividade da providência. *Vide*, em sentido contrário, Redenti, Enrico/Vellani, Mario, *Diritto Processuale Civile*, vol. III, *op. cit.*, p. 134, segundo os quais compete ao juiz adotar o procedimento que considerar mais oportuno no que respeita à realização dos atos instrutórios que se afigurem essenciais para a apreciação dos pressupostos de que o legislador faz depender o decretamento da providência.

[1367] *Vide*, a este propósito, o ac. do TRL de 01.04.2005, proc. 3386/2005-8, segundo o qual a decisão de dispensa da audição prévia do requerido não se integra no poder discricionário do juiz. Com efeito, de acordo com o referido aresto, "(...) a não observância do princípio processual do contraditório – trave mestra do nosso ordenamento processual civil, apesar de poder ser afastado em casos previstos na lei – está subordinada aos requisitos legais – art. 385º, nº 1, acima citado – e, por isso, não se pode dizer que a referida dispensa de audição prévia esteja na disponibilidade não vinculada do juiz". *Vide*, em sentido contrário, Sousa, Miguel Teixeira de, *Estudos sobre o Novo Processo Civil*, *op. cit.*, p. 231.

Tendo em conta que a lei processual civil estabelece o dever de fundamentação das decisões judiciais – *maxime* quando estas contendem com os direitos das partes – não é admissível a dispensa de audição prévia do requerido com base numa decisão tácita, consubstanciada na marcação imediata da data para a inquirição das testemunhas arroladas pelo requerente da providência[1368].

7.3.6. Meios de reação do requerido

Decidindo o tribunal, mediante despacho fundamentado, pela dispensa da audiência prévia do requerido, verifica-se uma inversão do contencioso.

Na verdade, não havendo lugar a qualquer contraditório do requerido na fase inicial do procedimento cautelar, esse contraditório é postergado para uma fase posterior ao decretamento da providência[1369], podendo, nesse caso, o requerido reagir através de dois meios processuais distintos e alternativos[1370].

7.3.6.1. Recurso

O requerido pode recorrer do despacho que decretou a providência, quando entenda que, face aos factos apurados, a mesma não devia ter sido concedida[1371,1372].

[1368] Cfr., nesse sentido, os acs. do STJ de 14.11.1996, proc. 665/96, *in SASTJ*, ano 1996, p. 231, de 28.04.1998, proc. 345/98, *in SASTJ*, ano 1998, e de 29.04.1998, proc. 132/98, *in SASTJ*, ano 1998.

[1369] Cfr., nesse sentido, Liakopoulos, Dimitris/Romani, Mauro, *Tutela Cautelare nel Diritto Processuale Internazionale e Comunitario Privato, op. cit.*, p. 227.

[1370] Atenta a formulação do art. 372º, nº 1, e tal como se decidiu no ac. do TRP de 20.04.1999, proc. 9920405, sendo a providência cautelar decretada sem a audiência prévia do requerido, este dispõe, em alternativa, de dois meios distintos de reação (o recurso e a oposição), não lhe sendo lícito, por isso, fazer uso cumulativo do recurso e da oposição à providência: fará uso do recurso quando pretenda, designadamente, suscitar questões de direito, e da oposição quando seja sua intenção sindicar matéria de facto, coligindo matéria que era desconhecida do tribunal aquando do decretamento da providência. Cfr., no mesmo sentido, o ac. do TRL de 20.10.2005, proc. 9170/2005-6, e o ac. do STJ de 22.02.2000, proc. 99A1121. Todavia, ainda que o requerido opte por deduzir oposição à providência, nada obsta a que sejam sindicados os fundamentos da decisão ordinária no âmbito do recurso que dela venha a ser interposto (em sentido idêntico, cfr. o ac. do TRP de 30.09.1999, o ac. do TRE de 14.10.1999, *in BMJ*, 490º, p. 334, o ac. do STJ de 06.07.2000, *in BMJ*, 499º, p. 205, o ac. do TRE de 12.06.2008, proc. 388/08-3, o ac. do TRC de 01.07.2014, proc. 978/13.4TBCVL-A.C1, bem como o ac. do TRP de 11.04.2018, proc. 33/14.0TELSB-R.P1).
No sentido de o requerido poder fazer uso simultâneo dos embargos e do recurso – caso em que o recurso só poderá ter por fundamento a carência dos requisitos legais da providência – *vide* o ac. do TRP de 15.05.1995, proc. 9451172.

[1371] *Vide*, a este propósito, o ac. do TRL de 09.04.1992, proc. 0058462, o ac. do TRP de 18.05.1993, proc. 9310148, o ac. do TRP de 14.06.1993, proc. 9340176, bem como o ac. do TRP de 15.11.1993, proc. 9320547.

A possibilidade de interposição de recurso depende do preenchimento dos requisitos gerais de recorribilidade das decisões, isto é, o valor do procedimento cautelar (art. 304º, nº 3) tem de ser superior ao valor da alçada do tribunal de que se recorre e a decisão objeto de impugnação tem de ser desfavorável ao recorrente em valor superior a metade da alçada desse tribunal (art. 629º, nº 1), sem prejuízo, no entanto, dos casos em que a lei admite sempre a interposição de recurso (art. 629º, nºs 2 e 3).

Acresce que, nos termos do art. 370º, nº 2, das decisões proferidas nos procedimentos cautelares não cabe recurso para o Supremo Tribunal de Justiça, sem prejuízo dos casos em que o recurso é sempre admissível. É o que sucede, por exemplo, com a interposição de recurso excecional de revista, nos termos do art. 672º[1373], ou com os casos previstos no art. 629º, nº 2[1374].

7.3.6.2. Oposição

O requerido pode deduzir oposição, quando pretenda alegar factos e/ou produzir meios de prova que não tenham sido levados em conta pelo tribunal e que sejam suscetíveis de afastar os fundamentos da providência ou determinar a sua redução[1375].

Assim, pela via da oposição à providência cautelar[1376,1377], o requerido procura alterar a convicção do julgador e/ou a decisão por ele anteriormente proferida, carreando para os autos novos elementos factuais e/ou probatórios,

[1372] No sentido de ficar vedada ao requerido a possibilidade de impugnar a decisão que tiver recaído sobre a matéria de facto, na eventualidade de optar por deduzir oposição, em vez de recorrer, nos termos do art. 372º, nº 1, al. *b)*, *vide* o ac. do TRG de 11.01.2018, proc. 3250/17.7T8VCT-A.G1.

[1373] Cfr., a este propósito, o ac. do STJ de 30.04.2019, proc. 2822/18.7T8VNF.G1.S1.

[1374] *Vide*, a este respeito, o ac. do STJ de 07.06.2018, proc. 2877/11.5TBPDL-D.L2.S1, bem como o ac. do STJ de 07.06.2018, proc. 77/14.1T8MFR-C.L1-A.S1.4.

[1375] A este respeito, importa salientar que, tal como se encontra definido no princípio 8.2 dos Princípios e Regras do Processo Civil Transnacional, o requerido de uma providência cautelar que tenha sido decretada sem a sua audiência prévia deve ter a oportunidade de responder no mais curto espaço de tempo possível quanto à justificabilidade da providência (Ali/Unidroit, *Draft Principles of Transnational Civil Procedure with Comments, prepared by Professors G. C. Hazard, Jr., R. Stürner, M. Taruffo and A. Gidi*, Roma, fevereiro 2004, p. 7).

[1376] Cfr., quanto ao âmbito da oposição, o ac. do TRP de 30.06.2005, proc. 0533561, o ac. do TRP de 19.12.2007, proc. 0722393, o ac. do TRP de 23.10.2008, proc. 0834432, bem como o ac. do TRE de 12.10.2017, proc. 2952/16.0T8FAR-B.E1.

[1377] Conforme salienta Lopes do Rego, ao invés do que sucedia no regime anterior, em que os embargos do requerido à providência cautelar assumiam a configuração de uma verdadeira ação declarativa sumária enxertada no procedimento cautelar, no regime atual, a oposição à providência obedece ao mesmo formalismo da oposição que poderia ter sido deduzida em caso de audiência prévia do requerido (Rego, Carlos Francisco de Oliveira Lopes do, *Comentários ao Código de Pro-*

que eram, portanto, desconhecidos do tribunal aquando do acolhimento da providência[1378,1379].

Neste incidente, o julgador não deve tomar em consideração a prova que, entretanto, tiver sido produzida no procedimento cautelar, já que, destinando-se a oposição a garantir o exercício do contraditório, esta tem apenas como objetivo ouvir as razões do requerido[1380,1381].

Assim, o requerido deverá carrear para os autos todos os factos impeditivos, modificativos ou extintivos do direito que foi sumariamente invocado pelo requerente e que permitam infirmar os fundamentos em que residiu a decisão de decretamento da providência, sem prejuízo, no entanto, da possibilidade de o contraditório do requerido se estribar apenas no exercício do direito à contraprova, mediante a introdução no processo de novas provas que

cesso Civil, vol. I, *op. cit.*, pp. 356 e 357). *Vide*, no mesmo sentido, o ac. do STJ de 27.09.2007, proc. 2372/07, *in SASTJ*, ano 2007.

[1378] Cfr., neste sentido, Silva, Lucinda D. Dias da, *Processo Cautelar Comum: Princípio do Contraditório e Dispensa de Audição Prévia do Requerido, op. cit.*, p. 264.

[1379] Por conseguinte, conforme se decidiu no ac. do TRL de 19.04.2018, proc. 32262/15.3T8LSB.L3-8, se o requerido, em sede de oposição, não apresentou novos meios de prova, suscetíveis de infirmarem a decisão que decretou a providência cautelar, a oposição terá, necessariamente, que improceder. Cfr., no mesmo sentido, o ac. do TRG de 16.03.2017, proc. 3118/16.4T8VNF-A.G1, o ac. do TRG de 22.10.2018, proc. 102/16.1TMR-A.G1, bem como o ac. do TRG de 09.05.2019, proc. 2891/18.0T8BRG-A.G1.

Vide, em sentido contrário, o ac. do TRE de 13.09.2018, proc. 1988/17.8T8PTM-A.E1, no qual se decidiu que "Em processo cautelar não deve ter-se uma interpretação restritiva dos meios de defesa justamente a alguém que viu decretada contra si providência cautelar, que pode ser muito gravosa, sem nunca ter sido ouvido". Com efeito, neste aresto, entendeu-se que o art. 372º, nº 1, al. *b)*, não deve ser interpretado de forma restritiva, isto é, não condiciona a admissibilidade da oposição à apresentação de factos novos ou de provas novas, já que o legislador, ao aludir aos factos ou aos meios de prova "não tidos em conta pelo tribunal e que possam afastar os fundamentos da providência ou determinem a sua redução", permite que a oposição se baseie em factos ou provas que já constem do processo, mas que tenham sido indevidamente desprezadas ou desvalorizadas pelo julgador.

[1380] Ac. do TRP de 03.10.2000, proc. 9920286.

[1381] Deste modo, conforme se decidiu no ac. do TRG de 30.03.2017, proc. 2522/16.2T8BRG-B.G1, "O âmbito do contraditório autorizado em sede de oposição a providência cautelar, decretada sem prévia audição do requerido, não abrange a instância das testemunhas inquiridas inicialmente (ainda que novamente arroladas por ele), tendo por objecto os mesmos factos sobre que depuseram". Cfr., no mesmo sentido, o ac. do TRE de 11.04.2019, proc. 2241/18.5T8STR-A.E1, no qual se decidiu que "Deve fazer-se uma interpretação ampla da faculdade de deduzir oposição ao procedimento cautelar decretado sem contraditório, entendendo-se que apenas está vedado ao requerido conseguir que, sobre os factos já alegados pelo requerente e através da (re)produção dos meios de prova já tidos em conta, a 1ª instância chegue a convicção diversa daquela que foi vertida na decisão que deferiu a providência, caso em que deve recorrer [com impugnação da decisão sobre a matéria de facto (alínea *a)* do nº 1 do artigo 372º do Cód. Proc. Civ.] e não deduzir oposição".

não tenham sido consideradas pelo tribunal aquando da decisão que decretou a providência cautelar[1382].

Sendo dispensado o contraditório prévio do requerido, a decisão proferida pelo juiz após a oposição do requerido constitui complemento e é parte integrante da decisão inicial que decretou a providência cautelar[1383]. Vale isto por dizer que o juiz, em face da oposição deduzida pelo requerido, pode dar como provados factos contrários ou contraditórios com aqueles que foram dados como assentes na decisão inicial que decretou a providência[1384], já que tal constitui uma decorrência natural da ausência de contraditório na fase inicial do procedimento cautelar.

8. Substituição da providência por caução

Procurando proteger o requerido contra o decretamento injustificado de providências cautelares, a lei prevê a possibilidade de este requerer a substituição da providência cautelar por caução (art. 368º, nº 3, 1ª parte)[1385,1386], sendo

1382 Cfr., nesse sentido, o ac. do TRE de 11.05.2017, proc. 7334/16.0T8STB.E1. De todo o modo, importa salientar que, tal como se decidiu no ac. do TRP de 26.04.2018, proc. 150/17.7T8PVZ-A.P1, não viola os princípios do contraditório e da igualdade das partes "a não inquirição de testemunhas indicadas em articulado de oposição a providência cautelar de arresto quando nele não são alegados factos susceptíveis de infirmarem os pressupostos que conduziram ao decretamento do arresto".

1383 Ac. do TRP de 25.09.2012, proc. 500/09.7TBPRG-A.P1.

1384 Ac. do TRL de 04.10.2018, proc. 6147/18.0T8LSB-A.L1-8.

1385 No sentido de este preceito ser igualmente aplicável aos casos em que o requerido requeira a prestação de caução adequada a substituir a providência requerida, mas ainda não decretada, assegurando integralmente a pretensão do requerente ou oferecendo um equivalente à realização da providência que o juiz venha a decretar, *vide* Freitas, José Lebre de/Alexandre, Isabel, *Código de Processo Civil Anotado*, vol. II, *op. cit.*, p. 43.

1386 Em sede de direito comparado, o art. 805º do $CPC_{Br.1973}$ determinava que "A providência cautelar poderá ser substituída, de ofício ou a requerimento de qualquer das partes, pela prestação de caução ou outra garantia menos gravosa para o requerido, sempre que adequada e suficiente para evitar a lesão ou repará-la integralmente". Já o art. 297º do $CPC_{Br.2015}$ preceitua que "O juiz poderá determinar as medidas que considerar adequadas para efetivação da tutela provisória", dispondo o parágrafo único desta norma que "A efetivação da tutela provisória observará as normas referentes ao cumprimento provisório da sentença, no que couber.".

Por sua vez, o art. 746, nº 1, da LEC dispõe que "*Aquel frente a quien se hubieren solicitado o acordado medidas cautelares podrá pedir al tribunal que acepte, en sustitución de las medidas, la prestación por su parte de una caución suficiente, a juicio del tribunal, para asegurar el efectivo cumplimiento de la sentencia estimatoria que se dictare*". Nesse caso, para decidir sobre a admissibilidade da substituição da providência cautelar por caução, o nº 2 dessa disposição legal preceitua que "*el tribunal examinará el fundamento de la solicitud de medidas cautelares, la naturaleza y contenido de la pretensión de condena y la apariencia jurídica favorable que pueda presentar la posición del demandado. También tendrá en cuenta el tribunal si la providência cautelar habría de restringir o dificultar la actividad patrimonial o económica del demandado de modo grave y desproporcionado respecto del aseguramiento que aquella medida representaría para el solicitante*". Assim,

este regime aplicável à generalidade das providências cautelares especificadas, nos termos do art. 376º, nº 1[1387,1388].

de acordo com Silvia Barona Vilar, a substituição da providência cautelar por caução depende do preenchimento dos seguintes pressupostos: *a)* petição do requerido nesse sentido, encontrando-se vedado ao tribunal determinar, oficiosamente, a substituição da providência cautelar por caução; *b)* a decisão que determine a substituição da providência por caução deve atender às seguintes condições: *i)* o fundamento das medidas cautelares; *ii)* a natureza e o conteúdo da pretensão condenatória; *iii)* a aparência jurídica favorável que possa sustentar a posição do demandado; *iv)* a proporcionalidade entre a finalidade que se visa alcançar com a adoção da providência cautelar e as limitações que a execução da mesma vai causar na atividade patrimonial ou económica do demandado; *c)* a substituição da providência cautelar por caução pode ser requerida antes ou após o decretamento da providência; *d)* uma vez aceite o pedido de substituição da providência cautelar por caução, deve ser fixada a forma pela qual esta deverá ser prestada (dinheiro, garantia bancária ou qualquer outro meio que, segundo o juízo do tribunal, garanta a imediata disponibilidade da quantia que tiver sido fixada) – MONTERO AROCA, Juan, *et al.*, *El Nuevo Proceso Civil (Ley 1/2000)*, *op. cit.*, pp. 883 a 885.

No direito alemão, o § 923 da ZPO dispõe que o julgador, na decisão em que decretar o arresto, deve fixar uma quantia em dinheiro, cujo depósito impede a execução do arresto e faculta ao requerido a possibilidade de requerer a anulação do arresto entretanto executado. Por sua vez, o § 939 da ZPO determina que, em circunstâncias especiais, pode ser anulada uma medida cautelar mediante a prestação de caução (*vide*, a este propósito, HAERTLEIN, Lutz, *Exekutionsintervention und Haftung*, Mohr Siebeck, Tübingen, 2008, p. 283, bem como PAULUS, Christoph, *Zivilprozessrecht: Erkenntnisverfahren, Zwangsvollstreckung und Eurpäisches Zivilprozessrecht*, *op. cit.*, p. 319).

No ordenamento jurídico italiano, o art. 684º do $CPC_{It.}$ dispõe, a respeito da providência cautelar de arresto, que "*Il debitore può ottenere dal guidice istruttore, con ordinanza non impugnabile, la revoca del sequestro conservativo prestando idonea cauzione per l'ammontare del credito che ha dato causa al sequestro e per le spese, in ragione del valore delle cose sequestrate*".

Do mesmo modo, no Peru, o art. 628º do $CPC_{Pe.}$ preceitua que "*Cuando la providência cautelar garantiza una pretensión dineraria, el afectado puede depositar el monto fijado en la medida, con lo que el Juez de plano la sustituirá. La suma depositada se mantendrá en garantía de la pretensión y devengará el interés legal. Esta decisión es inimpugnable. También procede la sustitución de la medida cuando el afectado ofrezca garantía suficiente a criterio del Juez, quien resolverá previo traslado al peticionante por tres días*".

Alguns ordenamentos jurídicos admitem, ainda, a possibilidade de o requerido pedir a substituição da providência cautelar que tiver sido decretada por uma outra menos gravosa. Assim, nos termos do art. 203º do $CPC_{Arg.}$, "*El deudor podrá requerir la sustitución de una providência cautelar por otra que le resulte menos perjudicial, siempre que ésta garantice suficientemente el derecho del acreedor. Podrá, asimismo, pedir la sustitución por otros bienes del mismo valor, o la reducción del monto por el cual la medida precautoria ha sido trabada, si correspondiere*".

[1387] Cfr., nesse sentido, o ac. do STJ de 16.03.2000, proc. 124/00, *in SASTJ*, ano 2000.

[1388] Conforme assinalam Lebre de Freitas e Isabel Alexandre, pese embora a norma do art. 368º, nº 3, tenha carácter geral, só muito excecionalmente será admissível a substituição da providência cautelar de restituição provisória de posse por caução, uma vez que essa garantia dificilmente poderá assegurar a reparação integral da lesão (FREITAS, José Lebre de/ALEXANDRE, Isabel, *Código de Processo Civil Anotado*, vol. II, *op. cit.*, pp. 100 e 101). Com efeito, de acordo com os aludidos Autores, "Mesmo nos casos em que o tribunal tenha chegado a uma posição de dúvida quanto ao direito de

Semelhante medida preventiva pode ser requerida, designadamente, quando a providência cautelar que tiver sido decretada seja manifestamente excessiva ou vexatória para o requerido[1389], o que ocorrerá com maior frequência nos casos em que a providência cautelar tenha sido decretada sem a sua audiência prévia[1390,1391].

De todo o modo, importa salientar que a substituição da providência cautelar por caução não acarreta a sua revogação[1392], nem tão-pouco representa qualquer confissão ou reconhecimento do direito de que o requerente se arroga titular[1393].

Por outro lado, este mecanismo só é viável se a caução oferecida se mostrar adequada, idónea e suficiente para prevenir a lesão ou repará-la integralmente

propriedade que o requerido haja invocado, a solução da prestação de caução não se nos afigura aconselhável e, se o requerido tiver fundado receio de que o requerente faça desaparecer a coisa ou a destrua, uma vez restituída, o meio idóneo será a providência cautelar inominada de entrega a terceiro, na dependência do pedido reconvencional de reconhecimento da sua propriedade. Não é assim fácil vislumbrar casos em que o interesse que o requerente esbulhado tem na restituição deva ceder perante o interesse do requerido na detenção da coisa. Salvaguardado está, porém, pelo menos, o caso em que o requerente e o requerido acordem na substituição". *Vide*, no mesmo sentido, REGO, Carlos Francisco e Oliveira Lopes do, *Comentários ao Código de Processo Civil*, vol. I, *op. cit.*, p. 363, bem como o ac. do STJ de 21.03.1944, *in RT*, 62º, p. 173, o ac. do TRE de 15.04.1999, *in BMJ*, 486º, p. 376, o ac. do STJ de 18.05.1999, *in CJSTJ*, ano II, 1999, p. 97, o ac. do STJ de 25.05.2000, proc. 00B416, *in BMJ*, nº 497, ano 2000, p. 365, e o ac. do TRL de 14.06.2007, proc. 4391/2007-6. Cfr., em sentido contrário, o ac. do TRP de 04.05.2000, proc. 0030595, e o ac. do TRG de 12.07.2007, proc. 1446/07-2, nos quais se decidiu que a providência cautelar de restituição provisória de posse pode ser substituída por caução, desde que esta se revele adequada, bastante e suficiente para prevenir, evitar e reparar o dano.

1389 BAZAN, Francisco, "Exposicion general del derecho procesal civil paraguayo – tomo IV Juicio Ejecutivo", *op. cit.*, p. 37.

1390 Como assinala Roy Reis Friede, "Como a medida cautelar pode ser decretada – e muitas vezes o é – decretada sem audiência do réu, nada mais justo que, na sua defesa, ou até antes dela, o réu convença o juiz de que a lesão temida possa ser evitada ou reparada, ou através de caução ou de outra garantia menos gravosa para ele; permite-se, então, que o juiz substitua a medida originalmente concedida por essa outra modalidade, sempre que adequada e suficiente para atingir esse objetivo" (FRIEDE, Roy Reis, "Da tutela cautelar", *in Justitia*, nº 58 (174), São Paulo, abril-junho 1996, pp. 76 e 77).

1391 No sentido de o pedido de substituição da providência cautelar por caução poder ser formulado a todo o tempo, *vide* RAMIRO PODETTI, J., *Derecho Procesal Civil, Comercial y Laboral – Tratado de las Medidas Cautelares*, IV, *op. cit.*, p. 189.

1392 Cfr., nesse sentido, o ac. do STJ de 22.02.2000, proc. 96/00, *in SASTJ*, ano 2000, bem como o ac. do STJ de 06.07.2000, proc. 1877/00, *in SASTJ*, ano 2000.

1393 WALKER, Wolf-Dietrich, *Der Einstweilige Rechtsschutz im Zivilprozeß und im Arbeitsgerichtlichen Verfahren*, *op. cit.*, p. 335. Cfr., no mesmo sentido, THEODORO JÚNIOR, Humberto, *Curso de Direito Processual Civil*, vol. II, *op. cit.*, p. 441, bem como a sentença do Tribunal de Apelação de Turim de 24.04.1878, *apud* MAGNI, Claudio, *Codice di Procedura Civile del Regno d'Italia*, vol. II, *op. cit.*, p. 620.

(art. 368º, nº 3, 2ª parte)[1394,1395], isto é, a caução só será admissível quando permita atingir o mesmo efeito a que se destinava a providência cautelar concretamente requerida[1396], cabendo ao requerente da substituição o ónus da prova quanto à suficiência e à adequação da caução que pretende prestar[1397].

Por conseguinte, a caução será adequada quando respeite a finalidade prática que a providência cautelar visava alcançar[1398] e quando constitua um meio idóneo para garantir os danos passados ou futuros[1399].

Por sua vez, a caução será suficiente quando permita salvaguardar o receio de lesão que esteve na base da providência, bem como os eventuais danos e prejuízos que possam advir para o requerente em consequência dessa substituição[1400]. O mesmo é dizer que a caução será suficiente quando o seu montante

[1394] *Vide*, nesse sentido, o ac. do STJ de 25.06.1998, proc. 476/98, *in SASTJ*, ano 1998, o ac. do STJ de 16.03.1999, proc. 99A079, bem como o ac. do STJ de 16.03.2000, proc. 124/00, *in SASTJ*, ano 2000.

[1395] No sentido de a apreciação da idoneidade da caução não se traduzir no exercício de um poder arbitrário ou discricionário do juiz, sob pena de ele próprio incorrer em responsabilidade, *vide* Ramiro Podetti, J., *Derecho Procesal Civil, Comercial y Laboral – Tratado de las Medidas Cautelares*, IV, *op. cit.*, p. 182.

[1396] Sousa, Miguel Teixeira de, *Estudos sobre o Novo Processo Civil*, *op. cit.*, pp. 250 e 251. *Vide*, no mesmo sentido, Friede, Roy Reis, "Da tutela cautelar", *op. cit.*, p. 75, bem como Tesheiner, José Maria Rosa, *Medidas Cautelares (no Código de Processo Civil de 1973)*, *op. cit.*, p. 33. Cfr., na jurisprudência, o ac. do TRP de 13.05.1996, proc. 9550474, o ac. do TRP de 27.10.1998, proc. 9820344, bem como o ac. do TRG de 11.07.2017, proc. 5912/11.3TBBRG-C.G1.

[1397] Cfr. o ac. do TRP de 19.06.2001, proc. 0120150. Em particular, no caso da providência cautelar de arresto, a caução só será adequada se garantir, na eventualidade da procedência da ação principal, o pagamento do crédito invocado pelo requerente sobre o requerido (ac. do TRP de 15.01.2001, proc. 0051610).

[1398] *Vide*, nesse sentido, o ac. do STJ de 25.05.2000, proc. 416/00, *in SASTJ*, ano 2000. Assim, tal como se decidiu no ac. do TRP de 27.10.1998, proc. 9820344, "Sendo a finalidade prática e imediata da providência cautelar o impedimento do uso abusivo de desenhos e modelos registados, a caução requerida em sua substituição é inidónea, se se revelar insuficiente para acautelar os prejuízos resultantes da lesão que se prevê possam continuar a verificar-se, uma vez que não impede a continuação da produção de tais bens".

[1399] Ac. do STJ de 14.11.1975, proc. 066030, *in BMJ*, 251º, ano 1975, p. 102. Cfr., no mesmo sentido, o ac. do TRP de 22.10.1998, proc. 9831110, no qual se decidiu que "A providência cautelar não especificada não pode ser substituída por caução quando se destinar a prevenir a lesão da imagem e prestígio do requerente, nem pode então o juiz impor mais alto valor caucionante quando o proposto for insuficiente", bem como ac. do TRP de 12.06.2001, proc. 0020422, segundo o qual "Não é de admitir a prestação de caução em substituição da providência cautelar não especificada que considerou inidóneo certo terreno para a instalação de um aterro sanitário para a deposição e eliminação de resíduos sólidos urbanos e ordenou que o concessionário se abstivesse de proceder à execução de actividades ou obras relativas ao contrato celebrado com o Estado Português".

[1400] Cfr., nesse sentido, o ac. do STJ de 25.02.1975, proc. 065676, *in BMJ*, 44º, ano 1975, p. 231, o ac. do STJ de 14.11.1975, proc. 066030, *in BMJ*, 251º, ano 1975, p. 102, bem como o ac. do STJ de 25.05.2000, proc. 00B416, *in BMJ*, 497º, ano 2000, p. 365.

for proporcional ou aproximado da estimativa provável do dano[1401]. Assim, por exemplo, no caso do arresto, a substituição desta providência cautelar por caução só será viável quando esta seja suficiente para garantir, não o valor dos bens e/ou direitos arrestados, mas antes o valor do crédito reclamado[1402].

A substituição da providência cautelar concretamente requerida ou já decretada por caução depende de uma apreciação casuística e circunstanciada da adequação e da suficiência da caução, tomando por referência o receio de produção de lesão grave e irreparável ou de difícil reparação que foi invocado pelo requerente da providência[1403].

Deste modo, sendo requerida a substituição da providência cautelar por caução, o tribunal não está obrigado a substituí-la automaticamente, cabendo-lhe antes apreciar a adequação e a necessidade da caução para assegurar o efeito útil que se procurou atingir com o decretamento da providência[1404]. Fundamentalmente, o tribunal deve tomar em linha de conta a "natureza e o conteúdo da pretensão cautelar, a probabilidade de procedência da oposição deduzida pelo requerido, bem como se a medida cautelar concretamente decretada é susceptível de restringir ou de dificultar a actividade patrimonial ou económica do requerido de forma grave e desproporcionada em relação ao efeito útil que se visou obter com o seu decretamento"[1405].

Há igualmente que referir que, não estando o tribunal vinculado à providência concretamente requerida (art. 376º, nº 3), nada o impede de substituir oficiosamente essa providência por caução, ainda que assista ao requerido o direito de a não prestar, sujeitando-se, nesse caso, ao decretamento efetivo da providência que tiver sido peticionada[1406].

Sendo deferido o pedido de substituição da providência cautelar por caução, esta poderá ser prestada através de consignação, depósito de quantia pecuniária ou de valores mobiliários, constituição de garantia real, mobiliária ou imobiliária, ou garantia bancária[1407].

1401 Ac. do STJ de 14.11.1975, proc. 066030, *in BMJ*, 251º, ano 1975, p. 102. *Vide*, no mesmo sentido, o ac. do STJ de 25.05.2000, proc. 416/00, *in SASTJ*, ano 2000.

1402 Cfr., nesse sentido, Walker, Wolf-Dietrich, *Der Einstweilige Rechtsschutz im Zivilprozeß und im Arbeitsgerichtlichen Verfahren*, *op. cit.*, p. 332.

1403 *Vide*, no mesmo sentido, o ac. do STJ de 12.12.1975, proc. 065735, *in BMJ*, 252º, ano 1976, p. 106.

1404 Calderon Cuadrado, Maria Pia, *Las Medidas Cautelares Indeterminadas en el Proceso Civil*, *op. cit.*, p. 187.

1405 Calvet Botella, Julio, "Medidas cautelares civiles", *op. cit.*, p. 456.

1406 Cfr. o ac. do STJ de 06.07.2000, proc. 1877/00, *in SASTJ*, ano 2000.

1407 *Vide*, entre outros, Calderon Cuadrado, Maria Pia, *Las Medidas Cautelares Indeterminadas en el Proceso Civil*, *op. cit.*, p. 189, bem como Walker, Wolf-Dietrich, *Der Einstweilige Rechtsschutz*

Em princípio, estando em causa uma providência cautelar de natureza conservatória que tenha por objeto a apreensão de bens, nada obsta à sua substituição por caução, sendo certo que, nesse caso, a caução não só tutela os interesses do requerido da providência – que readquire, por essa via, o gozo dos bens apreendidos – como também os próprios interesses do requerente, já que diminui a sua eventual responsabilidade em relação ao requerido quanto ao ressarcimento de danos e de prejuízos[1408].

De todo o modo, a providência cautelar de garantia só deve ser levantada após a prestação efetiva da caução, não podendo o tribunal ordenar o levantamento prévio da providência como condição para a prestação de caução[1409].

Questão de particular importância é a de saber se o facto de a providência cautelar anteriormente decretada ter sido substituída por caução permite concluir que o requerente atuou sem a prudência normal.

Com efeito, verificando-se a substituição da providência cautelar por caução, poder-se-ia considerar que tal seria o resultado do reconhecimento, pelo tribunal, da injustificabilidade da providência e/ou da falência dos seus requisitos, associada a uma atuação culposa do requerente.

No entanto, tal juízo de valor seria sempre falacioso, na medida em que a substituição da providência cautelar por caução nunca teria a virtualidade de representar um *minus* em relação à situação inicial. O mesmo é dizer que, assegurando a caução as mesmas finalidades que se pretendiam garantir com a providência cautelar, mantém-se inalterada a natureza cautelar da medida concretamente aplicada, bem como os requisitos que presidiram ao seu decretamento[1410].

O regime preconizado na nossa lei processual civil, no sentido de permitir a substituição da providência cautelar por caução, apesar de constituir uma garantia de especial relevância para o requerido, não tutela, no entanto, os seus interesses de forma completamente eficaz e satisfatória. É que, conforme se referiu *supra*, a substituição da providência cautelar por caução implica que o tribunal conclua pela idoneidade, adequação e suficiência dessa garantia (arts. 908º e 909º *ex vi* art. 913º) – sem prejuízo da possibilidade de o requerente se opor, ainda que sem fundamento e com finalidades meramente dilatórias, à

im Zivilprozeß und im Arbeitsgerichtlichen Verfahren, *op. cit.*, p. 334, o qual admite a possibilidade de as partes acordarem entre elas a prestação de outro tipo de garantias.

1408 Ramiro Podetti, J., *Derecho Procesal Civil, Comercial y Laboral – Tratado de las Medidas Cautelares*, IV, *op. cit.*, p. 186. Cfr., no mesmo sentido, o ac. do TRP de 14.10.2003, *in CJ*, tomo IV, 2003, p. 181.

1409 Cfr., nesse sentido, o ac. do TRE de 10.10.2006, proc. 1736/06.1.

1410 *Vide*, nesse sentido, ac. do TRL de 09.06.2006, proc. 302/2006-2.

substituição da providência cautelar por caução[1411] – o que, na prática, leva ao protelamento da prestação efetiva da caução e subsequente levantamento da providência, com todos os danos e prejuízos que daí resultam para o requerido.

9. Modificabilidade, substituição ou revogação da providência

Como se referiu *supra*, o art. 372º, nº 1, al. *b)*, determina que o requerido pode deduzir oposição contra a providência cautelar que, contra ele, tiver sido pedida, sempre que pretenda alegar factos novos ou produzir meios de prova que não tenham sido tidos em conta pelo tribunal e que possam afastar os fundamentos da providência ou determinar a sua redução, isto é, "que permitam ao Tribunal reapreciar a convicção anteriormente formada (reforçando-a, anulando-a ou modificando-a)"[1412], aplicando-se, com as necessárias adaptações, o disposto nos arts. 367º e 368º.

Por sua vez, o art. 372º, nº 3, estipula que, nesse caso, o juiz pode decidir da manutenção, redução ou revogação da providência cautelar anteriormente decretada[1413,1414], cabendo recurso desta decisão, que constitui complemento e parte integrante da inicialmente proferida[1415].

[1411] Cfr., a este propósito, o ac. do TRL de 21.03.2013, proc. 6726/03.0TVLSB.L1-2, no qual se decidiu que "Se, uma vez decretada uma providência cautelar de arresto, a respectiva requerente se opôs, sem fundamento, à sua substituição por caução requerida pela arrestada, torna-se responsável pelos danos causados pela subsistência do arresto".

[1412] Ac. do TRE de 20.09.2007, proc. 1499/07-2. Cfr., na doutrina, COSTA, Américo de Campos, "Levantamento das providências cautelares", *in SI*, tomo VIII, nºs 42/43, Braga, julho-outubro 1959, p. 457.

[1413] Nas palavras de Humberto Theodoro Júnior, trata-se de uma importante manifestação do princípio da fungibilidade da tutela cautelar (THEODORO JÚNIOR, Humberto, *Curso de Direito Processual Civil*, vol. II, *op. cit.*, p. 539).

[1414] No mesmo sentido, o art. 617º do $CPC_{Pe.}$ dispõe que "*A pedido del titular de la medida y en cualquier estado del proceso puede variarse ésta, sea modificando su forma, variando los bienes sobre los que recae o su monto, o sustituyendo al órgano de auxilio judicial. La parte afectada con la medida puede efectuar similar pedido, el que será resuelto previa citación a la otra parte*". Em anotação a este preceito legal, Eugenia Ariano Deho sustenta que a modificabilidade da providência cautelar só pode ter lugar perante uma variação concreta das circunstâncias que motivaram o seu decretamento e a requerimento da parte interessada (ARIANO DEHO, Eugenia, *Problemas del Proceso Civil, op. cit.*, p. 632).
De igual modo, o art. 669º-*decies* do $CPC_{It.}$ preceitua que "*Salvo che sia stato proposto reclamo ai sensi dell'articolo 669º-terdecies, nel corso dell'istruzione il giudice istruttore della causa di merito può, su istanza di parte, modificare o revocare con ordinanza il provvedimento cautelare, anche se emesso anteriormente alla causa, se si verficano mutamenti nelle circostanze o se si allegano fatti anteriori di cui si è acquisita conoscenza successivamente al provvedimento cautelare. In tale caso, l'istante deve fornire la prova del momento in cui ne è venuto a conoscenza*". Com efeito, conforme salienta Girolamo Monteleone, a possibilidade legal de modificação ou de revogação da providência cautelar responde à exigência de se garantir um remédio contra a longa duração dos processos e a consequente perduração, no tempo, de uma providência

cautelar. Deste modo, a providência cautelar pode ser modificada ou revogada quando se verifique uma superveniência objetiva ou subjetiva de facto ou de direito ou na sequência da realização de diligências instrutórias que incidam negativamente sobre o *fumus boni iuris* ou sobre o *periculum in mora* inicialmente alegados pelo requerente da providência (MONTELEONE, Girolamo, *Diritto Processuale Civile, op. cit.*, pp. 1170 e 1171). No mesmo sentido se pronunciaram GIUDICE, Federico del, *et al.*, *Codice di Procedura Civile, op. cit.*, p. 765, segundo os quais, muito embora a doutrina adotasse diferentes interpretações quanto à expressão "*mutamenti delle circostanze*" – seja no sentido de se considerar a superveniência de facto novos, inexistentes no momento do decretamento da tutela cautelar, seja no sentido de alegação de factos pré-existentes, mas não anteriormente alegados, seja ainda no sentido de surgimento de novas provas que introduzam novos elementos na valoração do *fumus boni iuris* e do *periculum in mora* – a interpretação preferível, suportada pela redação do art. 669º-*decies* do $CPC_{It.}$, é a de que se verifica um "*mutamenti delle circostanze*" quando, no processo ou fora dele, se verifique o "surgimento de factos novos que impliquem uma reavaliação quanto às condições de legitimidade ou de oportunidade em relação à providência cautelar concretamente adotada". Do mesmo modo, Ernestino Bruscheta assinala que a doutrina vinha dividindo-se em relação à interpretação da expressão "*mutamenti delle circostanze*" para efeitos de modificação ou revogação da providência cautelar. Assim, se, para alguns autores, tinham que estar em causa factos que fossem supervenientes em relação ao decretamento da providência cautelar, outros admitiam a possibilidade de a providência cautelar ser revogada ou modificada com base em factos que fossem anteriores ao decretamento da providência, ainda que não tivessem sido oportunamente alegados. Foi exatamente neste contexto que a lei nº 80, de 14 de maio de 2005, procurou racionalizar a realidade interpretativa desta norma, estabelecendo que os factos anteriores ao decretamento da providência cautelar podem ser considerados pelo juiz da ação principal durante a respetiva fase instrutória, desde que sejam supervenientemente subjetivos, cabendo à parte o ónus da prova da superveniência subjetiva desses factos (BRUSCHETTA, Ernestino, *La Riforma del Processo Civile*, 2ª ed., Ipsoa, 2005, pp. 463 e 464). Por sua vez, Cristina Sassoon sustenta que a revogação da providência cautelar não pode resultar de uma diversa valoração dos mesmos factos, mas sim da consideração de factos novos que exijam uma diferente apreciação em relação às circunstâncias em que a providência cautelar foi decretada (TARUFFO, Michele, *et al.*, *Le Riforme della Giustizia Civile, op. cit.*, p. 529). Já para Dario Gramaglia, a modificação ou revogação da providência cautelar pode ter lugar quando se verifique uma modificação das circunstâncias ou quando sejam alegados factos anteriores que só tenham sido conhecidos posteriormente à propositura do procedimento cautelar (GRAMAGLIA, Dario, *Manuale Breve – Diritto Processuale Civile, op. cit.*, p. 493). A este respeito, Caterina Buonfardieci salienta que a jurisprudência tem vindo a interpretar de forma ampla a expressão "mutamenti delle circostanze" no sentido de que o juiz pode revogar ou modificar a providência cautelar não só na presença de uma modificação extraprocessual das circunstâncias de facto (ou seja, novos factos supervenientes e, como tal, inexistentes aquando da propositura do procedimento cautelar), bem como quando estejam em causa factos ou circunstâncias anteriores ao procedimento cautelar, mas que não tenham sido deduzidos aquando do decretamento da providência (BUONFARDIECI, Maria Caterina, *et al.*, *Provvedimenti Cautelari nel Processo, op. cit.*, p. 78). *Vide* ainda, no mesmo sentido, LUCA, Francesco de, "L'evoluzione normativa e giurisprudenziale alla luce dei principi di efetivitá e pienezza della tutela giurisdizionale", *in La Tutela Cautelare e Sommaria nel Nuovo Processo Amministrativo (a cura di Frederico Freni)*, Giuffrè Editore, Milão, 2011, p. 29, IOFRIDA, Giulia/SCARPA, Antonio, *I Nuovi Procedimenti Cautelari, op. cit.*, pp. 246 e 247, MONTERO AROCA, Juan/CHACÓN CORADO, Mauro, *Manual de Derecho Procesal Civil*, vol. I, *op. cit.*, p. 513, AMATO, Alessandra/COSTAGLIOLA, Anna, *Compendio di Diritto Processuale Civile, op. cit.*,

p. 323, MARCHESELLI, Alberto, *et al.*, *Giusto Processo e Riti Speciali*, Giuffrè Editore, Milão, 2009, p. 100, ARIETA, Giovanni, "*Problemi e prospettive in tema di reclamo cautelare*", *op. cit.*, pp. 408 e 409, bem como OLIVIERI, Giuseppe, "I provvedimenti cautelari nel nuovo processo civile (legge 26 novembre 1990, n. 353)", *op. cit.* p. 712. Na jurisprudência italiana, importa destacar, entre outras, a sentença do Tribunal de Parma de 04.03.1995, *apud* CENDON, Paolo, *Lavoro*, Wolters Kluwer Italia, 2009, p. 630, na qual se decidiu que "*La revoca o la modifica del provvedimento cautelare non può coincidere com il riesame o con la diversa valutazione degli elementi considerati al momento della sua pronuncia, essendo anumissibile solo l'esame di circonstanze sopravvenute; del pari, la revoca non può essere disposta nel corso dell'istruzione di base alle prove esperite, in quanto la valutazione dei risultati dell'istruzione può e deve essere fatta soltanto in sede decisoria*". Por sua vez, o Tribunal de Verona, por sentença de 04.08.2001, considerou que "*Il semplice decorso del tempo, in quanto elemento già valutabile da parte del giudice che ha emesso il provvedimento cautelare o eventualmente del giudice del reclamo, i quali possono limitare nel tempo la durata di un'inibitoria, non costituisce di per sé mutamento nelle circostanze che legittimi il ricorso per revoca o modifica ex art. 669º-decies c.p.c.*". De igual modo, a sentença do Tribunal de Bari de 25.03.1993, *apud* BUONFARDIECI, Maria Caterina, *et al.*, *Provvedimenti Cautelari nel Processo*, *op. cit.*, p. 79, decidiu que "*ai sensi dell'art. 669º-decies c.p.c., il provvedimento di revoca o modifica della misura cautelare può essere concesso solo ove si siano verificati mutamenti nelle circostanze idonei ad incidere sull'uno o sull'altro dei due presupposti della misura stessa (fumus boni iuris e periculum in mora), per cui il giudice investito del ricorso diretto ad ottenere la revoca o la modifica del sequestro conservativo autorizzato e confermato deve solo accertare se è sopraggiunto un quid pluris sul piano fattuale che il giudice del provvedimento revocando non ha potuto utilizzare perché indisponibile al momento della formazione del suo convincimento*".

No ordenamento alemão, o § 925, 2, da ZPO determina que o tribunal pode, total ou parcialmente, confirmar, modificar ou anular o arresto, assim como pode também fazer depender a sua confirmação, modificação ou anulação da prestação de uma caução. Quanto ao âmbito deste regime, *vide* WALKER, Wolf-Dietrich, *Der Einstweilige Rechtsschutz im Zivilprozeß und im Arbeitsgerichtlichen Verfahren*, *op. cit.*, pp. 344 e 345.

No direito espanhol, o art. 726, nº 2, da LEC dispõe que "*Con el carácter temporal, provisional, condicionado y susceptible de modificación y alzamiento previsto en esta Ley para las medidas cautelares, el tribunal podrá acordar como tales las que consistan en órdenes y prohibiciones de contenido similar a lo que se pretenda en el proceso, sin prejuzgar la sentencia que en definitiva se dicte*".

Já no ordenamento jurídico belga, o art. 1032º do $CJ_{Bel.}$ determina que "*Le requérant ou l'intervenant peut lorsque les circonstances ont changé et sous réserve des droits acquis par des tiers, demander par requête la modification ou la rétractation de l'ordonnance au juge qu'il a rendue*". Em anotação a este preceito legal, Gilbert Closset-Marchal salienta que este mecanismo não constitui uma via de impugnação contra a decisão que decretou a providência cautelar, porquanto este não visa contestar uma decisão sobre um litígio já julgado, mas sim obter uma nova decisão devido a uma alteração das circunstâncias de facto (CLOSSET-MARCHAL, Gilbert, "*La caducité et la rétractation de la décision ordonnant les mesures provisoires*", *in Les Mesures Provisoires en Droit Belge, Français et Italien – Étude de Droit Comparé*, Bruylant, Bruxelas, 1998, p. 364).

No direito suíço, o art. 83º, nºs 2 e 3, da LFPCF, dispõe o seguinte: "2. *Le juge peut, de son chef ou sur réquisition des parties, revenir sur sa décision lorsque les conditions ont changé.* 3. *Il révoque les mesures provisionnelles lorsqu'elles se révèlent après coup injustifiées ou lorsque le requérant n'a pas utilisé le délai imparti pour intenter action.*". Analogamente, o art. 268º, nº 1, do $CPC_{Su.}$ preceitua que "*Les mesures provisionnelles peuvent être modifiées ou révoquées, s'il s'avère par la suite qu'elles sont injustifiées ou que les circonstances se sont modifiées*", sendo essa solução seguida pelo art. 331º do $CPC_{CBer.}$, segundo o qual

Com efeito, nos casos em que a providência cautelar tenha sido decretada sem a audiência prévia do requerido, pode suceder que este esteja na posse de elementos factuais e/ou probatórios que, se tivessem sido oportunamente conhecidos pelo tribunal, nunca permitiriam que a providência cautelar fosse decretada ou, pelo menos, com a extensão e amplitude com que o foi.

Por via disso, após o exercício do contraditório do requerido, o tribunal pode modificar ou revogar a providência cautelar que tiver sido decretada[1416], o que sucederá, fundamentalmente, nas situações em que o requerido tenha trazido ao processo factos novos, isto é, factos que não eram conhecidos do tribunal, ou quando se tiver verificado uma alteração superveniente da matéria de facto[1417].

"*Le juge a toujours la faculté, sur réquisition des parties, de rapporter, modifier ou restreindre les mesures par lui ordonnées, quand le péril a disparu ou que les conditions ont changé*".
Por sua vez, no direito comunitário, o art. 163º do RPTJUE dispõe que "A pedido de uma das partes, o despacho pode, a qualquer momento, ser alterado ou revogado em consequência de uma alteração de circunstâncias.".
Analogamente, a regra 17.4 das Regras do Processo Civil Transnacional estabelece que "*The court may, after hearing those interested, issue, dissolve, renew, or modify an injunction*" (ALI/UNIDROIT, *Draft Rules of Transnational Civil Procedure with Comments, prepared by Professors G. C. Hazard, Jr., R. Stürner, M. Taruffo and A. Gidi*, Roma, fevereiro 2004, p. 14).

1415 Cfr., a este propósito, o ac. do TRL de 14.11.2013, proc. 5053/13.9TBOER-A.L1-2. No sentido de o recurso dessa decisão poder abranger todas as questões suscitadas no procedimento cautelar, quer pela decisão originariamente proferida sem a audição prévia do requerido, quer pela decisão que a mantém, completa ou altera, *vide* o ac. do TRC de 16.09.2013, proc. 220/12.5TBPBL-B.C1.

1416 Tendo em conta que o tribunal formou a sua convicção inicial sem o contraditório prévio do requerido, nada obsta a que, ao abrigo do princípio da livre apreciação da prova (art. 607º, nº 5) e depois da apresentação da oposição em juízo, o julgador dê como provada matéria de facto contrária à que foi dada como provada na fase inicial do procedimento cautelar, sem que daí decorra qualquer oposição de julgados (art. 625º), qualquer vício da sentença – designadamente por contradição entre os fundamentos de facto e a decisão [art. 615º, nº 1, al. *c)*] – ou qualquer violação do princípio da extinção do poder jurisdicional (art. 613º, nº 1) ou de caso julgado.

1417 BRANDOLINI, Elena, *700 c.p.c. – Strategie Processuali ed Ambiti Applicativi*, *op. cit.*, p. 75. Conforme salienta Abrantes Geraldes, "a lei concedeu ao requerido a possibilidade de, logo na primeira instância, conseguir a remoção ou a modificação da decisão cautelar, afastando os fundamentos da medida ou promovendo a sua redução a limites mais razoáveis" (GERALDES, António Santos Abrantes, *Temas da Reforma do Processo Civil*, vol. III, *op. cit.*, p. 278). Cfr., na jurisprudência, o ac. do TRP de 19.06.2000, proc. 0050139, bem como o ac. do TRE de 19.11.2006, proc. 2169/06-2, este último com o seguinte sumário: "Nos procedimentos cautelares toda a prova produzida é meramente indiciária, seja a produzida pelo requerente, seja a produzida pelo requerido, em sede de oposição, pelo que não se exige a prova segura do facto, como sucede no processo declarativo, bastando o juízo de mera probabilidade. Por isso, os indícios trazidos pelo requerente do procedimento cautelar podem ser afastados por indícios de sinal contrário carreados pelo requerido. E é a ponderação do conjunto da prova indiciária que permite ao julgador manter a providência decretada, afastar os

O regime da modificabilidade ou da revogação das providências cautelares constitui, assim, um importante meio de reação do requerido, seja para denunciar a inexistência originária do *fumus boni iuris* e/ou do *periculum in mora*[1418], seja para invocar a inadequação dessa providência com base numa modificação superveniente das circunstâncias de facto que foram tidas em consideração pelo julgador aquando da adoção da providência, ao abrigo do princípio *rebus sic stantibus*[1419].

Para que este regime seja aplicável, torna-se necessário que a parte afetada com o decretamento e/ou a execução da providência cautelar requeira a sua modificação, substituição ou revogação, ficando, por consequência, afastada a possibilidade de o julgador exercer, de forma oficiosa ou discricionária, esse direito[1420].

No que concerne à modificabilidade da providência cautelar, destaca-se a possibilidade de a providência cautelar ser substituída por uma outra menos gravosa, apesar de o Código de Processo Civil apenas consagrar, pelo menos de forma expressa, a possibilidade de a providência cautelar ser substituída por caução (art. 368º, nº 3)[1421].

Na verdade, face à prova produzida pelo requerido, o tribunal pode ponderar a eventual substituição da providência cautelar por uma outra que, tutelando, de igual modo, os interesses do requerente, permita minimizar os efeitos nefastos que dela decorrem para a esfera jurídica do requerido[1422].

seus fundamentos ou determinar a sua redução, constituindo esta nova decisão complemento e parte integrante da inicialmente proferida, como vem estabelecido no artigo 388º, nº 2 do CPC".

[1418] Tal como salienta José Maria Tesheiner, a revogação da providência cautelar pressupõe o "reexame da *causa petendi* invocada pelo autor, levando o juiz à convicção de que nunca existiu, ou de que não existe mais, o direito acautelado, ou o perigo de lesão" (TESHEINER, José Maria Rosa, *Medidas Cautelares (no Código de Processo Civil de 1973)*, *op. cit.*, p. 34).

[1419] Cfr., no mesmo sentido, MERLIN, Elena, "La caducité et la rétractation des mesures provisoires", *in Les Mesures Provisoires en Droit Belge, Français et Italien – Étude de Droit Comparé*, *op. cit.*, p. 378, CONSOLO, Claudio, *et al.*, *Commentario alla Riforma del Processo Civile*, *op. cit.*, p. 670, e GUTIÉRREZ BARRENENGOA, Aihoa, "De las medidas cautelares", *op. cit.*, p. 1362.

[1420] Cfr., nesse sentido, CONSOLO, Claudio, *et al.*, *Commentario alla Riforma del Processo Civile*, *op. cit.*, pp. 670 e 671, bem como MERLIN, Elena, "La caducité et la rétractation des mesures provisoires", *op. cit.*, p. 380.

[1421] Em sentido idêntico, THEODORO JÚNIOR, Humberto, *Curso de Direito Processual Civil*, vol. II, *op. cit.*, p. 547.

[1422] Admitindo a possibilidade de o tribunal substituir, oficiosamente, uma providência cautelar por uma outra que ele considere menos gravosa, embora quando esteja em causa a necessidade de tutela de interesses superiores e apenas nos casos em que a providência cautelar não tenha, ainda, sido executada, *vide* RAMIRO PODETTI, J., *Derecho Procesal Civil, Comercial y Laboral – Tratado de las Medidas Cautelares*, IV, *op. cit.*, p. 180.

De facto, assim como o juiz não está adstrito à providência cautelar concretamente requerida (art. 376º, nº 3), de igual modo tem a possibilidade de, face à matéria de facto e/ou à prova produzida pelo requerido em sede de oposição – que não fora ouvido previamente ao decretamento da providência – substituir a providência cautelar por uma outra que, assegurando com igual eficácia os interesses do requerente, seja menos gravosa para o requerido[1423]. Atento o carácter restritivo, quanto ao seu âmbito e natureza, das providências cautelares especificadas, esta solução terá o seu campo privilegiado de aplicação no domínio dos procedimentos cautelares comuns ou inominados[1424].

10. Proibição de repetição de providência cautelar injustificada

10.1. Âmbito

Dispõe o art. 362º, nº 4, que "Não é admissível, na dependência da mesma causa, a repetição de providência que haja sido julgada injustificada ou tenha caducado"[1425].

Assim, se a providência cautelar tiver sido julgada injustificada ou se tiver caducado, esse facto coarta a possibilidade de ser pedida uma nova providência cautelar idêntica, pelo mesmo requerente e contra o mesmo requerido[1426],

[1423] No sentido de o juiz se encontrar vinculado a "convolar a providência concretamente requerida para a que considere legalmente adequada ou mais eficaz à prevenção do dano receado", *vide* o ac. do TRL de 10.01.2019, proc. 315/18.1T8OER-A.L1-6.

[1424] A este propósito, o art. 204º do $CPC_{Arg.}$ dispõe que "*El juez, para evitar perjuicios o gravámenes innecesarios al titular de los bienes, podrá disponer una medida precautoria distinta de la solicitada, o limitarla, teniendo en cuenta la importancia del derecho que se intentare proteger*". Do mesmo modo, o art. 112º, 5º, do $CPC_{Mdz.}$ estipula que "*El tribunal podra disponer una medida distinta a la solicitada, o limitarla, teniendo en cuenta la importancia del derecho que se intenta proteger y para evitar perjuicios o vejamenes innecesarios al demandado*".

[1425] No sentido de esta norma não ser suscetível de aplicação analógica, pelo facto de revestir um carácter nitidamente excecional, *vide* Freitas, José Lebre de, "Repetição de providência e caso julgado em caso de desistência do pedido de providência cautelar", *op. cit.*, p. 477. Por via disso, este preceito não será aplicável, *v. g.*, à desistência do pedido, já que, deste ato, não resulta qualquer efeito preclusivo, no domínio substantivo, quanto ao direito que se pretende acautelar.

[1426] Assim, sendo a providência cautelar julgada injustificada, o legislador veio impor uma dupla penalização ao requerente da providência: se, por um lado, fica inibido de repetir a providência cautelar na dependência da mesma causa (independentemente de ter agido de forma culposa), por outro lado, responde ainda pelos danos causados ao requerido, quando não tenha agido com a prudência normal. *Vide*, a este respeito, Lima, Joaquim Pires de, "O insucesso da providência cautelar e a sanção aplicável ao requerente (a propósito de uma norma do Código de Processo Civil)", *op. cit.*, p. 103, bem como o ac. do TRP de 18.03.1996, proc. 9551152, segundo o qual "O requerente da providência só não pode pedir a repetição da providência como dependência da mesma causa se a anterior for julgada injustificada ou caducar".

isto é, impede a repetição sucessiva de procedimentos cautelares com as mesmas partes, o mesmo pedido e a mesma causa de pedir[1427,1428].

Semelhante regime é igualmente aplicável na eventualidade de o requerente da providência cautelar desistir do pedido na ação de que aquela depende[1429], já o mesmo não sucedendo no caso de ter havido uma mera desistência da instância, pois, nessa situação, o tribunal limita-se a fazer uma apreciação formal do processo[1430].

[1427] No seguimento de Lebre de Freitas e Isabel Alexandre, tanto o Anteprojeto da Comissão Varela, no seu art. 318º, nº 1, como o art. 390º, nº 1, do DL 329-A/95, de 12 de dezembro, associavam a proibição de repetição de providência cautelar injustificada à atuação culposa do requerente. Todavia, enquanto, no primeiro caso, se dispunha que a proibição de repetição implicava a impossibilidade de ser requerida qualquer outra providência, já na segunda situação, apenas não era permitida a repetição de providência com objeto idêntico à que tivesse sido jugada injustificada. Tendo em conta que o DL nº 180/96, de 25 de setembro, veio introduzir o art. 381º, nº 4, segundo o qual "Não é admissível, na dependência da mesma causa, a repetição de providência que haja sido julgada injustificada ou tenha caducado", a proibição de repetição de providência só abrange as situações em que esteja em causa uma providência com as mesmas partes, o mesmo pedido (mesmo conteúdo da anteriormente julgada injustifica) e a mesma causa de pedir (mesmo fundamento de facto) – FREITAS, José Lebre de/ALEXANDRE, Isabel, *Código de Processo Civil Anotado*, vol. II, *op. cit.*, pp. 13 e 14. *Vide*, no mesmo sentido, FREITAS, José Lebre de, "Repetição de providência e caso julgado em caso de desistência do pedido de providência cautelar", *op. cit.*, p. 462. Com efeito, de acordo com o aludido Autor, "A última revisão, ao separar a norma sobre a responsabilidade do requerente (art. 390º-1, apelando para o conceito de imputabilidade) da norma sobre a admissibilidade de nova providência (art. 381º-4) apenas impede, independentemente da consideração de culpa, a *repetição*, na sequência da mesma causa, de providência que tenha sido julgada injustificada ou tenha caducado. Elementos, subjectivos e objectivos, idênticos aos que constituem as excepções da litispendência e do caso julgado têm assim de ocorrer para que a nova providência seja inadmissível". Cfr. ainda, quanto a esta problemática, MENDES, João de Castro, *Limites Objectivos do Caso Julgado em Processo Civil*, Ática, Lisboa, 1968, p. 25, bem como GOUVEIA, Mariana França, *A Causa de Pedir na Pedir na Acção Declarativa*, Almedina, Coimbra, 2004, pp. 495 a 497.

[1428] Conforme se decidiu no ac. do STJ de 07.07.1999, proc. 563/99, *in SASTJ*, ano 1999, a proibição da repetição de providência cautelar injustificada assenta em fundamentos semelhantes aos que se encontram previstos para o instituto do caso julgado, traduzidos na repetição de uma causa, para a qual a lei exige a verificação cumulativa da chamada tripla identidade constante do atual art. 581º. *Vide*, em sentido diverso, o ac. do STJ de 03.12.1998, proc. 98A645, segundo o qual "O artigo 387º, nº 1, do CPC (redacção anterior ao DL 180/96) ao proibir a repetição da providência injustificada ou caduca, não o faz por ter havido um caso julgado, mas para evitar que se multipliquem os pedidos de providência por menor cuidado no seu requerimento. Assim, não pode requerer-se nova providência, embora por fundamentos diferentes da anterior".

[1429] Cfr., nesse sentido, o ac. do TRC de 17.11.1987, *in BMJ*, 371º, p. 559, o ac. do TRL de 04.02.1988, *in CJ*, tomo I, 1988, p. 1223, bem como o ac. do STJ de 29.02.1996, proc. 088314, *in BMJ*, 454º, ano 1996, p. 663.

[1430] *Vide*, nesse sentido, o ac. do STJ de 06.06.2000, proc. 00A382, *in BMJ*, nº 498, ano 2000, p. 179.

Na verdade, o legislador procurou "evitar que seja instaurado um novo processo cautelar quando já foi demonstrado que se verifica uma desnecessidade ou mesmo impossibilidade de tutela cautelar, ou pura e simplesmente punir um requerente que já revelou que não merece protecção judicial em virtude de ter negligenciado a promoção do processo principal"[1431].

Para além disso, a justificação para a proibição de repetição de providência cautelar injustificada prende-se, igualmente, não só com razões de celeridade e de economia processual, mas sobretudo com a preocupação de se evitar o proferimento de decisões judiciais contraditórias sobre a mesma providência cautelar[1432].

10.2. Requisitos

Para que este regime seja aplicável, torna-se necessário o preenchimento cumulativo dos seguintes requisitos:

a) repetição de providência cautelar;
b) que essa repetição se verifique na pendência da mesma causa; e
c) que essa providência cautelar tenha caducado ou sido julgada injustificada.

10.2.1. Repetição de providência cautelar

A utilização do termo "repetição" na letra do art. 362º, nº 4, leva a concluir que este regime só será aplicável nos casos em que, atento o disposto no art. 581º, nº 1, se verifique uma identidade de sujeitos, de pedido e de causa de pedir[1433,1434], ou seja, quando esteja em causa uma providência cautelar com o "mesmo conteúdo e se baseie nos mesmos factos espácio-temporalmente

[1431] Martins, Ana Gouveia, "Tutela cautelar: prazos, caducidade e repetição da providência – ac. do STA de 15.9.2004, P. 620/04", *in CJA*, nº 75, 2009, p. 34. Cfr., na jurisprudência, o ac. do TRL de 07.06.2018, proc. 389/13.1YHLSB.L1-6.

[1432] Cfr. o ac. do STJ de 07.06.1999, proc. 563/99, *in SASTJ*, ano 1999, o ac. do STJ de 07.07.1999, proc. 563/99, *in SASTJ*, ano 1999, bem como o ac. do TRE de 12.03.2009, proc. 3014/08-3. Nessa exata medida, conforme se decidiu no ac. do TRP de 20.10.2008, proc. 0855029, não são abrangidos por este regime os casos de indeferimento liminar de providência cautelar, quando baseada na falta de alegação dos pressupostos legais exigíveis, sendo portanto admissível o requerimento de uma nova providência cautelar sujeita aos ditos requisitos (*vide*, no mesmo sentido, o ac. do TRL de 04.06.2014, proc. 449/13.9TTBRR-C.L1-4).

[1433] *Vide*, a este propósito, o ac. do STJ de 24.06.1980, *in BMJ*, 298º, p. 269, o ac. do TRE de 16.01.1986, *in CJ*, tomo I, 1986, p. 167, o ac. do TRE de 05.02.1987, *in CJ*, tomo I, 1987, p. 290, bem como o ac. do TRL de 18.11.1993, proc. 0062966, *in CJ*, ano XVIII, tomo V, 1993, p. 130, nos termos do qual "O art. 387º do CPC proíbe apenas a repetição de providência cautelar com o mesmo objecto e não o uso de outro procedimento com objecto diverso". Quanto aos limites objetivos do caso julgado, *vide* Va-

situados"[1435]. Dito de outra forma, o facto de a providência cautelar ter sido julgada injustificada só obsta à repetição de uma providência cautelar idêntica, não ficando, por isso, a parte impedida de lançar mão de uma outra providência cautelar que permita evitar eventuais riscos de lesão diversos dos que determinaram o recurso infundado à tutela cautelar inicial, atenuando-se, desta forma, a preclusão emergente da improcedência da providência[1436,1437].

Por conseguinte, pode ser requerida, na pendência da mesma causa, uma providência cautelar idêntica a uma anterior que tenha sido julgada injustificada, desde que sejam diversos os sujeitos, o pedido e/ou a causa de pedir dessa providência[1438,1439].

RELA, João de Matos Antunes, *et al.*, *Manual de Processo Civil*, *op. cit.*, pp. 710 a 713, bem como SILVA, João Calvão da, *Estudos de Direito Civil e Processo Civil (Pareceres)*, Almedina, Coimbra, 1996, p. 231.

1434 Na esteira de Rui Pinto, na tutela cautelar, a causa de pedir traduz-se no "*periculum* para o direito" e o pedido consiste na providência cautelar concretamente requerida (PINTO, Rui, *A Questão de Mérito na Tutela Cautelar – A Obrigação Genérica de não Ingerência e os Limites da Responsabilidade Civil*, *op. cit.*, p. 283).

1435 MARQUES, J. P. Remédio, *Acção Declarativa à Luz do Código Revisto*, *op. cit.*, p. 157. Cfr., na jurisprudência, o ac. do TRL de 07.06.2018, proc. 389/13.1YHLSB.L1-6.

1436 REGO, Carlos Francisco de Oliveira Lopes do, *Comentários ao Código de Processo Civil*, vol. I, *op. cit.*, p. 344. *Vide*, no mesmo sentido, FARIA, Rita Lynce de, *A Função Instrumental da Tutela Cautelar Não Especificada*, *op. cit.*, p. 160, bem como o ac. do TRC de 02.05.1990, *in BMJ*, 397º, p. 583, e o ac. do TRL de 03.05.2012, proc. 2737/11.0TBSXL-B.L2-6.

1437 Criticando a tese perfilhada pelo ac. do STJ de 24.06.1980, *in BMJ*, 298º, p. 296, segundo a qual nada obsta a que o requerente de providência cautelar que tenha sido julgada injustificada ou que tenha caducado requeira nova providência cautelar como dependência da mesma causa, desde que esta tenha um objeto diferente da anterior, *vide* VARELA, João de Matos Antunes, *et al.*, *Manual de Processo Civil*, *op. cit.*, p. 26.

1438 Cfr., no mesmo sentido, MARTINS, Ana Gouveia, "Tutela cautelar: prazos, caducidade e repetição da providência – ac. do STA de 15.9.2004, P. 620/04", *op. cit.*, p. 34, segundo a qual "a proibição apenas afecta a possibilidade de apreciação e concessão de providências com o mesmo teor e desde que não sejam alegados outros factos como fundamento, não prejudicando a apresentação de um pedido cautelar de concessão de uma providência com outro conteúdo ou destinada a tutelar interesses diferentes dos visados pela anterior providência", bem como MARQUES, J. P. Remédio, *Acção Declarativa à Luz do Código Revisto*, *op. cit.*, p. 157. Analogamente, o ac. do STJ de 23.01.2001, proc. 3808/6, *in SASTJ*, ano 2001, considerou que uma eventual alteração superveniente em relação às circunstâncias quanto ao *periculum in mora* pode qualificar como justificada uma providência cautelar que antes não o era. *Vide*, em sentido diverso, o ac. do TRE de 12.03.2009, proc. 3014/08-3, segundo o qual "Com o disposto no artigo 381º, nº 4, do Código de Processo Civil o legislador pretendeu evitar que, no âmbito do mesmo litígio, haja repetição de procedimento cautelar com o propósito de assegurar o mesmo direito, no confronto de identidade de partes, mesmo que o fundamento do procedimento cautelar seja diverso", bem como o ac. do TRL de 29.04.2014, proc. 3589/08.2YYLSB-G.L1-6, no qual se decidiu que "A proibição da repetição de providência cautelar estatuída no art. 362º, nº 4, do CPC tem aplicação se esta tem o propósito de assegurar o mesmo direito, no confronto de identidade de partes, mesmo que baseada em factos diferentes".

Assim, estando em causa uma ação principal com pluralidade de partes, nada impede que um sujeito processual requeira o decretamento de uma providência cautelar com o mesmo objeto, ainda que tenha sido julgada injustificada uma providência cautelar anterior, pedida por um requerente ou contra um requerido diversos[1440,1441].

Analogamente, verificando-se uma alteração relevante e superveniente das circunstâncias de facto quanto ao *fumus boni iuris* e/ou ao *periculum in mora*, será admissível a repetição de uma providência cautelar que anteriormente tenha sido julgada injustificada, já que essa alteração pode "qualificar como justificada uma providência que antes não o era, devendo então prevalecer o interesse do requerente na tutela jurisdicional efectiva do seu direito, constitucionalmente garantida, sem que o tribunal se confronte com a alternativa de contradizer ou de reproduzir a decisão anterior, porque não se repetem os fundamentos da providência"[1442,1443].

[1439] No sentido de a proibição de repetição de uma nova providência cautelar como dependência da mesma causa após o indeferimento do pedido se traduzir numa violação do princípio da equidade e do direito de ação, *vide* FREITAS, José Lebre de, "Em torno da revisão do direito processual civil", *op. cit.*, p. 12.

[1440] *Vide*, no mesmo sentido, FARIA, Rita Lynce de, *A Função Instrumental da Tutela Cautelar Não Especificada*, *op. cit.*, p. 161.

[1441] Cfr., a este propósito, o art. 309º, parágrafo único, do $CPC_{Br.2015}$, nos termos do qual "Se por qualquer motivo cessar a eficácia da tutela cautelar, é vedado à parte renovar o pedido, salvo sob novo fundamento.". Em anotação a este regime, Humberto Theodoro Júnior salienta que "a denegação anterior de uma providência cautelar não impede que a parte volte a juízo para reiterar sua pretensão com novos argumentos e melhores provas dos seus requisitos" (THEODORO JÚNIOR, Humberto, "Tutela jurisdicional cautelar", *op. cit.*, p. 25. Cfr., no mesmo sentido, THEODORO JÚNIOR, Humberto, *Curso de Direito Processual Civil*, vol. II, *op. cit.*, p. 546).
Do mesmo modo, o art. 164º do RPTJUE dispõe que "O indeferimento do pedido relativo a uma medida provisória não impede a parte que o tenha deduzido de apresentar outro pedido fundado em factos novos".

[1442] Ac. do STJ de 23.01.2001, proc. 3808/00, *in SASTJ*, ano 2001. Cfr., no mesmo sentido, o ac. do STJ de 08.01.2015, proc. 3589/08.2YYLSB-G.L1.S1, bem como o ac. do TRE de 20.02.2018, proc. 357/13.3TALLE-B.E1.

[1443] No que concerne ao objeto do litígio e ao alcance do caso julgado, Karl Schwab sustenta que a ação judicial proposta em segundo lugar pode conter a alegação de factos não supervenientes, isto é, que já se verificavam aquando da propositura da primeira ação, mas que não foram aí invocados. O mesmo é dizer que apenas ficam excluídos da nova ação, por força do caso julgado, os factos que sustentam a causa de pedir da ação inicial. De todo o modo, de acordo com Schwab, esta teoria encerra uma desvantagem, já que permite que o autor alegue a existência ou verificação de uma nova situação factual ainda que o autor já pudesse ter invocado esses factos na ação anterior, o que contraria o princípio da concentração (SCHWAB, Karl Heinz, *Der Streitgegenstand im Zivilprozess*, Beck, Berlim, 1954, pp. 220 a 222).

A mesma solução deverá ser adotada nos casos em que a providência repetida se funde em factos supervenientes ao encerramento da causa e que, consequentemente, não puderam ser devidamente analisados e valorados pelo julgador que considerou a providência inicial injustificada[1444,1445].

1444 Cfr., a este propósito, SOUSA, Miguel Teixeira de, *Estudos sobre o Novo Processo Civil, op. cit.*, pp. 245 e 246, segundo o qual "é possível voltar a requerer uma nova providência que anteriormente foi rejeitada sempre que surjam factos supervenientes que a possam justificar".

1445 *Vide*, em sentido análogo, o art. 669º-*septies* do $CPC_{It.}$, nos termos do qual "*L'ordinanza di rigetto non preclude la ripropozione dell'instanza per il provvedimento cautelare quando si verifichino mutamenti delle circostanze o vengano dedotte nuove ragioni di fatto o di diritto*". Assim, a solução do ordenamento jurídico italiano vai mais longe, já que permite a repetição de uma providência cautelar que tenha sido julgada injustificada, não só quando se verifiquem factos objetiva ou subjetivamente supervenientes, como também quando o requerente da providência apresente novas razões de facto ou de direito – ainda que já existentes anteriormente – que não tenham sido invocadas perante o tribunal que indeferiu a providência cautelar. Com efeito, na esteira de Proto Pisani, esta norma não estabelece qualquer preclusão quanto à possibilidade de se iniciar uma nova instância, quando fundada numa alteração das circunstâncias de facto (*mutamenti delle circostanze*) – ou seja, não só com base em novos factos supervenientes que sejam constitutivos do direito ou do *periculum in mora*, ou em novos meios de prova respeitantes aos factos inicialmente aduzidos em juízo – em novas razões de facto ou de direito (*nuove ragioni di fatto o di diritto*) – isto é, em factos não supervenientes ou em argumentos jurídicos não utilizados pela parte no procedimento cautelar anteriormente instaurado. Trata-se, por isso, de uma exceção ao princípio da preclusão da alegação da matéria de facto e de direito (PISANI, Andrea Proto, *Lezioni di Diritto Processuale Civile, op. cit.*, pp. 691 e 692). Do mesmo modo, Luigi Montesano e Giovanni Arieta assinalam que a formulação de um pedido de decretamento de uma providência cautelar que já tenha sido rejeitada depende, fundamentalmente, do surgimento de novas circunstâncias de facto, necessariamente externas e supervenientes em relação ao procedimento cautelar já concluído, sejam elas dependentes ou não da vontade das partes, ou da invocação de novas razões, de facto ou de direito (MONTESANO, Luigi/ARIETA, Giovanni, *Diritto Processuale Civile*, III, *op. cit.*, p. 424). Por sua vez, Tarzia sustenta que as "novas razões de facto" podem reportar-se a elementos de facto que sejam supervenientes, pese embora a lei não exija essa superveniência. Por via disso, um determinado facto que tenha sido omitido no primeiro procedimento cautelar, mas que seja decisivo para a concessão da tutela cautelar, é suficiente para servir de base a um novo pedido de decretamento de uma providência cautelar que tenha sido anteriormente indeferida (TARZIA, Giuseppe, *et al.*, *Il Nuovo Processo Cautelare, op. cit.*, p. 386, e TARZIA, Giuseppe, "Rigetto e riproponibilità della domanda cautelare", *in RDP*, ano XLIII, nº 4, Cedam, Pádua, outubro-dezembro 1988, pp. 933 e 934). Na mesma linha de raciocínio, Claudio Consolo elucida que o art. 669º-*septies* do $CPC_{It.}$ veio admitir a livre repropositura do procedimento cautelar quando exista uma decisão de rejeição do mesmo, bastando, para o efeito, alegar a alteração das circunstâncias de facto ou novas razões de facto ou de direito que não tivessem sido anteriormente suscitadas junto do julgador. Assim, se o requerente da providência cautelar tiver alegado de forma exaustiva todos os seus bons argumentos para demonstrar a necessidade de decretamento da providência cautelar e se o tribunal, mesmo assim, a tiver rejeitado, não lhe restará outra alternativa que não seja a de impugnar essa decisão; de todo o modo, se se tiver verificado o surgimento de fundadas razões efetivamente novas e pertinentes ou uma alteração superveniente das circunstâncias de facto ou de direito, já será admissível a reproposituratura de um procedimento cautelar anteriormente rejeitado com base na alegação desses novos fundamentos (CONSOLO, Claudio, *et al.*, *Commentario alla Riforma del Processo Civile, op. cit.*, pp. 632 a 635). Analogamente, António Diana defende que o pedido de decretamento de uma providência cautelar anteriormente rejeitada só será afetado pela preclusão na hipótese de se verificar a repetição exata da anterior demanda e sobre a qual recaiu uma decisão negativa do tribunal (DIANA, Antonio Gerardo, *Procedimenti Cautelari e Possessori, op. cit.*, p. 25). No mesmo sentido, Maria Caterina Buonfardieci considera que a rejeição da providência cautelar por motivos de mérito preclude a possibilidade de repetição da providência (*rebus sic stantibus*), sendo certo que a jurisprudência italiana tem vindo a interpretar de forma restritiva a possibilidade de repropositura de um procedimento cautelar com fundamento em diversa argumentação jurídica que não tenha sido utilizada no procedimento originário (BUONFARDIECI, Maria Caterina, *et al.*, *Provvedimenti Cautelari nel Processo, op. cit.*, p. 65). Por sua vez, Francesco Luiso salienta que, neste caso, não existe uma total liberdade na repropositura de um procedimento cautelar, já que tal só poderá suceder se tiver havido uma alteração das circunstâncias de facto ou a dedução de nova matéria de facto ou de direito. Assim, este regime enquadra-se numa disciplina intermédia entre a preclusão plena que nasce do trânsito em julgado da decisão e a inexistência de preclusão. Na verdade, perante uma decisão de indeferimento já transitada em julgado, é possível que seja requerida uma nova providência cautelar baseada em matéria de facto ou de direito superveniente, mas nunca com base em razões de facto ou de direito que já existissem aquando do procedimento cautelar primitivo, mas que não foram invocadas em juízo (LUISO, Francesco P., *Diritto Processuale Civile – I Processi Speciali*, vol. IV, 5ª ed., Giuffrè Editore, Milão, 2009, p. 193). Na mesma linha de raciocínio, Andrea Lugo esclarece que a decisão de indeferimento da providência cautelar não produz qualquer efeito preclusivo e não impede a propositura de um novo procedimento cautelar, o qual, naturalmente, deverá basear-se em novas circunstâncias supervenientes ou, pelo menos, em novos argumentos jurídicos (LUGO, Andrea, *Manuale di Diritto Processuale Civile, op. cit.*, p. 458). Assim, conforme assinala Antonio Diana, a preclusão quanto à propositura de um novo procedimento cautelar só se verifica nos casos em que não se verifique uma modificação das circunstâncias, ou seja, quando ocorra a repetição de uma providência cautelar já recusada, sem qualquer alteração quanto à matéria de facto ou de direito (DIANA, Antonio Gerardo, *Procedimenti Cautelari e Possessori, op. cit.*, p. 25). Adotando a mesma interpretação restritiva do art. 669º-*septies* do $CPC_{It.}$, o Tribunal de Bari, por sentença de 02.03.2009, *apud* RICHTER, Giorgio Stella/RICHTER, Paolo Stella, *La Giurisprudenza sul Codice di Procedura Civile (Libro IV – Dei Procedimenti Speciali), op. cit.*, p. 113, decidiu que, à luz do princípio da duração razoável do processo, não é admissível aduzir, em sede de reiteração do mesmo procedimento cautelar, novas razões de direito que já pudessem ter sido deduzidas com a propositura do anterior procedimento cautelar. Do mesmo modo, o Tribunal de Reggio Calabria, por sentença de 18.04.2007, *apud* RICHTER, Giorgio Stella/RICHTER, Paolo Stella, *La Giurisprudenza sul Codice di Procedura Civile (Libro IV – Dei Procedimenti Speciali), op. cit.*, p. 113, decidiu que a estabilidade da decisão cautelar só pode ser afetada quando se verifique uma modificação superveniente da matéria de facto ou quando sejam invocadas novas razões que se revelem idóneas para justificar uma alteração dessa decisão. *Vide*, ainda, quanto a esta problemática, CONSOLO, Claudio, "Condanna alle spese per soccombenza à sè stante nel giudizio cautelare?: o nell'appello cautelare?", *in DPA*, ano XII, nº 1, março 1994, p. 184, GIORGETTI, Mariacarla, "*Domanda e procedimento nelle recenti esperienza del processo cautelare*", *in RDP*, ano LI, nº 3, julho-setembro 2001, pp. 829 e 830, BARLETTA, Antonino, *La Riproposizione della Domanda Cautelare*, Giuffrè Editore, Milão, 2008, p. 13, bem como CAPONI, Remo, "La tutela sommaria nel processo societario in prospettiva europea", *op. cit.*, p. 1373.

Contudo, o regime previsto no art. 362º, nº 4, já não poderá ser afastado com base na alegação, por parte do requerente, de que logrou coligir novos (ou melhores) meios de prova relativamente aos que foram produzidos na providência cautelar que foi julgada injustificada, com vista a obter o mesmo efeito jurídico que se pretendia com essa providência cautelar[1446].

10.2.2. Repetição na pendência da mesma causa

A aplicação do regime da proibição de repetição de providência cautelar que tenha sido julgada injustificada implica que essa repetição se verifique na "pendência da mesma causa".

Sobre o que se deve entender por "pendência da mesma causa", a jurisprudência tem vindo a considerar que tal não obriga a que estejamos necessariamente no domínio da "mesma acção ou meio processual", bastando antes que se trate do mesmo "litígio ou questão a decidir"[1447].

10.2.3. A providência cautelar tenha caducado ou sido julgada injustificada

Por último, a lei não permite a repetição, na pendência da mesma causa, de uma providência cautelar que tenha caducado ou sido julgada injustificada.

Assim, encontram-se, desde logo, abrangidos por este regime os casos em que a providência cautelar tenha caducado. Deste modo, estando em causa, por exemplo, um embargo extrajudicial de obra nova, que acabou por caducar, pelo facto de não ter sido requerida a sua ratificação judicial dentro do prazo legalmente previsto para o efeito, não é possível a repetição dessa providência cautelar, verificando-se a identidade de partes, pedidos e causas de pedir[1448].

Ademais, este regime visa igualmente proteger o requerido de uma providência cautelar que tenha sido julgada injustificada.

De facto, pese embora o DL nº 180/96, de 25 de setembro, tenha deslocalizado este regime do então art. 390º do CPC_{1995} para o art. 381º, nº 4, do CPC_{1996}, o certo é que a proibição de repetição de providência cautelar que haja sido julgada injustificada surge intimamente associada à atuação culposa do requerente de providência cautelar injustificada, por não ter agido com a prudência normal.

[1446] Cfr. o ac. do STJ de 07.07.1999, proc. 563/99, *in SASTJ*, ano 1999.

[1447] Ac. do TRL de 03.05.2012, proc. 2737/11.0TBSXL-B.L2-6.

[1448] Cfr., em sentido contrário, o ac. do TRE de 26.01.1984, *in BMJ*, 335º, p. 357, com a anotação de que este aresto foi proferido ao abrigo do art. 387º do CPC_{1961}, preceito esse que apenas se referia às "providências judicialmente decretadas".

Por via disso, a proibição de repetição de providência cautelar na mesma causa não se verifica se a anterior tiver sido liminarmente indeferida ou se não tiver chegado a haver uma decisão de fundo[1449].

Enquadram-se, por conseguinte, neste regime os casos em que "a recusa do deferimento da providência resulta duma apreciação de mérito, ou seja, quando em face da prova produzida pelo requerente é feito um juízo sobre a verificação dos requisitos e se conclui pela falta dos fundamentos para que possa ser decretada"[1450]. É o que sucede, por exemplo, se, tendo sido requerido o decretamento de uma providência cautelar de arbitramento de reparação provisória, a qual foi considerada injustificada, pelo facto de se ter concluído pela prescrição do direito indemnizatório de que o requerente se arrogava titular, este requer o decretamento de nova providência, com a mesma finalidade e conteúdo essencial da que, anteriormente, havia sido indeferida[1451].

11. Caducidade da providência cautelar

11.1. Âmbito

Nas palavras de Chiovenda, "a caducidade é um modo de extinguir da relação processual, a qual tem lugar com o decurso de um certo período de tempo em estado de inactividade"[1452].

Com efeito, o regime de caducidade das providências cautelares, previsto no art. 373º, tem, precisamente, como objetivo evitar que o requerido fique sujeito, por tempo excessivo ou indeterminado, aos efeitos danosos e nefastos de uma providência cautelar que, por assentar num juízo sumário, urgente e provisório, pode ser injusta ou ilegal[1453].

[1449] Cfr. o ac. do TRP de 13.06.2006, proc. 03B1855.

[1450] *Idem*. Cfr., no mesmo sentido, o ac. do TCAS de 30.06.2016, proc. 13355/16.

[1451] Ac. do TRL de 29.06.2017, proc. 1884-11.2TBCSC-E.L1-6.

[1452] Chiovenda, Guiseppe, *Principios de Derecho Procesal Civil*, tomo I, *op. cit.*, p. 383.

[1453] Ac. do TRC de 07.11.2000, proc. 2511/2000. *Vide*, no mesmo sentido, Sousa, Miguel Teixeira de, *Estudos sobre o Novo Processo Civil*, *op. cit.*, p. 252, segundo o qual "as medidas provisórias não podem eternizar-se e, por essa via, fornecer ao requerente uma tutela tão eficaz e duradoura como a que resultaria de uma composição definitiva, pois que o requerido não pode permanecer indefinidamente na incerteza quanto à sua verdadeira situação perante o requerente". Na mesma linha de raciocínio, Donaldo Armelin assinala que "A imposição do ajuizamento da ação principal no aludido prazo serve de acicate para evitar que o requerente da medida remanesça comodamente desfrutando de sua eficácia e evitando que o direito acautelando passe pelo crivo de uma cognição judicial exauriente, com o risco da revogação dessa mesma medida" (Armelin, Donaldo, "Responsabilidade objetiva no código de processo civil", *in Processo Civil*, coord. de José Rogério Cruz e Tucci, Editora Saraiva, 1995, p. 112). Cfr., ainda, Santulli, Rita, "Sequestro giudiziario e conservativo", *op. cit.*, p. 18, Normand, Jacques, "*La caducité et la rétractation de la décision ordonnant les*

Na realidade, tendo em conta que as providências cautelares representam uma "intromissão grave na esfera jurídica do requerido", estas têm, em princípio, de ser seguidas pela ação principal, sob pena de caducidade do procedimento[1454]. O mesmo é dizer que as providências cautelares, sendo caracterizadas pela sua instrumentalidade e provisoriedade, destinam-se a ser absorvidas ou excedidas pela decisão que vier a ser adotada na ação principal de que dependem[1455,1456].

Assim, nos termos do art. 373º, nº 1, sem prejuízo da aplicação do regime da inversão do contencioso, previsto no art. 369º, o procedimento cautelar extingue-se e, quando decretada, a providência caduca, nos seguintes casos[1457]:

a) se o requerente não propuser a ação da qual a providência depende dentro de 30 dias, contados da data em que lhe tiver sido notificado o trânsito em julgado da decisão que a tenha ordenado[1458];

mesures provisoires", in Les Mesures Provisoires en Droit Belge, Français et Italien – Étude de Droit Comparé, op. cit., p. 390, bem como DINAMARCO, Cândido Rangel, *Nova Era do Processo Civil, op. cit.*, p. 75.

1454 BAPTISTA, José João, *Processo Civil I – Parte Geral e Processo Declarativo, op. cit.*, p. 111. Cfr., no mesmo sentido, REIS, Alberto dos, "A figura do processo cautelar", *op. cit.*, p. 72.

1455 Sentença do CSCass. de 17.03.2003, nº 3898, *in www.cortedicassazione.it*. *Vide*, no mesmo sentido, a sentença do CSCass. de 25.05.2000, nº 6785, *in www.cortedicassazione.it*, segundo a qual "*I provvedimenti cautelari non sono idonei, per loro natura ad acquistare effiacia definitiva se non tempestivamente impugnati, ma sono caratterizzati (...) dalla provvisorietà e dalla strumentalità, essendo destinati a rifluire nel provvedimento che definisce la controvérsia in atto tra le parti*", bem como TRAMONTANO, Luigi, *Denuncia di Nuova Opera e di Danno Temuto, op. cit.*, p. 86, e MERLIN, Elena, "La caducité et la rétractation des mesures provisoires", *op. cit.*, pp. 369 e 370.

1456 Conforme denota Georges Wiederkher, as medidas cautelares destinam-se a produzir um "efeito passageiro", já que, pela sua natureza, estas medidas regulam provisoriamente o litígio até que sejam substituídas pela decisão de fundo. Assim, se a ação principal vier a ser julgada em sentido favorável ao requerente da tutela cautelar, a medida provisória garantirá e efetividade da decisão de fundo, produzindo, por via disso, um efeito definitivo (WIEDERKHER, M. Georges, "L'accélération des procedures et les mesures provisoires", *op. cit.*, p. 452). De todo o modo, tal como se decidiu no ac. do TRL de 20.09.2018, proc. 2466/18.3T8FNC-A.L1-6, "A decisão final a ser proferida na acção principal não se destina a confirmar ou a revogar a decisão final proferida no procedimento cautelar".

1457 Tal como se decidiu no ac. do TRC de 15.11.2011, proc. 332/09.2TBTNV-E.C1, a enumeração das causas de caducidade da providência cautelar elencadas no art. 373º não tem carácter taxativo, existindo, por isso, outras situações atípicas igualmente geradoras da extinção ou da caducidade da providência cautelar.

1458 No sentido de este prazo revestir uma natureza processual e não substantiva, já que o que caduca não é o direito de propor a ação, mas sim a providência concretamente decretada, *vide* o ac. do STJ de 16.05.1991, proc. 080768, *in BMJ*, 407º, ano 1991, p. 430. Por sua vez, conforme se decidiu no ac. do STJ de 28.11.1996, proc. 600/96, *in SASTJ*, ano 1996, p. 241, o prazo de caducidade da providência cautelar só começa a correr depois de esta ter sido decretada. No sentido de este prazo não se suspender em férias judiciais, *vide* o ac. do TRE de 27.09.2007, proc. 1225/07-2.

b) se, uma vez proposta a ação, o processo estiver parado mais de 30 dias, por negligência do requerente[1459];

c) se a ação vier a ser julgada improcedente, por decisão transitada em julgado[1460];

d) se o réu for absolvido da instância e o requerente não propuser nova ação em tempo de aproveitar os efeitos da proposição da anterior; ou

e) se o direito que o requerente pretende acautelar se tiver extinguido[1461].

O levantamento da providência cautelar, por verificação de algum dos pressupostos que determinem a sua caducidade, pode ter lugar mediante requerimento do interessado ou oficiosamente, por iniciativa do tribunal[1462].

11.1.1. Falta de propositura da ação principal

Os procedimentos cautelares caracterizam-se, em regra, pela sua instrumentalidade e dependência em relação à ação principal[1463], razão pela qual não pode ser obtido pela via cautelar o efeito útil que se encontra reservado, pela sua natureza, à ação definitiva[1464,1465].

[1459] *Vide*, a este propósito, o art. 731º da LEC, segundo o qual a providência cautelar não pode manter-se se o processo ficar parado durante mais de seis meses por facto imputável ao requerente da providência.

[1460] No sentido de a providência cautelar caducar de igual modo, por inutilidade superveniente, nos casos em que a ação seja decidida em sentido favorável aos interesses do requerente da providência, isto é, quando seja julgada procedente, *vide* o ac. do STJ de 28.10.1999, proc. 808/99, *in SASTJ*, ano 1999.

[1461] Cfr., quanto a esta causa de caducidade, o ac. do TRL de 08.06.1993, proc. 0066901.

[1462] Cfr., no mesmo sentido, Freitas, José Lebre de, *Estudos sobre Direito Civil e Processo Civil*, vol. I, *op. cit.*, p. 295. *Vide*, em sentido contrário, o ac. do STJ de 10.11.1998, proc. 230/98, bem como Marques, J. P. Remédio, *Acção Declarativa à Luz do Código Revisto*, *op. cit.*, p. 153, o qual sustenta que a caducidade deve ser suscitada pelo requerido, que curará de pedir o seu levantamento, sendo ouvido o requerente.

[1463] Cfr. Freitas, José Lebre de/Alexandre, Isabel, *Código de Processo Civil Anotado*, vol. II, *op. cit.*, p. 63, segundo os quais o procedimento cautelar caracteriza-se por uma "instrumentalidade em segundo grau", já que é "instrumental relativamente ao processo principal, que é, por sua vez, instrumental em face do direito material". Por sua vez, Proto Pisani acentua o carácter instrumental dos procedimentos cautelares numa tripla dimensão: *a)* na circunstância de as providências cautelares se tornarem ineficazes se a ação principal não for intentada dentro dos prazos consignados na lei; *b)* na revogabilidade ou modificabilidade das providências cautelares; *c)* na revogação automática das providências cautelares em consequência da extinção do processo de declaração ou da emanação de sentença que declarar a inexistência do direito que se visava acautelar (Pisani, Andrea Proto, *Lezioni di Diritto Processuale Civile*, *op. cit.*, p. 639). *Vide*, a este respeito, o ac. do STJ de 01.03.2007, proc. 07A4669, bem como o ac. do TRL de 07.10.1993, proc. 0078832.

[1464] Com efeito, conforme se decidiu no ac. do TRP de 21.02.2002, proc. 0230226, "A actividade cautelar não se confunde com a actividade declarativa, pelo que as providências cautelares não

De facto, exceto se for decretada a inversão do contencioso, o procedimento cautelar pressupõe a existência de uma ação principal, já proposta ou a propor[1466], tal como decorre expressamente do art. 364º, nº 1.

A tutela obtida pela via cautelar reveste ainda um carácter provisório em relação à da ação principal, caracterizando-se, por isso, pela sua natureza necessariamente precária[1467].

Neste contexto, a decisão do procedimento cautelar deve ser confirmada pela sentença que vier a ser proferida na ação principal, sob pena de caducidade da providência que tiver sido decretada, caso em que o requerente responderá pelos prejuízos e danos causados ao requerido[1468].

constituem meio adequado para se criarem e definirem direitos, mas apenas para se acautelarem e protegerem os que já existirem". *Vide*, no mesmo sentido, o ac. do TRL de 29.01.2004, proc. 6667/2003-8.

1465 De todo o modo, tal como salienta Teixeira de Sousa, o facto de as providências cautelares poderem ser solicitadas mesmo quando não esteja pendente nenhuma ação judicial possibilita que a providência possa ser requerida, mas que a ação judicial nunca chegue a ser intentada. Assim, apesar de o art. 373º, nº 1, al. *a)*, estabelecer, para essa hipótese, a caducidade da providência, pode suceder que essa caducidade não produza efeitos práticos (Sousa, Miguel Teixeira de, *Estudos sobre o Novo Processo Civil, op. cit.*, p. 246). No mesmo sentido, Ramiro Podetti sustenta que o processo principal, de que a providência cautelar depende, possui uma natureza "hipotética", já que pode não chegar a existir, sem que tal afete a efetividade da providência. Na verdade, conforme salienta o referido Autor, "podem dar-se casos nos quais a não promoção do processo, de que a providência cautelar é um instrumento prévio ou antecipado, não a afecte, por ter cumprido o seu objectivo" (Ramiro Podetti, J., *Derecho Procesal Civil, Comercial y Laboral – Tratado de las Medidas Cautelares*, IV, *op. cit.*, p. 34).

1466 Cfr., a este respeito, o ac. do TRP de 25.01.2001, proc. 0031622, no qual se decidiu, a propósito da relação entre a providência cautelar e a ação principal, que esta deve ter como fundamento o direito acautelado.

1467 *Vide*, a este propósito, Sousa, Miguel Teixeira de, *Estudos sobre o Novo Processo Civil, op. cit.*, p. 228, segundo o qual a provisoriedade das providências cautelares resulta da sua necessária substituição pela tutela que vier a ser obtida na ação principal.

1468 Cfr. o ac. do TRL de 29.09.2005, proc. 4898/2005-6, bem como o ac. do TRL de 15.04.2010, proc. 6572/09.7TBOER.L1-8. A este propósito, Silvia Barona Vilar salienta que a revogação ou o levantamento das medidas cautelares comporta a condenação do requerente no pagamento das custas, bem como a declaração de responsabilidade pelos danos e prejuízos que o requerido tenha sido obrigado a suportar em virtude do decretamento da providência (Montero Aroca, Juan, *et al.*, *El Nuevo Proceso Civil (Ley 1/2000), op. cit.*, p. 861). Do mesmo modo, na esteira de Ramiro Podetti, o facto de o requerente da providência cautelar não propor a ação principal de que esta depende dentro do prazo legalmente previsto para o efeito permite presumir a inexistência do direito que este pretendia tutelar pela via cautelar, devendo, por isso, responder pelos danos causados ao requerido com o decretamento da providência (Ramiro Podetti, J., *Derecho Procesal Civil, Comercial y Laboral – Tratado de las Medidas Cautelares*, IV, *op. cit.*, p. 163). Cfr. ainda, no mesmo sentido, Canale, Guido, "Tutela cautelare e arbitrato irrituale", *in RTDPC*, ano L, Giuffrè Editore, Milão, 1996, p. 952.

É que, se assim não fosse, "a providência decretada, de forma sumária e com apoio em prova meramente indiciária, corria o risco de transformar-se em injustificado gravame para o requerido, que poderia ficar indefinidamente sujeito a uma decisão provisória, porventura não a mais justa"[1469,1470].

Deste modo, a necessidade, imposta a quem obteve a tutela cautelar, de "reconquistar a vitória em via de cognição ordinária", constitui um importante elemento dissuasor da utilização abusiva e de má-fé do procedimento cautelar como forma de constranger a parte mais débil a satisfazer uma pretensão manifestamente injusta[1471].

Assim, quando o procedimento cautelar tenha sido instaurado como incidente de ação declarativa ou executiva, a lei processual civil não estabelece qualquer prazo cominatório para que o requerente intente a ação principal, sob pena de caducidade da providência, dado que, nesse caso, a ação já se encontra pendente (art. 364º, nº 1, 2ª parte)[1472].

[1469] RODRIGUES, Fernando Pereira, *Elucidário de Temas de Direito (Civil e Processual), op. cit.*, p. 54. Cfr., no mesmo sentido, WALKER, Wolf-Dietrich, *Der Einstweilige Rechtsschutz im Zivilprozeß und im Arbeitsgerichtlichen Verfahren, op. cit.*, p. 348, MARTINS, Ana Gouveia, "Tutela cautelar: prazos, caducidade e repetição da providência – ac. do STA de 15.9.2004, P. 620/04", *op. cit.*, p. 28, FREITAS, José Lebre de, *Estudos sobre Direito Civil e Processo Civil*, vol. I, *op. cit.*, p. 287, bem como BRUNELLI, Brunella, "Note sull'esecuzione del sequestro", *op. cit.*, p. 124.

[1470] Sobre esta problemática, valerá aqui a pena reproduzir as palavras de melhor ciência de Alberto dos Reis: "Compreende-se perfeitamente que a vida ou a eficácia da providência preventiva esteja condicionada à proposição imediata da causa principal. O requerente foi favorecido por uma providência que se traduz numa intromissão grave na esfera jurídica do seu adversário (apreensão judicial de bens, suspensão de deliberações ou obras, pagamento de quantias, etc.); e conseguiu esse efeito mediante uma instrução resumida e um julgamento superficial, que não podem dar garantias de segurança e justiça. Não faria sentido que o efeito se mantivesse indefinidamente sobre base tão precária; a urgência, expressa no *periculum in mora* justifica a providência a título provisório; não justifica, porém, que sobre o património ou a esfera jurídica do adversário fique pesando definitivamente a restrição que se lhe impôs. Urge que ao julgamento sumário e ligeiro se substitua um julgamento profundo e ponderado, que dê garantias completas de actuação do direito objectivo; urge que a relação litigiosa seja submetida a um exame consciencioso, demorado, reflectido, a fim de que o réu seja libertado do peso que se lhe impôs, se a análise amadurecida da relação jurídica revelar que o autor não tem razão" (REIS, José Alberto dos, *Código de Processo Civil Anotado*, vol. I, *op. cit.*, p. 630).

[1471] MONTESANO, Luigi, "Strumentalità e superficialità della cognizione cautelare", *op. cit.*, p. 315.

[1472] No sentido de não ser admissível, em regra, a propositura de procedimentos cautelares quando, na ação principal, já tenha sido proferida sentença transitada em julgado, *vide* SOUSA, Miguel Teixeira de, *Estudos sobre o Novo Processo Civil, op. cit.*, p. 245, bem como FARIA, Rita Lynce de, *A Função Instrumental da Tutela Cautelar Não Especificada, op. cit.*, p. 83.

Porém, o mesmo já não sucede quando o procedimento cautelar tenha sido proposto *ante causam*, ou seja, como preliminar de ação declarativa ou executiva[1473].

Com efeito, nesse caso, salvo se tiver sido decretada a inversão do contencioso, o requerente da providência cautelar deve intentar a ação principal no prazo de 30 dias a contar da data em que lhe tiver sido notificado o trânsito em julgado da decisão que a haja ordenado [art. 373º, nº 1, al. *a)*][1474,1475].

A lei sujeita a validade e eficácia das providências cautelares a um prazo muito reduzido para o exercício do direito na ação principal, pelo facto de a sua natureza urgente e provisória exigir uma apreciação igualmente rápida da relação jurídica subjacente.

De facto, por razões de ordem pública e de interesse geral, não seria viável sujeitar o requerido a um estado de incerteza permanente, sem se impor ao

[1473] Quanto à admissibilidade de propositura simultânea de um procedimento cautelar e da ação principal correlativa, *vide* a sentença do Tribunal de Lecce de 22 de novembro de 2000, *apud* CELESTE, Alberto, *Il Nuovo Procedimento Cautelare Civile*, *op. cit.*, p. 32.

[1474] No sentido de este regime apenas ser aplicável na hipótese de o tribunal ter proferido decisão ordenando a providência cautelar, *vide* o ac. do TRL de 08.10.2015, proc. 2251/15.4T8LSB.L1-6. Cfr., ainda, o ac. do TRE de 26.04.2018, proc. 76/16.9T8RDD.E3.

[1475] Em termos de direito comparado, o art. 730º, nº 2, da LEC, à semelhança do que sucede no ordenamento jurídico português, dispõe que "(...) *las medidas que se hubieran acordado quedarán sin efecto si la demanda no se presentare ante el mismo Tribunal que conoció de la solicitud de aquéllas en los veinte días siguientes a su adopción*".

No mesmo sentido, o art. 308º do $CPC_{Br.2015}$ estabelece que "Efetivada a tutela cautelar, o pedido principal terá de ser formulado pelo autor no prazo de 30 (trinta) dias, caso em que será apresentado nos mesmos autos em que deduzido o pedido de tutela cautelar, não dependendo do adiantamento de novas custas processuais".

Por sua vez, os arts. 207º do $CPC_{Arg.}$ e 636º do $CPC_{Pe.}$ determinam que as medidas cautelares que tiverem sido ordenadas e executadas antes da propositura da ação principal de que dependem caducam se a ação não for proposta no prazo de 10 dias, ainda que a parte contrária tenha interposto recurso da decisão que a decretou.

Diversamente, o ordenamento jurídico italiano preceitua no art. 669º-*octies*, parágrafos primeiro e segundo, do $CPC_{It.}$ que "*L'ordinanza di accoglimento, ove la domanda sia stata proposta prima dell'inizio della causa di merito, deve fissare un termine perentorio non superiore a sessanta giorni per l'inizio dele giudizio di merito, salva l'applicazione dell'ultimo comma dell'articolo 669º-novies. In mancanza di fissazione del termine da parte del giudice, la causa di merito deve essere iniziata entro il termine perentorio di sessanta giorni* [...]".

Idêntica solução surge consagrada no art. 263º do $CPC_{Su.}$, segundo o qual "*Si l'action au fond n'est pas encore pendante, le tribunal impartit au requérant un délai pour le dépôt de la demande, sous peine de caducité des mesures ordonnées*".

Analogamente, o art. 329º, nº 1, do $CPC_{CBer.}$ dispõe que "*Au besoin, le juge, en adjugeant la requête, impartira un délai convenable au requérant pour intenter son action, sous peine de péremption de l'ordonnance*".

requerente da providência cautelar o cumprimento de um verdadeiro ónus de propositura da ação principal de que aquela depende[1476].

Assim, se o requerente de uma providência cautelar não intentar a ação principal de que aquela depende dentro do prazo legalmente previsto, essa providência caduca, incorrendo o requerente em responsabilidade civil extracontratual desde que o decretamento da providência tenha causado danos ao requerido e estejam preenchidos os demais requisitos de que depende a obrigação de indemnizar (arts. 483º do CC e 374º)[1477,1478].

De todo o modo, antes de decidir sobre a caducidade da providência cautelar, o tribunal deve ouvir o requerente para "se este não demonstrar que é inexacta a afirmação, ser a providência declarada sem efeito e levantada"[1479].

11.1.2. Inércia do autor no prosseguimento da causa

Nos termos do art. 373º, nº 1, al. *b)*, o procedimento cautelar extingue-se e, quando decretada, a providência caduca, se, uma vez proposta a ação principal, o processo estiver parado mais de trinta dias, por negligência do requerente em promover os seus termos. Nesta situação, a caducidade da providência cautelar encontra justificação na violação do ónus de impulso processual subsequente, nos casos em que a lei o imponha[1480].

[1476] Alfredo Gozaíni, Osvaldo, *Derecho Procesal Civil: tomo I (Teoría General del Derecho Procesal)*, vol. II, *op. cit.*, p. 823. A este respeito, Giuseppe Finocchiario sustenta que, para que seja impedida a caducidade da providência cautelar, é indiferente que a ação principal seja intentada pelo requerente vencedor ou pelo requerido sucumbente, exigindo-se tão-só a pendência da ação principal (Finocchiario, Giuseppe, "Sul nuovo procedimento cautelare", *op. cit.*, p. 878).

[1477] Cfr., nesse sentido, o ac. do TRP de 10.07.2006, proc. 0653357, o ac. do TCAN de 09.06.2016, proc. 01188/15.1BEAVR, o ac. do TRE de 11.05.2017, proc. 154/14.9T8CTX.E1, bem como o ac. do TRE de 26.04.2018, proc. 76/16.9T8RDD.E3.

[1478] A este propósito, Calderon Cuadrado considera que, nestas situações, se a conduta passiva ou negligente do requerente – que obteve o decretamento da providência – causar danos ou prejuízos ao requerido, estes devem ser indemnizados. Na verdade, esta Autora assinala que "Se a obtenção de uma garantia exige o cumprimento de uma determinada conduta e tal actuação não se produz, em princípio o beneficiado da providência cautelar deverá responder pelos danos e prejuízos que tiverem sido ocasionados e suportados pelo requerido". De todo o modo, o tribunal não poderá impor *ex officio* essa obrigação de indemnizar, sendo, por isso, necessário que o requerido formule um pedido de indemnização nesse sentido (Calderon Cuadrado, Maria Pia, *Las Medidas Cautelares Indeterminadas en el Proceso Civil*, *op. cit.*, p. 267). *Vide*, na mesma linha de raciocínio, Lazzaro, Fortunato/Marzio, Mauro di, *Le Spese nel Processo Civile*, Giuffrè Editore, Milão, 2010, p. 943.

[1479] Ac. do TRP de 20.03.1995, proc. 9410529.

[1480] Freitas, José Lebre de/Alexandre, Isabel, *Código de Processo Civil Anotado*, vol. II, *op. cit.*, p. 67. Cfr., no mesmo sentido, Joaquín Salgado, Alí, *Derecho Procesal Civil*, 1ª reimp., Astrea, Buenos Aires, 1993, p. 261.

Na verdade, a imposição ao requerente de um verdadeiro ónus de promoção diligente do processo constitui um dos principais meios de defesa do requerido contra o recurso abusivo ou injustificado à tutela cautelar.

De facto, na falta de estipulação desse ónus, bastaria ao requerente propor a ação judicial dentro do prazo legal, por forma a evitar a caducidade da providência [art. 373º, nº 1, al. *a)*], adotando, logo a seguir, uma postura totalmente dilatória e passiva, com o único propósito de prolongar a produção dos efeitos da providência cautelar na esfera jurídica do requerido.

No que em particular se refere à caducidade da providência cautelar, pelo facto de a ação principal ter estado parada mais de trinta dias[1481], não basta a verificação desse pressuposto objetivo para se poder concluir, sem mais, pela caducidade da providência.

Na realidade, torna-se ainda necessário que o requerente da providência tenha agido de forma negligente, devendo atender-se, na sua apreciação, a todas as circunstâncias factuais que constem do processo e que permitam aquilatar acerca da eventual censurabilidade da conduta por ele adotada[1482]. O mesmo é dizer que a aplicação deste regime depende de um "juízo de imputação subjectiva dessa paralisação à conduta do requerente da providência", devendo, por isso, essa paralisação ter resultado de uma "acção ou omissão que possa ser culposamente atribuída ao autor do processo"[1483]. É o que sucede, por exemplo, se o requerente da providência cautelar "não forneceu ao tribunal informações sobre os elementos de facto necessários à efectiva citação da ré e, uma vez notificado da devolução da carta para citação da ré, nada requereu"[1484].

Acresce que, para que se verifique a caducidade da providência cautelar, por falta de impulso processual, torna-se essencial que o prosseguimento da ação esteja totalmente dependente de uma concreta e determinada atuação do autor, bem como que a omissão dessa atuação lhe seja imputável, a título

[1481] No sentido de este regime ser igualmente aplicável aos casos em que há necessidade de fazer prosseguir no prazo concedido qualquer incidente enxertado na ação (designadamente o da habilitação) e que a tenha feito parar, *vide* o ac. do TRP de 17.10.2002, proc. 0231195.

[1482] Cfr., nesse sentido, GONZÁLEZ PÉREZ, Jesús, *Manual de Derecho Procesal Civil*, 2ª ed., Editorial Civitas, Madrid, 1992, p. 377. *Vide*, na jurisprudência, o ac. do TRP de 01.02.1999, proc. 9851469, o ac. do TRC de 07.11.2000, proc. 2511/2000, o ac. do TRG de 13.09.2011, proc. 126-A/1999.G1, o ac. do TRG de 11.09.2012, proc. 402/12.0TBEPS-B.G1, bem como o ac. do TRC de 23.01.2018, proc. 1703/14.8T8LRA.C1.

[1483] Ac. do TRP de 22.10.2001, proc. 0151265. *Vide*, a este respeito, MONTERO AROCA, Juan, *et al.*, *El Nuevo Proceso Civil (Ley 1/2000)*, *op. cit.*, p. 859.

[1484] Ac. do STJ de 08.10.1998, proc. 98B692.

de dolo ou de negligência. O mesmo é dizer que a caducidade da providência depende, neste caso, de um efetivo "juízo de imputabilidade"[1485].

Sendo requerido o levantamento da providência cautelar, com fundamento na inércia do autor em promover o andamento do processo por mais de trinta dias, o tribunal, antes de tomar qualquer posição sobre esse pedido, deve ouvir o autor, situação em que este poderá produzir prova no sentido de que não agiu com negligência e/ou de que a paragem do processo não procede de culpa sua[1486].

11.1.3. Improcedência da ação principal

Dispõe o art. 373º, nº 1, al. *c)*, que o procedimento cautelar extingue-se e, quando decretada, a providência caduca, se a ação vier a ser julgada improcedente, por decisão transitada em julgado[1487].

Com efeito, sendo o réu absolvido do pedido, fica comprometida a prova indiciária que foi produzida em sede de procedimento cautelar quanto à aparência do direito de que o requerente se arrogava titular[1488]. De facto, "o direito acautelado é, para todos os efeitos, declarado não existir, não fazendo portanto qualquer sentido a manutenção da providência que visava garanti-lo"[1489].

Analogamente, sendo a ação principal julgada parcialmente improcedente, tal implica a caducidade parcial da providência cautelar que tiver sido entretanto decretada (*maxime* no caso do arresto e do arrolamento)[1490].

[1485] Neste contexto, de acordo com Lebre de Freitas, a aplicação do regime de caducidade previsto no art. 373º, nº 1, al. *b)*, carece do preenchimento de três pressupostos cumulativos: que o prosseguimento do processo esteja dependente da promoção do autor; que o ato não tenha sido praticado durante mais de trinta dias; que a omissão da prática do ato seja imputável ao autor, a título de dolo ou de negligência (FREITAS, José Lebre de, *Estudos sobre Direito Civil e Processo Civil*, vol. I, *op. cit.*, p. 287).

[1486] *Vide*, nesse sentido, o ac. do STJ de 22.06.1995, proc. 087391, *in BMJ*, nº 448, ano 1995, p. 304.

[1487] Cfr., a este propósito, o ac. do TRL de 26.04.2016, proc. 934/14.5TVLSB-A.L1-7, no qual se decidiu que "o que determina a caducidade do procedimento cautelar respectivo é a improcedência da acção principal e não a sua procedência".

[1488] Relativamente a esta questão, Georges de Leval assinala que a doutrina belga tem vindo a considerar, em sentido maioritário, que a autonomia da instância cautelar em relação à ação principal implica que o juiz de mérito não possa efetuar uma revisão da medida provisória e declarar que o juiz cautelar se enganou na concessão da providência, como também não pode ignorar que a providência cautelar produziu os seus efeitos. Dito de outra forma, a sentença proferida na ação principal não produz qualquer efeito retroativo em relação à decisão cautelar (LEVAL, Georges de, "Le problème de l'exécution de l'ordonnance rendue par le juge des référés", *in Les Mesures Provisoires en Droit Belge, Français et Italien – Étude de Droit Comparé, op. cit.*, p. 400).

[1489] FREITAS, José Lebre de/ALEXANDRE, Isabel, *Código de Processo Civil Anotado*, vol. II, *op. cit.*, p. 69.

[1490] Ac. do TRG de 07.07.2011, proc. 1498/08.4TVLSB-G.G1.

De todo o modo, a improcedência da ação principal não significa, necessariamente, que a providência cautelar fosse injustificada ou que tivesse sido decretada de forma ilegal, já que uma e outra têm objetos distintos. Bastará pensar, por exemplo, na situação em que o juiz, com base na prova indiciária que lhe foi apresentada aquando da propositura do procedimento cautelar, tenha adquirido a convicção da probabilidade da existência do direito reclamado, acabando, posteriormente, por concluir pela inexistência desse direito após o contraditório do requerido, que não fora ouvido previamente ao decretamento da providência[1491].

Importar ainda referir que, se a ação principal tiver sido julgada improcedente, a caducidade da providência cautelar só opera depois do trânsito em julgado da respetiva sentença [art. 373º, nº 1, al. *c)*][1492,1493]. Esta solução legal, ao permitir a manutenção da providência cautelar, mesmo depois de ter sido proferida sentença em primeira instância que julgou improcedente a ação principal de que essa providência depende, dá origem a uma situação verdadeiramente perniciosa para o requerido da providência, já que a lei consente que este continue a sofrer na sua esfera jurídica as consequências danosas resultantes da execução da providência cautelar – a qual pode, inclusive, ter sido decretada sem o seu contraditório prévio –, mesmo depois de o tribunal ter apreciado, de forma mais exaustiva, rigorosa e em contraditório pleno, as circunstâncias de facto que estiveram na origem do recurso à tutela cautelar[1494].

[1491] FARIA, Rita Lynce de, *A Função Instrumental da Tutela Cautelar Não Especificada*, *op. cit.*, pp. 132 e 133.

[1492] Cfr. o ac. do TRP de 09.12.1996, proc. 9651032.

[1493] Do mesmo modo, sendo a ação principal julgada procedente (com sentença transitada em julgado), verificar-se-á, por via de regra, a caducidade da providência cautelar, uma vez que foi atingido o efeito que com esta se pretendia garantir. É o que sucede, designadamente, nas providências cautelares de alimentos provisórios e de arbitramento de reparação provisória (*vide*, no mesmo sentido, ARIANO DEHO, Eugenia, *Problemas del Proceso Civil*, *op. cit.*, p. 641). No entanto, em algumas situações, pode justificar-se a manutenção da providência cautelar mesmo após o trânsito em julgado da sentença que julgou a ação procedente. Assim, por exemplo, a providência cautelar de arresto só atinge plenamente o seu efeito útil com a conversão do mesmo em penhora em sede executiva.

[1494] *Vide*, a este propósito, FARIA, Rita Lynce de, *A Função Instrumental da Tutela Cautelar Não Especificada*, *op. cit.*, pp. 133 e 134. Criticando semelhante orientação legislativa, pelo facto de conferir à tutela cautelar uma autoridade maior do que aquela que é conferida à sentença que foi proferida – com maiores garantias – na ação principal, *vide* ARIANO DEHO, Eugenia, *Problemas del Proceso Civil*, *op. cit.*, p. 642, segundo a qual "Seria não só absurdo, como inclusive perverso que a tutela cautelar conservasse a sua eficácia até que o processo de fundo concluísse definitivamente, ou seja, até que a sentença de fundo alcançasse aquela firmeza que costumamos chamar «caso julgado»".

É bem certo que a consagração de uma solução legal oposta à que foi adotada no nosso ordenamento jurídico – segundo a qual a decisão que julgasse a ação principal improcedente, ainda que não transitada em julgado, teria como efeito imediato o levantamento automático da providência (tal como sucede, por exemplo, no processo civil italiano[1495]) – poderia ter consequências nefastas para o requerente da providência, designadamente nos casos em que o recurso dessa decisão lhe viesse a ser favorável, mas a providência cautelar tivesse, entretanto, sido levantada (pense-se, *v.g.*, na hipótese de levantamento da providência cautelar de arresto em resultado da improcedência da ação principal, e em que a segunda instância revoga a decisão recorrida depois de o requerido já ter alienado os bens anteriormente arrestados).

Seria, por isso, preferível a solução intermédia adotada, entre outros, pelo ordenamento jurídico espanhol. Com efeito, nos termos do art. 744º da LEC, sendo proferida, em primeira ou em segunda instância, sentença absolutória do requerido da providência, são levantadas, de imediato, as medidas cautelares que tiverem sido adotadas, salvo se o requerente da providência solicitar a sua manutenção ou a adoção de alguma medida distinta[1496]. Nesse caso, o tribunal concederá provimento a esse pedido se, uma vez observado o contraditório do requerido, considerar justificadas as razões invocadas pelo requerente, desde que este reforce a caução anteriormente prestada para salvaguardar eventuais perdas e danos.

Um outro aspeto a salientar é o facto de o art. 395º estabelecer um regime especial de caducidade em relação à providência cautelar de arresto. Assim,

[1495] Dispõe o art. 669º-*novies* do $CPC_{It.}$ que a providência cautelar perde eficácia se "*con sentenza, anche non passata in giudicato, è dichiarato inesistente il diritto a cautela del quale era stato concesso. In tal caso i provvedimenti di cui al comma precedente sono pronunciati nella stessa sentenza o, in mancanza, con ordinanza a seguito di ricorso al giudice che ha emesso il provvedimento*". Nesse caso, conforme denota Marco Rossi, a parte interessada deve requerer ao julgador que decretou a providência cautelar que declare a sua ineficácia e que promova as diligências necessárias para represtinar a situação precedente (Rossi, Marco, *La Prova Civile – Questioni Processuali, op. cit.*, p. 210). *Vide*, no mesmo sentido, Consolo, Claudio, *et al.*, *Commentario alla Riforma del Processo Civile, op. cit.*, pp. 657 e 665. A este respeito, Frederico Carpi assinala que este mecanismo legal constitui um importante meio de defesa do requerido da providência cautelar, já que, no regime anterior, em que se condicionava a caducidade da providência cautelar até ao proferimento de uma decisão transitada em julgado na ação principal, o requerido ficava sujeito, por vezes por muitos anos, às consequências de uma providência cautelar injusta ou injustificada, com danos dificilmente reparáveis (Carpi, Frederico, "Le riforme del processo civile in Italia verso il XXI secolo", *op. cit.*, p. 119).

[1496] Analogamente, o art. 630º do $CPC_{Pe.}$ dispõe que "*Si la sentencia en primera instancia declara infundada la demanda, la providência cautelar queda cancelada, aunque aquella hubiere sido impugnada. Sin embargo, a pedido del solicitante el Juez podrá mantener la vigencia de la medida hasta su revisión por la instancia superior, siempre que se ofrezca contracautela de naturaleza real o fianza solidaria*".

nos termos da referida disposição legal, o arresto fica sem efeito não só nas situações previstas no art. 373º, mas também no caso de, obtida na ação de cumprimento sentença com trânsito em julgado, o credor insatisfeito não promover execução dentro dos dois meses subsequentes, ou se, promovida execução, o processo ficar sem andamento durante mais de trinta dias, por negligência do exequente[1497].

Se é certo que a lei apenas prevê a caducidade da providência cautelar nos casos em que a ação principal é julgada improcedente, a verdade é que, mesmo nas situações em que a ação principal é julgada procedente, a providência cautelar pode vir a caducar. É o que sucede, designadamente, com as providências cautelares especificadas de restituição provisória de posse e de embargo de obra nova, porquanto "a sentença confere carácter definitivo à situação provisoriamente regulada na providência, justificando que se declare esta finda"[1498]. Diversamente, existem outras providências cautelares especificadas, como sucede, por exemplo, com o arresto, em que o reconhecimento do direito na ação principal não determina a caducidade da providência cautelar, extinguindo-se o arresto por força da sua conversão em penhora.

O reconhecimento da caducidade da providência cautelar e o seu consequente levantamento, uma vez ocorrido o facto determinante da caducidade, depende de requerimento prévio a ser formulado pelo requerido da providência, o qual deverá suscitar a verificação de uma causa de caducidade, nos termos dos arts. 332º, nº 2, do CC e 373º[1499]. Na realidade, à luz do art. 373º, nº 3, a extinção do procedimento cautelar e o levantamento da providência

[1497] Conforme se decidiu no ac. do TRL de 15.11.2011, proc. 163-E/1997.L1-7, "Visa esta norma punir a inércia ou a negligência do credor, pois não se justificaria que, decretado o arresto e transitado em julgado a acção de que ele é dependente, o credor não tivesse que promover a execução da sentença num prazo de tempo razoável (no caso dois meses)". Alguma doutrina tem vindo a entender que este preceito deve ser aplicado analogamente às demais providências cautelares cujo objecto consista na apreensão de bens. *Vide*, nesse sentido, FREITAS, José Lebre de/ALEXANDRE, Isabel, *Código de Processo Civil Anotado*, vol. II, *op. cit.*, p. 159, bem como FARIA, Rita Lynce de, *A Função Instrumental da Tutela Cautelar Não Especificada*, *op. cit.*, p. 142.

[1498] Ac. do TRP de 13.01.2000, proc. 9931490.

[1499] Cfr., nesse sentido, o ac. do STJ de 01.10.1996, proc. 468/96, *in SASTJ*, ano 1996, p. 179, o ac. do STJ de 10.11.1998, proc. 230/98, *in SASTJ*, ano 1998, o ac. do TRC de 11.01.2000, proc. 2674/99, e o ac. do TRC de 28.03.2000, proc. 2718/99. *Vide*, na doutrina, SOUSA, Miguel Teixeira de, *Estudos sobre o Novo Processo Civil*, *op. cit.*, p. 253.
Em sentido contrário, *vide* FARIA, Rita Lynce de, *A Função Instrumental da Tutela Cautelar Não Especificada*, *op. cit.*, p. 123, a qual admite a possibilidade de o juiz conhecer oficiosamente a caducidade da providência, sem necessidade de requerimento da parte interessada no reconhecimento dessa caducidade.

devem ser determinados pelo juiz[1500,1501], com prévia audiência do requerente, logo que se mostre demonstrada nos autos a ocorrência do facto extintivo[1502], nascendo, nesse momento, o direito de o requerido ser ressarcido pelos danos que lhe tiverem sido causados de forma culposa.

11.1.4. Absolvição do réu da instância

Nos termos do art. 373º, nº 1, al. *d)*, o procedimento cautelar extingue-se e, quando decretada, a providência caduca, se o réu for absolvido da instância e o requerente não propuser nova ação em tempo de aproveitar os efeitos da proposição da anterior.

Assim, a providência cautelar só se manterá inalterada se o requerente observar o prazo previsto no art. 279º, nº 2, quanto à propositura da nova ação judicial. De facto, "a consideração do interesse do requerido leva a que o requerente tenha o ónus de observar esse prazo, sob pena de a providência se extinguir"[1503].

Por outro lado, importa salientar que a caducidade da providência cautelar só se verifica na eventualidade de ocorrer uma absolvição total da instância, não constituindo, por isso, fundamento de caducidade da providência cautelar a absolvição parcial da instância[1504].

11.1.5. Extinção do direito do requerente

Dispõe o art. 373º, nº 1, al. *e)*, que o procedimento cautelar extingue-se e, quando decretada, a providência caduca, se o direito que o requerente pretende acautelar se tiver extinguido.

Na verdade, verificando-se a extinção do direito que o autor procurava tutelar, mediante o recurso à providência cautelar, deixa de ter fundamento a providência que, entretanto, tiver sido decretada, atenta a instrumentalidade e a dependência que caracterizam esta via de composição provisória do litígio.

[1500] Note-se que, nos termos do art. 669º-*novies* do $CPC_{It.}$, se a ação principal não foi intentada dentro do prazo perentório previsto no art. 669º-*octies*, o procedimento cautelar perde a sua eficácia. Por sua vez, o art. 730º, nº 2, da LEC dispõe que as medidas cautelares ficam sem efeito se a ação principal não for intentada nos vintes dias seguintes ao seu decretamento.

[1501] Cfr., a este propósito, o ac. do TRL de 13.03.2019, proc. 3703/05.0TTLSB.L3-4.

[1502] No sentido de a extinção da providência cautelar operar através de uma verdadeira revogação judicial, *vide* FARIA, Rita Lynce de, *A Função Instrumental da Tutela Cautelar Não Especificada*, *op. cit.*, p. 119.

[1503] FREITAS, José Lebre de/ALEXANDRE, Isabel, *Código de Processo Civil Anotado*, vol. II, *op. cit.*, p. 69.

[1504] Cfr., nesse sentido, o ac. do TRE de 24.05.2018, proc. 314/07.9TBALR-E.E1.

Note-se, no entanto, que a conclusão já não é a mesma na eventualidade de se verificar a simples pendência de uma causa prejudicial, cujo resultado seja suscetível de se repercutir no direito que se visa acautelar[1505].

11.2. Efeitos

Caducando a providência cautelar, por facto imputável ao requerente, este responde pelos danos causados ao requerido, quando não tenha agido com a prudência normal (art. 374º, nº 1)[1506].

Assim, a responsabilização do requerente pode ter lugar:

a) quando este não tenha intentado a ação principal de que a providência cautelar depende dentro do prazo legalmente previsto;
b) quando, por negligência sua, o processo tenha estado parado durante mais de trinta dias;
c) quando tenha desistido injustificadamente do pedido deduzido na ação principal; ou
d) quando não tenha proposto nova ação em tempo de aproveitar os efeitos da anterior, se a absolvição da instância tiver ocorrido por facto imputável ao requerente da providência[1507].

Em todos estes casos, o requerente "responde pelos efeitos negativos associados ao decretamento de uma providência que, bem ou mal decretada, vem a ser levantada por facto que lhe é imputável", sendo que "o desvalor do comportamento do requerente assenta exclusivamente na causa da caducidade"[1508].

Tratando-se de uma responsabilidade civil do foro extracontratual, o exercício dos direitos indemnizatórios pelo requerido deve ter lugar dentro do prazo de prescrição de três anos, previsto no art. 498º, nº 1, do CC, o qual começa a correr logo que seja verificada a causa da caducidade da providência cautelar, independentemente da sua declaração ou reconhecimento judicial[1509].

[1505] Ac. do TRL de 08.06.1993, proc. 0066901.

[1506] Na esteira de Rui Pinto, em alguns ordenamentos jurídicos – como, por exemplo, na França e na Itália –, o tribunal pode decretar medidas de represtinação da situação anterior à da verificação da medida, como sucede com a obrigação de restituição de quantia ou de coisa (PINTO, Rui, *A Questão de Mérito na Tutela Cautelar – A Obrigação Genérica de não Ingerência e os Limites da Responsabilidade Civil, op. cit.*, p. 259).

[1507] FREITAS, José Lebre de/ALEXANDRE, Isabel, *Código de Processo Civil Anotado*, vol. II, *op. cit.*, p. 77.

[1508] SILVA, Paula Costa e, *A Litigância de Má Fé*, *op. cit.*, p. 501.

[1509] Cfr. o ac. do TRP de 10.07.1997, proc. 9750043.

Acresce que o pedido indemnizatório só pode ser formulado depois de ter sido judicialmente comprovado o facto que está na origem da caducidade, com o consequente levantamento da providência cautelar. Trata-se, na verdade, de um pressuposto essencial para o exercício do direito à indemnização[1510].

Nessa exata medida, o pedido de indemnização pelos danos causados em resultado de uma providência cautelar que tenha caducado ou sido julgada injustificada deve ser formulado em ação autónoma e não no próprio procedimento cautelar ou na ação principal de que a providência cautelar depende[1511].

[1510] *Vide*, a este propósito, o ac. do STJ de 10.11.1998, proc. 230/98, com o seguinte sumário: "A comprovação judicial da caducidade da providência é um pressuposto indispensável para o requerido poder exercer o direito de indemnização, por responsabilidade processual civil (subjectiva), previsto no nº 1, do artigo 387º daquele diploma adjectivo, cabendo-lhe o ónus da respectiva prova. Estando por satisfazer tal ónus, à data da propositura da acção principal, o pedido de indemnização desta, tinha de improceder à falta de um pressuposto essencial. E também improcederia por abuso do direito, na forma de «*tu quoque*», na medida em que tais requeridos tiveram conhecimento do seu direito de indemnização, com o trânsito em julgado, por eles facilmente cognoscível da sentença homologatória da desistência da instância. Em resultado disso, deveriam ter pedido o levantamento da providência para lhes ficar livre o caminho para o pedido de indemnização. Se o não fizeram, «*sibi imputet*»".

[1511] Cfr., nesse sentido, o ac. do TRP de 05.03.2013, proc. 2754/12.2TBVCD-C.P1, o ac. do STJ de 26.02.2019, proc. 618/12.9TVPRT.P1.S2, bem como o ac. do STJ de 07.03.2019, proc. 5744/15.0T8VNG.P1.S1.

LISTA DE REFERÊNCIAS BIBLIOGRÁFICAS

– *Collecção de Decretos e Regulamentos publicados durante o governo da Regencia do Reino estabelecida na Ilha Terceira: Desde 15 de Junho de 1829 até 28 de Fev. de 1832*, segunda série, Imprensa Nacional, Lisboa, 1834;

– *Projecto de Reforma sobre a Organisação Judiciária e Ordem do Processo Civil e Comercial*, Imprensa Nacional, Lisboa, 1836;

– *Reforma Judiciaria aprovada pelos Decretos de 29 de Novembro de 1836 e 13 de Janeiro de 1837, segunda edição official*, Imprensa Nacional, Lisboa, 1837;

– *Decreto de 21 de Maio de 1841 que contém a Novíssima Reforma Judiciária*, Imprensa da Universidade, Coimbra, 1857;

– *Codice di Procedura Civile del Regno d'Italia*, Stamperia Reale, Milão, 1865;

– *Codigo Civil Portuguez – approvado por Carta de Lei de 1 de Julho de 1867, segunda edição official*, Imprensa Nacional, Lisboa, 1868;

– *Collecção Official de Legislação Portuguesa: Anno de 1907*, Imprensa Nacional, Lisboa, 1908;

– *Linhas Orientadoras da Nova Legislação Processual Civil*, Ministério da Justiça, 1992;

– *Tribunal International du Droit de la Mer: Recueil des Arrêts, Avis Consultatifs et Ordonnances*, vol. 3, Kluwer Law International, 2002;

– *Civil Procedure: Casenote Legal Briefs*, Wolters Kluwer, 2010;

ABAL OLIU, Alejandro, *Derecho Procesal*, tomo I, 2ª ed. rev. e atu., Fundación de Cultura Universitaria, 2001;

ABEL BENABENTOS, Omar, *Teoría General del Proceso*, vol. I, Editorial Juris, Rosario, Argentina, 2002;

ABOU-NIGM, Verónica Ruiz, *The Arrest of Ships in Private International Law*, Oxford University Press, 2012;

ABREU, Eridano de, "Das providências cautelares não especificadas", *in O Direito*, ano 94º, nº 2, abril-junho 1962, pp. 110-119;

ACOSTA, José V., *El proceso de Revocación Cautelar. Levantamiento, Modificación, Caducidad y Nulidad de las Medidas Cautelares*, Rubinzal y Culzoni Editores, 1986;

ALBERTO ÁLVAREZ, Tulio, *Procesos Civiles Especiales Contenciosos*, 2ª ed., Universidad Católica Andrés Bello, Caracas, 2008;

ALCIARINI, Luigi/SCARPA, Antonio, *I procedimenti cautelari. Questioni processuali*, Giuffrè Editore, Milão, 2010;

ALESSANDRI R., Fernando, *Curso de Derecho Procesal – Reglas Comunes a Todo Procedimiento y del Juicio Ordinario*, Santiago do Chile, 1934;

ALFREDO GOZAÍNI, Osvaldo, *Derecho Procesal Civil: tomo I (Teoría General del Derecho Procesal)*, vol. II, Editorial Ediar S.A., Buenos Aires, 1992;

ALFREDO GOZAÍNI, Osvaldo, *Notas y Estudios Sobre el Proceso Civil*, Universidad Nacional Autónoma de México, México, 1994;

ALI/UNIDROIT, *Draft Principles of Transnational Civil Procedure with Comments, prepared by Professors G. C. Hazard, Jr., R. Stürner, M. Taruffo and A. Gidi*, Roma, abril 2003;

ALI/UNIDROIT, *Draft Principles of Transnational Civil Procedure with Comments, prepared by Professors G. C. Hazard, Jr., R. Stürner, M. Taruffo and A. Gidi*, Roma, fevereiro 2004;

ALI/UNIDROIT, *Draft Rules of Transnational Civil Procedure with Comments, prepared by Professors G. C. Hazard, Jr., R. Stürner, M. Taruffo and A. Gidi*, Roma, fevereiro 2004;

ALMAGRO NOSETE, José, "Garantias constitucionales del proceso civile", *in Para un Proceso Civil Eficaz*, coord. de Francisco Ramos Méndez, Universidad Autónoma de Barcelona, Barcelona, 1982, pp. 5-36;

ALMEIDA, Francisco Manuel Lucas Ferreira de, *Direito Processual Civil*, vol. I, 2ª ed., Almedina, Coimbra, 2018;

ALMEIDA, José Manuel Gonçalves Dias Ribeiro de, "Crítica da razão legislativa: a reforma das medidas cautelares na justiça administrativa", *in Reforma do Contencioso Administrativo – O Debate Universitário (Trabalhos Preparatórios)*, vol. I, Ministério da Justiça, Coimbra Editora, Coimbra, 2003, pp. 729-740;

ALMEIDA, Luís Pedro Moitinho de, "Os processos cautelares em geral", *in Jornal do Foro*, ano 28, Lisboa, 1964, pp. 21-35;

ALMEIDA, Luís Pedro Moitinho de, "Do arresto", *in SI*, tomo XIII, nº 67, Braga, maio-junho 1964, pp. 292-306;

ALMEIDA, Luís Pedro Moitinho de, "Do arrolamento", *in SI*, tomo XVIII, nºs 95-96, Braga, janeiro-abril 1969, pp. 149-170;

ALMEIDA, Luís Pedro Moitinho de, *Providências Cautelares Não Especificadas*, Coimbra Editora, Coimbra, 1981;

ALMEIDA, Luís Pedro Moitinho de, *Embargo ou Nunciação de Obra Nova*, 3ª ed. atu., Coimbra Editora, Limitada, 1994;

ALMEIDA, Luís Pedro Moitinho de, *O Processo Cautelar de Apreensão de Veículos Automóveis*, 5ª ed., Coimbra Editora, Coimbra, 1999;

ALMEIDA, Luís Pedro Moitinho de, *Restituição da Posse e Ocupação de Imóveis*, 5ª ed. atu., Coimbra Editora, Coimbra, 2002;

ALMEIDA, Luís Pedro Moitinho de, *Anulação e Suspensão de Deliberações Sociais*, 4ª ed., Coimbra Editora, Coimbra, 2003;

ALMEIDA, Mário Aroso de, "Medidas cautelares no ordenamento contencioso. Breves notas", *in DJ*, vol. XI, Lisboa, 1997, pp. 139-159;

ALMEIDA, Mário Aroso de, *O Novo Regime do Processo nos Tribunais Administrativos*, reimp. da 4ª ed., Almedina, Coimbra, 2007;

ALMEIDA, Mário Aroso de/CADILHA, Carlos Alberto Fernando, *Comentário ao Código de Processo nos Tribunais Administrativos*, 4ª ed., Almedina, Coimbra, 2017;

ALMEIDA, Roberto Fernandes de, "A contra-cautela", *in Justitia*, nº 51 (148), São Paulo, outubro-dezembro 1998, pp. 9-16;

ALSINA, Hugo, *Tratado Teorico Practico de Derecho Procesal Civil y Comercial*, tomo I, 2ª ed., Ediar, Buenos Aires, 1956;

ALSINA, Hugo, *Tratado Teorico Practico de Derecho Procesal Civil y Comercial*, tomo V, 2ª ed., Ediar, Buenos Aires, 1962;

ALVARADO VELLOSO, Adolfo, *Cautela Procesal: Criticas a las Medidas Precautorias*, Editorial Juris, Rosario, Argentina, 2008;

ALVES, Eliana Calmon, "Tutelas de urgência", *in Informe Jurídico da Biblioteca Ministro Oscar Saraiva*, vol. 11, nº 2, julho-dezembro 1999, pp. 159-168;

ALVIM, José Eduardo Carreira, *Antecipação da Tutela – Biblioteca de Estudos em Homenagem ao Professor Arruda Alvim*, reimp., Juruá Editora, 2008;

AMARAL, Diogo Freitas do/ALMEIDA, Mário Aroso de, *Grandes Linhas da Reforma do Contencioso Administrativo*, reimp. da 3ª ed. rev. e atu., Almedina, Coimbra, 2007;

AMARAL, Jorge Augusto Pais de, *Direito Processual Civil*, 13ª ed., Almedina, Coimbra, 2017;

AMATO, Alessandra/COSTAGLIOLA, Anna, *Compendio di Diritto Processuale Civile*, 3ª ed., Maggioli Editore, 2011;

AMORIM, Tiago Meireles de, "Apontamentos sobre as condições de procedibilidade das providências cautelares no novo processo administrativo", *in ROA*, ano 63º, vol. I, Lisboa, abril 2003, pp. 415-479;

AMORIM, Tiago Meireles de, "As providências cautelares do CPTA: Um primeiro balanço", *in CJA*, nº 47, setembro-outubro 2004, pp. 41-44;

ANDOLINA, Italo/VIGNERA, Giuseppe, *Il Modello Costituzionale del Processo Civile Italiano*, G. Giappichelli Editore, Turim, 1990;

ANDRADE, José Carlos Vieira de, "Tutela cautelar", *in CJA*, nº 34, julho-agosto 2002, pp. 45-53;

ANDRADE, José Carlos Vieira de, *A Justiça Administrativa (Lições)*, 16ª ed. reimp., Almedina, Coimbra, 2018;

ANDRADE, José Carlos Vieira de, *Os Direitos Fundamentais na Constituição Portuguesa de 1976*, reimp. da 5ª ed., Almedina, Coimbra, 2016;

ANDRADE, Manuel A. Domingues de, *Noções Elementares de Processo Civil*, reimp., Coimbra Editora, Coimbra, 1993;

ANDRADE, Manuel A. Domingues de/CORREIA, Ferrer, "Suspensão e anulação de deliberações sociais", *in RDES*, ano III, nºs 5-6, dezembro-fevereiro 1948, pp. 329-393;

ANDRADE, Manuel A. Domingues de/CORREIA, Ferrer, *Suspensão de Deliberações Sociais e Direitos Individuais dos Accionistas (Jurisprudência Crítica)*, Atlântida, Coimbra, 1948;

ANDREWS, Neil, "Abuse of process in English civil litigation", *in Abuse of Procedural Rights: Comparative Standards of Procedural Fairness*, Kluwer Law International, 1999, pp. 65-99;

ANGEL FERNANDEZ, Miguel, *Derecho Procesal Civil*, III, Editorial Centro de Estudos Ramón Areces, S.A., 1996;

ANGEL LUVERÁ, Miguel, "La reserva de prioridad y las medidas cautelares", *in Revista del Notariado*, ano CIX, nº 883, Buenos Aires, 2006, pp. 71-82;

ANGELES JOVÉ, María, *Medidas Cautelares Innominadas en el Proceso Civil*, Bosch, Barcelona, 1995;

ARANTES, Tito Castelo Branco, "Emprego abusivo de providências cautelares", *in RT*, ano 66º, nºs 1568 e 1569, Porto, 1948, pp. 114-116 e 130-132;

ARAZI, Roland, *Medidas Cautelares*, Editorial Astrea, Buenos Aires, 1997;

ARENS, Peter, "Verfügungsanspruch und Interessenabwägung beim Erlaß einstweiliger Verfügungen", *in Festschrift Für Ernst Von Caemmerer*, Mohr Siebeck, Tübingen, 1978, pp. 75-86;

ARIANO DEHO, Eugenia, *Problemas del Proceso Civil*, Jurista Editores, Lima, Peru, 2003;

ARIETA, Giovanni, "*Problemi e prospettive in tema di reclamo cautelare*", *in RDP*, ano LII, nº 2, abril-junho 1997, pp. 408-451;

ARIETA, Giovanni, *Trattato di Diritto Processuale Civile*, vol. XI – Le Tutele Sommarie, I Procedimento Cautelare, Il Rito Cautelare Uniforme, Pádua, Cedam, 2005;

ARMELIN, Donaldo, "Responsabilidade objetiva no código de processo civil", *in Processo Civil*, coord. de José Rogério Cruz e Tucci, Editora Saraiva, 1995;

ASCENSÃO, José de Oliveira, *Direito Civil. Reais*, 5ª ed. reimp., Coimbra Editora, Coimbra, 2012;

ASCENSÃO, José de Oliveira, *O Direito*, reimp. da 13ª ed., Almedina, Coimbra, 2016;

ASENCIO MELLADO, José Maria, *Introducción al Derecho Procesal*, 5ª ed., Tirant lo Blanch, Valência, 2008;

BAPTISTA, José João, *Processo Civil I – Parte Geral e Processo Declarativo*, 8ª ed., Coimbra Editora, Coimbra, 2006;

BARLETTA, Antonino, *La Riproposizione della Domanda Cautelare*, Giuffrè Editore, Milão, 2008;

BARROCAS, Manuel Pereira, "Algumas notas sobre medidas cautelares no direito comparado da arbitragem", *in ROA*, ano 71º, vol. II, Lisboa, abril-junho 2011, pp. 489-498;

BASILICO, Giorgetta/CIRULLI, Massimo, *Le Condanne Anticipate nel Processo Civile di Cognizione*, Giuffrè Editore, Milão, 1998;

BASTOS, Jacinto Fernandes Rodrigues, *Notas ao Código de Processo Civil*, vol. II, 3ª ed. rev. e atu., Lisboa, 2000;

BAUGHEN, Simon, *Shipping Law*, 3ª ed., Routledge, 2004;

BAUR, Fritz, *Studien zum einstweiligen Rechtsschutz*, J. C. B. Mohr (Paul Siebeck), Tübingen, 1967;

BAZAN, Francisco, "Exposicion general del derecho procesal civil paraguayo – tomo IV Juicio Ejecutivo", *in RDJ*, Assunção, Paraguai, 1992;

BEDAQUE, José Roberto dos Santos, *Poderes Instrutórios do Juiz*, 4ª ed. rev. atu. e aum., Editora Revista dos Tribunais, 2009;

BELEZA, Maria dos Prazeres Pizarro, "Procedimentos cautelares", *in Pólis*, vol. IV, Verbo, pp. 1501-1505;

BELEZA, Maria dos Prazeres Pizarro, "Impossibilidade de alteração do pedido ou da causa de pedir nos procedimentos cautelares", *in DJ*, vol. XI, tomo I, Universidade Católica Editora, 1997, pp. 337-350;

BELLAGAMBA, Gianni/CARITI, Giuseppe, *I Procedimenti Cautelari e Possessori – Rassegna della Giurisprudenza sulla Nuova Disciplina*, 5ª ed., Giuffrè Editore, Milão, 2010;

BLASCO PELLICER, Angel, *Las Medidas Cautelares en el Proceso Laboral*, Civitas, Madrid, 1996;

BORGES, Maurício Ferrão Pereira, *Verfahrensrecht und Geschichte*, Grin Verlag, 2008;

BOULARBAH, Hakim, *Requête unilatérale et inversion du contentieux*, Larcier, Bruxelas, 2010;

BOVE, Mauro, "Sospensione del processo e tutela cautelare", *in RDP*, ano XLIV, nº 4, Cedam, Pádua, outubro-dezembro 1989, pp. 977-1004;

BRAIBANT, Guy, "La procedura d'urgenza («référé») dinanzi alla giurisdizione amministrativa francese", *in RTDP*, ano XI, nº 1, Giuffrè Editore, Milão, janeiro-março 1961, pp. 283-295;

BRANDOLINI, Elena, *700 c.p.c. – Strategie Processuali ed Ambiti Applicativi*, Cedam, 2011;

BRANDOLINI, Elena/FRANCAVIGLIA, Rosa, *I provvedimenti d'urgenza in sede civile ed in sede amministrativa – Sistematica della cautela atipica*, Halley Editrice, Coimbra, 2008;

BRISEÑO SIERRA, Humberto, *Derecho Procesal*, vol. IV, 1ª ed., Cardenas Editor, México, 1970;

BRITO, José Alves de, "Caracterização sumária do regime processual experimental", *in SI*, tomo LX, nº 327, 2011, pp. 605-632;

BRITO, Wladimir, *Lições de Direito Processual Administrativo*, 3ª ed., Petrony Editora, Lisboa, 2018;

BRUNELLI, Brunella, "Note sull'esecuzione del sequestro", *in RTDPC*, ano L, Giuffrè Editore, Milão, 1996, pp. 119-145;

BRUSCHETTA, Ernestino, *La Riforma del Processo Civile*, 2ª ed., Ipsoa, 2005;

BUCCI, Alberto/SOLDI, Anna Maria, *Le Nuove Riforme del Processo Civile*, Cedam, 2009;

BÜLOW, Oskar, *Gemeines deutsches Zivilprozessrecht*, Mohr Siebeck, Tübingen, 2003;

BUONFARDIECI, Maria Caterina, *et al.*, *Provvedimenti Cautelari nel Processo*, Maggioli Editore, 2008;

CABRAL, António, "Interesse ad agire e zone de interesse", *in CPRw*, vol. 1, nº 1, março-junho 2010, pp. 154-181;

CADIET, Loïc, "Complessità e riforme del processo civile francese", *in RTDPC*, ano LXII, nº 4, Giuffrè Editore, dezembro 2008, pp. 1303-1326;

CADIET, Loïc, "Les nouvelles tendances de la procédure civile en France", *in Novos Rumos da Justiça Cível*, CEJUR, Braga, 2009, pp. 29-51;

CAETANO, Marcello, *História do Direito Português*, 3ª ed., Verbo, 1992;

CALAMANDREI, Piero, *Introduccion al Estudio Sistematico de las Providencias Cautelares*, trad. por Santiago Sentís Melendo, Editorial Bibliografica Argentina, Buenos Aires, 1945;

CALAMANDREI, Piero, "Verità e verosimiglianza nel processo civile", *in RDP*, ano IX, nº 1, 1955, pp. 164-192;

CALAMANDREI, Piero, *Estudios sobre el Proceso Civil*, trad. por Santiago Sentís Melendo, Ediciones Jurídicas Europa-América, Buenos Aires, 1973;

CALAMANDREI, Piero, *Instituciones de Derecho Procesal Civil*, trad. da 2ª ed. Italiana por Santiago Sentís Melendo, vol. I, Ediciones Jurídicas Europa-América, Buenos Aires, 1973;

CALAMANDREI, Piero, *Instituciones de Derecho Procesal Civil*, trad. por Santiago Sentís Melendo, vol. III, Ediciones Jurídicas Europa-América, Buenos Aires, 1973;

CALDERON CUADRADO, Maria Pia, *Las Medidas Cautelares Indeterminadas en el Proceso Civil*, Editorial Civitas, Madrid, 1992;

CALDERON CUADRADO, Maria Pia, "Legitimación y tutela cautelar: breves notas para su estudio", *in RPJ*, nº 75, Madrid, 2004, pp. 157-181;

CALVET BOTELLA, Julio, "Medidas cautelares civiles", *in BIMJ*, ano LVII, nº 1935, fevereiro 2003, pp. 441-457;

CALVO CABELLO, Eduardo, "Medidas cautelares en materia de derechos intelectuales: la modifica del artículo 127, ley de propriedad intelectual par la ley 20/1992, de 7 de julio: la experiencia española", *in BIMJ*, ano XLVII, nº 1676, julho 1993, pp. 3379-3393;

CÂMARA, Alexandre Freitas, *Lições de Direito Processual Civil*, vol. II, 15ª ed. rev. e atu., Editora Lúmen Júris, Rio de Janeiro, 2008;

CAMBI, Eduardo, *Direito Constitucional à Prova no Processo Civil*, Editora Revista dos Tribunais, 2001;

CAMPOS, Diogo Leite de, "A responsabilidade do credor na fase do cumprimento", *in ROA*, ano 52º, vol. III, Lisboa, dezembro 1992, pp. 853-868;

Campos, Diogo Leite de, "Os danos causados pela morte e a sua indemnização", *in Comemorações dos 35 Anos do Código Civil e dos 25 Anos da Reforma de 1977*, vol. III – Direito das Obrigações, Coimbra Editora, Coimbra, 2007, pp. 133-138;

Campos, Diogo Leite de, *A Locação Financeira*, AAFDL, Lisboa, 2012;

Campos, João Mota de/Campos, João Luiz Mota de, *Contencioso Comunitário*, Fundação Calouste Gulbenkian, Lisboa, 2002;

Canale, Guido, "Tutela cautelare e arbitrato irrituale", *in RTDPC*, ano L, Giuffrè Editore, Milão, 1996, pp. 941-958;

Caponi, Remo, "La tutela sommaria nel processo societario in prospettiva europea", *in RTDPC*, ano LVIII, nº 4, dezembro 2003, pp. 1359-1392;

Cappeleti, Mario, *et al.*, *The Italian Legal System: An Introduction*, Stanford University Press, 1967;

Cardoso, Dora Neto, "Meios urgentes e tutela cautelar – Relato", *in A Nova Justiça Administrativa*, CEJ, Coimbra Editora, Coimbra, 2006, pp. 71-85;

Cardoso, João Eloy Pereira Nunes, *Processos Preventivos e Preparatórios: Providências Cautelares e Arrestos*, Edição da «Procural», Lisboa, 1942;

Carlos, Adelino da Palma, *Código de Processo Civil Anotado*, vol. I, Edição da «Procural», Lisboa, 1942;

Carlos, Adelino da Palma, "Procedimentos cautelares antecipadores", *in O Direito*, ano 105º, julho-setembro 1973, pp. 236-251;

Carlos, Adelino da Palma, *Linhas Gerais do Processo Civil Português*, Edições Cosmos – Livraria Arco-Íris, Lisboa, 1991;

Carmona Tinoco, Jorge Ulisses, "Algunas notas comparativas entre las medidas cautelares en el derecho administrativo español y mexicano", *in Justicia Administrativa. Segundo Congreso Iberoamericano de Derecho Administrativo*, coord. de Germán Cisneros Farías *et al.*, Universidad Nacional Autónoma de México, México, 2007, pp. 9-57;

Carneiro, Athos Gusmão, "Aspectos da tutela antecipada no direito processual brasileiro", *in RF*, nº 350, Rio de Janeiro, abril-junho 2000, pp. 3-19;

Carnelutti, Francesco, *Instituciones del Proceso Civil*, trad. da 5ª ed. italiana por Santiago Sentís Melendo, vol. I, Ediciones Jurídicas Europa-América, Buenos Aires, 1959;

Carnelutti, Francesco, *Instituciones del Proceso Civil*, trad. da 5ª ed. italiana por Santiago Sentís Melendo, vol. III, Ediciones Jurídicas Europa-América, Buenos Aires, 1960;

Carpi, Frederico, "I procedimenti cautelari e l'esecuzione nel disegno di legge per la riforma urgente del c.p.c.: la competenza e il procedimento", *in RTDPC*, ano XLIV, nº 4, dezembro 1990, pp. 1255-1268;

Carpi, Frederico, "Le riforme del processo civile in Italia verso il XXI secolo", *in RTDPC*, ano LIV, Giuffrè Editore, Milão, 2000, pp. 105-126;

Carrata, Antonio, *Profili Sistematici della Tutela Anticipatoria*, G. Giappichelli Editore, Turim, 1997;

Carrillo, Marc, "La justicia cautelar como garantía de los derechos fundamentales", *in La Ciencia del Derecho Procesal Constitucional. Estudios en Homenaje a Héctor Fix-Zamudio en sus Cincuenta Años como Investigador del Derecho*, tomo IV, México, 2008, pp. 233-251;

Carvalho, Maria Clara Calheiros de, "Prova e verdade no processo judicial – Aspectos epistemológicos e metodológicos", *in RMP*, ano 29, nº 114, abril-junho 2008, pp. 71-84;

CARVALHO, Paulo Morgado de, "O procedimento cautelar comum no processo laboral", *in Estudos Jurídicos em Homenagem ao Professor António Motta Veiga*, Almedina, Coimbra, 2007;

CASTILLON, Laure du, "Les pouvoirs, au provisoire, du juge des référés", *in Les Mesures Provisoires en Droit Belge, Français et Italien – Étude de Droit Comparé*, Bruylant, Bruxelas, 1998, pp. 31-44;

CASTILLON, Laure du, "Variations autour du principe dispositif et du contradictoire dans l'instance en référé", *in Les Mesures Provisoires en Droit Belge, Français et Italien – Étude de Droit Comparé*, Bruylant, Bruxelas, 1998, pp. 93-114;

CASTRO, Artur Anselmo de, *Direito Processual Civil Declaratório*, vol. I, Almedina, Coimbra, 1981;

CASTRO, Manuel de Oliveira Chaves e, *A Organização e Competência dos Tribunaes de Justiça Portugueses*, Lumen, Coimbra, 31910;

CASTRO, Sandro, *Il Fermo Amministrativo di Autoveicoli*, Giuffrè Editore, Milão, 2007;

CAVALLONE, Bruno, "Les mesures provisoires et les régles de preuve", *in Les Mesures Provisoires en Droit Belge, Français et Italien – Étude de Droit Comparé*, Bruylant, Bruxelas, 1998, pp. 163-174;

CAVANI, Renzo, "¿Veinte años no es nada? Tutela cautelar, anticipación de tutela y reforma del proceso civil en Brasil – Un giagnóstico para el Perú", *in Gaceta Civil & Procesal Civil*, nº 3, Lima, Peru, setembro 2013, pp. 255-270;

CECCARINI, Adolfo, *La Prova Orale nel Processo Civile*, Giuffrè Editore, Milão, 2010;

CELESTE, Alberto, *Il Nuovo Procedimento Cautelare Civile*, 2ª ed., Giuffrè Editore, Milão, 2010;

CENDON, Paolo, *Lavoro*, Wolters Kluwer Italia, 2009;

CENDON, Paolo, *Commentario al Codice Civile. Artt. 2740-2906 – Responsabilitá Patrimoniale – Privilegi – Pegno e Ipoteca – Revocatoria – Sequestro Conservativo*, Giuffrè Editore, Milão, 2009;

CESIANO, David, *La Tutela Cautelare in Tema di Marchi e di Concorrenza Sleale*, 2ª ed., Editrice Le Fonti, Milão, 2008;

CHINA, Sergio La, "Giusto processo, laboriosa utopia", *in RDP*, ano LX, nº 4, outubro-dezembro 2005, pp. 1111-1126;

CHINA, Sergio La/ALOTAIBI, Mansour, *La Legge sul Processo Civile dell'Arabia Saudita*, Giuffrè Editore, Milão, 2010;

CHINCHILLA MARÍN, Carmen, *La Tutela Cautelar en la Nueva Justicia Administrativa*, Editorial Civitas, 1991;

CHINCHILLA MARÍN, Carmen, "Las medidas cautelares en el proceso contencioso-administrativo en derecho español", *in Reforma do Contencioso Administrativo – O Debate Universitário (Trabalhos Preparatórios)*, vol. I, Ministério da Justiça, Coimbra Editora, Coimbra, 2003, pp. 337-354;

CHIOVENDA, Guiseppe, *Principios de Derecho Procesal Civil*, trad. espanhola da terceira ed. italiana por Jose Casáis y Santaló, tomo I, Editorial Reus, Madrid, 1922;

CINTRA, Antônio Carlos de Araújo, *et al.*, *Teoria Geral do Processo*, 22ª ed. rev. e atu., Malheiros Editores, 2006;

CLOSSET-MARCHAL, Gilbert, "L'urgence", *in Les Mesures Provisoires en Droit Belge, Français et Italien – Étude de Droit Comparé*, Bruylant, Bruxelas, 1998, pp. 19-30;

CLOSSET-MARCHAL, Gilbert, "La caducité et la rétractation de la décision ordonnant les mesures provisoires", *in Les Mesures Provisoires en Droit Belge, Français et Italien – Étude de Droit Comparé*, Bruylant, Bruxelas, 1998, pp. 363-368;

Collins, Lawrence, *Essays in International Litigation and the Conflict of Laws*, reimp., Oxford University Press, New York, 1996;

Comoglio, Luigi Paolo/Ferri, Corrado, "La tutela cautelare in Italia: profili sistematici e riscontri comparativi", *in RDP*, ano XLV, nº 4, Cedam, Pádua, outubro-dezembro 1990, pp. 963-981;

Consolo, Claudio, "Condanna alle spese per soccombenza à sè stante nel giudizio cautelare?: o nell'appello cautelare?", *in DPA*, ano XII, nº 1, março 1994, pp. 182-192;

Consolo, Claudio, "Il processo cautelare: profili generali", *in RTDPC*, ano L, nº 1, Giuffrè Editore, Milão, março 1996, pp. 345-358;

Consolo, Claudio, *et al.*, *Commentario alla Riforma del Processo Civile*, Giuffrè Editore, Milão, 1996;

Consolo, Claudio, *et al.*, *Il Processo Civile di Riforma in Riforma*, IPSOA, 2006;

Conte, Ricardo, "Tutela d'urgenza tra diritto di difesa, antecipazione del provvedimento ed irreparabilità del pregiudizio", *in RDP*, ano L, nº 1, Pádua, janeiro-março 1995, pp. 213-248;

Conte, Ricardo, "La nozione di irreparabilità nella tutela d'urgenza del diritto di credito", *in RDP*, ano LIII, nº 1, janeiro-março 1998, pp. 216-252;

Cordeiro, António Menezes, *Direito das Obrigações*, vol. II, reimp., Associação Académica da Faculdade de Direito de Lisboa, Lisboa, 1999;

Cordeiro, António Menezes, *A Posse: Perspectivas Dogmáticas Actuais*, 3ª ed. atu., 2ª reimp., Almedina, Coimbra, 2005;

Cordeiro, António Menezes, "Da natureza jurídica do navio", *in II Jornadas de Lisboa de Direito Marítimo*, vol. II, coord. de Januário Costa Gomes, Almedina, Lisboa, 2010, pp. 7-45;

Cordopatri, Francesco, "L'abuso del processo e la condanna alle spese", *in RTDPC*, ano LIX, nº 1, 2005, pp. 249-280;

Cornide-Quiroga, Ángel Fenor de La Maza y, *Nuevas Perspectivas en el Proceso Contencioso-Administrativo: Las Medidas Cautelares*, Editorial Montecorvo, Madrid, 1997;

Correia, António Simões, *Código de Processo Civil na Jurisprudência e na Doutrina*, vol. II, Livraria Ferin, Lda., Lisboa, 1951;

Correia, João, *et al.*, *Introdução ao Estudo e à Aplicação do Código de Processo Civil de 2013*, Almedina, Coimbra, 2013;

Cortês, Jorge, "A tutela cautelar administrativa ambiental", *in RCEJ*, nº 13, Lisboa, 1º Semestre 2010, pp. 261-304;

Cortés Domínguez, Valentín, "La eficacia del proceso de declaración", *in Para un Proceso Civil Eficaz*, coord. de Francisco Ramos Méndez, Universidad Autónoma de Barcelona, Barcelona, 1982, pp. 119-142;

Costa, Américo de Campos, "Levantamento das providências cautelares", *in SI*, tomo VIII, nºs 42/43, Braga, julho-outubro 1959, pp. 450-459;

Costa, Mário Júlio de Almeida, *Direito das Obrigações*, reimp. da 12ª ed. rev. e atu., Almedina, Coimbra, 2016;

Costa, Salvador da, *O Concurso de Credores*, 5ª ed., Almedina, Coimbra, 2015;

Couture, Eduardo J., *Estudios de Derecho Procesal Civil*, tomo III, Ediar, Buenos Aires, 1950;

Couture, Eduardo J., *Introdução ao Estudo do Processo Civil*, Jornal do Fôro, Lisboa, 1952;

Couture, Eduardo J., *Fundamentos del Derecho Procesal Civil*, 3ª ed. (póstuma), Depalma, Buenos Aires, 1993;

Cruz, André Luiz Vinhas da, "O direito de ação e suas teorias explicativas", *in Revista da* ESMESE, nº 10, 2007, pp. 21-34;

CRUZ, Rita Barbosa da, "O arresto", *in O Direito*, ano 132º, vols. I e II, janeiro-junho 2000, pp. 107-196;

CRUZ, Rita, "Algumas notas à Proposta de alteração do processo especial de tutela urgente da personalidade", *in RMP, Debate A Reforma do Processo Civil 2012 – Contributos*, Cadernos II/2012, Lisboa, 2012, pp. 63-72;

CUCARELLA GALIANA, Luís-Andrés, "Constitución y tutela cautelar: una revisión de las aportaciones de la jurisprudencia y doctrina italianas", *in RDPr*, nº 1, Madrid, 1998, pp. 55-87;

CUCARELLA GALIANA, Luís-Andrés, "Arbitrato e tutela cautelar in Spagna: prospettive di riforma", *in RTDPC*, ano LII, Giuffrè Editore, Milão, 1998, pp. 229-239;

CULOT, Dario, *Diritto Processuale della Famiglia*, Wolters Kluwer Italia, Pádua, 2008;

CUNHA, António Júlio, "A propósito da responsabilidade processual civil", *in Estudos Jurídicos em Homenagem ao Professor António Motta Veiga*, Almedina, Coimbra, 2007, pp. 671-736;

CUNHA, António Júlio, *Direito Processual Civil Declarativo à luz do Novo Código de Processo Civil*, Quid Juris, Lisboa, 2013;

DEMARCHI, Paolo Giovanni, *Il Nuovo Processo Civile*, Giuffrè Editore, Milão, 2009;

DENISE ANTÚN, Mariela/ELENA RICOTINI, María, "El proceso urgente (Amparo. Medidas cautelares. Medidas autosatisfactivas. Tutela anticipada)", *in Cuaderno del Departamento de Derecho Procesal y Prática Profesional*, nº 8, Universidad Nacional de Córdoba, Alveroni Ediciones, Córdoba, Argentina, 2005, pp. 229-239;

DEVIS ECHANDIA, Hernando, *Nociones Generales de Derecho Procesal Civil*, Aguilar, Madrid, 1966;

DIANA, Antonio Gerardo, *Procedimenti Cautelari e Possessori*, Wolters Kluwer Italia, Turim, 2010;

DIAS, José Eduardo Figueiredo, "As providências cautelares na acção popular civil ambiental e o relevo do princípio da proporcionalidade", *in RCEDOUA*, ano V, nº 9, Coimbra, 2002, pp. 133-146;

DIAS, José Luís, "O descongestionamento dos tribunais e as Resoluções do Conselho de Ministros nºs 100/2005, de 30/5, e 172/2007, de 6/11", *in SI*, tomo LVI, nº 312, Braga, outubro-dezembro 2007, pp. 733-758;

DINAMARCO, Cândido Rangel, *Nova Era do Processo Civil*, Malheiros Editores, São Paulo, 2003;

DINAMARCO, Cândido Rangel, *A Instrumentalidade do Processo*, 14ª ed. rev. e atu., Malheiros Editores, São Paulo, 2009;

DIOGO, Luís Manuel Gomes da Costa/JANUÁRIO, Rui Manuel Justino, *Direito Comercial Marítimo*, Quid Iuris, Lisboa, 2008;

DITTRICH, Lotario, "Dalla tutela cautelare antecipatoria alla tutela sommaria definitiva", *in RDP*, ano XLIII, nº 3, Cedam, Pádua, julho-setembro 1988, pp. 672-705;

DONDI, Angelo, "Spunti di raffronto comparatistico in tema di abuso del processo (a margine della l.24.3.2001, n. 89)", *in La Nuova Giurisprudenza Civile Commentata*, ano XIX, nº 1, janeiro-fevereiro 2003, pp. 62-72;

DUARTE, Rui Pinto, "A ilicitude da execução de deliberações a partir da citação para o procedimento cautelar de suspensão", *in CDP*, nº 5, Braga, janeiro-março 2004, pp. 17-23;

DUARTE NETO, Bento Herculano, *et al.*, *Teoria Geral do Processo*, 5ª ed., Iesde, Curitiba, 2012;

ESCARRÁ MALAVÉ, Carlos, "Tutela judicial efectiva", *in Tendencias Actuales del*

Derecho Procesal: Constitución y Proceso, coord. de Jesús María Casal e Mariana Zerpa Morloy, Universidad Católica Andrés Bello, Caracas, 2007, pp. 7-60;

FAIREN GUILLEN, Victor, *Teoria General del Derecho* Procesal, Universidad Nacional Autónoma de México, México, 1992;

FARIA, Paulo Ramos de, *Regime Processual Civil Experimental – A Gestão Processual no Processo Declarativo Comum Experimental*, CEJUR, 2009;

FARIA, Paulo Ramos de, *Regime Processual Civil Experimental Comentado*, Almedina, Coimbra, 2010;

FARIA, Paulo Ramos de/LOUREIRO, Ana Luísa, *Primeiras Notas ao Novo Código de Processo Civil*, vol. I, 2ª ed., Almedina, Coimbra, 2014;

FARIA, Rita Lynce de, *A Função Instrumental da Tutela Cautelar Não Especificada*, Universidade Católica, 2003;

FARIA, Rita Lynce de, "A sumarização da justiça", *in Julgar*, nº 4, janeiro-abril 2008, pp. 211-221;

FARIA, Rita Lynce de, "Apreciação da proposta de *inversão do contencioso cautelar* apresentada pela Comissão de Reforma do Código de Processo Civil", *in RMP, Debate A Reforma do Processo Civil 2012 – Contributos*, Cadernos II/2012, Lisboa, 2012, pp. 49-62;

FARIA, Rita Lynce de, "Apreciação da proposta de *inversão do contencioso cautelar* apresentada pela Comissão de Reforma do Código de Processo Civil", *in Estudos em Homenagem ao Prof. Doutor José Lebre de Freitas*, vol. I, Coimbra Editora, Coimbra, 2013, pp. 1139-1154;

FAZZALARI, Elio, "Provvedimenti cautelari", *in Enciclopedia del Diritto*, vol. XXXVII, Giuffrè Editore, Varese, pp. 841-843;

FAZZALARI, Elio, *Note in Tema di Diritto e Processo*, Giuffrè Editore, Milão, 1957;

FENGER, Hermann, *Zivilprozeßrecht. Schnell erfaßt*, Springer, Berlim, 2001;

FENTIMAN, Richard, "Abuse of procedural rights: The position of English law", *in Abuse of Procedural Rights: Comparative Standards of Procedural Fairness*, Kluwer Law International, 1999, pp. 53-64;

FERNANDEZ, Elizabeth, "Entre a urgência e a inutilidade da tutela definitiva", *in CDP*, número especial 01, dezembro 2010, pp. 45-56;

FERNANDEZ, Elizabeth, *Um Novo Código de Processo Civil? – Em busca das diferenças*, Vida Económica, Porto, 2014;

FERNANDÉZ ROZAS, José Carlos, "Arbitraje y justicia cautelar", *in RCEA*, vol. XXII, 2007, pp. 23-60;

FERNANDÉZ-VIAGAS BARTOLOMÉ, Plácido, *El Derecho a un Proceso sin Dilaciones Indebidas*, Civitas, 1994;

FERREIRA, Durval, *Posse e Usucapião*, 3ª ed., Almedina, Coimbra, 2008;

FERRER BELTRÁN, Jordi, "La valoración de la prueba: verdad de los enunciados probatórios y justificación de la decisión", *in Estudios sobre la Prueba*, Universidad Nacional Autónoma de México, México, 2006, pp. 1-46;

FERRI, Corrado, "I procedimenti cautelari ed urgenti in materia di società commerciali", *in RTDPC*, ano XLIX, Giuffrè Editore, Milão, 1995, pp. 111-154;

FERRI, Corrado, "Procedimenti cautelari a tutela del credito. Il sequestro conservativo", *in RTDPC*, ano LIV, Giuffrè Editore, Milão, 2000, pp. 75-104;

FIGUEIREDO, Simone Diogo Carvalho/SÁ, Renato Montans de, *Direito Processual Civil*, Editora Saraiva, São Paulo, 2009;

FINOCCHIARIO, Giuseppe, "Sul nuovo procedimento cautelare", *in RDP*, ano L, nº 3, Cedam, Pádua, julho-setembro 1995, pp. 855-893;

FIORUCCI, Fabio, *I Provvedimenti d'Urgenza ex Art. 700 C.P.C.*, 2ª ed., Giuffrè Editore, Roma, 2009;

FLORA, Cristina, "A adopção de medidas cautelares a favor dos contribuintes pelos tribunais fiscais nacionais no âmbito do direito europeu", *in Julgar*, nº 15, setembro-dezembro 2011, pp. 171-201;

FONSECA, Isabel Celeste M., "Para uma nova tutela cautelar na justiça administrativa. Prólogo de uma batalha…", *in CJA*, nº 8, 1998, pp. 37-48;

FONSECA, Isabel Celeste M., *Introdução ao Estudo Sistemático da Tutela Cautelar no Processo Administrativo*, Almedina, Coimbra, 2002;

FONSECA, Isabel Celeste M., "A urgência na reforma do contencioso administrativo", *in Reforma do Contencioso Administrativo – O Debate Universitário (Trabalhos Preparatórios)*, vol. I, Ministério da Justiça, Coimbra Editora, Coimbra, 2003, pp. 337-354;

FONSECA, Isabel Celeste M., *Dos Novos Processos Urgentes no Contencioso Administrativo (Função e Estrutura)*, Lex, Lisboa, 2004;

FONSECA, Isabel Celeste M., "A garantia do prazo razoável: o juiz de Estrasburgo e o juiz nacional", *in CJA*, nº 44, março–abril 2004, pp. 43-67;

FONSECA, Isabel Celeste M., "Do novo contencioso administrativo e do direito à justiça em prazo razoável", *in Estudos em Comemoração do 10º Aniversário da Licenciatura em Direito da Universidade do Minho*, Almedina, Coimbra, 2004, pp. 339-384;

FONSECA, Isabel Celeste M., "O processo cautelar comum no novo contencioso administrativo: por novos caminhos de tempo dividido", *in SI*, tomo LIII, nº 299, Braga, maio-agosto 2004, pp. 237-286;

FONSECA, Isabel Celeste M., "Verdade e verosimilhança: o (provável) erro de Calamandrei", *in BFD*, vol. LXXXI, Coimbra, 2005, pp. 633-672;

FONSECA, Isabel Celeste M., "O contencioso dos contratos da Administração Pública – Notas sobre um domínio do contencioso administrativo de feição muito urgente", *in Estudos em Homenagem ao Professor Doutor Marcello Caetano no Centenário do seu Nascimento*, vol. I, Coimbra Editora, Coimbra, 2006, pp. 501-536;

FONSECA, Isabel Celeste M., *Processo Temporalmente Justo e Urgência – Contri buto para a Autonomização da Categoria da Tutela Jurisdicional de Urgência na Justiça Administrativa*, Coimbra Editora, Coimbra, 2009;

FORTINO, Marcella, "Il sequestro conservativo e convenzionale", *in Enciclopedia del Diritto*, vol. XLII, Giuffrè Editore, Varese, 1990, pp. 58-111;

FREITAS, José Lebre de, "Justiça e processo civil", *in Separata do BMJ*, 350º, Lisboa, 1985, pp. 5-20;

FREITAS, José Lebre de, "Parecer da Comissão de Legislação da Ordem dos Advogados sobre o projecto de Código de Processo Civil", *in ROA*, ano 50º, vol. III, Lisboa, dezembro 1990, pp. 729-808;

FREITAS, José Lebre de, "Inconstitucionalidades do Código de Processo Civil", *in ROA*, ano 52º, vol. I, Lisboa, abril 1992, pp. 29-43;

FREITAS, José Lebre de, "Em torno da revisão do direito processual civil", *in ROA*, ano 55º, vol. I, Lisboa, janeiro 1995, pp. 5-18;

FREITAS, José Lebre de, "Revisão do processo civil", *in ROA*, ano 55º, vol. II, Lisboa, julho 1995, pp. 417-518;

FREITAS, José Lebre de, "Repetição de providência e caso julgado em caso de desistência do pedido de providência cautelar", *in ROA*, ano 57º, vol. I, Lisboa, janeiro 1997, pp. 461-483;

Freitas, José Lebre de, "As novas alterações ao Código de Processo Civil", *in ROA*, ano 60º, vol. II, Lisboa, 2000, pp. 615-645;

Freitas, José Lebre de, "As providências cautelares não especificadas na jurisdição administrativa", *in CJA*, nº 33, 2002, pp. 18-24;

Freitas, José Lebre de, "Experiência-piloto de um novo processo civil", *in Novas Exigências do Processo Civil: Organização, Celeridade e Eficácia*, Associação Jurídica do Porto, Coimbra Editora, Porto, 2007;

Freitas, José Lebre de, "A apreensão liminar como antecipação do arresto de navio", *in Nos 20 anos do Código das Sociedades Comerciais: Homenagem aos Profs. Doutores A. Ferrer Correia, Orlando de Carvalho e Vasco Lobo Xavier*, Coimbra Editora, Coimbra, 2007, pp. 1095-1103;

Freitas, José Lebre de, *Estudos sobre Direito Civil e Processo Civil*, vol. I, 2ª ed., Coimbra Editora, Coimbra, 2010;

Freitas, José Lebre de, *Introdução ao Processo Civil – Conceito e Princípios Gerais à Luz do Novo Código de Processo Civil*, 4ª ed., Gestlegal, Coimbra, 2017;

Freitas, José Lebre de, *A Ação Declarativa Comum (À Luz do Código de Processo Civil de 2013)*, 4ª ed., Gestlegal, Coimbra, 2017;

Freitas, José Lebre de, *et al.*, *Código de Processo Civil Anotado*, vol. II, 2ª ed., Coimbra Editora, Coimbra, 2008;

Freitas, José Lebre de/Santos, Cristina Máximo dos, *O Processo Civil na Constituição*, Coimbra Editora, Coimbra, 2008;

Freitas, José Lebre de/Alexandre, Isabel, *Código de Processo Civil Anotado*, vol. I, 3ª ed., Coimbra Editora, Coimbra, 2014;

Freitas, José Lebre de/Alexandre, Isabel, *Código de Processo Civil Anotado*, vol. II, 3ª ed., Almedina, Coimbra, 2017;

Friede, Roy Reis, "Medidas cautelares e liminares satisfativas", *in Justitia*, nº 56 (165), São Paulo, janeiro-março 1994, pp. 37-45;

Friede, Roy Reis, "Da tutela cautelar", *in Justitia*, nº 58 (174), São Paulo, abril-junho 1996, pp. 70-87;

Frisina, Pasquale, "La tutela anticipatoria: profili funzionali e struttuali", *in RDP*, ano XLI, nº 2-3, abril-setembro 1986, pp. 364-391;

G. Zambiazzo, Mauricio, "Otros aspectos de la anticipación de tutela (una contribución a la oportunidad en la solución jurisdiccional a pretensiones urgentes)", *in Cuaderno del Departamento de Derecho-Procesal y Prática Profesional*, nº 8, Universidad Nacional de Córdoba, Alveroni Ediciones, Córdoba, Argentina, 2005, pp. 97-122;

Gaio Júnior, Antônio Pereira, *Direito Processual Civil*, vol. 1, Del Rey Editora, Belo Horizonte, 2008;

Gaio Júnior, Antônio Pereira, *Direito Processual Civil*, vol. 2, Del Rey Editora, Belo Horizonte, 2008;

Galatro, Vincenzo, *Manuale Operativo di Procedura Civile*, Maggioli Editore, 2008;

Garcia, Maria da Glória Ferreira Pinto Dias, "Meios cautelares em direito processual administrativo", *in SI*, tomo XLIII, nºs 250/252, julho-dezembro 1994, pp. 211-223;

Garcia, Maria da Glória Ferreira Pinto Dias, "Os meios cautelares em direito processual administrativo", *in DJ*, vol. IX, tomo I, 1995, pp. 33-46;

Garcia, Maria da Glória Ferreira Pinto Dias, "Os procedimentos cautelares: em especial, a suspensão da eficácia do acto administrativo", *in DJ*, vol. X, tomo I, 1996, pp. 195-212;

GARCIA, Maria da Glória Ferreira Pinto Dias, "Da exclusividade de uma medida cautelar típica à atipicidade das medidas cautelares ou a necessidade de uma nova compreensão do Direito e do Estado", *in CJA*, nº 16, 1999, pp. 74-81;

GARCIA, Maria da Glória Ferreira Pinto Dias, "As medidas cautelares entre a correcta prossecução do interesse pú- blico e a efectividade dos direitos dos particulares", *in Reforma do Contencioso Administrativo – O Debate Universitário (Trabalhos Preparatórios)*, vol. I, Ministério da Justiça, Coimbra Editora, Coimbra, 2003, pp. 431-448;

GARCIA DE ENTERRIA, Eduardo, "La batalla por las medidas cautelares", *in Derecho Comunitario Europeo y Proceso Contencioso-Administrativo Español*, 1ª ed., Civitas, Madrid, 1992, pp. 266-274;

GARCIA DE ENTERRIA, Eduardo, "Hacia una medida cautelar ordinaria de pago anticipado de deudas (référé-provision): a propósito del auto del Presidente del Tribunal de Justicia de las Comunidades Europeas de 29 de Enero de 1997 (asun- to Antonissen)", *in RAP*, nº 142, Madrid, janeiro-abril 1997, pp. 225-243;

GAROFOLI, Roberto/PROTTO, Mariano, *Tutela Cautelare, Monitoria e Sommaria nel Nuovo Processo Amministrativo*, Giuffrè Editore, Milão, 2002;

GAULT, Simon, *et al.*, *Marsden on Collisions at Sea*, 13ª ed., Sweet & Maxwell, Londres, 2003;

GERALDES, António Santos Abrantes, "Processo especial experimental de litigância de massas", *in Novas Exigências do Processo Civil: Organização, Celeridade e Eficácia*, Associação Jurídica do Porto, Coimbra Editora, Porto, 2007;

GERALDES, António Santos Abrantes, *Temas da Reforma do Processo Civil*, vol. I, 3ª reimp. da ed. de 1998, Almedina, Coimbra, 2010;

GERALDES, António Santos Abrantes, *Temas da Reforma do Processo Civil*, vol. II, 4ª ed. rev. e atu., Almedina, Coimbra, 2010;

GERALDES, António Santos Abrantes, *Temas da Reforma do Processo Civil*, vol. III, 4ª ed. rev. e atu., Almedina, Coimbra, 2010;

GERALDES, António Santos Abrantes, *Temas da Reforma do Processo Civil*, vol. IV, 4ª ed. rev. e atu., Almedina, Coimbra, 2010;

GHIRGA, Maria Francesca, "*L'application aux mesures provisoires du principe dispositif et du principe de la contradiction en droit italien*", *in Les Mesures Provisoires en Droit Belge, Français et Italien – Étude de Droit Compare*, Bruylant, Bruxelas, 1998;

GHIRGA, Maria Francesca, "*Conciliazione giudiziale e abuso del processo*", *in RDP*, ano LIII, nº 1, janeiro-março 1998, pp. 196-215;

GHIRGA, Maria Francesca, "*Le nuove norme sui procedimenti cautelari*", *in RDP*, ano LX, nº 3, julho-setembro 2005, pp. 781-826;

GIMENO SENDRA, José Vicente, *et al.*, *Derecho Procesal Administrativo*, Tirant lo Blanch, Valência, 1991;

GIORDANO, Rosaria, *La Tutela Cautelare Uniforme – Prassi e Questioni*, Giuffrè Editore, Milão, 2008;

GIORGETTI, Mariacarla, "*Domanda e procedimento nelle recenti esperienza del processo cautelare*", *in RDP*, ano LI, nº 3, julho-setembro 2001, pp. 810-834;

GIOVAGNOLI, Roberto/CAPITANO, Silvia, *I Procedimenti Cautelari – Percorsi Giurisprudenziali*, Giuffrè Editore, Milão, 2010;

GIUDICE, Federico del, *et al.*, *Codice di Procedura Civile*, 10ª ed., Edizioni Giuridiche Simone, 2006;

GOLDSCHMIDT, James, *Derecho Procesal Civil*, trad. da 2ª ed. alemã por Leonardo Prieto Castro, Editorial Labor, Rio de Janeiro, 1936;

GOMES, Carla Amado, "Todas as cautelas são poucas no contencioso administrativo", *in CJA*, nº 18, novembro-dezembro 1999, pp. 27-40;

GOMES, Carla Amado, "À espera de Ulisses. Breve análise da Secção I do Capítulo VI do Anteprojecto de Código nos Tribunais Administrativos/II (As medidas cautelares)", *in Separata da RMP*, nº 84, 2000, pp. 49-94;

GOMES, Carla Amado, "O regresso de Ulisses. Um olhar sobre a reforma da justiça cautelar", *in CJA*, nº 39, maio-junho 2003, pp. 3-13;

GÓMEZ ORBANEJA, Emilio, *Derecho y Proceso*, Civitas, 2009;

GONÇALVES, Marco Carvalho, *Embargos de Terceiro na Acção Executiva*, Wolters Kluwer, Braga, 2010;

GONÇALVES, Marcus Vinicius Rios, *Novo Curso de Direito Processual Civil – Teoria Geral de Processo de Conhecimento*, 7ª ed., Editora Saraiva, São Paulo, 2010;

GONZÁLEZ, José Alberto, "O princípio do contraditório na restituição provisória da posse: breve linha evolutiva histórica e regime actual", *in 35º Aniversário da Constituição de 1976*, Coimbra Editora, Coimbra, 2012, pp. 239-279;

GONZÁLEZ LAGIER, Daniel, "Argumentación y prueba judicial", *in Estudios sobre la Prueba*, Universidad Nacional Autónoma de México, México, 2006, pp. 89-134;

GONZÁLEZ PÉREZ, Jesús, *Manual de Derecho Procesal Civil*, 2ª ed., Editorial Civitas, Madrid, 1992;

GONZÁLEZ ZAMAR, Leonardo C., "Las medidas cautelares y la tutela anticipatoria en el proceso colectivo", *in Cuaderno del Departamento de Derecho Procesal y Práctica Profesional*, nº 8, Universidad Nacional de Córdoba, Alveroni Ediciones, Córdoba, Argentina, 2005, pp. 123-143;

GOUVEIA, Mariana França, *A Causa de Pedir na Pedir na Acção Declarativa*, Almedina, Coimbra, 2004;

GOUVEIA, Mariana França, *Regime Processual Experimental Anotado*, Almedina, Coimbra, 2006;

GOUVEIA, Paulo H. Pereira, "As realidades da nova tutela cautelar administrativa", *in CJA*, nº 55, Braga, 2006, pp. 3-16;

GRAMAGLIA, Dario, *Manuale Breve – Diritto Processuale Civile*, 3ª ed., Giuffrè Editore, Milão, 2011;

GRASSELLI, Giorgio, *L'Istruzione Probatoria nel Processo Civile Riformato*, 2ª ed., Cedam, 2000;

GRAZIOZI, Andrea, "I procedimenti in materia di famiglia nel progetto di riforma del codice di procedura civile spagnolo", *in RTDPC*, ano LI, Giuffrè Editore, Milão, 1998, pp. 559-565;

GRINOVER, Ada Pellegrini, *Novas Tendências do Direito Processual Civil de Acordo com a Constituição de 1988*, Forense Universitária, São Paulo, 1990;

GRUBS, Shelby R., *et al.*, *International Civil Procedure*, Kluwer Law International, 2003;

GUASP, Jaime/ARAGONESES, Pedro, *Derecho Procesal Civil*, tomo I, 7ª ed. rev., Thomson Civitas, 2004;

GUAYO CASTIELLA, Iñigo del, *Judicial Review y Justicia Cautelar*, Madrid, 1997;

GUTIÉRREZ BARRENENGOA, Aihoa, "De las medidas cautelares", *in Comentarios a la Ley de Enjuiciamiento Civil*, Lex Nova, 2012, pp. 1345-1376;

HAERTLEIN, Lutz, *Exekutionsintervention und Haftung*, Mohr Siebeck, Tübingen, 2008;

Hendrikse, M. L. *et al.*, *Aspects of Maritime Law: Claims Under Bills of Lading*, Kluwer Law International, 2008;

Henriques, Sofia, *A Tutela Cautelar não Especificada no Novo Contencioso Administrativo Português*, Coimbra Editora, Coimbra, 2006;

Hernández-Mendible, Victor Rafael, "La tutela cautelar como instrumento de efectividad de la sentencia en el Derecho Procesal Administrativo", *in Tendencias Actuales del Derecho Procesal: Constitución y Proceso*, coord. de Jesús María Casal e Mariana Zerpa Morloy, Universidad Católica Andrés Bello, Caracas, 2007, pp. 251-288;

Hernandez Rodriguez, Aurora, "La tutela cautelar en el derecho internacional privado español: especial referencia al artículo 24 CBr", *in RPJ*, 3º Época, nº 59, Madrid, 2000, pp. 73-124;

Hernández Villarreal, Gabriel, "El proceso cautelar", *in Temas Vigentes en Materia de Derecho Procesal y Probatorio: Homenaje al Doctor Hernando Morales Molina*, Universidad del Rosario, Colômbia, 2008, pp. 239-256;

Hooijdonk, Marieke Van/Eijsvoogel, Peter V., *Litigation in the Netherlands*, Kluwer Law International, Haia, 2009;

Iannicelli, Luigi, "Domanda cautelare in corso di causa ed incompetenza del giudice di merito", *in RTDPC*, ano LIV, Giuffrè Editore, Milão, 2000, pp. 745-803;

Imhof, Cristiano/Rezende, Bertha Steckert, *Novo Código de Processo Civil Comentado*, Lumen Juris, Rio de Janeiro, 2015;

Impagnatiello, Gianpaolo, *La Provvisoria Esecuzione e l'Inibitoria nel Processo Civile*, vol. I, Giuffrè Editore, Milão, 2010;

Iocohama, Celso Hiroshi, *Litigância de Má-Fé e Lealdade Processual*, Juruá Editora, Paraná, 2006;

Iofrida, Giulia/Scarpa, Antonio, *I Nuovi Procedimenti Cautelari*, Giuffrè Editore, Milão, 2006;

J. Puppio, Vicente, *Teoría General del Proceso*, 7ª ed. rev. e ampl., Universidad Católica Andrés Bello, Caracas, 2008;

Jaccheri, Elena, "Un caso peculiare in tema di denuncia di nuova opera", *in RTDPC*, ano LII, Giuffrè Editore, Milão, 1998, pp. 1474-1480;

Jauernig, Othmar, *Direito Processual Civil*, 25ª ed., Almedina, Coimbra, 2002;

Joaquín Salgado, Alí, *Derecho Procesal Civil*, 1ª reimp., Astrea, Buenos Aires, 1993;

Jorge, Nuno de Lemos, "Notas sobre o regime processual experimental", *in Novas Exigências do Processo Civil: Organização, Celeridade e Eficácia*, Associação Jurídica do Porto, Coimbra Editora, Porto, 2007;

Justo, A. Santos, "A «*Cautio damni infecti*» (época clássica)", *in Estudos em Homenagem ao Professor Doutor Manuel Gomes da Silva*, Edição da Faculdade de Direito da Universidade de Lisboa, Coimbra Editora, Coimbra, 2001, pp. 573-679;

Lagasse, Jean-Paul, *et al.*, *Le Référé Administratif*, Editions Formatique, Bruxelas, 1992;

Lameiras, Luís Filipe Brites, *Comentário ao Regime Processual Experimental*, Almedina, Coimbra, 2007;

Lapertosa, Flavio, "La tutela sommaria anticipatoria (artt. 186 *bis*, 186 *ter* c.p.c.)", *in RDP*, ano LII, nº 3, julho-setembro 1997, pp. 767-792;

Lazzara, Paolo, "Tutela cautelare e misure d'urgenza nella giurisprudenza della Corte di Giustizia", *in RTDPA*, ano XXI, nº 4, Milão, 2003, pp. 1155-1197;

Lazzaro, Fortunato/Marzio, Mauro di, *Le Spese nel Processo Civile*, Giuffrè Editore, Milão, 2010;

LEITÃO, Luís Manuel Teles de Menezes, *Garantias das Obrigações*, 5ª ed., Almedina, Coimbra, 2016;

LEITÃO, Luís Manuel Teles de Menezes, *Direitos Reais*, 7ª ed., Almedina, Coimbra, 2018;

LEVAL, Georges de, "Le problème de l'exécution de l'ordonnance rendue par le juge des référés", *in Les Mesures Provisoires en Droit Belge, Français et Italien – Étude de Droit Comparé*, Bruylant, Bruxelas, 1998, pp. 395-402;

LEVAL, Georges de, *La Saisie Immobilière*, 4ª ed., Editions Larcier, Bruxelas, 2002;

LEYSER, Maria Fátima Vaquero Ramalho, "Breves apontamentos sobre a tutela antecipada", *in Justitia*, nº 58 (175), São Paulo, julho-setembro 1996, pp. 60-65;

LI, Kevin Xingang/INGRAM, Colin W. M., *Maritime Law and Policy in China*, Cavendish Publishing Limited, Londres, 2002;

LIAKOPOULOS, Dimitris/ROMANI, Mauro, *Tutela Cautelare nel Diritto Processuale Internazionale e Comunitario Privato*, libreriauniversitaria.it ed., Pádua, 2009;

LIAÑO GONZÁLEZ, Fernando Gómez de, *Ley de Enjuiciamiento Civil*, Editorial Forum, Oviedo, 1994;

LICHTMAN, Douglas Gary, "Uncertainty and the standard for preliminary relief ", *John M. Olin Program in Law & Economics Working Paper no. 166*, The University of Chicago, 2002;

LIEBMAN, Enrico Tullio, *Manuale di Diritto Processuale Civile: Principi*, 7ª ed., Giuffrè Editore, Milão, 2007;

LIMA, Joaquim Pires de, "Considerações acerca do direito à justiça em prazo razoável", *in ROA*, ano 50º, vol. III, Lisboa 1990, pp. 671-701;

LIMA, Joaquim Pires de, "O insucesso da providência cautelar e a sanção aplicável ao requerente (a propósito de uma norma do Código de Processo Civil)", *in ROA*, ano 51º, vol. I, Lisboa, abril 1991, pp. 101-105;

LIMA, Pires de/VARELA, Antunes, *Código Civil Anotado*, vol. I, 4ª ed. rev. e atu., Coimbra Editora, Coimbra, 1987;

LOBÃO, Manuel de Almeida e Sousa de, *Segundas linhas sobre o processo civil ou antes addições às primeiras do bacharel Joaquim José Caetano Pereira e Sousa*, Parte II, Imprensa Nacional, Lisboa, 1855;

LOBÃO, Manuel de Almeida e Sousa de, *Tratado Encyclopedico Compendiario, Pratico e Systematico dos Interdictos e Remédios Possessorios Geraes e Especiaes*, Imprensa Nacional, Lisboa, 1867;

LÓPEZ OLVERA, Miguel Alejandro, "Las medidas cautelares en el proceso administrativo en Argentina", *in La Justicia Cautelar como Garantía de los Derechos Fundamentales, in Estudios en homenaje a don Alfonso Nava Negrete*, Universidad Nacional Autónoma de México, 2006, pp. 97-119;

LOURENÇO, Paula Meira, "Justiça cível: eficiência e novas formas de gestão processual", *in Novos Rumos da Justiça Cível*, CEJUR, Braga, 2009, pp. 81-98;

LUCA, Francesco de, "L'evoluzione normativa e giurisprudenziale alla luce dei principi di efetivitá e pienezza della tutela giurisdizionale", *in La Tutela Cautelare e Sommaria nel Nuovo Processo Amministrativo (a cura di Frederico Freni)*, Giuffrè Editore, Milão, 2011, pp. 1-32;

LUCAS NETO, Dora, "Notas sobre a antecipação do juízo sobre a causa principal (um comentário ao art. 121º do CPTA)", *in RDPR*, nº 1, maio 2009, pp. 55-62;

LUGO, Andrea, *Manuale di Diritto Processuale Civile*, 18ª ed., Giuffrè Editore, Milão, 2012;

LUISO, Francesco P., *Diritto Processuale Civile – I Processi Speciali*, vol. IV, 5ª ed., Giuffrè Editore, Milão, 2009;

LUNDMARK, Thomas, *Juristische Technik und Methodik des Common Law*, LIT Verlag Münster, 1998;

MAC-GREGOR, Eduardo Ferrer, "Los poderes del juez constitucional y las medidas cautelares en controversia constitucional", *in El Juez Constitucional en el Siglo XXI*, tomo II, Universidad Nacional Autónoma de México, 2009, pp. 153-204;

MAÇÃS, Maria Fernanda, "Providências cautelares e tutela judicial efectiva: os incontornáveis obstáculos da suspensão judicial da eficácia", *in RCEDOUA*, ano II, nº 1, Coimbra, 1999, pp. 115-122;

MAÇÃS, Maria Fernanda, "As medidas cautelares", *in Reforma do Contencioso Administrativo – O Debate Universitário (Trabalhos Preparatórios)*, vol. I, Ministério da Justiça, Coimbra Editora, Coimbra, 2003, pp. 449-468;

MAÇÃS, Maria Fernanda, "Meios urgentes e tutela cautelar – Perplexidades quanto ao sentido e alcance de alguns mecanismos de tutela urgente", *in A Nova Justiça Administrativa*, CEJ, Coimbra Editora, Coimbra, 2006, pp. 93-112;

MACHADO, António Montalvão/PIMENTA, Paulo, *O Novo Processo Civil*, 12ª ed., Almedina, Coimbra, 2010;

MAGALHÃES, Barbosa de, *Processo Civil e Comercial*, vol. III, Lisboa, 1940;

MAGALHÃES, Barbosa de, "Aparência e realidade no novo código de processo ci-vil", *in ROA*, ano 1º, nº 4, Lisboa, 1941, pp. 330-379;

MAGALHÃES, Barbosa de, "Natureza jurídica dos processos preventivos e seu sistema no Código de Processo Civil", *in ROA*, ano 5º, nºs 3 e 4, Lisboa, 1945, pp. 14-35;

MAGALHÃES, Barbosa de, *Estudos sobre o Novo Código de Processo Civil*, 2º vol., Coimbra Editora, Coimbra, 1947;

MAGNI, Claudio, *Codice di Procedura Civile del Regno d'Italia*, vol. II, Eugenio e Filippo Cammeli Editori, Florença, 1880;

MAIA, Pedro, *et al.*, *Estudos de Direito das Sociedades*, 11ª ed., Almedina, Coimbra, 2013;

MANDARAKA-SHEPPARD, Aleka, *Modern Maritime Law*, 2ª ed., Routledge-Cavendish, Oxfordshire, 2007;

MANDRIOLI, Crisanto, *Corso di Diritto Processuale Civile*, vol. III, 10ª ed., G. Giappichelli Editore, Turim, 2000;

MANDRIOLI, Crisanto, *Diritto Processuale Civile*, vol. II, 19ª ed., G. Giappichelli Editore, Turim, 2007;

MARCACINI, Augusto Tavares Rosa, *Estudo sobre a Efetividade do Processo Civil*, São Paulo, 2010;

MARCATO, António Carlos, *Procedimentos Especiais*, 13ª ed., Editora Atlas, São Paulo, 2007;

MARCELINO, Américo, "Questões de responsabilidade civil", *in Separata da SI*, tomo XXX, nºs 175-178, janeiro-dezembro 1982;

MARCHESELLI, Alberto, *et al.*, *Giusto Processo e Riti Speciali*, Giuffrè Editore, Milão, 2009;

MARÍA CORDEIRO, Clara, "Medidas autosatisfactivas", *in Cuaderno del Departamento de Derecho Procesal y Prática Profesional*, nº 8, Universidad Nacional de Córdoba, Alveroni Ediciones, Córdoba, Argentina, 2005, pp. 195-227;

MARÍA HERRÁN, José, "El derecho ambiental y las medidas cautelares", *in Cuaderno del Departamento de Derecho Procesal y Prática Profesional*, nº 8, Universidad Nacional de Córdoba, Alveroni Ediciones, Córdoba, Argentina, 2005, pp. 145-155;

MARIANO, João Cura, *A Providência Cautelar de Arbitramento de Reparação Provisória*, 2ª ed. rev. e aum., Almedina, Coimbra, 2006;

MARINELLI, Damiano, *et al.*, *Il Nuovo Processo di Cognizione dopo la Riforma 2009*, Maggioli Editore, 2009;

MARINONI, Luiz Guilherme, "*La tutela antecipatória nella riforma del processo brasiliano*", *in RDP*, ano LI, nº 1, janeiro-março 1996, pp. 254-259;

MARINONI, Luiz Guilherme, "O custo e o tempo do processo civil brasileiro", *in RFDUP*, vol. 37, Curitiba, 2002, pp. 37-64;

MARQUES, J. P. Remédio, *Curso de Processo Executivo Comum à Face do Código Revisto*, Almedina, Coimbra, 2000;

MARQUES, J. P. Remédio, *Algumas Notas Sobre Alimentos (Devidos a Menores)*, 2ª ed. rev., Coimbra Editora, Coimbra, 2007;

MARQUES, J. P. Remédio, *Acção Declarativa à Luz do Código Revisto*, 3ª ed., Coimbra Editora, Coimbra, 2011;

MARQUES, J. P. Remédio, "Alguns aspectos processuais da tutela da personalidade humana na revisão do processo civil de 2012", *in ROA*, ano 72º, vol. II, Lisboa, abril-setembro 2012, pp. 653-675;

MARTÌN PASTOR, José, "Compatibilità e coordinamento tra il nuovo processo cautelare e la sospensione delle delibere assembleari impugnate ex art. 2378, comma 4º, cc", *in RTDPC*, ano LII, Giuffrè Editore, Milão, 1998, pp. 265-284;

MARTINEZ, Pedro Romano, "Intimação para um comportamento. Providência cautelar", *in CJA*, nº 2, março-abril 1997, pp. 53-61;

MARTINEZ, Pedro Romano/PONTE, Pedro Fuzeta da, *Garantias de Cumprimento*, 5ª ed., Almedina, Coimbra, 2006;

MARTINS, Alexandre Soveral, "Suspensão de deliberações sociais de sociedades comerciais: alguns problemas", *in ROA*, ano 63º, vol. I/II, Lisboa, abril 2003, pp. 345-373;

MARTINS, Alexandre Soveral, "A propósito da suspensão de deliberações sociais e do princípio da igualdade de tratamento – Ac. do TRG de 15.10.2003, Proc. 1552/03", *in CDP*, nº 13, 2006, pp. 37-50;

MARTINS, Ana Gouveia, *A Tutela Cautelar no Contencioso Administrativo (Em Especial, nos Procedimentos de Formação dos Contratos)*, Coimbra Editora, Coimbra, 2005;

MARTINS, Ana Gouveia, "Tutela cautelar: prazos, caducidade e repetição da providência – Ac. do STA de 15.9.2004, P. 620/04", *in CJA*, nº 75, 2009, pp. 24-34;

MARTINS, António, *Código de Processo Civil – Comentários e Anotações Práticas*, 2ª ed., Almedina, Coimbra, 2013;

MASCIA, Alberto, *I Procedimenti Cautelari*, Wolters Kluwer Italia, 2008;

MASONI, Roberto, "La ragionevole durata del proceso", *in Il Nuovo Processo Civile*, Wolters Kluwer Italia, 2010;

MATCOVICH, Gonzalo Cortez, "La configuracion del *periculum in mora* en el regimen cautelar chileno", *in Revista de* Derecho, nº 205, ano LXVII, Universidad de Concepcion, janeiro-junho 1993, pp. 99-114;

MAURO, Rubino Sammartano, *Il Diritto dell'arbitrato. Disciplina Comune e Regimi Speciali*, 6ª ed., Wolters Kluwer Italia, Pádua, 2010;

MEDINA DE LEMUS, Manuel, *Contratos de comercio exterior: (Doctrina y formularios)*, 3ª ed., Librería-Editorial Dykinson, Madrid, 2008;

MELULLIS, Klaus-J, *Handbuch des Wettbewerbsprozesses: Unter besonderer Berücksichtigung der Rechtsprechung*, Verlag Dr. Otto Schmidt, Colónia, 2000;

MENDES, João de Castro, *O Direito de Acção Judicial. Estudo de Processo Civil*, Universidade de Lisboa, 1959;

MENDES, João de Castro, *Manual de Processo Civil*, Coimbra Editora, Coimbra, 1963;

MENDES, João de Castro, *Limites Objectivos do Caso Julgado em Processo Civil*, Ática, Lisboa, 1968;

MENDES, João de Castro, *Direito Processual Civil*, vol. I, Associação Académica, Lisboa, 1980;

MENDES, João de Castro, *Direito Processual Civil*, vol. II, Associação Académica, Lisboa, 1980;

MENDES, Ribeiro/FREITAS, José Lebre de, "Parecer da Comissão de Legislação da Ordem dos Advogados sobre o Anteprojecto de Código de Processo Civil", *in ROA*, ano 49º, vol. II, Lisboa, setembro 1989, pp. 613-666;

MENDONÇA, Delosmar, *et al.*, *Tutela Diferenciada*, 6ª ed., Iesde, Curitiba, 2011;

MERLIN, Elena, "La caducité et la rétractation des mesures provisoires", *in Les Mesures Provisoires en Droit Belge, Français et Italien – Étude de Droit Comparé*, Bruylant, Bruxelas, 1998, pp. 369-384;

MESQUITA, António L. da Costa, "Arresto", *in Pólis*, vol. I, Verbo, pp. 379-381;

MESQUITA, Miguel, *Apreensão de Bens em Processo Executivo e Oposição de Terceiro*, 2ª ed. rev. e aum., Almedina, Coimbra, 2001;

MIMOSO, Maria João, *Arbitragem do Comércio Internacional – Medidas Provisórias e Cautelares*, Quid Iuris, Lisboa, 2009;

MIRANDA, Jorge/MEDEIROS, Rui, *Constituição Portuguesa Anotada*, vol. I, 2ª ed. rev., Universidade Católica Editora, Lisboa, 2017;

MITIDIERO, Daniel, *Antecipação da Tutela – Da Tutela Cautelar à Técnica Antecipatória*, Editora Revista dos Tribunais, São Paulo, 2013;

MONROY PALACIOS, Juan José, "Una interpretación errónea: «a mayor verosimilitud, menor caución» y viceversa. Apuntes críticos sobre los presupuestos para el otorgamiento y para la ejecución de la medida cautelar", *in Revista Peruana de Derecho Procesal*, nº 8, Peru, 2005, pp. 237-263;

MONTELEONE, Girolamo, *Diritto Processuale Civile*, 3ª ed. rev. e atu., Cedam, Pádua, 2002;

MONTERO AROCA, Juan, "O processo civil no século XXI. Tutela e garantia", *in RCEJ*, nº 4, 1º Semestre 2006, pp. 239-247;

MONTERO AROCA, Juan/CHACÓN CORADO, Mauro, *Manual de Derecho Procesal Civil*, vol. I, Valência, 1998;

MONTERO AROCA, Juan, *et al.*, *El Nuevo Proceso Civil (Ley 1/2000)*, 2ª ed., Tirant lo Blanch, Valência, 2001;

MONTERO AROCA, Juan, *et al.*, *Derecho Jurisdiccional II – Proceso Civil*, 10ª ed., Tirant lo Blanch, Valência, 2001;

MONTESANO, Luigi, "Strumentalità e superficialità della cognizione cautelare", *in RDP*, ano LXIV, nº 2, Cedam, abril-junho 1999, pp. 309-316;

MONTESANO, Luigi, "Danno irreparabile e reclamo nell'istruzione preventiva", *in RDP*, ano LV, nº 1, Pádua, janeiro-março 2000, pp. 103-104;

MONTESANO, Luigi/ARIETA, Giovanni, *Diritto Processuale Civile*, III, 3ª ed., G. Giappichelli Editore, Turim, 1999;

MORAIS, Fernando de Gravato, *Manual da Locação Financeira*, 2ª ed., Almedina, Coimbra, 2011;

MOREIRA, José Carlos Barbosa, *Temas de Direito Processual*, Editora Saraiva, São Paulo, 2007;

MORENO, T./SÊCO, Sousa/JUNQUEIRO, P. Augusto, *Lições de Processo Civil*, colab. de A. M. Pessoa Vaz, Casa do Castelo Editora, Coimbra, 1945;

MORON PALOMINO, Manuel, *Derecho Procesal Civil (Cuestiones Fundamentales)*, Marcial Pons, Madrid, 1993;

MORTARA, Lodovico, *Manuale della Procedura Civile*, vol. I, 9ª ed. rev., Utet, Turim, 1926;

NAVARRO VARONA, Edurne/GONZÁLEZ DURÁNTEZ, Henar, "Medidas cautelares en el derecho de la competencia ante la Comisión y los Tribunales Europeos", *in Gaceta Jurídica de la Unión Europea y de la Competencia*, nº 220, Madrid, 2002, pp. 23-37;

NAZARETH, Francisco J. Duarte, *Elementos do Processo Civil*, 1ª parte, vol. I, 4ª ed., Coimbra, 1866;

NELSON, L.D.M., "The jurisprudence of the International Tribunal for the Law of the Sea: some observations", *in Law of the Sea, Environmental Law and Settlement of Disputes: Liber Amicorum Judge Thomas A. Mensah*, coord. de Tafsir Malick Ndiaye, Rüdiger Wolfrum, Martinus Nijhoff Publishers, Holanda, 2007, pp. 967-988;

NEPOMUCENO, Luciana Diniz, "As tutelas de urgência na acção rescisória – Uma visão do artigo 489 do CPC, com a nova redacção que lhe foi imprimida pela Lei n. 11.280/2006", *in Processo Civil Reformado*, Del Rey, 2007, pp. 177-202;

NERY JÚNIOR, Nélson, "Considerações práticas sobre o processo cautelar", *in Justitia*, nº 50 (143), São Paulo, julho-setembro 1988, pp. 15-26;

NIEVA FENOLL, Jordi, "Oralidad y inmediación en la prueba: luces y sombras", *in CPRw*, vol. 1, nº 2, julho-setembro 2010, pp. 27-41;

NOELIA NAVEDA, Silvana, "Las medidas cautelares en el procedimiento de familia", *in Cuaderno del Departamento de Derecho Procesal y Prática Profesional*, nº 8, Universidad Nacional de Córdoba, Alveroni Ediciones, Córdoba, Argentina, 2005, pp. 157-170;

NORMAND, Jacques, "Les fonctions des référés", *in Les Mesures Provisoires en Droit Belge, Français et Italien – Étude de Droit Comparé*, Bruylant, Bruxelas, 1998, pp. 73-90;

NORMAND, Jacques, "Le juge do provisoire face au principe dispositif et au principe de la contradiction", *in Les Mesures Provisoires en Droit Belge, Français et Italien – Étude de Droit Comparé*, Bruylant, Bruxelas, 1998, pp. 137-152;

NORMAND, Jacques, "La caducité et la rétractation de la décision ordonnant les mesures provisoires", *in Les Mesures Provisoires en Droit Belge, Français et Italien – Étude de Droit Comparé*, Bruylant, Bruxelas, 1998, pp. 385-392;

NORMAND, Jacques, "La réparation du préjudice subi en cas d'infirmation de la décision provisoire par le juge du fond", *in Les Mesures Provisoires en Droit Belge, Français et Italien – Étude de Droit Comparé*, Bruylant, Bruxelas, 1998, pp. 417-422;

NOVELLI, Paulo, *I Provvedimenti Cautelari nei Giudizi Contabili*, Giuffrè Editore;

NUNES, Vítor Augusto Pereira, "A lei não garante a efectivação do arresto do navio ou da carga: sua urgente reforma", *in BMJ*, 38º, Lisboa, 1953, pp. 26-33;

OLIVEIRA, Carlos Alberto Álvaro de, "A tutela cautelar antecipatória e os alimentos *initio litis*", *in Revista Forense*, ano 84, vol. 303, Rio de Janeiro, julho-setembro 1988, pp. 81-89;

OLIVEIRA, Rodrigo Esteves de, "Meios urgentes e tutela cautelar", *in A Nova Justiça Administrativa*, CEJ, Coimbra Editora, Coimbra, 2006, pp. 87-91;

OLIVER, Peter, "Interim measures: some recent developments", *in CMLRw*, vol. 29, nº 1, fevereiro 1992, pp. 7-27;

OLIVIERI, Giuseppe, "I provvedimenti cautelari e urgenti nel disegno di legge per l'accelerazione dei tempi della giustizia civile", *in RDP*, ano XLIII, nº 3, 1988, pp. 773-787;

OLIVIERI, Giuseppe, "I provvedimenti cautelari nel nuovo processo civile (legge 26 novembre 1990, n. 353)", *in RDP*, ano XLVI, nº 3, julho-setembro 1991, pp. 688-738;

OMAR BERIZONCE, Roberto, "El amparo como tutela urgente y su frustración práctica. El necesario ensamble con las medidas de urgencia", *in CPRw*, vol. 2, nº 1, janeiro-abril 2011, pp. 65-85;

ORMAZABAL SÁNCHEZ, Guillermo, *Introducción al Derecho Procesal*, Marcial Pons, Madrid, 2002;

ORTELLS RAMOS, Manuel, "Verso un nuovo processo civile in Spagna: l'«Anteproyecto» di legge sul processo civile del 1997", *in RTDPC*, ano LIII, Giuffrè Editore, Milão, 1999, pp. 993-1020;

ORTIZ-ORTIZ, Rafael, "La tutela anticipada en la protección de los derechos fundamentales", *in Tendencias Actuales del Derecho Procesal: Constitución y Proceso*, coord. de Jesús María Casal e Mariana Zerpa Morloy, Universidad Católica Andrés Bello, Caracas, 2007, pp. 207-250;

OTERO ÁLVAREZ, Liliana, "Medidas cautelares: de la taxatividad al poder cautelar general?", *in Temas Vigentes en Materia de Derecho Procesal y Probatorio: Homenaje al Doctor Hernando Morales Molina*, Universidad del Rosario, Colômbia, 2008, pp. 257-275;

OVIDIO, Antonio Lefebvre d', *et al.*, *Manuale di Diritto della Navigazione*, 12ª ed., Giuffrè Editore, Milão, 2008;

PAOLA, Nunzio Santi di, *Costituzione delle parti, udienza di trattazione e richieste istruttorie e probatorie*, Cedam, 2010;

PARDO IRANZO, Virginia, "Sobre la tutela cautelar de la propiedad horizontal (Consideraciones a partir del Auto de 14 de junio de 1994 de la Audiencia de Barcelona", *in Revista de Derecho Procesal*, nº 3, Madrid, 1998, pp. 693-705;

PARQUET, Muriel, *Introduction Générale au Droit*, 4ª ed., Editions Bréal, 2007;

PARRA QUIJANO, Jairo, *Racionalidad e Ideología en las Pruebas de Oficio*, Editorial Themis, Bogotá, Colômbia, 2004;

PASTOR, Blanca/VAN GINDERACHTER, Eric, "La procédure en 'référé'", *in RTDE*, ano XXV, nº 4, outubro-dezembro 1989, pp. 561-621;

PAULO, Comoglio Luigi, *et al.*, *Commentario del Codice di Procedura Civile*, vol. I, UTET Giuridica, Turim, 2012;

PAULUS, Christoph, *Zivilprozessrecht: Erkenntnisverfahren, Zwangsvollstreckung und Eurpäisches Zivilprozessrecht*, 4ª ed., Springer, Berlim, 2010;

PAVAN, Antonio, *La Tutela Cautelare nel Nuovo Codice del Processo Amministrativo*, Cedam, 2010;

PEDRELLI, Claudia, "Modifiche in materia di procedimenti speciali", *in Il Processo Civile Competitivo, a cura di Antonio Didone*, Utet, Turim, 2010, pp. 645-712;

PEGAS, Manuel Álvares, *Resolutiones Forenses*, Parte Segunda, Typographia Michaelis Deslandes, Lisboa, 1861;

PEREIRA, Célia Sousa, *Arbitramento de Reparação Provisória*, Almedina, Coimbra, 2003;

PEREIRA, Diogo Filipe Gil Castanheira, *Interesse Processual na Acção Declarativa*, Coimbra Editora, Coimbra, 2011;

PÉREZ RAGONE, Álvaro J./ORTIZ PRADILLO, Juan Carlos, *Código Procesal Civil Aléman (ZPO)*, Konrad Adenauer Stiftung, Uruguai, 2006;

PEYRANO, Jorge W., "¿Qué son las medidas anticautelares?", disponível *in http://www.faeproc.org* (acedido em 19.08.2014);

PEYRANO, Jorge W., "Las medidas anticautelares?", disponível *in http://www.elateneo.org* (acedido em 19.08.2014);

PICARDI, Nicola, "*Il principio del contraddittorio*", *in RDP*, ano LIII, nº 3, julho-setembro 1998, pp. 673-681;

PICARDI, Nicola, *Manuale del Processo Civile*, 2ª ed., Giuffrè Editore, Milão, 2010;

PICCIONE, Daniele, "I pressuposti", *in La Tutela Cautelare e Sommaria nel Nuovo Processo Amministrativo (a cura di Frederico Freni)*, Giuffrè Editore, Milão, 2011, pp. 33-58;

PICÓ JUNOY, Joan, "Los principios constitucionales rectores del proceso civil", *in Constitucionalización del Proceso Civil*, Escuela Nacional de la Judicatura, Santo Domingo, 2005, pp. 284-327;

PIMENTA, Alberto, *Suspensão e Anulação de Deliberações Sociais*, Coimbra Editora, Coimbra, 1965;

PIMENTA, Paulo, *A Fase do Saneamento do Processo Antes e Após a Vigência do Novo Código do Processo Civil*, Almedina, Coimbra, 2003;

PIMENTA, Paulo, *Processo Civil Declarativo*, 2ª ed., Almedina, Coimbra, 2017;

PIMENTEL, João/DINIS, David Sequeira, "Os efeitos da citação no procedimento cautelar de suspensão de deliberações sociais: breve análise crítica do regime do artigo 397º, nº 3 do Código de Processo Civil", *in Actualidad jurídica Uría Menéndez*, nº 24, Madrid, 2009, pp. 89-94;

PIMENTEL, João/DINIS, David Sequeira, "Ainda sobre o procedimento cautelar de suspensão de deliberações sociais. O conceito de deliberação não executada para efeitos do artigo 396º do Código de Processo Civil", *in Actualidad jurídica Uría Menéndez*, nº 26, Madrid, 2010, pp. 21-29;

PINHEIRO, Luís de Lima, "Temas de direito marítimo II. O navio em direito internacional", *in ROA*, ano 71º, vol. II, Lisboa, abril-junho 2011, pp. 447-476;

PINHEIRO, Paulo Sousa, *O Procedimento Cautelar Comum no Direito Processual do Trabalho*, 2ª ed. rev., atu. e aum., Almedina, Coimbra, 2007;

PINTO, Ricardo Leite, *Intimação para um Comportamento: Contributo para o Estudo dos Procedimentos Cautelares no Contencioso Administrativo*, Edições Cosmos, Lisboa, 1995;

PINTO, Rui, *A Questão de Mérito na Tutela Cautelar – A Obrigação Genérica de não Ingerência e os Limites da Responsabilidade Civil*, Coimbra Editora, Coimbra, 2009;

PINTO, Rui, "Critérios judiciais de convolação não homogénea pelo artigo 16º do Regime Processual Civil Experimental", *in RMP*, ano 31, nº 121, janeiro-março 2010, pp. 33-75;

PINTO, Rui, "Urgência procedimental e direito à tutela jurisdicional efectiva no art. 382º, nº 1, do Código de Processo Civil – Ac. de Uniformização de Jurisprudência nº 9/2009, de 31.3.2009, Agravo Alargado 4716/07", *in CDP*, nº 31, julho-setembro 2010, pp. 37-55;

PINTO, Rui, *Notas ao Código de Processo Civil*, vol. I, 2ª ed., Coimbra Editora, Coimbra, 2015;

PISANI, Andrea Proto, "Procedimenti cau- telari", *in Enciclopedia Giuridica*, vol. XXIV, Roma, 1991;

PISANI, Andrea Proto, *Lezioni di Diritto Processuale Civile*, 3ª ed., Jovene Editore, Nápoles, 1999;

PITÃO, José António de França, *Posse e Usucapião*, Almedina, Coimbra, 2007;

PIZARRO, Sebastião Nóbrega, *O Contrato de Locação Financeira*, Almedina, Coimbra, 2004;

PULIDO QUECEDO, Manuel, *La Constitución Española – Con la Jurisprudencia del*

Tribunal Constitucional, Aranzadi Editorial, 1993;

PUNZI, Carmine, "Novità legislative e ulteriori proposte di reforma in materia di proceso civile", *in RTDPC*, ano LXII, nº 4, Giuffrè Editore, Milão, 2008, pp. 1189-1206;

PÜTTNER, Günter,"Mesures préventives dans le droit allemand", *in Reforma do Contencioso Administrativo – O Debate Universitário (Trabalhos Preparatórios)*, vol. I, Ministério da Justiça, Coimbra Editora, Coimbra, 2003, pp. 421-430;

QUADROS, Fausto de, "Algumas considerações sobre a reforma do contencioso administrativo. Em especial, as providências cautelares", *in Reforma do Contencioso Administrativo – O Debate Universitário (Trabalhos Preparatórios)*, vol. I, Ministério da Justiça, Coimbra Editora, Coimbra, 2003, pp. 211-230;

QUADROS, Fausto de/MARTINS, Ana Maria Guerra, *Contencioso Comunitário*, Almedina, Coimbra, 2002;

QUATRATO, Bartolomeo/DIMUNDO, Francesco, *La verifica dei crediti nelle procedure concorsuali. Contratti bancari, parabancari e del mercato finanziario*, Giuffrè Editore, Milão, 2011;

QUERZOLA, Lea, "Il contenuto del ricorso cautelare: brevi spunti tratti dalla giurisprudenza successiva alla riforma", *in RTDPC*, ano LIV, Giuffrè Editore, Milão, 2000, pp. 647-660;

QUERZOLA, Lea, "Tutela cautelare e convenzione di Bruxelles nell'esperienza della Corte di giustizia delle Comunità europee", *in RTDPC*, ano LIV, Giuffrè Editore, Milão, 2000, pp. 805-844;

QUERZOLA, Lea, "Pubblico ministero, tutela d'urgenza e reclamo dei provvedimenti cautelari nelle questioni di *status*", *in RTDPC*, ano LIV, Giuffrè Editore, Milão, 2000, pp. 1455-1472;

QUERZOLA, Lea, "La tutela cautelare nella riforma del processo amministrativo: avvicinamento o allontanamento dal processo civile", *in RTDPC*, ano LV, Giuffrè Editore, Milão, 2001, pp. 173-189;

QUERZOLA, Lea, "Appunti sulle condizioni per la concessione della tutela cautelare nell'ordinamento comunitario", *in RTDPC*, ano LV, Giuffrè Editore, Milão, 2001, pp. 501-524;

RAMALHO, Joaquim Ignácio, *Practica Civil e Comercial*, São Paulo, Typographia Imparcial, 1861;

RAMIRO PODETTI, J., *Derecho Procesal Civil, Comercial y Laboral – Tratado de las Medidas Cautelares*, IV, 2ª ed., Ediar, Buenos Aires, 1969;

RAMOS MÉNDEZ, Francisco, *Derecho y Proceso*, Bosch, Barcelona, 1979;

RAMOS MÉNDEZ, Francisco, *La Anotación Preventiva de Demanda*, Bosch, Barcelona, 1980;

RAMOS MÉNDEZ, Francisco, *El Sistema Procesal Español*, Bosch, Barcelona, 1997;

RAPOSO, Mário, "Problemas relacionados com o arresto de navios", *in ROA*, ano 63º, Lisboa, vol. I/II, abril 2003, pp. 5-24;

RAPOSO, Mário, "Arresto de navios", *in ROA*, ano 70º, vol. I/IV, Lisboa, janeiro-dezembro 2010, pp. 153-191;

RAPOSO, Mário, "Arresto de navios", *in II Jornadas de Lisboa de Direito Marítimo*, vol. II, coord. de Januário Costa Gomes, Almedina, Lisboa, 2010, pp. 47-83;

REDENTI, Enrico/VELLANI, Mario, *Diritto Processuale Civile*, vol. III, 3ª ed., Giuffrè Editore, Milão, 1999;

REDENTI, Enrico/VELLANI, Mario, *Diritto Processuale Civile*, vol. I, 5ª ed., Giuffrè Editore, Milão, 2000;

REEDER, John, *Brice on Maritime Law of Salvage*, 5ª ed., Sweet & Maxwell, 2012;

REGO, Carlos Francisco de Oliveira Lopes do, *Comentários ao Código de Processo Civil*, vol. I, 2ª ed., Almedina, Coimbra, 2004;

REGO, Carlos Francisco de Oliveira Lopes do, "A «conversão» do procedimento cautelar em causa principal, prevista no artigo 16º do Regime Processual Experimental", *in RCEJ*, nº 5, 2º Semestre 2006, pp. 155-163;

REGO, Carlos Francisco de Oliveira Lopes do, "O princípio dispositivo e os poderes de convolação do juiz no momento da sentença", *in Estudos em Homenagem ao Prof. Doutor José Lebre de Freitas*, vol. I, Coimbra Editora, Coimbra, 2013, pp. 781-810;

REIS, Clayton, "Responsabilidade civil do magistrado na concessão de medida cautelar *ex officio*", *in Revista da Faculdade de Direito*, ano 28, nº 28, Curitiba, 1994-1995, pp. 173-188;

REIS, José Alberto dos, "A figura do processo cautelar", *in BMJ*, 3º, 1947, pp. 27-91;

REIS, José Alberto dos, "Jurisprudência crítica sobre processo civil. Providências cautelares. Comentário ao Ac. STJ de 21.11.1947", *in RLJ*, ano 81º, nº 2893, Coimbra, 1949, pp. 309-311;

REIS, José Alberto dos, "Jurisprudência crítica sobre processo civil. Providências cautelares. Comentário ao Ac. STJ de 20.05.1949", *in RLJ*, ano 82º, nº 2922, Coimbra, 1950, pp. 362-364;

REIS, José Alberto dos, *Comentário ao Código de Processo Civil*, vol. I, 2ª ed., Coimbra Editora, Coimbra, 1960;

REIS, José Alberto dos, *Comentário ao Código de Processo Civil*, vol. II, 3ª ed. – reimp., Coimbra Editora, Coimbra, 1981;

REIS, José Alberto dos, *Código de Processo Civil Anotado*, vol. II, 3ª ed. – reimp., Coimbra Editora, Coimbra, 1981;

REIS, José Alberto dos, *Código de Processo Civil Anotado*, vol. I, 3ª ed. – reimp., Coimbra Editora, Coimbra, 1982;

REIS, José Alberto dos, *Processo de Execução*, vol. II, reimp., Coimbra Editora, Coimbra, 1985;

RESTREPO MEDINA, Manuel Alberto, *Perspectiva Constitucional sobre la Tutela Cautelar*, Editorial Universidad del Rosario, Bogotá, 2006;

RIBAS, António Joaquim, *Consolidação das Leis do Processo Civil*, vol. II, Dias da Silva Júnior Typographo-Editor, Rio de Janeiro, 1879;

RIBEIRO, Darci, "Aspectos relevantes da teoria geral da ação cautelar inominada", *in Justitia*, nº 59, São Paulo, janeiro-março 1997, pp. 72-88;

RIBEIRO, Pedro Barbosa, "Da tutela antecipada", *in RIPE*, nº 25, São Paulo, abril-junho 1999, pp. 239-256;

RIBEIRO, Teresa Melo, "O risco de os processos cautelares se transformarem em processos principais: alguns exemplos práticos", *in CJA*, nº 52, Braga, julho-agosto 2005, pp. 3-7;

RICARDO, Luís Carvalho, *Regime Processual Civil Experimental Anotado e Comentado*, CEJUR, 2007;

RICCI, Edoardo F., "La tutela anticipata in diritto italiano dal 1942 ad oggi", *in Estudos Comemorativos dos 10 Anos da Faculdade de Direito da Universidade Nova de Lisboa*, vol. II, Almedina, Coimbra, 2008, pp. 575-592;

RICHTER, Giorgio Stella/RICHTER, Paolo Stella, *La Giurisprudenza sul Codice di Procedura Civile (Libro IV – Dei Procedimenti Speciali)*, Giuffrè Editore, Milão, 2011;

ROCHA, Manuel António Coelho da, *Instituições de Direito Civil Portuguez*, 4ª ed., tomo I, Livraria de J. Augusto Orcel, Coimbra, 1857;

ROCHA, Manuel António Lopes, "Alimentos provisórios devidos a menores autores em acção de investigação de paternidade ou maternidade ilegítima", *in SI*, tomo XVII, Braga, 1968, pp. 348-363;

RODRIGUES, Fernando Pereira, *Elucidário de Temas de Direito (Civil e Processual)*, Coimbra Editora, Coimbra, 2011;

RODRIGUES, Fernando Pereira, *A Prova em Direito Civil*, Coimbra Editora, Coimbra, 2011;

RODRIGUES, Fernando Pereira, *O Novo Processo Civil: Os Princípios Estruturantes*, Almedina, Coimbra, 2013;

RODRIGUES JÚNIOR, Manuel, "Dos actos preventivos e preparatórios", *in ROA*, ano 6º, nºs 2 e 4, Lisboa, 1946, pp. 341-348;

RODRÍGUEZ-ARANA MUÑOZ, Jaime, "Suspensión del acto y medidas cautelares: Comentarios al auto del Tribunal Supremo de 20 de diciembre de 1990", *in RPJ*, nº 21, 2ª Época, pp. 145-151;

RODRÍGUEZ-ARANA MUÑOZ, Jaime, "Las medidas cautelares en la jurisdicción contencioso-administrativa en España", *in Estudios en Homenaje a Don Jorge Fernández Ruiz*, Universidad Nacional Autónoma de México, 2005, pp. 445-468;

ROQUE, Miguel Prata, "A urgência tem limites (!). Breve apontamento sobre os poderes do juiz cautelar [Anotação ao Ac. do TCA-Sul, de 28/10/2004, P. 273/04]", *in CJA*, nº 50, março-abril 2005, pp. 44-54;

ROQUE, Miguel Prata, *Reflexões sobre a Reforma da Tutela Cautelar Administrativa*, Almedina, Coimbra, 2005;

ROQUE, Miguel Prata, *Direito Processual Administrativo Europeu – A Convergência Dinâmica no Espaço Europeu de Justiça Administrativa*, Coimbra Editora, Coimbra, 2005;

ROQUE, Miguel Prata, "Providências cautelares com prazo de validade? – O protelamento no acesso à tutela cautelar administrativa", *in CJA*, nº 73, Braga, 2009, pp. 32-43;

ROSSI, Marco, *La Prova Civile – Questioni Processuali*, Giuffrè Editore, Milão, 2009;

RUFINO, Antonio, "Le spese del procedimento cautelare", *in La Riforma del Processo Civile*, Giuffrè Editore, Milão, 2010;

RUIZ-JARABO, Pablo, "El sfumatto de las medidas cautelares", *in Gaceta jurídica de la Unión Europea y de la competencia*, nº 232, julho-agosto 2004, Madrid, pp. 17-28;

SÁ, Eduardo Alves de, *Commentario ao Código do Processo Civil Portuguez*, 3º volume, Typ. de Christóvão Augusto Rodrigues, Lisboa, 1880;

SAENGER, Ingo, *Einstweiliger Rechtsschutz und materiellrechtliche Selbsterfüllung*, Mohr Siebeck, Tübingen, 1998;

SALETTI, Achille, "*Appunti sulla nuova disciplina delle misure cautelari*", *in RDP*, ano XLVI, nº 2, abril-junho 1991, pp. 355-387;

SALETTI, Achille, "Le système des mesures provisoires en droit italien", *in Les Mesures Provisoires en Droit Belge, Français et Italien – Étude de Droit Comparé*, Bruylant, Bruxelas, 1998, pp. 59-70;

SALGADO, Fernando, "Arbitramento de reparação provisória", *in Lusíada – Revista de Ciência e Cultura*, Universidade Lusíada, nºs 1 e 2, Porto, 1999, pp. 537-543;

SAMORÌ, Gianpiero, "La tutela cautelare dichiarativa", *in RTDPC*, ano XLIX, Giuffrè Editore, Milão, 1995, pp. 949-971;

SANCHES, Sydney, "Poder cautelar geral do juiz", *in RIL*, ano 25, nº 100, Brasília, outubro-dezembro 1988, pp. 239-248;

SANTOS, Eduardo dos, *Direito da Família*, Almedina, Coimbra, 1999;

SANTULLI, Rita, "Sequestro giudiziario e conservativo", *in Enciclopedia Giuridica*, vol. XXVIII, Instituto della Enciclopedia Italiana, Roma, pp. 1-23;

SASSANI, Bruno, *Lezioni di Diritto Processuale Civile*, Nápoles, 2006;

SASSANI, Bruno, *Lineamenti del Processo Civile Italiano*, 2ª ed., Giuffrè Editore, Milão, 2010;

SATTA, Salvatore/PUNZI, Carmine, *Diritto Processuale Civile*, 13ª ed., Cedam, Milão, 2000;

SCARPA, Antonio, *I Provvedimenti d'Urgenza: art. 700 Cod. Proc. Civ.: (Magis Imperii Quam Iurisdictionis)*, Giuffrè Editore, Milão, 2004;

SCHIELFLER-FONTES, Márcio, "A mandamentalidade da decisão cautelar", *in Jurisprudência Catarinense*, ano XXXII, nº 111-112, Florianópolis, 2007, pp. 89-95;

SCHMIDT JUNIOR, Roberto Eurico, *Tutela Antecipada de Ofício – À Luz do art. 273, I, do Código de Processo Civil*, Juruá Editora, Curitiba, 2007;

SCHWAB, Karl Heinz, *Der Streitgegenstand im Zivilprozess*, Beck, Berlim, 1954;

SCHWAB, Martin, *Zivilprozess*, 3ª ed., C.F. Müller, Berlim, 2010;

SEABRA, Alexandre Ferreira de, *Motivos do Projecto do Codigo do Processo Civil Apresentado ao Ministro e Secretario d'Estado dos Negocios Ecclesiasticos e de Justiça*, Imprensa Nacional, Lisboa, 1869;

SEBASTIÁN OTONES, Milagros, "Las medidas cautelares: Su regulación en la Ley 1/2000", *in BIMJ*, ano LV, nº 1893, maio 2001, pp. 1705-1727;

SENNEWALD, Marlene, "O instituto da convolação da tutela cautelar em tutela final urgente consagrado no artigo 121º do CPTA", *in RDPR*, nº 5, março 2010, pp. 69-79;

SERRA, Adriano Paes da Silva Vaz, "Realização coactiva da prestação (Execução)", *in Separata do BMJ*, 73º, fevereiro 1958, pp. 31-394;

SERRA, Adriano Paes da Silva Vaz, "Responsabilidade patrimonial", *in BMJ*, 75º, abril 1958, pp. 5-410;

SERRA, Adriano Paes da Silva Vaz, "Obrigação de alimentos", *in BMJ*, 108º, julho 1961, pp. 19-194;

SILINGARDI, Gabriele, "Sequestro della nave o dell'aeromobile", *in Enciclopedia del Diritto*, vol. XLII, Giuffrè Editore, Varese, 1990, pp. 168-188;

SILVA, João Calvão da, *Estudos de Direito Civil e Processo Civil (Pareceres)*, Almedina, Coimbra, 1996;

SILVA, Lucinda D. Dias da, *Processo Cautelar Comum: Princípio do Contraditório e Dispensa de Audição Prévia do Requerido*, Coimbra Editora, Coimbra, 2009;

SILVA, Ovídio A. Baptista da, *Curso de Processo Civil*, vol. I, 6ª ed., Editora Revista dos Tribunais, 2003;

SILVA, Paula Costa e, "A arbitrabilidade de medidas cautelares", *in ROA*, ano 63º, vol. I/II, Lisboa, abril 2003, pp. 211-235;

SILVA, Paula Costa e, *A Litigância de Má Fé*, Coimbra Editora, Coimbra, 2008;

SILVA, Paula Costa e, "A ordem do juízo de D. João III e o regime processual experimental", *in ROA*, ano 68º, vol. I, Lisboa, janeiro 2008, pp. 255-273;

SILVA, Paula Costa e, "Cautela e certeza: breve apontamento acerca do proposto regime de inversão do contencioso na tutela cautelar", *in RMP, Debate A Reforma do Processo Civil 2012 – Contributos*, Cadernos II/2012, Lisboa, 2012, pp. 139-149;

SILVEIRA, João Tiago Valente Almeida de, "*O princípio da tutela jurisdicional efectiva e as providências cautelares não especificadas no contencioso administrativo*", *in A Nova Justiça Administrativa*, CEJ, Coimbra Editora, Coimbra, 2006, pp. 401-422;

SILVEIRA, José dos Santos, *Questões Subsequentes em Processo Civil (Excepções, Nulidades, Reconvenções e Incidentes)*, Almedina, Coimbra, 1964;

SOARES, Fernando Luso, *Direito Processual Civil – Parte Geral e Processo Declarativo*, Lisboa, 1980;

SOARES, Fernando Luso, *Processo Civil de Declaração*, Almedina, Coimbra, 1985;

SOLDI, Anna Maria, *Manuale dell'Esecuzione Forzata*, Cedam, 2009;

SOUSA, António Pais de/FERREIRA, J. O. Cardona, *Processo Civil: Aspectos Controversos da Actual Reforma*, Rei dos Livros, Lisboa, 1997;

SOUSA, Jorge Manuel Lopes de, "Notas práticas sobre o decretamento provisório de providências cautelares", *in CJA*, nº 47, setembro-outubro 2004, pp. 45-58;

SOUSA, Jorge Manuel Lopes de, "Alguns obstáculos práticos à tutela judicial efectiva no contencioso administrativo", *in SI*, tomo LX, nº 352, Braga, 2011, pp. 61-80;

SOUSA, Miguel Teixeira de, "O fim do processo declarativo", *in RDES*, ano XXV, nºs 3 e 4, julho-dezembro 1978, pp. 251-276;

SOUSA, Miguel Teixeira de, "A Legitimidade Singular em Processo Declarativo", *in Separata do BMJ*, Lisboa, 1979;

SOUSA, Miguel Teixeira de, *Sobre a Teoria do Processo Declarativo*, Coimbra Editora, Coimbra, 1980;

SOUSA, Miguel Teixeira de, *O Objecto da Sentença e o Caso Julgado Material (Estudo sobre a Funcionalidade Processual)*, Lisboa, 1983;

SOUSA, Miguel Teixeira de, "Sobre a legitimidade processual", *in Separata do BMJ*, Lisboa, 1984, pp. 5-27;

SOUSA, Miguel Teixeira de, *As Partes, o Objecto e a Prova na Acção Declarativa*, Lex, Lisboa, 1995;

SOUSA, Miguel Teixeira de, *Estudos sobre o Novo Processo Civil*, 2ª ed., Lex, Lisboa, 1997;

SOUSA, Miguel Teixeira de, *Introdução ao Processo Civil*, 2ª ed., Lex, Lisboa, 2000;

SOUSA, Miguel Teixeira de, "As providências cautelares e a inversão do contencioso", disponível *in https://sites.google.com/site/ippcivil/recursos-bibliograficos/5-papers* (acedido em 25.01.2013);

SOUZA, Artur César de, "Análise da tutela antecipada prevista no relatório final da Câmara dos Deputados em relação ao novo CPC", *in Revista do Processo 2014*, ano 39, vol. 235, São Paulo, pp. 151-186;

SOUZA, Artur César de, *Tutela Provisória – Tutela de Urgência e Tutela de Evidência*, Almedina, São Paulo, 2016;

SOUZA, Joaquim José Caetano Pereira e, *Primeiras Linhas Sobre o Processo Civil*, tomo I, Typographia Perseverança, Rio de Janeiro, 1879;

SOUZA, Joaquim José Caetano Pereira e, *Primeiras Linhas Sobre o Processo Civil*, tomo II, Typographia Perseverança, Rio de Janeiro, 1879;

SOUZA, Joaquim José Caetano Pereira e, *Primeiras Linhas Sobre o Processo Civil*, tomo III, Typographia Perseverança, Rio de Janeiro, 1879;

SOUZA, Joaquim José Caetano Pereira e, *Primeiras Linhas Sobre o Processo Civil*, tomo IV, Typographia Perseverança, Rio de Janeiro, 1880;

SPERNATH, Valentin, *Die Schutzschrift in zivilrechtlichen Verfahren*, Mohr Siebeck, Tübingen, 2009;

STÜRNER, Rolf, "Einstweiliger Rechtsschutz: General Bericht", *in Procedural Laws in Europe, Towards Harmonisation*, Maklu & Marcel Storme, Antuérpia, 2003, pp. 143-186;

TAHRI, Cédric, *Procédure Civile*, 3ª ed., Editions Bréal, 2010;

TARUFFO, Michele, "Funzione della prova: la funzione dimostrativa", *in RTDPC*, ano LI, Giuffrè Editore, Milão, 1997, pp. 553-573;

TARUFFO, Michele, "Senso comune, esperienza e scienza nel ragionamento del giudice", *in RTDPC*, ano LV, Giuffrè Editore, Milão, 2001, pp. 665-695;

TARUFFO, Michele, *La Prueba de los Hechos*, 2ª ed., Editorial Trotta, 2005;

TARUFFO, Michele, "La prueba científica en el proceso civil", *in Estudios sobre la Prueba*, Universidad Nacional Autónoma de México, México, 2006, pp. 135-186;

TARUFFO, Michele, *et al.*, *Le Riforme della Giustizia Civile*, 2ª ed., Utet, Turim, 2000;

TARZIA, Giuseppe, "Le principe du contradictoire dans la procédure civile italienne", *in RIDC*, ano 33º, nº 3, julho-setembro 1981, pp. 789-800;

TARZIA, Giuseppe, "Rigetto e riproponibilità della domanda cautelare", *in RDP*, ano XLIII, nº 4, Cedam, Pádua, outubro-dezembro 1988, pp. 932-942;

TARZIA, Giuseppe, "I provvedimenti urgenti sul processo civile approvati dal senato", *in RDP*, ano LXV, nº 3, Pádua, julho-setembro 1990, pp.737-752;

TARZIA, Giuseppe, *Il Nuovo Processo Cautelare*, Cedam, Pádua, 1993;

TARZIA, Giuseppe, "Providências cautelares atípicas (Uma análise comparati- va)", *in RFDUL*, Coimbra Editora, Coimbra, 1999, pp. 241-260;

TARZIA, Giuseppe, "Il giusto processo di esecuzione", *in RDP*, ano LVII, nº 2, abril-junho 2002, pp. 329-350;

TARZIA, Giuseppe, *Lineamenti del Processo Civile di Cognizione*, 4ª ed., Giuffrè Editore, Milão, 2009;

TARZIA, Giuseppe, *et al.*, *Il Nuovo Processo Cautelare*, Cedam, Pádua, 1993;

TEIXEIRA, Sónia, "As medidas cautelares aplicadas ao processo por incumprimento: efeitos práticos", *in ROA*, ano 58º, vol. II, Lisboa, julho 1998, pp. 827-875;

TELLES, José Homem Correa, *Manual do Processo Civil – Supplemento do Digesto Portuguez*, 2ª ed., Imprensa da Universidade de Coimbra, Coimbra, 1844;

TELLES, José Homem Correa, *Doutrina das Acções Accommodada ao Foro de Portugal*, 5ª ed., Coimbra, 1869;

TESHEINER, José Maria Rosa, *Medidas Cautelares (no Código de Processo Civil de 1973)*, Editora Saraiva, 1974;

TESHEINER, José Maria Rosa, *Elementos para uma Teoria Geral do Processo*, Editora Saraiva, São Paulo, 1993;

THEODORO JÚNIOR, Humberto, "Tutela jurisdicional cautelar", *in Revista Forense*, ano 81, vol. 291, Rio de Janeiro, julho-setembro 1985, pp. 29-40;

THEODORO JÚNIOR, Humberto, *A Execução de Sentença e a Garantia do Devido Processo Legal*, Aide Editora, Rio de Janeiro, 1987;

THEODORO JÚNIOR, Humberto, "As vias de execução no Código de Processo Civil Brasileiro reformado", *in Processo Civil Reformado*, Editora del Rey, 2007, pp. 21-68;

THEODORO JÚNIOR, Humberto, *Curso de Direito Processual Civil*, vol. I, 50ª ed., Forense, Rio de Janeiro, 2009;

THEODORO JÚNIOR, Humberto, *Curso de Direito Processual Civil*, vol. II, 44ª ed., Forense, Rio de Janeiro, 2009;

THÜMMEL, Roderich C., *Zivilprozessordnung und Nebengesetze: Grosskommentar*, vol. 5, 3ª ed., Walter de Gruyter, Berlim, 1995;

TOMMASEO, Ferruccio, "Provvedimenti d'urgenza", *in Enciclopedia del Diritto*, XXXVII, Giuffrè Editore, Varese, 1988, pp. 856-883;

TORIBIO FUENTES, Fernando/ÁLVAREZ GONZÁLEZ, Miguel Ángel, *Comentarios a la Ley de Enjuiciamiento Civil*, Lex Nova, 2012;

TRAMONTANO, Luigi, *Denuncia di Nuova Opera e di Danno Temuto*, Giuffrè Editore, Milão, 2010;

TRAMONTANO, Luigi, *Codice di Procedura Civile. Leggi complementari. Annotato con la Giurisprudenza*, Halley Editrice, 2007;

TRINDADE, Antônio Augusto Cançado, "Reflexiones sobre el instituto de las medidas cautelares o provisionales de protección: desarrollos recientes en el plano internacional", *in La Ciencia del Derecho Procesal Constitucional. Estudios en Homenaje a Héctor Fix-Zamudio en sus Cincuenta Años como Investigador del Derecho*, tomo IX, Marcial Pons, México, 2008, pp. 343-359;

TROCKER, Nicolò, "Il nuovo articulo 111 della costituzione e il «giusto processo» in materia civile: profili generali", *in RTDPC*, ano LV, Giuffrè Editore, Milão, 2001, pp. 381-410;

TURCO, Claudio, *Lezioni di Diritto Privato*, Giuffrè Editore, Milão, 2011;

URDANETA SANDOVAL, Carlos Alberto, "Introducción al análisis sistemático de las medidas cautelares atípicas del Código de Procedimiento Civil Venezolano", *in RFDUCAB*, Universidad Católica Andrés Bello, nº 59, Caracas, 2004, pp. 49-235;

VAN COMPERNOLLE, Jacques, "Introduction générale", *in Les Mesures Provisoires en Droit Belge, Français et Italien – Étude de Droit Comparé*, Bruylant, Bruxelas, 1998, pp. 5-18;

VAN DROOGHENBROECK, Jean-François, "Les compétences internationale et territoriale du juge du provisoire (les mesures provisoires et le litige européen)", *in Les Mesures Provisoires en Droit Belge, Français et Italien – Étude de Droit Comparé*, Bruylant, Bruxelas, 1998, pp. 475-532;

VARELA, João de Matos Antunes, *et al.*, *Manual de Processo Civil*, 2ª ed. (reimp.), Coimbra Editora, Coimbra, 2004;

VARELA, João de Matos Antunes, "Linhas fundamentais do anteprojecto do novo Código de Processo Civil", *in RLJ*, ano 120º, Coimbra, 1988, nº 3763, pp. 295-299, nº 3764, pp. 326-329, nº 3765, pp. 359-364;

VARELA, João de Matos Antunes, "A reforma do processo civil português – Principais inovações na estrutura do processo declaratório ordinário", *in RLJ*, Coimbra, 1997, ano 129º, nº 3870, pp. 258-263, nº 3871, pp. 290-296, nº 3872, pp. 322-330;

VARELA, João de Matos Antunes, *Das Obrigações em Geral*, vol. II, 7ª ed., 3ª reimp., Almedina, Coimbra, 2007;

VARGAS, Abraham L., *Estudios de Derecho Procesal*, tomo I, Ediciones Jurídicas Cuyo, Argentina;

VASCONCELOS, Daniel de Lima, "Possibilidade de concessão *ex officio* da tutela antecipada de urgência", *in RESMESE*, nº 12, 2009, pp. 19-42;

VASCONCELOS, L. Miguel Pestana de, *Direito das Garantias*, reimp. da 2ª ed., Almedina, Coimbra, 2017;

VAZ, Alexandre Mário Pessoa, "O tríplice ideal da justiça célere, económica e segura ao alcance do legislador processual moderno", *in ROA*, ano 33º, Lisboa, 1973, pp. 167-196;

VAZ, Alexandre Mário Pessoa, *Direito Processual Civil – Do Antigo ao Novo Código*, 2ª ed., Almedina, Coimbra, 2002;

VECINA CIFUENTES, Javier, "La trascen- dencia del *fumus boni iuris* como presu- puesto de las medidas cautelares. Especial consideración a los procesos administrativo y constitucional. (A propósito del Auto del Tribunal Constitucional de 1 de diciembre de 1993)", *in RDP*, nº 1, Madrid, 1995, pp. 259-288;

VEGA DE OPL, Cristina González de la, "Apelabilidad de las medidas cautelares en el juicio de amparo", *in Cuaderno del Departamento de Derecho Procesal y Prática Profesional*, nº 8, Universidad Nacional de Córdoba, Alveroni Ediciones, Córdoba, Argentina, 2005, pp. 27-38;

VENTURA, Sofia, "Decretamento provisório de providências cautelares no contencioso administrativo", *in RDPR*, nº 5, março 2010, pp. 103-126;

VERÓNICA ASRIN, Patricia/RODRÍGUEZ JUÁREZ, Manuel Esteban, "Anticipación de tutela", *in Cuaderno del Departamento de Derecho Procesal y Prática Profesional*, nº 8, Universidad Nacional de Córdoba, Alveroni Ediciones, Córdoba, Argentina, 2005, pp. 71-95;

VIANELLO, Elisabetta, "Nuove prospettive di applicabilità del rito cautelare uniforme in materia di brevetti per invenzioni industriali", *in RTDPC*, ano LIl, Giuffrè Editore, Milão, 1998, pp. 679-694;

VIEIRA, José Alberto C., *Direitos Reais*, Coimbra Editora, Coimbra, 2008;

WAGNER JÚNIOR, Luiz Guilherme da Costa, *Processo Civil*, 2ª ed. rev. e atu., Del Rey, Belo Horizonte, 2008;

WALKER, Wolf-Dietrich, *Der Einstweilige Rechtsschutz im Zivilprozeß und im Arbeitsgerichtlichen Verfahren*, Mohr Siebeck, Tübingen, 1993;

WATANABE, Kazuo, *Da Cognição no Processo Civil*, 2ª ed. atu., Cebepej, São Paulo, 1987;

WEINERT, Mirko, *Vollstreckungsbegleitender einstweiliger Rechtsschutz*, Mohr Siebeck, Tübingen, 2007;

WHITE, Michael, "Prompt release cases in ITLOS", *in Law of the Sea, Environmental Law and Settlement of Disputes: Liber Amicorum Judge Thomas A. Mensah*, coord. de Tafsir Malick Ndiaye, Rüdiger Wolfrum, Martinus Nijhoff Publishers, Holanda, 2007;

WIEDERKHER, M. Georges, "L'accélération des procedures et les mesures provisoires", *in RIDC*, ano 50º, nº 2, abril-junho 1998, pp. 449-462;

WINDTHORST, Kay, *Der verwaltungsgerichtliche einstweilige Rechtsschutz: Zugleich eine Untersuchung des Erkenntnis- und Steuerungspotenzials der Rechtsdogmatik*, Mohr Siebeck, Tübingen, 2009;

XAVIER, Rita Lobo, "Suspensão de deliberações sociais e inversão do contencioso", *in Para Jorge Leite – Estudos Jurídicos*, vol. II, Coimbra Editora, Coimbra, pp. 795-810;

XAVIER, Vasco da Gama Lobo, "O conteúdo da providência de suspensão de deliberações sociais", *in RDES*, ano XXII, nºs 1-2-3-4, Atlântida Editora, Coimbra, janeiro-dezembro 1975, pp. 195-283;

XAVIER, Vasco da Gama Lobo, "Suspensão de deliberações sociais ditas 'já executadas'", *in RLJ*, 123º, nº 3801, e 124º, nº 3802, Coimbra, abril-maio, 1991, pp. 371-384 e pp. 10-11;

YOSHIKAWA, Eduardo Henrique de Oliveira, "Considerações a respeito da iniciativa instrutória do juiz no processo civil brasileiro", *in Julgar*, nº 4, janeiro-abril 2008, pp. 107-132;

ZUMPANO, Mariangela, "Il sequestro conservativo e giudiziario", *in Enciclopedia del Diritto*, vol. XLII, Giuffrè Editore, Varese, 1990, pp. 111-133.

ÍNDICE